U0804712

# 況周頤年譜

選堂題

鄭煒明 陳玉瑩 著

齊魯書社

**圖書在版編目(CIP)數據**

況周頤年譜 / 鄭煒明,陳玉瑩著. —濟南:齊魯書社,2015.4

ISBN 978-7-5333-3300-3

Ⅰ.①況… Ⅱ.①鄭…②陳… Ⅲ.①況周頤(1859~1926)—年譜 Ⅳ.①K825.6

中國版本圖書館 CIP 數據核字(2015)第 061745 號

**況周頤年譜**

鄭煒明 陳玉瑩 著

| | |
|---|---|
| **主管單位** | 山東出版傳媒股份有限公司 |
| **出版發行** | 齊魯書社 |
| **社　　址** | 濟南市英雄山路 189 號 |
| **郵　　編** | 250002 |
| **網　　址** | www.qlss.com.cn |
| **電子郵箱** | qilupress@126.com |
| **營銷中心** | (0531)82098521 82098519 |
| **印　　刷** | 日照日報印務中心 |
| **開　　本** | 880mm×1230mm 1/32 |
| **印　　張** | 19.25 |
| **插　　頁** | 4 |
| **字　　數** | 460 千 |
| **版　　次** | 2015 年 4 月第 1 版 |
| **印　　次** | 2015 年 4 月第 1 次印刷 |
| **標準書號** | ISBN 978-7-5333-3300-3 |
| **定　　價** | **72.00 圓** |

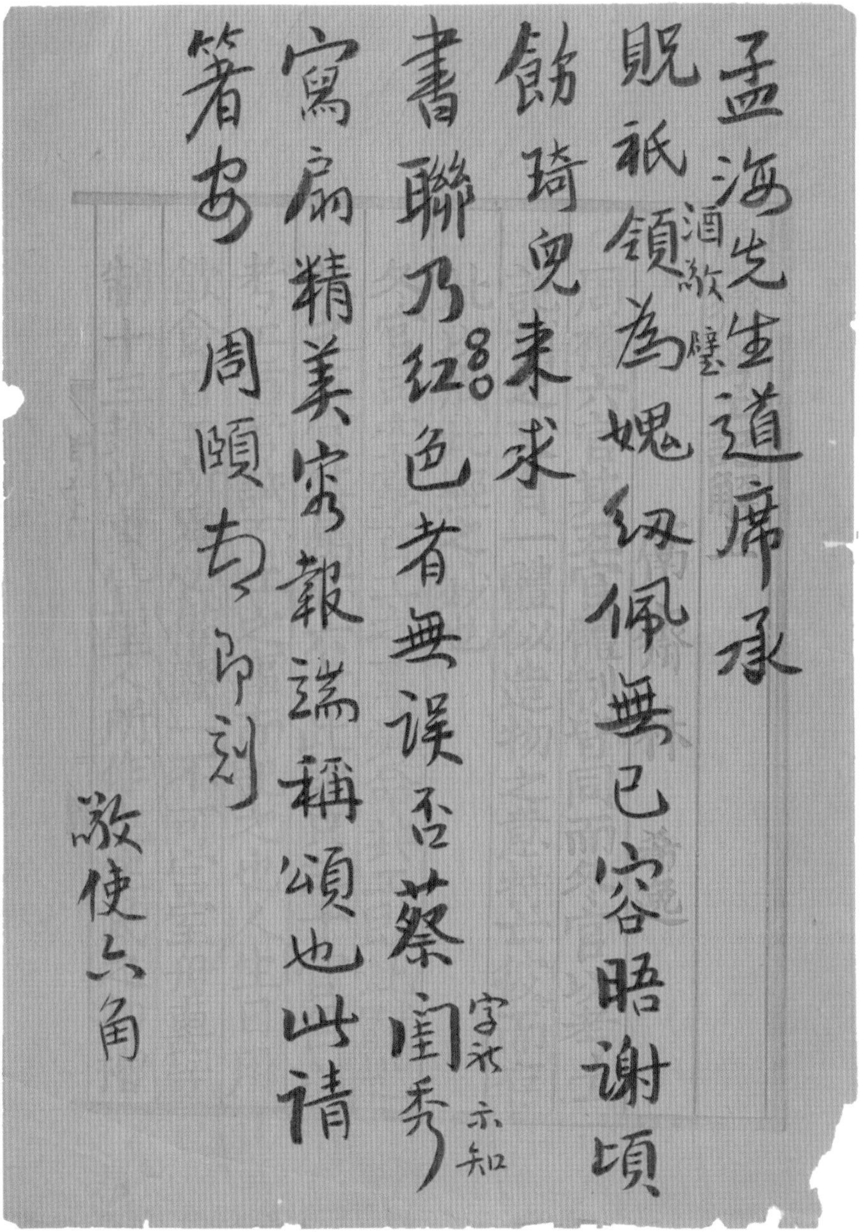
孟海先生道席：承
貺紙，領為媿，纫佩無已，容晤謝頃。迺敬璧
飭琦兒來求
書聯，乃紅色者，無誤否？蔡閨秀字我亦知
寫扇精美，实報端稱頌也。此請
箸安　周頤頓首　即刻
敬使六角

况周頤致沙孟海函(手稿。筆者藏)

# 序一

譜主臨桂之蕙風先生,乃清季入民國期間最大之詞人、詞學家之一,少年時曾深受鄉前輩黄蘇《蓼園詞選》之影響,後來成就極大,具見廣西人對清季以至民國詞學貢獻之大。

門人煒明此著,實源於80年代澳門東亞大學之一篇學期論文。其時余方執教於該校,主講文學史、詞學、古典文學批評等等科目,而煒明乃第一届之學生,曾著有《況蕙風其人其詞話》《論遺山其人其詞》等等作業,余至今猶有印象,不意二十餘年後之今日,竟得成此書稿,實在難得,具見其長期關注、留心某些課題之毅力,做學問正當如此。

此部年譜稿,堪稱力作,其搜羅考據,上天下地,精心到極,糾正及補充前人所論蕙風生平錯漏之處甚夥;一據一按之間,可謂珠玉紛陳,而體例則扼要不煩,甚爲可取。至其所引用之資料,又多有出余意料之外者;闡幽新得,如況氏之散佚詩詞文章等等,亦頗有之。其考證推論,則極爲慎密細微,信其有益於詞學及現代文學史之研究。

前人論蕙風,每引其弟子趙尊嶽之《蕙風詞史》,惜趙氏追隨蕙風甚晚,約於民國庚申、辛酉間始從其游,距其下世不過五年光景而已,於況氏居滬上之前種種經歷,恐非熟悉,故趙氏所記蕙風之生平，亦未必盡確，煒明亦於年譜中詳言之矣。余與趙叔雍相交多年，曩日共同研玩詞樂之情境，如在昨天；其父乃張之洞之文案，而蕙風亦曾入張氏幕，故余頗疑叔雍之從蕙風學詞，或與其尊翁有關，未必全因朱彊邨之推介。唯趙氏實乃蕙風之知音，蕙風老人之詞與詞話等等著作，皆趙氏惜陰堂所刻，然後得以流傳於後世。微叔雍則蕙風當無今日之詞學地位。

余之以重、拙、大論書法者，實亦得力於況氏，蓋平生最服膺蕙風論詞之力主重、拙、大一説，亦曾從其詞話中獲得啓發，乃有《論書十要》之作。蕙風晚年亦寫畫，曾繪梅花；其爲叔雍所作之《高梧軒圖》，余曾獲睹，并爲題七言長詩（見余之《苞俊集》），此圖其時已歸友人劉均量之虛白齋。

余於詞之認識，實得力於曩歲曾經參與葉遐庵《全清詞鈔》之編纂工作。《全清詞鈔》本由朱祖謀發起，朱彊老爲之初選，而葉老補選之，原稿積一百二十册之多；葉氏所藏詞籍極多，余因早年以病滯港而助其編纂該《詞鈔》故，乃得以遍讀之，從而得以瞭解晚清詞之重要性，余後來深入研究詞學，蓋源於此。又煒明於年譜中曾提及蕙風嘗得越南人阮綿審之《皷枻詞》一事，余曾於《清詞與東南亞諸國》一文中詳論之；阮氏乃越南國之皇十子，封從國公，其弟綿寘，皇十一子，封綏國公，有《葦野合集》，曩於法京國家圖書館曾翻閱之。越南人之詞學，夏承燾於其晚年之著作中始提及之，不知余早於 1968 年已論之矣。

今煒明以此年譜，及門人黄兆漢教授之學生何詠霖博士以其所撰之《朱彊邨年譜》，一同爲我祝壽，余高興到極。蓋詞學并不易爲，詞學史料之學豈可或廢？其中詞人之史料尤爲重要。今日之人頗有隨便立論者，甚不可取；詞學今後要發揚光大，必須認真下功夫，煒明其勉之。

饒宗頤　丁亥仲夏

# 序　二

或謂況蕙風嘗問詞於端木埰,切磋於王半塘、朱彊村,然半塘與彊村書,言其目空一世(見光緒刊本彊村詞卷首),蓋桀驁不群之士,多自我主張,鮮有俯仰因人也。論者偁蕙風詞頓挫抑蕩,柔厚沉鬱,嚴於斠律,而錘字鍊句,無迹可尋,可謂知言。

近時有愛賞蕙風詞,爲之編著年譜者,不止一二。唯材料不充,故具體而微。未有若煒明之覼縷不遺,即友朋酬酢之間,一茶一飯,悉有日月可考,精審殆非餘子可及。

曩在澳門東亞大學,煒明嘗從選堂翁及余游,知其爲學謹細,每有疑義,輒寢饋不忘,務求有得。今既譜粵西況夔笙,而清末粵東,亦大有人在,煒明能假其餘勇而譜其一二,以顯其幽光歟?

公元二千有七年　羅忼烈敘

# 序　三

況周頤爲晚近詞學大家,其影響近世詞壇至深且遠,所撰詞學論著數量極多,方面極廣。近日研習況氏詞學者雖衆,而其學實不易治。鄭煒明先生自20世紀80年代初,即得以問學饒宗頤、羅忼烈二教授門下,致力晚清詞學,幾三十年之久。今萃其所得,成《況周頤先生年譜》《況周頤研究論集》二編,皆積年累月、深造自得之作也。鄭先生之治況氏詞學,以傳統學問爲根柢,故極重年譜、輯佚、目録、版本及校勘之學,其《論〈蕙風詞話〉的文獻整理》一文,比勘衆本,考訂得失,不僅於前賢多所是正,“餘論”一節實當發凡起例之任;《詞學理論》及《詞學淵源》諸文,條分縷析、圖解文詮,明其淵源、考其遞嬗,粤西粤東,爰及當代,多有抉隱表微之功。夫況氏詞學之不易治,不僅以其數量之多,方面之廣,亦因其受舊體批評之限制,缺少體系,不免有駁雜之失,且有時往往依己意爲説,未免有失客觀公正。然其有待整理發覆者尚多,鄭煒明先生既倡爲《況周頤論詞文獻彙編》之作,聞又有《況周頤年譜新編》增輯再版之舉,則以其抉微之心,勤篤之志,允爲況氏功臣矣。

葉嘉瑩　2011年11月7日

# 題 辭

四明鄉前輩　周退密老先生惠賜七絶四首手稿，如下：

玉井塘朱疆邨鄭叔问况蕙風春千秋
詞話醇醇饜衆流細嚼宮商歸
大稱梅花是第一生修
先生集名第一生修梅華館詞內分新鶯詞玉梅詞錦錢詞蕙風詞附詠存悔詞共五種
私淑門墻得肩東一編年譜寫來

工追和蔡坐閣瑚霧裡在於遠
補闕中
高懷健筆氣憑陵百載詞壇
喜渡興待到離陽維是日万人
摩眼為
吳青

如水韶華祗自憐，亂紅陣裏又開編。原知不入詞人眼，謾託知音寄小箋。

戊子春仲俚句奉題

煒明詞家鄉先生大著況蕙風先生年譜

即乞

正律

四明九五弟周退密拜稿

# 叙例

一、譜主况周頤(1861－1926)(下稱“先生”),原名周儀,後因避清宣統帝名諱,改儀爲頤。字夔笙,號蕙風。廣西臨桂(今桂林)人。幼曾師事王拯。光緒五年(己卯)舉人。光緒十四年(戊子)入都後,任内閣中書。在京時與端木埰、王鵬運等砥礪詞學,由是益專致於詞。光緒二十一年(乙未)離京後,先後入張之洞、端方幕,流轉於南京、揚州、武昌、四川萬縣、常州、安徽宣城等地;期間嘗助繆荃孫編校典籍甚夥。清亡之後,移居上海,鬻文爲活,與朱祖謀、吳昌碩、繆荃孫、馮幵等交契。著述甚豐,遍涉詞學、金石及筆記等等,尤以《蕙風詞》《蕙風詞話》等著稱於後世。

二、先生雖享晚清大詞人之名,位居一代詞宗之列,唯其失意於科舉在先,堅守遺民志節在後,故爾際遇坎坷,晚境尤爲蕭索。本譜旨在搜集、考證并羅列先生畢生經歷之史料,藉以探究其中天命、世變與人事之因緣,以明一介末世文人自處之道。

三、本譜初稿,成於丙戌仲冬(2006年12月),并呈交爲慶祝饒師宗頤先生九十華誕而舉辦之國際學術研討會(香港大學等九所高等院校聯合主辦,香港大學饒宗頤學術館承辦;2006年12月於香港大學),題曰《況周頤先生年譜稿》。隨即被收入由饒師宗頤先生主編之《華學》第九、十合輯;此本於戊子夏(2008 年 8 月)由上海古籍出版社出版發行。其後得饒師宗頤先生、羅師忼烈先生鼓勵,丁亥夏(2007 年 7 月)於(香港)詩坊正式出版單行本(國際標準書號:ISBN 978-988-99977-1-7)。以上每稿之間,皆略有修訂。上海古籍出版社旋以拙著不乏創獲,尚有可讀之處,故主動予以國内出版,名爲《況周頤先生年譜》,於己丑初夏(2009 年 5 月)面世,以廣流通。唯此本仍稍有校對上之訛誤,如先生姓氏之"況"字,於封面誤作"况"字,且刊落　饒師之封面題簽,及四明鄉前輩周退密先生所題之詩作四首,是所至憾也。

四、本譜歷經多年之訂補,今本較諸上海古籍出版社刊本,篇幅增加近倍。是書披露筆者搜集所得之若干新資料,其中如《趙鳳昌藏札》《梅訊》《蕙風宧遺印》,陳運彰之《紉芳簃日記》,《黄侃日記》《沙孟海年譜》等等文獻(部分尚未正式刊行)中有關先生之史料,向未爲研究者所注意,本譜悉行考訂采入,或於晚清民國之文化歷史及詞史研究,不無裨益。

五、先生之年表或年譜,於本譜面世之前,已有黄坤堯《況蕙風年譜初稿簡編》(1972)、丁千惠《況周頤年譜簡表》(1978)、賴静《況周頤年譜略稿》(1990)、孫維城《晚清詞人況周頤簡譜》(1992)、馬興榮《況周頤年譜》(1999)共五種。黄譜成於 20 世紀 70 年代初,爲先行者,篳路藍縷之功,不可掩没,惜發表於一地方性文藝小刊物,故流傳不廣。丁譜乃丁氏碩士論文《況周頤蕙風詞話研究》之附録,至今未刊,故亦未爲學者注意。賴譜亦爲未刊之碩士論文,於五譜之中相對較爲詳細,唯其於所得之資料,多未加考據,因此錯誤頗多。孫、馬二譜,皆以學術期刊論文之形式發表,内容遠較賴譜簡略,明顯并未參考他譜,是爲不足。要之,以上五譜,三種爲期刊論文，未能詳盡；餘二種，其一爲未刊碩士論文之附録，亦嫌簡略，另一亦爲未刊碩士論文，唯欠缺必要之考訂，終未能稱善。凡本譜所引資料，如屬以上諸譜已發見者，本譜皆於按語中説明之，以存學術史之公道。然諸譜之失考及可商榷之處，本譜亦一一予以辨正。

六、本譜記事，起先生之生日，即清咸豐十一年辛酉（1861）九月一日，訖先生卒後告窆之時，即民國十六年丁卯（1927）秋。至於先生之世譜及後譜，目前尚欠完備，唯有留諸日後，以竟全功。

七、凡涉及先生事迹之種種記載，本譜皆不避繁瑣，力求巨細靡遺，予以考訂編入，以具見先生此一經歷晚清民國種種世變之文化遺民生活史。蓋先生實乃此一轉折時代舊文化人物典型之一，研究其生活史，即研究此一時代之文化史也。

八、本譜條目乃由筆者據相關資料及考據結果斟酌寫定，并依事件經考定之年、月、日次第排列，凡月日不詳者繫於該年或期間之末。

九、本譜各條條目，皆詳列其主要依據，或直接以脚注交代其資料出處。凡所據資料，其或較爲罕見者，則摘録資料原文，以"據……""又據……"等格式，列於條目之下，以存文獻，并資讀者參核。

十、凡涉繫年理由之補充或辯證、相關資料於前譜之運用情況、所引史料之箋釋、考據與評論、附録所涉資料以備考等等情況，本譜皆以按語出之。

十一、前之學者，每視先生爲一清末民初之落泊詞人而已，本譜則以先生爲詞人之外，更爲一經歷晚清民國時期種種世變之文化遺民;而其所擅長,除詞學之外,更兼文史、金石等等,故爾制訂此一相對全面之年譜,以彰顯先生之志趣、學問、性情、人品等等。知人論世,固應力求客觀,本譜求正、求真之餘,未敢忘情,是之謂求是歟?

辛卯中秋後五日鄭煒明、陳玉瑩共識
癸巳中秋後六日修訂

# 目　録

# 年　譜

## 1861 咸豐十一年 辛酉 一歲

**先生於九月初一日生。或生於廣西臨桂縣(今桂林市)。**

據《廣西鄉試硃卷·光緒五年己卯科》(下稱《硃卷》)所記載之況周儀履歷,先生於"咸豐十一年辛酉九月初一日吉時生"①。

【按一】《硃卷》所載之履歷乃先生向朝廷申報之資料,故應以此爲準。

【按二】《況蕙風先生外傳》(下稱《外傳》)載先生壽六十有六。② 按此計算,先生之生年應爲咸豐十一年(1861),與《硃卷》吻合。

【按三】錢基博《現代中國文學史》(增訂本)(下稱《錢史》)亦提到先生"以民國十五年(1926)秋卒,年六十有六"③,同《外傳》之説;以此推算,則其生年當爲咸豐十一年,與《硃

---

① 〔清〕《廣西鄉試硃卷》卷七(上),衡鑒堂原梓,桂林圖書館藏本。

② 腹痛:《況蕙風先生外傳》,見《申報·自由談》,民國十五年(1926)8月28日(丙寅年七月二十一日)。

③ 錢基博著:《現代中國文學史》(增訂本),香港龍門書店1965年香港影印初版(據1936年增訂本初版),第265頁。

卷》吻合。

【按四】過去有不少學者之著作，皆以咸豐九年己未(1859)爲先生之生年，如龍榆生之論文①(下稱《龍文》)、黄坤堯之年譜②(下稱《黄譜》)、丁千蕙之年表③(下稱《丁譜》)及孫維城之簡譜④(下稱《孫譜》)等等皆如是。彼等皆以《龍文》所引張爾田之説爲主要根據；《龍文》謂“周頤以咸豐九年己未(1859)九月初一日生(孟劬先生説)”⑤。

【按五】張孟劬之説，或即根據先生好友馮幵所撰之《清故通議大夫三品銜浙江補用知府況君墓志銘》記載之卒歲向上推算得出。蓋《墓志銘》并未述明先生之生年，但有云“春秋六十有八，以丙寅(1926)七月十八日病殁上海寓次”⑥，據此推出生年則爲咸豐九年(1859)。

【按六】《清故通議大夫三品銜浙江補用知府況君墓志銘》(下稱《墓志銘》)之所以未載明先生之生年，蓋因先生之家人及好友皆不知其詳。先生去世後約一年，其好友步章五所

---

① 龍榆生：《清季四大詞人》之“論況周頤”部分，引張孟劬先生説，《龍榆生詞學論文集》，上海古籍出版社 1997 年 7 月第 1 版，第 462 頁。

② 黄坤堯：《況蕙風年譜初稿簡編——清代詞家繫譜之三》，《文風》1972 年第 21 期，第 72 頁。筆者蒙黄教授惠贈此文影印本，謹此致謝。

③ 丁千蕙：《況周頤蕙風詞話研究》之附録一《況周頤年譜簡表》，臺灣政治大學碩士論文，1978 年，第 94 頁。

④ 孫維城：《晚清詞人況周頤簡譜》，《安徽師大學報》1992 年第 20 卷第 1 期(總第 80 期)，第 80 頁。

⑤ 龍榆生：《清季四大詞人》之“論況周頤”部分，見《龍榆生詞學論文集》，上海古籍出版社 1997 年 7 月第 1 版，第 462 頁。

⑥ 馮幵撰：《清故通議大夫三品銜浙江補用知府況君墓志銘》，見寒冬虹《新見況周頤墓志銘拓本》，《文獻》1994 年第 1 期(總第 59 期)，第 282 頁。

撰之《蕙風遺事》有云："蕙風先生殁於丙寅七月十八日，生年歲，雖家人不能知也。今從諸方印證，定爲六十八先生歲焉。"①所以據此知道《墓志銘》所説的先生"春秋六十有八"，乃是出於先生衆多好友之"諸方推定"，實在是没有確切之證據也。

【按七】賴静《況周頤年譜略稿》（下稱《賴譜》）主要據先生於《蓼園詞選·序》中自言"曩歲壬申，余年十二"②爲坐標，及《外傳》所載先生壽六十有六等資料逆推，考證先生生於咸豐十一年辛酉。③

【按八】馬興榮《況周頤年譜》④（下稱《馬譜》）以先生生於咸豐十一年辛酉九月初一日，但僅據《趙史》所記之出生月日而已（參以下【按十二】），未詳先生生年之所據。考馬氏於 1994 年另曾發表《試論況周頤及其詞》一文，詳論先生之生年應爲咸豐十一年（1861），所據與成於 1990 年之《賴譜》同，主要依《蓼園詞選·序》之資料；又謂先生之享年六十八歲説，乃《墓志銘》按照當時上海習俗之虚兩歲計歲法算出，扣除虚歲，則

---

① 步章五：《蕙風遺事》第 1 則，《林屋山人集》卷一三，轉引自林玫儀《況蕙風研究資料補述》，見北京大學中國古文獻研究中心編《北京大學中國古文獻研究中心集刊》第 7 輯《中國古文獻學與文學國際學術研討會論文集》，北京大學出版社 2008 年 1 月第 1 版，第 517 頁。

② 《蓼園詞選》，庚申（1920）仲春惜陰堂刊本，上海聚珍仿宋印書局印。

③ 賴静：《況周頤年譜略稿》，四川師範大學研究生畢業論文，1990 年，第 18－20 頁。

④ 馬興榮：《況周頤年譜》，《楚雄師專學報》1999 年第 14 卷第 4 期。

其實足年齡應爲六十六歲云云。① 此文或爲《馬譜》所據之心證,亦未可知。

【按九】秦瑋鴻《況周頤家世生平考》一文(下稱《秦文》)隱括《馬譜》之考證,并引用《硃卷》,認同先生生於咸豐十一年。②

【按十】翁同龢之日記中,有兩條記載,可佐證先生生於咸豐十一年(1861)。詳參本譜"同治十年(1871)六月一日"條及"光緒十四年(1888)十一月一日"條。翁氏素以嚴謹見稱,其説又與《硃卷》有關先生生年之記載吻合,吾人應予以重視。

【按十一】至於先生之出生月日,《蕙風遺事》又云:"先生生日,亦不肯言。子女請問,輒曰:'問生日何爲? 欲知我爲人日也? 狗日也?'"③則先生亦不肯向子女言及其生日。其實,先生嘗屢次於其自用印章中透露其出生月日,詳下文。

【按十二】趙尊嶽《蕙風詞史》(下稱《趙史》)曾先後二次提到九月一日爲先生之生日,其一云:"又九月一日爲先生生日,嘗

---

① 馬興榮:《試論況周頤及其詞》,《第一屆詞學國際研討會論文集》,臺灣"中央研究院"中國文哲研究所 1994 年初版,第 413 – 414 頁。後羅紐金亦采此説,見其《況周頤詞研究》第三章第一節,臺灣政治大學碩士論文,1996 年,第 27 頁。林玫儀《況蕙風研究資料補述》一文亦引用《蓼園詞選·序》,主先生生年爲咸豐十一年(1861),據《遺風遺事》反對馬文所言《墓志銘》所載先生卒年乃以虚歲計算之説。見北京大學中國古文獻研究中心編《北京大學中國古文獻研究中心集刊》第 7 輯《中國古文獻學與文學國際學術研討會論文集》,北京大學出版社 2008 年 1 月第 1 版,第 519 – 521 頁。

② 秦瑋鴻:《況周頤家世生平考》,《河池學院學報》2005 年第 25 卷第 1 期,第 37 頁。

③ 步章五:《蕙風遺事》第 2 則,《林屋山人集》卷一三,轉引自林玫儀《況蕙風研究資料補述》,北京大學中國古文獻研究中心編《北京大學中國古文獻研究中心集刊》第 7 輯《中國古文獻學與文學國際學術研討會論文集》,北京大學出版社 2008 年 1 月第 1 版,第 518 頁。

刊小印曰'與歐陽文忠同生辰'。"①另一云:"先生九月一日生辰,自賦《傾杯》,感憤特甚。"②可與《硃卷》所載之出生月日互證。

【按十三】先生嘗有白文篆書印章一方,暗示其出生月日,文曰"我生之日太上老｜君於玉尺璚｜房金闕上宫｜校集靈篇"③。考《雲笈七籤》卷四《道教經法傳授部》之《上清源流經目注序》有云:"道君以中皇元年九月一日,於玉天瓊房金闕上宫,命東華青宫尋俯仰之格,揀校古文,撰定靈篇,集爲寳經。"④先生之印文,當出自此段文字,是以知先生暗示其出生月日爲九月一日。

【按十四】先生又别有一朱文篆書印,述明其出生月日,文曰"生於季秋｜之朔與宋｜歐陽文忠｜真西山除｜内相同日"⑤。陳郁《藏一話腴》内篇卷上第五條云:"仁廟時,歐陽修以九月朔拜内相,真西山以端平甲午九月初除内相。洪平齋草制云:'粤我仁祖,有若臣脩,朝京師於甲午之年,拜内相於季秋

① 趙尊嶽:《蕙風詞史》,《詞學季刊》第1卷第4號,澳門海外圖書出版社1967年再版發行本,第73頁。

② 趙尊嶽:《蕙風詞史》,《詞學季刊》第1卷第4號,澳門海外圖書出版社1967年再版發行本,第92頁。

③ 朵雲軒網頁 www. duoyunxuan. com"款印搜索"之"況周頤"第4頁,編號39號印及釋文。本譜按:朵雲軒網頁所載印章釋文中之"玉尺璚房",當爲"玉天瓊房"之誤。又按:此印亦見録於《蕙風宧遺印》,乙未(1955)閏三月,濮尊朱佛齋拓本。陳蒙安(即陳運彰)原藏。此册現歸廣州收藏家梁基永先生。筆者蒙梁先生借觀,謹此致謝。筆者以下引《蕙風宧遺印》,皆據此本。

④ 〔宋〕張君房纂輯,蔣力生等校注:《雲笈七籤》,華夏出版社1996年8月第1版,第17頁。

⑤ 朵雲軒網頁 www. duoyunxuan. com"款印搜索"之"況周頤"第4頁,編號40號印及釋文。按:此印亦見録於《蕙風宧遺印》,乙未(1955)閏三月,濮尊朱佛齋拓本。據邊款,刻印者爲唐源鄴。

之朔。’當時以爲用事精切如此。”①先生之印文當本於此。

【按十五】至於先生是否出生於廣西臨桂縣？其實暫未有任何直接資料可證。《外傳》《墓志銘》《錢史》《趙史》及上述諸譜等等，皆無先生出生地之確切記載。唯有《秦文》直指“況周頤出生於廣西臨桂縣（原按：今桂林市）”②，惜并未注明資料來源。

【按十六】1978 年夏，先生之女況綿初、婿陳巨來、長子況又韓及親家馮君木之門人沙孟海接受訪問，其中況又韓謂其父生於桂林水東街。據考，清末之桂林水東街，即今之桂林花橋西頭與解放橋之間之自由路。③ 此乃有關先生出生地之一則口述資料，茲録出以備考。

## 1862 同治元年 壬戌 二歲

**是年，先生之兄桂森中進士。**

據《明清進士題名碑録索引》，況桂森乃同治元年壬戌科進士，名列第三甲第三名。④

【按】《翁文恭公日記》“光緒十四年戊子（1888），十一月朔”條亦記有：“廣西況儀周（號夔生，己卯舉，廿八歲，壬午世兄弟。其兄桂

① 〔宋〕陳郁撰：《藏一話腴》内篇卷上，葉二，見《景印文淵閣四庫全書·子部一七一·雜家類》第 865 册，臺灣商務印書館 1986 年 3 月初版，第 540 頁。

② 秦瑋鴻：《況周頤家世生平考》，《河池學院學報》2005 年第 25 卷第 1 期，第 34 頁。

③ 趙平：《桂林軼事》，民族出版社 2006 年 3 月第 1 版，第 197 頁。

④ 朱保炯、謝沛霖：《明清進士題名碑録索引》（下），上海古籍出版社 1980 年 2 月第 1 版，第 2820 頁。

森,余壬戌本房,以教授終)來見。”①其中“況儀周”應爲“況周儀”,翁氏筆誤也。又“余壬戌本房”之説,則表明況桂森乃翁氏之門生,於壬戌年中進士。“壬午世兄弟”句中“壬午”,疑乃翁氏之筆誤,或乃“壬戌”。

## 1863 同治二年 癸亥 三歲

## 1864 同治四年 甲子 四歲

## 1865 同治四年 乙丑 五歲

**是年或翌年某日,先生與其伯姊之女嬉於堂後,嘗共見一緑衣神人。**

據先生晚年所撰之《餐櫻廡漫筆》:“余伯姊適周,長余十七歲。甥女佩訓,字吟華,與余同歲生,余之日九月初,甥女臘月杪耳。憶昔五六歲時,某日,值姊歸甯,余與甥女劇嬉於堂後,俄見一神人,自屏門外(堂前後,以屏門界之),側身入,睨余輩而笑,烏紗緑袍,袍寬博,赤面雪髯,修與門相若也。余亟問甥女,則彼亦見之,余二人者並無有恐怖。余聞之長者,是爲吉祥,主見者福慧,惜未得見全身耳。其後甥女年未笄,亦穎悟絶倫,讀書過目成誦,工玉筯篆,精繪事,兼擅詩詞,唯殂化年不逮三十。曩神人爲之兆者,未審在當時彼所得見,視余所見,同異奚若矣。”②

【按】《賴譜》繫此事於是年。

---

① 《翁文恭公日記》第27册,葉七十七,涵芬樓影印常熟翁氏家藏稿本,上海商務印書館(影印)民國十四年(1925)七月初版;又見陳義傑整理:《翁同龢日記(排印本)》第4册,中華書局1992年6月第1版,第2235頁。

② 蕙風:《餐櫻廡漫筆》,《申報·自由談》,民國十四年(1925)8月5日。

## 1866 同治五年 丙寅 六歲

**是年,先生之姊桂珊手抄《爾雅》并授先生誦讀。**

據《外傳》:"蕙風先生……少有夙慧,讀書輒得神解,六齡已授《爾雅》。……"①

【按】《賴譜》繫此資料於是年。

又據先生所撰《眉廬叢話》:"臨桂況月芬(桂珊),蕙風詞隱之女兄也。年十二三,作楷仿率更,手抄《爾雅》全部,勁秀可喜。……"②

又據《鶯啼序·題王定甫師嫛碪課誦圖》"授誦亦謝姊"句下自注:"仲姊月芬適黄,蚤逝,曾手鈔《爾雅》授頤讀。"③

又據先生所撰《蓼園詞選·序》:"……蓼園先生姓黄氏,吾姊夫籲卿比部之曾大父。姊氏名桂珊,字月芬,明慧能爲小詩,楷書昉歐陽率更,絶秀勁,嘗手寫《爾雅》授余讀。……"④

【按】先生祖父況祥麟著有《六書管見》二十卷三十册⑤,先生

---

① 腹痛:《況蕙風先生外傳》,《申報·自由談》,民國十五年(1926)8月28日(丙寅年七月二十一日)。

② 況周頤著,郭長保點校:《眉廬叢話》第486則,《民國筆記小説大觀》第1輯第3册,山西古籍出版社1995年12月第1版,第358頁。

③ 臨桂況周頤夔笙:《菊夢詞》,葉九至十一,《第一生修梅花館詞》弟八,《蕙風叢書》第12册,上海中國書店藏版,丙寅(1926)四月刊本。本譜以下凡引《蕙風叢書》者,皆據香港大學馮平山圖書館所藏本。又,《菊夢詞》此本原題曰《菊寱詞》,爲便於識别,本譜以下凡引此集名,皆作"夢"字。

④ 《蓼園詞選》,庚申(1920)仲春惜陰堂刊本,上海聚珍仿宋印書局印。

⑤ 況祥麟著:《六書管見》,清光緒二年(1876)臨桂況氏刻本,爲《況氏叢書》之一。

仲姊月芬年十二三已能教授《爾雅》，而先生六歲已讀《爾雅》，具見文字訓詁之學，實乃況氏之家學，淵源有自。

## 1867 同治六年 丁卯 七歲

## 1868 同治七年 戊辰 八歲

## 1869 同治八年 己巳 九歲

**先生是歲補博士弟子員。**

據《外傳》："蕙風先生……少有夙慧，讀書輒得神解，六齡已授《爾雅》。垂髫應府縣學試，冠其曹，舉案首。同考或竊竊私語：'何以稚子，獨争上流！'府中至榜示謂：'廣右以靈淑所鍾毓，誕此英才；所望該家長者，善爲掖進，俾以有用之身，致國家之用；則宦轍所至，亦復與有榮'云。九歲釋褐。……"①

又據《墓志銘》載，先生"受天雅性，髫齔媚學，神解超朗。目所染著，胸即儲之；心所披豁，手即隨之。十一歲成諸生。文采琦瑋，辟易曹耦，學使者榜書，矜異目爲瑰寶"②。

【按一】《錢史》有云，先生"少而察惠，讀書輒得神解，垂髫應府縣學試，冠其曹，舉案首。同考或竊竊低語：'何以稚子，獨争上流！'知府事者至榜示謂：'廣右以靈淑所鍾毓，誕此英才；所望爲賢父兄者，善爲掖進，俾以有用之身，致國家之用；則宦

① 腹痛：《況蕙風先生外傳》，《申報·自由談》，中華民國十五年(1926)8月28日(丙寅年七月二十一日)。

② 馮幵撰：《清故通議大夫三品銜浙江補用知府況君墓志銘》，見寒冬虹《新見況周頤墓志銘拓本》，《文獻》1994年第1期(總第59期)，第282頁。

轍所至,亦復與有榮云。'九歲,補博士弟子員……"①《錢史》所云,幾與《外傳》全同,具見《錢史》資料之出處。

【按二】《外傳》與《墓志銘》之説其實并無大异,《墓志銘》十一歲説扣除虚歲,即同《外傳》之説。亦以此得知先生兒童時即極聰慧,備受赞賞,年僅九歲已成爲諸生。所謂"釋褐""補博士弟子員""成諸生"等,應指同一事。

【按三】《黄譜》引《錢史》爲據,《丁譜》未詳所據;二譜俱繫此事於同治六年丁卯(1867),蓋取咸豐九年己未(1859)爲先生之生年故也。《賴譜》亦繫上述《外傳》與《墓志銘》資料於是年。《孫譜》則引用陳乃乾《清名家詞》"九歲補博士弟子員"之説,繫此事於同治七年戊辰(1868)十歲,并加按語云:"此九歲當爲足歲。"②未知有何根據。

## 1870 同治九年 庚午 十歲

**是年,先生依鄉俗,寄名桂林榕樹樓前最古之榕樹,名曰"榕久"。**

據《餐櫻廡漫筆》:"鄉俗有寄名榕樹之説,謂童稚易育。榕陰袤延,輒數里許;其本合抱,不計如干人也。寄名者,以寸版署姓名,揭櫫於榕之本,名必以榕。蕙風寄名榕樹,年十歲矣,名曰榕久。寄名之日,侍先嫡母往,焚香酌醴,母先拜,命榕久拜,曰必肅。所寄榕樹樓前,最古之榕樹也。五十餘年前事,俯仰之閒,直一彈指頃矣耳,思之惘然。"③

---

① 錢基博著:《現代中國文學史》(增訂本),香港龍門書店 1965 年香港影印初版(據 1936 年增訂本初版),第 255 頁。

② 孫維城:《晚清詞人況周頤簡譜》,《安徽師大學報》1992 年第 20 卷第 1 期(總第 80 期),第 80 頁。

③ 蕙風:《餐櫻廡漫筆》,《申報·自由談》,民國十四年(1925)4 月 8 日。

【按一】《賴譜》繫此事於是年。

【按二】先生筆記所言之"先嫡母",或即許氏。《墓志銘》有云:"父淯……母許淑人,生母李淑人。"①

**是年至翌年間,先生之師趙準(後爲其太岳丈)得琴若干張,并授先生以其琴具四美之理。**

據《餐櫻廡漫筆》:"孔有德家廟(俗呼大寺),在臨桂就日門内(即舊北門),歲久傾圮泰半,唯佛殿僅存。同治庚午辛未間,殿之梁,經雷擊,斷而墜。時外王舅趙子繩先生(準)官臨桂知縣,撰良木敬易之。其壞梁,桐也,斲爲琴,得如干張,發音醇厚而清越。先生詔余:'斯琴具四美:桐可爲梁,非凡材矣,歷年復逾二百,美一;爲佛殿之梁,託清嚴之地,美二;方其爲梁,有鐘鼓之音,晨夕震蕩之,美三;木經雷擊,性益定静,美四。'曩室人篋贈中,新舊琴各一,新即取材於梁,地以梓,佳製也。……"②

【按一】先生或於此時,已隨趙準習古琴。後先生娶趙準之孫女,二人并習操縵。[參本譜光緒五年己卯(1879)"先生或於是年娶妻趙氏"條。]

【按二】筆者撰有《況周頤與古琴》一文,③詳細論述先生與古琴之關係,可參考。

---

① 馮幵撰:《清故通議大夫三品銜浙江補用知府況君墓志銘》,見寒冬虹《新見況周頤墓志銘拓本》,《文獻》1994 年第 1 期(總第 59 期),第 282 頁。

② 蕙風:《餐櫻廡漫筆》,《申報·自由談》,民國十四年(1925)4 月 22 日。

③ 鄭煒明:《況周頤與古琴》,見《2009"'古琴、音樂美學與人文精神'跨領域、跨文化"國際學術研討會論文集》,臺灣朝陽科技大學通識教育中心、香港大學饒宗頤學術館聯合主辦,2009 年 4 月 24 - 25 日,第 89 - 118 頁。又見耿慧玲、鄭煒明等主編:《琴學薈萃——第一届古琴國際學術研討會論文集》,齊魯書社 2010 年 12 月第 1 版,第 67 - 97 頁。

## 1871 同治十年 辛未 十一歲

**是年六月一日，廣西學政楊少和謁見翁同龢，對先生之文學才華極多赞賞。**

據《翁同龢日記》（同治十年六月一日）："……楊太史少和自廣西學政任滿來見（贈三十金，卻之），言彼處太平……又云秀才中有績學者況童子周儀，年十歲，詩賦可觀，成語屬對極妙。"①

【按一】先生生於九月初一日，以此計算，需於九月初一之後始算踏入十一歲，前於此，稱之爲十歲，仍不爲錯。據此，則楊少和於六月一日謁見翁同龢，其時先生尚未踏入十一歲，故楊、翁所報所記，并皆無誤。

【按二】《丁譜》亦繫此事於是年，但以先生是年爲十三歲；唯對於《翁同龢日記》所記先生十歲之説，并無任何解釋。《馬譜》則繫此資料於同治九年庚午（1870）十歲，馬氏謂所據出自《翁文恭日記》云云，但翁氏明明繫此事於同治十年（即是年）六月一日。

**或於是年，先生隨父登嵩山，感而賦詩，有云："舉頭天外煙雲低，俯視大千無一物。"**

據步章五《林屋山人集》卷十三《蕙風遺事》第十三則："先生尊人官吾豫有年，嘗携先生登中嶽，先生賦詩，有云：'舉頭天外煙雲低，俯視大千無一物。'尊人大笑曰：'詩語誠奇，將置我何地乎？'時先生僅十一歲也。"②

---

① 趙中孚編輯：《翁同龢日記》（排印本附索引）第2册，臺灣成文出版有限公司，1970年，第607頁。

② 轉引自林玫儀：《況蕙風研究資料補述》，見北京大學中國古文獻研究中心編《北京大學中國古文獻研究中心集刊》第7輯《中國古文獻學與文學國際學術研討會論文集》，北京大學出版社2008年1月第1版，第518頁。

【按一】本譜暫據步氏所言繫此事於先生十一歲之年。

【按二】據《墓志銘》，先生之尊人爲況洵；若據步氏筆記云"先生尊人官吾豫有年"，有學者曾認爲即況澄，蓋況澄"曾兩次歷署河南按察使"①。但況澄卒年爲1866年，②時先生僅六歲而已，至先生十一歲時，況澄已故五六年矣。因此携先生登中岳之尊人，究是況澄抑或是況洵，仍然待考。

【按三】《外傳》有云，先生童時"嘗侍父行，登獨秀峯，涉筆爲詩，驚其耆宿"③。未知與《蕙風遺事》所記之中岳賦詩事有否關涉，暫附記於此，待考。

## 1872 同治十一年 壬申 十二歲

**是年某夕，先生從其兄仲幹夜讀於家塾，又見靈异之事。翌年，其兄以急病猝逝。**

據《餐櫻廡漫筆》："同治壬申，余年十三歲，從 先兄仲幹受學於家塾。兄之坐位，與余相向，相距數尺許。某夕，漏逾三商，余未輟讀，兄則假寐於隔房，聞鼾聲焉。余雖讀，約略口到而已，亦昏昏欲睡矣。忽然驚覺，一刹那間，若有人，癯而黧，踞坐於兄座上，面目不甚可辨，余驚呼，則如輕烟散矣。明年，兄赴平南教諭任，以疾告歸，卒於平樂舟次，年僅逾四旬耳。或曰，余所見，是

① 方芳：《況周儀家世考辨》，《西南交通大學學報（社會科學版）》2006年第7卷第5期，第49頁。

② 方芳：《況澄生卒年考辨》，《廣西社會科學》2005年第12期，第144－146頁。

③ 腹痛：《況蕙風先生外傳》，《申報·自由談》，民國十五年（1926）8月28日（丙寅年七月二十一日）。

其衰氣之徵,理或然歟。”①

【按】本譜以筆記“同治壬申”之説,繫此事於是年。《賴譜》以筆記云先生“年十三歲”,繫此資料於翌年癸酉。

**先生是年拜王拯爲師。**

據先生《鶯啼序·題王定甫師嬃碪課誦圖》,序云:“周頤年十二受知　定甫先師,忽忽四十餘年……”②

【按一】《黄譜》《丁譜》俱繫此事於同治九年庚午(1870)十二歲,蓋取咸豐九年己未(1859)爲先生之生年故也。《賴譜》《馬譜》繫此資料於是年。

【按二】王拯(1815－1876),③原名錫振,字定甫,號少鶴。原籍廣西桂林,與王鵬運之祖王會爲從兄弟,因依孀居姊氏而爲馬平人。道光十七年舉人,二十二年進士,官至通政使。主講桂林各書院。文宗桐城,爲嶺西五大家之一。著有《龍壁山房文集》三卷、《龍壁山房詩集》十五卷、《茂陵秋雨詞》四卷、《瘦春詞》一卷。④ 是年王拯五十八歲,先生或於縣學中得以受教於王氏。

**是年,作《韶音洞詩》。此後至己卯(1879)十九歲之前,時常作詩。**

據先生所撰之《蕙風簃二筆》有云:“余十二歲時,作《韶音洞詩》:‘桂林多古洞,每以形得名。此洞在城北,不以形以聲。泠泠清音發,足以怡性情。恍如奏舜樂,鳥獸皆鏘鳴。令我獨坐

---

① 蕙風:《餐櫻廡漫筆》,《申報·自由談》,中華民國十四年(1925)5月3日。

② 臨桂況周頤夔笙:《菊夢詞》,葉九,《第一生修梅花館詞》弟八,《蕙風叢書》第12册,上海中國書店藏版,丙寅(1926)四月刊本。

③ 陳玉堂編著:《中國近現代人物名號大辭典》,浙江古籍出版社1993年5月第1版,第44頁。

④ 曾德珪編:《粵西詞載》之《王拯小傳》,漓江出版社1993年7月第1版,第274頁。

久,神氣爲之清。'繼此至己卯已前,時常作詩,苦不能入格。己卯已後,沈頓於詞滋甚,與詩判爲兩涂矣。"①

【按一】《黄譜》繫此事於同治九年庚午(1870)十二歲,蓋取咸豐九年己未(1859)爲先生之生年故也。《賴譜》《馬譜》繫此資料於是年。

【按二】事實上,先生在其生平之不同階段,皆有詩作;詳參拙作《晚清大詞人況周頤佚詩研究》。②

**先生是年始學填詞。以《蓼園詞選》爲學詞之導師。**

據先生爲《蓼園詞選》民國重刊本所撰之序云:"曩歲壬申,余年十二,先未嘗知詞。偶往省姊氏,得是書案頭,叚歸雒誦,詑爲鴻寶,由是遂學爲詞,蓋余詞之導師也。"③

【按】《孫譜》亦繫此事於是年,但以先生是年爲十四歲。亦因取咸豐九年己未(1859)爲先生之生年故也。《賴譜》《馬譜》繫此資料於是年。

又據先生所撰之《香東漫筆》有云:"余女兄三,其仲適黄,名俊熙,字籲卿;籲卿之曾祖蓼園先生,有詞選梓行……余年十二,女兄(月芬)于歸,貽余是編,如獲拱璧,心維口誦,輒昉爲之,是余詞之導師也……黄氏家祠内,有偶彭樓,《詞選》版貯其上……女兄以余幼故,請登樓弗許……"④

【按一】《黄譜》《丁譜》俱繫此條於同治九年庚午(1870)十二

---

① 臨桂況周儀阮堪記:《蕙風簃二筆》卷二,葉十六,《阮盦筆記》第5種,《蕙風叢書》第3册,上海中國書店藏版,丙寅(1926)四月刊本。

② 鄭煒明著:《晚清大詞人況周頤佚詩研究》,韓國忠州大學校編《東亞文獻研究》第1輯(創刊號)2007年第1版,第287-304頁。

③ 《蓼園詞選》,庚申(1920)仲春惜陰堂刊本,上海聚珍仿宋印書局印。

④ 臨桂況周頤寱遴記:《香東漫筆》卷二,葉八,見《蕙風叢書》第4册,上海中國書店藏版,丙寅(1926)四月刊本。

歲，蓋取咸豐九年己未(1859)爲先生之生年故也。《賴譜》《馬譜》繫此資料於是年。

【按二】《外傳》記先生“十三歲省姐氏，偶得《蓼園詞選》讀之，試爲小詞，而沉浸者以日深”①，或屬誤記歲數；本譜暫從先生自己於《香東漫筆》所記之歲數，故繫於是年。

【按三】屈興國認爲，蓼園先生即黄蘇，乃先生姊夫黄俊熙之祖父，而非先生筆記所言之曾祖；并謂黄蘇原名道溥，字蓼園，乾隆五十四年(1789)舉人。② 詳待考。

又據《餐櫻詞》自序：“余自壬申、癸酉間，即學填詞……”③

【按】《黄譜》亦繫此事於是年，但以先生是年爲十四歲。亦因取咸豐九年己未(1859)爲先生之生年故也。《賴譜》繫此資料於翌年。《馬譜》亦繫此事於是年，但僅引述徐珂《近詞叢話》之間接資料以證。④

是以知先生在踏入十二歲之後，始學填詞，其初蓋以其姊夫之曾祖黄蓼園(按即黄蘇)所編撰之《蓼園詞選》爲導師。先生由是歲始至十九歲，亦時常作詩；是年又開始受業於王拯，估計王拯於先生之詞學、詩作，以至於科舉課業等，皆有所指導。

---

① 腹痛：《況蕙風先生外傳》，《申報·自由談》，民國十五年(1926)8月28日(丙寅年七月二十一日)。

② 況周頤撰，屈興國輯注：《蕙風詞話輯注》，江西人民出版社2000年10月第1版，第344頁。

③ 臨桂況周頤夔笙：《餐櫻詞》卷首，《第一生修梅花館詞》弟七，《蕙風叢書》第12册，上海中國書店藏版，丙寅(1926)四月刊本。

④ 唐圭璋編：《詞話叢編》第5册，中華書局1986年1月第1版，第4227頁之“況夔笙述其填詞之自歷”條。

## 1873 同治十二年 癸酉 十三歲

**先生或於是年舉拔貢。**

據《外傳》云，先生“十三齡舉拔貢”①。

【按】《賴譜》繫此資料於是年。

**是年，先生之兄仲幹，病卒於平樂舟次。**

據《餐櫻廡漫筆》：“同治壬申，余年十三歲，從　先兄仲幹受學於家塾。……明年，兄赴平南教諭任，以疾告歸，卒於平樂舟次，年僅逾四旬耳。或曰，余所見，是其衰氣之徵，理或然歟。”②

**是年，嘗賦落花詞。**

據《雙調望江南》“閒庭院”及“花如畫”二首之詞序：“曩年十三歲賦落花，得香韻，全闋不足存，越五十年改定二首，風格渾不似也。”③

【按一】《丁譜》繫此事於同治十年辛未（1871）十三歲。蓋因取咸豐九年己未（1859）爲先生之生年故也。

【按二】所謂“賦落花”之詞，筆者認爲即先生少作《存悔詞》集中之《雙調望江南·梅憶》。詞云：“梅花笑，索向小迴廊。且許靜參林叟句，忍教輕點壽陽妝。幾度立昏黃。　　飄零盡，無計挽紅芳。輸與鄰家蜂蜜好，不知何處燕巢香。風致耐思

---

① 腹痛：《況蕙風先生外傳》，《申報·自由談》民國十五年（1926）8月28日（丙寅年七月二十一日）。

② 詳參蕙風：《餐櫻廡漫筆》，《申報·自由談》，民國十四年（1925）5月3日。

③ 臨桂況周頤夔笙譔：《蕙風詞》卷下，葉二十六，《惜陰堂叢書》，乙丑（1925）閏四月刻本。本譜以下凡引惜陰堂叢書本《蕙風詞》者，除特別說明所據版本者外，皆據香港大學馮平山圖書館所藏本。

量。"①此詞用"香"韵,詞題爲"梅憶",内容乃賦梅花之凋落,正符合五十年後改作之《雙調望江南》"閒庭院"及"花如畫"二首詞序所指。

【按三】至於五十年後改作之《雙調望江南》"閒庭院",亦賦落花、用香韵,甚至部分詞句仍沿舊作;詞云:"閒庭院,花落更斜陽。肯與游絲爲繾綣,莫將飛絮共平章。飄泊不能狂。東風急,無計挽紅芳。輸與鄰家蜂蜜好,不知何處燕巢香。迴盡舊時腸。"②换頭第二至第四句與十三歲時所作全同。

【按四】《秦文》謂先生"十三歲即作《水調歌頭·擁被不聽雨》詠落花"③,此説失考。首先,先生自定之《蕙風詞》卷下葉三十《金縷曲》自注云:"以下六首,十五歲以前作,依元刻本附末,自記。"④其中《水調歌頭·落花》(首句"擁被不聽雨"),排第四首;⑤據此祇可肯定此詞作於十五歲之前,未能證明其即十三歲時所作之"賦落花,得香韻"一詞。再者,《水調歌頭·落花》詞題雖曰"落花",然并非用"香"韵,故不能單以詞題推定。三者,先生"越五十年"後據舊作改定之《雙調望江南》二首,見收於自定詞集《蕙風詞》;其自言舊作"全闋不足存",故原作應不會同時被編入《蕙風詞》内;而《水調歌頭·落花》一

---

① 臨桂況周儀夔笙:《存悔詞》,葉十五,香海棠館丁亥(1887)仲秋刻本。筆者據上海圖書館所藏本,下同。

② 臨桂況周頤夔笙譔:《蕙風詞》卷下,葉二十六,《惜陰堂叢書》,乙丑(1925)閏四月刻本。

③ 秦瑋鴻:《況周頤家世生平考》,《河池學院學報》2005 年第 25 卷第 1 期,第 34 頁。

④ 臨桂況周頤夔笙譔:《蕙風詞》卷下,葉三十,《惜陰堂叢書》乙丑(1925)閏四月刻本。

⑤ 臨桂況周頤夔笙譔:《蕙風詞》卷下,葉三十一至三十二,《惜陰堂叢書》乙丑(1925)閏四月刻本。

詞,原見於先生《養清書屋存悔詞》集內,①最終亦得先生一字不改編入《蕙風詞》,可見其并非先生所言“十三歲賦落花,得香韻,全闋不足存”之作。四者,先生已自言其據舊作改定者爲《雙調望江南》二首,而《秦文》竟未察其少作《存悔詞》集內之《雙調望江南·梅憶》,實較《水調歌頭·落花》更爲符合“賦落花,得香韻”之旨;蓋先生五十年後改定之《雙調望江南》二首之詞調、詞題、用韻,以至部分詞句,皆與其十三歲時所作之《雙調望江南·梅憶》,有一脉相承之關係也。《秦文》明顯有望詞題而生義之失。

**是年曾賦詩,姊夫蔣梓材誡其勿作衰颯語。**

據《眉廬叢話》:“余年十三四,不知詩爲何物,輒冒昧屢爲之,有句云:‘薄酒並無三日醉,寒梅也隔一窗紗。’姊丈蔣君梓材(本譜按:自注略),見而誡之曰:‘童子學詩,胡爲是衰颯語?’”②

【按】《黄譜》《丁譜》俱繫此事於同治十年辛未(1871)十三歲。蓋因取咸豐九年己未(1859)爲先生之生年故也。

**是年至翌年間,先生已癖詞,詩仍偶一爲之,嘗有五言詩一首。約於此時期,先生輒按世父所輯《雜體詩鈔》,防作各體雜體詩。**

據《餐櫻廡漫筆》:“曩余十三四歲,即已癖詞,詩猶偶一爲之,有云:‘自君之出矣,不復畫長眉,眉長似遠山,山遠君歸遲。’明張迂公(杞)詞,《醉公子·和薛昭蘊韻》云:‘怕展曉屏開,關山入眼來。’旨與吾詩略同,故記之。”③

---

① 此詞見録於悔道人夔笙(未定草):《養清書屋存悔詞》,葉十五,光緒己卯(1879)刻本。筆者據中國國家圖書館所藏本,下同。此詞又見録於臨桂況周儀夔笙著《存悔詞》,葉十二,光緒丁亥(1887)仲秋香海棠館刻本。

② 況周頤著,郭長保點校:《眉廬叢話》第245則,《民國筆記小說大觀》第1輯第3册,山西古籍出版社1995年12月第1版,第172頁。

③ 蕙風:《餐櫻廡漫筆》,《申報·自由談》,民國十四年(1925)11月9日。

【按】《賴譜》繫此資料於翌年。

又據《蕙風簃二筆》:"先兩人世父(澍)輯《雜體詩鈔》鍥行,如柏梁體、梁父吟、離合體、神智體、休洗紅、兩頭纖纖、自君之出矣、集詞名、藥名之類,體凡數十,得二十四卷,分八鉅册。余幼時輒每種昉爲之。偶憶其一云:'自君之出矣,不復畫長眉,眉長似遠山,山遠君歸遲。'"①

【按】據國家圖書館所藏本,《雜體詩鈔》輯者署況澄,而先生屢於筆記指此書由況澍所輯;其底蘊如何,有待深考。

**是年或以前,先生未癖詞時,曾有咏海棠詩多首。**

據《餐櫻廡漫筆》:"蕙風未癖詞時,詠海棠句云:'妙氣清微别有香。'海棠之香,若爲我所獨有。何以故?他人未必領會得到。又有句云:'頗覺黄花比我肥。'"②

又據先生所撰之《西底叢談》筆記有云:"……余謂凡海棠皆香,何嘗爲地限?人自心麤,知者尠耳。'妙氣清微别有香',香海棠館詠海棠句也。"③

又據《餐櫻廡漫筆》另一則云:"蕙風十三歲已前,尚未癖詞,學作近體詩……又詠海棠句:'緑肥紅瘦李清照,鬢亂釵横楊太真。'李楊屬對,當時頗自喜。"④

【按一】《賴譜》繫上述第一及第三則資料於是年。

【按二】據上引《餐櫻廡漫筆》,可知此三則斷句作於先生"未

---

① 臨桂況周儀阮堪記:《蕙風簃二筆》卷第二,葉十六,《阮盦筆記》第5種,《蕙風叢書》第3册,上海中國書店藏版,丙寅(1926)四月刊本。

② 蕙風:《餐櫻廡漫筆》,《申報·自由談》,民國十四年(1925)11月19日。

③ 臨桂況周儀阮盦記:《西底叢談》,葉九,《阮盦筆記》第2種,《蕙風叢書》第1册,上海中國書店藏版,丙寅(1926)四月刊本。

④ 蕙風:《餐櫻廡漫筆》,《申報·自由談》,民國十四年(1925)11月27日。

癖詞時”。先生嘗謂“十三四歲,即已癖詞”①,故筆者暫定此兩則斷句作於先生十三歲(1873)前。

【按三】先生早期有香海棠館刻本《存悔詞》②《香海棠館詞話》③《香海棠館詠泉詩百篇》④等。故先生的早期館號之一“香海棠館”,或即與此等少年時所作的詠海棠詩意有關。

**是年或以前,先生未癖詞時,又曾有咏蘭花詩。**

據《餐櫻廡漫筆》:“蕙風十三歲已前,尚未癖詞,學作近體詩,詠蘭花句云:‘偶來應是有緣香。’又云:‘一夜西風暗轉廊。’(兩上句,並遜。)又有句云:‘盥罷神清無個事,梅邊小立待香來。’詩不入格,是可與言花氣者。……”⑤

① 蕙風:《餐櫻廡漫筆》,《申報·自由談》,民國十四年(1925)11月9日。

② 臨桂況周儀夔笙:《存悔詞》,香海棠館丁亥(1887)仲秋刻本。

③ 臨桂況周儀夔笙:《香海棠館詞話》,約撰成於1895年前,或刊刻於1895至1898年間,見《蕙風叢書》第11册,上海中國書店藏版,丙寅(1926)四月刊本。

④ 秦瑋鴻:《況周頤家世生平考》,《河池學院學報》2005年第25卷第1期,第33頁。文中曾提及先生此作篇名,但未交代資料出處。按:今據筆者考獲,《香海棠館詠泉詩百篇》分10期見刊於上海《青鶴》第1卷第12期(1933年5月1日出版)、第14期(1933年6月1日出版)、第16期(1933年7月1日出版)、第18期(1933年8月1日出版)、第20期(1933年9月1日出版)、第22期(1933年10月1日出版)、第24期(1933年11月1日出版),第2卷第2期(1933年12月1日出版)、第4期(1934年1月1日出版)、第6期(1934年2月1日出版)。據《青鶴》編者識語及先生弟子陳運彰之題記,此乃先生生前未刊之遺稿,本已散失,後得於販書者之手,由陳運彰録副付刊。詩作皆七言絶句,共100首,咏歷代錢幣,每詩前題古錢名稱、類型及簡介,詩後多有按語,自注其詩所涉典故之文獻與史實等,堪稱爲一部詩歌體之中國古代錢幣史。

⑤ 蕙風:《餐櫻廡漫筆》,《申報·自由談》,民國十四年(1925)11月27日。

【按】《賴譜》繫此資料於是年。

## 1874 同治十三年 甲戌 十四歲

**與兄桂森等同校訂伯父況澄《西舍文遺編》。**

據《西舍文遺編》卷四最末葉刻有"受業姪壻劉啟運編次｜姪桂森、周儀同校訂｜男仙根、桂梁同校刊";而《西舍文遺編》刊於同治十三年甲戌(1874)仲冬。

**是年,有詞《滿庭芳·邛州磚茶》。**

據《餐櫻廡漫筆》:"曩年十四歲,詠邛州磚茶。(長姊自蜀中寄貽)《滿庭芳》後段云……"①

【按一】《賴譜》繫此資料於是年。

【按二】《滿庭芳·邛州磚茶》見收於先生之丁亥(1887)仲秋香海棠館刻本《存悔詞》葉十。

## 1875 光緒元年 乙亥 十五歲

**是歲及之前(可上溯至十二歲),填有《金縷曲》"秋也拋人去"、《花發沁園春·小春見梅》、《減字浣溪沙》"如水清涼"、《水調歌頭·落花》、《江南好》"憐花瘦"、《江南好·詠梅》。**

據先生自訂之《蕙風詞》卷下葉三十《金縷曲》自注:"以下六首,十五歲以前作,依元刻本附末,自記。"②

【按】先生十二至十五歲間所填之詞,必不止上述六闋,但據現

---

① 蕙風:《餐櫻廡漫筆》,《申報·自由談》,民國十四年(1925)4月15日。

② 該六闋詞,見臨桂況周頤夔笙譔:《蕙風詞》卷下,葉三十至三十二,《惜陰堂叢書》,乙丑(1925)閏四月刻本。

存資料，可勉强繫年者唯此六闋而已。

**約於是時，先生有《登疊綵山放歌》詩。**

據《餐櫻廡漫筆》："蕙風少作，《登疊綵山放歌》，有云：'洞旁得小亭，可以安尊罍，此時憑闌一望遠，忽覺樂事都可哀。'當是時，年甫十五六歲，何可哀之足云，天倪之所觸發，烏知其爲今日之讖耶。"①

【按】《賴譜》繫此資料於是年。

## 1876 光緒二年 丙子 十六歲

**先生是年充優貢生。**

據《墓志銘》："年十八充優貢生。"②扣除虚歲應即爲十六歲。

【按】《錢史》《龍文》《秦文》皆作十八歲，蓋源出《墓志銘》之説而未扣除虚歲也。《黄譜》《丁譜》《孫譜》俱繫此事於光緒二年丙子(1876)十八歲，蓋因取咸豐九年己未(1859)爲先生之生年故也。《馬譜》據《龍文》而繫此事於光緒四年戊寅(1878)十八歲，蓋誤。《賴譜》繫此資料於是年。

## 1877 光緒三年 丁丑 十七歲

## 1878 光緒四年 戊寅 十八歲

**是年，先生始讀易順鼎詞。**

---

① 蕙風：《餐櫻廡漫筆》，《申報·自由談》，民國十四(1925)年4月24日。

② 馮幵撰：《清故通議大夫三品銜浙江補用知府況君墓志銘》，見寒冬虹《新見況周頤墓志銘拓本》，《文獻》1994年第1期(總第59期)，第282頁。

據《壽樓春》"紉湘蘭情芳"詞"記紅蕉舊譜,吟瘦燈窗"句下自注:"戊寅年,始讀實甫《紅蕉》《夢語》各詞。"①

【按】《丁譜》亦繫此事於是年,但以先生是年爲二十歲,蓋因取咸豐九年己未(1859)爲先生之生年故也。

## 1879 光緒五年 己卯 十九歲

**正月十二日,先生有《滿江紅·己卯正月十二》詞。②**

**二月十五日,先生編成《養清書屋存悔詞》并作序。**

據《養清書屋存悔詞·序》,末署"己卯花朝悔道人識於明月梅花共一窗下"③。

【按一】《第一生修梅花館詞》附録(十二闋)本《存悔詞》壬辰(1892)卷首識語云:"余性耆倚聲,是詞爲己卯以前作,固陋,無師友切磋,不自揣度,謬禍梨棗。戊子入都後,獲覩古今名作,復就正子疇、鶴巢、幼遐三前輩,寢饋其閒者五年,始決知前刻不足存。……"④識語云"知前刻不足存",故知《存悔詞》於壬辰(1892)前必另有刻本。據今搜羅所得,知《存悔詞》尚有是年之《養清書屋存悔詞》(五十六闋)本,以及丁亥(1887)

---

① 臨桂況周儀夔笙:《玉梅詞》,葉五,《第一生修梅花館詞》第二,《蕙風叢書》第11冊,上海中國書店藏版,丙寅(1926)四月刊本。

② 此詞見録於悔道人夔笙(未定草):《養清書屋存悔詞》葉十一,光緒己卯(1879)刻本。又見録於臨桂況周儀夔笙《存悔詞》,葉九至十,光緒丁亥(1887)仲秋,香海棠館刻本。

③ 悔道人夔笙(未定草):《養清書屋存悔詞》,光緒己卯(1879)刻本。又見於臨桂況周儀夔笙《存悔詞》,光緒丁亥(1887)仲秋,香海棠館刻本。

④ 臨桂況周儀:《存悔詞》,葉一,《第一生修梅花館詞》附録,《蕙風叢書》第12冊,上海中國書店藏版,丙寅(1926)四月刊本。

仲秋香海棠館刻本,即六十三闋本。[1] 先生之少作《存悔詞》,經筆者據十三種與《存悔詞》有關之版本整理所得,共得詞六十九闋。[2]

【按二】茲録出《養清書屋存悔詞·序》全文如下:"吾生二十以外,便非妙齡。明鏡笑人,黯然今昔。況復養花天氣,薄煖輕寒;殢酒情懷,纔醒又睡。一春魚鳥,不信浮沉;兩字鴛鴦,也拌惆悵。尋芳倦矣,和影憐誰?不得已以恨遣情,以悔分恨,悔而存之,仍無不悔之一時也。央花比瘦,懺甚紅愁;著柳傷離,依然緑怨。至若銅琶鐵撥,尤多當哭之音;玉引甎抛,强索無憀之作。既無庸悔,更不足存。冬郎風格,不能例以香籢;秋士蕭疏,不過好爲妮語云爾。己卯花朝,悔道人識於明月梅花共一窗下。"此序亦收入《存悔詞》丁亥(1887)仲秋香海棠館刻本。

【按三】此序云作於己卯(1879)花朝(二月十五日,一説二月十二日),該年先生年僅十九歲,與序首所云"吾生二十以外,便非妙齡。明鏡笑人,黯然今昔"之説,不無矛盾。或先生撰序時以二十爲約數,又或以十九之齡,預言二十以後之情懷,亦未可知。

【按四】《黄譜》《丁譜》俱繫此事於是年,但以先生是年爲二十一歲,蓋因取咸豐九年己未(1859)爲先生之生年故也。《馬譜》謂是年先生有《存悔詞》一卷。《賴譜》亦繫先生有《存悔詞》一卷於是年。

**是年秋,先生考鄉試;應試諸作,今尚存文《子曰:"孝哉閔子騫!人**

---

① 《存悔詞》版本問題,詳參鄭煒明著《況周儀存悔詞版本研究》,香港大學饒宗頤學術館2008年5月第1版。

② 況周儀著,鄭煒明輯校:《存悔詞足本》,香港大學饒宗頤學術館2008年5月第1版。

**不聞于其父母昆弟之言。"南容三復白圭,孔子以其兄之子妻之》《官盛任使,所以勸大臣也》《傳説舉于版築之間》三篇及詩作《賦得八桂山川臨鳥道,得川字五言八韻》一首。①**

【按】上述詩文皆爲先生散佚之作,向未入集。茲録其詩:"八桂登臨處,名山並巨川。蟾宫和月折,鳥道帶雲穿。涼蔭辰峰外,香浮癸水邊。蕭蕭驚叱馭,跕跕墮飛鳶。翠聳千盤路,青餘一髮天。郵程迷瘴雨,關塞入蠻煙。雁影三湘隔,羊腸九折連。高枝欣可借,蓬島接班聯。"②

**是年秋,先生中式光緒五年鄉試,成爲舉人。**

據《墓志銘》:"二十一中式,光緒五年鄉試。"③扣除虚歲應即爲十九歲。

【按一】《黄譜》《丁譜》《孫譜》俱繫此事於是年,但以先生是年爲二十一歲,蓋因取咸豐九年己未(1859)爲先生之生年故也。《賴譜》《馬譜》繫此資料於是年。

【按二】《外傳》謂先生"十七登賢書"④,意指先生年十七中舉,然年十七之説未知何據。

【按三】清代考試制度,鄉試皆在秋天舉行,又稱秋闈。故本譜繫先生中舉一事於是年秋。

**約於是年,賀縣于式枚爲先生之《養清書屋存悔詞》題詞《金縷曲》**

---

① 《廣西鄉試硃卷》卷七,見録於王娟《況周頤研究四題》,香港大學饒宗頤學術館,2013年5月,第60–67頁。

② 《廣西鄉試硃卷》卷七,見録於王娟《況周頤研究四題》,香港大學饒宗頤學術館,2013年5月,第67頁。

③ 馮幵撰:《清故通議大夫三品銜浙江補用知府況君墓志銘》,見寒冬虹《新見況周頤墓志銘拓本》,《文獻》1994年第1期(總第59期),第282頁。按:引文"中式"後之逗號應刪除。

④ 腹痛:《況蕙風先生外傳》,《申報·自由談》,民國十五年(1926)8月28日(丙寅年七月二十一日)。

二闋。

據《養清書屋存悔詞》,題詞葉有《金縷曲》二闋,作者署名"襄陵外史穗笙"①。

【按一】除是年刻本《養清書屋存悔詞》之外,香海棠館丁亥(1887)刻本《存悔詞》之題辭《金縷曲》二闋,作者署名亦爲"襄陵外史穗笙"。此題辭後來於《弟一生修梅花館詞》之七卷本,編於第六卷《二雲詞》之前,又於《弟一生修梅花館詞》之《蕙風叢書》本,編於第四卷《蕙風詞》之前,但作者署名則改刻爲"賀縣于式枚晦若"②。是以知襄陵外史、穗笙皆爲于式枚之別號。

【按二】于式枚(1853 - 1915,一作 1859 - 1915),廣西賀縣人(原籍四川)。字晦若,號穗生。光緒六年(1880)進士,歷任郵、禮、吏、學諸部侍郎。又曾任修訂法律大臣、國史館副總裁、京師大學堂總教習、譯學館監督等等。晚年居青島,後患霍亂症卒於昆山舟中。③

先生或於是年娶妻趙氏。

據《錢史》:"二十一舉光緒五年鄉試,迺娶於趙,伉儷綦篤。夫人善雅樂,因並習操縵,儼然理曲。"④

【按一】《錢史》言先生中舉後乃娶趙氏,并未明言何年,或於先生中舉前後,故暫繫於此。

---

① 悔道人夔笙(未定草):《養清書屋存悔詞》,光緒已卯(1879)刻本。

② 《弟一生修梅花館詞》弟六《二雲詞》前之《題辭》,葉一,弟一生修梅花館甲寅(1914)刻本(七卷本)。又見《弟一生修梅花館詞》弟四《蕙風詞》前之《題辭》,葉一,《蕙風叢書》本。

③ 陳玉堂編著:《中國近現代人物名號大辭典》,浙江古籍出版社 1993 年 5 月第 1 版,第 9 頁。

④ 錢基博著:《現代中國文學史》(增訂本),香港龍門書店 1965 年香港影印初版(據 1936 年增訂本初版),第 255 頁。

【按二】亦是以知先生之夫人善古琴,故先生於婚後,常與夫人一起彈琴。

【按三】《黄譜》亦繫此資料於是年,但以先生是年爲二十一歲,蓋因取咸豐九年己未(1859)爲先生之生年故也。《賴譜》繫此資料於是年。

## 1880 光緒六年 庚辰 二十歲

**春,疑先生曾赴京應進士試,初被録取爲第二名進士,後因被發現考卷中有對皇上不敬之處而遭罷黜。**

據先生之婿陳巨來於《安持人物瑣憶》中憶述:"況公周儀……十八中舉人,十九會試,在隔座一同年朱某某年輕貌美,況公心不在焉,涉及遐想,竟將皇上二字,應三抬頭,而寫在下面了。當時主考只看謄録,遂以進呈,録取第二名進士矣,及看原卷,遂撤消了。"①

【按一】陳巨來所憶此事,如果屬實,則爲一對先生仕途經歷以至畢生命運影響至爲關鍵之事件。筆者於此譜 2007 年香港初稿版之後記中,已曾提及此資料,當時以其爲孤證,故未遽而編入。今細讀陳氏此段記載,其中内容詳盡,似或爲先生於晚年向其東床口述之個人史料;陳氏固或稍有添加臆測之處,但其史源來自先生,蓋無可疑,故本譜暫列於此。

【按二】陳氏謂先生"十八中舉人,十九會試",或以實齡計算。

【按三】按清代科舉慣例,考生一般除需守制等不得已之原因

---

① 陳巨來:《安持人物瑣憶》之《記況公一二事》,上海文藝出版總社網頁 http://www.shwenyi.com,2007 年 2 月 5 日。資料參見 http://cache.baidu.com/,2007 年 5 月 1 日。又見《萬象》2003 年第 5 卷第 8 期,第 114 頁。又見陳巨來《安持人物瑣憶》,上海書畫出版社 2011 年 1 月第 1 版,第 129 頁。

外,皆會於秋闈中舉後之翌年徑赴春闈。一般認爲先生於戊子(1888)始入都應會試,如今細思,益覺與常理不合:何以先生於己卯(1879)中舉後九年,始入都應會試?似未有資料可予以解釋。陳氏所記,或爲先生應試一事之另一重要綫索,有待細考。

【按四】又據先生《壽樓春》"紉湘蘭情芳"詞"放船雲陽"句下自注云:"庚辰實甫上京,余未北上……"①實甫,即易順鼎,與先生始識於光緒壬辰(1892)春。此詞乃先生賦和易氏之作,詞中自注似謂先生是年并未赴京;然先生此句語意,或僅指非與易氏同時上京,故有未得識荆於當時之憾,與應試之事未必有關。又或先生詞中之自注,乃隱晦應試憾事之言而已,亦未可知。又按《丁譜》亦繫先生《壽樓春》詞自注内容於是年,但以先生是年爲二十二歲,蓋因取咸豐九年己未(1859)爲先生之生年故也。

**是年起,先生越加沉頓於詞,此後極少作詩。**

據《蕙風簃二筆》:"己卯已後,沈頓於詞滋甚,與詩判爲兩涂矣。"②

【按】《丁譜》《孫譜》俱繫此事於光緒五年己卯(1879)二十一歲。《馬譜》繫此資料於去年己卯(1879)十九歲。

**先生於是年曾有《綺羅香》詞,以虚字叶韵。**

據《蕙風詞話》:"……憶二十歲時作《綺羅香》,過拍云:'東風吹盡柳綿矣。'端木子疇前輩(埰)見之,甚不謂然,申誡至再。余詞

---

① 臨桂況周儀夔笙:《玉梅詞》,葉五,《弟一生修梅花館詞》弟二,《蕙風叢書》第11册,上海中國書店藏版,丙寅(1926)四月刊本。

② 臨桂況周儀阮堪記:《蕙風簃二筆》卷弟二,葉十六,《阮盦筆記》第5種,《蕙風叢書》第3册,上海中國書店藏版,丙寅(1926)四月刊本。

至今不復敢叶虛字。”①

【按一】《丁譜》繫此事於光緒四年戊寅(1878)二十歲,蓋因取咸豐九年己未(1859)爲先生之生年故也。《馬譜》繫此資料於是年。

【按二】《綺羅香》詞未見入集。

**是年,先生極喜誦讀項蓮生《憶雲詞》。**

據《餐櫻廡漫筆》:“‘恨夜短,夜長卻在,者邊庭院’,項蓮生(廷紀)《憶雲詞》句(隔墻聞按歌聲,調失記)。余二十歲時,極喜誦之。後乃知其絶無佳處,而詞境稍稍進矣。”②

【按】《賴譜》繫此資料於是年。

**先生自是歲起曾浪游南北。并開始注意搜羅有關詞學之古籍文獻,爲先生日後成爲詞學典籍方面之專門藏書家奠定基礎,益證先生之沉頓於詞也。**

據《薇省詞鈔·例言》:“周儀齠齔即耆倚聲,弱冠後浪遊南北,所至吳越楚蜀名勝之區,經過郡邑,輒肆蒐羅,或從臧書家輾轉傳鈔,十載京華,購求尤力,所收　國朝詞別集將及千家,薇省詞亦將百家,各總集選本經刻行者略備……”③

【按】先生是年二十歲,即弱冠之年。《薇省詞鈔》例言所謂“弱冠後浪遊南北”之事,當可爲陳巨來所憶述先生曾於中舉後翌年赴京應會試一事之佐證。所謂“後浪遊南北”,非指長

---

① 況周頤著,王幼安校訂:《蕙風詞話》卷一,第47則,《蕙風詞話·人間詞話》(合訂本),人民文學出版社1960年4月第1版,1982年11月第4次印刷,第15-16頁。

② 蕙風:《餐櫻廡漫筆》,《申報·自由談》,民國十四年(1925)8月15日。

③ 臨桂況周儀撰録:《薇省詞鈔》“例言”,葉三,《蕙風叢書》第6册,上海中國書店藏版,丙寅(1926)四月刊本。

期離鄉，故於辛巳、壬午（1881－1882），仍可見先生於廣西之活動。

## 1881 光緒七年 辛巳 二十一歲

**是年，先生編撰、自序，并刊刻《辛巳春燈百謎》。**

據《辛巳春燈百謎》正文卷首書名下署有"悔道人夔笙戲製"①。又據《辛巳春燈百謎序》之下款署"悔道人夔笙自識於牡丹巢"②。

【按一】夔笙乃先生之字，而悔道人則係先生少年時曾用之號；其少作《養清書屋存悔詞》之自序亦署此號。

【按二】又是以知先生或曾名其齋號曰"牡丹巢"。

【按三】玆摘録《辛巳春燈百謎序》之後段："……僕也，生小善愁，蹉跎失意。黄山谷之好悶，門裏挑心；陶宗儀之獨眠，壁間書字。倦燈倚處，淚枕醒時，消一晌之煩憂，耐片時之思索；藉得暫忘恨事，因之稍遣病魔。時則楊柳初春，海棠深夜，清風明月，無可奈何。勝友高朋，不期而至，照將紅燭，籠倩碧紗，奪比錦標，射同雕覆。不惜會心之遠，一鳴或竟驚人；共争捷足之先，三復居然有得。客既興高而采烈，主尤色舞而眉飛，不亦樂乎？是之取耳。而或謂構十日之巧思，供一宵之暫聚，爲勞已甚，擇術何疏？嗟乎哉！縱俄頃之歡娱，在愁人豈能多得？儻從俗之嗜好，又吾輩所不肯爲。與其枯守而無聊，孰若閑尋之有味也？惟是愁痕滿紙，醉墨連編，格僅避夫紛紜，語

① 高伯瑜、邱景衡、諸家瑜、陳秉才、郭龍春編纂：《中華謎書集成》第2册，人民日報出版社1993年1月版，第1025頁。

② 高伯瑜、邱景衡、諸家瑜、陳秉才、郭龍春編纂：《中華謎書集成》第2册，人民日報出版社1993年1月版，第1023－1024頁。

難期於深穩。較賀從善千文之虎，殊愧疏浮；比金章宗百斛之珠，自慚固陋。然而蠻鳴鴂語，得每自矜；蠟淚蠶絲，棄之可惜。百條粗擇，一册僅成，必有可觀者焉，爲之猶賢乎已。悔道人夔笙自識於牡丹巢。”①先生或因科舉失意，悔恨縈繞，乃寄情於謎戲，聊資遣愁，於此序可見一斑。

又據《中華謎書集成》第二册之編者爲《辛巳春燈百謎》所撰之題識有云，此書“成書於光緒七年辛巳（一八八一），收謎百條而得名”②。

**是年，先生於臨桂城外購得古銅戈一件，并留心於鄉邦之古史地石刻史料。**

據《蕙風簃二筆》“楊州韋鐵髯”條末自注：“……臨桂就日門内有荒菴，顔曰鉢園，韋鐵髯故居也，辛巳、壬午間尚存。”③

又據《蕙風簃二筆》有云：“辛巳、壬午間，臨桂城外鄉人斸地，得古銅戈矛之屬甚夥。余往購已遲，僅得戈一，款篆文‘成固’二字。”④

【按】《黄譜》亦繫此資料於是年，但以先生是年爲二十三歲，蓋因取咸豐九年己未（1859）爲先生之生年故也。《丁譜》繫此事於光緒八年壬午（1882）二十四歲。《馬譜》繫此資料於是年。

又據《蕙風簃二筆》有云：“秀峰書院在就日門内桂山之麓，院後

---

① 高伯瑜、邱景衡、諸家瑜、陳秉才、郭龍春編纂：《中華謎書集成》第2册，人民日報出版社1993年1月版，第1024頁。按：引文句讀，筆者略有改動。

② 高伯瑜、邱景衡、諸家瑜、陳秉才、郭龍春編纂：《中華謎書集成》第2册，人民日報出版社1993年1月版，第1022頁。

③ 臨桂況周頤阮堪記：《蕙風簃二筆》卷第二，葉四，《阮盦筆記》第5種，《蕙風叢書》第3册，上海中國書店藏版，丙寅（1926）四月刊本。

④ 臨桂況周頤阮堪記：《蕙風簃二筆》卷第二，葉四，《阮盦筆記》第5種，《蕙風叢書》第3册，上海中國書店藏版，丙寅（1926）四月刊本。

山足有小巖,蓁莽荒薉,僅百數十年;院長忽埽除廓清之,於石壁間得'味易'二字,黄山谷書,因名之曰'味易巖',亦辛巳、壬午間事。桂林巖洞隨處皆有,昔賢題刻,其湮没不彰者,豈少也哉?"①

【按】《黄譜》亦繫此資料於是年,但以先生是年爲二十三歲,蓋因取咸豐九年己未(1859)爲先生之生年故也。

上述三條辛巳壬午間之資料,乃現存可見有關先生留心於金石之最早期史料;據此可見先生其時應已極留心於鄉邦之古史地石刻史料,其日後成爲一金石學家,於此已露端倪。

## 1882 光緒八年 壬午 二十二歲

## 1883 光緒九年 癸未 二十三歲

## 1884 光緒十年 甲申 二十四歲

**先生於是年離鄉。此前,先生之夫人已逝世。**

據《餐櫻廡漫筆》:"……余自斷絃,不復操縵。甲申離家,琴書散佚,久已無從問訊矣。"②

【按】本譜所掌握之資料顯示,先生於是年離家之後,甚少回鄉。

## 1885 光緒十一年 乙酉 二十五歲

**先生於是年入四川。**

---

① 臨桂況周頤阮堪記:《蕙風簃二筆》卷第二,葉四,《阮盦筆記》第 5 種,《蕙風叢書》第 3 册,上海中國書店藏版,丙寅(1926)四月刊本。

② 蕙風:《餐櫻廡漫筆》,《申報·自由談》,民國十四年(1925)4 月22 日。

據《選巷叢談》有云："《林姑曲》者，余家舊壓小横幅……乙酉入蜀，檢置行医，南北隨身十六年矣……"①

【按】《丁譜》亦繫此事於是年，但以先生是年爲二十七歲，蓋因取咸豐九年己未(1859)爲先生之生年故也。

**是年冬，先生曾客夔州，時不知易順鼎經過此地，緣慳一面。**

據《壽樓春》"紉湘蘭情芳"詞"放船雲陽"句下自注云："……乙酉冬，余客夔州，實甫舟過不知也。"②

【按】《黄譜》《丁譜》《孫譜》俱繫此事於是年，但《黄譜》以先生是年爲二十八歲(按應爲二十七歲之誤)，《丁譜》《孫譜》以之爲二十七歲，蓋因取咸豐九年己未(1859)爲先生之生年故也。《賴譜》《馬譜》繫此資料於是年。

**是年至翌年間，先生客居成都，與沈忠澤(後來成爲著名金石學家、篆刻家)過從甚洽。**

據《西底叢談》有云："沈靖卿(忠澤)越籍而蜀居，媚古劬學，收壓金石甚富，摹印尤工，乙酉、丙戌閒，余客蓉城，即與過從甚洽……"③

【按一】《孫譜》亦繫此事於是年，但以先生是年爲二十七歲，蓋因取咸豐九年己未(1859)爲先生之生年故也；并以此資料推斷先生至丁亥(1887)年，均在四川。《丁譜》則繫此事於光緒十二年丙戌(1886)二十八歲。《馬譜》繫此資料於是年。

【按二】沈忠澤(1872－1943)，字瘦楳、靖卿，號蟄庵；中年改名

---

①　臨桂況周儀阮盦記：《選巷叢談》卷第一，葉十四，《阮盦筆記》第1種，《蕙風叢書》第1册，上海中國書店藏版，丙寅(1926)四月刊本。

②　臨桂況周儀夔笙：《玉梅詞》，葉五，《第一生修梅花館詞》弟二，《蕙風叢書》第11册，上海中國書店藏版，丙寅(1926)四月刊本。

③　臨桂況周儀阮盦記：《西底叢談》，葉十至十一，《阮盦筆記》第2種，《蕙風叢書》第1册，上海中國書店藏版，丙寅(1926)四月刊本。

中擇,號執闇;晚年改爲單名中;室名古情齋、壯泉簃。浙江錢塘(今杭州)人,久居四川。年未逾冠,印學有成,凝勁工秀,兼鄧、浙二派之長;後乃進而愈上,直入秦漢之室;刻牙印尤工。曾匯所刻印爲《壯泉簃印譜》。人品甚高,終生貧窶,以授館、刻印、鬻字爲生。精鑒别,所蓄金石書畫,精者甚多,卒因貧困而爲人所奪。有子一人,名稚闇,能刻玉印,亦於解放前卒。①

【按三】後世著名篆刻家沙孟海,嘗謂先生"好印而不會刻印"②;蓋沙氏識先生甚晚,未及瞭解先生之印學淵源。先生祖父況祥麟、從兄況仙根,於《廣印人傳》中皆有記載。③ 而先生少年時,確曾學習篆刻。④ 故後來先生雖不常刻印,然其印學修養,實有其淵源所自。先生客居成都期間,始識印人沈忠澤,對沈氏印藝,賞會特甚(參本譜以下有關沈氏各條),時沈氏僅十四歲而已;而據《廣印人傳》所載,沈氏確爲一早熟之篆刻藝術家,成名時尚未逾冠,足證先生對沈氏之治印,早已慧眼獨具。此後二人時復往還通問,先生或囑爲刻印,或與之切磋金石之學。先生日後於詞學以外,亦擅長金石之學;則其與沈氏之相交相知,實非偶然也。至先生晚年,亦曾因甚爲賞識當時尚未成名之沙孟海刻印,遂極力向好友吴昌碩薦爲弟子。具見先生之印學以至篆刻藝術之鑒賞能力,實不容以門外漢

① 林乾良:《四川二沈出兩浙》,見林乾良主編《印迷叢書》上册,西泠印社1999年11月第1版,第145－146頁。又參考俞劍華編《中國美術家人名辭典》,上海人民美術出版社1981年12月第1版,第424頁。

② 林乾良著:《西泠群星》之"沙孟海"條,西泠印社2000年5月第1版,第64－65頁。

③ 仁和葉銘葉舟輯:《廣印人傳》卷一三,葉十二,西泠印社"印學"叢書,宣統庚戌至辛亥間刻本。

④ 此説據陳運彰:《蕙風宧遺印·卷首題記》,見《蕙風宧遺印》,乙未(1955)閏三月,濮尊朱佛齋拓本。

視之也。(詳參本譜"民國甲子(1924)仲冬"條及以後有關沙氏各條。)

**約於是年以前,先生嘗集王子安文爲聯。**

據《餐櫻廡漫筆》:"曩(四十年前)集唐王子安文爲聯,賀友人字芝眉者新婚云:'花鳥縈紅,萍魚漾碧。(《九成宫東臺山池賦》)芝房疊翠,桂廡流丹。(《乾元殿頌》:其寓齋有叢桂。)'工麗殊絶,政復不佻。"①

【按】以此段筆記之發表日期推測,其或撰成於乙丑(1925)年初。四十年前即是年乙酉,故繫於此。《賴譜》則繫此資料於去年甲申。

## 1886 光緒十二年 丙戌 二十六歲

**先生是年仍在四川成都。**

據《西底叢談》:"乙酉、丙戌間,余客蓉城……"②

**約於是年,先生曾識錢保塘於瀘州。**

據《西底叢談》:"海甯錢鐵江(保塘)《涪州石魚題名記》(《清風室叢書》),自宋迄元凡九十七種,余得舊拓本九十九種(以兩魚拓本冠首爲一百種)……余曾識鐵江於瀘州鹺幕,今忽忽十有七年矣。"③

【按一】先生於壬寅(1902)冬得涪州石魚題刻拓本百種,因記

---

① 蕙風:《餐櫻廡漫筆》,《申報·自由談》,民國十四年(1925)3月20日(乙丑年二月二十六日)。

② 臨桂況周儀阮盦記:《西底叢談》,葉十一,《阮盦筆記》第2種,《蕙風叢書》第1册,上海中國書店藏版,丙寅(1926)四月刊本。

③ 臨桂況周儀阮盦記:《西底叢談》,葉六,《阮盦筆記》第2種,《蕙風叢書》第1册,上海中國書店藏版,丙寅(1926)四月刊本。

錢保塘曾有《涪州石魚題名記》一書,及曾識錢氏於瀘州鹺幕一事。是年至壬寅,適十七年。

【按二】據上引《西底叢談》筆記,疑先生於四川期間,或曾任幕於瀘州,待考。

【按三】錢保塘(1832－1897),字鐵江,號蘭伯。浙江海甯人。年二十七中舉,三十六歲任四川尊經書院教習。光緒己卯(1879)起,曾先後於四川清遠縣、定遠縣、大足縣、什方縣等地任官,有清正之名。晚年於故里修建讀書處名清風室,惜未卸任,已因勞累卒於任所。著有《光緒輿地韻編》《乾道臨安志札詞》《清風室文集》《清風室詩集》,及未刊著作十餘種。① 另據上引先生之筆記,錢氏尚撰有《涪州石魚題名記》,收入《清風室叢書》。

## 1887 光緒十三年 丁亥 二十七歲

**先生是年仍在四川。**

據《蘭雲菱夢樓筆記》有云:"戊子二月,余自蜀入都……"②是以推斷先生於翌年戊子(1888)二月前,仍在四川。

**閏四月,沈忠澤曾爲先生刻"吉羊"方章。**

據《蕙風宧遺印》所收録之第三十九印。印面左上方刻朱文"吉"字,右及下方刻羊圖。邊款曰"摹五鳳磚｜丁亥閏四月瘦梅"③。

---

① 以上摘録自張毅强:《走讀路仲之四》(四、錢氏清風室),見浙江博客網之張毅强的個人博客,2008 年 10 月 6 日,參見 http://cache. baidu. com/,2009 年 11 月 24 日。

② 臨桂況周儀蕙笙記:《蘭雲菱夢樓筆記》,葉十七,《阮盦筆記》第 3 種,《蕙風叢書》第 2 册,上海中國書店藏版,丙寅(1926)四月刊本。

③ 《蕙風宧遺印》,乙未(1955)閏三月,濮尊朱佛齋拓本。

【按】瘦梅，乃沈忠澤之字。①

**八月，鐫刻《存悔詞》香海棠館刊本。**

據香海棠館刻本《存悔詞》扉葉下牌記"丁亥仲秋鐫｜於香海棠館"。另該本扉葉上印有題瞗"丁亥春三月｜存悔詞｜長白奎榮題"等字樣，可爲佐證。

【按】《存悔詞》乃先生己卯(1879)以前之少作，本譜"己卯二月十五日"條已有詳述，於茲不贅。

**是年，先生赴京在即，作別在蜀之金石知交沈忠澤。**

據《蕙風宧遺印》所收録之第五印。印面刻朱文九字"況周儀｜攷臧金｜石文字"。邊款三面，刻："桂林況夔笙中｜翰，别十六年矣。壬｜寅至蜀，主講萬川之｜白巖，寓書言近臧金‖石墨本已八千通，寄石｜屬刻朱記。勉爲此作，｜恐不足以副盛賞也。｜光緒二十有八年莫春‖之月，泉唐弟沈忠澤｜靖卿，製於成都古｜情齋。"②

【按】沈氏之印刻於光緒二十八年壬寅(1902)，其邊款又有云"别十六年矣"，據此上推，姑繫先生於四川作别沈氏一事於是年。

**是年至翌年二月間，先生曾客居上海，并與《申報》之何桂笙、錢昕伯兩主筆結交。因錢昕伯之介，得謁王韜，并得與王氏夫人壽宴；又爲何桂笙賦小詞，以贈歌郎徐介玉。**

據《餐櫻廡漫筆》："光緒丁亥、戊子間，余客海上，謁何桂笙(别號高昌寒食生)、錢昕伯(别號霧裏看花客)兩先生於尊聞閣，素心晨夕，談藝樂甚……"又云："介昕伯先生，謁天南遯叟。值遯叟夫人誕

---

① 俞劍華編：《中國美術家人名辭典》，上海人民美術出版社1981年12月第1版，第424頁。

② 《蕙風宧遺印》，乙未(1955)閏三月，濮尊朱佛齋拓本。

辰,得與捧觴之末。是日賓從甚盛。桂笙先生携二雛姬至……歌郎徐介玉(玠)亦篭座。翌日桂老索賦小詞贈之。”①

【按】先生嘗自言,“戊子二月,余自蜀入都”②,故先生於丁亥、戊子間客滬上之時,或在是年,至翌年二月之前。疑先生離蜀之後,曾取道滬上,短暫作客,然後入都。

## 1888 光緒十四年 戊子 二十八歲

**約於先生入京前,至是年春之間,先生有詞《過秦樓·湘潭晚泊》《浣溪紗》“衹爲愁多夢不成”、《南浦·春草》。**

【按一】《過秦樓·湘潭晚泊》被編入《薇省同聲集》本《新鶯詞》之第六闋。③ 查此集之前五闋詞,均選録自《存悔詞》,而先生於去年丁亥八月,有《存悔詞》之香海棠館刻本。故筆者推斷《過秦樓·湘潭晚泊》,應作於香海棠館刻本《存悔詞》成之後,或於先生由水路自四川入京舟中,途經湘潭時所作。

【按二】《浣溪紗》“衹爲愁多夢不成”被編入《薇省同聲集》本《新鶯詞》之第七闋。④ 據筆者考察,先生編次詞集之習慣,蓋按創作時間先後爲序,故知此詞之作,當晚於《過秦樓·湘潭晚泊》。詞中又有“海棠香國怕重經”之句,“海棠香國”一説

① 況周頤撰:《餐櫻廡漫筆》,《申報·自由談》,民國十三年(1924)8月11日。

② 臨桂況周儀蘷笙記:《蘭雲菱夢樓筆記》,葉十七,《阮盦筆記》第3種《蕙風叢書》第2册,上海中國書店藏版,丙寅(1926)四月刊本。

③ 彭鑾編:《薇省同聲集》之《新鶯詞》,葉二,光緒十六年(據光緒十六年閏二月彭鑾《總序》、庚寅秋王鵬運《碧瀣詞·跋》、庚寅冬端木埰《碧瀣詞·自序》,下同)刊本,臺灣學生書局1972年1月影印初版,第197頁。

④ 彭鑾編:《薇省同聲集》之《新鶯詞》,葉二,光緒十六年刊本,臺灣學生書局1972年1月影印初版,第198頁。

乃古昌州地區(約在今之重慶永川區、大足縣、榮昌縣、雙橋區)之别號,①此詞蓋先生回首在川之飄泊日子,有感而發也。

【按三】《南浦·春草》被編入《薇省同聲集》本《新鶯詞》之第八闋。② 而此詞則賦於是年春,一則以傷别,一則以感懷,且編次於賦和王鵬運《齊天樂》詞之前,③故當爲入京前後之作。

【按四】以上三闋詞,於《新鶯詞》集中,皆編次於一系列與王鵬運答和詞作之前,故本譜暫繫於此。

**二月,先生抵北京,準備應試。入都後始與王鵬運以詞論交。**

據《趙史》:"先生戊子入都,應試入薇垣,因與王佑遐遊。"④

【按】《黄譜》繫此資料於是年,但以先生是年爲三十歲,蓋因取咸豐九年己未(1859)爲先生之生年故也。《賴譜》繫此資料於是年。

又據《蘭雲菱夢樓筆記》葉十七:"戊子二月,余自蜀入都,始識半唐(即半塘。后文所谓'半唐'皆为'半塘'),即以《看山樓詞》見貽。……"⑤

【按一】《看山樓詞》,乃王鵬運之戚番禺馮恩江永年之詞集。⑥

【按二】《黄譜》《丁譜》《孫譜》俱繫此事於是年,但俱以先生是

---

① 參考"海棠香國百度百科"網頁,參见 http://baike.baidu.com/view/1186083.htm,2010 年 5 月 12 日。

② 彭鑾編:《薇省同聲集》之《新鶯詞》,葉二至三,光緒十六年刊本,臺灣學生書局 1972 年 1 月影印初版,第 198 - 199 頁。

③ 彭鑾編:《薇省同聲集》之《新鶯詞》,葉三,光緒十六年刊本,臺灣學生書局 1972 年 1 月影印初版,第 199 頁。

④ 趙尊嶽:《蕙風詞史》,見《詞學季刊》第 1 卷第 4 號,澳門海外圖書出版社 1967 年再版發行本,第 69 頁。

⑤ 臨桂況周儀蕙笙記:《蘭雲菱夢樓筆記》,葉十七,《阮盦筆記》第 3 種,《蕙風叢書》第 2 册,上海中國書店藏版,丙寅(1926)四月刊本。

⑥ 臨桂況周儀蕙笙記:《蘭雲菱夢樓筆記》,葉十七,《阮盦筆記》第 3 種,《蕙風叢書》第 2 册,上海中國書店藏版,丙寅(1926)四月刊本。

年爲三十歲，蓋因取咸豐九年己未(1859)爲先生之生年故也。《賴譜》《馬譜》繫此資料於是年。

又據四印齋刻本《稼軒長短句》王鵬運戊子初春跋後再記："是刻既成，適同里況夔笙孝廉周儀來自蜀中，携有萬載辛啟泰編刻《稼軒全集》。……"①

【按一】是以知先生乃在是年初春後入都，與先生《蘭雲菱夢樓筆記》之戊子二月入都一説吻合。

【按二】《馬譜》繫此資料於是年。

**是年秋，先生有詞《齊天樂》"已涼天氣尋幽好"、《齊天樂·秋雨》《紅情·紅菊用玉田荷花均》《緑意·緑菊用玉田荷葉均》等。**

【按】此四闋於《新鶯詞》集中，皆列於戊子冬《金縷曲》"香露紅薇盥"詞之前，且各闋皆賦秋景，本譜因繫於戊子秋。此外，《齊天樂》"已涼天氣尋幽好"詞有小序云："退丈出示同子疇、鶴巢兩先生遊陶然亭詞，依調奉答，且訂後約。"②表明先生賦此詞時，已然與王鵬運相交；詞中"已涼天氣""西風意苦""莫待重陽"等句，推知此詞當成於是年初秋。緊接此詞之後，有《前調·秋雨》，③抒發身世之感，《紅情》《緑意》二闋，④分咏紅菊、緑菊，應亦賦於是年秋。

**是年十一月一日，先生謁見翁同龢。**

據《翁文恭公日記》稿本"光緒十四年戊子(1888)十一月朔"條：

---

① 《稼軒長短句》(扉葉下又題曰《稼軒詞》)之王鵬運《跋》葉三，《四印齋所刻詞》，光緒戊子(1888)初春王氏家塾刻本。

② 彭鑾編：《薇省同聲集》之《新鶯詞》，葉三，光緒十六年刊本，臺灣學生書局1972年1月影印初版，第199頁。

③ 彭鑾編：《薇省同聲集》之《新鶯詞》，葉三，光緒十六年刊本，臺灣學生書局1972年1月影印初版，第200頁。

④ 彭鑾編：《薇省同聲集》之《新鶯詞》，葉三至四，光緒十六年刊本，臺灣學生書局1972年1月影印初版，第200－202頁。

"廣西況儀周(號夔生,己卯舉,廿八歲,壬午世兄弟。其兄桂森,余壬戌本房,以教授終)來見。"①

【按一】陳義傑整理本《翁同龢日記》此條與稿本同。② 趙中孚編輯之《翁同龢日記》(排印本附索引)則讀爲:"廣西況儀周(號夔生,己卯舉,廿八歲,壬午世兄。其兄桂森,余本房,以教授終)來見。"③夾注文字與前二本略有出入。應以前二本爲較佳。

【按二】《日記》稱況儀周應爲況周儀,實翁氏之筆誤也。先生之兄桂森,乃同治元年壬戌科之進士(見本譜"同治元年"條),爲翁同龢之門生,故翁氏有"余壬戌本房"之說。據此條日記,亦可知先生謁見翁氏時,其兄桂森已故去。

【按三】翁同龢以先生是年爲二十八歲,與本譜所訂先生生於咸豐十一年辛酉(1861)吻合。

【按四】《黄譜》《丁譜》俱繫此事於是年,但以先生是年爲三十歲,蓋因取咸豐九年己未(1859)爲先生之生年故也。

**是年冬或之前,先生有詞《浣溪沙·題王幼遐丈宣南覓句圖》。④**

【按一】此詞無繫年,但於《新鶯詞》集中之編次,緊接於諸闋咏秋詞之後(詳本譜是年戊子秋條),戊子冬《金縷曲》"香露紅薇盥"詞之前,本譜因繫於此。

【按二】《賴譜》繫此詞於是年。

**是年冬,於琉璃廠肆購得明刊本《花草粹編》,録副以贈王鵬運,并**

---

① 《翁文恭公日記》第 27 册,葉七十七,涵芬樓影印常熟翁氏家藏稿本,上海商務印書館影印,民國十四年七月初版。

② 陳義傑整理:《翁同龢日記》(排印本),中華書局 1992 年 6 月第 1 版,第 4 册,第 2235 頁。

③ 趙中孚編輯:《翁同龢日記》(排印本附索引)第 4 册,臺灣成文出版有限公司,1970 年,第 1566 頁。

④ 彭鑾編:《薇省同聲集》之《新鶯詞》,葉四,光緒十六年刊本,臺灣學生書局 1972 年 1 月影印初版,第 202 頁。

**賦《金縷曲》"香露紅薇盥"詞。**

據先生所作《金縷曲》"香露紅薇盥"詞序:"《花草粹編》世尠傳本,戊子冬得於廠肆,幼丈見之亟爲欣賞,因録副以贈,並媵此詞。"①

【按一】先生此闋《金縷曲》詞,當作於是年冬購得《花草粹編》之後,録副以贈王鵬運之時。

【按二】據《趙史》:"先生得《花草粹編》明刊本於廠肆,訝爲罕覯,録副以贈佑遐。其書於晚年以百元售之李祖年;李殁,又售之於王静安。"②是以知先生所得之本爲明刊本;又知此書後歸王國維所有。

【按三】《黄譜》《丁譜》俱繫此事於是年,但以先生是年爲三十歲,蓋因取咸豐九年己未(1859)爲先生之生年故也。《賴譜》繫此資料於是年。

**是年,購得《子章子》手稿於廠肆。**

據先生所撰《東海漁歌》序:"光緒戊子、己丑間,與半唐同客都門,於廠肆得太素道人所著《子章子》,及顧太清春《天游閣詩》,皆手稿……"③

【按】《蘭雲菱夢樓筆記》葉十九:"太清春《天游閣詩》寫本,歲己丑余得於廠肆地攤……"④是以知先生乃於戊子購得《子章子》,於己丑購得《天游閣詩》。

---

① 彭鑾編:《薇省同聲集》之《新鶯詞》,葉四至五,光緒十六年刊本,臺灣學生書局 1972 年 1 月影印初版,第 202－203 頁。

② 趙尊嶽:《蕙風詞史》,見《詞學季刊》第 1 卷第 4 號,澳門海外圖書出版社 1967 年再版發行本,第 70 頁。

③ 《東海漁歌》況周頤《序》,澳門曹氏芸香室據西泠印社甲寅(1914)活字本之傳抄油印本。

④ 臨桂況周儀蘷笙記:《蘭雲菱夢樓筆記》,葉十九,《阮盦筆記》第 3 種,《蕙風叢書》第 2 册,上海中國書店藏版,丙寅(1926)四月刊本。

**是年冬，先生從許玉瑑假得汲古閣未刻本《斷腸詞》，并始校之。是集於翌年校畢刊行。**

據《蘭雲菱夢樓筆記》葉五："戊子年，斠刻汲古閣未刻本《斷腸詞》，與四印齋所刻《漱玉詞》合爲一册……"①

【按】《丁譜》俱繫此事於是年，但以先生是年爲三十歲，蓋因取咸豐九年己未(1859)爲先生之生年故也。

又據許玉瑑《校補斷腸詞序》："己丑四月……適夔笙舍人以《校補汲古閣未刊本宋朱淑真斷腸詞》一卷刊成，屬爲之序……是本出自毛鈔……展轉爲常熟翁大農年丈所得，去冬假歸案頭，將乞幼霞補刊一二，以存其舊。夔笙乃欣賞不輟，眠餐並忘，檢得此詞，特任剞劂。……"②

**是年冬或稍後，先生有詞《百字令・題王幼遐丈戴笠圖用竹垞自題畫像均》。**③

【按一】此詞無繫年，但於《新鶯詞》集中之編次，緊接於戊子冬《金縷曲》"香露紅薇盥"詞之後，及翌年六月二十八日《南浦》詞之前。據詞題，先生是時仍稱王鵬運爲"丈"，與此後稱王氏爲"前輩"有明顯區别，蓋於賦詞之時，先生尚未入值薇省之故。先生之《蕙風簃二筆》曾記"余己丑入直"④，故本譜認爲此詞，應作於先生正式入值爲中書舍人之前，故暫繫於此。

【按二】《賴譜》繫此詞於是年冬《金縷曲》"香露紅薇盥"詞之

---

① 臨桂況周儀蘷笙記：《蘭雲菱夢樓筆記》，葉五，《阮盦筆記》第 3 種，《蕙風叢書》第 2 册，上海中國書店藏版，丙寅(1926)四月刊本。

② 許玉瑑：《校補斷腸詞序》，弟一生脩棵華館校刊本，編入《四印齋所刻詞》，光緒己丑(1889)王氏京師刻本(與四印齋刻本《漱玉詞》合册)。

③ 彭鑾編：《薇省同聲集》之《新鶯詞》，葉五，光緒十六年刊本，臺灣學生書局 1972 年 1 月影印初版，第 204 頁。

④ 臨桂況周儀阮堪記：《蕙風簃二筆》卷弟一，葉十二，《阮盦筆記》第 5 種，《蕙風叢書》第 3 册，上海中國書店藏版，丙寅(1926)四月刊本。

前，誤。

**是年入都後，先生得與薇省諸前輩交游；又嘗參與王鵬運王氏四印齋所刻詞集之校讎，自是詞學大進。**

據先生之《存悔詞》卷首識語云："戊子入都後，獲覯古今名作，復就正子疇（本譜按：即端木埰）、鶴巢（本譜按：即許玉瑑）、幼遐三前輩，寢饋其閒者五年……"①

【按】《賴譜》《馬譜》繫此資料於是年。

又據先生於《薇省詞鈔·例言》所云："周儀自戊子入都，以論詞㚡幼遐前輩訂交……"②

【按】上述兩條資料，《丁譜》俱繫於是年，但以先生是年爲三十歲，蓋因取咸豐九年己未（1859）爲先生之生年故也。

又據先生所撰之《餐櫻廡隨筆》："余之爲詞，二十八歲以後，格調一變，得力於半塘。"③

又據先生詞作《清平樂》"詞仙去後"詞序："自戊子迄乙未，余客都門，同半唐校宋元詞最如干家，即四印齋所刻詞也……"④

**自是年起至乙未（1895），先生居京師期間，輒爲友人朱岳生及余玉琴傳達音信。**

據《餐櫻廡漫筆》："吳縣朱岳生（榮棣，別號半人），左臂以疾廢，與客揖，則右手執其袖而高下之；工玉筋篆書，及元人設色花卉；性温雅，深於情。余郎玉琴者，都門菊部翹楚也，半人與同里閈，夙

① 臨桂況周儀夔笙：《存悔詞》，葉一，《弟一生修梅花館詞》附録，《蕙風叢書》第12册，上海中國書店藏版，丙寅（1926）四月刊本。

② 臨桂況周儀撰録：《薇省詞鈔》"例言"，葉三，《蕙風叢書》第6册，上海中國書店藏版，丙寅（1926）四月刊本。

③ 況周頤著，張繼紅點校：《餐櫻廡隨筆》第82則，《民國筆記小説大觀》第1輯第4册，山西古籍出版社1995年12月第1版，第61頁。

④ 臨桂況周頤夔笙：《餐櫻詞》，葉五，《弟一生修梅花館詞》弟七，《蕙風叢書》第12册，上海中國書店藏版，丙寅（1926）四月刊本。

契之於丱角。戊子以還,余棲屑春明,半人與玉琴,時時通鄭重,輒介余傳達,垂十年如一日也。……"①

## 1889 光緒十五年 己丑 二十九歲

**先生或於是年三月曾應會試。**

【按一】《趙史》云"先生戊子入都,應試入薇垣"②。先生入都一事,應繫於去年戊子年(1888)無疑(詳本譜"光緒十四年戊子二月"條)。而"應試"一事,《孫譜》以"戊子年無會試,當在次年己丑",斷定先生所應之試爲是年三月之己丑會試。至於"入薇垣"一事,《孫譜》與《馬譜》皆引用先生之《蕙風簃二筆》所云"余己丑入直"③,判斷先生於是年會試落弟後,始任内閣中書,唯二譜并未指明月份。考晚清制度,會試考期皆在三月,若先生果曾"應試",則此事應繫於是年三月;而會試發榜則在四月,故先生若於應會試不弟後始任内閣中書,則應暫繫"入薇垣"一事於是年四月或之後。

【按二】《錢史》:"二十一舉光緒五年鄉試……既而宦遊京國,遵例官内閣中書。"④并未提及先生應會試一事,但云"遵例官内閣中書",其中"遵例"二字,究指先生官内閣中書,其事在應會試前,抑在會試落榜後,又或未必有應試之舉?待考。

---

① 況周頤撰:《餐櫻廡漫筆》,《申報·自由談》,民國十三年(1924)8月11日。

② 趙尊嶽:《蕙風詞史》,見《詞學季刊》第1卷第4號,澳門海外圖書出版社1967年再版發行本,第69頁。

③ 臨桂況周儀阮堪記:《蕙風簃二筆》卷弟一,葉十二,《阮盦筆記》第5種,《蕙風叢書》第3册,上海中國書店藏版,丙寅(1926)四月刊本。

④ 錢基博著:《現代中國文學史》(增訂本),香港龍門書店1965年香港影印初版(據1936年增訂本初版),第255頁。

【按三】《外傳》:"……既而堂上見背,宦遊京國,用内閣中書。"①此文見刊於先生逝世後不久,似爲與先生極爲稔熟者(朱祖謀、馮开等)所作。傳云"宦遊京國,用内閣中書",亦未言及應考會試及落榜事,則先生領内閣中書銜,其事究在中舉後,抑在會試落榜後,仍待考。

【按四】《墓志銘》則云先生"二十一中式。光緒五年鄉試,遵例官内閣中書,遭回京曹,靡所抒渫"②,則明顯以"遵例官内閣中書"一事,置於中舉之後,"遭回京曹"之前;其説與上述諸説有异,詳情待考。

【按五】清季制度,舉人可不經會試而徑考内閣中書;《趙史》所云"應試入薇垣",或即指先生所應之試,實爲内閣中書試,而未必指會試也。

【按六】據先生之女婿陳巨來所撰之《記況公一二事》一文有云:"況公周儀……十八中舉人,十九會試……"③則先生於中舉後一年,即庚辰(1880)年已曾應會試。再據先生友人步章五《蕙風遺事》第三則謂先生"一上公車不第,故不復爲也"④,則先生於庚辰之後,未嘗再應會試。

---

① 腹痛:《況蕙風先生外傳》,《申報・自由談》,民國十五年(1926)8月28日(丙寅年七月二十一日)。

② 馮开撰:《清故通議大夫三品銜浙江補用知府況君墓志銘》,見寒冬虹《新見況周頤墓志銘拓本》,《文獻》1994年第1期(總第59期),第282頁。

③ 陳巨來:《安持人物瑣憶》之《記況公一二事》,上海文藝出版總社網頁 http://www.shwenyi.com,2007年2月5日。資料參見 http://cache.baidu.com/,2007年5月1日。又見《萬象》2003年8月1日第5卷第8期,第114頁。

④ 步章五:《林屋山人集》卷一三,轉引自林玫儀《況蕙風研究資料補述》,北京大學中國古文獻研究中心編《北京大學中國古文獻研究中心集刊》第7輯《中國古文獻學與文學國際學術研討會論文集》,北京大學出版社2008年1月第1版,第517頁。

【按七】據許玉瑑所撰之《校補斷腸詞序》所記，先生自去年戊子冬，至是年己丑四月間，沉頓於校刊《斷腸詞》（詳參本譜"戊子冬""己丑四月""己丑五月五日"等條），絶不類準備應考會試之情狀。而目前尚未發見有關於是年先生準備應會試，或會試落榜之任何直接史料，故先生曾否參加是年己丑之會試，本譜仍未能確定。先生或僅應内閣中書之試而已；而應内閣試之時間，則可能在去年戊子。上舉種種，皆涉清季以來科舉考試及官吏詮敘制度之條文與實況，亟待深入研究。

**三月十五日之後，先生曾有信寄成都沈忠澤，囑其刻"第一生修梅華館"小印。**

據《蕙風宧遺印》所録之第三印。其邊款有云："夔生長兄在京師，遥屬予刻'弟一生修梅華館'小印，將一載矣。今勉爲此，實未能與嘉名相稱。容得佳石，當更作之，以副雅賞。光緒庚寅春季望日，泉唐沈忠澤刻寄於成都……"①

【按】此印乃刻於翌年庚寅（1890）三月十五日；其邊款記先生曾於京師遥囑刻印，將近一載；據此上推，姑繫此事於是年三月十五日之後。

**最遲於四月之前，先生已入值薇省，任内閣中書之職。**

據《蕙風簃二筆》有云："……余己丑入直，見壁懸張温和所畫紅薇，惜歲久炱煤黲黰殊甚……"②

【按一】《孫譜》繫此條資料於是年，但以先生是年爲三十一歲，蓋因取咸豐九年己未（1859）爲先生之生年故也。《馬譜》繫此資料於是年。

---

① 《蕙風宧遺印》，乙未（1955）閏三月，濮尊朱佛齋拓本。

② 臨桂況周儀阮堪記：《蕙風簃二筆》卷弟一，葉十二，《阮盦筆記》第5種，《蕙風叢書》第3册，上海中國書店藏版，丙寅（1926）四月刊本。

【按二】先生於上引筆記所言"己丑入直",即入值爲内閣中書之意。清代内閣中書之衙門,亦稱中書省,因壁懸張温和《紅薇圖》,故又稱"薇省"。

【按三】先生於戊子(1888)入都後,并未即任中書之職,而至己丑始行入值;此又可從先生與薇省前輩間稱謂上之轉變推知。戊子年,王鵬運於《稼軒長短句》之戊子初春跋後再記中,稱先生爲"同里況夔笙孝廉周儀";先生於戊子年詞作之題序中,屢稱王鵬運爲"丈",如"遐丈""幼丈""王幼遐丈"等。至己丑年,先生於詞作題序或詞集校記中,則已改稱王氏及許玉瑑等爲"前輩",意指同官前輩;而王、許二氏皆稱先生爲"舍人",意即内閣中書舍人。先生被稱爲"舍人"之資料,最早見於許玉瑑己丑四月《校補斷腸詞序》,故本譜因暫繫先生入值薇省一事於此。

**四月,先生刊成《校補汲古閣未刊本宋朱淑真斷腸詞》一卷,屬許玉瑑爲之序,是謂弟一生脩楳華館校本《校補斷腸詞》;是時,先生已撰寫《朱淑真事略》之部分内容。**

據許玉瑑《校補斷腸詞序》:"己丑四月,春闈被放,十上既窮,益無聊賴。適夔笙舍人以校補汲古閣未刊本宋朱淑真《斷腸詞》一卷刊成,屬爲之序;并旁搜他書所見淑真軼事,以證升庵《詞品》所論之誣。……是本出自毛鈔……展轉爲常熟翁大農年丈所得,去冬假歸案頭,將乞幼霞補刊一二,以存其舊。夔笙乃欣賞不輟,眠餐並忘,撿得此詞,特任剞劂。……夔笙與幼霞居同里閈,近復合并,誠與《漱玉詞》都爲一編,流傳藝苑。……遂泚筆而序之如此。吳縣許玉瑑。"①

① 許玉瑑:《校補斷腸詞序》,弟一生脩楳華館校刊本,編入《四印齋所刻詞》,光緒己丑(1889)王氏京師刻本(與四印齋刻本《漱玉詞》合册)。

**五月五日,先生爲其弟一生脩楳華館校刊本《斷腸詞》與王鵬運之四印齋《漱玉詞》合爲一集事撰跋。時先生在京。**

據先生所撰之《校補斷腸詞跋》:"右《校補汲古閣未刻本宋朱淑真斷腸詞》一卷。……此本得自吳縣許鶴巢前輩(玉瑑),與雜俎本互有異同,訂誤補遺,得詞三十一闋,鈔付手民。書成,與四印齋《漱玉詞》合爲一集,亦詞林快事云。光緒己丑端陽,臨桂況周儀夔笙識於都門寓齋。"①

【按】《馬譜》繫此資料於是年。

**是年夏日,先生爲王鵬運校補四印齋刻本《漱玉詞》,成《漱玉詞補遺》一卷。**

據四印齋刻本《漱玉詞補遺》王鵬運題記:"易安詞刻輯於辛巳之春,所據之書無多,疏漏久知不免。己丑夏日,況夔笙舍人校刻《斷腸詞》,因以此集屬爲校補,計得詞七首,間有互見它人之作,悉行坿入,吉光片羽,雖界在疑似,亦足珍也。半塘老人記。"②

【按一】王鵬運謂先生增輯易安詞七首,或誤。今據《漱玉詞補遺》應爲八首。

【按二】先生并於《漱玉詞坿録》内,李慈銘所撰之《書陸剛甫觀察儀顧堂題跋後》一文後,加有案語九行。考王鵬運光緒辛巳燕九日所撰之四印齋刻本《漱玉詞》跋有云"右易安居士《漱玉詞》一卷……以俞理初孝廉《易安居士事輯》坿焉",未嘗提及輯有其他,且王氏於《漱玉詞補遺》題記中曾言當是書於辛巳春初刻時,所據之書無多,因頗疑《漱玉詞坿録》中之其他資料及案語等,實皆出先生之手。

---

① 《校補斷腸詞》況周儀《跋》,弟一生脩楳華館校刊本,編入《四印齋所刻詞》,光緒己丑(1889)王氏京師刻本(與四印齋刻本《漱玉詞》合册)。

② 《漱玉詞補遺》,葉一之王鵬運《題記》,《四印齋所刻詞》,光緒己丑(1889)王氏京師刻本(與《斷腸詞》合册)。

**六月二十八日，先生同王鵬運葦灣觀荷，後賦《南浦》“幽路入花天”、《臨江仙》“正是撩人天氣也”、《江南好》“南湖好”、《緑意·詠一片荷葉》等詞以記之。**

據《南浦》“幽路入花天”詞序：“六月二十八日，葦灣觀荷同幼遐前輩。”①

【按一】此詞無繫年，但於《新鶯詞》集中，列於戊子冬《金縷曲》“香露紅薇盥”詞之後；而此集收詞，最遲至翌年庚寅春止，故此詞序中所言之六月二十八日，應在是年己丑。

【按二】《黄譜》《丁譜》俱繫於是年，但以先生是年爲三十一歲，蓋因取咸豐九年己未（1859）爲先生之生年故也。《賴譜》繫此資料於是年。

又據《臨江仙》“正是撩人天氣也”詞序：“前詞意有未盡，再呈幼遐前輩。”②足證此闋與六月二十八日游事有關。

【按一】《賴譜》繫此詞於是年，唯詞題誤作“前調意有未盡……”

【按二】《新鶯詞》集中，《臨江仙》“正是撩人天氣也”詞之後，有《江南好》“南湖好”詞序云“亦本事也”③，《緑意》題爲“詠一片荷葉”④，蓋亦與六月二十八日游事有關。考《新鶯詞》之《弟一生修梅花館詞》本，先生於《南浦》“幽路入花天”詞後，

① 彭鑾編：《薇省同聲集》之《新鶯詞》，葉五至六，光緒十六年刊本，臺灣學生書局 1972 年 1 月影印初版，第 204－205 頁。

② 彭鑾編：《薇省同聲集》之《新鶯詞》，葉六，光緒十六年刊本，臺灣學生書局 1972 年 1 月影印初版，第 205－206 頁。

③ 彭鑾編：《薇省同聲集》之《新鶯詞》，葉六，光緒十六年刊本，臺灣學生書局 1972 年 1 月影印初版，第 206 頁。

④ 彭鑾編：《薇省同聲集》之《新鶯詞》，葉六至七，光緒十六年刊本，臺灣學生書局 1972 年 1 月影印初版，第 206－207 頁。

附許玉瑑和作"閒唱惜紅衣"及王鵬運和作"踏倦六街塵"①,而許氏《獨絃詞》集中,此闋本有詞序,有云:"雨中頗憶南河花事。……粉香脂膩,流連於一花一葉,幼霞和之,予亦繼作。"②是以知《江南好》"南湖好"、《綠意·詠一片荷葉》二闋,亦涉六月二十八日游事。

**六月三十日,先生同許玉瑑、王鵬運,於義勝居小酌。後有《金縷曲》"酒向旗亭買"詞。**

據《金縷曲》"酒向旗亭買"詞序:"六月三十,義勝居小酌,同鶴巢、幼遐兩前輩。"③

【按一】此詞無繫年,但於《新鶯詞》集中,列於是年六月二十八日《南浦》"幽路入花天"等詞之後;而此集收詞,最遲至翌年庚寅春止,故此詞序中所言之六月三十日,應在是年己丑。

【按二】《黃譜》繫此條資料於是年,但以先生是年爲三十一歲,蓋因取咸豐九年己未(1859)爲先生之生年故也。《賴譜》繫此資料於是年。

【按三】王鵬運亦有與此本事有關之作,其《金縷曲》"落落塵巾岸"詞序有云:"六月三十日,鶴公招同夔笙,小集市樓。"④知即此事也。

**是年六月或之前,先生爲四印齋刻本《陽春集》及《陽春集補遺》校字。**

---

① 臨桂況周儀夔笙:《新鶯詞》,葉五,《弟一生修梅花館詞》弟一,《蕙風叢書》第11册,上海中國書店藏版,丙寅(1926)四月刊本。

② 彭鑾編:《薇省同聲集》之《獨絃詞》,葉二十一至二十二,光緒十六年刊本,臺灣學生書局1972年1月影印初版,第134–135頁。

③ 彭鑾編:《薇省同聲集》之《新鶯詞》,葉七,光緒十六年刊本,臺灣學生書局1972年1月影印初版,第207–208頁。

④ 王鵬運:《蟲秋集》,曾德珪編《粵西詞載》,漓江出版社1993年7月第1版,第564頁。

據四印齋刻本《陽春集》及《陽春集補遺》之卷末皆刻有:"臨桂況周儀夔笙校字。"①

又據四印齋刻本《陽春集》及《陽春集補遺》之王鵬運跋:"右馮正中《陽春集》一卷……並補遺若干闋……光緒十五年六月己卯,臨桂王鵬運跋。"②

**約於是年夏,先生爲四印齋刻本《東山寓聲樂府》校字,并爲之編輯補遺。**

據四印齋刻本《東山寓聲樂府》卷末刻有:"臨桂況周儀夔笙校字。"③

又據四印齋刻本《東山寓聲樂府》王鵬運《跋》:"右賀方回《東山寓聲樂府》一卷……末附補遺,爲況夔笙舍人編輯,斠讎掇拾,頗資其力,例得牽連書之,光緒己丑夏日,臨桂王鵬運跋。"④

【按一】此本由《憶秦娥·桑》一詞起至卷末共四闋,爲先生所輯之補遺。⑤

【按二】此本約刻成於是年十一月。⑥

---

① 《陽春集》,葉二十五,《陽春集補遺》,葉二,《四印齋所刻詞》,光緒己丑(1889)王氏京師刻本(與《東山寓聲樂府》《東山寓聲樂府補鈔》合册)。

② 《陽春集》及《陽春集補遺》之王鵬運跋,《四印齋所刻詞》,光緒己丑(1889)王氏京師刻本(與《東山寓聲樂府》《東山寓聲樂府補鈔》合册)。

③ 《東山寓聲樂府》,葉四十,《四印齋所刻詞》,光緒己丑(1889)王氏京師刻本(與《陽春集》《陽春集補遺》《東山寓聲樂府補鈔》合册)。

④ 《東山寓聲樂府》王鵬運跋,《四印齋所刻詞》,光緒己丑(1889)王氏京師刻本(與《陽春集》《陽春集補遺》《東山寓聲樂府補鈔》合册)。

⑤ 《東山寓聲樂府》,葉三十九至四十,《四印齋所刻詞》,光緒己丑(1889)王氏京師刻本(與《陽春集》《陽春集補遺》《東山寓聲樂府補鈔》合册)。

⑥ 《東山寓聲樂府》王鵬運跋後半塘老人附識,《四印齋所刻詞》,光緒己丑(1889)王氏京師刻本(與《陽春集》《陽春集補遺》《東山寓聲樂府補鈔》合册)。

**約於是年夏或之前，先生爲四印齋刻本《樂府指迷》校字。**

據四印齋刻本《樂府指迷》王鵬運光緒己丑夏日跋。①

又據四印齋刻本《樂府指迷》卷末刻有："臨桂況周儀夔笙校字。"②

**約七月初，先生同王鵬運等葦灣唱酬後，意有未盡，續賦《鶯啼序》"城陰萬絲瘦柳"。**

【按一】《鶯啼序》"城陰萬絲瘦柳"小序："葦灣之遊，與半唐老人一再疇和，意仍未盡，復拈此解。清遊難得，不覺言之鄭重也。"③此詞於《新鶯詞》集中編次，緊接於是年六月三十日《金縷曲》"酒向旗亭買"詞之後，又言及六月二十八日葦灣之游，故本譜估計當賦於此二日之後不久，因暫繫於是年七月初。

【按二】《賴譜》繫此資料於是年六月二十八日，失審。

**七月，先生有弄璋之喜。**

據《蕙風宧遺印》所録之第二印。其邊款有云："……適聞夔生去歲七月有弄璋之喜，故以漢人善頌銘諸金石者，刻印爲賀，以祝鳳雛，而志欣快。光緒庚寅三月既望，泉唐沈忠澤篆於成都。"④

【按一】此印刻於翌年庚寅(1890)三月，其云"去歲七月"，即是年己丑(1889)七月，故繫於此。

【按二】先生弄璋，其子或爲桐娟所産，後來夭亡之小羊。小羊於翌年三月沈忠澤刻贈賀印時，應尚在世。後於壬辰(1892)

---

① 《樂府指迷》王鵬運《跋》，《四印齋所刻詞》，光緒己丑(1889)王氏京師刻本(與《南宋四名臣詞集》《花外集》合册)。

② 《樂府指迷》，葉六，《四印齋所刻詞》，光緒己丑(1889)王氏京師刻本(與《南宋四名臣詞集》《花外集》合册)。

③ 彭鑾編：《薇省同聲集》之《新鶯詞》，葉七至八，光緒十六年刊本，臺灣學生書局1972年1月影印初版，第207－208頁。

④ 《蕙風宧遺印》，乙未(1955)閏三月，濮尊朱佛齋拓本。

五月二十四日,先生視小羊之墓(詳本譜該日條),則小羊或亡於庚寅三月後至壬辰五月前之間。

**約七月至八月之間,先生有《十六字令》"誰"①。**

【按】《十六字令》"誰"於《新鶯詞》集中,編録於六月三十日《金縷曲》"酒向旗亭買"之後,及己丑仲秋《齊天樂》"我朝詞學空前代"之前,故本譜暫繫於是年七月至八月之間。

**八月十一日,先生至四印齋,與端木埰、許玉瑑、王鵬運四人,把酒論文,竟夕歡聚。**

據端木埰《齊天樂》"主人好客"詞序:"仲秋十一日,偶過四印齋,夔笙亦至,主人投轄挽留,並招隺巢,把酒論文,竟夕歡聚,明日卻寄一篇,用致感悃。"②

【按一】端木埰此詞本無繫年。唯端木埰《碧瀣詞》下卷之編纂,蓋按詞作時間先後順序排列,此詞列於《齊天樂》"御書樓畔"詞(有序言及戊子九月十九日登文昌閣後有感而作)之後,而《碧瀣詞》於庚寅秋冬間付梓(參本譜"庚寅年約於是年冬"條),故詞序所云之"仲秋十一日",當繫於是年己丑或翌年庚寅。又據本譜以下所記,先生約於是年仲秋前後,校録端木埰詞集幾畢,又參與《薇省同聲集》之編纂工作,具見此時先生與端木埰等薇省前輩交往從游,關係至密;至翌年春夏間,先生已離京南下,故知此事當繫於是年之仲秋十一日。

【按二】《黄譜》繫此條資料於是年,但以先生是年爲三十一歲,蓋因取咸豐九年己未(1859)爲先生之生年故也。

---

① 彭鑾編:《薇省同聲集》之《新鶯詞》,葉八,光緒十六年刊本,臺灣學生書局1972年1月影印初版,第209頁。

② 彭鑾編:《薇省同聲集》之《碧瀣詞》下,葉二十,光緒十六年刊本,臺灣學生書局1972年1月影印初版,第89頁。

**是年八月，先生録校端木埰《碧瀣詞》畢，并以《齊天樂》詞作跋。**

據《齊天樂》"我朝詞學空前代"詞序："己丑秋仲録校疇丈前輩《碧瀣詞》，敬跋一闋。"①

【按一】端木埰《碧瀣詞》、許玉瑑《獨絃詞》、王鵬運《袖墨詞》及先生之《新鶯詞》，彭鑾將之合編爲《薇省同聲集》。然據集中之《碧瀣詞》王鵬運跋，②王氏或有爲彭鑾補輯、補編諸家作品之功，又據先生《齊天樂》"我朝詞學空前代"詞序所記，則先生或亦有參與《薇省同聲集》之部分編校工作。

【按二】《黄譜》《丁譜》俱繫此條資料於是年，但以先生是年爲三十一歲，蓋因取咸豐九年己未(1859)爲先生之生年故也。《賴譜》繫此資料於是年。

**約九月或之前，先生爲四印齋刻本《梅溪詞》校字。**

據四印齋刻本《梅溪詞》王鵬運光緒十五年九月跋。③

又據四印齋刻本《梅溪詞》卷末刻有："臨桂況周儀夔笙斠字。"④

**是年秋，先生曾作《蘇武慢·寒夜聞角》詞，爲王鵬運所擊賞。**

據《水龍吟》"聲聲只在街南"序："己丑秋夜，賦角聲《蘇武慢》一闋，爲半唐所擊賞……"⑤

---

① 彭鑾編：《薇省同聲集》之《新鶯詞》，葉八，光緒十六年刊本，臺灣學生書局1972年1月影印初版，第209–210頁。

② 彭鑾編：《薇省同聲集》之《碧瀣詞跋》，光緒十六年刊本，臺灣學生書局1972年1月影印初版，第91頁。

③ 《梅溪詞》王鵬運《跋》，《四印齋所刻詞》，光緒己丑(1889)王氏京師刻本(《南宋四名臣詞集》之一，與《花外集》《樂府指迷》合册)。

④ 《梅溪詞》，葉三十二，《四印齋所刻詞》，光緒己丑(1889)王氏京師刻本(《南宋四名臣詞集》之一，與《花外集》《樂府指迷》合册)。

⑤ 臨桂況周儀夔笙：《蕙風詞》，葉五，《弟一生修梅花館詞》弟四，《蕙風叢書》第11册，上海中國書店藏版，丙寅(1926)四月刊本。

【按一】先生之《蘇武慢·寒夜聞角》,見録於《錦錢詞》,①不著干支。《錦錢詞》集成於壬辰(1892)年;今據上引之《水龍吟》詞序,推知此詞之初稿或作於是年己丑,而至壬辰始定稿并編入詞集。

【按二】《丁譜》繫此條資料於是年,但以先生是年爲三十一歲,蓋因取咸豐九年己未(1859)爲先生之生年故也。

**是年,先生得顧春《天游閣詩》寫本於廠肆地攤。**

據《蘭雲菱夢樓筆記》:"太清春《天游閣詩》寫本,歲己丑余得於廠肆地攤,詞名《東海漁歌》,求之十年不可得。……"②

【按一】《黄譜》《丁譜》俱繫此條資料於是年,但以先生是年爲三十一歲,蓋因取咸豐九年己未(1859)爲先生之生年故也。《馬譜》繫此資料於是年。

【按二】此資料又見於《蕙風詞話續編》卷二第九則。③

**是年,先生在京,常與王鵬運切磋詞學,自此其詞之體格爲之一變。**

據《餐櫻詞》自序:"……己丑薄遊京師,與半唐共晨夕,半唐於詞夙尚體格,於余詞多所規誡,又以所刻宋元人詞屬爲斠讐,余自是得閾詞學門徑……體格爲之一變……"④

【按】《黄譜》繫此條資料於是年,但以先生是年爲三十一歲,蓋因取咸豐九年己未(1859)爲先生之生年故也。《馬譜》繫此資料於是年。

---

① 臨桂況周儀夔笙:《錦錢詞》,葉八至九,《弟一生修梅花館詞》弟三,《蕙風叢書》第11册,上海中國書店藏版,丙寅(1926)四月刊本。

② 臨桂況周儀蘷笙記:《蘭雲菱夢樓筆記》,葉十九,《阮盦筆記》第3種,《蕙風叢書》第2册,上海中國書店藏版,丙寅(1926)四月刊本。

③ 況周頤著,王幼安校訂:《蕙風詞話》,《蕙風詞話·人間詞話》(合訂本),人民文學出版社1960年4月第1版,第169頁。

④ 臨桂況周頤夔笙:《餐櫻詞自序》,《弟一生修梅花館詞》弟七,《蕙風叢書》第12册,上海中國書店藏版,丙寅(1926)四月刊本。

## 1890 光緒十六年 庚寅 三十歲

**正月初一日,先生有詞《臨江仙》"東閣官梅春事早",以和王鵬運之《臨江仙·己丑除夕》均。**

據《臨江仙》"東閣官梅春事早"序:"庚寅元日,和幼遐前輩'己丑除夕'均。"①

【按】《黄譜》《丁譜》《孫譜》俱繫此條資料於是年,但以先生是年爲三十二歲,蓋因取咸豐九年己未(1859)爲先生之生年故也。《賴譜》繫此資料於是年。

又據先生之《壽樓春·戊戌元日懷半唐》"根觸而今"句下自注云:"余有《臨江仙》庚寅元日和半唐'己丑除夕'均,刻入《新鶯詞》,時半唐亦官内閣。"②

**正月某日,先生過廠肆地攤,見清高宗、汪由敦君臣合書篆隸書法一册,本議定價格,待明日往取。惜終未得此册,蓋爲翁同龢以雙倍之值捷足先登矣。**

據《眉廬叢話》:"庚寅正月某日,中班入直,過廠肆東火神廟……見地攤有篆隸書一冊……所書或古文一段,或陶詩、杜詩一二首,必兩段相同,後段末署'臣汪由敦書',前段蓋宸翰也。議定價五金,約翌日往取,因未携資,又不能返寓,迨下直則嚮夕矣。明日以午前往,甫抵廟門,值常熟相國自内出,手携此册,詢其價,則十金矣。常熟行走毓慶宫,購此冊以進呈,甚

---

① 彭鑾編:《薇省同聲集》之《新鶯詞》,葉八至九,光緒十六年刊本,臺灣學生書局1972年1月影印初版,第210－211頁。

② 臨桂況周儀夔笙:《蓤景詞》,葉十,《第一生修梅花館詞》第五,《蕙風叢書》第11册,上海中國書店藏版,丙寅(1926)四月刊本。

爲得體也。”①

【按一】宸,帝居也。宸翰,即指帝王之翰墨。汪由敦,清世宗雍正二年進士,歷任吏、刑、工三部尚書,并掌制軍機十四年。由此觀之,則此册乃清世宗或高宗帝之翰墨,然以高宗之可能性較大,蓋乾隆帝較喜與臣下墨戲之故也。

【按二】常熟相國,即翁同龢;蓋翁乃常熟人也。

**三月十五日,沈忠澤於成都應先生一年前之囑,爲其刻印并寄。**

據《蕙風宧遺印》所録之第三印。印之一面刻白文四字“長無|相忘”,另一面刻白文七字“弟一生|修梅|華館”。邊款共四面,刻:“夔生長兄在京師,遥屬|予刻弟一生修梅花館|小印,將一載矣。今勉爲‖此,實未能與嘉名相稱。|容得佳石,當更作之,以|副雅賞。光緒庚寅春季‖望日,泉唐沈忠澤刻寄|於成都之睫容廬。|古無所謂閑章,舊譜所|傳,有與天毋極,宜子保孫,‖長毋相忘,曰利長樂之|類,即今閑章之權|輿也;兹篆長無相忘四|字於上,以志遐思。澤卿。”②

**三月既望,沈忠澤於成都爲先生刻印,并寄先生。**

據《蕙風宧遺印》所録之第二印。印之一面刻白文四字“宜子|保孫”,另一面刻朱文九字“桂林況|氏考藏|金石印”。邊款共四面,刻:“夔生況兄與予,俱有金|石癖,爲金石交至篤。成都|去京師數千里,猶復郵|簡,互相投報風便。作收藏記‖寄贈,即頌金石富有。予|外王父叔平史公藏漢專文|曰‘光和六年,保子宜孫’。隸|體古健可愛;予亦有泉一‖枚,兩面文曰:‘宜子保孫、予天|毋極’,面各四字小篆文。夔生|昔在蜀曾見

---

① 況周頤著,郭長保點校:《眉廬叢話》第87則,《民國筆記小説大觀》第1輯第3册,山西古籍出版社1995年12月第1版,第58頁。

② 《蕙風宧遺印》,乙未(1955)閏三月,濮尊朱佛齋拓本。

之。適聞夔｜生去歲七月有弄璋之喜，‖故以漢人善頌銘諸金｜石者，刻印爲賀，以祝鳳｜雛，而志欣快。光緒庚寅三月｜既望，泉唐沈忠澤篆於成都。”①

**立夏前三日，沈忠澤於成都刻印寄先生。**

據《蕙風宧遺印》所收録之第一印。印之一面刻白文四字曰“況印｜周儀”，另一面刻白文三字曰“況｜逵生”。邊款兩面，刻：“漢人姓名及字，恒作兩面｜印，非若今之用成對也。蜀｜中苦無佳石，刻此以寄｜夔生道兄，弗以石惡見‖棄，而指正之，則幸矣。｜光緒庚寅立夏前三日｜ 泉唐邡忠澤刻於｜ 成都寄舍之誰遣广。”②

**春，先生有《滿江紅》“料峭餘寒”詞，和鄉先輩朱依程“春雪”詞韵。**

據《滿江紅·春月用耐寒詞春雪均》詞。③

【按一】此詞無繫年，但詞題明指咏春月，當賦於某年春。此詞於《薇省同聲集》本《新鶯詞》集中，編於庚寅元日之作《臨江仙》“東閣官梅春事早”詞之後；而據《薇省同聲集》之序跋資料，知此集編成於是年，故本譜列此詞於是年春。

【按二】《耐寒詞》爲先生鄉先輩朱依程之詞集。先生之《粤西詞見》録朱詞一闋，題爲《滿江紅·詠雪》，即先生所和之元作；詞人簡介云：“依程，字春岑，臨桂人，廪生，有《耐寒詞》二卷。”④後《粤西詞載》未見收入，⑤不知何故。

---

① 《蕙風宧遺印》，乙未(1955)閏三月，濮尊朱佛齋拓本。

② 《蕙風宧遺印》，乙未(1955)閏三月，濮尊朱佛齋拓本。

③ 彭鑾編：《薇省同聲集》之《新鶯詞》，葉九，光緒十六年刊本，臺灣學生書局1972年1月影印初版，第211頁。

④ 臨桂況周儀葵孫撰録：《粤西詞見》卷弟一，葉六，《蕙風叢書》第10册，上海中國書店藏版，丙寅(1926)四月刊本。

⑤ 曾德珪編：《粤西詞載》，漓江出版社1993年7月第1版。

【按三】《黄譜》繫此條資料於是年，但以先生是年爲三十二歲，蓋因取咸豐九年己未(1859)爲先生之生年故也。

【按四】《賴譜》繫此資料於是年，唯誤以朱依程之《耐寒詞》"春雪"一闋爲朱依真所作，失考。

**約於季春至夏秋間，先生離京南下。**

據本譜此條上下所引之資料，勉强可作本條之推理：先生於是年仲春尚在京師，是年秋則在滬上，故云"約於季春至夏秋間，先生離京南下"。

【按一】《趙史》根據先生所撰《玉梅詞》集中詞作，總結其出京後之行程大概"漸游廣州，回臨桂，再出由杭而蘇，於蘇納桐娟，始回京師"①，唯《趙史》并無紀年。而其中"於蘇納桐娟"之説肯定有誤。據本譜考證，先生納於蘇者，乃卜娱而非桐娟，其事在壬辰(1892)春，後即回京(詳下)。

【按二】《孫譜》則認爲先生是年"約在春夏間，出京，首途蘇州，納桐娟"②。蓋《孫譜》確信《趙史》"於蘇納桐娟"之説，并認爲"桐娟逝於廣州，故況氏必先至蘇州，後至廣州"③。所謂先至蘇州，後至廣州，乃基於先納桐娟，後桐娟逝之時序推論。唯本譜考知，先生於蘇所納者，實非桐娟，且所謂桐娟逝於廣州之説，亦考無實據，故《孫譜》之結論，不能成立。又，先生《青衫濕遍》"空山獨立"詞序有云："五月二十四日，宣武門西，廣西義園，眠亡兒小羊墓，是日爲亡姬桐娟生

---

① 趙尊嶽：《蕙風詞史》，見《詞學季刊》第1卷第4號，澳門海外圖書出版社1967年再版發行本，第70頁。

② 孫維城：《晚清詞人況周頤簡譜》，《安徽師大學報》1992年第20卷第1期(總第80期)，第81頁。

③ 孫維城：《晚清詞人況周頤簡譜》，《安徽師大學報》1992年第20卷第1期(總第80期)，第81頁。

日。"①此闋乃悼亡之作也,既憶亡兒小羊,亦及亡姬桐娟,是小羊或即桐娟所出,故先生作詞一并紀念之;若據《孫譜》,則桐娟歸先生至其逝世,前後僅半年有多而已,焉能有子小羊?且詞之下闋有"我亦哀蟬身世,十年恩眷,付與斜暉,況復相如病損,悲歡事,只赤天涯"等句,或可視爲先生與桐娟十載恩情之證也。

【按三】《近代上海詞學繫年初編》1890年條下記有:"本年春夏間,況周頤離京南下,首經蘇州,道出滬上至廣州。"②其首經蘇州之説,或本《孫譜》。實誤。

**秋,於上海,移鈔鮑渌飲手斠本《斷腸集》。時又借得越南阮綿審《皷柑詞》。**

據《蘭雲菱夢樓筆記》:"庚寅秋,迻鈔鮑渌飲手斠本《斷腸集》於滬上,得淑真小象橅弁卷端……"③

【按】《丁譜》《孫譜》俱繫此條資料於是年,但以先生是年爲三十二歲,蓋因取咸豐九年己未(1859)爲先生之生年故也。《馬譜》繫此資料於是年。

又據《香海棠館詞話》:"庚寅余客滬上,借得越南阮綿審《皷柑詞》一卷……"④

【按一】《蕙風詞話》卷五第二八條有相同記載。此條資料雖未注明月份,但因前據謂先生是年秋於滬上移抄《斷腸集》,而先

① 臨桂況周儀夔笙:《錦錢詞》,葉二,《弟一生修梅花館詞》弟三,《蕙風叢書》第11册,上海中國書店藏版,丙寅(1926)四月刊本。

② 楊柏嶺編著:《近代上海詞學繫年初編》,上海教育出版社2003年7月第1版,第133頁。

③ 臨桂況周儀蕓笙記:《蘭雲菱夢樓筆記》,葉五,《阮盦筆記》第3種,《蕙風叢書》第2册,上海中國書店藏版,丙寅(1926)四月刊本。

④ 臨桂況周儀夔笙:《香海棠館詞話》,葉九,《蕙風叢書》第11册,上海中國書店藏版,丙寅(1926)四月刊本。

生於十月時已至廣州(詳下),因繫於此。

【按二】《馬譜》亦繫此資料於是年。

【按三】阮綿審乃越南國明命年間之皇十子,封從國公。其詞集《皷柑詞》,咸豐四年因越使過粤而入華,又得龍啟瑞極力表章,故爲人所重。①

**約於九月間,先生姬人桐娟去世。**

據《蕙風詞話》卷五第三〇則自注:"……桐娟浙産,生長蜀中,爲余言之,不忍忘也。曩歲庚寅,余客羊城,假方氏碧琳瑯館藏書移寫。時距桐娟殂化,僅匝月耳。有《鷓鴣天》句云:'殯宫風雨如年夜,薄倖簫郎尚校書。'半塘老人最爲擊節,謂情至語無逾此者,偶憶記之。"②

【按一】《丁譜》《孫譜》俱繫此條資料於是年,但以先生是年爲三十二歲,蓋因取咸豐九年己未(1859)爲先生之生年故也。《馬譜》繫此資料於是年。皆未考其月份。

【按二】據本譜考知,先生約於是年十月,抵羊城移鈔方氏碧琳瑯館藏書(詳本譜下條)。時距桐娟之歿,僅一月而已,故本譜繫桐娟逝世於是年九月。

【按三】《蕙風詞話》所引《鷓鴣天》詞,未見入集。

【按四】《趙史》云:"方桐娟之喪,先生寄殯於蕭寺,賃一室以居,長夜無侣,校書自遣。作絶句詩有'殯宫風雨如年夜,腸斷簫郎尚校書'句,其全詩不傳。"③其絶句之説有誤,蓋先生嘗

---

① 饒宗頤:《清詞與東南亞諸國》,見其《文轍——文學史論集》(下),臺灣學生書局 1991 年 11 月初版,第 787 - 789 頁。

② 況周頤著,王幼安校訂:《蕙風詞話》,《蕙風詞話·人間詞話》(合訂本),人民文學出版社 1960 年 4 月第 1 版,第 126 頁。

③ 趙尊嶽:《蕙風詞史》,見《詞學季刊》第 1 卷第 4 號,澳門海外圖書出版社 1967 年再版發行本,第 71 頁。

自言此乃《鷓鴣天》詞句,全詞已佚。

**十月,先生客羊城,鈔録方氏碧琳瑯館藏書,其中包括知不足齋影鈔本《蟻術詞選》四卷。**

據先生所撰之《餐櫻廡漫筆》:"……庚寅辛卯間,余客五羊,集寫官十數人,假巴陵方氏碧琳瑯館藏書移鈔,並皆精秘之本。柳橋先生(功惠)愛惜甚至,輒命其文孫携來,余還書時,亦不敢經伻從之手,則躬自送往。嘗戲語柳翁:'余未有孫,只好一身兼作孫,猶古人一身兼作僕耳。'當時譜笑樂甚……"①

據先生所撰之《蟻術詞選》跋:"……《蟻術詞選》四卷,知不足齋影鈔本。庚寅孟冬,余客羊城,從方柳橋觀察借鈔……"②

【按一】是以知先生約於是年孟冬抵羊城,集寫官移鈔方氏碧琳瑯館所藏精秘之本。其中包括知不足齋影鈔本《蟻術詞選》四卷;先生并以之校勘付梓,辛卯(1891)正月刻成於桂林,是爲其第一生修梅花館叢書一(詳本譜"光緒十七年辛卯正月丙子日"條)。

【按二】碧琳瑯館,即方功惠之藏書樓。方功惠(1829 – 約1897),湖南巴陵(今岳陽)人。字慶齡,號柳橋,藏書樓名碧琳瑯館,又室名十文選齋。歷任廣東鹽道知事,番禺、南海、順德知縣,又曾捐資知府,光緒間兩度知潮州,爲官時有政聲。著名藏書家,藏書超越海山仙館及粤雅樓,堪與八千卷樓及皕宋樓相比。卒後,其子方湘賓於1898年將全部藏書運往北京,

---

① 蕙風:《餐櫻廡漫筆》,《申報·自由談》,民國十三年(1924)8月29日。

② 《蟻術詞選》況周儀《跋》,《四印齋所刻詞》,光緒壬辰(1892)王氏京師刻本(與《天籟集》合册)。

大半售於廠肆,餘者售予京師大學堂。①

據《蕙風詞話》卷五第三〇則自注:"……曩歲庚寅,余客羊城,假方氏碧琳瑯館藏書移寫。……"②

【按】《丁譜》《孫譜》俱繫此條資料於是年,但以先生是年爲三十二歲,蓋因取咸豐九年己未(1859)爲先生之生年故也。《馬譜》繫此資料於是年。皆未考其月份。

**秋冬間,《薇省同聲集》編成之前,先生有《念奴嬌》"澄湖無恙"詞,和鄉先輩朱依真詞韵。③**

【按一】此詞無紀年,但編於《新鶯詞》集之卷末,列於庚寅元日《臨江仙》"東閣官梅春事早"詞及《滿江紅·春月用耐寒詞春雪均》詞之後,故當列爲是年《薇省同聲集》編成前之作,因暫繫於此。

【按二】此詞有題曰"憶南湖舊遊,用朱小岑先生漂帛塘觀荷均"④。先生之《粤西詞見》録朱依真詞二闋,其一爲《酹江月·漂帛塘觀荷》(即先生所和之元作),此本詞題下有先生按語曰"漂帛塘在臨桂麗澤門外"云云;又有詞人簡介云:"依真,字小岑,臨桂人,依程弟,布衣,有《紀年詞》。"又録其論詞絶句

---

① 陳玉堂編著:《中國近現代人物名號大辭典》,浙江古籍出版社1993年5月第1版,第68頁。陳編不著方功惠之生年,今暫據"方功惠_百度百科"網頁所載,見 http://baike.baidu.com/view/1596102.htm,2010年12月5日。

② 況周頤著,王幼安校訂:《蕙風詞話》,《蕙風詞話·人間詞話》(合訂本),人民文學出版社1960年4月第1版,第126頁。

③ 彭鑾編:《薇省同聲集》之《新鶯詞》,葉九至十,光緒十六年刊本,臺灣學生書局1972年1月影印初版,第212-213頁。

④ 彭鑾編:《薇省同聲集》之《新鶯詞》,葉十,光緒十六年刊本,臺灣學生書局1972年1月影印初版,第212頁。

二十八首等。①

【按三】據先生編撰之《粤西詞見》，收有朱依程、依真昆季詞作，列於乾隆三十五年舉人冷昭之後，先生祖父嘉慶五年舉人況祥麟之前。② 又據清嘉慶七年所修之《臨桂縣志》，乃知朱依真實爲該志之總纂③，其所撰《臨桂縣志序》列於卷首，序末署"嘉慶壬戌年十一月，小岑朱依真撰"④，嘉慶壬戌即嘉慶七年。該志更録有朱氏依魯、依炅、依韓、依程輩之史料（如卷二五《選舉志三》及卷二九《人物志二》，即載有朱依程、依韓二人之出仕記録及傳記等），其事迹要皆列於乾隆、嘉慶間。而卷二二《藝文志》中，於朱依韓《秋岑詩集》二卷之著録中，載有朱依真序全文，又有按語云朱依韓乃乾隆三十九年舉人，鑲藍旗官學教習。⑤ 筆者近又於上海嘉泰—博寶藝術品拍賣網上，得見《廣州光孝寺南漢二鐵塔銘文拓本及題記》經折裝册之拍品介紹，云册内有諸名家於乾隆三十九至四十三年間爲該拓本所題之詩文跋尾，包括朱依真乾隆四十三年所撰之題記。⑥ 近人曾德珪所編《粤西詞載》亦謂朱依真乃清乾嘉時臨桂著名布

---

① 臨桂況周儀葵孫撰録:《粤西詞見》卷弟一，葉七至十一，《蕙風叢書》第10册，上海中國書店藏版，丙寅（1926）四月刊本。

② 參見先生所撰《粤西詞見叙録》，臨桂況周儀葵孫撰録《粤西詞見》，《蕙風叢書》第10册，上海中國書店藏版，丙寅（1926）四月刊本。

③ 據清嘉慶七年修、光緒六年補刊本之《臨桂縣志》，列爲《中國方志叢書》第15號，臺灣成文出版社影印刊行，1967年5月第1版，第5頁。

④ 據清嘉慶七年修、光緒六年補刊本之《臨桂縣志》，列爲《中國方志叢書》第15號，臺灣成文出版社影印刊行，1967年5月第1版，第1頁。

⑤ 據清嘉慶七年修、光緒六年補刊本之《臨桂縣志》，列爲《中國方志叢書》第15號，臺灣成文出版社影印刊行，1967年5月第1版，第358－359頁。

⑥ 見"上海嘉泰—博寶藝術品拍賣網"所載之2007年春季藝術品拍賣資料，參见 http://cache. baidu. com/，2010年9月28日。

衣文人。① 依上述資料觀之,朱依真其爲清乾嘉時人,應可無疑。

【按四】《趙史》箋先生之《滿江紅》《念奴嬌》詞云:"朱依真,字小岑,與先生同里夙好,時客京師,輒有酬唱。《滿江紅》《念奴嬌》均同作。"②《趙史》於茲失考,一誤再誤。《滿江紅》實爲先生和朱依真兄長依程之作(先生之《新鶯詞》附刻朱依程元作,署名"臨桂朱依程春岑"③),《趙史》以二詞之元作者皆爲朱依真,一誤也。朱依真既爲乾嘉時人,何得與先生同客京師,輒有酬唱? 此《趙史》之再誤也。

【按五】《賴譜》徑引《趙史》,未加細考,即謂先生是年"嘗與同里朱依真過往唱和",大謬。《賴譜》又據《臨桂縣志》1963 年桂林市檔案館石印本,謂"朱氏嘗參與《臨桂縣志》補纂工作",亦誤。《賴譜》所據之《臨桂縣志》1963 年桂林市檔案館石印本,筆者未見;唯據臺灣之"中文古籍書目資料庫"披露,該本應即清吴徵鰲修、黄泌與曹馴合纂之光緒三十一年(1905)重刊《臨桂縣志》1963 年石印本。④ 而筆者所見嘉慶七年修、光

---

① 參考曾德珪編:《粵西詞載》之《朱依真小傳》,漓江出版社 1993 年 7 月,第 108 頁。

② 趙尊嶽:《蕙風詞史》,見《詞學季刊》第 1 卷第 4 號,澳門海外圖書出版社 1967 年再版發行本,第 70 頁。

③ 彭鑾編:《薇省同聲集》之《新鶯詞》,葉九,光緒十六年刊本,臺灣學生書局 1972 年 1 月影印初版,第 211 頁。又見臨桂況周儀夔笙:《新鶯詞》,葉十,《弟一生修梅花館詞》弟一,《蕙風叢書》第 11 册,上海中國書店藏版,丙寅(1926)四月刊本。

④ 見 http://nclcc. ncl. edu. tw/ttscgi/ttswebnew? @ @ 835374790,2010 年 9 月 30 日。又據"妙思文獻集成管理系統 V6. 5WWW 檢索"網頁,參見 http://cache. baidu. com/,2010 年 9 月 30 日。

緒六年補刊之《臨桂縣志》,①已足可確證朱依真乃原嘉慶志之總纂。《賴譜》或誤讀光緒志,不知何故乃有朱氏補纂《臨桂縣志》之説,或因附會《趙史》,遂誤以乾嘉時之朱依真爲與先生同時之光緒年間人,亦未可知。

**冬,仍客羊城,獲鄉前輩張琮贈清詞别集十數家。**

據《粤西詞見》"張琮"條下,先生有詞話:"……憶庚寅冬,余客羊城,先生見貽　國朝詞别集十數家,昕夕過從,譚藝甚樂……"②

【按一】徐珂《近詞叢話》:"光緒庚寅、辛卯間,況夔笙居京師,常集王幼霞之四印齋,唱酬無虚日。夔笙於詞不輕作,恆以一字之工、一聲之合,痛自刻繩,而因以繩幼霞。幼霞性雖懶,顧樂甚不爲疲也。"③《黄譜》繫此資料於是年,但以先生是年爲三十二歲,蓋因取咸豐九年己未(1859)爲先生之生年故也。然據本譜考證,先生於是年季春至夏秋間離京,至壬辰春始回京(詳下),故不可能於是時常集王幼霞之四印齋,徐珂或誤記。《馬譜》則據徐珂此説以證明先生於是年春在京;先生於是年季春前固在京,但與所引之徐珂説并無邏輯上之關係,似欠審。

【按二】《黄譜》《丁譜》《孫譜》俱繫此條資料於是年,但以先生是年爲三十二歲,蓋因取咸豐九年己未(1859)爲先生之生年故也。《馬譜》繫此資料於是年。《丁譜》引此條資料時,誤記

---

① 所謂補刊之本,應僅指原書板有所殘缺而需局部補板、補刻然後再行刷印,其未必爲補纂之本,更非重刊之意。

② 臨桂況周儀葵孫撰録:《粤西詞見》卷第二,葉二十八,《蕙風叢書》第10册,上海中國書店藏版,丙寅(1926)四月刊本。

③ 唐圭璋編:《詞話叢編》第5册,中華書局1986年1月第1版,第4228頁。

臨桂張琮爲無錫丁福保。《黄譜》則誤張琮爲張綜。

**約於是年冬,先生之《薇省同聲集》本《新鶯詞》刻成。同集尚有薇省前輩端木埰之《碧瀣詞》、許玉瑑之《獨絃詞》及王鵬運之《袖墨詞》。**

據彭鑾光緒十六年閏二月所撰之《薇省同聲集·敘録》,知此集蓋於是年閏二月已大體纂成。又據集中《碧瀣詞》之王鵬運庚寅秋跋云,彭鑾以端木埰詞不多,遂囑更爲搜輯編入,而後有端木埰庚寅冬自序,①故知《薇省同聲集》應約於是年冬刻成。

【按一】《黄譜》《丁譜》俱繫此事於是年,但以先生是年爲三十二歲,蓋因取咸豐九年己未(1859)爲先生之生年故也。《馬譜》繫此事於是年。

【按二】先生所編《薇省詞鈔》卷九葉二十一至二十二,彭鑾《慶清朝》"紅雨迷華"詞後,附録彭鑾所作之《薇省同聲集序》,②即《薇省同聲集》之《敘録》。

【按三】余前曾以先生"三十前後有《新鶯詞》"③爲論,蓋至是年九月一日,先生已足二十九歲,開始踏入三十之年。而《新鶯詞》集中詞作,大多成於是年閏二月之前,唯集中之最後一闋《念奴嬌》"澄湖無恙",或成於是年冬,筆者因有此論。

又據《趙史》:"先生戊子入都,應試入薇垣,因與王佑遐遊。……方作《新鶯詞》時,輒與薇垣諸公酬唱,亦即選輯《薇省同

---

① 彭鑾編:《薇省同聲集》之《敘録》,葉一至二,光緒十六年刊本,臺灣學生書局1972年1月影印初版,第1-4頁。

② 臨桂況周儀撰録:《薇省詞鈔》卷九,葉二十一至二十二,《蕙風叢書》第9册,上海中國書店藏版,丙寅(1926)四月刊本。

③ 鄭煒明:《況蕙風詞學之淵源及理論》,澳門大學中文學院"中國文化與澳門研究"國際學術研討會(1998年11月25-28日)論文册,第266頁。

聲》之時……”①

【按】《薇省同聲集》本之《新鶯詞》,起《江南好·詠梅》,訖《念奴嬌》“澄湖無恙”,共二十六闋,包括戊子(1888)二月入都前後,至是年冬詞集出版前之詞作二十一闋,及選編入部分少作《存悔詞》作品五闋。

**是歲冬末,先生回臨桂省墓;又往訪鄉先輩冷昭遺詞,識冷昭從孫冷芳,得冷昭詞若干闋。**

據《粵西詞見》“冷昭”條下,先生之詞話云:“靈均覽揆之歲,余省墓里門,肩輿之距城五里冷家村,訪求先生遺詞。先生從孫敬齋明經芳,録視若干闋,用書院課卷餘幅恭楷謄寫。……”②

【按一】靈均覽揆之歲,即庚寅歲,乃屈原於《離騷》中自述出生年之干支。

【按二】《馬譜》亦繫此資料於是年。

【按三】據《趙史》謂先生“漸游廣州,回臨桂,再出由杭而蘇……”③知先生至廣州後,曾回臨桂。據本譜所記,先生於是年冬及次年夏,皆曾在羊城方氏碧琳琅館移鈔藏書;是以推知先生回鄉省墓之時,應於是年歲末。

【按四】《粵西詞見》録冷昭詞四闋,小傳云:“昭,字春山,臨桂人,乾隆三十五年舉人,有《春山詞》一卷。”④

---

① 趙尊嶽:《蕙風詞史》,見《詞學季刊》第1卷第4號,澳門海外圖書出版社1967年再版發行本,第69頁。

② 臨桂況周儀葵孫撰録:《粵西詞見》卷第一,葉五,《蕙風叢書》第10册,上海中國書店藏版,丙寅(1926)四月刊本,香港大學馮平山圖書館所藏本。

③ 趙尊嶽:《蕙風詞史》,見《詞學季刊》第1卷第4號,澳門海外圖書出版社1967年再版發行本,第70頁。

④ 臨桂況周儀葵孫撰録:《粵西詞見》卷第一,葉五,《蕙風叢書》第10册,上海中國書店藏版,丙寅(1926)四月刊本。

**最遲於是年或之前，先生即喜誦屈翁山《落葉詞》，却未知其所以然。**

據先生所撰詞話《餐櫻廡詞話》："明屈翁山（大均）《落葉詞》（《道援堂詞》），余卅年前即憙誦之，不知其所以然也。……"①

【按】先生此則筆記刊載於1920年約12月之《小説月報》，則先生喜誦屈大均《落葉詞》之事，上推三十年，最遲可繫於是年。

## 1891 光緒十七年 辛卯 三十一歲

**正月丙子日，先生於臨桂舊居，覆校《蟻術詞選》畢并撰跋。**

據先生所撰《蟻術詞選》跋："右元雲間邵亨貞復孺《蟻術詞選》四卷，知不足齋影鈔本。庚寅孟冬，余客羊城，從方柳橋觀察借鈔，覆校付梓。……光緒十七年辛卯正月丙子，臨桂況周儀夔笙，識于夫容舊廬。"②

【按】先生嘗有一印章，刻"天柱峰下人家"③。據桂林中國旅行社之桂林旅行網載，天柱峰，乃臨桂古迹，在今之桂林七星公園西，花橋之東，因石挺拔矗立如柱，故名；又因其狀如未放之芙蓉，故又名芙蓉石。夫容舊廬者，當指先生於臨桂天柱峰下之舊居也。

**春，先生於廣西刊刻邵亨貞《蟻術詞選》。**

---

① 臨桂況周頤：《餐櫻廡詞話》，《小説月報》第11卷第12號（約於1920年12月出版），"雜載"版，第5頁。

② 《蟻術詞選》況周儀《跋》，《四印齋所刻詞》，光緒壬辰（1892）王氏京師刻本（與《天籟集》合册）。

③ 馬興榮：《況周頤年譜》，《楚雄師專學報》1999年第14卷第4期，見第1頁註釋②。

據中國國家圖書館古籍目録,邵亨貞《蟻術詞選》有臨桂况周儀光緒十七年(1891)刻本,列爲弟一生修梅花館叢書。因先生於是年正月丙子日爲之跋,故推斷此後不久後即刊成,乃繫此事於是年春。

又據四印齋本《蟻術詞選》王鵬運跋:"此詞夔笙舍人刻於粵西,讎勘精審……"①

【按】《蟻術詞選》翌年(1892)有四印齋刻本,實與况刻全同;詳參本譜"壬辰七月初七日"條。

**先生或於臨桂,晤金武祥,并賦《買坡塘》"對雲山"以題金氏之《冰泉唱和集》。**

據《趙史》:"金溎生名武祥,江陰人,好吟咏。所刊《粟香叢書》,多得善本。時供職粵西鹽局,薄宦讀書,游冰泉,與客聯吟成一集。得晤先生,爲題其首,賦《買陂塘》。"②

又據《買坡塘》"對雲山"詞序:"題金溎生《冰泉唱和集》,用集中'酬縠盦'韻。(泉在蒼梧冰井寺西北,唐元次山有冰井銘,宋紹興閒太守任君建漫泉亭其上。)"③

【按一】此詞不繫干支日月,因《趙史》之説而繫於先生是年在廣西之時。

【按二】《賴譜》繫此事於是年,唯坐實先生晤金氏之地爲廣州,未知何據。

【按三】金武祥(1841,一作1842－1925),江蘇江陰人。原名

---

①　《蟻術詞選》王鵬運《跋》,《四印齋所刻詞》,光緒壬辰(1892)王氏京師刻本(與《天籟集》合册)。

②　趙尊嶽:《蕙風詞史》,見《詞學季刊》第1卷第4號,澳門海外圖書出版社1967年再版發行本,第70頁。

③　臨桂况周儀夔笙:《玉梅詞》,葉一,《弟一生修梅花館詞》弟二,《蕙風叢書》第11册,上海中國書店藏版,丙寅(1926)四月刊本。

則仁，字湝生，號粟香，一號萩鄉，又號陶廬，別署泳鯉橋頭一釣徒，室名二百蘭亭漢晋磚齋、不廉於書之室、木蘭書室、芙蓉江上草堂、粟香室等等。學者。爲地方鄉紳。撰有《漓江雜記》《漓江遊草》《赤溪雜志》，輯有《表忠録》《思忠録》《冰泉唱和集》《江陰藝文志》，又輯刻古籍多種，皆刊入其《粟香室叢書》。① 秦瑋鴻謂金湝生乃"清代廣西梧州人，著有《冰泉唱和集》等"②，此説與《趙史》及《中國近現代人物大辭典》之"江陰人"説有异，惜秦氏并未詳述其根據。

**夏，客羊城，假方氏碧琳瑯館景元鈔本，斠閲《斷腸詞》，并從他書中輯録《斷腸詞補遺》一卷。又假《聽雨樓詞》移鈔，以廣其傳。**

據《蘭雲菱夢樓筆記》："辛卯夏，客羊城，叚巴陵方氏碧琳瑯館景元鈔本，斠閲《斷腸詞》一過，又從《宋元百家詩》《後邨千家詩》《名媛詩歸》，暨各撰本，輯補遺一卷……"③

【按】《丁譜》繫此條資料於是年，但以先生是年爲三十三歲，蓋因取咸豐九年己未(1859)爲先生之生年故也。《馬譜》繫此資料於是年。

據《蕙風簃二筆》："……雲鶴(本譜按：指孫雲鶴)《聽雨樓詞》，世尠傳本，曩歲辛卯，余客羊城，假方氏碧琳瑯館壓本迻鈔，後乃盛傳吳下……"④

【按】《馬譜》繫此資料於是年。

---

① 陳玉堂編著：《中國近現代人物名號大辭典》，浙江古籍出版社 1993 年 5 月第 1 版，第 591 頁。

② 秦瑋鴻：《況周頤詞集校注》，廣西大學碩士學位論文，2004 年 5 月，正文第 18 頁。

③ 臨桂況周儀蘷笙記：《蘭雲菱夢樓筆記》，葉五至六，《阮盦筆記》第 3 種，《蕙風叢書》第 2 册，上海中國書店藏版，丙寅(1926)四月刊本。

④ 臨桂況周儀阮堪記：《蕙風簃二筆》卷弟一，葉七，《阮盦筆記》第 5 種，《蕙風叢書》第 3 册，上海中國書店藏版，丙寅(1926)四月刊本。

**是年，曾暫住杭州，與譚獻以詞學相過從。爲譚獻題《南浦·題譚仲修丈斜陽煙柳填詞圖》詞。**

據譚獻《復堂日記》辛卯："臨桂況夔笙舍人周儀，暫客杭州，聞聲過從，鋭意爲倚聲之學。與同官端木子疇、王幼遐、許玉瑑唱和，刻《薇省同聲集》，優入南渡諸家之室。夔笙網羅詞家選本别集，篋衍盈數百家。秀水女士錢餐霞《雨花盦詩餘》，予借觀……又示予蘇汝謙虚谷《雪波詞》寫本、唐子實《涵通樓師友文鈔》，附龍、王、蘇、三家詞，今寫本多唐刻所未見。……"①

【按一】《復堂詞話》并未標明此條日記之月日。但據本譜所記，先生於是年冬及次年春在蘇州，故先生暫客杭州之時，當在自穗至蘇之間。

【按二】《黄譜》《丁譜》《孫譜》俱繫此條資料於是年，但以先生是年爲三十三歲，蓋因取咸豐九年己未(1859)爲先生之生年故也。《賴譜》《馬譜》繫此資料於是年。

又據《南浦·題譚仲修丈斜陽煙柳填詞圖》詞題。②

【按一】此詞并未繫年，因涉與譚獻交往事，姑繫於此。

【按二】《趙史》云："譚仲修，名獻，杭人。一時詞流，奉爲大師。先生由粤北行，過杭州，暢論詞學。爲題《斜陽煙柳填詞圖》，賦《齊天樂》。"③《齊天樂》應是《南浦》之誤。《齊天樂》有九體，《詞譜》以周邦彦《臺城路》一首爲正體，雙調 102 字，上片 51 字 10 句 5 仄韵，下片 51 字 11 句 5 仄韵，上片第三、四

---

① 譚獻:《復堂詞話》，唐圭璋編《詞話叢編》第 4 册，中華書局 1986 年 1 月第 1 版，第 4007 頁。

② 臨桂況周儀夔笙:《玉梅詞》，葉一，《第一生修梅花館詞》弟二，《蕙風叢書》第 11 册，上海中國書店藏版，丙寅(1926)四月刊本。

③ 趙尊嶽:《蕙風詞史》，見《詞學季刊》第 1 卷第 4 號，澳門海外圖書出版社 1967 年再版發行本，第 70 頁。

句，下片第四、五句對偶。《南浦》有六體，其中五體押仄韵，雙調105字或106字，另一體押平韵，雙調102字，上下片皆作51字。先生此詞，雙調105字，上片52字9句4仄韵，下片53字9句4仄韵。兩者詞律頗异，趙氏誤以先生此《南浦》詞爲《齊天樂》，或一時失察以致之。

【按三】《賴譜》亦謂先生爲譚獻所題《斜陽煙柳填詞圖》之調爲《齊天樂》，蓋襲用趙氏之説而不加考證，因有此誤。《賴譜》更謂此闋《齊天樂》見於《玉梅詞》。今考先生之《玉梅詞》集之十二闋詞①中，并無《齊天樂》一調，未知《賴譜》有何根據，恐屬《賴譜》失考之又一例證。

**先生是年客杭州時，曾與邊保樞唱酬。**

據先生《玉梅詞》集中第六闋詞作《憶舊遊·吳趨旅夜裏邊竺潭杭州》，先生離杭州後，於蘇州曾有懷邊竺潭之作，詞中有"記垂鞭喚酒，側帽尋詩，西子湖頭"②等句。

【按】邊竺潭，即邊保樞，字竺潭，任邱人，以舉人官浙江，嘗爲仁和場大使，工詞。③ 著有《劍虹盦詞》，曾校訂《習苦齋畫絮》十卷、校《國朝詞綜補》十八卷、與吳唐林合刻《侯鯖詞》五卷、編刻《缾水齋詩集》十六卷附七卷等。④

**冬，客蘇州。曾往訪世經堂書肆。**

據《眉廬叢話》："光緒辛卯冬，余客吳門，世經堂（本譜按：在蘇州

---

① 臨桂況周儀夔笙：《玉梅詞》，葉一至六，《弟一生修梅花館詞》弟二，《蕙風叢書》第11册，上海中國書店藏版，丙寅（1926）四月刊本。

② 臨桂況周儀夔笙：《玉梅詞》，葉三；《弟一生修梅花館詞》弟二，《蕙風叢書》第11册，上海中國書店藏版，丙寅（1926）四月刊本。

③ 李烈初：《清未畫家鬻畫一斑——我收藏的書信一束》，《收藏》1994年4月第4期，香港大學圖書館所藏光碟版。

④ 筆者據中國國家圖書館、香港大學圖書館、香港中文大學圖書館、日本京都大學圖書館等之書目檢索結果。

觀前街)無恙(一單間小肆耳)。侯主人尚存……曾與余談此事(本譜按:即道咸間,顧千里、黄蕘圃於蘇州世經堂,因言校勘學意見不合而動武一事),形容當時忿争情狀如繪。……"①

**是年客蘇州時,有詞《壽樓春》"遲南枝春芳"、《高陽臺》"舊苑鴉寒"、《探芳信》等;因詞中有咏玉梅句,故自號"玉梅詞人"。**

據《餐櫻廡隨筆》:"……曩余亦自號'玉梅詞人',則辛卯客蘇州,得句云'玉梅花下相思路,算而今不隔三橋'(高陽臺),又云'玉梅不是相思物,不合天然秀'(探芳信)。此等句殊無當於風格,而當時謬自喜,遂以名詞,並以自號,無它旨也。"②

【按一】以上《高陽臺》"舊苑鴉寒"詞被先生編入《玉梅詞》集中。③而《探芳信》則未見入集。《壽樓春》"遲南枝春芳"被先生編入《玉梅詞》,列於《高陽臺》詞之前,因亦繫於此;其序云:"虎阜歸舟,煙水四碧,霜月娟娟,來照清怨,口占和梅溪韻,不自覺哀音之激楚也。"④《壽樓春》與《高陽臺》詞意悲戚,蓋先生哀悼桐娟之作。此外,鄭文焯亦曾有《壽樓春》詞作贈先生,⑤附志於此。

【按二】《趙史》論及先生之《玉梅詞》時云:"先生漸游廣州,回臨桂,再出由杭而蘇,於蘇納桐娟,始回京師。桐娟妍麗而不

---

① 況周頤著,郭長保點校:《眉廬叢話》第128則,《民國筆記小説大觀》第1輯第3册,山西古籍出版社1995年12月第1版,第91頁。

② 況周頤著,張繼紅點校:《餐櫻廡隨筆》第19則,《民國筆記小説大觀》第1輯第4册,山西古籍出版社1995年12月第1版第13頁。

③ 臨桂況周儀夔笙:《玉梅詞》,葉二,《弟一生修梅花館詞》弟二,《蕙風叢書》第11册,上海中國書店藏版,丙寅(1926)四月刊本。

④ 臨桂況周儀夔笙:《玉梅詞》,葉二,《弟一生修梅花館詞》弟二,《蕙風叢書》第11册,上海中國書店藏版,丙寅(1926)四月刊本。

⑤ 《壽樓春·和梅谿贈夔笙同年》,見鄭文焯《冷紅詞》卷弟一,葉十,《大鶴山人遺書》,葉德輝庚申(1920)長至日序本。

禄。《玉梅》一卷，大抵爲桐娟詠。其署玉梅詞人，亦自此始。故卷中特多艷詞。"①又云："由杭而蘇，賦《壽樓春》《高陽臺》，其'玉梅花下相思路，算而今不隔三橋。怨良宵，滿目繁華，滿目蕭條'（《高陽臺》）。先生最喜誦之。此蓋其識桐娟之始，以艷詞而出以秋聲，所謂樂極而不知其悵觸無端……"②然據本譜考知，桐娟歿於庚寅（1890）秋，而咏玉梅詞則作於是年辛卯（1891），必非爲初識桐娟而作。

【按三】《黄譜》繫《趙史》資料於是年。《賴譜》沿襲《趙史》之誤。

**是年冬至翌年春，在蘇州，與張祥齡、鄭文焯素心晨夕。**

據《香東漫筆》："辛卯、壬辰閒，余客吳門，與子苾、尗問素心晨夕，冷韵閒醉，不知有人世升沈也。某夕漏未三商，招子苾讌集不至，尗問得《浣溪沙》前四句，余足成之：'夊樣詞人天樣遥，翠衾貪度可憐宵（苾姬人名翠翠）。未應箋管换釵翹。破面春風防粉爪（問），畫眉新月戀香豪。柳蘳花咲奈明朝（笙）。'翼日有怡園之約，故歇拍云云。"③

【按一】《黄譜》《孫譜》俱繫此條資料於是年，但以先生是年爲三十三歲，蓋因取咸豐九年己未（1859）爲先生之生年故也。《丁譜》《賴譜》則繫此條資料於壬辰（1892），取其時間下限也。《馬譜》繫此資料於是年。

【按二】此《浣溪沙》聯句未見收入先生之詞集。

---

① 趙尊嶽：《蕙風詞史》，見《詞學季刊》第1卷第4號，澳門海外圖書出版社1967年再版發行本，第70頁。

② 趙尊嶽：《蕙風詞史》，見《詞學季刊》第1卷第4號，澳門海外圖書出版社1967年再版發行本，第71頁。

③ 臨桂況周頤夔遴記：《香東漫筆》卷第一，葉二十四，見《蕙風叢書》第4册，上海中國書店藏版，丙寅（1926）四月刊本。

## 1892 光緒十八年 壬辰 三十二歲

**春,先生晤易順鼎於蘇州。**

據《壽樓春》"紉湘蘭情芳"序:"余與實甫聞聲相思十餘年矣,壬辰春晤于蘇州……"①

【按一】《賴譜》繫此資料於是年。《丁譜》引《詞林新語》筆記,以佐證先生是年與易順鼎交往事。《丁譜》云:"得於蘇州晤易順鼎,欣然道故,先生且挾之肘掖,曰:'吾抱道在躬。'遂傳爲詞林新語。"②唯是年先生與易氏初識,當無"道故"之説。考《詞林新語》筆記原文,全句實爲:"龍陽易實甫,仕而不達,漸簡右江道,途出海上,臨桂況蕙風見之,欣然道故,挾之肘掖曰:'吾抱道在躬。'"③故知先生此後曾再會易氏於上海;《詞林新語》此條應繫於先生在上海時期,《丁譜》失考。先生之"抱道在躬"一語,另有本事,請參本譜是年正月二十日以前某夕條。

【按二】易順鼎(1858 - 1920),湖南龍陽人。字實甫,一作實父,又字石甫、碩甫、中碩、中實、仲碩、易碩,號哭盦、琴志樓等等。光緒元年中舉。納資以道員用,歷任河南候補道。甲午中日戰起,兩赴臺灣,助劉永福抗戰。後官至廣東欽廉道、高

---

① 臨桂況周儀夔笙:《玉梅詞》,葉四,《第一生修梅花館詞》弟二,《蕙風叢書》第 11 册,上海中國書店藏版,丙寅(1926)四月刊本。

② 丁千蕙:《況周頤蕙風詞話研究》之附録一《況周頤年譜簡表》,臺灣政治大學碩士論文,1978 年,第 98 頁。

③ 靈(即張爾田):《詞林新語》(一)第 1 條,《詞學季刊》第 1 卷第 3 號,澳門海外圖書出版社 1967 年再版發行本,第 80 頁。按:後來《詞林新語》各則,被編入張爾田所撰《近代詞人逸事》之附録,收入《詞話叢編》,故知《詞學季刊》本《詞林新語》之作者靈,即張爾田。下引同,茲不再贅。

雷道。1913年,由袁克文薦任印鑄局参事,任内兩署局長。袁世凱死後寄情詩酒。工詩詞及駢文,與樊增祥齊名。著作甚夥,刻入《琴志樓叢書》。①

**是年春晤易順鼎後,先生曾與易氏、張祥齡、鄭文焯同游虎邱,并聯句賦《鎖窗寒》詞。**

據《餐櫻廡漫筆》:"曩客吳門,與易中實、張子苾、鄭叔問同游虎邱,一葉青篷,烟波容與,聯句賦《鎖窗寒》詞,叔問得句云:'近黄昏,玉鬟更携,粉香欲共蒼翠滴。'頗自喜。余曰:'句誠佳矣,此傅粉之面,無乃太大乎。'四座爲之軒渠。"②

【按一】上引筆記不繫年月,本譜以先生之行迹及交游史料而繫於此。(虎邱之游當在别易順鼎之前,詳本譜是年"正月二十日以前"條。)

【按二】《賴譜》繫此資料於是年,但衹引録先生筆記至"聯句賦《鎖窗寒》詞"句爲止;似未知此闋爲先生佚詞之一。

**正月二十日之前某夕,先生與易順鼎等諸友,畫舫暢飲,而易氏幾醉,坐先生膝而飲,先生謂"此抱道在躬也"。**

據先生所撰詞話:"漢壽易實甫(順鼎)……與余晤於吳門,某夕,畫舫宴集,履舄交錯。實甫玉山頹矣,偶過余前,余挽之使飲,則遽坐余膝。余曰:'此抱道在躬也。'四坐爲之軒渠,侑觴者不知所謂,則亦相和以笑云。"③

【按】本譜是年春條載,先生晤易順鼎於蘇州。詞話"晤於吳

---

① 陳玉堂編著:《中國近現代人物名號大辭典》,浙江古籍出版社1993年5月第1版,第574頁。

② 況周頤撰:《餐櫻廡漫筆》,《申報·自由談》,民國十三年(1924)8月15日。

③ 況周頤撰:《餐櫻廡漫筆》,《申報·自由談》,民國十三年(1924)9月8日。

門"云云，即是時也，故本譜繫此事於是年正月二十日先生與易氏惜别前。

**正月二十日之前，先生客蘇州之時，有詞《永遇樂·吴坊本事和潄玉》《憶舊遊·吴趨旅夜褱邊竺潭杭州》《法曲獻仙音·金閶寒夜和夢窗》《減字浣溪沙》"綵勝釵頭故故斜"、《早梅芳近》"海棠春"、《鎖窗寒·褱幼遐前輩京師，時客吴門》等。**

【按】以上六闋詞，被先生編入《玉梅詞》集之第五至第十闋，[1]皆涉蘇州游事。詞題中"吴坊""吴趨""吴門"等，皆明指與蘇州有關；而"金閶"亦蘇州之别稱。此六闋於詞集中，編列於先生賦别易順鼎之《壽樓春》"紉湘蘭情芳"之前，因繫於此。

**正月二十日之前不久，先生與易順鼎惜别，賦《壽樓春》"紉湘蘭情芳"詞以寄，并呈張祥齡、鄭文焯。**

據《壽樓春》"紉湘蘭情芳"序："余與實甫聞聲相思十餘年矣，壬辰春晤于蘇州，和梅溪調見貽。明日忽又别去，素心難得，勝會不常，良用惋嘆，依調賦寄竝呈子苾、小坡兩兄。"[2]

【按一】先生《玉梅詞》集之編次，《壽樓春》"紉湘蘭情芳"先於壬辰正月二十日之《喜遷鶯》"亭皋愁暮"，故繫此事於正月二十日之前。

【按二】《黄譜》《丁譜》俱繫此條資料於是年，但以先生是年爲三十四歲，蓋因取咸豐九年己未（1859）爲先生之生年故也。《馬譜》繫此資料於是年。

【按三】先生與易順鼎相聚期間，曾力贊易氏之《鳳凰臺上憶吹

---

① 臨桂況周儀夔笙：《玉梅詞》，葉二至四，《第一生修梅花館詞》弟二，《蕙風叢書》第 11 册，上海中國書店藏版，丙寅（1926）四月刊本。

② 臨桂況周儀夔笙：《玉梅詞》，葉四至五，《第一生修梅花館詞》弟二，《蕙風叢書》第 11 册，上海中國書店藏版，丙寅（1926）四月刊本。

簫》詞，戲謂"讀君此詞，直令我海棠開了，想到如今也"①，可爲先生與易氏"聞聲相思十餘年"之注脚。

**正月二十日，與張祥齡、鄭文焯，於柳宜橋酒樓聯句，賦《喜遷鶯》"亭皋愁暮"。**

據《喜遷鶯》"亭皋愁暮"序："壬辰正月二十日，子苪、小坡柳宜橋酒樓聯句，和夢窗韻。"②

【按】《黄譜》《丁譜》俱繫此條資料於是年，但以先生是年爲三十四歲，蓋因取咸豐九年己未（1859）爲先生之生年故也。《賴譜》《馬譜》繫此資料於是年。

**春，納卜娱爲婦。鄭文焯有詞賀之。**

據先生所撰之《織餘瑣述序》："溯昔壬辰春，清姒始來歸……"③

【按一】《孫譜》繫此條資料於是年，以先生是年爲三十四歲，蓋因取咸豐九年己未（1859）爲先生之生年故也。《賴譜》《馬譜》繫此資料於是年。

【按二】《孫譜》謂先生回京後始娶卜娱，唯未有提出證據。先生於是年仲春，自蘇啓程返京，途經上海（詳下）。至若先生於何地娶卜娱，尚未能確考；但卜娱乃吴縣（即蘇州）人，則先生於蘇州納之，再携同回京，亦屬合理之臆斷也。

又據鄭文焯《絳都春》"春衫舊綫"詞序云："夔笙新納吳姬，用夢窗爲李篔房量珠賀韻賦此。"又"幾回鸚語，教成緑窗睡暖"句下

---

① 況周頤著，郭長保點校：《眉廬叢話》第275條，《民國筆記小説大觀》第1輯第3册，山西古籍出版社1995年12月第1版，第203頁。

② 臨桂況周儀夔笙：《玉梅詞》，葉五，《第一生修梅花館詞》弟二，《蕙風叢書》第11册，上海中國書店藏版，丙寅（1926）四月刊本。

③ 況周頤：《織餘瑣述序》，見吳縣況卜娱清姒《織餘瑣述》，己未（1919）十月仿聚珍版排印本。

注云:“夔笙不諳吳語,因戲及之。”①

【按】鄭氏此詞,編次於其集中壬辰人日詞與壬辰寒食詞之間,亦可爲先生納卜娛之時間佐證,决非《孫譜》所謂回京後之事也。

**二月四日,先生離蘇之滬。自滬寄弟一生修梅花館刊本《蟻術詞選》予鄭文焯。**

據鄭文焯《蛾術詞選》跋二:“《蛾術詞》清麗宛約,學白石而乏騷雅之致,聲律亦未盡妍美。舊選本曾載其《沁園春》賦眉目二闋,取徑頗嫌纖巧。今葵生同年,從元鈔校補付梓,多至百餘首,視昔所見,清典可風,尚是元詞之遺脉,然較弁陽,則遠遜矣。葵生别予旬日,此篇寄自滬上;西園風雨,春事飄零,讀集中《六州歌頭》遣春諸詞,又不任離索之感焉。叔問。壬辰二月十四日。”②

【按】《丁譜》《孫譜》俱繫此條資料於是年,以先生是年爲三十四歲,蓋因取咸豐九年己未(1859)爲先生之生年故也。《馬譜》繫此資料於是年。

**二月,先生返抵都門,或準備應考是年三月之會試;與王鵬運及劉福姚賦聯句詞《東風第一枝》。**

據先生與王鵬運及劉福姚聯句詞《東風第一枝》之王鵬運序:“此壬辰二月,夔生、伯崇計偕到京,夜過四印齋,用邵复孺均聯句。舊作偶於篋中檢得之,附録於此。伯崇果佔東風第一,文字有祥,行爲夔生祝也。時癸巳臘月廿二日雪中。”③

---

① 鄭文焯著:《冷紅詞》卷第一,葉十三至十四,《大鶴山人遺書》,葉德輝庚申(1920)長至日序本。

② 《詞學季刊》第1卷第3號,澳門海外圖書出版社1967年再版發行本,第135-136頁。

③ 王鵬運:《味梨集》,曾德珪編《粤西詞載》,漓江出版社1993年7月第1版,第572頁。

【按一】此詞未入先生之詞集。詞云:"寒重花慵,燈疏漏短,清吟誰伴孤影。(半)故人卻共春來,倦燈暫銷夜冷。(夔)天涯舊夢,又盈曲,紅闌催暝。(伯)對玉梅,證取心期,早是宿酲輕醒。(半)檠鳳短,茜紗方静。箏雁悄,素弦待整。(夔)彩毫怯寫銀箋,暗香尚留寶鼎。(伯)鸞簫鳳籥,看次第,天風吹並。(半)怕俊游,不似年時,負了武陵漁艇。(夔)"①

【按二】劉福姚(生卒年待考),字伯崇,號忍庵,廣西桂林人。光緒八年壬午科舉人,光緒十八年(壬辰)殿試第一甲第一名。歷官翰林院修撰,貴州、河南、廣東等省鄉試主考,翰林院秘書郎,兼學部圖書局總務科總校。秉性耿介,不阿權貴。晚年窮愁潦倒,鬱鬱以終。官京師時,與王鵬運、朱古微等時相往還,多有酬唱。有《忍庵詞》。②

**二月回京之後,向王鵬運言及在蘇時,與鄭文焯、張祥齡和詞連句之樂。又撰《淑真事略》,編入《香海棠館詞話》。**

據王鵬運《和珠玉詞序》:"龍集執徐之歲,夔笙至自吳中,爲言客吳時與文君尗問、張君子苾和詞連句之樂,且時時敦促繼作……"③

【按一】《丁譜》繫此條資料於是年,以先生是年爲三十四歲,蓋因取咸豐九年己未(1859)爲先生之生年故也。

【按二】龍集執徐,即歲星在辰之意。《故訓匯纂》:"龍,歲星

① 王鵬運:《味梨集》,曾德珪編《粵西詞載》,漓江出版社1993年7月第1版,第572頁。

② 曾德珪編:《粵西詞載》之《劉福姚小傳》,漓江出版社1993年7月第1版,第940頁。

③ 張祥齡、王鵬運、況周儀:《和珠玉詞》,光緒甲午(1894)七月刻本。按據惜陰堂民國重刊本《和珠玉詞》之況周頤《跋》,光緒甲午七月刻本,乃"開雕於廠肆,印行僅數十本"者,廠肆,即北京琉璃廠也。

也。《左傳·襄公二十八年》'蛇成龍'杜預注。……"①又:"……《爾雅·釋天》:太歲在辰曰執徐。……"②

又據《蘭雲菱夢樓筆記》:"……壬辰回京,昉黟俞氏《癸巳類稿·易安事輯》例,據集中(本譜按:指《斷腸集》)詩及它書,作《淑真事略》,辨《生查子》之誣,凡二千數百言,編入《香海棠館詞話》,殆無秘不搜矣。"③

【按】《丁譜》繫此條資料於是年,以先生是年爲三十四歲,蓋因取咸豐九年己未(1859)爲先生之生年故也。《馬譜》繫此資料於是年。

**先生重臨京師,屢屢憶及亡姬桐娟,悲慟再至,賦《減字浣溪沙》"重到長安景不殊"、《鳳栖梧·過香鑪營故居》、《菩薩蠻》"五更才得朦朧睡"。**

據《趙史》云:"先生漸重游京師,入值薇垣,而桐娟已殁,先生哀之,爲賦《浣溪沙》'重到長安景不殊'一首。……先生悼桐娟之喪,每有所作,輒多傷感云:'最是不堪回首處,鳳城西去棠梨雨。'(《鳳栖梧》)"④

【按一】《減字浣溪沙》及《鳳栖梧》,於《錦錢詞》集中,編爲第一及第二闋。⑤《錦錢詞》一集,蓋收録先先於是年回京後,至

---

① 宗福邦、陳世鐃、蕭海波主編:《故訓匯纂》,商務印書館 2003 年 7 月第 1 版,第 2651 頁。見第 48、49 條。

② 宗福邦、陳世鐃、蕭海波主編:《故訓匯纂》,商務印書館 2003 年 7 月第 1 版,第 431 頁。見第 101－103、105 條。

③ 臨桂況周儀蘷笙記:《蘭雲菱夢樓筆記》,葉六,《阮盦筆記》第 3 種;《蕙風叢書》第 2 册,上海中國書店藏版,丙寅(1926)四月刊本。

④ 趙尊嶽:《蕙風詞史》,見《詞學季刊》第 1 卷第 4 號,澳門海外圖書出版社 1967 年再版發行本,第 71 頁。

⑤ 臨桂況周儀夔笙:《錦錢詞》,葉一,《弟一生修梅花館詞》第三,《蕙風叢書》第 11 册,上海中國書店藏版,丙寅(1926)四月刊本。

是年冬詞集付梓前之詞作。此二闋當是先生重到京師不久,爲傷悼桐娟而賦,故繫於此。

【按二】《菩薩蠻》編入《錦錢詞》第四闋,①在是年五月二十四日《青衫濕遍》"空山獨立"詞之前,有"何日是歡期,他生重見時"之浩嘆,蓋亦爲桐娟賦,故附繫於此。

**先生回京後,曾爲王鵬運題《庭柳圖》,賦詞《南浦·題幼遐前輩庭柳圖》。**

【按】此詞編入《錦錢詞》第三闋,②在是年五月二十四日《青衫濕遍》"空山獨立"詞之前,故暫繫於此。

**五月二十四日,爲桐娟生日,先生至宣武門西之廣西義園,視亡兒小羊墓。賦詞《青衫濕遍》"空山獨立"。此後又有《思越人》"苦恨花枝照酒杯"詞。**

據《青衫濕遍》"空山獨立"序:"五月二十四日,宣武門西廣西義園,眡亡兒小羊墓。是日爲亡姬桐娟生日。"③

【按一】《青衫濕遍》"空山獨立"無繫年,唯《錦錢詞》一集,皆先先於是年回京後,至是年冬詞集付梓前所作。故繫於是年。

【按二】《黄譜》繫此條資料於是年,但以先生是年爲三十四歲,蓋因取咸豐九年己未(1859)爲先生之生年故也。《賴譜》繫此資料於是年。

【按三】《思越人》"苦恨花枝照酒杯"編入《錦錢詞》第六闋,④

---

① 臨桂況周儀夔笙:《錦錢詞》,葉二,《第一生修梅花館詞》弟三,《蕙風叢書》第 11 册,上海中國書店藏版,丙寅(1926)四月刊本。

② 臨桂況周儀夔笙:《錦錢詞》,葉一,《第一生修梅花館詞》弟三,《蕙風叢書》第 11 册,上海中國書店藏版,丙寅(1926)四月刊本。

③ 臨桂況周儀夔笙:《錦錢詞》,葉二,《第一生修梅花館詞》弟三,《蕙風叢書》第 11 册,上海中國書店藏版,丙寅(1926)四月刊本。

④ 臨桂況周儀夔笙:《錦錢詞》,葉二,《第一生修梅花館詞》弟三,《蕙風叢書》第 11 册,上海中國書店藏版,丙寅(1926)四月刊本。

在《青衫濕遍》"空山獨立"詞之後，其内容頗有雖新納卜娱，仍苦憶舊侣之意，姑附繫於此。

**春夏間，先生常赴陶然亭與友宴集。有《壽樓春》"登陶然孤亭"詞，王鵬運及鄧鴻荃亦各賦一闋。**

據《餐櫻廡隨筆》："……都門南下洼，煙水空闊，蘆葦彌望，壬辰春夏間，有異聲略如牛鳴，每江亭宴集，輒聞之(陶然亭，一名江亭)……"①

又據先生之《壽樓春》"登陶然孤亭"詞序："遊陶然亭，同幼遐前輩、雨人同年，相約用'登陶然孤亭'五字起句，各賦一闋。"②

【按一】綜合上述資料，《壽樓春》"登陶然孤亭"詞，當成於是年春夏間，先生與友人江亭雅集之時，故繫於此。

【按二】《賴譜》繫《壽樓春》詞序資料於是年。

**春夏間，先生見壁間所懸書畫，綾帶動摇，使燕不敢近，有詞《浣溪沙·賦驚燕》。**

據《餐櫻廡隨筆》："春夏之交，壁間懸名人書畫，恐燕泥飄墮染損，於幀首作兩綾帶下垂，令時時摇動，俾燕不敢近，名曰'驚燕'。蕙風曩有詞詠之，調寄《浣溪沙》(刻入《新鶯詞》)……"③

【按一】考《浣溪沙》，即《浣溪沙·賦驚燕》一闋。此詞實刊於《錦錢詞》之第八闋。④ 先生謂刻入《新鶯詞》，乃後來誤記。詞不著年月，唯《錦錢詞》一集，皆成於壬辰年，故應繫於是年。

---

① 況周頤著，張繼紅點校：《餐櫻廡隨筆》第198則，《民國筆記小説大觀》第1輯第4册，山西古籍出版社1995年12月第1版，第145頁。

② 臨桂況周儀夔笙：《錦錢詞》，葉二至三，《弟一生修梅花館詞》弟三，《蕙風叢書》第11册，上海中國書店藏版，丙寅(1926)四月刊本。

③ 況周頤著，張繼紅點校：《餐櫻廡隨筆》第39則，《民國筆記小説大觀》第1輯第4册，山西古籍出版社1995年12月第1版，第23頁。

④ 臨桂況周儀夔笙：《錦錢詞》，葉三，《弟一生修梅花館詞》弟三，《蕙風叢書》第11册，上海中國書店藏版，丙寅(1926)四月刊本。

加以先生筆記所載,‘鶯燕’當爲春夏之交事,且是詞於《錦錢詞》中,編於是年夏夜《玉漏遲》“地嚴官事少”之前,故繫於是年春夏間。

【按二】先生之《浣溪沙·賦鶯燕》詞,用前後段各“七七七三”字句體。先生於上引筆記所録詞作之後,特加按語釋之云:“此調名《浣溪沙》。前後段各七字三句者,名《減字浣溪沙》。據宋賀方回《東山寓聲樂府》。俗以七字三句兩段爲《浣溪沙》,而以此調爲《攤破浣溪沙》,誤也。”①由此可見,先生於《浣溪沙》調名問題上,依從賀鑄,而不從俗。今觀先生編刻之詞集,除早年所刊之《養清書屋存悔詞》及香海棠館刻本《存悔詞》外,其他各集於《浣溪沙》詞之調名,皆以前後段各七字三句者爲《減字浣溪沙》,而以前後段各七七七三字四句者爲《浣溪沙》。後來發現之敦煌曲子詞中,所有調名《浣溪沙》者,皆爲雜言體,此或即《浣溪沙》詞之原體式。益可證賀鑄與先生之以此調齊言體爲《減字浣溪沙》,自有其淵源。而晚近點校箋注先生詞作者,似未注意及此。②

**夏,先生於薇省值勤,曾助王鵬運校《夢窗詞》。期間賦有《玉漏遲》“地嚴官事少”、《減字浣溪沙》“茂苑花枝不可尋”及《減字浣溪沙》“南渡風流少替人”等詞。**

據《玉漏遲》“地嚴官事少”序:“直廬夏夜,校《夢窗詞》,賦呈半

---

① 況周頤著,張繼紅點校:《餐櫻廡隨筆》,《民國筆記小説大觀》第1輯第4册,山西古籍出版社1995年12月第1版,第23頁。按此本校點者於此段原文“《東山寓聲》樂府”處,標點有誤,應爲《東山寓聲樂府》,筆者遽改之。

② 如曾德珪編校之《粵西詞載》本“況周頤”詞,見《粵西詞載》,漓江出版社1993年7月第1版,第818－939頁。又如秦瑋鴻:《況周頤詞集校注》,廣西大學碩士學位論文,2004年5月。又如俞潤生箋註:《蕙風詞話·蕙風詞箋註》,巴蜀書社2006年12月第1版。

塘前輩。”①

【按】《黄譜》繫此資料於是年，但以先生是年爲三十四歲，蓋因取咸豐九年己未(1859)爲先生之生年故也。《賴譜》繫此資料於是年。

又據《減字浣溪沙》“茂苑花枝不可尋”序：“夢窗《齊天樂·春暮》詞，余喜誦之，采其意作黄鍾調。”②

又據《減字浣溪沙》“南渡風流少替人”詞題：“校《夢窗詞》畢書後。”③

又據《趙史》：“時半唐校刊《夢窗詞》，先生助成之，並賦《玉漏遲》《浣溪沙》。……”④

【按一】以上三闋詞於《錦錢詞》集中，依次編爲第九至第十一闋。《錦錢詞》一集，皆先生於是年回京後，至是年冬詞集付梓前所作，故必繫於是年冬之前。

【按二】《玉漏遲》“地嚴官事少”詞序表明於夏夜校詞，而《減字浣溪沙》二闋亦涉校《夢窗詞》事，故皆繫於是年夏。

**七月初七日，先生所校刻之《蟻術詞選》，爲王鵬運收入《四印齋所刻詞》，與王氏所校之《天籟集》，合刻成一册。**

據四印齋本《蟻術詞選》王鵬運跋：“此詞夔笙舍人刻於粤西，讎勘精審。時余方覆刻白蘭谷《天籟集》，遂並此合刻之……壬辰

---

① 臨桂況周儀夔笙：《錦錢詞》，葉三，《弟一生修梅花館詞》弟三，《蕙風叢書》第11册，上海中國書店藏版，丙寅(1926)四月刊本。

② 臨桂況周儀夔笙：《錦錢詞》，葉四，《弟一生修梅花館詞》，弟三，《蕙風叢書》第11册，上海中國書店藏版，丙寅(1926)四月刊本。

③ 臨桂況周儀夔笙：《錦錢詞》，葉四，《弟一生修梅花館詞》弟三，《蕙風叢書》第11册，上海中國書店藏版，丙寅(1926)四月刊本。

④ 趙尊嶽：《蕙風詞史》，見《詞學季刊》第1卷第4號，澳門海外圖書出版社1967年再版發行本，第72頁。

七夕，雨窗校畢記此，臨桂王鵬運。”[1]

**是年七月或之前，先生爲四印齋刻本《東山寓聲樂府補鈔》校字。**

據四印齋刻本《東山寓聲樂府補鈔》卷末刻有：“臨桂況周儀夔笙校字。”[2]

又據四印齋刻本《東山寓聲樂府補鈔》王鵬運識語：“右《東山寓聲樂府補鈔》一卷……屢經傳寫，譌闕至不可句讀，與純伯、夔笙校讎一再，略得十之五六……光緒壬辰新秋，臨桂王鵬運識。”[3]

**約夏秋間，先生有《減字木蘭花》“風狂雨横”詞；又曾爲王鵬運《玉奴詩畫》便面題《鷓鴣天·爲半唐玉奴詩畫便面，即采詩意成詞》。**

【按】以上兩闋詞於《錦錢詞》集中，依次編爲第十二及十三闋。[4]《錦錢詞》一集，皆先先於是年回京後，至是年冬詞集付梓前所作，故必繫於是年。而此兩闋又編於是年秋詞作《齊天樂·秋雨自和新鶯詞》之前，本譜因暫繫於此。

**約初秋，曾賦《齊天樂·秋雨自和新鶯詞》；又曾爲王止軒賦題畫詞《減字浣溪沙·題王止軒稽山攬秀圖》及《百字令·王止軒屬題髪冢圖》。**

---

① 《蟻術詞選》王鵬運《跋》，《四印齋所刻詞》，光緒壬辰（1892）王氏京師刻本（與《天籟集》合册）。

② 《東山寓聲樂府補鈔》，葉二十六，《四印齋所刻詞》，光緒壬辰（1892）王氏京師刻本（與《陽春集》《陽春集補遺》《東山寓聲樂府》合册）。

③ 《東山寓聲樂府補鈔》卷末之《王鵬運識語》，《四印齋所刻詞》，光緒壬辰（1892）王氏京師刻本（與《陽春集》《陽春集補遺》《東山寓聲樂府》合册）。

④ 臨桂況周儀夔笙：《錦錢詞》，葉四，《弟一生修梅花館詞》弟四，《蕙風叢書》第11册，上海中國書店藏版，丙寅（1926）四月刊本。

【按一】以上三闋詞，於《錦錢詞》集中，編爲第十四至第十六闋。①《錦錢詞》詞作，皆先先於是年回京後，至是年秋冬詞集付梓前所作，故繫於是年。

【按二】《齊天樂》詞題明言作於秋雨時分，此詞於《錦錢詞》中，編於是年夏夜校《夢窗詞》時所賦諸詞之後，但列於是年七月十六夜《玲瓏四犯》"秋色横空"詞之前，故本譜按《錦錢詞》之詞作編次，暫繫此詞作於是年初秋。

【按三】按《齊天樂·秋雨自和新鶯詞》，蓋先生是時重新編定《新鶯詞》，作爲《第一生修梅花館詞》第一卷；此卷内容稍有别於庚寅(1890)春編成之《薇省同聲集》本之《新鶯詞》。《第一生修梅花館詞》於是年冬刊行(詳下)。

【按四】而先生爲王止軒所題兩闋，編於《齊天樂》之後，及《玲瓏四犯》之前，姑亦附繫於此。《趙史》記云："其時先生名噪王城，都人士多以乞得一詞爲幸。故於王止軒則兩題其圖卷……"②《趙史》所記先生爲王止軒題兩圖卷，應即此二闋詞。《賴譜》亦繫此二闋於是年。

【按五】王止軒，即王繼香(生卒年不詳)。據《中國近現代人物名號大辭典》，爲浙江會稽(紹興)人。字子獻，號止軒、醉顛，室名醉盦、五云堂。光緒十五年進士。有《越中古刻九種》(光緒石印本)。③

【按六】百度國學網頁載，王繼香爲"光緒己丑(本譜按：即光

---

① 臨桂況周儀夔笙：《錦錢詞》，葉五至六，《第一生修梅花館詞》弟三，《蕙風叢書》第11册，上海中國書店藏版，丙寅(1926)四月刊本。

② 趙尊嶽：《蕙風詞史》，見《詞學季刊》第1卷第4號，澳門海外圖書出版社1967年再版發行本，第72頁。

③ 陳玉堂編著：《中國近現代人物名號大辭典》，浙江古籍出版社1993年5月第1版，第49頁。

緒十五年)進士,改庶吉士,授編修,河南候補知府,有《止軒詩集》"①,或可補王氏官職及著作資料。

【按七】又周作人《王繼香的日記》一文有云:"王止軒是李越縵的得意弟子,著作只見過一册石印的《越中古刻十種》,在所藏圖書上卻看見一朱文印,想見其人,文曰:'王繼香,子獻父,號止軒,生丙午,家鏡湖,官玉署,好金石,及圖譜,懶讀書,好藏弆,祝長恩,永呵護,辟水火,驅蟫鼠,傳子孫,俾學古。'"②據此印文"王繼香,子獻父",知王氏另字"子獻父";而"生丙午",則又可知王止軒之生年,應爲清道光二十六年丙午(1846)。

**七月十六夜,先生與王鵬運、鄧鴻荃,於宣武門西步月,賦《玲瓏四犯》"秋色横空"。**

據《玲瓏四犯》"秋色横空"序:"七月十六夜,宣武門西步月,同幼遐前輩、雨人同年。"③

【按一】此詞無繫年,唯《錦錢詞》一集,皆先先於是年回京後,至是年冬詞集付梓前所作。故繫於是年七月十六夜。

【按二】《賴譜》繫此資料於是年。

【按三】鄧鴻荃(生卒年不詳),字雨人,號休庵。廣西臨桂人。王鵬運妹婿。光宣間,曾爲四川觀察使。生平潔身自好,有正操,嘗南北飄零,著《秋雁詞》一卷以寄慨。官京師

① 資料見百度國學網頁:http://guoxue. baidu. com/,2009 年 12 月 16 日。

② 周作人:《王繼香的日記》,原刊於 1951 年 5 月 29 日之《亦報》,署名木壽。今據鍾叔河編訂《周作人散文全集》第 11 卷,廣西師範大學出版社 1951 年版,第 253 頁。

③ 臨桂況周儀夔笙:《錦錢詞》,葉六,《第一生修梅花館詞》弟三,《蕙風叢書》第 11 册,上海中國書店藏版,丙寅(1926)四月刊本。

時,與王鵬運、況周頤等常結伴出遊,時有詞作。①

【按四】先生於詞序中稱鄧氏爲"雨人同年",可證鄧鴻荃亦光緒五年己卯(1879)舉人。鄧氏有《八聲甘州》,詞序云"七月十六夜,偕幼霞侍御、夔笙舍人,城西踏月"②,應是同時之作。又,其《金縷曲》詞序有云"壬辰抵京"③,乃得於京師,與王鵬運及先生時有唱和。

**八月二十九日,繆荃孫詣先生談。④是時繆氏在京養病。⑤**

**秋,先生檢書簏,得桐娟生前遺墨,因賦《石州慢》"棐几分燈"。**

據《石州慢》"棐几分燈"序:"秋夜,檢書簏,得亡姬桐娟對聯稾本及手書昉格。"⑥

【按一】此詞無繫年,唯《錦錢詞》一集,皆先先於是年回京後,至是年冬詞集付梓前所作。故繫於是年。

【按二】《黄譜》亦繫此事於是年,但以先生是年爲三十四歲,蓋因取咸豐九年己未(1859)爲先生之生年故也。

**約九月或之前,先生以所藏之《得全居士詞》《梁溪詞》及《滄菴長短句》,供王鵬運抄録。王氏益以《李莊簡詞》,合編成《南宋四名**

---

① 曾德珪編:《粤西詞載》之"鄧鴻荃小傳",漓江出版社 1993 年 7 月第 1 版,第 782 頁。

② 鄧鴻荃:《秋雁詞》,曾德珪編《粤西詞載》,漓江出版社 1993 年 7 月第 1 版,第 788 頁。

③ 鄧鴻荃:《秋雁詞》,曾德珪編《粤西詞載》,漓江出版社 1993 年 7 月第 1 版,第 785 頁。

④ 繆荃孫著:《藝風老人日記》第 2 册,北京大學出版社 1986 年 4 月,第 486 頁。

⑤ 繆荃孫著:《藝風老人年譜》,見《藝風老人日記》第 8 册,北京大學出版社 1986 年 4 月,第 3395 頁。

⑥ 臨桂況周儀夔笙:《錦錢詞》,葉六,《弟一生修梅花館詞》弟三,《蕙風叢書》第 11 册,上海中國書店藏版,丙寅(1926)四月刊本。

**臣詞集》，由先生與鄉人鄧鴻儀同校之。**

據四印齋刻本《南宋四名臣詞集》王鵬運跋："右《南宋四名臣詞集》一卷……初從夔笙舍人鈔得得全居士、梁溪、澹菴三詞……光緒十八年九月，臨桂王鵬運跋。"①

又據四印齋刻本《南宋四名臣詞集》卷末刻有："臨桂況周儀夔笙、鄧鴻儀逵臣仝校。"②

**十一月三日，先生之《弟一生修梅花館詞》有書名題贉及"壬辰長至"牌記。③**

【按】長至日，即冬至。是年之冬至，在十一月三日。

**是年秋冬間，先生曾賦《瑞鶴仙·贈雨人》，以贈同鄉友人鄧鴻荃。**

【按】此詞編入《錦錢詞》第十九闋，④列於是年秋《石州慢》"棐几分燈"詞之後，而《錦錢詞》刊於是年冬，故本譜繫此詞於是年秋冬間。

**是年秋冬間，先生曾賦《望海潮·江建霞屬題日本女郎小華象》，題江標所刻《靈鶼閣叢書》之一種。**

【按一】此詞編入《錦錢詞》第二十闋，⑤因列於是年秋《石州慢》"棐几分燈"詞之後，而《錦錢詞》刊於是年冬，故本譜繫

---

① 《南宋四名臣詞集》王鵬運《跋》，《四印齋所刻詞》，光緒壬辰(1892)王氏京師刻本(與《梅溪詞》《花外集》《樂府指迷》合册)。

② 《南宋四名臣詞集》，葉三十二，《四印齋所刻詞》，光緒壬辰(1892)王氏京師刻本(與《梅溪詞》《花外集》《樂府指迷》合册)。

③ 據繆荃孫舊藏、現上海圖書館藏本《弟一生修梅花館詞》(連附録四卷本)，清光緒壬辰(1892)刻本。

④ 臨桂況周儀夔笙:《錦錢詞》，葉七，《弟一生修梅花館詞》弟三，《蕙風叢書》第11册，上海中國書店藏版，丙寅(1926)四月刊本。

⑤ 臨桂況周儀夔笙:《錦錢詞》，葉七至八，《弟一生修梅花館詞》弟三，《蕙風叢書》第11册，上海中國書店藏版，丙寅(1926)四月刊本。

此詞於是年秋冬間。

【按二】《趙史》記云:"其時先生名噪王城,都人士多以乞得一詞爲幸。故於……江建霞則題其《日本女郎象》(《靈鶼閣叢書》,有全帙甚富)。"①即指此闋。

【按三】江建霞,即江標(1860－1899),江蘇元和(今蘇州)人。原名善褒,字建霞,號萱圃、師許等,又署秋景盦主、靈鶼閣主等,藏書室名靈鶼閣,室名蕭江文庫、秋景盦等。輯有《靈鶼閣叢書》共六集六十五種。光緒十五年進士,授編修,後官湖南學政。積極協助維新運動,戊戌變法失敗後,被革職禁錮於家。工詩詞、古文。著有《黄蕘圃年譜》等。②

**是年秋冬間,先生賦有《穆護砂·薇垣夜直,書顧梁汾先生彈指詞後》及《寶鼎現·題百名家詞鈔康熙朝盧陵聶先晉人、長水曾王孫道扶纂定本》等詞。先是,先生於是年得康熙刊本《彈指詞》,又於都門廠肆購得清康熙本《百名家詞鈔》,遂賦詞以志。**

據趙尊嶽《報唐圭璋論百名家詞書》:"此書傳本既罕,完璧尤,拙藏爲臨桂況蕙風先生故物,先生於光緒十八年得之都門廠肆。"③又據《趙史》:"而是時先生提倡詞學,不遺餘力。故得《彈指詞》,即題《穆護砂》;得《百名家詞》,即題《寶鼎現》;蓋亦好拈澀調爲之矣。《彈指詞》爲康熙刊本,嶽猶及見之。《百名家詞》則晚年歸拙藏。……"④

---

① 趙尊嶽:《蕙風詞史》,見《詞學季刊》第1卷第4號,澳門海外圖書出版社1967年再版發行本,第72頁。

② 陳玉堂編著:《中國近現代人物名號大辭典》,浙江古籍出版社1993年5月第1版,第218頁。

③ 轉引自《馬譜》,《楚雄師專學報》1999年第14卷第4期,見第4頁,《馬譜》并未注明資料出處。

④ 趙尊嶽:《蕙風詞史》,見《詞學季刊》第1卷第4號,澳門海外圖書出版社1967年再版發行本,第72頁。

又據先生之《寶鼎現》“鸞箋香舊”詞序云:“題《百名家詞鈔》,康熙朝廬陵聶先晉人、長水曾王孫道扶纂定本。”①

【按一】二詞編入《錦錢詞》第二十一及第二十三闋,②因列於是年秋《石州慢》“棐几分燈”詞之後,而《錦錢詞》刊於是年冬,故本譜繫此詞於是年秋冬間。

【按二】《賴譜》繫此二闋於是年。

**是年秋冬間,先生爲其《蘇武慢·寒夜聞角》詞定稿,并編入《錦錢詞》。**

【按一】此詞編入《錦錢詞》第二十二闋,③因列於是年秋《石州慢》“棐几分燈”詞之後,而《錦錢詞》刊於是年冬,故本譜繫此詞於是年秋冬間。

【按二】此詞初稿,據先生甲午(1894)所賦之《水龍吟》“聲聲只在街南”序,應作於己丑(1889)秋,并爲王鵬運所激賞(詳本譜“己丑年,是年秋”條)。按先生編定詞集之常規,此闋理應編入庚寅(1890)春所編成之《薇省同聲集》本《新鶯詞》。然先生或因此闋初稿尚未愜意,有待修改,故當時未及收入《薇省同聲集》本《新鶯詞》,亦未可知。(此闋之入集情況,爲筆者至今所知,唯一不符先生編定詞集,皆按創作時間先後序列之常規者。當然,筆者不能完全排除正當盛年之先生,仍有誤記之可能。)此詞至是年已定稿,因而刻入《錦錢詞》。

**是年秋冬間,先生編定《錦錢詞》前,賦有《減字浣溪沙》“緑鬢還堪**

---

① 臨桂況周儀夔笙:《錦錢詞》,葉九,《弟一生修梅花館詞》弟三,《蕙風叢書》第11册,上海中國書店藏版,丙寅(1926)四月刊本。

② 臨桂況周儀夔笙:《錦錢詞》,葉八及葉九,《弟一生修梅花館詞》弟三,《蕙風叢書》第11册,上海中國書店藏版,丙寅(1926)四月刊本。

③ 臨桂況周儀夔笙:《錦錢詞》,葉八至九,《弟一生修梅花館詞》弟三,《蕙風叢書》第11册,上海中國書店藏版,丙寅(1926)四月刊本。

**照酒卮”。**

【按】此詞編入《錦錢詞》最末(第二十四)闋,①列於是年秋《石州慢》“棐几分燈”詞之後,而《錦錢詞》刊於是年冬,故本譜繫此詞於是年秋冬間,似作於《錦錢詞》編定前不久。

**十一月二十二日之前,先生以庚寅冬,至是年春止,離京期間所作詞共十二闋,編爲《玉梅詞》一卷;又以是年春,重回京師後所作(或定稿)之詞共二十四闋,編爲《錦錢詞》一卷。**

【按一】《賴譜》謂《玉梅詞》一卷及《錦錢詞》一卷成於是年,其説或會引致誤解。可以確定,《玉梅詞》及《錦錢詞》皆最遲編成於是年冬詞集刊刻之前;《錦錢詞》據《趙史》所記,大抵撰成於是年。至於《玉梅詞》所録詞作,據本譜所考,乃作於前年庚寅(1890)冬至是年春之間,而最後編成於是年冬之前。特此辨明。

【按二】《孫譜》記《錦錢詞》成於癸巳年,誤。《孫譜》云:“《詞史》(本譜按:即指《趙史》):‘繼《錦錢詞》一卷,爲《蕙風詞》……時在癸巳、甲午間。’故知《錦錢詞》成於是年。”②覆檢《趙史》,乃知成於癸巳、甲午間者,實指《蕙風詞》,而非《錦錢詞》也。

【按三】《馬譜》以先生編成《錦錢詞》於光緒十九年癸巳(1893),却未表明論據。然本譜已證此集刻成於是年冬(詳本譜是年“十一月二十二日”條),故不可能於翌年始編成也,《馬譜》或因徑襲《孫譜》而失審。

**十一月二十二日,先删訂《存悔詞》成,并撰卷首識語。先生并以是**

---

① 臨桂況周儀夔笙:《錦錢詞》,葉九,《弟一生修梅花館詞》弟三,《蕙風叢書》第11册,上海中國書店藏版,丙寅(1926)四月刊本。

② 孫維城:《晚清詞人況周頤簡譜》,《安徽師大學報》1992年第20卷第1期(總第80期),第82頁。

年重新編訂之《新鶯詞》一卷、編定於是年之《玉梅詞》卷，及撰成於是年之《錦錢詞》一卷，并以《存悔詞》一卷作爲附録，合刊爲《弟一生修梅花館詞》。

據《弟一生修梅花館詞》附録之《存悔詞》卷首識語："余性耆倚聲，是詞爲己卯以前作，固陋，無師友切磋，不自揣度，謬禍梨棗。戊子入都後，獲覩古今名作，復就正子疇、鶴巢、幼遐三前輩，寢饋其閒者五年，始決知前刻不足存。以少年微尚所寄，未忍概從棄置，擇其稍能入格者十數闋，録坿卷末，功候淺深不可彊。如是後之視今，猶今視昔，庶有進焉。壬辰小寒後四日。"①

【按一】《黄譜》《丁譜》《孫譜》俱繫此條資料於是年，以先生是年爲三十四歲，蓋因取咸豐九年己未(1859)爲先生之生年故也。《馬譜》繫此資料於是年。

【按二】壬辰年小寒在冬月十八日，小寒後四日，即十一月二十二日。

【按三】識語云"録坿卷末"，可見是時《弟一生修梅花館詞》已編成。又《近代上海詞學繫年初編》1892 年條下記有"……況周頤《弟一生修梅花館詞》等刊刻"②亦可作爲佐證。

【按四】繆荃孫舊藏，③現上海圖書館藏本《弟一生修梅花館詞》之書名葉下，有"壬辰長至"四字書牌；此本共有詞集四卷，包括《新鶯詞》《玉梅詞》《錦錢詞》及附録《存悔詞》；由是足證

---

① 臨桂況周儀夔笙：《存悔詞》，葉一，《弟一生修梅花館詞》附録，《蕙風叢書》第 12 册，上海中國書店藏版，丙寅(1926)四月刊本。

② 楊柏嶺編著：《近代上海詞學繫年初編》，上海教育出版社 2003 年 7 月第 1 版，第 136 頁。

③ 此繆荃孫舊藏本，封面題有"弟一生修梅花館詞｜臨桂況夔笙著｜江陰繆筱珊藏本"，并於《新鶯詞》卷首天頭處鈐有三行六字朱文篆書"誦詔覽夷之室"印，於首行中央處鈐有白文"繆荃孫印"四字方章。

於是年冬,先生已刊四卷本之《第一生修梅花館詞》。

【按五】是年十二月二十八日,先生送《第一生修梅花館詞》予繆荃孫,可證《第一生修梅花館詞》於十二月二十八日前已經行世;參本譜是年"十二月二十八日"條。

**十一月二十六日,先生訪繆荃孫,自繆氏假《傳硯堂叢書》《鶴徵録》歸;又借《水雲樓詞》一册予繆氏。①**

**十二月五日,先生送交《南宋四名臣詞》一册予繆氏,并歸還《鶴徵録》;自繆氏假《靈芬館全集》歸;又獲繆氏贈某叢書。②**

**十二月十一日,先生訪繆荃孫,自繆氏假《貞居詞》舊鈔本歸。③**

**十二月十三日,繆荃孫詣先生談,先生自繆氏假《南菁課藝》。④**

**十二月十五日,先生訪繆荃孫,自繆氏假《雙溪集》歸。⑤**

**十二月二十一日,先生訪繆荃孫。⑥**

**十二月二十五日,先生還《牆東類稿》《陳定宇集》予繆荃孫;又自繆氏假《盤洲集》歸。⑦**

---

① 繆荃孫著:《藝風老人日記》第2册,北京大學出版社1986年4月,第505頁。

② 繆荃孫著:《藝風老人日記》第2册,北京大學出版社1986年4月,第507頁。

③ 繆荃孫著:《藝風老人日記》第2册,北京大學出版社1986年4月,第509頁。

④ 繆荃孫著:《藝風老人日記》第2册,北京大學出版社1986年4月,第509頁。

⑤ 繆荃孫著:《藝風老人日記》第2册,北京大學出版社1986年4月,第510頁。

⑥ 繆荃孫著:《藝風老人日記》第2册,北京大學出版社1986年4月,第511頁。

⑦ 繆荃孫著:《藝風老人日記》第2册,北京大學出版社1986年4月,第513頁。

十二月二十七日，先生訪繆荃孫，自繆氏假《秋崖小稿》歸。①

十二月二十八日，先生送自著詞予繆荃孫，并自繆氏假《立方詞》歸。②

【按】自著詞者，當即先生於是年冬刊行之《弟一生修梅花館詞》。

十二月二十九日，繆荃孫還所借之《水雲樓詞》予先生。③

是年至翌年間，值薇省時，見原來壁上所懸之張温和紅薇畫，已爲木刻所替代。

據《蕙風簃二筆》："……余己丑入直，見壁懸張温和所畫紅薇，惜歲久皃嵐黯黮殊甚，壬辰、癸巳間則以木刻易之矣。"④

## 1893 光緒十九年 癸巳 三十三歲

正月初四日，先生訪繆荃孫。⑤

正月初五日，先生訪繆荃孫，自繆氏假《臨川集》《覆瓿集》《四庫總目》歸，并還《盤洲集》予繆氏。同日，先生又借《梁溪詞選》予繆氏。⑥

---

① 繆荃孫著：《藝風老人日記》第2册，北京大學出版社1986年4月，第513頁。

② 繆荃孫著：《藝風老人日記》第2册，北京大學出版社1986年4月，第513頁。

③ 繆荃孫著：《藝風老人日記》第2册，北京大學出版社1986年4月，第514頁。

④ 臨桂況周儀阮堪記：《蕙風簃二筆》卷弟一，葉十二，《阮盦筆記》第5種，《蕙風叢書》第3册，上海中國書店藏版，丙寅(1926)四月刊本。

⑤ 繆荃孫著：《藝風老人日記》第2册，北京大學出版社1986年4月，第516頁。

⑥ 繆荃孫著：《藝風老人日記》第2册，北京大學出版社1986年4月，第516頁。

**正月初七日，先生訪繆荃孫，并借《涵通樓師友文鈔》予繆氏。①**

**正月初，先生開始參與四印齋所刻《宋元三十一家詞》之校讎工作。此前，先生曾假繆荃孫抄本《藏春樂府》，録副以贈王鵬運。**

據四印齋刻本，《宋元三十一家詞》王鵬運跋："右彙刻兩宋名家詞別集二十四家、元七家，家爲一卷，共三十一卷，始事於癸巳正月，至臈月汔工。……是役也，訂譌補闕，夔笙中翰用力最勤……"②

又據《宋元三十一家詞》之《藏春樂府》王鵬運跋："藏春散人詞，世罕傳刻，夔笙舍人叚繆太史雲自在堪抄本録副見貽。……癸巳歲首，彙刻宋元名家詞，托始於此，書此以誌歲月。……"③

**正月十二日，繆荃孫還所借之《涵通樓師友文鈔》予先生。④**

**正月十三日，先生還所借之《秋崖小稿》予繆荃孫。⑤**

**正月十四日，校畢方岳《秋崖詞》，并撰跋。**

據《宋元三十一家詞》之《秋崖詞》跋："癸巳上元前夕斠畢。……玉梅詞人竝記。"⑥

【按】據本譜上述兩條資料可見，先生或曾以假自繆荃孫之《秋崖小稿》，校四印齋刻本之《秋崖詞》。

---

① 繆荃孫著：《藝風老人日記》第2册，北京大學出版社1986年4月，第517頁。

② 《宋元三十一家詞》王鵬運《跋》，光緒癸巳(1893)王氏四印齋刻本。

③ 《藏春樂府》，葉十七至十八，《宋元三十一家詞》第4册，光緒癸巳(1893)王氏四印齋刻本。

④ 繆荃孫著：《藝風老人日記》第2册，北京大學出版社1986年4月，第518頁。

⑤ 繆荃孫著：《藝風老人日記》第2册，北京大學出版社1986年4月，第518頁。

⑥ 《秋崖詞》，葉二十四，《宋元三十一家詞》第3册，光緒癸巳(1893)王氏四印齋刻本。

**同日，先生訪繆荃孫。**[①]

**正月十五日，先生訪繆荃孫，自繆氏假《陵陽集》歸，又還所借之《四庫總目》《覆瓿集》予繆氏。**[②]

**正月十八日，先生訪繆荃孫。**[③]

**正月二十二日，先生與王鵬運詣繆荃孫談。**[④]

**正月二十四日，先生與繆荃孫等友同座觀戲。**

據《藝風老人日記》癸巳年"正月二十四日"條："……馮夢華招至湖南館，觀小丹桂班，周子迪、徐仲虎、況夔生、葉湄如同座。"[⑤]

**正月二十八日，先生訪繆荃孫，還所借之《冰壺集》《蛻學齋詞》予繆氏。**[⑥]

**二月初一日，先生自繆氏假《湘真集》《鳳樓填詞》；又借宋詞四册予繆氏。**[⑦]

**二月十一日，繆荃孫還所借之宋詞四册予先生。**[⑧]

**二月二十四日，先生訪繆荃孫，自繆氏假《雪山集》《盤洲集》《龍川**

---

① 繆荃孫著：《藝風老人日記》第2册，北京大學出版社1986年4月，第519頁。

② 繆荃孫著：《藝風老人日記》第2册，北京大學出版社1986年4月，第519頁。

③ 繆荃孫著：《藝風老人日記》第2册，北京大學出版社1986年4月，第520頁。

④ 繆荃孫著：《藝風老人日記》第2册，北京大學出版社1986年4月，第521頁。

⑤ 繆荃孫著：《藝風老人日記》第2册，北京大學出版社1986年4月，第521頁。

⑥ 繆荃孫著：《藝風老人日記》第2册，北京大學出版社1986年4月，第522－523頁。

⑦ 繆荃孫著：《藝風老人日記》第2册，北京大學出版社1986年4月，第523頁。

⑧ 繆荃孫著：《藝風老人日記》第2册，北京大學出版社1986年4月，第525頁。

集》歸。①

**三月三日或十一日,校劉因《樵庵詞》,并撰校記。**

據《宋元三十一家詞》之《樵庵詞》跋一:"……癸巳上巳,據《御選厤代詩餘》《花草粹編》《詞綜》,斠知聖道齋舊鈔本。……玉梅詞隱竝記。"②

【按】《故訓匯纂》:"古以三月上巳日爲上巳,今以三月三日爲上巳,《資治通鑒·漢紀四十四》'三月,上巳'胡三省註。"③是年三月之首個巳日爲三月十一日癸巳;先生性好古,有況古人之稱,更兼博雜好奇,若依古例,則或以是年(癸巳年)三月十一日(癸巳日)爲是年之上巳日,亦未可知。故本譜繫此事於是月三日或十一日。

**三月五日,先生與王鵬運訪繆荃孫。④**

**三月十二日,繆荃孫詣先生談。⑤**

**三月十四日,先生與繆荃孫等友人,共飲於廣和居。同日稍後,繆氏又詣先生談。**

據《藝風老人日記》癸巳三月十四日條:"……約劉葉堂(桐封)、周筱青(承先)、況夔生、李子丹、陸稚芰、徐子靖、翟雪齋小飲廣和

---

① 繆荃孫著:《藝風老人日記》第2册,北京大學出版社1986年4月,第528頁。

② 《樵庵詞》,葉八至九,《宋元三十一家詞》第4册,光緒癸巳(1893)王氏四印齋刻本。

③ 宗福邦、陳世鐃、蕭海波主編:《故訓匯纂》,商務印書館2003年7月第1版,第11頁。見149條。

④ 繆荃孫著:《藝風老人日記》第2册,北京大學出版社1986年4月,第531頁。

⑤ 繆荃孫著:《藝風老人日記》第2册,北京大學出版社1986年4月,第533頁。

居。……詣夔生談。"①

**三月二十日,繆荃孫詣先生談。②**

**三月二十三日,先生訪繆荃孫。③**

**三月二十九日,先生與繆荃孫等友人小飲。**

據《藝風老人日記》"癸巳三月二十九日"條:"……約丁汀鷺、陳崧山、況夔笙、陸純伯、沈子培、子封、馮仲芷、惲薇孫小飲。……"④

**三月三十日,校畢朱雍《梅詞》,并撰跋。**

據《宋元三十一家詞》之《梅詞》跋:"通卷詠楳,行間自無一點塵俗,是不浪費楮墨者。……光緒癸巳送春日,校畢並記。玉楳詞人。"⑤

【按】古人以每月之最後一日爲晦日。《全宋詞》卷三二八有劉鎮所撰之《江神子·三月晦日西湖餞春》詞,首句爲"送春曾到百花洲"。故知餞春日即爲三月晦日,亦即送春日也。是歲癸巳三月晦日即三月三十日。

**四月初一日,先生獲繆荃孫贈摹本雲郎象。⑥**

---

① 繆荃孫著:《藝風老人日記》第2册,北京大學出版社1986年4月,第534頁。

② 繆荃孫著:《藝風老人日記》第2册,北京大學出版社1986年4月,第535頁。

③ 繆荃孫著:《藝風老人日記》第2册,北京大學出版社1986年4月,第536頁。

④ 繆荃孫著:《藝風老人日記》第2册,北京大學出版社1986年4月,第537頁。

⑤ 《梅詞》,葉六,《宋元三十一家詞》第1册,光緒癸巳(1893)王氏四印齋刻本。

⑥ 繆荃孫著:《藝風老人日記》第2册,北京大學出版社1986年4月,第538頁。

**四月八日，繆荃孫詣先生談；先生借《名家詞》《白石道人詞》之洪、陸兩家之刻本予繆氏。①**

【按】此《名家詞》，或即先生去年壬辰（1892）於都門廠肆購得之清康熙本《百名家詞》。

**同日，校畢潘閬《逍遥詞》，并撰跋。**

據《宋元三十一家詞》之《逍遥詞》跋："……光緒癸巳灌佛日，玉楳詞隱校畢記。"②

**四月九日，先生訪繆荃孫，索《閩詞鈔》歸。③**

**四月十七日，先生訪繆荃孫。④**

**四月二十九，晚，先生訪繆荃孫，以《詞雅》半部贈之；又透露遭逢大不如意事，欲避地天津，故請繆氏爲之推介。**

據《藝風老人日記》"癸巳四月二十九日"條："……晚，夔生來，贈《詞雅》半部。夔笙來言有大不如意事，須往天津避之，求三四信，擬作函與吕、盛、傅三觀察。"⑤

**五月初一日，先生訪繆荃孫，并借楊夔生《真松閣詞》、左輔《念宛齋詞》、顧梁汾《彈指詞》、顧翎《茝香詞鈔》、楊芸《琴清閣詞》予繆氏。⑥**

---

① 繆荃孫著：《藝風老人日記》第2册，北京大學出版社1986年4月，第539頁。

② 《逍遥詞》，葉四，《宋元三十一家詞》第1册，光緒癸巳（1893）王氏四印齋刻本。

③ 繆荃孫著：《藝風老人日記》第2册，北京大學出版社1986年4月，第539頁。

④ 繆荃孫著：《藝風老人日記》第2册，北京大學出版社1986年4月，第541頁。

⑤ 繆荃孫著：《藝風老人日記》第2册，北京大學出版社1986年4月，第545頁。

⑥ 繆荃孫著：《藝風老人日記》第2册，北京大學出版社1986年4月，第545頁。

**約於五月五日前後至十月九日前後,先生爲查蔭階所藏、項文彦所繪之《緑天草庵瀹茗圖》題詞《高陽臺》"閣小留香"。**

據《緑天草庵瀹茗圖》裱邊題跋,録有先生之題詞,末署"右調高陽臺,題奉蔭階老前輩大人政拍,侍表周儀呈稿",并鈐朱文"玉梅詞人"印。①

【按一】是圖王鵬運爲題絶句三首,末署"蔭階老前輩大人屬題,即請教正,癸巳五日半塘老人王鵬運初稿",并鈐朱文"半塘老人"印。②癸巳五日即是年重五(五月五日)。是圖又有繆荃孫題詩;本譜是年十月九日條載有繆荃孫題此圖并交予先生一事即指此。故本譜推論先生之題詞應作於王氏及繆氏題詩期間或其前後。

【按二】先生之《高陽臺》詞未見入集。詞云:"閣小留香,庭深種紙,旗槍鎮日流連。玉麈同揮,墨林風調翩翩。何須濁酒澆胸臆?指層樓,慵問詩仙。晚涼天,紅滌纖塵,翠裹疏煙。水西觴詠家風舊,便雲萍小住,也足清緣。花底朝回,懷人句寫鸞□。春風細啜紅薇露,玉壺清,風味依然。擘龍團,分緑窗紗,長共嬋娟。"③

【按三】蔭階老前輩即查恩綏(1839－1906),字承先,號蔭階。1867年舉人。歷官内閣中書、内閣典籍、四品内閣侍讀、記名道府,署南昌府知府、軍機處存記,賞戴花翎,賞二品銜,歷充

① 曼陀鈴發表於2006年4月12日,項文彦《緑天草庵瀹茗圖》,見http://cache.baidu.com/,2008年4月7日。

② 曼陀鈴發表於2006年4月12日,項文彦《緑天草庵瀹茗圖》,見http://cache.baidu.com/,2008年4月7日。

③ 曼陀鈴發表於2006年4月12日,項文彦《緑天草庵瀹茗圖》,見http://cache.baidu.com/,2008年4月7日。原稿有漏字,筆者爲之加上□號以識别。

協辦侍讀,文淵閣檢閱本衙門撰文、恭辦大婚典禮、萬壽典處總辦管理、國史館校對官、實録館詳校官、方略館詳校官、玉牒館幫纂修官、會典館協修官、會典館纂修官,誥授迎奉大夫。①查氏乃薇省前輩,故此圖題詩詞者多爲薇省後輩同人。

【按四】項文彦(生卒年不詳),江蘇淮陰人,光緒二十四年(1898)尚在,爲清末著名畫家之一。善山水,筆致蒼勁,墨氣淹潤,近承二王,遠參倪黄。光緒六年(1880)黄河决口,項氏義賣畫作,得二千餘金助賑,全活甚衆。②

**五月六日,先生訪繆荃孫。③**

**五月七日晚,繆荃孫詣先生談。④**

**五月八日,先生訪繆荃孫。⑤**

**五月十四日,先生訪繆荃孫,繆氏歸還所借之《孫無言選詞》《琴畫樓詞選》《孫月坡詞》。⑥**

**五月十五日,先生訪繆荃孫,又借《國朝續詞綜》四十卷予繆氏。⑦**

---

① 參考"紅橋在綫"網站 http://www.hqenorth.com《查氏家族與水西莊》一文,參見 http://cache.baidu.com/,2008 年 7 月 23 日。

② 俞劍華編:《中國美術家人名辭典》,上海人民美術出版社 1981 年 12 月第 1 版,第 1122 頁。

③ 缪葵孫著:《藝風老人日記》第 2 册,北京大学出版社 1986 年 4 月,第 547 页。

④ 繆荃孫著:《藝風老人日記》第 2 册,北京大學出版社 1986 年 4 月,第 548 頁。

⑤ 繆荃孫著:《藝風老人日記》第 2 册,北京大學出版社 1986 年 4 月,第 548 頁。

⑥ 繆荃孫著:《藝風老人日記》第 2 册,北京大學出版社 1986 年 4 月,第 549 頁。

⑦ 繆荃孫著:《藝風老人日記》第 2 册,北京大學出版社 1986 年 4 月,第 550 頁。

**五月十六日,繆荃孫歸還所借之《梁溪詞選》。**①

**五月十七日,先生偕繆荃孫詣王鵬運談,得觀宋刻《花間集》。**②

**五月二十日,先生訪繆荃孫。**③

**五月二十三日,先生與繆荃孫、王鵬運等友共飲於江蘇館。**

據《藝風老人日記》"癸巳五月二十三日"條:"……約張公束、王佑遐、唐春卿、□頌眉、況夔生、葉鞠裳、江建霞小飲江蘇館。以《雙紅豆圖》屬公束題。……"④

**五月二十四日,先生赴唐春卿邀,與繆荃孫、歐陽節甫、駱仰山等同席。**⑤

**五月二十五日,先生邀繆荃孫、陸純伯等共飲於廣和館;并共游慈仁寺。**

據《藝風老人日記》"癸巳五月二十五日"條:"……況夔笙招飲廣和館,純伯在坐。偕夔生、純伯遊慈仁寺……"⑥

**五月二十七日,先生訪繆荃孫。**⑦

---

① 繆荃孫著:《藝風老人日記》第 2 册,北京大學出版社 1986 年 4 月,第 550 頁。

② 繆荃孫著:《藝風老人日記》第 2 册,北京大學出版社 1986 年 4 月,第 550 頁。

③ 繆荃孫著:《藝風老人日記》第 2 册,北京大學出版社 1986 年 4 月,第 551 頁。

④ 繆荃孫著:《藝風老人日記》第 2 册,北京大學出版社 1986 年 4 月,第 552 頁。

⑤ 繆荃孫著:《藝風老人日記》第 2 册,北京大學出版社 1986 年 4 月,第 552 頁。

⑥ 繆荃孫著:《藝風老人日記》第二册,北京大學出版社 1986 年 4 月,第 552 – 553 頁。

⑦ 繆荃孫著:《藝風老人日記》第 2 册,北京大學出版社 1986 年 4 月,第 553 頁。

**五月二十九日,先生訪繆荃孫。**①

**六月四日,先生訪繆荃孫。**②

**六月五日,繆荃孫詣先生談,并歸還所借之《百名家詞》;先生又借《詞綜續編》予繆氏。**③

據《藝風老人日記》"癸巳六月五日"條:"……詣夔生談,還《名家詞鈔》,又假黄《詞綜續編》。定《常州詞録》卷一至卷五目。……"④

【按】《詞綜續編》,應爲黄燮清所輯之《國朝詞綜續編》。

**六月六日,先生訪繆荃孫。**⑤

**六月八日,先生訪繆荃孫。**⑥

**六月十日,先生借《昭代詞選》予繆氏。**⑦

**六月十三日,先生寄書箱予繆荃孫。**⑧

**六月二十日,先生晤繆荃孫。**⑨

---

① 繆荃孫著:《藝風老人日記》第2册,北京大學出版社1986年4月,第554頁。

② 繆荃孫著:《藝風老人日記》第2册,北京大學出版社1986年4月,第555頁。

③ 繆荃孫著:《藝風老人日記》第2册,北京大學出版社1986年4月,第555頁。

④ 繆荃孫著:《藝風老人日記》第2册,北京大學出版社1986年4月,第555頁。

⑤ 繆荃孫著:《藝風老人日記》第2册,北京大學出版社1986年4月,第556頁。

⑥ 繆荃孫著:《藝風老人日記》第2册,北京大學出版社1986年4月,第556頁。

⑦ 繆荃孫著:《藝風老人日記》第2册,北京大學出版社1986年4月,第556頁。

⑧ 繆荃孫著:《藝風老人日記》第2册,北京大學出版社1986年4月,第557頁。

⑨ 繆荃孫著:《藝風老人日記》第2册,北京大學出版社1986年4月,第558頁。

**六月二十四日，先生訪繆荃孫，自繆氏假《衆香詞》歸。繆氏則歸還所借之白石詞集兩種。①**

**六月二十七日，先生應陸純伯之邀，與王鵬運、繆荃孫等於景芬堂同宴席。②**

**七月一日，先生訪繆荃孫。③**

**七月五日，先生應王鵬運約，與繆荃孫、張玉珊、李蒓客、陸純伯等友人小酌於松筠庵。④**

**七月六日，校畢《章華詞》，并撰跋。**

據《宋元三十一家詞》之《章華詞》跋："此卷移鈔皕宋樓景宋本，詞筆清雋有生氣。……光緒癸巳六夕，半塘屬斠一過。夔提生記于第一生脩楳華館。"⑤

**七月七日，先生訪繆荃孫，示繆氏陽湖楊士凝《燕香詞》一卷。⑥**

**七月九日，繆荃孫詣先生、王鵬運談。繆氏又歸還所借之《燕香詞》《賭棋山莊詞話》及新鈔《迦陵詞》。⑦**

---

① 繆荃孫著:《藝風老人日記》第2冊，北京大學出版社1986年4月，第559頁。

② 繆荃孫著:《藝風老人日記》第2冊，北京大學出版社1986年4月，第561頁。

③ 繆荃孫著:《藝風老人日記》第2冊，北京大學出版社1986年4月，第561頁。

④ 繆荃孫著:《藝風老人日記》第2冊，北京大學出版社1986年4月，第563頁。

⑤ 《章華詞》，葉八，《宋元三十一家詞》第4冊，光緒癸巳（1893）王氏四印齋刻本。

⑥ 繆荃孫著:《藝風老人日記》第2冊，北京大學出版社1986年4月，第564頁。

⑦ 繆荃孫著:《藝風老人日記》第2冊，北京大學出版社1986年4月，第564頁。

**七月十四日，先生訪繆荃孫，自繆氏假《湘煙小録》《江南畫舫録》歸。①**

**七月十五日，先生借《名媛詩話》予繆荃孫。②**

**七月十六日，先生獲繆荃孫歸還所借之《名媛詩話》《真松閣詞》。③**

**七月二十八日，先生晤繆荃孫。④**

**七月，先生移居宣武門外，將軍校場頭條胡同，與王鵬運同弄。同月，校畢曹冠《燕喜詞》，并撰跋。**

據《宋元三十一家詞》之《燕喜詞》跋："……癸巳七月，半唐屬斠，孱提生記。時移居宣武門外，將軍校場頭條胡同，與半唐同衖。是月，半唐擢諫垣。"⑤

**八月初一日，先生還《衆香集》一册予繆荃孫。⑥**

**八月初三日，先生與王鵬運晤繆荃孫於琉璃廠。⑦**

**八月六日，先生訪繆荃孫。⑧**

---

① 繆荃孫著：《藝風老人日記》第2册，北京大學出版社1986年4月，第565頁。

② 繆荃孫著：《藝風老人日記》第2册，北京大學出版社1986年4月，第566頁。

③ 繆荃孫著：《藝風老人日記》第2册，北京大學出版社1986年4月，第566頁。

④ 繆荃孫著：《藝風老人日記》第2册，北京大學出版社1986年4月，第569頁。

⑤《燕喜詞》，葉一九，《宋元三十一家詞》第2册，光緒癸巳(1893)王氏四印齋刻本。

⑥ 繆荃孫著：《藝風老人日記》第2册，北京大學出版社1986年4月，第570頁。

⑦ 繆荃孫著：《藝風老人日記》第2册，北京大學出版社1986年4月，第570頁。

⑧ 繆荃孫著：《藝風老人日記》第2册，北京大學出版社1986年4月，第571頁。

**八月十日，先生自繆荃孫假《讀書勝録》歸。①**

**八月十一日，校畢《樵庵詞補遺》，并撰跋。**

據《宋元三十一家詞》之《樵庵詞》跋二：“補遺二闋，疑非劉詞，氣格不逮遠甚。……癸巳中秋前四夕，刻成覆斠，再記。”②

**同日，先生訪繆荃孫。③**

**八月十六日，先生自繆荃孫假《貯素樓詞》歸。④**

**八月十八夜，作夢，後賦《金縷曲·八月十八夜記夢》⑤。**

【按】此詞乃《蕙風詞》第一闋，本無繫年，唯據《趙史》云：“繼《錦錢詞》一卷爲《蕙風詞》……時在癸巳、甲午間……”⑥加之先生詞集之編次，蓋習慣按時間順序排列，故本譜繫此詞於是年。

**八月十九日，先生訪繆荃孫。⑦**

**同日，先生協助王鵬運校讎之《宋元三十一家詞》編成，得繆荃孫爲之撰序。**

據四印齋刻本，《宋元三十一家詞》繆荃孫序：“……癸巳八月，江

---

① 繆荃孫著：《藝風老人日記》第2册，北京大學出版社1986年4月，第573頁。

② 《樵庵詞》，葉九，《宋元三十一家詞》第4册，光緒癸巳（1893）王氏四印齋刻本。

③ 繆荃孫著：《藝風老人日記》第2册，北京大學出版社1986年4月，第573頁。

④ 繆荃孫著：《藝風老人日記》第2册，北京大學出版社1986年4月，第574頁。

⑤ 臨桂況周儀夔笙：《蕙風詞》，葉一，《第一生修梅花館詞》弟四，《蕙風叢書》第11册，上海中國書店藏版，丙寅（1926）四月刊本。

⑥ 趙尊嶽：《蕙風詞史》，見《詞學季刊》第1卷第4號，澳門海外圖書出版社1967年再版發行本，第73頁。

⑦ 繆荃孫著：《藝風老人日記》第2册，北京大學出版社1986年4月，第575頁。

陰繆荃孫序於宣武城南,誦詔覽夷之室。”①

【按】據繆氏日記,此序撰於是月十九日。②

**八月二十六日,先生自繆荃孫索去《陳慕青集》。③**

**八月三十日,繆荃孫詣先生談,并歸還所借之丁杏舲《詞綜續編》四十卷。先生又借《西青散記》予繆氏。④**

**九月三日,先生訪繆荃孫,自繆氏假《敬齋古今註》《瘦鶴軒詞》《函竹齋稿》《知止齋詩詞》歸;還《昭代詞選》八册、《净因室詩》二册、《沈珂詞》兩紙予繆氏;又借《可齋詞》一册予繆氏。⑤**

**九月十日,繆荃孫詣先生、王鵬運談;三人乃同過琉璃廠,并偕至義勝居小酌。⑥**

**九月十七日,先生自繆荃孫假《響山詞》歸。⑦**

**九月十九日,與邃父、王鵬運同登西爽閣,後賦《蝶戀花》"西北雲高"以記。**

據先生詞集《蕙風詞》第二闋,《蝶戀花》"西北雲高"詞序:"展重

① 《宋元三十一家詞》繆荃孫《序》,光緒癸巳(1893)王氏四印齋刻本。

② 繆荃孫著:《藝風老人日記》第2册,北京大學出版社1986年4月,第575頁。

③ 繆荃孫著:《藝風老人日記》第2册,北京大學出版社1986年4月,第577頁。

④ 繆荃孫著:《藝風老人日記》第2册,北京大學出版社1986年4月,第578頁。

⑤ 繆荃孫著:《藝風老人日記》第2册,北京大學出版社1986年4月,第579頁。

⑥ 繆荃孫著:《藝風老人日記》第2册,北京大學出版社1986年4月,第581頁。

⑦ 繆荃孫著:《藝風老人日記》第2册,北京大學出版社1986年4月,第583頁。

陽日，遼父招同幼遐登西爽閣，子美因病不至。"①

【按一】展重陽日，即重陽後十日。此詞不著干支，唯據《趙史》云："繼《錦錢詞》一卷爲《蕙風詞》……時在癸巳、甲午間……"②加之先生詞集之編次，蓋習慣按年月先後順序排列，而此詞編於《蕙風詞》集中《摸魚兒·甲午中秋》之前，當屬癸巳(1893)之展重陽日，故本譜繫此詞於是年。

【按二】先生其後於《餐櫻廡隨筆》筆記中，曾録出《蝶戀花》"西北雲高"一詞。詞題作"甲午展重陽日，遼父招同半唐登西爽閣，子美因病不至"；又謂此詞"刻入《錦錢詞》"。第二句"斜日恁闌"，筆記作"一抹修眉"。筆記又於"感逝傷離"句後加注曰"端木子疇前輩，於數日前謝世"。③

【按三】上述筆記所録詞題，較原作詞序多"甲午"二字，與本譜對此詞繫年之判斷有出入。考該則筆記原載於1916年4月出版之《東方雜誌》，④距是年有二十三年之久，先生或因事隔久遠，記憶有誤。筆記言此詞刻入《錦錢詞》，實則應爲《蕙風詞》；又言端木埰於甲午展重陽日前數日謝世，亦與史實相左，端木氏之卒年應是壬辰年(1892，詳下)。觀此，筆記誤紀詞序干支，亦不足爲奇。故本譜不采《餐櫻廡隨筆》之説。

【按四】端木埰之卒年，何廣棪《端木埰先生卒年考》引《翁文恭日記》光緒十八年正月十一日問端木疾及二月十日吊其喪

---

① 臨桂況周儀夔笙：《蕙風詞》，葉一，《弟一生修梅花館詞》弟四，《蕙風叢書》第11册，上海中國書店藏版，丙寅(1926)四月刊本。

② 趙尊嶽：《蕙風詞史》，見《詞學季刊》第1卷第4號，澳門海外圖書出版社1967年再版發行本，第73頁。

③ 況周頤著、張繼紅點校：《餐櫻廡隨筆》第40則，《民國筆記小説大觀》第1輯第4册，山西古籍出版社1995年12月第1版，第24頁。

④ 蕙風：《餐櫻廡隨筆》，《東方雜誌》1916年第13卷第4號，第12頁。

等兩條資料,力證端木埰卒於光緒十八年壬辰(1892)二月十日前。①

【按五】又於1925年,先生編定之惜陰堂本《蕙風詞》,亦收入《蝶戀花》"西北雲高"此詞。詞序又改成"八月二十二日,邃父招同文石、幼遐登西爽閣,子美因病不至",詞句復改易不少。②從此詞之改動情況觀之,先生或因其初稿及各本定稿,分别成於不同時間,以致後來記憶有所混淆,亦未可知。故本譜以其最早入集時所載之時間資料爲繫年依據。

【按六】《賴譜》據惜陰堂本《蕙風詞》,定此詞爲八月二十二日所作,又據錢基博《現代中國文學史》,定此詞作於甲午年,故繫此詞於翌年八月二十二日。《賴譜》失考。

**九月二十日,先生訪繆荃孫。③**

**十月三日,先生自繆荃孫假《太平廣記》首函歸。④**

**十月六日,先生還《響山詞》予繆荃孫。⑤**

**十月九日,繆荃孫題查蔭階《緑天草庵瀹茗圖》交予先生。⑥**

**十月十日,先生晤繆荃孫,并借黄雲孫《溪南詞》予繆氏。⑦**

---

① 何廣棪著:《碩堂文存》,香港里仁書局1982年8月初版,第57-59頁。

② 臨桂況周頤夔笙譔:《蕙風詞》卷上,葉七,《惜陰堂叢書》,乙丑(1925)閏四月刻本。

③ 繆荃孫著:《藝風老人日記》第2册,北京大學出版社1986年4月,第584頁。

④ 繆荃孫著:《藝風老人日記》第2册,北京大學出版社1986年4月,第587頁。

⑤ 繆荃孫著:《藝風老人日記》第2册,北京大學出版社1986年4月,第588頁。

⑥ 繆荃孫著:《藝風老人日記》第2册,北京大學出版社1986年4月,第589頁。

⑦ 繆荃孫著:《藝風老人日記》第2册,北京大學出版社1986年4月,第589頁。

十月十一日，先生訪繆荃孫。①

十月十八日，先生訪繆荃孫，并假《萍聚詞》歸。②

十月二十一日，先生應繆荃孫約，與涂稚蘅、高誠齋、陸純伯、韓星垣、碩逸等，共飲於聚寶堂。③

十月二十三日，先生訪繆荃孫。④

十一月二日，繆荃孫交《雙紅豆圖》卷予先生索題。先生復送去《炊聞詞》，并還《玉井山館詞》予繆氏；又借《邃懷堂駢文》予繆氏。⑤

十一月五日，繆荃孫還《溪南詞》予先生。⑥

十一月九日，先生自繆荃孫假《四家詞》歸。⑦

十一月十二日，繆荃孫詣先生談。⑧

十一月十四日，繆荃孫詣先生談。⑨

---

① 繆荃孫著:《藝風老人日記》第2册，北京大學出版社1986年4月，第589頁。

② 繆荃孫著:《藝風老人日記》第2册，北京大學出版社1986年4月，第591頁。

③ 繆荃孫著:《藝風老人日記》第2册，北京大學出版社1986年4月，第592頁。

④ 繆荃孫著:《藝風老人日記》第2册，北京大學出版社1986年4月，第593頁。

⑤ 繆荃孫著:《藝風老人日記》第2册，北京大學出版社1986年4月，第595－596頁。

⑥ 繆荃孫著:《藝風老人日記》第2册，北京大學出版社1986年4月，第596頁。

⑦ 繆荃孫著:《藝風老人日記》第2册，北京大學出版社1986年4月，第597頁。

⑧ 繆荃孫著:《藝風老人日記》第2册，北京大學出版社1986年4月，第598頁。

⑨ 繆荃孫著:《藝風老人日記》第2册，北京大學出版社1986年4月，第599頁。

**十一月十五日,繆荃孫詣先生談。①**

**十一月十九日,先生晤繆荃孫。②**

**十一月二十二日,繆荃孫詣先生、王鵬運談。又,繆氏以謝方山所囑題之《歲寒圖》題詞《蝶戀花》一闋交先生。先生自繆氏索《荀子集解》歸。③**

**十一月二十四日,繆荃孫詣王鵬運及先生談。④**

**十一月二十六日,先生自繆荃孫假《亦有生齋詞》歸。⑤**

**十一月二十九日,先生送《陸静夫詞》至繆荃孫處。⑥**

**十一月三十日,繆荃孫詣先生談。⑦**

**十二月二日,先生自繆荃孫假《沈晴庚詞》歸。⑧**

**約十二月四日前不久,先生賦成《祝英臺近·繆筱珊屬題雙紅豆圖》。⑨**

---

① 繆荃孫著:《藝風老人日記》第 2 册,北京大學出版社 1986 年 4 月,第 599 頁。

② 繆荃孫著:《藝風老人日記》第 2 册,北京大學出版社 1986 年 4 月,第 600 頁。

③ 繆荃孫著:《藝風老人日記》第 2 册,北京大學出版社 1986 年 4 月,第 601 頁。

④ 繆荃孫著:《藝風老人日記》第 2 册,北京大學出版社 1986 年 4 月,第 602 頁。

⑤ 繆荃孫著:《藝風老人日記》第 2 册,北京大學出版社 1986 年 4 月,第 602 頁。

⑥ 繆荃孫著:《藝風老人日記》第 2 册,北京大學出版社 1986 年 4 月,第 603 頁。

⑦ 繆荃孫著:《藝風老人日記》第 2 册,北京大學出版社 1986 年 4 月,第 603 頁。

⑧ 繆荃孫著:《藝風老人日記》第 2 册,北京大學出版社 1986 年 4 月,第 604 頁。

⑨ 臨桂況周儀夔笙:《蕙風詞》,葉二,《弟一生修梅花館詞》弟四,《蕙風叢書》第 11 册,上海中國書店藏版,丙寅(1926)四月刊本。

【按一】繆荃孫於上月交《雙紅豆圖》卷予先生索題。詳本譜是年"十一月二日"條。

【按二】先生於是年十二月四日，還《雙紅豆圖》卷予繆荃孫（詳下條）。故《祝英臺近·繆筱珊屬題雙紅豆圖》應成於歸還圖卷之前，本譜因繫於此。

【按三】此詞收入《第一生修楳華館詞》第四種之《蕙風詞》集中，編爲第五闋，①列於《春從天上來·臘月二十九日立春》之後，《摸魚兒·甲午中秋》之前。據筆者考察，先生詞作大抵按創作時間先後收編入集，然於此詞或屬例外，應編於《春從天上來·臘月二十九日立春》詞之前，方較爲切合也。又或此詞初稿成於是時，而定稿於翌年，亦未可知。

【按四】《賴譜》繫《祝英臺近·繆筱珊屬題雙紅豆圖》詞於翌年甲午。

**十二月四日，先生還繆荃孫索題之《雙紅豆圖》卷子予繆氏。②**

【按】臺北收藏家宋緒康先生，以繆荃孫舊藏改琦所繪之《雙紅豆圖》長卷照片見貽。照中可見，繆氏曾廣邀友人爲圖卷題跋；其中先生此詞，書於癸巳十月與乙未中秋之題跋之間，詞末題"右調祝英臺近｜筱珊先生詞壇正拍"，下署"臨桂況周儀倚聲"，末鈐朱文印"夔笙""玉梅詞人"二方。該《雙紅豆圖》長卷，2006 年曾於香港大學美術博物館展出，并見刊於展覽圖録。③

---

① 臨桂況周儀夔笙：《蕙風詞》，葉二，《弟一生修梅花館詞》第四，《蕙風叢書》第 11 册，上海中國書店藏版，丙寅（1926）四月刊本。

② 繆荃孫著：《藝風老人日記》第 2 册，北京大學出版社 1986 年 4 月，第 604 頁。

③ 宋濬宜、宋緒康編輯：《一個詞人的翰墨因緣》，香港大學美術博物館 2006 年 8 月，第 60－61 頁。

**十二月五日，先生還沈詞；并以《晏氏父子詞》《邃懷堂四六》易繆氏原藏之《荀子集解》。①**

【按】沈詞，應即前借之《沈晴庚詞》。

**十二月八日，先生訪繆荃孫，自繆氏假《春融堂集》《泰雲堂集》歸。②**

**十二月十二日，先生還《畿輔詩傳》予繆荃孫。繆荃孫詣先生談。③**

**十二月十四日，繆荃孫詣先生、王鵬運談。④**

**十二月十五日，先生獲繆荃孫歸還《涵通樓師友文鈔》，又自繆氏假《黄雁山人詞》歸。⑤**

**十二月二十夜，大雪，歸自四印齋，有《燭影揺紅》“夜話高齋”。**

據先生詞集《蕙風詞》第三闋，《燭影揺紅》“夜話高齋”詞序：“臘月二十夜，大雪，歸自四印齋作。”⑥

【按】此詞無繫年，唯據《趙史》云：“繼《錦錢詞》一卷，爲《蕙風詞》……時在癸巳、甲午間……”⑦加之先生詞集之編次，蓋按時間順序排列，此詞編於《蕙風詞》集中《摸魚兒·甲午中秋》

---

① 繆荃孫著：《藝風老人日記》第2冊，北京大學出版社1986年4月，第605頁。

② 繆荃孫著：《藝風老人日記》第2冊，北京大學出版社1986年4月，第605－606頁。

③ 繆荃孫著：《藝風老人日記》第2冊，北京大學出版社1986年4月，第606頁。

④ 繆荃孫著：《藝風老人日記》第2冊，北京大學出版社1986年4月，第607頁。

⑤ 繆荃孫著：《藝風老人日記》第2冊，北京大學出版社1986年4月，第607頁。

⑥ 臨桂況周儀夔笙：《蕙風詞》，葉一，《第一生修梅花館詞》第四，《蕙風叢書》第11冊，上海中國書店藏版，丙寅（1926）四月刊本。

⑦ 趙尊嶽：《蕙風詞史》，見《詞學季刊》第1卷第4號，澳門海外圖書出版社1967年再版發行本，第73頁。

之前，故繫於是年臘月。

**十二月二十六日，繆荃孫詣先生談。①**

**十二月二十九日，有《春從天上來·臘月二十九日立春》。②**

【按】此詞無繫年，唯據《趙史》云："繼《錦錢詞》一卷爲《蕙風詞》……時在癸巳、甲午間……"③加之先生詞集之編次，蓋按時間順序排列；此詞爲《蕙風詞》集中之第四闋，編於《摸魚兒·甲午中秋》之前，故繫於是年臘月。

**十二月，先生協助王鵬運所彙刻之《宋元三十一家詞》竣工。**

據四印齋刻本，《宋元三十一家詞》王鵬運跋："右彙刻兩宋名家詞別集二十四家，元七家，家爲一卷，始事於癸巳正月，至臈月汔工。……是役也，訂譌補闕，夔笙中翰用力最勤……光緒十九年冬日，臨桂王鵬運識。"④

**是年或之後，先生曾抄校録副王鵬運《四印齋詞卷》。**

據國家圖書館所藏王鵬運著《四印齋詞卷》之先生第一生修梅花館抄校副本之張氏過録本。該書扉頁原題"四印齋詞卷　光緒癸巳半塘老人自署"⑤。

【按一】估計先生録副《四印齋詞卷》，或於癸巳年(1893)王鵬運編成詞卷之後不久，此乃先生抄校録副時間之上限。而其下限或不晚於先生乙未(1895)六、七月間離京南下之時。姑

---

① 繆荃孫著：《藝風老人日記》第2册，北京大學出版社1986年4月，第609頁。

② 臨桂況周儀夔笙：《蕙風詞》，葉二，《第一生修梅花館詞》第四，《蕙風叢書》第11册，上海中國書店藏版，丙寅(1926)四月刊本。

③ 趙尊嶽：《蕙風詞史》，見《詞學季刊》第1卷第4號，澳門海外圖書出版社1967年再版發行本，第73頁。

④ 《宋元三十一家詞》王鵬運《跋》，王氏四印齋癸巳(1893)刻本。

⑤ 朱存紅：《新發現的王鵬運早年詞稿〈四印齋詞卷〉》，《貴州文史叢刊》2011年第2期，第70－72頁。

繫於此以待考。

【按二】該書又見有王鵬運乙未九月題記，則先生録副之時，或亦有可能於乙未九月之後，待考。

## 1894 光緒二十年 甲午 三十四歲

**正月初七日，繆荃孫送《陸静夫詞》交先生再選。①**

**正月初八日，先生訪繆荃孫。②**

**正月十一日，先生自繆荃孫假《萍心詞》；又出示《小羅浮館别録》，繆氏從中録得常州詞四家。③**

**正月十五日，先生獲繆荃孫歸還《小羅浮館别録》，并獲贈《留雲借月詞》一册。先生又還《黄雁山人詞》《萍心詞》予繆氏。④**

**正月十六日，先生訪繆荃孫，自繆氏假元公及姬氏墓志之拓本歸。⑤**

**正月十八日，先生晤繆荃孫。⑥**

---

① 繆荃孫著：《藝風老人日記》第2册，北京大學出版社1986年4月，第612頁。

② 繆荃孫著：《藝風老人日記》第2册，北京大學出版社1986年4月，第613頁。

③ 繆荃孫著：《藝風老人日記》第2册，北京大學出版社1986年4月，第613－614頁。

④ 繆荃孫著：《藝風老人日記》第2册，北京大學出版社1986年4月，第614－615頁。

⑤ 繆荃孫著：《藝風老人日記》第2册，北京大學出版社1986年4月，第615頁。

⑥ 繆荃孫著：《藝風老人日記》第2册，北京大學出版社1986年4月，第615頁。

正月二十日，先生晤繆荃孫。①

正月二十一日，先生訪繆荃孫，自繆氏假《石門集》歸。繆氏又交《常州詞》首册請先生勘訂。②

正月二十二日，先生訪繆荃孫，繆氏交《常州詞》二、三、四卷予先生。③

正月二十四日，先生訪繆荃孫。④

二月四日，先生訪繆荃孫，獲繆氏贈《泥雪堂詞》《癸巳稿》。⑤

二月十一日，繆荃孫詣先生談。⑥

二月十四日，先生訪繆荃孫。⑦

二月二十日，繆荃孫詣先生、王鵬運談。⑧

二月二十一日，先生獲繆荃孫歸還所借之《江蘇詩徵》四十册。⑨

---

① 繆荃孫著:《藝風老人日記》第 2 册，北京大學出版社 1986 年 4 月，第 616 頁。

② 繆荃孫著:《藝風老人日記》第 2 册，北京大學出版社 1986 年 4 月，第 616 頁。

③ 繆荃孫著:《藝風老人日記》第 2 册，北京大學出版社 1986 年 4 月，第 617 頁。

④ 繆荃孫著:《藝風老人日記》第 2 册，北京大學出版社 1986 年 4 月，第 618 頁。

⑤ 繆荃孫著:《藝風老人日記》第 2 册，北京大學出版社 1986 年 4 月，第 620 頁。

⑥ 繆荃孫著:《藝風老人日記》第 2 册，北京大學出版社 1986 年 4 月，第 622 頁。

⑦ 繆荃孫著:《藝風老人日記》第 2 册，北京大學出版社 1986 年 4 月，第 623 頁。

⑧ 繆荃孫著:《藝風老人日記》第 2 册，北京大學出版社 1986 年 4 月，第 625 頁。

⑨ 繆荃孫著:《藝風老人日記》第 2 册，北京大學出版社 1986 年 4 月，第 625 頁。

二月二十二日,先生晤繆荃孫。[①]

二月二十六日,先生晤繆荃孫。[②]

三月五日,先生訪繆荃孫,自繆氏假《永定河志》歸。[③]

三月十七日,繆荃孫送《政和五禮新儀》三册與先生初校。[④]

四月一日,先生晤繆荃孫;又,先生向繆氏借銀十兩。[⑤]

四月二日,先生訪繆荃孫;繆氏又詣先生談。[⑥]

四月八日,繆荃孫詣先生談。[⑦]

四月十二日,先生訪繆荃孫共讀碑。[⑧]

四月十七日,先生訪繆荃孫。[⑨]

四月十八日,先生晤繆荃孫。[⑩]

---

① 繆荃孫著:《藝風老人日記》第 2 册,北京大學出版社 1986 年 4 月,第 625 頁。

② 繆荃孫著:《藝風老人日記》第 2 册,北京大學出版社 1986 年 4 月,第 626 頁。

③ 繆荃孫著:《藝風老人日記》第 2 册,北京大學出版社 1986 年 4 月,第 629 頁。

④ 繆荃孫著:《藝風老人日記》第 2 册,北京大學出版社 1986 年 4 月,第 632 頁。

⑤ 繆荃孫著:《藝風老人日記》第 2 册,北京大學出版社 1986 年 4 月,第 635 頁。

⑥ 繆荃孫著:《藝風老人日記》第 2 册,北京大學出版社 1986 年 4 月,第 635 頁。

⑦ 繆荃孫著:《藝風老人日記》第 2 册,北京大學出版社 1986 年 4 月,第 637 頁。

⑧ 繆荃孫著:《藝風老人日記》第 2 册,北京大學出版社 1986 年 4 月,第 638 頁。

⑨ 繆荃孫著:《藝風老人日記》第 2 册,北京大學出版社 1986 年 4 月,第 639 頁。

⑩ 繆荃孫著:《藝風老人日記》第 2 册,北京大學出版社 1986 年 4 月,第 639 頁。

**四月二十八日，先生晤繆荃孫。**①

**四月二十九日，先生訪繆荃孫。**②

**五月十日，繆荃孫詣先生談。**③

**五月十三日，先生與王鵬運招飲廣和居，繆荃孫、江標、楊鋭赴會。又，先生還前借之銀拾両予繆氏。**④

**五月十六日，先生還《常州閨閣詞》《鐙窗瑣話》予繆荃孫。**⑤

**五月十七日，繆荃孫自先生處取回前交先生之《政和五禮新儀》。**⑥

**五月二十一日之前，先生嘗與繆荃孫、王鵬運舉一詞社，後因繆氏有湖北之行而中止。**

據《香海棠館詞話》："曩與筱珊、半唐約爲詞社，月祝一詞人爲一集，嗣筱珊有湖北之行，因而中止。……"⑦

又據繆荃孫自訂之《藝風老人年譜》載其於光緒二十年甲午五月乞假離京，至六月抵武昌，雖於九月偶回京師，旋於十月又再出

---

① 繆荃孫著：《藝風老人日記》第2册，北京大學出版社1986年4月，第642頁。

② 繆荃孫著：《藝風老人日記》第2册，北京大學出版社1986年4月，第642頁。

③ 繆荃孫著：《藝風老人日記》第2册，北京大學出版社1986年4月，第645頁。

④ 繆荃孫著：《藝風老人日記》第2册，北京大學出版社1986年4月，第646頁。

⑤ 繆荃孫著：《藝風老人日記》第2册，北京大學出版社1986年4月，第647頁。

⑥ 繆荃孫著：《藝風老人日記》第2册，北京大學出版社1986年4月，第647－648頁。

⑦ 臨桂況周儀夔笙：《香海棠館詞話》，葉十至十一最末條，《蕙風叢書》第11册，上海中國書店藏版，丙寅(1926)四月刊本。

都赴鄂,卜居武昌。[1] 另《藝風老人日記》亦載,繆氏於甲午五月二十一日起程離京,[2]至六月十八日抵漢口,翌日謁見張之洞,[3]六月二十六日自鄂發信予先生。[4] 本譜因繫舉詞社一事之時間下限,於是年五月二十一日之前。

【按一】或以爲先生與王氏、繆氏所結之詞社,即咫村詞社。本譜以爲未必,或乃另一詞社。

【按二】《近代上海詞學繫年初編》"1896 年"條下記有:"王鵬運、況周頤、繆荃孫等,在北京結爲咫村詞社……"[5]但未注明資料出處。考先生於翌年乙未(1895)出都後,至丙申(1896),皆居南京(詳下譜),當不可能在京結詞社;故知《近代上海詞學繫年初編》有誤。

【按三】癸巳、甲午(1892 – 1893)年間,王鵬運、繆荃孫與先生俱寓北京宣武門南,過從甚密,時有唱酬。王氏嘗有《宣南覓句圖》,先生曾爲題《減字浣溪沙 · 題王幼遐丈宣南覓句圖》。[6] 三人所舉之詞社,或即在此時,至詞社之名,有説爲宣南詞社,待考。

---

① 繆荃孫著:《藝風老人年譜》,見《藝風老人日記》第 8 册,北京大學出版社 1986 年 4 月,第 3396 – 3398 頁。

② 繆荃孫著:《藝風老人日記》第 2 册,北京大學出版社 1986 年 4 月,第 649 頁。

③ 繆荃孫著:《藝風老人日記》第 2 册,北京大學出版社 1986 年 4 月,第 655 頁。

④ 繆荃孫著:《藝風老人日記》第 2 册,北京大學出版社 1986 年 4 月,第 657 頁。

⑤ 楊柏嶺編著:《近代上海詞學繫年初編》,上海教育出版社 2003 年 7 月第 1 版,第 141 頁。

⑥ 臨桂況周儀夔笙:《新鶯詞》,葉三,《弟一生修梅花館詞》弟一,《蕙風叢書》第 11 册,上海中國書店藏版,丙寅(1926)四月刊本。

**六月，先生與王鵬運、張祥齡相約和《珠玉詞》，後編成三人合作之聯句詞集《和珠玉詞》。六月二十四日，王鵬運爲之序。**

據《和珠玉詞》王鵬運序："……今年六月，暑雨方盛，子苾介夔笙訪余四印齋，出眎近作，則與朩閒連句和《小山詞》也……遂約盡和《珠玉詞》……閱五日而卒業，得詞一百三十八首……光緒甲午荷花生日半塘老人。"①

【按一】《黄譜》《丁譜》俱繫此條資料於是年，但以先生是年爲三十六歲，蓋因取咸豐九年己未(1859)爲先生之生年故也。《賴譜》繫此資料於是年。

【按二】俗以六月二十四日爲荷花生日。

又據《和珠玉詞》馮煦序："……半塘老人與子苾、夔笙……夏六月，手《珠玉》一編，字櫛句規，五日而卒業……甲午七夕金壇馮煦。"②

【按】《黄譜》繫此條資料於是年，但以先生是年爲三十六歲，蓋因取咸豐九年己未(1859)爲先生之生年故也。《賴譜》繫此資料於是年。

又據惜陰堂民國十二年重刻本《和珠玉詞》，先生所撰跋云："在昔光緒中葉，鰥生薄游春明，與漢州張子苾庶常、同邑王半唐給諫，相約聯句，盡和《珠玉詞》，僅五夕而脱稾。……《和珠玉詞》曩開雕於廠肆，印行僅數十本。敝簏所有，乃比歲得自坊閒者，以示叔雍……輒任覆鍥，俾廣其傳……"③

---

① 張祥齡、王鵬運、況周儀：《和珠玉詞》，光緒甲午(1894)七月刻本。按據惜陰堂民國重刊本《和珠玉詞》之況周頤《跋》，光緒甲午七月刻本，乃"開雕於廠肆，印行僅數十本"者；廠肆，即北京琉璃廠也。

② 張祥齡、王鵬運、況周儀：《和珠玉詞》，光緒甲午(1894)七月，琉璃廠刻本。

③ 張祥齡、王鵬運、況周儀：《和珠玉詞》，民國十二年(1923)，惜陰堂重刻本。

【按】《賴譜》繫此資料於是年。

**六月二十六日，繆荃孫自鄂發函予先生。①**

**七月七日，馮煦爲《和珠玉詞》作序。是月，江標爲《和珠玉詞》扉葉題䵵。七月前後，先生集《珠玉詞》句賦《浣溪沙》"一曲新詞"、《臨江仙》"一霎秋風"，爲《和珠玉詞》題詞。②**

【按】此二闋集《珠玉詞》句題詞，未被編入先生之個人詞集，現録如下：《浣溪沙》"一曲新詞"詞云："一曲新詞酒一杯，小屏閑放畫簾垂，勸君莫惜縷金衣。　只有醉吟寬别恨，且留雙泪説相思，舊歡前事入顰眉。"又《臨江仙》"一霎秋風"詞云："一霎秋風驚畫扇，那堪飛緑紛紛。無情有意且休論。樓高目斷，依約駐行雲。　誰把鈿箏移玉柱，不辭徧唱陽春。等閑離别易銷魂。紅箋小字，留贈意中人。"③

**八月十五日，有詞《摸魚兒·甲午中秋》。④同日或稍後，又有詞《摸魚兒·詠蟲》。**

【按一】《賴譜》雖繫此事於是年，但誤以二詞爲同一闋。《丁譜》繫《摸魚兒·甲午中秋》詞於是年，但以先生是年爲三十六歲，蓋因取咸豐九年己未(1859)爲先生之生年故也。

【按二】《趙史》云："時在癸巳、甲午間，先生感於中東之役，寓意益深，詞筆亦益矯健。……甲午事亟，主和主戰者兩不相能，馴至敗績。其於和戰紛呶之際，先生詠蟲以喻之，作《摸魚

① 繆荃孫著：《藝風老人日記》第2册，北京大學出版社1986年4月，第657頁。

② 分别見張祥齡、王鵬運、況周儀合著《和珠玉詞》之馮《序》、扉葉、題詞，光緒甲午(1894)琉璃廠刻本。

③ 見張祥齡、王鵬運、況周儀合著《和珠玉詞》之題詞葉，光緒甲午(1894)琉璃廠刻本。

④ 臨桂況周儀夔笙：《蕙風詞》，葉二至三，《第一生修梅花館詞》第四，《蕙風叢書》第11册，上海中國書店藏版，丙寅(1926)四月刊本。

兒》。其結拍云:'寒催堠鼓。料馬邑龍堆,黄沙白草,聽汝更酸楚。'則其指戰事之必敗可知。"①《摸魚兒·詠蟲》不紀年月,據《趙史》應繫於是年;且是闋於《蕙風詞》集中編次,緊接於《摸魚兒·甲午中秋》詞後,詞名原題作《前調·詠蟲》,②推斷二詞創作時間相近,皆先生爲甲午時局有感而發之作,故并繫於此。

【按三】上引《趙史》所謂"中東之役",應即中日甲午戰争(1894-1895)。甲午戰争始於1894年7月25日(甲午六月二十三日)之豐島海戰。8月1日(七月初一日)中日同日宣戰;日軍於9月15日(八月十六日)總攻朝鮮平壤,9月25日(八月二十六日)朝鮮全境爲日本所控。其後清軍於遼東和威海接連失利,清廷乃求和,并於1895年4月17日(乙未三月二十三日)簽署《馬關條約》,戰争結束。③

**八月二十日前,先生屢訪趙翼、秦瀛、顏光敏、曹禾等人之詞不獲,頗以爲憾。**

據先生所編之《薇省詞鈔·例言》:"周儀鼦戭即耆倚聲……所收國朝詞别集,將及千家,薇省詞亦將百家,各總集、選本經刻行者略備。然如趙雲崧先生(翼)《甌北詩餘》、秦小峴先生(瀛)《無礙山房詞》,竟未得見。又盛秦川(百二)《柚堂續筆談》云:'顏修來考功(光敏)繪其生平遊歷之處爲二十四圖,每圖樂府一闋、小印一枚。'曹頌嘉(禾)譔《珂雪詞話》云:'近予頗爲長短調。'又云:

① 趙尊嶽:《蕙風詞史》,見《詞學季刊》第1卷第4號,澳門海外圖書出版社1967年再版發行本,第73頁。

② 臨桂況周儀夔笙:《蕙風詞》,葉三,《弟一生修梅花館詞》弟四,《蕙風叢書》第11册,上海中國書店藏版,丙寅(1926)四月刊本。

③ 資料摘自《甲午戰争》,見維基百科網站 http://zh.wikipedia.org/;2010年1月8日。

‘今讀《珂雪詞》,予雖十年學不能竝驅也。’顔、曹兩先生皆曾官中書,生平有詞無疑,亦未得見隻字。此類闕遺,不知凡幾。海内臧書家,如以臧本見眎,俾得從事增補,奚啻百朋之錫矣。”①

又據先生所撰之《蕙風簃隨筆》:“曩輯《薇省詞鈔》,婁訪顔修來、曹頌嘉、趙雲菘三先生詞弗獲,《例言》引爲恨事。……”②

【按】據上引資料,先生多年來訪尋趙翼、秦瀛、顔光敏、曹禾等人之詞而不可得,致未能編入《薇省詞鈔》,《例言》引爲恨事。本譜因《例言》撰於是年之八月二十日(詳本譜該日條),故以訪詞之事繫於此,蓋取其下限也。

**八月二十日前,先生已官“奉政大夫内閣漢票簽中書舍人　會典館繪圖處協修　國史館校對本衙門譔文加五級　覃恩加二級”。**

據先生於《薇省詞鈔·例言》所署之名銜:“奉政大夫内閣漢票簽中書舍人　會典館繪圖處協修　國史館校對本衙門譔文加五級　覃恩加二級　臨桂況周儀撰録。”③

**八月二十日,先生寫成《薇省詞鈔》例言。時先生居於北京宣武門外椿樹上二條胡同。**

據《薇省詞鈔·例言》末段:“周儀自戊子入都,以論詞𢌿幼遐前輩訂交。是選商榷去取,幼丈之力居多;繆筱珊太史(荃孫)以《荆溪詞》叚我卷中潘仙客(瀛選)、龍二爲(光)兩先生詞,竝資撰録;陳蘭史前輩(圖)持贈吳莚生先生(葆晉)《半舫館詞》,卓然名家,亦重可感也;例合竝書。光緒二十年甲午,中秋後五日,識於京都

① 臨桂況周儀撰録:《薇省詞鈔·例言》,葉三,見《蕙風叢書》第6册,上海中國書店藏版,丙寅(1926)四月刊本。

② 況周儀夔笙:《蕙風簃隨筆》卷弟一,葉三,《阮盦筆記》第4種,《蕙風叢書》第2册,上海中國書店藏版,丙寅(1926)四月刊本。

③ 臨桂況周儀撰録:《薇省詞鈔·例言》,葉一,見《蕙風叢書》第6册,上海中國書店藏版,丙寅(1926)四月刊本。

宣武門外椿樹上二條胡同寓齋。”①

【按】《黄譜》《丁譜》俱繫此條資料於是年，但以先生是年爲三十六歲，蓋因取咸豐九年己未(1859)爲先生之生年故也。《馬譜》繫此資料於是年。

**約於八月，王鵬運爲先生之《薇省詞鈔》題詞《百字令》“數才昭代”。**

據王鵬運詞《百字令》“數才昭代”詞序：“夔生舍人輯録《薇省詞鈔》成，奉題一闋。”②推斷王氏爲先生題詞，當在《薇省詞鈔》輯成之後不久。

【按】《薇省詞鈔》刻本之王氏題詞《百字令》不載詞序。

**九月一日，先生生日，賦《唐多令·甲午生日感賦》。③**

【按一】《賴譜》《馬譜》繫此資料於是年。

【按二】《趙史》云：“九月一日爲先生生日……時戰事瀕潰，京師驚悉其事，先生賦《唐多令》，有云：‘東望陣雲迷。邊城鼓角悲。我生初弧矢何爲。’則其憂時之切，慷慨之情，直躍紙上，恨不親就矢石，以策勳授命也。”④蓋是時中日甲午之戰戰況越趨不利，先生之心情抑鬱悲憤，亦顯而易見。

**九月十二日，繆荃孫詣先生談。⑤**

---

① 臨桂況周儀撰録：《薇省詞鈔·例言》，葉三至四，見《蕙風叢書》第6册，上海中國書店藏版，丙寅(1926)四月刊本。

② 王鵬運：《味梨集》，曾德珪編《粤西詞載》，漓江出版社1993年7月第1版，第579頁。

③ 臨桂況周儀夔笙：《蕙風詞》，葉三，《第一生修梅花館詞》弟四，《蕙風叢書》第11册，上海中國書店藏版，丙寅(1926)四月刊本。

④ 趙尊嶽：《蕙風詞史》，見《詞學季刊》第1卷第4號，澳門海外圖書出版社1967年再版發行本，第73頁。

⑤ 繆荃孫著：《藝風老人日記》第2册，北京大學出版社1986年4月，第674頁。

九月十四日,先生訪繆荃孫,自繆氏假《荆溪詞》《復堂日記》歸。同日稍後,先生又晤繆氏。①

九月十八日,繆荃孫詣先生,還《古今詞話》予先生;并向先生索還《讀書勝録》。②

十月四日,繆荃孫訪先生。③

十月九日,先生自繆荃孫假《荆溪集》歸。④

是年,先生曾獲盛昱録示其《八聲甘州》詞。

據先生所撰《餐櫻廡詞話》:"光緒甲午,伯愚學士(志鈞)簡烏里雅蘇臺辦事大臣,宗室伯希祭酒(盛昱)賦《八聲甘州》贈行云……蓋伯愚此行,雖之官,猶遷謫也。伯希詞甫脱稿,即録示余。小紅箋細字絶精,比幡帋故紙得之。此等詞略同杜陵詩史,關係當時朝局,非尋常投贈之作可同日語,因亟箸於編。王半唐給諫有和作云……"⑤

【按一】伯愚學士,名志鋭;先生誤作其弟志鈞。志鋭(1853-1912),字伯愚,又字公穎、廓庵,自號姜庵,又號窮塞主,晚號遇安。滿州鑲紅旗人,他塔拉氏。祖父裕泰,官至湖廣總督、陝甘總督。父親長敬,四川綏定知府,死於任所。由時任廣州之伯父長善撫養長大,乃德宗瑾妃、珍妃之從兄。光緒六年進

① 繆荃孫著:《藝風老人日記》第2册,北京大學出版社1986年4月,第675頁。

② 繆荃孫著:《藝風老人日記》第2册,北京大學出版社1986年4月,第676頁。

③ 繆荃孫著:《藝風老人日記》第2册,北京大學出版社1986年4月,第679頁。

④ 繆荃孫著:《藝風老人日記》第2册,北京大學出版社1986年4月,第680-681頁。

⑤ 臨桂况周頤:《餐櫻廡詞話》,《小説月報》1920年第11卷第12號"雜載"版,第17頁。

士,入翰林院,授編修。歷詹事、内閣學士。光緒二十年授禮部侍郎,後遷烏里雅蘇台參贊大臣,數年後降爲伊犁索倫領隊大臣,歷任寧夏副都統、杭州將軍,最後於伊犁將軍任上被革命黨人槍殺。謚文貞,追贈太子少保。①

【按二】盛昱(1850－1900),滿州鑲白旗人,清宗室。姓愛新覺羅。字伯希,又字伯熙、伯羲、伯兮,别號韵莳、伯蘊、意園,室名鬱華閣。光緒三年進士。歷官編修、侍講、侍讀、國子監祭酒。詩文、金石均負時名。有《鬱華閣遺集》。②

【按三】王鵬運和作,又見收於《味梨集》,題《八聲甘州·送伯愚都護之任烏里雅蘇台》。③

**約是年至翌年間,先生與張祥齡、王鵬運、王以慜等,屢爲聯句詞,計有《浣溪紗》"百丈空牽上水船"、《八聲甘州·樂章》《西江月·東坡》《楊春曲·梅溪》《側犯·白石》《虞美人·石林》《瑞鶴仙·樵隱》《南浦·書舟》《永遇樂·坦菴》等。**

據《國學薈編》所載《子苾詞鈔》中之子苾、半唐、夢湘、夔笙等所賦之聯句詞作。④

【按一】上述《國學薈編》刊於1914年。先生與張祥齡、王鵬運、王以慜等交往,應不出其在京時期(1888－1895),故上述聯句或與《和珠玉詞》(張祥齡、王鵬運、況周儀聯句)之創作時間(1894)相近,又或爲翌年先生離京前贈别之作。

---

① 摘自《清代最後一任伊犁將軍志鋭》,新疆旅行網,見 http://www.xjlxw.com/zjxj/lishirenwu/5912.html,2010年1月4日。

② 陳玉堂編著:《中國近現代人物名號大辭典》,浙江古籍出版社1993年5月第1版,第834頁。

③ 王鵬運:《味梨集》,見曾德珪編《粤西詞載》,漓江出版社1993年7月第1版,第574頁。

④ 《子苾詞鈔》,《國學薈編》,葉三十九至四十三,四川存古書局1914年第8期。

【按二】上述聯句皆未入集。兹録如下：

《浣溪紗》："百丈空牽上水船，夢中山翠遠浮天。（半唐）一身恩寵抵三千。　　水殿管絃方罷奏，（子苾）玉關書檄莫頻傳。思量何似醉花前。（夔笙）"

《八聲甘州·樂章》："恁芳菲乍换緑陰時，荒凉似殘秋。（夔）悵歌紈零亂，清樽罷飲，風雨西樓。（苾）誰識長懷抑塞，拔劍意還休。（半）憑弔金臺晚，多少英流。（夔）　　幾日南園無主，問落英滿地，珠玉誰收。（苾）記搴芳前度，裙屐儘勾留。（半）底于卿、愁心萬里，笑茂陵、屋小不如舟。更誰念、玉階人老，淚掩星眸。（苾）"

《西江月·東坡》："誰把沈陰手抉，素娥光徹重霄。（半）幾番風雨夜寒嬌，欹枕亂愁如草。（夔）　　一自采芝人老，十年枉抱瓊瑶。（苾）楊花如雪謝娘橋，夢裏鵑聲催曉。（半）"

《陽春曲·梅溪》："霧籠花，雲籠月，無定雨晴天色。悽咽玉簫聲，天涯路、竹實稀少鳳何食。十年萍跡，愁悵望、雁鴻南北。（夔）何意繫馬紅樓，更追尋、舊遊路北。　　欲輕解同心、鸞絲空結，花落盡、高樓玉笛。閒庭苔衣未掃，掩菱花、黯淡誰拭。（苾）番風次第漸息，嘆此恨、懨懨誰識。便絲鬢、綰得春住，愁消舊碧。（半）"

《側犯·白石》："碧天雁去，挽將燕子花閒住。聽雨。試伴我樽前，誦詩句。（半）欄杆倚四面，莫覓香留處。低語，枉賺得傾城，幾回顧。　　千條折盡，何意臨風舞。（苾）憐弱絮，忒多情，著意入芳俎。繡幌珠簾，更無重數。怨曲清商，謾移簫譜。（夔）"

《虞美人·石林》："楊絲媚曉花嬌晚，離恨和煙遠。（夔）傷心早願化飛紅，淚盡何須持酒，祝東風。（苾）　　眼中歷歷關山道，郎馬何時到。（半）拚將海水瀉樽前，醉倒扶桑日爛，不知年。（湘）"

《瑞鶴仙·樵隱》:"嫩涼消得晚縟,猩紅綻,四月荆桃初熟。清吟興難足。儘舞迴綵扇,聲留瑟玉。(半)年芳轉燭,怕夕陽、催客縱目。生憎旅燕,又辛苦啄泥,穿過階竹。(湘)　惆悵湔裙人去,絮冷廊腰,蘚荒欄曲。相思調促,彈幽怨,奈絃獨。(葵)嘆楊枝攀盡,留伊三疊,陽關誰爲再續。況天涯、老去王孫,大堤草緑。(苾)"

《南浦·書舟》:"吟袖又重携,試新聲、依依暗换愁緒。窗外鳥聲閒,争知我、腸斷接天風絮。(半)迴廊小立,峭風吹送鄰笛語。簾櫳薄暮,悵一抹紅牆,碧雲難度。(葵)　天涯倦客依然,負吴苧裁衫,楚帆歈浦。醉眼看斜陽,鞦韆外、燕翦漫衝花雨。(湘)殘香賸粉,玉欄長記分携處。甚時一舸,真載得雲英,乘潮歸去。(苾)"

《永遇樂·坦菴》:"挨過春殘,倚欄依舊,落花風勁,雁過無書,鶯啼有淚,愁外天涯近。(湘)蘭成哀怨,杜郎傷别,抛卻滿懷詩興。正高樓、關山萬里,渺渺去帆煙暝。(苾)　荒城畫角,玉門羌笛,换了酒邊絲鬢。古堠垂楊,暮雲芳樹,莫弄春前影。(葵)有誰知我,無言竚,空望斷、落紅成陣。紛長街、榆錢自落,不□□□。(□)"①

## 1895 光緒二十一年 乙未 三十五歲

**二月十八日,大雪中作詞《水龍吟·二月十八日大雪中作》。②**

---

① 録自《子苾詞鈔》,《國學薈編》,葉三十九至四十三,四川存古書局1914年第8期。此本録《永遇樂·坦菴》詞,缺最末三字及聯句作者之名(按:或爲半字,指王半塘)。

② 臨桂況周儀夔笙:《蕙風詞》,葉四,《弟一生修梅花館詞》第四,《蕙風叢書》第11册,上海中國書店藏版,丙寅(1926)四月刊本。

【按一】此詞衹著月日，唯先生詞集之編次，蓋習慣按作品時間順序排列，此詞編於《蕙風詞》集中，《唐多令·甲午生日感賦》之後，乙未熟食《南浦》詞之前。又據《趙史》："迨次年（本譜按即是年乙未）戰事（本譜按即指甲午之戰）大敗，其賦《水龍吟》'大雪'、《水龍吟》'聞角'…… 蓋未能忘情於敗績者也。"①故繫此詞於是年。

【按二】《黄譜》《孫譜》俱繫此條資料於是年，但以先生是年爲三十七歲，蓋因取咸豐九年己未（1859）爲先生之生年故也。《賴譜》《馬譜》繫此資料於是年。

**三月九日或十日，夜集四印齋，談及春明游事，作《南浦》"春事底忩忩"。**

據《南浦》"春事底忩忩"詞序："乙未熟食，用玉田《春水》均，和耘翁《憶壺山桃花》。是夕集四印齋，談次及春明遊事。"②

【按】寒食日又稱熟食日，舊俗以清明前一或二日爲寒食。乙未清明爲三月十一日，故寒食應爲三月九日或十日。

**三月十二日，與劉淮焴、王鵬運游陶然亭，作《壽樓春》"嗟春來何遲"，以和傅潛。**

據《壽樓春》"嗟春來何遲"詞序："乙未清明後一日，星岑前輩招同畣洤、半唐遊江亭。畣洤期而不至，賦此調寄懷。半唐屬和，余亦繼聲，起句用'嗟春來何遲'五字。"③

又據王鵬運《壽樓春》"嗟春來何遲"詞序："清明次日，星岑前輩

---

① 趙尊嶽:《蕙風詞史》，見《詞學季刊》第1卷第4號，澳門海外圖書出版社1967年再版發行本，第73頁。

② 臨桂況周儀夔笙:《蕙風詞》，葉四，《弟一生修梅花館詞》弟四，《蕙風叢書》第11册，上海中國書店藏版，丙寅（1926）四月刊本。

③ 臨桂況周儀夔笙:《蕙風詞》，葉四至五，《弟一生修梅花館詞》弟四，《蕙風叢書》第11册，上海中國書店藏版，丙寅（1926）四月刊本。

招同省旃、夔生，尋春江亭。回憶曩從疇丈、鶴老遊，春秋佳日，輒觴詠於此。感逝傷今，春光如夢，西州馬策，腹痛不禁矣。是日答浲期而不至，賦《壽樓春》寄懷。即用其調，索同遊諸君和。"①

【按一】乙未清明爲三月十一日，清明後一日即三月十二日。

【按二】《賴譜》繫此事於是年。《丁譜》繫此事於是年，但以先生是年爲三十七歲，蓋因取咸豐九年己未(1859)爲先生之生年故也。

【按三】《丁譜》云："四月六日，朱星岑招半唐等遊江亭，賦壽樓春寄懷，半唐亦屬先生和之，起調同用'嗟春來何遲'五字。"②《丁譜》四月六日之説不知何據，或誤以西曆爲中曆也。彼又以星岑前輩姓朱，亦未説明其根據，或誤以爲乃嘉慶間之臨桂朱依程春岑，③亦未可知。至於原作《壽樓春》者，據上引王氏及先生之詞序，應是畣浲而非星岑，丁氏於此或有誤讀。

【按四】詞序中之星岑前輩，或即劉溎焴。先生及王鵬運皆稱之爲前輩，蓋彼亦曾官内閣中書，乃薇省中人。考先生所撰録之《薇省詞鈔》，字星岑而又有可能與先生同時者，衹劉溎焴一人；劉氏乃直隸鹽山人，同治二年由舉人到内閣，有《康瓠詞》。④劉氏《高陽臺》詞序有云"光緒辛卯重到京師"⑤(按辛

---

① 王鵬運:《味梨集》，見曾德珪編《粤西詞載》，漓江出版社 1993 年 7 月第 1 版，第 577－578 頁。

② 丁千蕙:《況周頤蕙風詞話研究》之附録一《況周頤年譜簡表》，臺灣政治大學碩士論文，1978 年，第 99 頁。

③ 曾德珪編:《粤西詞載》，漓江出版社 1993 年 7 月，第 117 頁。

④ 臨桂況周儀撰録:《薇省詞鈔》卷弟九，葉十四，《蕙風叢書》第 9 册，上海中國書店藏版，丙寅(1926)四月刊本。

⑤ 臨桂況周儀撰録:《薇省詞鈔》卷弟九，葉十四，《蕙風叢書》第 9 册，上海中國書店藏版，丙寅(1926)四月刊本。

卯即 1891 年),或是年(1895)劉氏仍在京師。

【按五】奝洤乃傅潽之字,山東聊城人,同治十三年由舉人考取到内閣,著有《石雲詞》。①

**三、四月間,先生有詞《減字浣溪沙》“風壓榆錢貼地飛”。②**

【按一】此詞不著干支日月,唯先生詞集之編次,蓋習慣按作品時間順序排列,此詞編於《蕙風詞》集中,乙未清明後一日《壽樓春》詞之後,乙未四月《水龍吟》之前。姑繫於是年三、四月間。

【按二】按此詞句意,蓋亦憂傷甲午戰事敗績之作。

**四月,先生移居校場五條胡同,有《水龍吟》“聲聲只在街南”感懷。**

據《水龍吟》“聲聲只在街南”詞序:“己丑秋夜,賦角聲《蘇武慢》一闋,爲半唐所擊賞。乙未四月,移寓校場五條胡同,地偏,宵警嗚嗚達曙,淒徹心脾,漫拈此解,頗不逮前作,而詞愈悲,亦天時人事爲之也。”③

【按一】《丁譜》繫此條資料於是年,但以先生是年爲三十七歲,蓋因取咸豐九年己未(1859)爲先生之生年故也。《馬譜》繫此事於是年,惜未引録證據。《賴譜》繫此資料於是年。

【按二】甲午戰爭以乙未三月二十三日(1895 年 4 月 17 日)簽訂《馬關條約》結束。④先生此詞作於戰爭結束後不久,蓋於慘然敗績,尚未能釋懷也。《趙史》云:“迨次年(本譜按即

---

① 臨桂況周儀撰録:《薇省詞鈔》卷第十,葉六,《蕙風叢書》第 9 册,上海中國書店藏版,丙寅(1926)四月刊本。

② 臨桂況周儀夔笙:《蕙風詞》,葉五,《弟一生修梅花館詞》弟四,《蕙風叢書》第 11 册,上海中國書店藏版,丙寅(1926)四月刊本。

③ 臨桂況周儀夔笙:《蕙風詞》,葉五,《弟一生修梅花館詞》弟四,《蕙風叢書》第 11 册,上海中國書店藏版,丙寅(1926)四月刊本。

④ 資料摘自《甲午戰爭》,見維基百科網站 http://zh.wikipedia.org/, 2010 年 1 月 8 日。

是年乙未）戰事大敗，其賦《水龍吟》'大雪'、《水龍吟》'聞角'……蓋未能忘情於敗績者也。"①趙氏言《水龍吟》'聞角'，即指此闋。

**四月至五月間，先生與王鵬運吟和頻密，曾賦《東風第一枝·落花，同半唐賦，禁用衰颯語》《大酺·詠瓶中芍藥，用清真均》《三姝媚·和半唐均》等詞。②同時期，又有與王鵬運聯句詞《大酺》③及《采緑吟》。④**

【按一】《賴譜》繫先生之《東風第一枝》於是年。

【按二】《東風第一枝》《大酺》《三姝媚》三闋，於《蕙風詞》集中，編於乙未四月《水龍吟》之後及乙未五月《采緑吟》之前，故可暫定爲是年四、五月間所作。

【按三】王鵬運同作之《東風第一枝》詞序云："近與李髯賦落花詞，禁用飄零衰颯語。夔笙和之，復廣其意，賦柳絮索和，好勇過我，出奇無窮。倚調奉酬，仍索李髯同作。"⑤

【按四】王鵬運《味梨集》内，有《三姝媚》多闋，其中兩闋題及先生。其一之詞題爲"疊韵，示子苾，並柬夢湘、夔笙"⑥，王氏

① 趙尊嶽：《蕙風詞史》，見《詞學季刊》第1卷第4號，澳門海外圖書出版社1967年再版發行本，第73頁。

② 臨桂況周儀夔笙：《蕙風詞》，葉六至七，《弟一生修梅花館詞》弟四，《蕙風叢書》第11册，上海中國書店藏版，丙寅(1926)四月刊本。

③ 王鵬運：《味梨集》，見曾德珪編《粤西詞載》，漓江出版社1993年7月第1版，第584頁。

④ 王鵬運：《味梨集》，見曾德珪編《粤西詞載》，漓江出版社1993年7月第1版，第591頁。

⑤ 王鵬運：《味梨集》，見曾德珪編《粤西詞載》，漓江出版社1993年7月第1版，第585頁。

⑥ 王鵬運：《味梨集》，見曾德珪編《粤西詞載》，漓江出版社1993年7月，第588頁。

所謂疊韵,即兩用文廷式原韵。先生之和作題爲"和半唐均",實乃和文廷式韵。其二之詞序云:"李髯、夢湘、子苾、子培、菽衡、夔笙、伯崇,皆和道希韻見貽。吟事之盛,爲十年來所未有。六用前韻答之。"①

【按五】《趙史》云:"當時君臣酣嬉,先生爽然憂之,輒以詞諷。《三姝媚》……言婉而諷,足知其字裏行間,有無數忠愛之忱在也。"②

【按六】王鵬運《味梨集》内,有《大酺·詠瓶中芍藥,用清真韻,同夔笙聯句》,與先生所賦之《大酺·詠瓶中芍藥,用清真韻》,應爲同時作品,故并繫於是年四、五月間。詞云:"又海棠收,荼蘼過,芳事難留華屋。(半塘)紅扶燈畔影,話豐臺消息,舊游棖觸。(夔笙)錦幄香融,玉柈粉暈,吟賞消他絲竹。(半塘)遽憐春婪尾,倚嬌憨、莫負緑醪初熟。(夔笙)記凍徹銅瓶,閉門前度,詠梅人獨。(半塘) 番風過迅速,幾回見、蜂蝶隨雕轂。(半塘)未用説、清吟洛下,影事揚州,便一(作平)枝、盡供題目。(半塘)十載東華夢,空悵惘、豔翻階曲。(夔笙)將離恨、黯京國,多少鉛淚,襟上猩紅如菽。(半塘)歲華黯驚轉燭。(夔笙)"③此詞乃先生佚詞之一。

【按七】王鵬運《味梨集》内,又有與先生聯句所賦之《采緑吟》,編於其集内乙未四、五月諸作中,故繫於此。詞序云:"緑陰聯句用蘋洲均。此調詞律不載。拾遺於過片次句絲字斷

---

① 王鵬運:《味梨集》,見曾德珪編《粵西詞載》,漓江出版社1993年7月第1版,第590頁。

② 趙尊嶽:《蕙風詞史》,見《詞學季刊》第1卷第4號,澳門海外圖書出版社1967年再版發行本,第74頁。

③ 王鵬運:《味梨集》,見曾德珪編《粵西詞載》,漓江出版社1993年7月第1版,第584頁。

句，注韻幾無文理，鄙意脆字仄叶，與渡江云换頭正合。因與夔笙賦此，以諗知者。叶氏天籟軒詞譜：'前段歇拍寄誰字誤爲誰寄，宜更。'妄生枝節也。"詞云："小苑槐風静，倦聽蜀魄林西，餘英蘸水，紋紗换影，凉意生詩。（半塘）夢回香篆裏，渾難辨、曲屏幾摺琉璃。似年時，湖山路，垂楊煙艇檥誰。（夔笙）

清露滴闌干，湘弦潤，新聲知更幽脆。隔斷軟紅塵，認一桁帘衣。（半塘）晝愔愔，猶剩春寒，莓墻暗，慵覓舊時題。閑凝佇，芳樹遠天，煙外徑微。（夔笙）"①此詞亦先生佚詞之一。稍後，先生又有和韵之作《采緑吟》"勝日愁中度"，見本譜是年五月條。

**五月，王以慜、張祥齡、王鵬運，兩集陶然亭聯句，先生未克赴會，因賦《采緑吟》"勝日愁中度"、《鶯啼序·前題用夢窗韻》寄懷。**

據《采緑吟》"勝日愁中度"詞序："乙未五月，夢湘、子苾、半唐兩集江亭，聯句樂甚，余以姬人病，不克赴，用草窗均賦詞志恨……"②

【按】《丁譜》繫此條資料於是年，但以先生是年爲三十七歲，蓋因取咸豐九年己未（1859）爲先生之生年故也。《馬譜》繫此資料於是年。

又據《鶯啼序·前題用夢窗均》③，詞題説明用前詞《采緑吟》（此詞於《蕙風詞》集中編於《鶯啼序》之前）之題，或屬同時之作，故

---

① 王鵬運：《味梨集》，見曾德珪編《粤西詞載》，漓江出版社 1993 年 7 月第 1 版，第 591－592 頁。

② 臨桂況周儀夔笙：《蕙風詞》，葉七，《第一生修梅花館詞》第四，《蕙風叢書》第 11 册，上海中國書店藏版，丙寅（1926）四月刊本。

③ 臨桂況周儀夔笙：《蕙風詞》，葉七至八，《第一生修梅花館詞》第四，《蕙風叢書》第 11 册，上海中國書店藏版，丙寅（1926）四月刊本。

并繫於此。

【按】《趙史》云:"當時君臣酣嬉,先生爽然憂之,輒以詞諷。《三姝媚》《采緑吟》《鶯啼序》……言婉而諷,足知其字裏行間,有無數忠愛之忱在也。"①

**約五、六月間,曾賦《甘草子·楊無咎均》②及《祝英臺近·示姬人病新瘉》。③ 或約於同時,編成《蕙風詞》。**

【按一】此兩闋詞不著干支日月。其於《蕙風詞》集中,編於乙未五月《采緑吟》及《鶯啼序》之後,爲集内詞作之最後兩闋(即第十九及二十闋)。《蕙風詞》集中諸作,成於癸巳、甲午、乙未(至出都前)三年間。故此二闋詞應繫於先生是年離京南下之前,約五、六月間。

【按二】《賴譜》繫先生之《祝英臺近·示姬人病新瘉》於是年。

【按三】先生之《蕙風詞》,列爲《弟一生修楳華館詞》之第四種,本譜估計極可能編成於先生離京前,約是年五、六月間。《孫譜》《馬譜》皆謂《蕙風詞》編成於是年夏。《賴譜》亦列此事於是年。

**先生離京前,或已與王鵬運結爲异姓兄弟。**

據《外傳》有云:"半唐老人固同貫籍,兼爲葭莩之親,因訂譜焉。"④

【按】葭莩之親,有遠親之意;訂譜,乃訂爲譜兄弟之意,譜兄弟

---

① 趙尊嶽:《蕙風詞史》,見《詞學季刊》第 1 卷第 4 號,澳門海外圖書出版社 1967 年再版發行本,第 74 頁。

② 臨桂況周儀夔笙:《蕙風詞》,葉八,《弟一生修梅花館詞》弟四,《蕙風叢書》第 11 册,上海中國書店藏版,丙寅(1926)四月刊本。

③ 臨桂況周儀夔笙:《蕙風詞》,葉八至九,《弟一生修梅花館詞》弟四,《蕙風叢書》第 11 册,上海中國書店藏版,丙寅(1926)四月刊本。

④ 腹痛:《況蕙風先生外傳》,《申報·自由談》,民國十五年(1926)8 月 28 日(丙寅年七月二十一日)。

即异姓兄弟也。是以知先生與王氏既爲同鄉,且屬遠親,因而更曾結爲异姓兄弟。

又據《選巷叢談》:“余與半唐五兄文字訂交,情逾手足,乙未一別,忽忽四年,《蔆景》一集,褱兄之作幾於十之八九,未刻以前亦未盡寄京師……”①

【按】《選巷叢談》乃先生於客揚時期(1897 - 1899)之撰述。先生於此則筆記中,追記其乙未出都後所作之《蔆景詞》,每多懷“半唐五兄”之作。先生入都之初,每稱王鵬運爲丈、前輩等,稍後則輒徑稱其字號,至此始稱王氏爲“五兄”“兄”等,具見其於王氏稱謂上之微妙變化。本譜頗疑《外傳》所記二人訂譜一事,應於先生是年出都之前,因暫繫於此。

**約六月、七月間,先生離京南下,開始其游幕生涯。**

【按一】據本譜,先生於是年五月肯定仍在京師,七月二十八日抵漢口,故其離京時間,應可繫於是年六、七月間。

【按二】《孫譜》引《選巷叢談》附王鵬運《徵招》詞序:“得夔笙秣陵書,賦此代柬。此闋乙未九月書便面,寄金陵。”②謂先生於是年秋“離京南遊,首途南京”。唯王氏詞序,實未能證明《孫譜》“首途南京”之説。今據本譜,先生是年離京後,於七月二十八日至漢口,八、九月間,自武昌抵南京。是以知先生到南京前,曾先至漢口、武昌等地。故《孫譜》“首途南京”之説不確。

---

① 臨桂況周儀阮盦記:《選巷叢談》卷弟二,葉一,《阮盦筆記》第 1 種,《蕙風叢書》第 1 册,上海中國書店藏版,丙寅(1926)四月刊本。

② 臨桂況周儀阮盦記:《選巷叢談》卷弟二,葉一,《阮盦筆記》第 1 種,《蕙風叢書》第 1 册,上海中國書店藏版,丙寅(1926)四月刊本。

七月二十八日,先生抵漢口。①

七月二十九日,先生至武昌,與繆荃孫同往經心書院,晤譚獻、高仿青。②

七月三十日,繆荃孫檢舊書及舊拓碑版,交先生代售。③

八月一日,繆荃孫送帖片一百八十種,交先生代售;同日稍後,先生又訪繆氏。④

八月三日,先生訪繆荃孫,與繆氏共進早飯。⑤

八月四日,先生訪繆荃孫。⑥

八月六日,先生訪繆荃孫,交代代售出舊書及舊拓碑版事宜,獲繆氏贈書兩種及小墓志三種。⑦

八月七日,先生晤繆荃孫。⑧

八月九日,先生送還帖片三大捆予繆荃孫。⑨

---

① 繆荃孫著:《藝風老人日記》第2册,北京大學出版社1986年4月,第769頁。

② 繆荃孫著:《藝風老人日記》第2册,北京大學出版社1986年4月,第770頁。

③ 繆荃孫著:《藝風老人日記》第2册,北京大學出版社1986年4月,第770頁。

④ 繆荃孫著:《藝風老人日記》第2册,北京大學出版社1986年4月,第770頁。

⑤ 繆荃孫著:《藝風老人日記》第2册,北京大學出版社1986年4月,第770－771頁。

⑥ 繆荃孫著:《藝風老人日記》第2册,北京大學出版社1986年4月,第771頁。

⑦ 繆荃孫著:《藝風老人日記》第2册,北京大學出版社1986年4月,第771－772頁。

⑧ 繆荃孫著:《藝風老人日記》第2册,北京大學出版社1986年4月,第772頁。

⑨ 繆荃孫著:《藝風老人日記》第2册,北京大學出版社1986年4月,第773頁。

**八月九日至二十三日期間,先生離武昌,前赴南京。**

【按】據本譜,是年八月九日,先生尚在武昌,并曾晤繆荃孫。又據《藝風老人日記》"乙未八月二十三日"條:"……發金陵……況夔生信。"[①]是以知先生最遲於是日,已離武昌往南京。

**八月二十三日,繆荃孫發信南京予先生。**[②]

**九月十八日,先生訪繆荃孫。**[③]

【按】繆荃孫於是月十六日已抵南京。[④]亦是以知先生最遲於十八日前,已返金陵。

**九月二十日,先生晤繆荃孫。**[⑤]

**九月二十一日,先生應徐乃昌招,與繆荃孫、柯愻庵、蒯光典、王德楷、茅謙、劉世珩同席。**[⑥]

**九月二十二日,先生應劉世瑋、劉世珩招,與繆荃孫、康有爲、梁鼎芬、蒯光典、王德楷、茅謙、徐乃昌同飲於畫舫。**[⑦]

**九月二十三日,先生應梁鼎芬招,與繆荃孫、宋芸子、黃仲弢、陳百年、蒯光典、劉世珩、徐乃昌、王德楷同席。同日,繆荃孫送三十元**

---

① 繆荃孫著:《藝風老人日記》第2冊,北京大學出版社1986年4月,第776–777頁。

② 繆荃孫著:《藝風老人日記》第2冊,北京大學出版社1986年4月,第776–777頁。

③ 繆荃孫著:《藝風老人日記》第2冊,北京大學出版社1986年4月,第784頁。

④ 繆荃孫著:《藝風老人日記》第2冊,北京大學出版社1986年4月,第783頁。

⑤ 繆荃孫著:《藝風老人日記》第2冊,北京大學出版社1986年4月,第785頁。

⑥ 繆荃孫著:《藝風老人日記》第2冊,北京大學出版社1986年4月,第785頁。

⑦ 繆荃孫著:《藝風老人日記》第2冊,北京大學出版社1986年4月,第786頁。

**予先生，并囑先生爲點定詞稿。①**

**九月二十四日，先生應王德楷招，與繆荃孫、陳百年、康有爲、沈愛蒼、蒯光典、徐乃昌、劉世珩同飲於畫舫。②**

**九月二十七日，先生完成繆荃孫所托詞稿之點定，并送還繆氏。同日，先生應沈愛蒼招，與繆荃孫、康有爲、蒯光典、梁鼎芬、徐乃昌、柯愻庵、徐士周同飲。③**

**九月中下旬間，先生入張之洞幕。**

據《墓志銘》云："南皮張文襄公之洞督湖廣，瀋陽托活洛忠敏公端方督兩江。欽君才望，先後禮聘，署之賓職，文移箋奏，率與參懷，君從容贊畫，動中倫脊……"④

【按一】《墓志銘》足證先生曾先後入張之洞、端方幕，但未言明先生何時入幕。

【按二】先生之《眉廬叢話》有云："光緒乙未、丙申間，張文襄權江督，幕僚多才俊。值暮春佳日，觀察數公相約踏青，訪隨園故址……"⑤乙未暮春時，先生尚未離京，故知此"暮春佳日"必在丙申年三月間。蓋其時先生曾與張之洞之幕僚同游南京隨園。本譜據此估計先生或在乙未、丙申間成爲張之洞幕僚之一。

---

① 繆荃孫著：《藝風老人日記》第 2 册，北京大學出版社 1986 年 4 月，第 786 頁。

② 繆荃孫著：《藝風老人日記》第 2 册，北京大學出版社 1986 年 4 月，第 786 頁。

③ 繆荃孫著：《藝風老人日記》第 2 册，北京大學出版社 1986 年 4 月，第 787 頁。

④ 馮幵撰：《清故通議大夫三品銜浙江補用知府況君墓志銘》，見寒冬虹《新見況周頤墓志銘拓本》，《文獻》1994 年第 1 期（總第 59 期），第 282 頁。

⑤ 況周頤著，郭長保點校：《眉廬叢話》第 82 則，《民國筆記小說大觀》第 1 輯第 3 册，山西古籍出版社 1995 年 12 月第 1 版，第 55 頁。

【按三】張之洞門人胡鈞重編之《張文襄公年譜》卷三載,張之洞於甲午(1894)十月五日奉旨以湖廣總督署兩江總督任,八日張交卸畢即日起程,并奉旨兼署江甯將軍,十一日抵江甯,十六日正式接任各職。①繆荃孫乃張之洞之重要幕僚之一,繆氏行踪亦往往與張氏有關;繆氏於甲午五月乞假出都,六月到武昌謁張,七月到江甯,九月偶回京師,十月出都至江甯謁張後再赴鄂,至乙未(是年)九月又到江甯謁張,訂明年主鍾山書院之約,丙申二月挈家至江甯居鍾山書院西。②以上具見繆氏與張之洞關係之密切。先生與繆荃孫自相識後,過從極密(詳參本譜);先生既不得意於京,乃有南下之意,觀其於是年七月二十八日抵漢口,二十九日於武昌見繆氏;其後繆氏於八月二十三日,自武昌發信至金陵予先生,則先生是時已離鄂赴南京;繆荃孫於九月十六日抵江甯,翌日謁張之洞,③十八日先生訪繆氏,二十日先生與一衆張之洞幕僚晤繆氏,隨後於二十一、二十二、二十三、二十四、二十七等日,先生皆與張之洞一衆幕僚共飲宴(詳參本譜述及各條),再據本條【按二】引《眉廬叢話》所載,故本譜推斷先生最遲應於是年九月中下旬間,已入張之洞幕,而關鍵之引薦者,即爲繆荃孫。

【按四】《賴譜》繫先生入張之洞幕於己亥年(1899),大謬。

---

① 詳參胡旳據許同莘舊稿重編之《張文襄公年譜》六卷,己卯(1939)本,沈雲龍主編《近代中國史料叢刊》第5輯,臺灣文海出版社印行,第127-128頁。

② 繆荃孫著:《藝風老人年譜》,丙子正月梓文禄堂經印本,見《藝風老人日記》第8册,北京大學出版社1986年4月,第3397-3399頁。

③ 繆荃孫著:《藝風老人日記》第2册,北京大學出版社1986年4月,第783頁。

《孫譜》《馬譜》皆謂先生於光緒二十一年乙未(1895)入張之洞幕府,俱未提出足夠證據,更未考知先生於是年何月入幕。後二譜皆引龍榆生《近三百年名家詞選·況氏小傳》爲據:"南歸後,兩江總督張之洞、端方先後延之入幕。"《孫譜》另加按語云:"張之洞兩任江督,後一次在壬寅(1902)年,時況氏在武昌、常州等地。"《馬譜》又引《清史稿·張之洞傳》"二十一年……代劉坤一督兩江",及張之洞《金陵游覽詩》注"署兩江督篆,一在光緒二十一年,一在光緒二十八年",皆未足以證先生之入幕年月。

【按五】黎仁凱等著《張之洞幕府》謂先生曾在張之洞幕之時間有二:一爲1899年起,在幕職事爲自强學堂漢文教習,入幕時職銜爲分省候補同知;二爲1901年起,被派往陝甘一帶考察畜牧。①皆未及先生始入張之洞幕之年月。

**九月,先生在金陵,有秦淮即事《金縷曲》詞。繼而有《蔆景詞》一集,多懷王鵬運之作。**

據《蔆景詞》卷首語:"乙未九月,秦淮即事《金縷曲》句云:'顤顄菱花年時影,忍向天涯重見。況嗚咽秦淮翠晚,別有西風消魂樣,是芙蓉老去鴛鴦散。'蓋有所觸,𪚴此所爲詞,因以爲名也。是詞全闋不足存耳。夔笙自記。"②

【按一】《黄譜》繫此條資料於是年,但以先生是年爲三十七歲,蓋因取咸豐九年己未(1859)爲先生之生年故也。

---

① 見該書第四章《張之洞幕府人員表》,《晚清四大幕府叢書》,中國廣播電視出版社2005年1月第1版,第131頁。

② 臨桂況周儀夔笙:《蔆景詞》,葉一,《弟一生修梅花館詞》弟五,《蕙風叢書》第11册,上海中國書店藏版,丙寅(1926)四月刊本。筆者按:此本"金縷曲"作"今縷曲","況嗚咽"作"況嗚咽",現據香港大學所藏《弟一生修梅花館詞》七卷本改正。

【按二】《金縷曲》爲先生佚作之一。

又據《趙史》:"先生後此去京師,南游金陵而維揚,《蔆景》一卷,即其時作,亦多感逝傷離之音,而睠睠於半唐者獨深……"①

又據《選巷叢談》:"余與半唐五兄文字訂交,情逾手足,乙未一别,忽忽四年,《蔆景》一集,裒兄之作幾於十之八九,未刻以前亦未盡寄京師……"②

【按一】《丁譜》《孫譜》繫此條資料於是年,但以先生是年爲三十七歲,蓋因取咸豐九年己未(1859)爲先生之生年故也。《丁譜》所引出處爲《選巷叢談》卷三,乃卷二之誤。

【按二】先生於《眉廬叢話》有云:"曩余客京師九年,四印齋夜談之樂,至今縈繫夢魂焉……"③先生自戊子(1888)入都,至乙未(1895)出都,前後衹八年,"客京師九年"之説,疑爲先生一時誤記。

**九月,王鵬運賦詞《徵招》寄先生,以答先生金陵書柬。**

據《選巷叢談》筆記附録之王鵬運詞《徵招》"雁聲催落"序云:"得夔笙秣陵書,賦此代柬。此関乙未九月書便面,寄金陵。"④

【按】《丁譜》《孫譜》繫此條資料於是年,但以先生是年爲三十七歲,蓋因取咸豐九年己未(1859)爲先生之生年故也。《賴

① 趙尊嶽:《蕙風詞史》,見《詞學季刊》第1卷第4號,澳門海外圖書出版社1967年再版發行本,第74頁。

② 臨桂況周儀阮盦記:《選巷叢談》卷弟二,葉一,《阮盦筆記》第1種,《蕙風叢書》第1册,上海中國書店藏版,丙寅(1926)四月刊本。

③ 況周頤著,郭長保點校:《眉廬叢話》第272則,《民國筆記小説大觀》第1輯第3册,山西古籍出版社1995年12月第1版,第199頁。

④ 臨桂況周儀阮盦記:《選巷叢談》卷弟二,葉一,《阮盦筆記》第1種,《蕙風叢書》第1册,上海中國書店藏版,丙寅(1926)四月刊本。

譜》《馬譜》繫此資料於是年。

**十一月十九日，繆荃孫詣先生談。**①

**十一月二十二日，先生應劉世珩招，與繆荃孫、莫仲武、蒯光典、徐乃昌、茅謙同飲於劉園。**②

**自是年南轅始，先生與徐乃昌素心晨夕，先生并出其所藏之閨秀詞，助徐氏斠勘出版《小檀欒室匯刻閨秀詞》。**

據《小檀欒室匯刻閨秀詞·況周儀序》："……積餘先生㠯《小檀欒室彙刻閨秀詞》屬蕙風爲弁言。……憶蕙風㪅積餘傾蓋於𣅀明，而素心晨夕，則自乙未南轅始，而即《閨秀詞》……凡叚自蕙風而屬爲斠勘者，逾全書之半焉……"③

**是年，或稍後，繆荃孫代先生作《二品廕生唐君墓志銘》。**

據《藝風堂文集》卷一，收入《二品廕生唐君墓志銘》一文，題下有小字注曰"代況夔生作"④。

【按】據《二品廕生唐君墓志銘》内容，墓主唐氏名運溥，廣西灌陽人，卒於光緒乙未(1895)閏五月。先生請繆氏代撰墓志銘一事，當於是年閏五月後之數月間，因暫繫此事於此。

---

① 繆荃孫著:《藝風老人日記》第2册，北京大學出版社1986年4月，第802頁。

② 繆荃孫著:《藝風老人日記》第2册，北京大學出版社1986年4月；第803頁。

③ 南陵徐乃昌夊弦纂録:《小檀欒室彙刻閨秀詞》，光緒乙巳(1905)仲夏金武祥、甲辰(1904)花朝王鵬運、乙巳(1905)仲春上浣況周儀序，南陵徐乃昌小檀欒室刻本。筆者據香港大學馮平山圖書館所藏本。

④ 繆荃孫撰:《藝風堂文集》卷一，葉二十五，《續修四庫全書》據庚子付刻、辛丑印行本影印(一五七四·集部·别集類)。

## 1896 光緒二十二年 丙申 三十六歲

**二月十一日,先生晤繆荃孫。①**

**二月十六日,先生贈繆荃孫《蕙風詞》。②**

【按一】據此,則先生之《蕙風詞》,應刻成并印行於乙未夏秋至丙申初春間。

【按二】此本《蕙風詞》,即《第一生修楳華館詞》之第四種,收癸巳(1893)至乙未(1895)詞共二十闋。此本有别於先生晚年所定之同名自選集《蕙風詞》二卷,武進趙氏惜陰堂乙丑(1925)刻本。

**二月十七日,先生訪繆荃孫。③**

**二月十八日,繆荃孫托先生校詞,又自先生借《詞綜補》五册。④**

**二月十九日,先生交還繆荃孫所托校之詞八十葉;繆氏又托先生校《丹陽詞》及《常州詞録》之第十三卷。**

據《藝風老人日記》"丙申二月十九日"條:"……夔生校詞送回共八十葉,又送《丹陽詞》及弟十三卷往校。"⑤

【按】繆氏此條所言之"弟十三卷",應爲《常州詞録》之第十三

---

① 繆荃孫著:《藝風老人日記》第2册,北京大學出版社1986年4月,第823頁。

② 繆荃孫著:《藝風老人日記》第2册,北京大學出版社1986年4月,第824頁。

③ 繆荃孫著:《藝風老人日記》第2册,北京大學出版社1986年4月,第824頁。

④ 繆荃孫著:《藝風老人日記》第2册,北京大學出版社1986年4月,第825頁。

⑤ 繆荃孫著:《藝風老人日記》第2册,北京大學出版社1986年4月,第825頁。

卷，詳下條。

**二月二十一日，先生送還校畢之《丹陽詞》及《詞録》第十三卷，共四十二葉。①**

【按】所謂《詞録》，即爲《常州詞録》。

**二月二十二日，先生自繆荃孫借《江甯金石記》；繆氏托先生校《清閟閣全集》。②**

**二月二十三日，先生約繆荃孫，連同聶姓打碑人，至静海寺訪《三宿者碑》，覓得題字六段；回程時過冷灘，繆氏得慶元銅錢一枚。③**

**二月二十六日，先生訪繆荃孫。④**

**二月二十八日，先生送交《三宿者題名》予繆荃孫；并代打碑人聶某向繆氏支取三元另六百文。⑤**

**三月六日前，先生撰寫《金陵石刻補記》。**

據繆荃孫致凌霞函："昨奉環雲，並寄東碑一包，謝謝。……弟與友人搜拓金陵舊刻，爲嚴子進所未收者，約有六七十通。臨桂況夔生爲《金陵石刻補記》，甚有致也。……"⑥

【按一】此函不署日期。張廷根於所撰《繆荃孫致凌霞函札釋

---

① 繆荃孫著：《藝風老人日記》第2册，北京大學出版社1986年4月，第826頁。

② 繆荃孫著：《藝風老人日記》第2册，北京大學出版社1986年4月，第826頁。

③ 繆荃孫著：《藝風老人日記》第2册，北京大學出版社1986年4月，第826頁。

④ 繆荃孫著：《藝風老人日記》第2册，北京大學出版社1986年4月，第827頁。

⑤ 繆荃孫著：《藝風老人日記》第2册，北京大學出版社1986年4月，第828頁。

⑥ 轉録自張廷根：《繆荃孫致凌霞函札釋讀》，見"華夏記憶——中國國家圖書館·中國國家數字圖書館"網頁，2012年5月24日。

讀》一文中,比勘《藝風老人日記》"丙申(1896)三月五日"條,以其中所記數事皆與書札吻合,故考證此函或書於是年三月六日。本譜從之,乃繫先生撰《金陵石刻補記》一事於此。

【按二】先生於是年二月二十二日,自繆氏借《江甯金石記》(詳上文),蓋爲編撰《金陵石刻補記》之參考。

**三月八日,先生晤繆荃孫。①**

**三月九日,先生借所藏之《丹陽詞》予繆荃孫,供其補足大典本。②**

**三月十日,先生送還繆荃孫托校之《清閟閣全集》兩册,共一百零九葉。③**

**三月十二日,先生向繆荃孫支取五元作校脩。④**

**三月十三日,繆荃孫檢《常州詞録》第二十一卷至二十六卷寫本,交先生校;先生并自繆氏取去《北史碑》。⑤**

**三月十三日,王鵬運諫上奉太后駐蹕頤和園事,險遭不測;先生嘗自謂其時在蜀東。**

據《蘭雲菱夢樓筆記》:"半唐諫　駐蹕　頤和園事,時余遠在蜀東,未聞其詳……"⑥

---

① 繆荃孫著:《藝風老人日記》第2册,北京大學出版社1986年4月,第831頁。

② 繆荃孫著:《藝風老人日記》第2册,北京大學出版社1986年4月,第831頁。

③ 繆荃孫著:《藝風老人日記》第2册,北京大學出版社1986年4月,第831頁。

④ 繆荃孫著:《藝風老人日記》第2册,北京大學出版社1986年4月,第832頁。

⑤ 繆荃孫著:《藝風老人日記》第2册,北京大學出版社1986年4月,第832－833頁。

⑥ 臨桂況周儀蘷笙記:《蘭雲菱夢樓筆記》,葉十五至十六,《阮盦筆記》第3種,《蕙風叢書》第2册,上海中國書店藏版,丙寅(1926)四月刊本。

【按】先生是時應在南京，其自謂遠在蜀東，未有其他佐證，或先生是年春，曾短期遠赴蜀東，亦未可知，於茲存疑待考。

又據先生所撰《半塘老人傳》："光緒……二十二年春，上奉皇太后駐蹕頤和園，鵬運上疏……"①

【按】《賴譜》繫此條資料於是年；《馬譜》繫以上兩條資料於是年。

又據《餐櫻廡隨筆》第一〇八則，記述王鵬運進諫事，所附録之王氏摺稿，日期爲"光緒二十二年三月十三日"②。

**三月十五日，先生晤繆荃孫；又自繆氏借《江左石刻文編》；復送交繆氏《句容學宫碑》拓本。③**

**三月二十六日，先生自繆荃孫借《宋詩紀事補遺》二册、《寶刻叢編》一册、《昭陽三録》。④**

**三月二十七日，先生訪繆荃孫。⑤**

**暮春某日，與張之洞幕僚數人，訪南京隨園故址等名勝，歸途集顧石公寓園縱談。**

據《眉廬叢話》："光緒乙未、丙申間，張文襄權江督，幕僚多才俊。值暮春佳日，觀察數公相約踏青，訪隨園故址……歸途集顧石公

---

① 見《詞學季刊》第3卷第3號，澳門海外圖書出版社1967年再版發行本，第165－167頁。

② 況周頤著，張繼紅點校：《餐櫻廡隨筆》，《民國筆記小説大觀》第1輯第4册，山西古籍出版社1995年12月第1版，第80－83頁。

③ 繆荃孫著：《藝風老人日記》第2册，北京大學出版社1986年4月，第833頁。

④ 繆荃孫著：《藝風老人日記》第2册，北京大學出版社1986年4月，第836頁。

⑤ 繆荃孫著：《藝風老人日記》第2册，北京大學出版社1986年4月，第837頁。

寓園,縱談游事……”①

**四月一日,先生訪繆荃孫。②**

**四月七日,先生訪繆荃孫,獲繆氏贈《世説新語》校本。③**

**四月九日,先生薦打碑人荀某往見繆荃孫。④**

**四月十二日,先生訪繆荃孫。⑤**

**四月十七日,先生自繆荃孫借一元。⑥**

**四月十九日,先生與繆荃孫、朱祖謀、章曼仙、顧石公、史海屏等,應蒯光典之邀,共飲於史海屏公館,留桂如、杏子、小紅、金子等妓佑酒。⑦**

【按】此乃目前所知,先生與朱祖謀相交之最早資料。

**四月二十一日,先生訪繆荃孫。⑧**

**四月二十三日,先生假《碧雲盦詞》予繆荃孫。⑨**

---

① 況周頤著,郭長保點校:《眉廬叢話》第82則,《民國筆記小説大觀》第1輯第3册,山西古籍出版社1995年12月第1版,第55-56頁。

② 繆荃孫著:《藝風老人日記》第2册,北京大學出版社1986年4月,第838頁。

③ 繆荃孫著:《藝風老人日記》第2册,北京大學出版社1986年4月,第840頁。

④ 繆荃孫著:《藝風老人日記》第2册,北京大學出版社1986年4月,第841頁。

⑤ 繆荃孫著:《藝風老人日記》第2册,北京大學出版社1986年4月,第842頁。

⑥ 繆荃孫著:《藝風老人日記》第2册,北京大學出版社1986年4月,第844頁。

⑦ 繆荃孫著:《藝風老人日記》第2册,北京大學出版社1986年4月,第845頁。

⑧ 繆荃孫著:《藝風老人日記》第2册,北京大學出版社1986年4月,第846頁。

⑨ 繆荃孫著:《藝風老人日記》第2册,北京大學出版社1986年4月,第846頁。

四月二十七日，先生有喜招飲，繆荃孫、章西園、徐乃昌、茅謙、劉世珩等好友往賀。①

四月二十九日，先生訪繆荃孫。②

五月七日，繆荃孫送先生五元作校脩。③

五月十日，先生訪繆荃孫。④

五月十一日，先生晤繆荃孫。⑤

五月二十八日，先生訪繆荃孫。⑥

五月二十九日，先生晤繆荃孫。⑦

六月一日，先生借《茶餘客話》原本二十二卷予繆荃孫。⑧

六月二日，先生自繆荃孫支取二元。⑨

---

① 繆荃孫著:《藝風老人日記》第 2 册，北京大學出版社 1986 年 4 月，第 848 頁。

② 繆荃孫著:《藝風老人日記》第 2 册，北京大學出版社 1986 年 4 月，第 849 頁。

③ 繆荃孫著:《藝風老人日記》第 2 册，北京大學出版社 1986 年 4 月，第 851 頁。

④ 繆荃孫著:《藝風老人日記》第 2 册，北京大學出版社 1986 年 4 月，第 852 頁。

⑤ 繆荃孫著:《藝風老人日記》第 2 册，北京大學出版社 1986 年 4 月，第 853 頁。

⑥ 繆荃孫著:《藝風老人日記》第 2 册，北京大學出版社 1986 年 4 月，第 858 頁。

⑦ 繆荃孫著:《藝風老人日記》第 2 册，北京大學出版社 1986 年 4 月，第 858 頁。

⑧ 繆荃孫著:《藝風老人日記》第 2 册，北京大學出版社 1986 年 4 月，第 859 頁。

⑨ 繆荃孫著:《藝風老人日記》第 2 册，北京大學出版社 1986 年 4 月，第 859 頁。

**六月三日，先生訪繆荃孫。①**

**六月八日，繆荃孫以《碧雲齋詞》送先生校。②**

**六月十四日，先生訪繆荃孫；其後與繆氏及徐乃昌到一枝春吃大菜。又，繆氏取金武祥信及書交予先生。③**

**六月十五日，繆荃孫檢《强太守三書》交先生。④**

**六月十八日，繆荃孫還《茶餘客話》予先生。⑤**

**六月十九日，先生送《鴻慶集》書册交繆荃孫。⑥**

**六月二十一日，先生與繆荃孫、顧石公、鄭孝胥、章縵仙、茅謙、徐乃昌、傅苕生、劉世珩共飲於南京愚園，共祝六一居士生日。⑦⑧**

**六月二十二日，先生自繆荃孫借四元。⑨**

---

① 繆荃孫著:《藝風老人日記》第 2 册,北京大學出版社 1986 年 4 月,第 860 頁。

② 繆荃孫著:《藝風老人日記》第 2 册,北京大學出版社 1986 年 4 月,第 861 頁。

③ 繆荃孫著:《藝風老人日記》第 2 册,北京大學出版社 1986 年 4 月,第 863 頁。

④ 繆荃孫著:《藝風老人日記》第 2 册,北京大學出版社 1986 年 4 月,第 863 頁。

⑤ 繆荃孫著:《藝風老人日記》第 2 册,北京大學出版社 1986 年 4 月,第 864 頁。

⑥ 繆荃孫著:《藝風老人日記》第 2 册,北京大學出版社 1986 年 4 月,第 864 頁。

⑦ 繆荃孫著:《藝風老人日記》第 2 册,北京大學出版社 1986 年 4 月,第 865－866 頁。

⑧ 中國國家博物館編,勞祖德整理:《鄭孝胥日記》第 1 册,中華書局 1993 年 10 月第 1 版,第 567 頁。

⑨ 繆荃孫著:《藝風老人日記》第 2 册,北京大學出版社 1986 年 4 月,第 866 頁。

**六月二十三日，先生訪繆荃孫。①**

**六月二十四日，先生赴繆荃孫約，與梁鼎芬、鄭孝胥、徐乃昌同飲。②**

**六月二十七日，先生與梁鼎芬、徐乃昌、劉世珩、鄭孝胥，共游鐘山定林寺訪碑，觀宋人陸游題名，并曾刻題名於宋賢題名之側。其後翁綬祺爲徐乃昌繪《定林訪碑圖》卷，同人題咏殆遍。**

據《鄭孝胥日記》是日條。③

又據汪洛年《定林訪碑後圖題識》："丙申六月雨中，節庵自頭陀寺訪隨盦（本譜按：即徐乃昌，字積餘）於白下，隨盦約同太夷、葱石、夔笙遊鐘山，訪放翁題名，今已十六年矣。翁君印若，曾爲繢《定林訪碑圖》卷，同人題詠殆徧，舊年九（本譜按：此處或缺'月'字）在留垞散失。隨盦屬重繢徵題，時節盦同在此也。壬子六月，洛年記於上海照青堂。"④

又據先生所賦之《鶯啼序》"吳雲澹搖夢影"詞序："爲徐積餘題《定林訪碑第二圖》。訪碑五人，其一余也，距今十七年矣。"又據該詞第二片"猶識題名誰某"句下自注："曾刻題名於宋賢之次。"⑤

【按一】《鶯啼序》"吳雲澹搖夢影"詞被先生編入《餐櫻詞》，列

① 繆荃孫著：《藝風老人日記》第2冊，北京大學出版社1986年4月，第866頁。

② 繆荃孫著：《藝風老人日記》第2冊，北京大學出版社1986年4月，第866頁。

③ 中國國家博物館編，勞祖德整理：《鄭孝胥日記》第1冊，中華書局1993年10月第1版，第567頁。

④ 資料見拍賣網站 http://auction. artxun. com/paimai - 21630 - 108145439. shtml，2010年12月24日。

⑤ 臨桂況周頤夔笙：《餐櫻詞》，葉一，《弟一生修梅花館詞》弟七，《蕙風叢書》第12冊，上海中國書店藏版，丙寅（1926）四月刊本。

爲第一闋;第二闋爲《燭影摇紅·甲寅除夕》,故知此詞應作於甲寅(1914)除夕前。詞序所言定林訪碑事,或當爲相隔十七年前之丙申(1896)。再結合本譜是年秋條所記及所引之資料,已知此事必發生於是年秋以前。今據《鄭孝胥日記》,乃繫於是日。

【按二】汪洛年《定林訪碑後圖題識》所記,亦與《鄭孝胥日記》吻合。亦是以知原"定林訪碑第一圖"乃由翁綬祺所繪,而先生等五位同人亦有題咏。

【按三】翁綬祺,江蘇吴江人,字印若。光緒十七年舉人,翁同龢門生,曾官廣西梧州、平安等縣。酷嗜金石、書畫,精鑒定,善山水,印摹秦漢。著有《漢銅印範考》。有子瑞午,曾隨先生學習詩文。瑞午後爲上海著名中醫師,乃徐志摩之友,徐飛機失事後爲徐收尸,其後與陸小曼同居。①

**七月五日,先生接王鵬運來書,知王氏將出都,感念特甚。**

據《齊天樂》"月明也恁傷心色"詞序:"丙申七夕前二日,半唐書來云將出都,似甚顑頷者,宇宙悠悠,半唐將何之? ……"②

【按】《黄譜》《丁譜》繫此條資料於是年,但以先生是年爲三十八歲,蓋因取咸豐九年己未(1859)爲先生之生年故也。《賴譜》繫此資料於是年。

**七月六日,先生獲繆荃孫分《時務報》一份。**③

---

① 參考陳玉堂編著:《中國近現代人物名號大辭典》,浙江古籍出版社1993年5月第1版,第761頁。又參考百度百科之"翁瑞午"條,參見 http://baike.baidu.com/view/1538463.htm,2010年12月28日。

② 臨桂況周儀夔笙:《蓤景詞》,葉一,《第一生修梅花館詞》弟五,《蕙風叢書》第11册,上海中國書店藏版,丙寅(1926)四月刊本。

③ 繆荃孫著:《藝風老人日記》第2册,北京大學出版社1986年4月,第869頁。

**七月八日,先生訪繆荃孫。**[①]

**七月十五夜,先生因早前接王鵬運書,傷時念遠,作《齊天樂》"月明也恁傷心色",并寄予在鄂之梁鼎芬。**

據《齊天樂》"月明也恁傷心色"詞序:"丙申七夕前二日,半唐書來云將出都,似甚顑頷者,宇宙悠悠,半唐將何之? 十五夜月明如晝,傷時念遠,憮然有作,並寄節盦鄂中。"[②]

【按】《黄譜》《丁譜》繫此條資料於是年,但以先生是年爲三十八歲,蓋因取咸豐九年己未(1859)爲先生之生年故也。《賴譜》繫此資料於是年。

**七月十七日,先生應章希瑗約,與繆荃孫、龍松岑、鄭孝胥、傅苕生、茅謙、江紹修、徐乃昌、劉世珩同小飲。**[③]

**七月二十一日,先生獲繆荃孫歸還《楊荔裳詞》《宋于庭詞》。**[④]

**七月二十六日,先生曾於洋務局中與黄公度、劉世珩、陳善餘、鄭孝胥等見面。**[⑤]

**八月十六日,先生晤繆荃孫;又送交《李芥夫詩補編》一帙予繆氏。**[⑥]

---

① 繆荃孫著:《藝風老人日記》第2册,北京大學出版社1986年4月,第869頁。

② 臨桂況周儀夔笙:《蕙景詞》,葉一,《弟一生修梅花館詞》弟五,《蕙風叢書》第11册,上海中國書店藏版,丙寅(1926)四月刊本。

③ 繆荃孫著:《藝風老人日記》第2册,北京大學出版社1986年4月,第873頁。

④ 繆荃孫著:《藝風老人日記》第2册,北京大學出版社1986年4月,第874頁。

⑤ 中國國家博物館編,勞祖德整理:《鄭孝胥日記》第1册,中華書局1993年10月第1版,第570頁。

⑥ 繆荃孫著:《藝風老人日記》第2册,北京大學出版社1986年4月,第880頁。

**八月十七日，先生晤繆荃孫。**[①]

**八月二十日，先生晤繆荃孫；自繆氏支脩四元。**[②]

**八月二十九日，先生應繆荃孫約，與莫仲武、蕭敬甫、龍松岑、傅苕生、劉世珩、張謇小飲於繆氏之雲自在龕。**[③]

**九月三日，先生訪繆荃孫。**[④]

**九月十六日，繆荃孫詣先生；先生自繆氏支取六元。**[⑤]

**九月十九日，先生撰《粤西詞見敘録》。時居江甯水西門内古糯米巷。**

據《粤西詞見敘録》葉一："粤西詩總集，有上林張先生（鵬展）《嶠西詩鈔》，福州梁撫部（章鉅）《三管英靈集》，詞獨缺如。地偏塵遠，詞境也，故作者僅邪？抑不好名，不憙櫰榜，作亦不傳也。地又卑溼，藁椾栿楮，不十數秊，輒蝨朽不可收拾，秊而獲存，什佰之一耳。是編就我所見，裒而存之，而又襭其菁華，以少爲貴。它日輯嘉道以來詩，續梁氏箸録，以此坿焉。光緒丙申展重陽日，臨桂況周儀夔孫，自識于江甯水西門内古糯米巷寓廬。"[⑥]

【按】《賴譜》《馬譜》繫此資料於是年。

---

① 繆荃孫著：《藝風老人日記》第2册，北京大學出版社1986年4月，第881頁。

② 繆荃孫著：《藝風老人日記》第2册，北京大學出版社1986年4月，第882頁。

③ 繆荃孫著：《藝風老人日記》第2册，北京大學出版社1986年4月，第885頁。

④ 繆荃孫著：《藝風老人日記》第2册，北京大學出版社1986年4月，第886頁。

⑤ 繆荃孫著：《藝風老人日記》第2册，北京大學出版社1986年4月，第890頁。

⑥ 臨桂況周儀夔孫撰録：《粤西詞見》，《蕙風叢書》第10册，上海中國書店藏版，丙寅（1926）四月刊本。

**九月二十日，先生自繆氏支取兩元。①**

**九月二十九日，先生訪繆荃孫。②**

**秋，先生賦《憶舊遊·秋夜褱半唐京師》，并寄此詞及所輯刻之《定林題名》予王鵬運。九月，王鵬運依調賦答。**

據《選巷叢談》卷弟二，第一則筆記所附録之王鵬運詞《憶舊游》"儘沈吟"序云："夔笙寄詞問訊，依調代柬。此闋丙申九月寄金陵。"③

【按一】《黄譜》《丁譜》《孫譜》俱繫此條資料於是年，但以先生是年爲三十八歲，蓋因取咸豐九年己未(1859)爲先生之生年故也。《馬譜》繫此資料於是年。

【按二】先生之《憶舊遊·秋夜褱半唐京師》，編入《蕿景詞》集中之第二闋。④此詞不著干支月日，因與上引筆記互證，故繫於此。

又據《選巷叢談》卷弟二葉一，上述王鵬運《憶舊遊》"儘沈吟"詞，末句下自注云："夔笙以近刻《定林題名》見寄。"⑤

**十月三日，繆荃孫送《宋志》一份予先生；先生自繆氏支取兩元。⑥**

---

① 繆荃孫著：《藝風老人日記》第2册，北京大學出版社1986年4月，第891頁。

② 繆荃孫著：《藝風老人日記》第2册，北京大學出版社1986年4月，第894頁。

③ 臨桂況周儀阮盦記：《選巷叢談》卷弟二，葉一，《阮盦筆記》第1種，《蕙風叢書》第1册，上海中國書店藏版，丙寅(1926)四月刊本。

④ 臨桂況周儀夔笙：《蕿景詞》，葉一至二，《弟一生修梅花館詞》弟五，《蕙風叢書》第11册，上海中國書店藏版，丙寅(1926)四月刊本。

⑤ 臨桂況周儀阮盦記：《選巷叢談》卷弟二，葉一，《阮盦筆記》第1種，《蕙風叢書》第1册，上海中國書店藏版，丙寅(1926)四月刊本。

⑥ 繆荃孫著：《藝風老人日記》第2册，北京大學出版社1986年4月，第895頁。

**十月十六日，先生晤繆荃孫。①**

**十月十八日，繆荃孫詣先生談。②**

**十月十九日，繆荃孫還《碧雲龕詞》予先生。③**

**約秋冬間，先生賦詞《石州慢》"落日凭闌"。④**

【按】此詞不著干支月日，編入《薆景詞》集中之第三闋，列《憶舊遊·秋夜褱半唐京師》之後，詞句有吟事蕭索之嘆，似亦憶舊之篇，因姑暫繫於此。

**十月，撰録鄉先輩詞，即《粤西詞見》。**

據《粤西詞見》卷二"張琮"條下先生有詞話："……憶庚寅冬，余客羊城，先生見貽　國朝詞别集十數家，昕夕過從，譚藝甚樂，别後忽忽六年矣，今年孟冬，窮居無俚，撰録鄉先輩詞……"⑤

【按】庚寅（1890）後六年，即是年丙申（1896），故繫此資料於是年十月。

**十一月七日，繆荃孫詣先生談。繆氏讀先生所編之《粤西詞見》；又交《常州先輩論詞》予先生。⑥**

---

① 繆荃孫著:《藝風老人日記》第2册，北京大學出版社1986年4月，第899頁。

② 繆荃孫著:《藝風老人日記》第2册，北京大學出版社1986年4月，第900頁。

③ 繆荃孫著:《藝風老人日記》第2册，北京大學出版社1986年4月，第900頁。

④ 臨桂況周儀夔笙:《薆景詞》，葉二，《第一生修梅花館詞》弟五，《蕙風叢書》第11册，上海中國書店藏版，丙寅（1926）四月刊本。

⑤ 臨桂況周儀葵孫撰録:《粤西詞見》卷弟二，葉二十八，《蕙風叢書》第10册，上海中國書店藏版，丙寅（1926）四月刊本。

⑥ 繆荃孫著:《藝風老人日記》第2册，北京大學出版社1986年4月，第905頁。

**十一月十二日，先生訪繆荃孫。**①

**十一月十八日，編成《粵西詞見》并撰跋，付刻於南京。**

據《粵西詞見》"跋"葉一："右《粵西詞見》二卷，二十四人詞不及二百首……是編刻成，郘貽半唐，亦傷心人別有褱㐮也。光緒丙申長至日，玉楳詞人況周儀跋于憑霄閣。"②

【按】長至日，即冬至。是年之冬至，在十一月十八日。

又據《蘭雲菱夢樓筆記》："《粵西詞見》二卷，丙申刻於金陵，嘗欲輯補遺一卷，今不復從事矣……"③

【按】《丁譜》繫此條資料於是年，但以先生是年爲三十八歲，蓋因取咸豐九年己未(1859)爲先生之生年故也。《賴譜》《馬譜》繫此資料於是年。

又據《粵西詞見》扉葉下牌記"光緒丙申｜栞于金陵"④。

**十二月二十二日，繆荃孫詣先生談。**⑤

**十二月二十六日，先生訪繆荃孫。**⑥

**十二月二十九日，先生還《嚴記》，又送交《韻語陽秋》二十卷予繆**

---

① 繆荃孫著：《藝風老人日記》第2册，北京大學出版社1986年4月，第906頁。

② 臨桂況周儀葵孫撰録：《粵西詞見》，《蕙風叢書》第10册，上海中國書店藏版，丙寅(1926)四月刊本。

③ 臨桂況周儀夔笙記：《蘭雲菱夢樓筆記》，葉十八，《阮盦筆記》第3種，《蕙風叢書》第2册，上海中國書店藏版，丙寅(1926)四月刊本。

④ 臨桂況周儀葵孫撰録：《粵西詞見》，《蕙風叢書》第10册，上海中國書店藏版，丙寅(1926)四月刊本。

⑤ 繆荃孫著：《藝風老人日記》第2册，北京大學出版社1986年4月，第918頁。

⑥ 繆荃孫著：《藝風老人日記》第2册，北京大學出版社1986年4月，第919頁。

荃孫。①

**是年，助繆荃孫校輯《國朝常州詞録》畢。**

據《國朝常州詞録》"例言"第七則(即最末則)："是録……友人臨桂況夔生中翰周儀，盡出所藏，俾予搜討……嚴定去取、商榷體例、校讐訛錯，則夔生之力居多。"②

【按】《國朝常州詞録》有繆荃孫光緒丙申年十二月祀竈日序，③故知是書必刊成於此日後。查《藝風老人日記》"丁酉年四月十二日"條記有"送芸閣常州詞紅本一部"④，紅本即正式刊行前供最後校對所用之本，故知是時此書尚未刊行。《藝風老人日記》又記繆氏始於丁酉年七月二日贈《常州詞録》予徐積餘、王木齋等友人，⑤而先生則於七月六日自繆氏處取《常州詞録》一部(見本譜"丁酉七月六日"條)，故知《國朝常州詞録》應刊印於丁酉五、六月間。

**是年，先生曾游南京栖霞寺，拓江總殘碑二段，寄予王鵬運。王氏懷先生，寫《秋窗憶遠圖》并裝栖霞寺殘碑拓片，囑程頌萬等題詞。程氏先後爲題絶句三首及《徵招》"臺城樹色"詞。**

據程頌萬《楚望閣詩集》卷十，《題王幼霞御史秋窗憶遠圖三首》詩題自注云："況夔笙舍人於金陵栖霞寺，獲江總殘碑二段，拓寄

---

① 繆荃孫著：《藝風老人日記》第2册，北京大學出版社1986年4月，第920頁。

② 請參見繆荃孫校輯：《國朝常州詞録》，葉三，光緒丁酉(1897)夏刊本。

③ 繆荃孫校輯：《國朝常州詞録》，光緒丁酉(1897)夏刊本。

④ 繆荃孫著：《藝風老人日記》第3册，北京大學出版社1986年4月，第948頁。

⑤ 繆荃孫著：《藝風老人日記》第3册，北京大學出版社1986年4月，第968－969頁。

侍御。……幼霞裝册爲圖,倩同人張之。”①

又據程頌萬《美人長壽盦詞集》卷六《十韃後詞》,《徵招》“臺城樹色”詞序:“再題王幼霞侍御《秋窗憶遠圖》;圖爲況夔笙舍人客江南作,並裝金陵栖霞寺殘碑二段。”②

又據程頌萬《定巢詞集》卷六《石巢詞》葉二,《徵招》“臺城樹色”詞序(校諸《美人長壽盦詞集》本,此詞及序,文字稍有改寫,當爲程氏後來修訂之另一版本):“王幼遐懷況夔生金陵,爲《秋牕憶遠圖》,並裝栖霞寺殘碑二段屬題。”③

【按一】程氏此作,據《定巢詞集》目録,列於光緒二十二年。④故本譜繫此事於是年。

【按二】朱祖謀亦曾爲此圖題詞《木蘭花慢》“冶城山翠裏”,詞序云:“題半塘老人《秋窗憶遠圖》,圖爲況夔笙舍人拓寄江總棲霞殘碑而作。”⑤

【按三】爲王鵬運此圖題詞者,尚有文廷式,其《鷓鴣天》“壁滿花穠世已更”詞序有云:“王幼霞御史,得其友人由江南搨寄江總殘碑,因作《秋窗憶遠圖》屬題,爲賦此闋。”⑥詞序中所謂友

---

① 程頌萬著,徐哲兮校點:《程頌萬詩詞集》之《楚望閣詩集》卷一〇,湖南人民出版社 2009 年 10 月第 1 版,第 374 頁。

② 程頌萬著,徐哲兮校點:《程頌萬詩詞集》之《美人長壽盦詞集》卷六《十韃後詞》,湖南人民出版社 2009 年 10 月第 1 版,第 476 頁。

③ 《定巢詞集》,《十髮居士全集》弟五,甲子(1924)元春武昌程氏鹿川閣刊本。

④ 《定巢詞集》之“定巢詞目”葉十,《十髮居士全集》弟五,甲子(1924)元春武昌程氏鹿川閣刊本。

⑤ 歸安朱孝臧古微:《彊邨詞賸稿》卷一,葉一,《續修四庫全書》(第 1727 卷)本,據民國刻彊村遺書本影印。

⑥ 萍鄉文廷式:《雲起軒詞鈔》,葉二十一至二十二,《續修四庫全書》本,據清光緒三十三年徐乃昌刻本影印。

人，當指先生。

【按四】沈曾植題《水龍吟》"白頭江令還家"，詞序云："夔笙拓江總碑殘字，半塘得之，因爲《秋窗憶遠圖》徵題。"①

**是年至翌年間，先生寓秦淮水閣，曾有《浣溪沙》詞。**

據《餐櫻廡詞話》："丙申、丁酉閒，寓秦淮水閣，賦《浣溪沙》句云：'儂在畫橋西畔住，畫橋東畔是天涯。'語頗淡而入情，於高格無當也，即亦忘之久矣。……其上下句亦不復省記也。"②

【按】上引先生之詞話，亦見於屈興國《蕙風詞話輯注》，惜屈氏此書所輯資料，未交代出處，用者未能稱便。

## 1897 光緒二十三年 丁酉 三十七歲

**正月十四日，先生晤繆荃孫。③**

**正月二十二日，先生自繆荃孫借《宋詩紀事》首册。④**

**正月二十三日，繆荃孫送《戒庵漫筆》二册予先生；先生又自繆氏借《宋詩紀事》三册。⑤**

**正月，先生之《粵西詞見》於揚州印行。**

---

① 嘉興沈曾植子培：《曼陀羅寱詞》，葉三，商務印書館民國十三年(1924)12月初版。

② 蕙風：《餐櫻廡漫筆》，《申報·自由談》，民國十三年(1924)8月16日。

③ 繆荃孫著：《藝風老人日記》第3册，北京大學出版社1986年4月，第924頁。

④ 繆荃孫著：《藝風老人日記》第3册，北京大學出版社1986年4月，第926－927頁。

⑤ 繆荃孫著：《藝風老人日記》第3册，北京大學出版社1986年4月，第927頁。

據《粵西詞見》“跋”葉一下牌記：“光緒丁酉正月揚｜州蘇唱街聚文齋｜李姓刻字店印行。”①

**二月三日，先生晤繆荃孫。②**

**二月五日，先生訪繆荃孫；繆氏以先生所談皆極可笑，於日記中謂先生“亦妄人也”。③**

**二月二十六日，先生訪繆荃孫。④**

**二月二十七日，先生晤繆荃孫。⑤**

**三月七日，先生贈繆荃孫《粵西詞見》一册。⑥**

**三月，先生前赴揚州之時，有《蝶戀花》“門拚殘春風又雨”詞。⑦**

【按】此詞不著干支月日，編入《薐景詞》集中之第四闋，列於揚州所賦《高陽臺》“畫裏移家”之前。詞中“著意尋春”等語，應作於赴揚之時，姑暫繫於此。

**春暮，先生晤徐穆於揚州張氏榕園；越日徐氏賦贈《高陽臺》“捫蝨譚雄”，先生遂賦“畫裏移家”以和。先生又獲徐穆録示舊作及王僧保之《論詞絶句》。**

---

① 臨桂況周儀葵孫撰録：《粵西詞見》，《蕙風叢書》第10册，上海中國書店藏版，丙寅（1926）四月刊本。

② 繆荃孫著：《藝風老人日記》第3册，北京大學出版社1986年4月，第929頁。

③ 繆荃孫著：《藝風老人日記》第3册，北京大學出版社1986年4月，第930頁。

④ 繆荃孫著：《藝風老人日記》第3册，北京大學出版社1986年4月，第935頁。

⑤ 繆荃孫著：《藝風老人日記》第3册，北京大學出版社1986年4月，第935頁。

⑥ 繆荃孫著：《藝風老人日記》第3册，北京大學出版社1986年4月，第938頁。

⑦ 臨桂況周儀夔笙：《薐景詞》，葉二，《第一生修梅花館詞》弟五，《蕙風叢書》第11册，上海中國書店藏版，丙寅（1926）四月刊本。

據《選巷叢談》有云："徐嘯竹布衣(穆),甘泉老名士也,丁酉暮春晤於榕園,時年八十,傾蓋如故,越日賦《高陽臺》見貽,旋又録示舊作數闋,及王西御先生論詞絶句若干首,意甚鄭重,其《鶯嗁序》一闋尤爲生平得意之筆也。"①

【按一】《黄譜》《丁譜》《孫譜》繫此條資料於是年,但以先生是年爲三十九歲,蓋因取咸豐九年己未(1859)爲先生之生年故也。《馬譜》繫此資料於是年。

【按二】此條筆記并附録徐穆之《高陽臺》《鶯嗁序》《多丽》等詞,及王僧保之《論詞絶句》三十六首。②

【按三】徐穆(1818 – 1897 年之後),揚州甘泉人,布衣。字嘯竹、孝竹,號嘯翁。③

又據先生之《高陽臺》"畫裏移家"詞序:"午橋前輩招集榕園,孝竹先生即席賦此調見貽,依均奉和。"④

【按一】《賴譜》繫此資料於是年。

【按二】此詞本無繫年。先生集中此詞後附刻徐穆原作"捫蝨譚雄"(徐穆名字下注有"時年八十"四小字),及張丙炎之和作"荃怨耽吟"(張丙炎名字下注有"時年七十六"五小字)。⑤

---

① 臨桂況周儀阮盦記:《選巷叢談》卷第二,葉六,《阮盦筆記》第 1 種,《蕙風叢書》第 1 册,上海中國書店藏版,丙寅(1926)四月刊本。

② 臨桂況周儀阮盦記《選巷叢談》卷第二,葉六至十二,《阮盦筆記》第 1 種,《蕙風叢書》第 1 册,上海中國書店藏版,丙寅(1926)四月刊本。

③ 資料摘自《蕙景詞》中,先生揚州詞之序文及夾注等。又《蕙景詞》,葉三,録有徐穆《高陽臺》"捫蝨譚雄",題下注明徐氏是年八十歲。從是年丁酉(1897)上推,故知徐氏生年約爲 1818 年;卒年不詳,但必不早於是年。

④ 臨桂況周儀夔笙:《蕙景詞》,葉二,《弟一生修梅花館詞》弟五,《蕙風叢書》第 11 册,上海中國書店藏版,丙寅(1926)四月刊本。

⑤ 臨桂況周儀夔笙:《蕙景詞》,葉三,《弟一生修梅花館詞》弟五,《蕙風叢書》第 11 册,上海中國書店藏版,丙寅(1926)四月刊本。

本譜以詞作與筆記互證,因繫於此。

【按三】午橋前輩,即張丙炎。張丙炎(1822－1897 年之後),①江蘇儀征人。字竹山,號午橋、夊甌館主人,齋名夊甌館、榕園。咸豐三年(1853)以舉人入值内閣中書,己未(1859)成進士,改庶吉士。官廣東廉州府知府,候選道。有《夊甌館詞》。又嘗輯同人《鶯嚨序》詞爲《友聲集》、宋以來《鶯嚨序》詞爲《尚友集》。②

**三月二十七日,先生同張丙炎、殷楫臣等友人,遊揚州平山堂,後作《鶯嚨序》"湖天聽鸝"。**

據《鶯嚨序》"湖天聽鸝"詞序:"三月二十七日,遊平山堂,同六舟年丈、午橋前輩、楫臣舍人。用孝竹先生舊作均。"③

【按一】《賴譜》繫此資料於是年。

【按二】詞序祇著月日。先生詞集之編次,蓋習慣按作品時間順序排列,此詞於《蔆景詞》集中緊隨《高陽臺》"畫裏移家"詞之後;於此詞後附有徐穆同調舊作"篷窗一宵",故當涉是年揚州春游事。又據《選巷叢談》卷第二葉六至十二之筆記,徐穆曾貽同調舊作予先生,詞亦見附,即《鶯嚨序》"篷窗一宵"詞也。④本譜以詞集與筆記互證,因繫於是年。

---

① 據《蔆景詞》葉三所録張丙炎《高陽臺》"荃怨耽吟",題下注明張氏是年七十六歲。從是年丁酉(1897)上推,故知張氏生年約爲 1822 年;卒年不詳,但必不早於是年。

② 參考先生於《薇省詞鈔》及《蔆景詞》所著録之張丙炎資料。臨桂況周儀撰録:《薇省詞鈔》卷九,葉一之"張丙炎小傳",《蕙風叢書》第 9 册。又見《蔆景詞》,葉三、葉六,《弟一生修梅花館詞》弟五,《蕙風叢書》第 11 册。俱上海中國書店藏版,丙寅(1926)四月刊本。

③ 臨桂況周儀夔笙:《蔆景詞》,葉三至四,《弟一生修梅花館詞》弟五,《蕙風叢書》第 11 册,上海中國書店藏版,丙寅(1926)四月刊本。

④ 臨桂況周儀阮盦記:《選巷叢談》,《阮盦筆記》第 1 種,《蕙風叢書》第 1 册,上海中國書店藏版,丙寅(1926)四月刊本。

【按三】六舟年丈，應爲陳彝。陳彝（生卒不詳），真州（儀征）人，號六舟。同治元年壬戌（1862）傳臚，授修撰，轉科道。耿直敢言，彈劾無所避，時稱“敢言御史”。官至安徽巡撫、禮部侍郎。①

【按四】楫臣舍人，即殷楫臣（1869－1934），揚州江都人。因先生是年冬再遊揚州，有《鷽嘑序》“園林乍消”，詞序提及“殷二舍人楫臣”，故知楫臣姓殷；詳本譜是年“十二月十九日”條。中國國家圖書館藏有《江都殷楫臣先生赴告》一册；②據藏書目録，乃可繫殷氏之生卒年及籍貫。詳待考。

**先生離揚歸南京前，張丙炎賦《尉遲盃》詞贈别。**

據張丙炎手書詞稿，題曰：“調寄《尉遲盃》，用清真均，奉送｜葵孫仁兄世大人歸江甯　竹山老農張丙炎。”③

【按】張氏詞稿所用紀年箋，印有雙鈎“丁酉”二字，故知此詞書於是年。先生於是年三月，初游廣陵，識張氏等名士，觴咏甚樂。及先生四月歸江甯，張氏依依惜别，爲賦此詞。故此詞應作於先生將回南京之時，因繫於此。

**是年春秋之間，先生往來揚州、南京兩地，曾與沈芝房、王木齋等名士交往，賦有《高陽臺·沈芝房屬題落花詩卷》及《金縷曲·和王木齋贈詞均》等詞。**

【按一】《高陽臺》及《金縷曲》詞均不著干支月日，唯先生詞集

---

① 摘自趙國平《陳彝：大胆直言的御史》一文，見《揚州晚報》第B3版“老揚州”，2008年2月23日。轉引自揚州新聞網 http://www.yznews.com.cn/yzwb/html/2008－02/23/content_3657949.htm，2010年1月28日。

② 據國家圖書館館藏目録，《江都殷楫臣先生赴告》由殷適等撰，爲民國二十三年（1934）鉛印本；目録又注明殷楫臣之生卒年爲1869－1934。

③ 國家圖書館善本部編：《趙鳳昌藏札》，國家圖書館出版社2009年10月第1版，見該書第2册，第144頁。

之編次,蓋習慣按作品時間順序排列,此詞於《蔆景詞》集中編爲第七及第八闋,①列於是年春及是年秋所作詞之間,因暫繫於此。

【按二】王木齋,即王德楷,當時蓋與先生同在張之洞幕,先生入幕時之飲宴,王氏屢在席中。詳本譜"乙未(1895)九月"諸條。王德楷(1865－1927),號木齋,江蘇上元(南京)人,有《娱生軒詞》。②沈芝房,待考。

【按三】《趙史》:"先生之維揚,揚人士倒屣相迎,詞流尤多勝會,先生亦多有酬贈……往來者徐嘯竹、張午橋、沈芝房、王木齋,亦一時名彦……"③其中徐、張二氏,乃先生居揚時期之密友。沈芝房資料仍待考;而王木齋則應爲先生於南京之幕友,宜非《趙史》所云之"揚人士",故先生與之唱和,其地或在南京。

【按四】《黄譜》繫《趙史》資料於是年,但以先生是年爲三十九歲,蓋因取咸豐九年己未(1859)爲先生之生年故也。《賴譜》亦繫《趙史》資料於是年。

**四月二十五日,先生自揚州歸南京,即訪繆荃孫。④**

**五月一日,先生訪繆荃孫。⑤**

---

① 臨桂況周儀夔笙:《蔆景詞》,葉五至六,《第一生修梅花館詞》第五,《蕙風叢書》第11册,上海中國書店藏版,丙寅(1926)四月刊本。

② 王德楷之生卒年,暫按香港大學馮平山圖書館館藏目録資料。香港大學馮平山圖書館所藏《娱生軒詞》,爲民國二十二年(1933)飲虹簃刊本。

③ 趙尊嶽:《蕙風詞史》,見《詞學季刊》第1卷第4號,澳門海外圖書出版社1967年再版發行本,第75頁。

④ 繆荃孫著:《藝風老人日記》第3册,北京大學出版社1986年4月,第951頁。

⑤ 繆荃孫著:《藝風老人日記》第3册,北京大學出版社1986年4月,第952－953頁。

**五月二日,先生晤繆荃孫。**①

**五月十二日,先生晤繆荃孫。**②

**五月二十一日,先生晤繆荃孫,獲繆氏贈《歸愚集》。**③

**六月十五日,先生訪繆荃孫。**④

**六月十七日,先生晤繆荃孫。**⑤

**六月二十一日,繆荃孫詣先生賀喜。**⑥

**七月六日,先生自繆荃孫取《常州詞録》一部。**⑦

**八月,先生次子額爾克殤。**

據《摸魚子》"黯離魂"詞序:"臘月十二日,距次兒額爾克之殤,將四閱月矣……"⑧

【按一】此詞本無繫年,唯先生詞集之編次,蓋習慣按作品時間順序排列,此詞編於《蕙景詞》集中"丁酉秋暮遊廣陵"詞之後,"戊戌元日"詞之前,故本譜繫此資料於是年。而以臘月十二

---

① 繆荃孫著:《藝風老人日記》第3冊,北京大學出版社1986年4月,第953頁。

② 繆荃孫著:《藝風老人日記》第3冊,北京大學出版社1986年4月,第955頁。

③ 繆荃孫著:《藝風老人日記》第3冊,北京大學出版社1986年4月,第958頁。

④ 繆荃孫著:《藝風老人日記》第3冊,北京大學出版社1986年4月,第964頁。

⑤ 繆荃孫著:《藝風老人日記》第3冊,北京大學出版社1986年4月,第965頁。

⑥ 繆荃孫著:《藝風老人日記》第3冊,北京大學出版社1986年4月,第966頁。

⑦ 繆荃孫著:《藝風老人日記》第3冊,北京大學出版社1986年4月,第969頁。

⑧ 臨桂況周儀夔笙:《蕙景詞》,葉七,《第一生修梅花館詞》弟五,《蕙風叢書》第11冊,上海中國書店藏版,丙寅(1926)四月刊本。

日，上推四月，即爲八月。

【按二】《賴譜》繫此資料於是年八月後，似未細考。

【按三】據《摸魚子》"黯離魂"詞序可知，先生至是年曾有兩子，長名小羊（見本譜"壬辰五月二十四日"條），次名額爾克，俱早夭。額爾克爲滿語，其義爲"鐵"，先生之好友徐珂曾記云："漢軍取滿名者甚多，若漢人，則固絶無而僅有也。臨桂况夔笙太守周頤，嘗官内閣中書。在京日，得一子，甚慧，愛之篤，懼其夭也，爲命名曰額爾克。額爾克，滿語也。以漢文譯之爲鐵，欲其如鐵之堅固耐久也，然其後竟夭。"①

**八月二十一日，先生向繆荃孫報子之喪。②**

【按】是以知先生之子或殤於八月中旬。

**八月二十七日，先生晤繆荃孫。③**

**九月十一日，先生訪繆荃孫；二人共早飯後，與徐乃昌小敘。先生又自繆氏索《戒庵漫筆》。④**

**九月十二日，先生送交《馬璘新廟碑》予繆荃孫。⑤**

**九月十七日，繆荃孫還《新廟碑》予先生。⑥**

---

① 徐珂編撰：《清稗類鈔》第5册《姓名類》字號附之"漢人取滿名"則，中華書局1984年10月第1版，第2160頁。

② 繆荃孫著：《藝風老人日記》第3册，北京大學出版社1986年4月，第982頁。

③ 繆荃孫著：《藝風老人日記》第3册，北京大學出版社1986年4月，第982頁。

④ 繆荃孫著：《藝風老人日記》第3册，北京大學出版社1986年4月，第986頁。

⑤ 繆荃孫著：《藝風老人日記》第3册，北京大學出版社1986年4月，第986頁。

⑥ 繆荃孫著：《藝風老人日記》第3册，北京大學出版社1986年4月，第987頁。

**九月十九日，繆荃孫詣劉世珩、先生談，其間談及先生出行在即。①**

**九月二十日，先生借《冰蠶詞》予繆荃孫。②**

**秋暮，先生再游揚州，流連二十餘日，作《鶯嗁序》"湖山舊盟"，答贈張丙炎、徐穆。**

據《鶯嗁序》"湖山舊盟"詞序："丁酉秋暮，再遊廣陵，流連二十餘日，江山信美非吾土，將又別去，和午橋年伯均，竝呈嘯竹先生。"③

【按】《丁譜》繫此條資料於是年，但以先生是年爲三十九歲，蓋因取咸豐九年己未(1859)爲先生之生年故也。《馬譜》繫此資料於是年。

**十月，先生自揚州回南京後，至十二月十二日期間，先生有悼念亡兒詞作《減字浣溪沙》"三度停橈燕子磯"。④**

【按一】此詞無繫年，但於《蔆景詞》中，列於丁酉秋暮《鶯嗁序》"湖山舊盟"詞之後，臘月十二日《摸魚子》"黯離魂"詞之前，故繫於此。

【按二】燕子磯在南京，此詞又有"那堪人事已全非""休將死別當生離""秣陵回首一沾衣"等句，故知此詞當爲先生回南京之後，悼念亡兒之作。

**十一月一日，先生訪繆荃孫，送揚州碑五種予繆氏，換取繆氏所藏**

---

① 繆荃孫著:《藝風老人日記》第3冊,北京大學出版社1986年4月,第987頁。

② 繆荃孫著:《藝風老人日記》第3冊,北京大學出版社1986年4月,第988頁。

③ 臨桂況周儀夔笙:《蔆景詞》,葉六,《第一生修梅花館詞》弟五,《蕙風叢書》第11冊,上海中國書店藏版,丙寅(1926)四月刊本。

④ 臨桂況周儀夔笙:《蔆景詞》,葉七,《第一生修梅花館詞》弟五,《蕙風叢書》第11冊,上海中國書店藏版,丙寅(1926)四月刊本。

**之《隸釋》一部；又向繆氏索致梁鼎芬函；繆氏還先生《冰蠶詞》。①**

**十二月十二日，先生思念亡兒額爾克，賦《摸魚子》"黯離魂"詞。**

據《摸魚子》"黯離魂"詞序："臘月十二日，距次兒額爾克之殤，將四閲月矣，晨起偶讀《漱玉詞》，聲哽不能終闋，拚卷淒然，以泪注硯，走筆書此。骨肉之傷，於斯爲極，生之死之，於蒼蒼者，政復奚益？徒令人魂銷腸斷耳！"②

【按】《黄譜》繫此條資料於是年，但以先生是年爲三十九歲，蓋因取咸豐九年己未(1859)爲先生之生年故也。

又據此詞"古臺梧葉淒涼境"句下自注："兒殯室在雨花臺側門外，有梧桐一樹。"及最末句下自注："兒殤後未忍即葬秣陵，意在稍有定居，即自營生壙，瘞兒於側，此願能償與否，政未可知，嗚呼傷已。"③

【按】此詞本無繫年，唯先生詞集之編次，蓋習慣按作品時間順序排列，此詞編於《蔆景詞》集中"丁酉秋暮遊廣陵"詞之後，"戊戌元日"詞之前，故本譜繫此資料於是年。

**十二月十九日，先生在揚州，於張丙炎之冰甌館祝東坡生日，與徐穆、殷楫臣、王稺霞等友人唱和，賦《鷓嗁敍》"園林乍消"及《金縷曲·前題和嘯翁均》。**

據《鷓嗁敍》"園林乍消"詞序："夊甌館祝東坡生日，同嘯竹先生、殷二舍人楫臣、王七分司稺霞。"④此詞之後有《金縷曲》"莫惜芳

---

① 繆荃孫著：《藝風老人日記》第3册，北京大學出版社1986年4月，第1000頁。

② 臨桂況周儀夔笙：《蔆景詞》，葉七至八，《弟一生修梅花館詞》弟五，《蕙風叢書》第11册，上海中國書店藏版，丙寅(1926)四月刊本。

③ 臨桂況周儀夔笙：《蔆景詞》，葉八，《弟一生修梅花館詞》弟五，《蕙風叢書》第11册，上海中國書店藏版，丙寅(1926)四月刊本。

④ 臨桂況周儀夔笙：《蔆景詞》，葉八，《弟一生修梅花館詞》弟五，《蕙風叢書》第11册，上海中國書店藏版，丙寅(1926)四月刊本。

尊”詞,題爲“前題和嘯翁均”①,故估計亦同時所作。

【按一】《孫譜》繫《㗊嘑敍》資料於是年,但以先生是年爲三十九歲,蓋因取咸豐九年己未(1859)爲先生之生年故也。《馬譜》繫此資料於是年。

【按二】二詞本無繫年,唯先生詞集之編次,蓋習慣按作品時間順序排列,此詞編爲《蔆景詞》集中之第十二及第十三闋,列於“丁酉秋暮遊廣陵”詞之後,“戊戌元日”詞之前,故本譜繫此資料於是年。

【按三】宋王宗稷《東坡先生年譜》引《玉局文》:“十二月十九日東坡生日,置酒赤壁磯上。”②

【按四】王穉霞,即王維豫,字辛峰,廣西臨桂人。號穉霞,鵬運弟。曾官江西、河南等省鹽道。早卒。③

**十二月十九日至除夕間,先生有詞作《角招·竹西雪夜褱半唐前輩京師》《醉吟商小品》《玉梅令》等。**

【按一】《賴譜》繫《角招·竹西雪夜褱半唐前輩京師》詞於是年。

【按二】三詞本無繫年,唯先生詞集之編次,蓋習慣按作品時間順序排列,三詞乃《蔆景詞》集中之第十四至第十六闋,④編於“丁酉秋暮遊廣陵”詞之後,“戊戌元日”詞之前,故暫繫於此。

---

① 臨桂況周儀夔笙:《蔆景詞》,葉九,《第一生修梅花館詞》弟五,《蕙風叢書》第11册,上海中國書店藏版,丙寅(1926)四月刊本。

② 録自國學網——蘇軾研究之《蘇軾集》附録《東坡先生年譜(宋·王宗稷作)》,末署2001年2月25日尹小林整理,參見 http://cache.baidu.com/,2010年5月18日。

③ 曾德珪編:《粵西詞載》之“王維豫小傳”,漓江出版社1993年7月第1版,第780頁。

④ 臨桂況周儀夔笙:《蔆景詞》,葉九至十,《第一生修梅花館詞》弟五,《蕙風叢書》第11册,上海中國書店藏版,丙寅(1926)四月刊本。

**是年，先生客揚州，獲張心泰贈臨桂石刻拓本若干種。**

據《香東漫筆》："丁酉客揚州，張幼丹通守（心泰）詒余臨桂石刻拓本如干種……"①

【按一】《黄譜》《丁譜》繫此條資料於是年，但以先生是年爲三十九歲，蓋因取咸豐九年己未（1859）爲先生之生年故也。

【按二】據本譜，先生於是年内，先後三度至揚州。是年暮春、秋暮、臘月，皆見先生之廣陵游踪，期間雖曾離開，但其寓留時間當不爲短，故曰客揚州。

【按三】先生於《眉廬叢話》第二六二則云："余客揚州三年……"②先生後於己亥（1899）三月離揚，故其云"客揚州三年"，應自是年算起，蓋取其首尾三年也。

## 1898 光緒二十四年 戊戌 三十八歲

**正月初一日，先生有詞《壽樓春·戊戌元日褱半唐》。③**

【按】《丁譜》《孫譜》繫此條資料於是年，但以先生是年爲四十歲，蓋因取咸豐九年己未（1859）爲先生之生年故也。《賴譜》《馬譜》繫此條資料於是年。

**正月初二日，先生有詞《花心動·初二記夢》。④**

【按】此詞無繫年，唯先生詞集之編次，蓋習慣按作品時間順序

① 臨桂況周頤寥遴記：《香東漫筆》卷弟二，葉四，《蕙風叢書》第4册，上海中國書店藏版，丙寅（1926）四月刊本。

② 況周頤著，郭長保點校：《眉廬叢話》，《民國筆記小説大觀》第1輯第3册，山西古籍出版社1995年12月第1版，第190－191頁。

③ 臨桂況周儀夔笙：《蓤景詞》，葉十，《弟一生修梅花館詞》弟五，《蕙風叢書》第11册，上海中國書店藏版，丙寅（1926）四月刊本。

④ 臨桂況周儀夔笙：《蓤景詞》，葉十至十一，《弟一生修梅花館詞》弟五，《蕙風叢書》第11册，上海中國書店藏版，丙寅（1926）四月刊本。

排列，此詞編爲集中之第十八闋，緊隨“戊戌元日”詞之後，《醉桃源》“人日”詞之前，故繫於是年正月初二日。

**正月初六日，先生過揚州舊城，有詞《燭影摇紅·初六過舊城口占》。①**

【按】此詞無繫年，唯先生詞集之編次，蓋習慣按作品時間順序排列，此詞爲《蕙景詞》集中之第十九闋，編於“戊戌元日”詞之後，《醉桃源》“人日”詞之前，故繫於是年正月初六日。

**正月初七日，先生有詞《醉桃源·人日用夢窗元日均》。②**

【按】此詞無繫年，唯先生詞集之編次，蓋習慣按作品時間順序排列，此詞爲《蕙景詞》集中之第二十闋，編於“戊戌元日”詞之後，故繫於是年正月初七日。

**正月初七至十五，某日，先生揚州羈旅，心情惆悵，作《點絳脣》“風雪孤吟”。**

據《點絳脣》“風雪孤吟”詞序：“覺翁昔填此解，有褱蘇州云：‘可惜人生，不向吳城住。’余竹西倦旅，懽遊去心，殆異情同慨焉。率步元均，以志惆悵。”③

【按】此詞不著干支月日，唯先生詞集之編次，蓋習慣按作品時間順序排列，此詞在《蕙景詞》集中，列第二十一闋，緊接是年人日詞之後，及殿卷之“戊戌元夕”詞之前，故繫於此。

**正月初七至十五，某日，先生於揚州安定書院，見講堂懸京都舊紗燈有感，因賦《戀繡衾》“春明回首”。又因憶京都廠肆舊事，而作**

① 臨桂況周儀夔笙：《蕙景詞》，葉十一，《第一生修梅花館詞》第五，《蕙風叢書》第11册，上海中國書店藏版，丙寅(1926)四月刊本。

② 臨桂況周儀夔笙：《蕙景詞》，葉十一，《第一生修梅花館詞》第五，《蕙風叢書》第11册，上海中國書店藏版，丙寅(1926)四月刊本。

③ 臨桂況周儀夔笙：《蕙景詞》，葉十一至十二，《第一生修梅花館詞》第五，《蕙風叢書》第11册，上海中國書店藏版，丙寅(1926)四月刊本。

**《遶佛閣·憶都門琉璃廠廟肆》。先生是年於安定書院講學。**

據《戀繡衾》"春明回首"詞序:"安定門子於講堂縣紗燈數事,京都廊房頭巷物也,不知何人所留,感而賦此。"又此詞"海王邨東去駐車"句下自注:"廊房胡同在廠肆東。"①

【按一】《戀繡衾》詞不著干支月日,唯先生詞集之編次,蓋習慣按作品時間順序排列,此詞在《蓤景詞》集中爲第二十二闋,編於是年人日詞之後,及殿卷之"戊戌元夕"詞之前,故繫於此。《遶佛閣》乃《蓤景詞》集中之第二十三闋,②因涉憶都門事,故亦附繫於此。

【按二】先生是年曾任教於揚州安定書院。據《餐櫻廡漫筆》有云:"曩歲戊戌,余客揚州,寓東關街安定書院。……"③又據徐珂《清稗類鈔·鑒賞類》"況夔笙得甎於揚州"條:"光緒戊戌九月,況夔笙以客授揚州故,自瓊花觀街移居舊城小牛录巷。其地距舊城遺址不遠……"④徐珂似言先生客授揚州一事始於是年九月(詳本譜是年九月之前條);唯以《戀繡衾》"春明回首"詞序所記觀之,則先生又或於是年正月前後,已開始講學於安定。

【按三】《賴譜》繫《戀繡衾》"春明回首"及《遶佛閣·憶都門琉璃廠廟肆》詞於是年,唯於寫作時地無考。

**正月初七至十五期間,先生曾與王鵬運弟王維豫唱和,有詞《壽樓**

---

① 臨桂況周儀夔笙:《蓤景詞》,葉十二,《弟一生修梅花館詞》弟五,《蕙風叢書》第11册,上海中國書店藏版,丙寅(1926)四月刊本。

② 臨桂況周儀夔笙:《蓤景詞》,葉十二,《弟一生修梅花館詞》弟五,《蕙風叢書》第11册,上海中國書店藏版,丙寅(1926)四月刊本。

③ 蕙風:《餐櫻廡漫筆》,《申報·自由談》,民國十三年(1924)9月10日。

④ 徐珂編撰:《清稗類鈔》第9册,中華書局1986年3月第1版,第4496頁。

**春》“難爲兄僧彌”、《極相思·用夢窗詞均裒半唐》。**

據《壽樓春》“難爲兄僧彌”詞序：“别幼霞三年矣。見穉霞如見幼霞，填此奉貽，並寄幼霞。穉霞好爲晉人語，故起句用之。”①

【按一】此二闋詞不著干支月日，唯先生詞集之編次，蓋習慣按作品時間順序排列，此詞在《蓤景詞》集中，列第二十四及第二十五闋，②編於是年人日詞之後，及殿卷之“戊戌元夕”詞之前，故繫於此。

【按二】《賴譜》繫《極相思·用夢窗詞均裒半唐》詞於是年。

**正月初七至十五，某日，先生在揚州冰甌館賞年花，有詞《六么花十八·夊甌館詠水仙緋桃牡丹》。後又有《殢人嬌·憶宣武門西花市》。**

【按一】《賴譜》繫《殢人嬌·憶宣武門西花市》詞於是年。

【按二】此二闋詞不著干支月日，唯先生詞集之編次，蓋習慣按作品時間順序排列，此詞在《蓤景詞》集中，列第二十六及第二十七闋，③編於“戊戌元日”詞之後，并緊接於殿卷之“戊戌元夕”詞之前，故繫於此。

**正月十五日，先生有詞《金縷曲》“蘭夕仍三五”，以爲舊著《淑真事略》之補記。**

據《金縷曲》“蘭夕仍三五”詞序：“儀徵王西御（僧保）《詞林瑣著》引《名媛集》：‘朱秋娘字希真，朱將仕女，徐必用妻，《六一詞》《生查子·元夕》闋，世世傳秋娘作，非也。’云云。余昔譔詞話，

---

① 臨桂況周儀夔笙：《蓤景詞》，葉十三，《第一生修梅花館詞》第五，《蕙風叢書》第11册，上海中國書店藏版，丙寅（1926）四月刊本。

② 臨桂況周儀夔笙：《蓤景詞》，葉十三，《第一生修梅花館詞》第五，《蕙風叢書》第11册，上海中國書店藏版，丙寅（1926）四月刊本。

③ 臨桂況周儀夔笙：《蓤景詞》，葉十三至十四，《第一生修梅花館詞》第五，《蕙風叢書》第11册，上海中國書店藏版，丙寅（1926）四月刊本。

爲淑真辯誣。此知先謁希真又謁淑真也，亟拈此解，補前説所未備。時戊戌元夕。”①

**三月某日，先生校畢冰甌館刻本《皺水軒詞荃》，并撰校記。**

據先生所撰，冰甌館刻本《皺水軒詞荃》校記：“……光緒戊戌暮春日，冰甌館依賴古堂本付梓。玉梅詞人校畢並記。”②

【按】《皺水軒詞荃》後又有先生所輯之《詞話叢鈔》本，校記文字略有不同［參本譜“民國十年（1921）七月一日”條【按二】］。

**三月間，先生以其新刻之部分《蔆景詞》詞作，寄至京師予王鵬運。**

據王鵬運致繆荃孫書：“……夔笙未上計車，近以近刻見寄，詞筆亦似漸退……弟王鵬運頓首。上閏三月朔。”③

【按一】王鵬運於是年閏三月一日致函繆荃孫（詳本譜是年“閏三月一日”條），信中指先生寄以近作，故繫此事於是年三月間。

【按二】王鵬運此函云先生“近以近刻見寄”，應指《蔆景詞》，因王氏有詞《角招》“重回首”，以和先生集中之《角招·竹西雪夜褱半唐前輩京師》，其序云：“夔笙寄示新刻《蔆景詞》，見憶之作，一再不已，而與吾弟唱酬，復有見稚霞如見幼霞之語。故人情重，不可無以報也。即用《竹西雪夜寄懷》原調酬之，並

① 臨桂況周儀夔笙：《蔆景詞》，葉十四，《弟一生修梅花館詞》弟五，《蕙風叢書》第11册，上海中國書店藏版，丙寅（1926）四月刊本。

② 據筆者所藏之原張丙炎冰甌館自藏、臨桂況周儀夔笙覆校之刻本。又見況周頤撰，屈興國輯注：《蕙風詞話輯注》，江西人民出版社2000年10月第1版，第602頁。

③ 顧廷龍校閲：《藝風堂友朋書札》（下），《中華文史論叢》增刊，上海古籍出版社1981年2月第1版，第657－658頁。本譜按：末二句原書標點或有誤，疑應爲“弟王鵬運頓首上。閏三月朔”。

寄稚霞。"①又因先生於《二雲詞》卷首記述"《薆景詞》刻於戊戌夏秋閒"②,是以推測先生或曾寄此集之朱或藍印本予王氏。

**閏三月一日之前,先生因參與編修《大清會典》有功,得保薦而獲朝廷分發同知銜。**

據王鵬運致繆荃孫書:"……夔笙未上計車……會典保案僅得分發同知,恐此後不能見諒,鄙人亦當在罵中。自爲荆棘,于人何尤。……弟王鵬運頓首。上閏三月朔。"③

【按】王鵬運於是年閏三月一日致函繆荃孫(詳本譜下條),信中提及先生獲分發同知事,故知此事必發生於是年閏三月一日之前。

**閏三月一日,王鵬運致函繆荃孫,言及先生仕途事,并批評先生詞作水準,略見退步。此前,王氏已收到先生所寄之新刻《薆景詞》,或爲正式刊行前之清校本。**

據王鵬運致繆荃孫書:"伯約前輩到京,奉到惠書,辱荷注存,銘感之至。……《常州詞選》足備國朝詞家流别異同,得失盛衰之故,不獨爲珂鄉文獻之徵,而隻字片言,窮儒筆墨,借以流傳者,亦陰德復不淺,甚盛舉也。足下著作滿家,固不僅此,然此亦千秋不朽之盛業矣。夔笙未上計車,近以近刻見寄,詞筆亦似漸退。會典保案僅得分發同知,恐此後不能見諒,鄙人亦當在罵中。自爲荆棘,于人何尤。從來曾力勸之,如不從何!去年棄歸

① 王鵬運:《蜩知集》,曾德珪編《粤西詞載》,漓江出版社 1993 年 7 月第 1 版,第 639 頁。

② 臨桂況周儀夔笙:《二雲詞》,《弟一生修梅花館詞》弟六,《蕙風叢書》第 11 册,上海中國書店藏版,丙寅(1926)四月刊本。

③ 顧廷龍校閲:《藝風堂友朋書札》(下),《中華文史論叢》增刊,上海古籍出版社 1981 年 2 月第 1 版,第 657－658 頁。本譜按:末二句原書標點或有誤,疑應爲"弟王鵬運頓首上。閏三月朔"。

時,懷叟曾貽書屬爲規勸,然豈弟能做到耶! 天生美材,不自顧惜,真有愛莫能助之嘆,亦殊引爲内愧耳! 時事日壞一日,目前已不能了。無論何以善其後,自慚識力卑下,即欲稍有所陳,爲萬分一之補,思之亦不可得,不入文字又有日矣。執事江湖魏闕之思,必不能恝然置,高見何似,能開示一二,以開茆塞之胸否? 盼甚盼甚。……近況趑趄,萬無佳理,詢伯約可略悉。唯與次珊、古微、夢湘二三同志爲倚聲之會,月兩三集,開年以來將十次,聯吟獨詠,今年得詞已四十餘闋,《味梨》刻後,又有百餘闋。……弟王鵬運頓首。上閏三月朔。"①

【按一】《常州詞選》,即繆荃孫所編之《國朝常州詞録》,此書於光緒丁酉(1897)年夏刊於江甯。是以推斷王鵬運收到繆氏贈書,當在丁酉(1897)夏之後至翌年戊戌(1898)間。王氏此函署上閏三月朔,據本譜考知,光緒乙未(1895)先生離京之後數年,僅是年戊戌(1898)有閏三月。故繫於此。

【按二】王鵬運於函中提及的"與次珊、古微、夢湘二三同志爲倚聲之會,月兩三集",或即"咫村詞社";可以確定,先生并未參加該"倚聲之會",蓋是時先生身在江南也。

【按三】王氏此信,繆荃孫於其日記之"戊戌四月二十三日"條下有云:"接臨桂王佑遐信並所刻詞。"②

**約於是年夏,先生聞某分司告知紅水汪某巨宅,紅蓮花瓣上皆作美人影异事。**

據先生之筆記《眉廬叢話》有云:"余客揚州三年,聞艷異之事二

---

① 顧廷龍校閲:《藝風堂友朋書札》(下),《中華文史論叢》增刊,上海古籍出版社 1981 年 2 月第 1 版,第 657－658 頁。本譜按:末二句原書標點或有誤,疑應爲"弟王鵬運頓首上。閏三月朔"。

② 繆荃孫著:《藝風老人日記》第 3 册,北京大學出版社 1986 年 4 月,第 1053－1054 頁。

……又紅水汪某巨宅……遍種紅蓮。戊戌夏，花尤繁密，每瓣上皆作美人影……一時傾城往觀……余聞之某分司云。"①

**夏秋間，《蕙景詞》刻成。**

據《選巷叢談》卷弟二葉一："余與半唐五兄文字訂交，情逾手足，乙未一别，忽忽四年，《蕙景》一集，裒兄之作幾於十之八九，未刻以前亦未盡寄京師……"②

【按】乙未至戊戌，首尾四年也。故先生云"乙未一别，忽忽四年"。

又據《趙史》有云："《蕙景詞》刻於光緒戊戌年。"③

又據《二雲詞》之卷首題識云："《蕙景詞》刻於戊戌夏秋間……"④

【按】《丁譜》《孫譜》繫此條資料於是年，但以先生是年爲四十歲，蓋因取咸豐九年己未(1859)爲先生之生年故也。《賴譜》《馬譜》繫此條資料於是年。

**七月，爲張丙炎編次《唐石軒藏碑目》。**

據《選巷叢談》有云："儀徵張午橋前輩(丙炎)唐石軒，壓石甚富，自唐迄楊吳，得若干種……"筆記附録之《唐石軒藏碑目》自注"戊戌孟秋編次"⑤。

**是年九月之前，先生居於揚州瓊花觀街，并講學於安定書院。**

---

① 況周頤著，郭長保點校：《眉廬叢話》第262則，《民國筆記小説大觀》第1輯第3册，山西古籍出版社1995年12月第1版，第190－191頁。

② 臨桂況周儀阮盦記：《選巷叢談》卷弟二，葉一，《阮盦筆記》第1種，《蕙風叢書》第1册，上海中國書店藏版，丙寅(1926)四月刊本。

③ 趙尊嶽：《蕙風詞史》，見《詞學季刊》第1卷第4號，澳門海外圖書出版社1967年再版發行本，第76頁。

④ 臨桂況周儀夔笙：《二雲詞》，葉一，《弟一生修梅花館詞》弟六，《蕙風叢書》第11册，上海中國書店藏版，丙寅(1926)四月刊本。

⑤ 臨桂況周儀阮盦記：《選巷叢談》弟一，葉十一，《阮盦筆記》第1種，《蕙風叢書》第1册，上海中國書店藏版，丙寅(1926)四月刊本。

據《選巷叢談》卷首第一則筆記云:“戊戌九月,自瓊花觀街移居舊城小牛录巷……”①

又據徐珂《清稗類鈔·鑒賞類》“況夔笙得瓶於揚州”條:“光緒戊戌九月,況夔笙以客授揚州故,自瓊花觀街移居舊城小牛录巷……”②

又據《餐櫻廡漫筆》有云:“曩歲戊戌,余客揚州,寓東關街安定書院。院廣廈也,屋若干重,今忘之矣。舊有門者,居大門内之西偏;余之僕從,居第二重;余居第三重,眷屬無多,殊形寥廓。……”③

【按一】徐珂之説,可證先生是年曾講學於揚州,又嘗居於瓊花觀街等地,但未言明先生講學之所。

【按二】考揚州安定書院,原址在舊城(清康熙元年所建)三元巷,咸豐年間毀於兵火。同治七年,書院移建於新城東關街疏理道巷口官房,至廢科舉後始停辦。④ 先生《選巷叢談》所云九月以前所居之瓊花觀街寓所,應即指東關街安定書院,蓋今東關街尚有瓊花觀社區也。兼據《餐櫻廡漫筆》蓋可證實,先生是年九月之前,確曾寓居并講學於揚州安定書院。

**九月,自瓊花觀街移居舊城小牛录巷,與文選樓鄰近。始撰《選巷叢談》。**

據《選巷叢談》卷第一,第一則筆記云:“戊戌九月,自瓊花觀街移

① 臨桂況周儀阮盦記:《選巷叢談》第一,葉一,《阮盦筆記》第1種,《蕙風叢書》第1册,上海中國書店藏版,丙寅(1926)四月刊本。

② 徐珂編撰:《清稗類鈔》第9册,中華書局1986年3月第1版,第4496頁。

③ 蕙風:《餐櫻廡漫筆》,《申報·自由談》,民國十三年(1924)9月10日。

④ 王振世著,蔣孝達校點:《揚州覽勝録》卷六《新城録》之“安定書院故址”條,江蘇古籍出版社2002年12月第1版,第115–116頁。

居舊城小牛录巷……巷後太傅街即古興仁街,儀徵太傅文達阮公家廟在焉,後進文選樓,巋然尚存,文達所重建也,古文選巷今無定址,要當距樓不遠,吾巷在樓西南不百武,因取以名,昉《小滄浪》《定香亭筆談》例,彙所聞見爲叢譚,屬文達軼事采擷較詳,則私淑之志也。"①

【按一】《黄譜》《丁譜》《孫譜》繫此條資料於是年,但以先生是年爲四十歲,蓋因取咸豐九年己未(1859)爲先生之生年故也。《賴譜》繫此資料於是年。

【按二】《馬譜》以此條資料,指先生於是年主講安定書院,但無提供任何論證。

【按三】另徐珂《清稗類鈔·鑒賞類》"況夔笙得甎於揚州"條:"光緒戊戌九月,況夔生以客授揚州故,自瓊花觀街移居舊城小牛录巷。其地距舊城遺址不遠……"②徐珂所言先生"客授揚州",應指先生講學於安定書院一事。據《揚州覽勝録》卷六,安定書院位於新城東關街,③故必不在舊城小牛录巷。是以知,先生《選巷叢談》云九月遷於舊城,實乃自安定書院遷出;唯此後是否仍授課於安定?則有待細考。

【按四】《小滄浪》者,即阮元所撰之《小滄浪筆談》四卷;又《定香亭筆談》四卷,并阮文達所著也。

【按五】先生私淑阮元,因而自號"阮盦",於著述中常署此號,又名其筆記叢書曰《阮盦筆記五種》;嘗囑沈忠澤刻有"孳經室

---

① 臨桂況周儀阮盦記:《選巷叢談》弟一,葉一,《阮盦筆記》第 1 種,《蕙風叢書》第 1 册,上海中國書店藏版,丙寅(1926)四月刊本。

② 徐珂編撰:《清稗類鈔》第 9 册,中華書局 1986 年 3 月第 1 版,第 4496 頁。

③ 王振世著,蔣孝達校點:《揚州覽勝録》卷六《新城録》之"安定書院故址"條,江蘇古籍出版社 2002 年 12 月第 1 版,第 115 – 116 頁。

私淑弟子”①印章；後又曾更名芸臺[參本譜甲辰(1904)九月二十八日及戊申(1908)約五月五日前條]，蓋因阮元嘗號芸臺也。

**是年，《薇省詞鈔》於揚州刊行。張丙炎爲題卷耑。**

據《薇省詞鈔》書名葉上：“薇省詞鈔十｜卷坿録一卷｜玉楳詞人屬｜張丙炎署”及書名葉下：“光緒戊戌｜刻于廣陵。”②

【按】《賴譜》《馬譜》繫此事於是年。

**是年，先生偶閲《彼得堡譯報》，知有金鷄納霜、尤喀利葛等西藥，可治瘧疾。**

據《眉廬叢話》有云：“歲在戊戌，偶閲《彼得堡譯報》，其一則云：……按：金鷄納霜已瘧，夫人知之……。而尤喀利葛，則未之前聞。曩録附筆記，刻筆記時汰之，兹記如右。”③

【按】戊戌年，先生始撰《選巷叢談》。估計此則或爲原録於《選巷叢談》稿内，而於刊刻時被先生所汰之筆記。

## 1899 光緒二十五年 己亥 三十九歲

**三月初一日，命人往揚州新城黄家園，氈拓宋井銘。**

據《選巷叢談》卷弟一，第二十三則：“新城黄家園宋井，在路南成山于宅後院中。……于氏老僕徐姓，爲拓碑者言，此地舊名蓮花橋，宅爲蓮花庵遺址。……又云此井銘，自方都轉命工椎拓後，今始再施氈蠟耳。”筆記并附録井銘，後有先生按語云：“此井銘

---

① 《蕙風宧遺印》，乙未(1955)閏三月，濮尊朱佛齋拓本，見第8印。

② 臨桂況周儀撰録：《薇省詞鈔》，《蕙風叢書》第6册，上海中國書店藏版，丙寅(1926)四月刊本。

③ 況周頤著，郭長保點校：《眉廬叢話》第293則，《民國筆記小説大觀》第1輯第3册，山西古籍出版社1995年12月第1版，第218頁。

刻於嘉熙庚子,余以己亥上巳前二日,命工往拓,明年庚子,蓋甲子十有一周矣。"①

【按】俗以三月初三日爲上巳日。先生筆記所謂己亥上巳前二日,即是年三月初一日。

**三月上旬之前(丁酉至是年三月),先生居揚州期間,曾得古磚"鎮江前軍""鎮江後軍""鎮江右軍""揚州""高郵縣""全椒縣""步軍司交燒造修天長塔""楊州"(斷磚)"大使府燒造""殿"等十件。②**

據《選巷叢談》卷弟一,第三則:"(本譜按:小牛录巷寓所)葺廚下短垣得斷專,文曰'楊州'……"③

又據《選巷叢談》卷弟一,第四則:"住宅距舊城遺址不遠,虹橋西南頹垣一角,屹立荒煙蔓草閒,余得'楊州'專,或告余:此舊城城專也。……輒督郭姓老僕登城尋專,辰往午還,肩荷躑躅殊苦,得專一,旌以錢百……"④

又據《選巷叢談》卷弟一,第五至八則:"郭僕所得城專,文曰'鎮江前軍''鎮江後軍''鎮江右軍'……""又文曰'揚州'……""又文曰'高郵縣''全椒縣'……""又文曰'步軍司交燒造修天長塔'……"⑤

又據《選巷叢談》卷弟一,第九則:"虹橋茶肆墻閒,有專文曰'大

---

① 臨桂況周儀阮盦記:《選巷叢談》卷弟一,葉十二,《阮盦筆記》第1種,《蕙風叢書》第1册,上海中國書店藏版,丙寅(1926)四月刊本。

② 徐珂編撰:《清稗類鈔·鑒賞類》"況夔笙得甎於揚州"條,見第9册,中華書局1986年3月第1版,第4496-4497頁。

③ 臨桂況周儀阮盦記:《選巷叢談》卷弟一,葉一,《阮盦筆記》第1種,《蕙風叢書》第1册,上海中國書店藏版,丙寅(1926)四月刊本。

④ 臨桂況周儀阮盦記:《選巷叢談》卷弟一,葉二,《阮盦筆記》第1種,《蕙風叢書》第1册,上海中國書店藏版,丙寅(1926)四月刊本。

⑤ 臨桂況周儀阮盦記:《選巷叢談》卷弟一,葉二,《阮盦筆記》第1種,《蕙風叢書》第1册,上海中國書店藏版,丙寅(1926)四月刊本。

使府燒造'。僕輩與之婉商,酬以錢二百,以新專易之。……"①

又據《選巷叢談》卷弟一,第十則:"市牆有專文曰'殿',亦以前法得之。……"②

【按】徐珂《清稗類鈔·鑒賞類》"況夔笙得甎於揚州"條:"光緒戊戌九月,況夔生以客授揚州故,自瓊花觀街移居舊城小牛录巷。其地距舊城遺址不遠,虹橋西南有頹垣一角,屹立荒煙蔓草間,輒督郭姓老僕登城尋甎,辰往午還……"③其言蓋轉録自先生筆記者,茲不贅。

**另亦於此期間,先生得揚州太傅街阮元文選樓舊藏器物拓本多種,包括:漢畫象石、北齊造象、北周造象石拓三種,阮氏銅器拓本七種,以及真子飛霜鏡拓本等等。**

據《選巷叢談》卷弟一,第十四則:"閱阮仲嘉先生(亨)《瀛舟筆譚》:文選樓壓石,漢畫象一,北齊、北周造象各一,竝嵌置壁閒。……三石拓本,据《筆譚》姑妄訪求,迺竟得之意外,完整如新。……"④

又據《選巷叢談》卷弟一,第十七則:"得阮氏銅器拓本七種:周伯彝、漢平陽矦洗、宛仁弩機、尚方銅器、湯金銅器(已上《積古齋鐘鼎彝器款識》箸録)、漢元延尺(顧千里《思適齋集》有跋甚詳,鮑氏《昌熙金石屑》箸録)、六朝清素竟(張氏《燕昌金石契》箸録)。銅器所存衹此,

---

① 臨桂況周儀阮盦記:《選巷叢談》卷弟一,葉二,《阮盦筆記》第1種,《蕙風叢書》第1册,上海中國書店藏版,丙寅(1926)四月刊本。

② 臨桂況周儀阮盦記:《選巷叢談》卷弟一,葉三,《阮盦筆記》第1種,《蕙風叢書》第1册,上海中國書店藏版,丙寅(1926)四月刊本。

③ 徐珂編撰:《清稗類鈔》第9册,中華書局1986年3月第1版,第4496-4497頁。

④ 臨桂況周儀阮盦記:《選巷叢談》卷弟一,葉四,《阮盦筆記》第1種,《蕙風叢書》第1册,上海中國書店藏版,丙寅(1926)四月刊本。

在阮氏誠爲炙𡙇之餘,然皆精孅𧯻倫,儻吾輩得之,猶足以豪矣。"①

據《選巷叢談》卷弟一,第二十則:"得真子飛霜竟拓本。此竟曾壓文選樓中,今亡去,拓本亦不多覯。此本拓甚精,絲微揉損,疑文達時故物,可寶也。……"②

【按】徐珂《清稗類鈔·鑒賞類》"況夔笙得阮文達家廟藏石"條:"文選樓在揚州太傅街阮文達家廟之後進,中有藏石,漢畫象一,北齊、北周造象各一,並嵌置壁間,此阮仲嘉《瀛舟筆譚》所載者也。況夔笙據以求之而得,完整如新。……"③蓋轉述自先生之筆記。

**三月上旬之前(丁酉至是年三月),先生居揚州期間,曾獲儀征劉謙甫持贈其父劉毓崧之文集七卷,又從謙甫鈔得第八卷之金石跋文。**

據《選巷叢談》卷弟一,第九則:"……儀徵劉伯山先生(毓崧)……伯山先生集,剞劂未竟,令子謙甫孝廉持贈印本,僅七卷,其八卷皆金石跋文,余從謙甫迻鈔得之。"④

【按】此則筆記不著干支,唯《選巷叢談》所載多爲先生州見聞,故本譜繫此事於是時。先生於是年己亥(1899)三月上旬去揚,故繫此資料於三月上旬之前,作爲此事之時間下限。

**三月上旬之前(丁酉至是年三月),先生居揚州期間,曾於運司街霍記書肆,購得陳大聲《坐隱先生精選草堂餘意》一册。又曾於運司**

---

① 臨桂況周儀阮盦記:《選巷叢談》卷弟一,葉六,《阮盦筆記》第1種,《蕙風叢書》第1册,上海中國書店藏版,丙寅(1926)四月刊本。

② 臨桂況周儀阮盦記:《選巷叢談》卷弟一,葉七,《阮盦筆記》第1種,《蕙風叢書》第1册,上海中國書店藏版,丙寅(1926)四月刊本。

③ 徐珂編撰:《清稗類鈔·鑒賞類》"況夔笙得阮文達家廟藏石"條,見第9册,中華書局1986年3月第1版,第4373頁。

④ 臨桂況周儀阮盦記:《選巷叢談》卷弟一,葉二至葉三,《阮盦筆記》第1種,《蕙風叢書》第1册,上海中國書店藏版,丙寅(1926)四月刊本。

**街匽董肆，得見元代銅權，惜價昂未購。**

據《選巷叢談》卷弟二，第四則："得《坐隱先生精選草堂餘意》一册於運司街靃記書肆，無序跋，卷首有新都環翠堂字樣。詞全和草堂均，每首調名下徑題元作者名，唯一人兩調相連，則弟二闋題陳大聲名。（黄虞稷《千頃堂書目》云録前人作，綴以己作。非是。其題前人名者，亦大聲作。）……"①

又據《選巷叢談》卷弟一，第三十五則："元銅權文曰'中興路市令司'，權上有句尚存，尤爲難得。……余得見於運司街匽董肆，價昂未購，不知入誰氏手矣。"②

【按一】此二則筆記不著干支，唯《選巷叢談》所載多爲先生揚州見聞，故本譜繫此事於是時。先生於是年己亥（1899）三月上旬去揚，故繫此資料於三月上旬之前，作爲此事之時間下限。

【按二】運司街，在今揚州國慶路。故知先生應於居揚期間，購得《草堂餘意》一書。

**三月上旬之前（丁酉至是年三月），先生居揚州期間，與當地書賈湯柏穌晨夕過從，又時與打碑人方髯談論古迹。**

據《選巷叢談》卷弟一，第二十五則："文樞主人湯柏穌，稍涉目録之學，与諸名士遊，有都門廠肆大賈風。晨夕過從，往往清譚迻晷，不聞世俗之言。客揚二年，斯人如蜀岡楊柳、紅橋璧月矣。"③

又據《選巷叢談》卷弟一，第三十四則："小東門賣書人劉髯，平山

① 臨桂況周儀阮盦記：《選巷叢談》卷弟二，葉三，《阮盦筆記》第1種，《蕙風叢書》第1册，上海中國書店藏版，丙寅（1926）四月刊本。

② 臨桂況周儀阮盦記：《選巷叢談》卷弟一，葉十九，《阮盦筆記》第1種，《蕙風叢書》第1册，上海中國書店藏版，丙寅（1926）四月刊本。

③ 臨桂況周儀阮盦記：《選巷叢談》卷弟一，葉十三，《阮盦筆記》第1種，《蕙風叢書》第1册，上海中國書店藏版，丙寅（1926）四月刊本。

堂打碑人方髯，與湯伯龢，爲揚州城三絶。方髯無家室，打碑得錢，輒市歙盡，醉時來譚，論古蹟在若有若無閒，如五雲廔閣，政復引人入勝。"①

【按一】先生於是年己亥（1899）三月上旬去揚，故繫此資料於三月上旬之前。

【按二】徐珂《清稗類鈔·鑒賞類》"湯柏龢涉目録之學"條："揚州書賈湯柏龢稍涉目録之學，樂與名士游，有都門廠肆大賈風。臨桂況夔笙太守周頤客揚二年，與之晨夕過從，往往清譚迻晷，不聞世俗之言。夔笙曰：'斯人如蜀罔楊柳，紅橋壁月矣。'"②此説蓋出自先生之《選巷叢談》。

**先生客揚時，曾見比年於大東門内出土之《元廣盈庫碣》拓本，欲訪原石而不可得。**

據《選巷叢談》卷弟一，第三十二則："《元廣盈庫碣》，比年大東門内出土。余見拓本，亟詢石所在，則已爲賈客載往白門矣。今運庫尚仍舊名，此應收入《揚州金石志》者也。……"③

【按】此筆記涉及先生客揚時事，而先生於是年己亥（1899）三月上旬去揚，故繫此資料於三月上旬之前。

**先生客揚時，曾於小東門内某肆購得《春暉堂叢書》《金石聚》各一部，及《日本重修孔子廟碑》拓本。**

據《選巷叢談》卷弟一，第三十三則："小東門内某家，出售舊書碑拓，書客劉髯同余往觀，則新書耳，碑十數種，大都九成

---

① 臨桂況周儀阮盦記：《選巷叢談》卷弟一，葉十九，《阮盦筆記》第1種，《蕙風叢書》第1册，上海中國書店藏版，丙寅（1926）四月刊本。

② 徐珂編撰：《清稗類鈔》第9册，中華書局1986年3月第1版，第4292頁。

③ 臨桂況周儀阮盦記：《選巷叢談》卷弟一，葉十六，《阮盦筆記》第1種，《蕙風叢書》第1册，上海中國書店藏版，丙寅（1926）四月刊本。

皇甫多寶玄秘之流，皆翦幖之本。購《春暉堂蕺書》《金石聚》各一部，《日本重修孔子廟碑》拓本，整幅未幖，紙墨精絶。……"①

【按】此筆記涉及先生客揚時事，而先生於是年己亥(1899)三月上旬去揚，故繫此資料於三月上旬之前。

**先生客揚暇日，輒展誦舊藏《林姑曲》，因録文於筆記中。**

據《選巷叢談》卷弟一，第三十一則："《林姑曲》者，余家舊壓小横幅……乙酉入蜀，檢置行匧，南北隨身十六年矣。其事有關吾鄉風化。客揚暇日，輒因展誦，録記如左……"②

【按】筆記明言乃客揚時之事，而先生於是年己亥(1899)三月上旬去揚，故繫此資料於三月上旬之前。

**三月上旬，先生去揚前不久，於文樞堂書肆得薛壽《學詁齋文集》；讀後欲訪甘泉山古井未果，爲之悵然。**

據《選巷叢談》卷弟一，第二十四則："江都薛介伯先生(壽)《學詁齋文集》：甘泉山古井題字拓本跋略云……余將去揚，已束裝矣，偶過轅門橋，得於文樞堂書肆，怱怱讀竟，欲訪此井未果，殊悵悵。"③

【按】筆記明言此乃先生將去揚前之事，而先生於是年己亥(1899)三月上旬去揚，故繫此資料於三月上旬之前。

**先生或於揚州，得李福自書《黄梅花詞》。**

---

①　臨桂況周儀阮盦記：《選巷叢談》卷弟一，葉十六至十九，《阮盦筆記》第1種，《蕙風叢書》第1册，上海中國書店藏版，丙寅(1926)四月刊本。

②　臨桂況周儀阮盦記：《選巷叢談》卷弟一，葉十四至十五，《阮盦筆記》第1種，《蕙風叢書》第1册，上海中國書店藏版，丙寅(1926)四月刊本。

③　臨桂況周儀阮盦記：《選巷叢談》卷弟一，葉十三，《阮盦筆記》第1種，《蕙風叢書》第1册，上海中國書店藏版，丙寅(1926)四月刊本。

據《選巷叢談》卷弟一,第三十則:"得舊書畫便面數十,其一李子仙(福)自書《黄梅花詞》,極入律可誦……"①

【按】觀筆記之文意,該批舊書畫,先生或得於揚州,姑暫繫於此。

**三月上旬,先生自揚之鄂,舟至南京,長女患痘,需延醫診治。**

據《選巷叢談》卷弟二,第五十二則:"……己亥三月,余自揚之鄂,舟次石頭,長女維瑟患痘甚劇,醫來多危詞,最後延張姓字德興,業痘科三世矣,人較誠實,其言如此,後果無恙。記之。"②

【按】《黄譜》《丁譜》繫此條資料於是年,但以先生是年爲四十一歲,蓋因取咸豐九年己未(1859)爲先生之生年故也。《賴譜》繫此資料於是年。

又據《選巷叢談》卷弟一,第二則:"……余以三月上澣去揚……"③

【按】此則筆記但言先生去揚之月日,不繫干支;其與《選巷叢談》卷弟一第五十二則互證,當可繫於是年三月上旬無疑。

**三月十五日,先生訪繆荃孫於南京,贈繆氏以揚州石墨。**④

**三月二十日,先生訪繆荃孫。**⑤

---

① 臨桂況周儀阮盦記:《選巷叢談》卷弟一,葉十四,《阮盦筆記》第1種,《蕙風叢書》第1册,上海中國書店藏版,丙寅(1926)四月刊本。

② 臨桂況周儀阮盦記:《選巷叢談》卷弟二,葉二十九,《阮盦筆記》第1種,《蕙風叢書》第1册,上海中國書店藏版,丙寅(1926)四月刊本。

③ 臨桂況周儀阮盦記:《選巷叢談》卷弟一,葉一,《阮盦筆記》第1種,《蕙風叢書》第1册,上海中國書店藏版,丙寅(1926)四月刊本。

④ 繆荃孫著:《藝風老人日記》第3册,北京大學出版社1986年4月,第1141頁。

⑤ 繆荃孫著:《藝風老人日記》第3册,北京大學出版社1986年4月,第1143頁。

**三月二十二日,先生贈繆荃孫揚州磚,繆氏却之。**①

**三月二十八日,先生晤繆荃孫。**②

**四月七日,先生訪繆荃孫。**③

**四月八日,繆荃孫與傅苕生詣詞源閣看書,遇先生,共至得月樓品茗。**④

**夏,先生抵武昌。**

據程頌萬《定巢詞集》本《壽樓春》"登江亭尋芳"詞序:"夔笙過鄂,僦居鶯坊,喜贈;用梅溪韻。"⑤

【按一】程氏此詞,《定巢詞集》中列爲光緒二十五年(1899)之作。

【按二】據本譜上一條所記,先生是年四月八日,尚在南京,則先生抵鄂,必在四月八日之後。又據下二條,先生於是年夏杪已居於鄂城之鶯坊巷,又曾晤張延鴻於鄂垣。故本譜繫先生抵武昌於是年夏。

**夏杪,先生僦居於鶯坊巷,與程頌萬比鄰,時相過從談藝。**

據程頌萬《美人長壽盦詞集》本《壽樓春》"登江亭尋芳"詞序:"況夔笙内翰聞聲相思,已逾十稔。己亥夏杪,僦居鄂城之鶯坊巷,談藝咫尺,相得甚歡。因踵梅溪韻奉贈。"⑥

---

① 繆荃孫著:《藝風老人日記》第3册,北京大學出版社1986年4月,第1143頁。

② 繆荃孫著:《藝風老人日記》第3册,北京大學出版社1986年4月,第1145頁。

③ 繆荃孫著:《藝風老人日記》第3册,北京大學出版社1986年4月,第1147頁。

④ 繆荃孫著:《藝風老人日記》第3册,北京大學出版社1986年4月,第1148頁。

⑤ 見《定巢詞集》卷六,葉三,《十髮居士全集》第五,甲子(1924)元春武昌程氏鹿川閣刊本。

⑥ 程頌萬著,徐哲兮校點:《程頌萬詩詞集》之《美人長壽盦詞集》卷六《十鞬後詞》,湖南人民出版社2009年10月第1版,第479頁。

又據程頌萬《美人長壽盦詞集》自序,自署"甯鄉程頌萬自序於武昌鶯坊巷寓邸"①。是以知程氏亦居於鶯坊巷。

【按】程氏所言先生所居之鶯坊巷,或即先生口中"杏花天寓廬"(參本譜是年"十月幾望"條)"杏花天劍爲琴室"(參本譜"光緒二十六年庚子五月二日"條)之所在地。

**夏,先生在武昌,晤張延鴻,獲假《菊莊詞》及《洛陽縣志·金石志》以録副,又獲贈唐碑拓本。**

據《蕙風簃隨筆》卷弟一,第二十八則:"同年河南張蘭陔(延鴻),己亥夏晤於鄂垣,出所壓《菊莊詞》《洛陽縣志·金石志》(陸祁生修),叚余録福,竝見詒《唐李頵墓誌》拓本,誌石滎澤新出土,金石家未經箸録……"②

【按】《黄譜》《丁譜》繫此條資料於是年,但以先生是年爲四十一歲,蓋因取咸豐九年己未(1859)爲先生之生年故也。《馬譜》繫此條資料於是年。

**八月,程頌萬爲先生朱硯題刻"蕙風簃校書硯"數字。③**

【按】此硯現藏於桂林博物館。④

**十月幾望(中旬,十五日前),先生編其祖母之《澹如軒詩》成,并撰跋。**

據先生所撰之《澹如軒詩跋》:"右《澹如軒詩》一卷,乃先大母朱太夫人殘稾也……己亥孟冬月幾望,弟十五孫周儀,跋於武昌杏花天寓廬。"⑤

---

① 程頌萬著,徐哲兮校點:《程頌萬詩詞集》之《美人長壽盦詞集》卷首,湖南人民出版社 2009 年 10 月第 1 版,第 375 頁。

② 況周儀夔笙:《蕙風簃隨筆》卷弟一,葉九,《阮盦筆記》第 4 種,《蕙風叢書》第 2 册,上海中國書店藏版,丙寅(1926)四月刊本。

③ 趙平:《桂林軼事》,民族出版社 2006 年 3 月第 1 版,第 203 頁。

④ 趙平:《桂林軼事》,民族出版社 2006 年 3 月第 1 版,第 203 頁。

⑤ 臨桂女史朱鎮静媛:《澹如軒詩》卷末,《蕙風叢書》第 12 册,上海中國書店藏版,丙寅(1926)四月刊本。

【按一】《賴譜》《馬譜》繫此條資料於是年。

【按二】今湖北省武漢市武昌區,仍有杏花天社區,屬武昌區黄鶴樓街道。

**是年,十月望後,先生祖母所著之《澹如軒詩》刻成於武昌。**

據《澹如軒詩》扉葉下牌記"光緒己亥刻于武昌"①。

【按一】《黄譜》《丁譜》繫此條資料於是年,但以先生是年爲四十一歲,蓋因取咸豐九年己未(1859)爲先生之生年故也。《賴譜》繫此資料於是年。

【按二】先生於是年十月幾望,爲《澹如軒詩》撰《跋》,是書當刻成於撰《跋》之後,故繫於此。

**十二月,先生以分省候補同知身份,在張之洞幕府,獲委任爲自强學堂俄德堂漢文教習。**

據當時自强學堂之提調程頌萬所撰之《强學編》,記録有當時自强學堂各教習名單,其中有關先生之資料如下:"漢教習:……俄德堂漢文:梅際郁　湖北試用知縣,二十五年十一月離職。況周儀　分省候補同知,二十五年十二月委任。"②

又據黎仁凱等著《張之洞幕府》,先生之在幕時間有二,第一次爲1899－?,在幕職事爲自强學堂漢文教習,入幕時職銜爲分省候補同知。③

【按】王鵬運致繆荃孫書有云:"夔笙未上計車……會典保案僅得分發同知,恐此後不能見諒……弟王鵬運頓首。上閏三月

---

① 臨桂女史朱鎮静媛:《澹如軒詩》,《蕙風叢書》第12册,上海中國書店藏版,丙寅(1926)四月刊本。

② 程頌萬:《十髮盦叢書·十髮盦類稿》第八,參見《自强學堂的館員和教習》一文,參見 http://cache.baidu.com/,2007年7月30日。

③ 《晚清四大幕府叢書》之第四章《張之洞幕府人員表》,中國廣播電視出版社2005年1月第1版,第131頁。

朔。”①本譜考知，王氏此函應寫於去年戊戌（1898）（詳參本譜“戊戌閏三月一日”條），則先生獲分發同知銜，非自本年始，最遲應在戊戌年三月。

**是年至翌年間，先生在武昌，任自强學堂中文教習。期間，常與程頌萬切磋詞學。**

據徐珂《近詞叢話》：“己亥，夔笙客武昌，則與程子大以詞相切礪……”②

【按】《黄譜》《丁譜》繫此條資料於是年，但以先生是年爲四十一歲，蓋因取咸豐九年己未（1859）爲先生之生年故也。《賴譜》《馬譜》繫此條資料於是年。

又據《眉廬叢話》：“……己亥、庚子間，余客荆湖……”③

又據《萬邑西南山石刻記》陳天沛《跋》：“……吾　師教習荆湖彊學有年……”④

又據《餐櫻廡隨筆》：“……余於戊戌、己亥間，充自强學堂中文教習。辛丑自鄂之蜀，甲辰返自蜀，則已改文方言學堂，非復向日章程矣。”⑤

【按】據本譜，先生於去年戊戌（1898）仍在揚州，故不可能在武昌之自强學堂任教；先生此條筆記云“於戊戌、己亥間，充自强

---

① 顧廷龍校閲：《藝風堂友朋書札》（下），《中華文史論叢》增刊，上海古籍出版社1981年2月第1版，第657－658頁。

② 徐珂：《近詞叢話》，見唐圭璋編《詞話叢編》第5册，中華書局1986年1月第1版，第4228頁。

③ 況周頤著，郭長保點校：《眉廬叢話》第256則，《民國筆記小説大觀》第1輯第3册，山西古籍出版社1995年12月第1版，第182頁。

④ 臨桂況周儀阮盦撰録：《萬邑西南山石刻記》，《蕙風叢書》第5册，上海中國書店藏版，丙寅（1926）四月刊本。

⑤ 況周頤著，張繼紅點校：《餐櫻廡隨筆》第5則，《民國筆記小説大觀》第1輯第4册，山西古籍出版社1995年12月第1版，第4－5頁。

學堂中文教習",應爲"己亥、庚子"之誤記。

又據先生爲程頌萬所撰《梅林校藝圖》跋:"光緒己亥、庚子間,子大太守弟提調荆湖强學,余分斠俄德文齋,是爲吾兩人蹤跡合併之始……"①

**是年至翌年間,先生爲程頌萬撰録舊詞,并校其集。**

據程頌萬《美人長壽盦詞集》自序:"……歲己亥,提調自强學堂,況君夔笙適來分校。夔笙舊家湘野,尤邃於詞,因爲余撰録舊詞……"②

## 1900 光緒二十六年 庚子 四十歲

**正月九日,初步校畢程頌萬之《美人長壽盦詞集》,并撰校記一則。**

據先生爲程頌萬《美人長壽盦詞集》所撰校記:"十髮先生《美人長壽盦詞》,於宋人近清真、白石,其細密綿麗之作,又似夢窗;於國朝近朱錫鬯《載酒》《琴趣》兩集,勝處兼而有之,清而不枯,豔而有骨。以昔之鄒、董,今之郭、姚例君,非知君詞者也。詞最六卷,都三百六十闋,附十四闋。庚子燕九前十日,校畢於武清杏花天之劍爲琴室。玉梅詞人況周儀記。"③

**三月二十四日,於程頌萬之楚望閣夜談,并寫成程著《美人長壽盦詞集》之校勘記二則,謂程氏詞之勝處,酷似清真。**

據先生爲程頌萬《美人長壽盦詞集》所撰校勘記:"子大先生屬余

---

① 程頌萬:《石巢詩集》卷一,葉五至六,《續修四庫全書》本,據民國十二年武昌刻《十髮居士全集》本影印。

② 程頌萬著,徐哲兮校點:《程頌萬詩詞集》之《美人長壽盦詞集》部分,湖南人民出版社 2009 年 10 月第 1 版,第 375 頁。

③ 程頌萬著,徐哲兮校點:《程頌萬詩詞集》之《美人長壽盦詞集》部分,湖南人民出版社 2009 年 10 月第 1 版,第 377 頁。

斠勘詞集,余頗有芻蕘之獻,乃荷壤流不擇,一聲一字,斟酌靡遺。且必互商而後定稿,可謂能充謙受之量者矣。子大詞本精麗,近更沉著,收五代之華藻,入南宋之高格。周、吴可作,何以易之。庚子餞春前五日,楚望閣夜譚記此。時子大提調荆湖彊學,余分斠俄德文齋,素心晨夕,尊酒論文,致足樂也。玉梅詞人況周儀記。"又云:"余嘗謂清真詞是兩宋關鍵,子大勝處,酷似清真,是不爲南北宋兩派所囿者。同夕又記。"①

【按一】古人以每月之最後一日爲晦日。《全宋詞》卷三二八有劉鎮所撰之《江神子·三月晦日西湖餞春》詞,首句爲"送春曾到百花洲"。故知餞春日即爲三月晦日,亦即送春日也。是歲庚子年三月小,三月晦日即三月二十九日,故餞春前五日即三月二十四日也。

【按二】上述二則校勘記,編於《美人長壽盦詞集》中《言愁閣笛譜》二卷之後。後有易順鼎原校記,又有程頌萬後記云:"右詞二卷,最初之作,起己卯,訖丙戌,都如干闋。易子中實撰録於前,況君夔笙斠勘於後,余得以審知音病,竄易蕪僇,刻而禒之。既竟,識其緣起。光緒庚子灌佛日頌萬自記。"②

【按三】《美人長壽盦詞集》中詞作,偶附録先生之評語,起句皆爲"況周儀曰",共計十則,實乃先生之散佚詞話,③然於本譜之前,未嘗見有其他學者提及。

① 程頌萬著,徐哲兮校點:《程頌萬詩詞集》之《美人長壽盦詞集》部分,湖南人民出版社 2009 年 10 月第 1 版,第 415 頁。又見《定巢詞集》序,葉三,《十髮居士全集》弟五,甲子(1924)元春武昌程氏鹿川閣刊本。

② 程頌萬著,徐哲兮校點:《程頌萬詩詞集》之《美人長壽盦詞集》部分,湖南人民出版社 2009 年 10 月第 1 版,第 415 頁。

③ 程頌萬著,徐哲兮校點:《程頌萬詩詞集》之《美人長壽盦詞集》部分,湖南人民出版社 2009 年 10 月第 1 版,第 389、402、411、418、419、434、435、471、475 頁。

**約四、五月間，拳匪變起，先生在鄂，仍客張之洞幕，曾上條呈兩湖防守情形於張氏。**

據《餐櫻廡隨筆》："光緒庚子，拳匪變起。余適在鄂，條呈兩湖防守情形於督部張文襄，有云：'隨州所屬之武勝、平靖等關，爲由汴入鄂門户。平靖、百雁、武陽，即所謂義門三關。明正德中，流寇入境，三關皆要地。今湖北鐵路幹路，武勝關適當其衝，並宜急駐重兵扼守，以固邊圉而保要工。'云云……"①

【按】先生所謂庚子拳匪變起者，蓋指是年四月起，義和拳奔於西北，發難於良鄉，旬日之間，定興至蘆溝橋鐵路盡毁，并蔓延各地，燒教堂，擊殺洋人、教士一事。②

**五月二日，先生於武昌杏花天劍爲琴室，爲蔣春霖之侄蔣玉稜詞集《冰紅集》撰序。**

據先生所撰《冰紅集序》，末署"光緒庚子重五前三日，臨桂況周儀識於武昌杏花天劍爲琴室"。《冰紅集》乃常州派詞人蔣春霖侄蔣玉稜之詞集，從未刊刻。③ 現有《粟香室叢鈔》本之《冰紅集》鈔本藏於南京圖書館。④

【按】《馬譜》曾提及此事，但以蔣玉稜爲蔣玉簃，以《冰紅集》爲《冰紅詞》，或誤；惜馬氏未注明其資料出處，故不知其所據何本。

**約五月，先生與程頌萬謀精選己作，合以陳伯弢、王夢湘、易順鼎、**

---

① 況周頤著，張繼紅點校：《餐櫻廡隨筆》第32則，《民國筆記小説大觀》第1輯第4册，山西古籍出版社1995年12月第1版，第19－20頁。

② 詳參胡昀據許同莘舊稿重編之《張文襄公年譜六卷》，己卯(1939)本，沈雲龍主編《近代中國史料叢刊》第5輯，臺灣文海出版社印行，第166－169頁。

③ 寒冬虹：《稿本〈冰紅集〉序跋輯録》，《文獻》(季刊)1993年第2期(總第56期)，書目文獻出版社1993年4月13日，第265－267頁。

④ 柯愈春著：《清人詩文集總目提要》卷五二"苦壺詩鈔"條，北京古籍出版社2002年2月第1版，第1813－1814頁。

**易順豫之作,爲《湘中後六子詞》。**

據易順鼎爲程頌萬《美人長壽盦詞集》所題詞:“……比聞子大與況君夔笙,謀精選己作,合以陳君伯弢、王君萝湘,並下徵鄙詞,洎家弟菽由之作,爲《湘中後六子詞》,與葵園祭酒所刻前六家並行。……庚子五月。”①

又據程頌萬《美人長壽盦詞集》自序:“……歲己亥,提調自强學堂,況君夔笙適來分校。夔笙舊家湘野,尤邃於詞,因爲余撰録舊詞,得三百六十闋,復謀别撰若干闋,並己作,與中實諸子,合爲六家。……光緒二十六年庚子夏五中浣,甯鄉程頌萬自序於武昌鶯坊巷寓邸。”②

【按一】《湘中後六子詞》,未見,或已佚,待考。

【按二】先生之所以謀與湘中詞友合刻《湘中後六子詞》,蓋因其祖籍湖南之故。據《墓志銘》有云:“臨桂況氏,明蘇州知府鍾之裔孫也。鍾籍江西靖安,數傳徙湖南寶慶。明末有一几者,復由寶慶遷廣西,是爲君之七世祖。”③是以知臨桂況氏,實於明末時遷自湖南寶慶,亦即程頌萬於《美人長壽盦詞集》自序中所言,先生“舊家湘野”也。

**是年,先生或曾至南京;程頌萬以詩贈别。**

據程頌萬於光緒二十六年所作五律《送況夔笙之金陵》二首。④

---

① 程頌萬著,徐哲兮校點:《程頌萬詩詞集》之《美人長壽盦詞集》部分,湖南人民出版社 2009 年 10 月第 1 版,第 376－377 頁。

② 程頌萬著,徐哲兮校點:《程頌萬詩詞集》之《美人長壽盦詞集》部分,湖南人民出版社 2009 年 10 月第 1 版,第 375 頁。

③ 馮幵撰:《清故通議大夫三品銜浙江補用知府況君墓志銘》,見寒冬虹《新見況周頤墓志銘拓本》,《文獻》1994 年第 1 期(總第 59 期),第 282 頁。

④ 程頌萬:《楚望閣詩集》編年目録,葉十九,詩作見卷五,葉十七,《續修四庫全書》本,據清光緒二十七年長沙刻《十髮盦類稿》本影印。

## 1901 光緒二十七年 辛丑 四十一歲

**去年至是年間，先生讀萍齋主人《感懷》詩八首，覺雋婉可誦。**

據《眉廬叢話》："光緒庚子、辛丑間，友人録示萍齋主人《感懷》八章，步野秋閣學原韻，藏之篋衍久已，兹録如左……八詩皆雋婉可誦，託誼甚顯，可推按得之。惜萍齋姓名，弗可得而詳耳。"①

【按一】蓋先生平生漂泊無定，故讀萍齋主人《感懷》詩而感觸特深。或頗疑此八詩乃先生托名萍齋主人之作，於庚子之亂事有所寄托也。

【按二】野秋閣學，即晚清名臣、我國近代教育家、思想家張百熙（1847－1907），别字野秋；曾任内閣講讀學士，故先生尊稱爲閣學；爲戊戌政變後，維新派大臣中唯一爲慈禧太后所繼續重用者，六部尚書之職嘗歷其五，光緒二十八年（1902）起，獲委爲京師大學堂之首任館學大臣，爲我國高等教育史上之先驅人物。

**是年，先生仍在張之洞幕，曾奉命往陝甘一帶考察畜牧。**

據黎仁凱等著《張之洞幕府》，先生之在幕時間有二，第二次時間爲 1901－?，被派往陝甘一帶考察畜牧。②

**是年，先生入蜀時，舟至峽中，曾有巨石飛墜，險中其舟。**

據《西底叢談》第二十六則："憶余入蜀，船行峽中，忽一巨石，自

---

① 況周頤著，郭長保點校：《眉廬叢話》第 208 則，《民國筆記小説大觀》第 1 輯第 3 册，山西古籍出版社 1995 年 12 月第 1 版，第 145－147 頁。

② 《晚清四大幕府叢書》第四章《張之洞幕府人員表》，中國廣播電視出版社 2005 年 1 月第 1 版，第 131 頁。

空飛墜,距船不數尺,大聲砰然,水濺篷窗皆濕……”①

**是年,先生自鄂之蜀,主講四川萬縣白巖學堂。**

據《餐櫻廡隨筆》第五則有云:“……辛丑自鄂之蜀……”②

又據先生所撰《梅林校藝圖》跋:“……辛丑于役蜀東,遂主萬縣白巖學堂……”③

**十二月,先生訪獲宋七賢堂記磨崖於魯池故址,以“景賢”名白巖學堂原無名之亭。**

據《萬邑西南山石刻記》陳天沛《跋》:“右《萬邑西南山石刻記》二卷坿録一卷,光緒壬寅,吾　師阮盦舍人主講白巖課餘之所作也。……講院舊有亭無名,吾　師客臘訪獲宋七賢堂記磨崖於魯池故址,因以景賢名之……是歲嘉平月朔,白巖學堂學長受業陳天沛謹跋。”④

【按】此跋撰於翌年壬寅(1902)年十二月一日,故其言客臘,即指是年辛丑(1901)十二月。

## 1902 光緒二十八年 壬寅 四十二歲

**三月之前,先生所藏金石拓本已八千通;又以此告知沈忠澤,并寄石予沈氏,囑其作收藏印。**

據《蕙風宧遺印》所收録之第五印。印面刻朱文九字:“況周儀|

---

① 臨桂況周儀阮盦記:《西底叢談》,葉十,《阮盦筆記》第2種,《蕙風叢書》第1册,上海中國書店藏版丙寅(1926)四月刊本。

② 況周頤著,張繼紅點校:《餐櫻廡隨筆》,《民國筆記小説大觀》第1輯第4册,山西古籍出版社1995年12月第1版,第4–5頁。

③ 程頌萬:《石巢詩集》卷一,葉五至六,《續修四庫全書》本,據民國十二年武昌刻《十髮居士全集》本影印。

④ 臨桂況周儀阮盦撰録:《萬邑西南山石刻記》“二卷附録一卷”跋,《蕙風叢書》第5册,上海中國書店藏版,丙寅(1926)四月刊本。

考藏金｜石文字。”邊款三面，刻：“桂林況夔笙中｜翰，别十六年矣。壬｜寅至蜀，主講萬川之｜白巖。寓書言近臧金‖石墨本已八千通，寄石｜屬刻朱記。勉爲此作，｜恐不足以副盛賞也。｜光緒二十有八年莫春‖之月，泉唐弟沈忠澤｜靖卿，製於成都古｜情齋。”①

【按】先生於去年辛丑(1901)已至蜀(詳本譜)。先生或於是年春始與在蜀之故人沈忠澤聯繫，以致沈氏有先生“壬寅至蜀”之誤會。

**三月之前，先生以所得之東坡像殘石拓本，寄貽沈忠澤，并囑沈氏作印。**

據《蕙風宧遺印》所收録之第四印。印面刻白文四字曰“阮盦｜珍臧”。邊款兩面，刻：“夔笙道兄私沬文達，邃於金石之｜學，蒐羅日富。近自萬川屬作小印，以｜所得宋刻坡翁真象殘石搨文見‖貽，印成記此，以志欣賞。｜光緒壬寅三月，靖卿篆報於錦｜里之古情齋。”②

**三月，沈忠澤爲先生刻“況周儀攷臧金石文字”及“阮盦珍臧”印。**

據《蕙風宧遺印》所收録之第五印，印文“況周儀攷臧金石文字”，邊款署“光緒二十有八年莫春之月，泉唐弟沈忠澤靖卿，製於成都古情齋”。③

又據《蕙風宧遺印》所收録之第四印。印文“阮盦珍臧”，邊款署“光緒壬寅三月，靖卿篆報於錦里之古情齋”。④

**八月，沈忠澤爲先生刻“況周儀讀碑記卜娱侍”長方印。**

據《蕙風宧遺印》所收録之第六印。印面刻白文九字曰“況周儀

---

① 《蕙風宧遺印》，乙未(1955)閏三月，濮尊朱佛齋拓本。
② 《蕙風宧遺印》，乙未(1955)閏三月，濮尊朱佛齋拓本。
③ 《蕙風宧遺印》，乙未(1955)閏三月，濮尊朱佛齋拓本。
④ 《蕙風宧遺印》，乙未(1955)閏三月，濮尊朱佛齋拓本。

讀｜碑記卜娛侍”。邊款曰“光緒廿又八年秋八月｜靖卿爲｜夔笙道長兄刻讀｜碑記於成都古情｜齋”①。

**十月二十六日，撰成《南浦郡報善寺兩唐碑釋文》卷首題記。**

據先生所撰之《南浦郡報善寺兩唐碑釋文》題記：“……光緒壬寅立冬後二日，況周儀記。”②

【按】《丁譜》繫此條資料於是年，但以先生是年爲四十四歲，蓋因取咸豐九年己未(1859)爲先生之生年故也。

**十二月一日以前，先生於萬縣白巖學堂，課餘撰成《萬邑西南山石刻記》二卷，及附録《南浦郡報善寺兩唐碑釋文》一卷。**

據《萬邑西南山石刻記》陳天沛《跋》：“右《萬邑西南山石刻記》二卷坿録一卷，光緒壬寅，吾　師阮盦舍人主講白巖課餘之所作也……”③

【按】《黄譜》《丁譜》《孫譜》繫此條資料於是年，但以先生是年爲四十四歲，蓋因取咸豐九年己未(1859)爲先生之生年故也。《賴譜》《馬譜》繫此條資料於是年。《賴譜》誤白巖學堂爲“白岸學院”。

**十二月一日，弟子陳天沛爲《萬邑西南山石刻記》二卷附録一卷撰跋。**

據《萬邑西南山石刻記》陳天沛《跋》：“右《萬邑西南山石刻記》二卷坿録一卷，光緒壬寅，吾　師阮盦舍人主講白巖課餘之所作也。……是歲嘉平月朔，白巖學堂學長受業陳天沛謹跋。”④

---

① 《蕙風宧遺印》，乙未(1955)閏三月，濮尊朱佛齋拓本。

② 況周儀記：《南浦郡報善寺兩唐碑釋文》，葉一，《萬邑西南山石刻記》二卷附録，《蕙風叢書》第5册，上海中國書店藏版，丙寅(1926)四月刊本。

③ 臨桂況周儀阮盦撰録：《萬邑西南山石刻記》二卷附録一卷，《蕙風叢書》第5册，上海中國書店藏版，丙寅(1926)四月刊本。

④ 臨桂況周儀阮盦撰録，《萬邑西南山石刻記》二卷附録一卷，《蕙風叢書》第5册，上海中國書店藏版，丙寅(1926)四月刊本。

**冬，先生游夔州，得題名拓本百種，爲《魚龍文字記》二卷。**

據先生所編《歷代詞人考略》卷三六"馮鎔"條下按語："光緒壬寅，蕙風先生薄游雲安，是年冬乾，水落石出，諸刻呈露……得孟蜀以還題名九十餘種，《景範詞》其一也，況氏審醳全文，合以涪州石魚題名拓本一百有畾，爲《魚龍文字記》二卷。"①

## 1903 光緒二十九年 癸卯 四十三歲

**夏，《萬邑西南山石刻記》二卷附録一卷刻成於蜀。**

據《萬邑西南山石刻記》二卷附録一卷之書名葉下牌記"光緒癸卯夏｜西巖講院鐫｜熊紹衡承領"②。

【按】《黄譜》《丁譜》繫此條資料於是年，但以先生是年爲四十五歲，蓋因取咸豐九年己未(1859)爲先生之生年故也。《賴譜》繫此資料於是年，誤西巖講院爲"西岸"講院。

**是年冬之前，先生曾擬撰輯《天生城石刻》，後因返鄂而中止。**

據《西底叢談》第十一則："《西南山石刻記》成，擬輯《天生城石刻》一卷坿焉，旋因行計而中輟，拓本若干種，全文録記如左。……"③

**是年冬之前，先生寓萬縣期間，曾得蜀人陳某之《小桃溪館文鈔》殘**

---

①　《歷代詞人考略》卷三六，葉十，吴興劉氏嘉業堂鈔本，《中國公共圖書館古籍文獻珍本匯刊·集部》，全國圖書館文獻縮微複製中心，見下册，第1469－1470頁。本譜按：此本卷一原署"烏程劉承幹翰怡輯録"，實爲先生代劉氏所編，詳見本譜民國六年丁巳(1917)"是年間，先生爲劉承幹編《歷代詞人考略》"條。

②　臨桂況周儀阮盦撰録：《萬邑西南山石刻記》二卷附録一卷，《蕙風叢書》第5册，上海中國書店藏版，丙寅(1926)四月刊本。

③　臨桂況周儀阮盦記：《西底叢談》，葉四，《阮盦筆記》第2種，《蕙風叢書》第1册，上海中國書店藏版，丙寅(1926)四月刊本。

**本,有《記塔將軍戰馬》一文,先生極賞會之。**①

【按】小桃溪館乃陳昆之室名。陳昆(1809－1873),名枝足,號友松,四川開縣人,道光二十年舉人,後中進士,同治十二年卒;著有《小桃溪館詩鈔》《小桃溪館文鈔》《西夏事略》等,纂有《雲陽縣志》《開縣志》等。②先生於筆記中云作者陳某之名待考,因記之。

**先生在蜀三年間,與蓉城舊友沈靖卿,時有通信;沈氏曾寄拓本多種及書籍等予先生。**

據《西底叢談》第二十七則:"沈靖卿(忠澤)越籍而蜀居,媚古劬學,收壓金石甚富,摹印尤工。乙酉、丙戌閒,余客蓉城,即與過從甚洽。比來萬州,時復通問;寄余《漢高頤闕鳳凰甎》《隋梓州舍利塔銘》《覆刻蘭亭》各拓本、漢軍司馬印、錢氏《涪州石魚題名記》。靖卿耆句勒昔賢名蹟,《蘭亭》其手筆也。"③

**先生在蜀三年間,曾偶得私家輯述之日曆一種,愛其九九古諺,語質而近雅,并以其諺或據明曆也。**④

**先生或於在蜀三年間,曾謁巫山縣城外西北陽臺山頂之神女廟。又曾於神女廟前得香草一束,置於行篋。**

據《西底叢談》第二十三則:"……神女廟,今在巫山縣城外西北

① 詳情請參見況周頤著,郭長保點校:《眉廬叢話》第283條,《民國筆記小説大觀》第1輯第3册,山西古籍出版社1995年12月第1版,第209頁。

② 資料摘自《開縣之窗—開州人物》網頁之"陳昆"條,參見 http://cache.baidu.com/,2009年8月21日。

③ 臨桂況周儀阮盦記:《西底叢談》,葉十至十一,《阮盦筆記》第2種,《蕙風叢書》第1册,上海中國書店藏版,丙寅(1926)四月刊本。

④ 夔笙:《天春樓脞語》之"九九古諺"則,《申報·自由談》,民國十五年(1926)8月21日(丙寅年七月十四日)。

陽臺山頂，余曾棹舟往謁，山不甚峻，肩輿可達……"①

據《西底叢談》第二十九則："神女廟前產香草，曩余得一束，置行匧中，芳氣幽静，經年不歇。……"②

【按】先生曾兩度在蜀，其云"曾棹舟往謁"神女廟，但未明言年月，故本譜未敢斷定，今姑繫於此。

**冬，先生重返武昌；其曾任教之自强學堂，已改名方言學堂，章程已易。**

據先生所撰《梅林校藝圖·跋》："……癸卯冬日，返櫂武清，强學諸生經客歲奏辦畢業……"③

又據《餐櫻廡隨筆》第五則："……余於戊戌、己亥間，充自强學堂中文教習。辛丑自鄂之蜀，甲辰返自蜀，則已改文方言學堂，非復向日章程矣。"④

【按】"返自蜀"當指自蜀返鄂。而甲辰或應爲癸卯，先生所記略誤。

**臘會日，先生將赴揚州，與程頌萬、顧印伯、陳伯完等友人聯句，共賦《鶯啼序》"時晴峭寒共忍"。**

據《鶯啼序》"時晴峭寒共忍"詞序："夔笙自夔來舍鶯坊，偕顧印伯、陳伯完譚藝旬日，黄伯香爲圖，合題録別，夔笙且赴揚州訪王半塘，時癸卯臘會日。"⑤

---

① 臨桂況周儀阮盦記：《西底叢談》，葉十，《阮盦筆記》第 2 種，《蕙風叢書》第 1 册，上海中國書店藏版，丙寅（1926）四月刊本。

② 臨桂況周儀阮盦記：《西底叢談》，葉十二，《阮盦筆記》第 2 種，《蕙風叢書》第 1 册，上海中國書店藏版，丙寅（1926）四月刊本。

③ 程頌萬：《石巢詩集》卷一，葉五至六，《續修四庫全書》本，據民國十二年武昌刻《十髮居士全集》本影印。

④ 況周頤著，張繼紅點校：《餐櫻廡隨筆》，《民國筆記小説大觀》第 1 輯第 4 册，山西古籍出版社 1995 年 12 月第 1 版，第 4－5 頁。

⑤ 《定巢詞集》卷一〇，葉五，《十髮居士全集》弟五，甲子（1924）元春武昌程氏鹿川閣刊本。

【按一】癸卯即是年，光緒二十九年（1903）。此詞於《定巢詞集》之編目誤爲光緒二十八年。

【按二】此詞未見入集。詞云："時晴峭寒共忍，鎮商量酒户。（印）況清絶、眉月窺簾，玉梅相對愁暮。（完）怨襟共、山屏翠淺，消魂客似長亭樹。（夔）蔫飄燈叢玉，鳴窗舊歡重絮。（大）　黯説巴山，話雨夜短，墮篷窗淺霧。（印）又京國、鳴筑搊筝，綺情題滿縑素。（完）剗前塵、蔓天杏約，忍偷換、垂楊金縷。（夔）暝隄空，移纜江梅，暗驚眠鷺。（大）　西鶼牒在，北鴈書沈，有情枉倦旅。（印）頓悟澈、鬢絲金鏡，靚影鸞悄，劍攝癡虹，榻迷花雨。（完）華年錦瑟，黄塵烏帽，霑巾同下新亭泣，待孤帆、晚截金焦渡。（夔）摶沙幾輩，羈游荷鍤江皋，世外甚處閒土。（大）　風慊颸夕，畫舸乘秋，有艷歌白苎。（印）恰鐫琬，離妝晨檢，小印泥封，硯鴝慵揩，渚鴻低舞。（完　夔笙乞子大爲其姬人卜娱鐫小印）瓊簫倚鳳，銅槃消蠟，人生安得無聚散，漫驪歌、調損鵾絃柱。（夔）分槸憑訊詞仙，帽影邗江，半塘健否？（大）"①

**是年，先生之女維琚生。**

據董橋《春申徐家舊聞》有云："陳巨來夫人況綿初……況綿初是清末大詞家況蕙風的長女，上海市文史館館員，一九八三年八十一歲逝世。"②

【按一】《趙史》謂先生有二女，長維琚適陳巨來。③鄭逸梅

---

① 《定巢詞集》卷一〇，葉五，《十髮居士全集》弟五，甲子（1924）元春武昌程氏鹿川閣刊本。

② 參見董橋：《故事》，Oxford University Press（China）Ltd，2006，第101頁。

③ 趙尊嶽：《蕙風詞史》，見《詞學季刊》第1卷第4號，澳門海外圖書出版社1967年再版發行本，第83頁。

《藝林散葉續編》第二二二一條:“陳巨來與況蕙風女緜初結爲夫婦……”①故知綿初乃維琚之字。

【按二】上引董文謂綿初1983年逝世時年八十一,本譜據此上推其生年爲1903年,故繫於是年。

## 1904 光緒三十年 甲辰 四十四歲

**約於是年初春,爲程頌萬撰《梅林校藝圖·跋》。**

據先生所撰《梅林校藝圖·跋》:“……余將東下訪半塘於揚州儀董學堂,子大出此冊屬題……”②

【按】據本譜,先生於去年冬自蜀返鄂,是年四月晤王鵬運於揚州,此《跋》又有“快雪新霽,春芳盎然,早梅又將花矣”等語,故推斷此《跋》成於是年初春。

**二月,重游蘇州,作《玉棲後詞》。**

據《玉棲後詞》卷首識語:“《玉棲後詞》者,甲龍仲如,玉棲詞人後遊蘇州作也。……”③

【按一】《黄譜》《孫譜》繫此條資料於是年,但以先生是年爲四十六歲,蓋因取咸豐九年己未(1859)爲先生之生年故也。《賴譜》繫此資料於是年,唯誤引“甲龍仲如”作“甲辰仲秋”;似未檢核原書,且有不經查考而妄自臆改之嫌,《賴譜》屢見此失。

---

① 參鄭逸梅著:《藝林散葉續編》,中華書局1987年4月第1版,第254頁。

② 程頌萬:《石巢詩集》卷一,葉五至六,《續修四庫全書》本,據民國十二年武昌刻《十髮居士全集》本影印。

③ 蕙笙:《玉棲後詞》,葉一,《蕙風叢書》第10册,上海中國書店藏版,丙寅(1926)四月刊本。

【按二】甲龍仲如者,即甲辰年二月也。此爲先生第二次蘇州之遊,故曰後游。

【按三】《玉楳後詞》收詞二十闋,計爲《減字浣溪沙》四闋、《玲瓏四犯》"碧悄岸雲"、《徵招》"梨雲不度瓊窗影"、《臨江仙·十四首録八》"記得"、《淡黄柳·蘭陵客舍和白石》、《側犯·過惠民橋口占》、《琵琶仙》"絲雨慳姓"、《長亭怨慢》"甚容易"、《減字浣溪沙》兩闋。據先生之卷首識語,此二十闋皆先生是年二月重游蘇州之作。

**二月十六或十七日,咯血。晚上,舟至梁溪。作《玲瓏四犯》"碧悄岸雲"。**

據《玉楳後詞》葉二《玲瓏四犯》"碧悄岸雲"詞序:"寒食前二日,晚泊梁溪,是日咯血勺許,作淺脂色。"①

【按一】寒食日又稱熟食日,舊俗以清明前一或二日爲寒食。是年甲辰(1904)之清明在二月二十日,故寒食應在二月十八日或十九日,其前二日則爲十六或十七日。

【按二】先生有筆記述及此詞:"《玉楳後詞》《玲瓏四犯》云:'衰桃不是相思血,斷紅泣、垂楊金縷(自注:桃花泣柳,柳固漠然,而桃花不悔也)'斯恉可以語大,所謂盡其在我而已。千古忠臣孝子,何嘗求諒於君父哉!"②

**是年約二月間,先生再訪蘇州世經堂書肆,惜其已閉歇。**

據《眉廬叢話》第一二八則:"光緒辛卯冬,余客吳門(本譜按:觀前街),世經堂無恙(一單間小肆耳)。侯主人尚存……曾與余談此事(本譜按:即道、咸間,顧千里、黄蕘圃於蘇州世經堂,因

---

① 蕙笙:《玉楳後詞》,葉一至二,《蕙風叢書》第10册,上海中國書店藏版,丙寅(1926)四月刊本。

② 臨桂況周儀蕙笙記:《蘭雲菱夢樓筆記》,葉十四,《阮盦筆記》第3種,《蕙風叢書》第2册,上海中國書店藏版,丙寅(1926)四月刊本。

言校勘學意見不合而動武一事)……洎甲辰再往世經堂,則閉歇久矣,爲之惘然。……"①

【按】先生之筆記謂於甲辰(1904)再往蘇州之世經堂書肆。據本譜,先生於是年二月重游蘇州,故繫此事於是年約二月間。

**四月下旬,自常州至揚州,訪王鵬運於儀董學堂。**

據《玉棋後詞》卷首識語:"《玉棋後詞》者,甲龍仲如,玉棋詞人後遊蘇州作也。是歲四月,自常州之揚州,晤半唐於東關街儀董學堂。……"②

又據《蘭雲菱夢樓筆記》第三十六則:"甲辰四月下沐,過江訪半唐揚州,晤於東關街儀董學堂西頭之寓廬,握手欷歔,彼此詫爲意外幸事,蓋不相見已十年矣……"③

【按一】《黄譜》《丁譜》《孫譜》繫此條資料於是年,但以先生是年爲四十六歲,蓋因取咸豐九年己未(1859)爲先生之生年故也。《賴譜》《馬譜》繫此條資料於是年。

【按二】先生自乙未(1895)離京後,至是年始與王氏相見,故云"不相見已十年"。

**四月,先生晤王鵬運時,王氏以先生之《玉棋後詞》淫艷,勸其不可刻,而先生甚不以爲然。**

據《玉棋後詞》卷首識語:"《玉棋後詞》者,甲龍仲如,玉棋詞人後遊蘇州作也。是歲四月,自常州之揚州,晤半唐於東關街儀

---

① 況周頤著,郭長保點校:《眉廬叢話》,《民國筆記小説大觀》第1輯第3册,山西古籍出版社1995年12月第1版,第90-91頁。

② 蕙笙:《玉棋後詞》,葉一,《蕙風叢書》第10册,上海中國書店藏版,丙寅(1926)四月刊本。

③ 臨桂況周儀蕙笙記:《蘭雲菱夢樓筆記》,葉十四,《阮盦筆記》第3種,《蕙風叢書》第2册,上海中國書店藏版,丙寅(1926)四月刊本。

董學堂。半唐謂余:'是詞淫豔,不可刻也!'夫豔何責焉?淫,古意也。《三百篇》褋鼎淫,孔子奚取焉?雖肰半唐之言甚恧我也,唯是甚不佀吾半唐之言,甯吾半唐而顧出此?余回常州,半唐旋之鎮江,而杭州、蘇州,略舉余詞佀某名士老於蘇州者。某益大,何之其言,瀀不可聞。未幾而半唐遽離兩廣會館之戚。言反常則亦爲妖,半唐之言,非吾半唐之常也。而某名士無恙至今,則道其常故也。吾刻吾詞,亦道其常云爾。丁未小寒食,自識於秦淮糇廬之珠花簃。"①

【按一】先生之《玉棋後詞》二十闋,作於是年甲辰(1904)二月。是年四月,先生赴揚州晤王鵬運,王氏謂此集"淫豔不可刻"。或因王氏之言,先生於三年之後(丁未,1907)始刊刻《玉棋後詞》,并記始末於卷首。

【按二】甲寅(1914),即《玉棋後詞》刻成後七年,先生編定《二雲詞》,於卷首識語又提及《玉棋後詞》被斥淫艷之事,有云:"《蓤景詞》刻於戊戌夏秋閒,距今十六年。中閒刻《玉梅後詞》十數闋,坿筆記別行,謂涉淫豔,爲傖父所訶,自是斷手。閒有所作,輒復棄去,亦不足存也。……"②(全文見本譜"民國三年甲寅二月十二日"條)識語以"傖父"二字,形容指責《玉棋後詞》淫艷者。

【按三】今之學者每以指責《玉棋後詞》淫艷之"傖父"爲鄭文焯,蓋受趙尊嶽之説所影響。《趙史》云:"《玉梅後詞》十餘

① 蕙笙:《玉棋後詞》,葉一,《蕙風叢書》第10册,上海中國書店藏版,丙寅(1926)四月刊本。按:據《香豔叢書》本《玉棋後詞》,"某益大何之"句作"某益大呵之",見《香豔叢書》第8集卷二,葉十一,上海中國圖書公司和記印行,庚戌年(1910)十月初版,民國三年八月五版。

② 臨桂況周頤夔笙:《二雲詞》,葉一,《弟一生修梅花館詞》弟六,《蕙風叢書》第11册,上海中國書店藏版,丙寅(1926)四月刊本。

闋，則豔詞之成於蘇、杭、常州者也。”又云：“《玉梅後詞》成，文叔問嘗竊議之。先生大不悦，其於詞跋，有云：‘爲傖父所訶’，蓋指叔問。”①

【按四】本譜認爲，《趙史》之説仍可商榷；所謂“傖父”，未必專指叔問。據《玉楳後詞》卷首識語，此事實乃王鵬運當面訶責在先，鄭文焯竊議在後；王氏批評“是詞淫豔，不可刻也”之後，始赴鎮江、杭州、蘇州等地，并以先生之詞舉似“某名士老於蘇州者”。所謂“某名士”者，當指叔問，應無异議。鄭氏固或曾議論先生之詞，唯其批評具體何言，先生其時身處常州，或亦知之不詳，故所謂“爲傖父所訶”者，或非必指叔問。再觀《二雲詞》卷首識語，先生記《玉楳後詞》曰：“謂涉淫豔，爲傖父所訶。”則“傖父”或爲曾指責《玉楳後詞》淫艷而不可刻之王鵬運。《玉楳後詞》撰成後多年間，先生幾自斷於詞，足見其受“爲傖父所訶”事影響之深遠；能對先生有此影響力之“傖父”，似非王氏莫屬，蓋叔問於先生必無此影響力也。

【按五】上引《玉楳後詞》卷首識語中“某益大，何之其言，澷不可聞”句，《香豔叢書》本作“某益大呵之，其言澷不可聞”②，則何字或爲呵字之誤。據《香豔叢書》本，則先生亦嘗指鄭文焯曾大訶其《玉楳後詞》。然則嘗訶責其《玉楳後詞》者，先後有王鵬運、鄭文焯二人。故“爲傖父所訶”之“傖父”，應可兼指王、鄭二人。

**四月，先生晤王鵬運時，王氏出示別後所得之杭州丁氏嘉惠堂精**

---

① 趙尊嶽：《蕙風詞史》，見《詞學季刊》第1卷第4號，澳門海外圖書出版社1967年再版發行本，第76－77頁。

② 《香豔叢書》第8集卷二，葉十一，上海中國圖書公司和記印行，庚戌年(1910)十月初版，民國三年八月五版。

**鈔本宋人詞四巨册。**

據《蘭雲菱夢樓筆記》第三十六則:"甲辰四月下沐,過江訪半唐揚州,晤於東關街儀董學堂西頭之寓廬,握手欷歔,彼此詫爲意外幸事,蓋不相見已十年矣。半塘出示别後所得宋人詞四鉅册,杭州丁氏嘉惠堂精鈔本。嘉惠堂者,丁氏進呈壓書,諭旨有嘉惠士林之褒也。計劉辰翁《須溪詞》、謝薖《竹友詞》、嚴羽《滄浪詞》(此種祇二闋,不能成卷)、張㺸《夢庵詞》、陳深甯《極齋樂府》、張輯《東澤綺語》、李祺《僑庵詞》、陳德武《白雪詞》、王達(字達善)《耐軒詞》、曹寵《松隱詞》、吳潛《履齋詞》、廖行之《省齋詩餘》、汪元量《水雲詞》、張掄《蓮社詞》、沈瀛(字子壽)《竹齋詞》、王以甯《王周士詞》、陳著《本堂詞》,最十七家。《須溪》《東澤》《水雲》三種,憶余與半唐同官京師時,極意訪求不可得。《松隱》則昔祇得前半本,此足本也。"①

【按】《丁譜》繫此條資料於是年,但以先生是年爲四十六歲,蓋因取咸豐九年己未(1859)爲先生之生年故也。《馬譜》繫此條資料於是年。

**四月,先生晤王鵬運時,備悉王鵬運諫駐蹕頤和園事件始末。**

據《蘭雲菱夢樓筆記》第三十八則:"半唐諫　駐蹕　頤和園事,時余遠在蜀東,未聞其詳,及晤半唐揚州,乃備悉始末。……余讀半唐摺稿,見其和平悃款,出自肺腑至誠,非婞直沽名者比,宜其見諒於　聖明也。(半唐允録此摺稿寄余常州,後半唐恩恩之鎮江,之杭州,蘇州遭兩廣會館之變,竟不果寄。)"②

【按】《丁譜》繫此條資料於是年,但以先生是年爲四十六歲,

① 臨桂況周儀蕙笙記:《蘭雲菱夢樓筆記》,葉十四至十五,《阮盦筆記》第3種,《蕙風叢書》第2册,上海中國書店藏版,丙寅(1926)四月刊本。

② 臨桂況周儀蕙笙記:《蘭雲菱夢樓筆記》,葉十五至十六,《阮盦筆記》第3種,《蕙風叢書》第2册,上海中國書店藏版,丙寅(1926)四月刊本。

蓋因取咸豐九年己未(1859)爲先生之生年故也。

**四月,先生晤王鵬運時,王氏出示别後所得之鄉人黄體正詞。**

據《蘭雲菱夢樓筆記》第四十二則:"……黄雲湄先生詞,余出都後,半唐得於海王邨,今年四月,出以示余,屬録入《粤西詞補》者也。黄先生名體正,桂平人,嘉慶三年鄉試弟一,官至國子監典籍,有《帶江園小草》附詞……"①

【按一】先生出都後,衹曾在甲辰與王鵬運會面,故"今年四月"必爲甲辰四月。

【按二】《馬譜》繫此條資料於是年。

**四月,王鵬運自先生借去明陳大聲之《草堂餘意》,即付梓,至五、六月間,已出清樣。**

據《蕙風詞話》卷五:"《坐隱先生草堂餘意》,甲辰春,半唐假去,即付手民,蓋亦契賞之至。爲樣甫竟,半塘自揚之蘇,嬰疾遽殤……"②

【按】先生與王鵬運之會面,應在是年四月,《蕙風詞話》所謂之甲辰春,或爲甲辰初夏之誤。

**四月,先生晤王鵬運時,被王氏問及"嬌馬"二字之誼而未能回答。**

據《蕙風簃二筆》:"……甲辰四月,晤半唐揚州,半唐問余嬌馬二字之誼,未能畣也,今知殆即梟馬耳,惜不能起半唐商定是否……"③

---

① 臨桂況周儀蕿笙記:《蘭雲菱夢樓筆記》,葉十八,《阮盦筆記》第3種,《蕙風叢書》第2册,上海中國書店藏版,丙寅(1926)四月刊本。

② 況周頤著,王幼安校訂:《蕙風詞話》卷五,第2條,《蕙風詞話·人間詞話》(合訂本),人民文學出版社1960年4月第1版,第111頁。

③ 臨桂況周儀阮堪記:《蕙風簃二筆》卷弟一,葉九,《阮盦筆記》第5種,《蕙風叢書》第3册,上海中國書店藏版,丙寅(1926)四月刊本。

**五月二十五日，先生有函寄抵繆荃孫。①**

**五月二十五日，先生晤王鵬運時，王氏出朱祖謀詞作共讀，先生對朱氏詞作贊嘆再至。**

據王鵬運甲辰年五月二十六日《與朱彊村書》："昨況夔笙渡江見訪，出大集共讀之，以目空一世之況舍人，讀至《梅州送春》《人境廬話舊》諸作，亦復降心低首，曰：'吾不能不畏之矣。'"②

【按】此資料《馬譜》未注出處。《孫譜》引録較略，亦未注出處。《黄譜》録此資料自《錢史》，但未注明月日。《丁譜》引録更詳："……直以獨步江東相推，讀全集竟，浩然曰：'此道作者固難，知之能有幾人'……"③

**五月二十九日，繆荃孫發信予先生。④**

**約五月，先生晤王鵬運於揚州後，返回常州途中，泊新豐時作《甘草子》詞。**

據《蘭雲菱夢樓筆記》第三十七則："新豐鎮在丹徒縣南四十五里，余自揚回常，泊新豐，作《甘草子》詞，過拍云：'不見酒帘招，錯認新豐路'……"⑤

【按】《甘草子》詞未見入集。

---

① 繆荃孫著：《藝風老人日記》，第 4 册，北京大學出版社 1986 年 4 月，第 1667 頁。

② 《彊邨詞賸稿》之"彊邨詞原序"，《續修四库全書·集部·詞類》第 1727 卷，上海古籍出版社 1995 年，第 567 頁。《馬譜》按，《梅州送春》即《摸魚子·梅州送春時得輦下故人三月幾望書》，又《人境廬話舊》即《燭影摇紅·晚春過黄公度人境廬話舊》。

③ 詳參《錢史》，第 248－249 頁，《錢史》但云時在光緒三十年夏五月。

④ 繆荃孫著：《藝風老人日記》第 4 册，北京大學出版社 1986 年 4 月，第 1668 頁。

⑤ 臨桂況周儀蕙笙記：《蘭雲菱夢樓筆記》，葉十五，《阮盦筆記》第 3 種，《蕙風叢書》第 2 册，上海中國書店藏版，丙寅(1926)四月刊本。

**六月二十三日夜，王鵬運猝逝於蘇州。先生乃有挽聯哀之，後幾不忍復爲詞。**

據《錢史》："……時光緒三十年夏五月也！祖謀得書之浹月，而鵬運客死蘇州矣！……"①

又據馬興榮《王鵬運年譜》（上）之"傳略"部分："光緒三十年（1904）六月，假道蘇州至山陰省墓，染病不治，二十三日夜，卒於蘇州兩廣會館，年五十六。"②

又據《蘭雲菱夢樓筆記》第三十九則："余輓半唐聯云：'窮涂落拓中，哭生平第一知己。時局艱危日，問宇内有幾斯人！'吾兩人十七年交情，若孛星覼縷，數千言未可終也。"又第四十則："欷歔！半唐已矣，余何忍復拈長短句耶？嚮嘗有志撰録，今不復從事矣，閒有不能概從擯棄者，綴録如左，墨痕中時有泪痕也。"③

【按】《黄譜》《丁譜》繫此條資料於是年，但以先生是年爲四十六歲，蓋因取咸豐九年己未（1859）爲先生之生年故也。《馬譜》繫此條資料於是年。

**六月二十三日，王鵬運卒後，先生失明陳大聲《坐隱先生草堂餘意》。**

據《蕙風詞話》卷五第二則："《坐隱先生草堂餘意》，甲辰春，半塘假去，即付手民，蓋亦契賞之至。爲樣甫竟，半塘自揚之蘇，嬰疾遽殤，元書及樣本竝失去，不復可求。……是書失傳，明詞之

---

① 錢基博著：《現代中國文學史》（增訂本），香港龍門書店1965年影印初版（據1936年增訂本初版），第249頁。

② 馬興榮：《王鵬運年譜》（上），《詞學》第16輯，華東師範大學出版社2006年1月第1版，第268頁。

③ 臨桂況周儀蘷笙記：《蘭雲菱夢樓筆記》，葉十七，《阮盦筆記》第3種，《蕙風叢書》第2册，上海中國書店藏版，丙寅（1926）四月刊本。

不幸,半塘之隱恫矣。……"①

【按一】《丁譜》繫此條資料於是年,但以先生是年爲四十六歲,蓋因取咸豐九年己未(1859)爲先生之生年故也。《馬譜》繫此條資料於是年。

【按二】先生於《香東漫筆》亦嘗云:"陳大聲《草堂餘意》不可復得,甚恨事也。……"②

**是年,先生客常州時,撰《蘭雲菱夢樓筆記》。**

據《餐櫻廡隨筆》:"曩歲在甲辰,撰《蘭雲菱夢樓筆記》(時客常州)……"③

【按】《賴譜》引《蘭雲菱夢樓筆記》懷半塘語"吾兩人十七年交情",以先生戊子入都計起推斷《蘭雲菱夢樓筆記》作於是年。

**是年,先生在常州,獲金武祥所贈都嶠石刻拓本若干種,皆謝啟昆《粵西金石志》所無。**

據《香東漫筆》:"甲辰客常州,金溎生同轉(武祥)詒余都嶠石刻拓本如干種,皆《謝志》所無……"④

【按】《黄譜》《丁譜》《孫譜》繫此條資料於是年,但以先生是年爲四十六歲,蓋因取咸豐九年己未(1859)爲先生之生年故也。《賴譜》《馬譜》繫此條資料於是年。

**是年或之前,先生賦《水龍吟》"荒江咽遍寒潮",爲金武祥所輯之**

---

① 況周頤著,王幼安校訂:《蕙風詞話》,《蕙風詞話·人間詞話》(合訂本),人民文學出版社1960年4月第1版,第111-112頁。

② 臨桂況周頤夔遨記:《香東漫筆》卷弟一,葉二十四,《蕙風叢書》第4册,上海中國書店藏版,丙寅(1926)四月刊本,香港大學馮平山圖書館所藏本。

③ 況周頤著,張繼紅點校:《餐櫻廡隨筆》第108則,《民國筆記小説大觀》第1輯第4册,山西古籍出版社1995年12月第1版,第80頁。

④ 臨桂況周頤夔遨記:《香東漫筆》卷弟二,葉四,《蕙風叢書》第4册,上海中國書店藏版,丙寅(1926)四月刊本。

**《表忠録》一書題詞。**

據先生所撰之《蘭雲菱夢樓筆記》:"宋和州防禦使劉公(師勇),廬州人(《宋史》坿《張世傑傳》。元王逢《梧溪集》云:山東文安縣人,誤也)。德祐元年,元師逼常州,知州趙汝鑒遁,郡人錢訔以城降。師勇以淮兵復常州,固守不屈。後扈王海上,見時事不可爲,憂憤卒,葬粵東赤溪廳銅鼓山。江陰金同轉湝笙權赤溪同知時,爲表章祠墓,竝采輯事實,徵題詠,爲《表忠録》鍥行。余爲題詞,調《水龍吟》云:'荒江咽遍寒潮,弔忠更酹蘭陵酒。英霧如昨,重圍矢石,孤城刁斗。畫餅偏安,醋醪末路,壯裹空負。説生平意氣,題詩射壇,試旋斡,乾坤手。　炎徼重尋祠墓,瘴雲深,鶴歸來否?瓊崖玉骨,赤溪血泪,蠻神呵守。五百年來,天時人事,淋浪襟袖。旺鼓鼙悲壯,願屠鯨鰐,爲將軍壽。(時東北日俄交鬨。)'

'射壇題詩',見金氏所輯事略,江陰悟空寺壇也。師勇以縱酒卒,故曰'醋醪末路'也。"①

【按一】《蘭雲菱夢樓筆記》撰於是年(1904)(見前條),先生題《表忠録》之事,必在筆記撰成之前。且是年亦有先生與金氏之交游記録(見上條),故繫於此。

【按二】《水龍吟》詞,未見入集。

**是年,先生或曾於居常州期間,掌龍城書院教席。**

據《趙史》云:"《蓤景詞》刻於光緒戊戌年。自此先生即留南中,掌教吾鄉龍城書院,講學南京師範學堂。……"②

【按一】龍城書院,創建於明隆慶六年(1572),址在今常州市局前街174號,局前街小學内。

---

① 況周儀蕙笙記:《蘭雲菱夢樓筆記》,葉十一至十二,《阮盦筆記》第3種,《蕙風叢書》第2册,上海中國書店藏版,丙寅(1926)四月刊本。

② 趙尊嶽:《蕙風詞史》,見《詞學季刊》第1卷第4號,澳門海外圖書出版社1967年再版發行本,第76頁。

【按二】《趙史》謂先生於戊戌(1898)後即留南中,掌教龍城書院。據本譜,先生於戊戌年在揚州,後曾先後客武昌、萬州等地,至甲辰始居常州、南京,故本譜暫繫此事於是年。至於先生"講學南京師範學堂",其時當在移居南京之後。

**八月十日,先生已抵南京;帶唐春卿函予繆荃孫。①**

**八月十三日,繆荃孫接獲先生訴苦函。②**

**八月十六日,先生自繆氏借得四元。③**

**八月二十二日,先生以明版《花草粹編》《詞統》作抵押,向繆荃孫借三十元。④**

**九月一日,繆荃孫接先生信。⑤**

**九月二十八日,先生訪繆荃孫,并告之更名芸臺。⑥**

**十月二日,先生訪繆荃孫,并出示所撰之《選巷叢談》。⑦**

**十月九日,繆荃孫送《山右石刻文略》予先生。⑧**

---

① 繆荃孫著:《藝風老人日記》第 4 册,北京大學出版社 1986 年 4 月,第 1687 頁。

② 繆荃孫著:《藝風老人日記》第 4 册,北京大學出版社 1986 年 4 月,第 1687 頁。

③ 繆荃孫著:《藝風老人日記》第 4 册,北京大學出版社 1986 年 4 月,第 1688 頁。

④ 繆荃孫著:《藝風老人日記》第 4 册,北京大學出版社 1986 年 4 月,第 1690 頁。

⑤ 繆荃孫著:《藝風老人日記》第 4 册,北京大學出版社 1986 年 4 月,第 1692 頁。

⑥ 繆荃孫著:《藝風老人日記》第 4 册,北京大學出版社 1986 年 4 月,第 1699 頁。

⑦ 繆荃孫著:《藝風老人日記》第 4 册,北京大學出版社 1986 年 4 月,第 1700 頁。

⑧ 繆荃孫著:《藝風老人日記》第 4 册,北京大學出版社 1986 年 4 月,第 1703 頁。

**十月十二日，先生送交《龍魚題名》予繆荃孫，繆氏赞謂"奇品也"①。**

【按】《龍魚題名》，應即先生所撰之《魚龍文字記》二卷所據之涪州石刻原拓本［參本譜"壬寅（1902）冬"條］。

**十月二十二日，先生送交《天生城題名》予繆荃孫。②**

【按】《西底叢談》："《西南山石刻記》成，擬輯《天生城石刻》一卷坿焉……拓本若干種……"③是以知先生交繆氏之《天生城題名》，亦先生在蜀時所得之石刻拓本。

**十月三十日，繆荃孫贈先生十二元，并借先生之筆記。④**

**十一月二日，先生訪繆荃孫訴苦。⑤**

**十一月八日，先生至繆荃孫處閱書。⑥**

**十一月十五日，先生訪繆荃孫，"面交伍十両"⑦。**

【按】此處"面交伍十両"，未知乃繆氏予先生，抑先生予繆氏，待考。

---

① 繆荃孫著：《藝風老人日記》第4册，北京大學出版社1986年4月，第1703頁。

② 繆荃孫著：《藝風老人日記》第4册，北京大學出版社1986年4月，第1706頁。

③ 臨桂況周儀阮盦記：《西底叢談》，葉四，《阮盦筆記》第2種，《蕙風叢書》第1册，上海中國書店藏版，丙寅（1926）四月刊本。

④ 繆荃孫著：《藝風老人日記》第4册，北京大學出版社1986年4月，第1709頁。

⑤ 繆荃孫著：《藝風老人日記》第4册，北京大學出版社1986年4月，第1709頁。

⑥ 繆荃孫著：《藝風老人日記》第4册，北京大學出版社1986年4月，第1711頁。

⑦ 繆荃孫著：《藝風老人日記》第4册，北京大學出版社1986年4月，第1712頁。

**十一月十六日，繆荃孫以《元遺山新樂府》五卷刻本送先生校。**①

**十一月十七日，繆荃孫以《和清真詞》送先生校。**②

**十一月十九日，繆荃孫送《明秀集》予先生校。**③

**十二月二日，先生訪繆荃孫。**④

**十二月十四日，先生訪繆荃孫。**⑤

**十二月二十二日，繆荃孫代先生支領正月脩金，并即送交先生。**⑥

**十二月二十七日，繆荃孫詣先生談。**⑦

**十二月二十八日，繆荃孫還先生明版書。**⑧

【按】此條所謂之明版書，應即本譜是年"八月二十二日"條所記之《花草粹編》及《詞統》；由是推斷先生已還以書抵押之三十元予繆氏。

**是年，先生子維琦生。**

---

① 繆荃孫著：《藝風老人日記》第4册，北京大學出版社1986年4月，第1712－1713頁。

② 繆荃孫著：《藝風老人日記》第4册，北京大學出版社1986年4月，第1713頁。

③ 繆荃孫著：《藝風老人日記》第4册，北京大學出版社1986年4月，第1713頁。

④ 繆荃孫著：《藝風老人日記》第4册，北京大學出版社1986年4月，第1718頁。

⑤ 繆荃孫著：《藝風老人日記》第4册，北京大學出版社1986年4月，第1721頁。

⑥ 繆荃孫著：《藝風老人日記》第4册，北京大學出版社1986年4月，第1724頁。

⑦ 繆荃孫著：《藝風老人日記》第4册，北京大學出版社1986年4月，第1726頁。

⑧ 繆荃孫著：《藝風老人日記》第4册，北京大學出版社1986年4月，第1726頁。

據真微印網所載之“況周頤”資料。①

又據先生所撰之《餐櫻廡漫筆》:“戊午四月,挈琦兒入都,扶 先慈遺柩南旋。時琦兒十五歲……”②可推知,維琦生於戊午(1918)之前十五年,即爲是年甲辰(1914)。

又據沙孟海日記《僧孚日録》:“況先生之長君又韓(維琦)頃在修能,炎公爲余紹介,其人能畫,始二十歲。……”③《沙孟海先生年譜》列此資料於 1924 年 11 月第三條,上推二十歲,故知維琦約生於是年或翌年間。

**是年,弟子柴瓊常向先生請益。**

據《餐櫻廡隨筆》:“歲在甲辰,吳門柴瓊,問字於余,素心晨夕,香初茶半,清事如昨……”④

**是年,先生於上海《大陸報》連載發表《香海棠館詞話》。**⑤

【按】《大陸報》本《香海棠館詞話》共刊詞話 36 則,較之前已刊之刻本,少載“學填詞先學讀詞”一則。

---

① 真微印網,篆刻印學專業網站:www. sealbank. net,真微書屋印學資料庫,“真微印庫”之“況周頤”條,2007 年 4 月 30 日。

② 蕙風:《餐櫻廡漫筆》,《申報·自由談》,民國十三年(1924)9 月 3 日。

③ 沙茂世編撰:《沙孟海先生年譜》1924 年 11 月第 3 條,西泠印社 2010 年 5 月第 1 版,第 20 頁。

④ 況周頤著,張繼紅點校:《餐櫻廡隨筆》第 57 則,《民國筆記小說大觀》第 1 輯第 4 册,山西古籍出版社 1995 年 12 月第 1 版,第 39 頁。

⑤ 題爲《況夔笙先生香海棠館詞話》,見《大陸報》1904 年第 6、7、8、9 期,“文苑”欄之“附録”部分。

## 1905 光緒三十一年 乙巳 四十五歲

**正月初三日，繆荃孫送《儒學》上卷予先生。**①

**正月初四日，繆荃孫送《金石録》兩册連底本予先生。**②

**正月十六日，先生晤繆荃孫。**③

**二月六日，先生訪繆荃孫。**④

**二月上旬，爲徐乃昌所刻《小檀欒室彙刻閨秀詞》撰序。時先生居金陵四象橋。**

據先生所撰《小檀欒室彙刻閨秀詞序》："……積餘先生巳《小檀欒室彙刻閨秀詞》屬蕙風爲弁言。……憶蕙風與積餘傾蓋於昔明，而素心晨夕，則自乙未南轅始，而即《閨秀詞》琬鑴之叙，落芒旹則緑字紅唫……凡段自蕙風而屬爲斠勘者，逾全書之半焉……（積餘近復編輯閨秀詞不能成帙者爲總集付梓）……光緒乙巳仲旾上浣，臨桂況周儀阮盦序於金陵四象橋北寓廬之蕙風簃。"⑤

**二月十二日，先生訪繆荃孫。**⑥

---

① 繆荃孫著：《藝風老人日記》第5册，北京大學出版社1986年4月，第1729頁。

② 繆荃孫著：《藝風老人日記》第5册，北京大學出版社1986年4月，第1729頁。

③ 繆荃孫著：《藝風老人日記》第5册，北京大學出版社1986年4月，第1733頁。

④ 繆荃孫著：《藝風老人日記》第5册，北京大學出版社1986年4月，第1739頁。

⑤ 《小檀欒室彙刻閨秀詞》，光緒乙巳（1905）仲夏金武祥、甲辰（1904）花朝王鵬運、乙巳（1905）仲春上浣況周儀序、南陵徐乃昌小檀欒室刻本。筆者據香港大學馮平山圖書館所藏本。

⑥ 繆荃孫著：《藝風老人日記》第5册，北京大學出版社1986年4月，第1741頁。

二月二十日,先生訪繆荃孫。①

二月二十二日,先生訪繆荃孫。②

二月三十日,繆荃孫校《金石録》,又送第一册予先生。③

三月二日,先生與繆荃孫長談。④

三月六日,先生自繆荃孫取同治五年《李文忠公奏議》;稍後先生訪繆氏談。⑤

三月十一日,先生應繆荃孫約,與廉仲平、孫叔方、魏季慈、殷亦平、陶子齡小飲於金陵春。⑥

三月二十三日,先生訪繆荃孫。⑦

三月二十五日,先生訪繆荃孫。⑧

四月,先生以繆荃孫所提供之四川萬縣掌故資料,補記入《西底叢談》第一則筆記"同治初元"條。⑨

---

① 繆荃孫著:《藝風老人日記》第5册,北京大學出版社1986年4月,第1743頁。

② 繆荃孫著:《藝風老人日記》第5册,北京大學出版社1986年4月,第1744頁。

③ 繆荃孫著:《藝風老人日記》第5册,北京大學出版社1986年4月,第1746頁。

④ 繆荃孫著:《藝風老人日記》第5册,北京大學出版社1986年4月,第1746頁。

⑤ 繆荃孫著:《藝風老人日記》第5册,北京大學出版社1986年4月,第1747－1748頁。

⑥ 繆荃孫著:《藝風老人日記》第5册,北京大學出版社1986年4月,第1749頁。

⑦ 繆荃孫著:《藝風老人日記》第5册,北京大學出版社1986年4月,第1752頁。

⑧ 繆荃孫著:《藝風老人日記》第5册,北京大學出版社1986年4月,第1752頁。

⑨ 臨桂況周儀阮盦記:《西底叢談》,葉一,《阮盦筆記》第2種,《蕙風叢書》第1册,上海中國書店藏版,丙寅(1926)四月刊本。

【按】《丁譜》於是年提及"補記西底叢談第一則"事,但以先生是年爲四十七歲,蓋因取咸豐九年己未(1859)爲先生之生年故也。

**五月三日,繆荃孫勘先生之小品。**①

【按】"小品"者,應不出先生於近數年所撰之《選巷叢談》(客揚時期)《西底叢談》(客蜀時期)及《蘭雲菱夢樓筆記》(客常州時期)三種筆記。

**五月五日,繆荃孫送交先生十元。**②

**五月十一日,先生訪繆荃孫。**③

**五月十四日,先生訪繆荃孫。**④

**五月十六日,先生晤繆荃孫。**⑤

**五月十七日,先生訪繆荃孫。**⑥

**五月十八日,先生自繆荃孫借《炙硯叢談》。**⑦

**五月二十一日,繆荃孫校《己亥雜詩》畢,還書予先生。**⑧

---

① 繆荃孫著:《藝風老人日記》第5册,北京大學出版社1986年4月,第1761頁。

② 繆荃孫著:《藝風老人日記》第5册,北京大學出版社1986年4月,第1761頁。

③ 繆荃孫著:《藝風老人日記》第5册,北京大學出版社1986年4月,第1763頁。

④ 繆荃孫著:《藝風老人日記》第5册,北京大學出版社1986年4月,第1764頁。

⑤ 繆荃孫著:《藝風老人日記》第5册,北京大學出版社1986年4月,第1764頁。

⑥ 繆荃孫著:《藝風老人日記》第5册,北京大學出版社1986年4月,第1765頁。

⑦ 繆荃孫著:《藝風老人日記》第5册,北京大學出版社1986年4月,第1765頁。

⑧ 繆荃孫著:《藝風老人日記》第5册,北京大學出版社1986年4月,第1766頁。

五月二十三日，先生自繆荃孫借《龔文恭年譜》《己丑會試卷》；先生又應繆氏約，與夏挺齋、殷亦平、陶子齡小飲於江南春。①

五月二十四日，先生借《西軺日記》《蔗糖外集》《□□編》予繆荃孫。②

【按】後一□疑爲憊字。

五月，以繆荃孫所提供之萬縣石刻資料，補記入《西底叢談》第十則筆記"余訪求西山磨崖"條。③

六月六日，先生訪繆荃孫，繆氏還先生《昭代叢書》第十集，又自先生借《昭代叢書》第六集。④

六月七日，繆氏還先生《衆香集》《花影庵雜記》，又自先生借《淥水亭雜識》。⑤

六月八日，先生送還《有不爲齋隨筆》《海虞妖亂志》《史案》三書予繆荃孫。⑥

六月十二日，繆荃孫詣先生談。⑦

---

① 繆荃孫著，《藝風老人日記》第5册，北京大學出版社1986年4月，第1766頁。

② 繆荃孫著：《藝風老人日記》第5册，北京大學出版社1986年4月，第1766頁。

③ 臨桂況周儀阮盦記：《西底叢談》，葉三至四，《阮盦筆記》第2種，《蕙風叢書》第1册，上海中國書店藏版，丙寅(1926)四月刊本。

④ 繆荃孫著：《藝風老人日記》第5册，北京大學出版社1986年4月，第1769頁。

⑤ 繆荃孫著：《藝風老人日記》第5册，北京大學出版社1986年4月，第1769頁。

⑥ 繆荃孫著：《藝風老人日記》第5册，北京大學出版社1986年4月，第1770頁。

⑦ 繆荃孫著：《藝風老人日記》第5册，北京大學出版社1986年4月，第1771頁。

六月十三日，繆荃孫送《鐘鼎款式》孫本、田本、阮刻本三種予先生。[1]

六月十六日晚，先生訪繆荃孫。[2]

七月四日，先生訪繆荃孫。[3]

七月十一日，繆荃孫交完全部《五鐙會元》（即《五燈會元》）予先生校。[4]

七月十二日，先生交《五鐙會元》校本予繆荃孫。[5]

七月二十日，先生訪繆荃孫，自繆氏借《重論文齋筆記》；隨送《茶餘客話》足本交繆氏。[6]

七月二十五日，先生晤繆荃孫。繆氏接王先謙所寄之《金石文字目》，即交四卷予先生。[7]

八月一日，先生送交校好之碑目予繆荃孫。[8]

八月十一日，繆荃孫送先生十元。[9]

---

① 繆荃孫著:《藝風老人日記》第 5 册，北京大學出版社 1986 年 4 月，第 1772 頁。

② 繆荃孫著:《藝風老人日記》第 5 册，北京大學出版社 1986 年 4 月，第 1772 頁。

③ 繆荃孫著:《藝風老人日記》第 5 册，北京大學出版社 1986 年 4 月，第 1776 頁。

④ 繆荃孫著:《藝風老人日記》第 5 册，北京大學出版社 1986 年 4 月，第 1779 頁。

⑤ 繆荃孫著:《藝風老人日記》第 5 册，北京大學出版社 1986 年 4 月，第 1779 頁。

⑥ 繆荃孫著:《藝風老人日記》第 5 册，北京大學出版社 1986 年 4 月，第 1781 頁。

⑦ 繆荃孫著:《藝風老人日記》第 5 册，北京大學出版社 1986 年 4 月，第 1783 頁。

⑧ 繆荃孫著:《藝風老人日記》第 5 册，北京大學出版社 1986 年 4 月，第 1784 頁。

⑨ 繆荃孫著:《藝風老人日記》第 5 册，北京大學出版社 1986 年 4 月，第 1787 頁。

**八月十二日,先生訪繆荃孫。①**

**八月十七日,繆荃孫代劉世珩交二十元予先生。②**

**八月二十三日,先生訪繆荃孫。③**

**八月二十七日,先生訪繆荃孫,并送還《金石目》。④**

**十月四日,先生訪繆荃孫。⑤**

**十月十五日,先生訪繆荃孫。⑥**

**十月二十一日,先生訪繆荃孫。⑦**

**十月二十二日,先生以碑帖向繆荃孫求售。⑧**

**十月二十三日,繆荃孫還先生碑帖。⑨**

**十月二十四日,繆荃孫送先生十元,先生送《古今詞話》《林下詞選》**

---

① 繆荃孫著:《藝風老人日記》第5册,北京大學出版社1986年4月,第1787頁。

② 繆荃孫著:《藝風老人日記》第5册,北京大學出版社1986年4月,第1789頁。

③ 繆荃孫著:《藝風老人日記》第5册,北京大學出版社1986年4月,第1791頁。

④ 繆荃孫著:《藝風老人日記》第5册,北京大學出版社1986年4月,第1792頁。

⑤ 繆荃孫著:《藝風老人日記》第5册,北京大學出版社1986年4月,第1804頁。

⑥ 繆荃孫著:《藝風老人日記》第5册,北京大學出版社1986年4月,第1806－1807頁。

⑦ 繆荃孫著:《藝風老人日記》第5册,北京大學出版社1986年4月,第1808頁。

⑧ 繆荃孫著:《藝風老人日記》第5册,北京大學出版社1986年4月,第1809頁。

⑨ 繆荃孫著:《藝風老人日記》第5册,北京大學出版社1986年4月,第1809頁。

**交繆氏。**[①]

**十月二十六日,先生訪繆荃孫。**[②]

**十月二十八日,繆荃孫送《金石目》及《林下詞》予先生。**[③]

**十一月一日,先生訪繆荃孫。**[④]

**十一月十五日,繆荃孫送先生二十元。**[⑤]

**十二月四日,先生訪繆荃孫。**[⑥]

**十二月六日,先生訪繆荃孫。**[⑦]

**十二月七日,先生訪繆荃孫,并送《韓非子》八册予繆氏。**[⑧]

**十二月十八日,先生訪繆荃孫。**[⑨]

**十二月十九日,先生送王鵬運開刻之《夢窗詞》予繆荃孫。**[⑩]

---

① 繆荃孫著:《藝風老人日記》第5册,北京大學出版社1986年4月,第1809頁。

② 繆荃孫著:《藝風老人日記》第5册,北京大學出版社1986年4月,第1811頁。

③ 繆荃孫著:《藝風老人日記》第5册,北京大學出版社1986年4月,第1811頁。

④ 繆荃孫著:《藝風老人日記》第5册,北京大學出版社1986年4月,第1812頁。

⑤ 繆荃孫著:《藝風老人日記》第5册,北京大學出版社1986年4月,第1816頁。

⑥ 繆荃孫著:《藝風老人日記》第5册,北京大學出版社1986年4月,第1822頁。

⑦ 繆荃孫著:《藝風老人日記》第5册,北京大學出版社1986年4月,第1823頁。

⑧ 繆荃孫著:《藝風老人日記》第5册,北京大學出版社1986年4月,第1823頁。

⑨ 繆荃孫著:《藝風老人日記》第5册,北京大學出版社1986年4月,第1826頁。

⑩ 繆荃孫著:《藝風老人日記》第5册,北京大學出版社1986年4月,第1826頁。

**十二月二十三日,先生應徐紹卿招,與繆荃孫、嚴孚、俞恪士、陳孝堅等同席。①**

**十二月二十六日,繆荃孫送先生十元。②**

**十二月二十七日,繆荃孫代劉世珩送先生二十元。③**

**是年某日,先生整理《蕙風簃隨筆》、始撰《蕙風簃二筆》,并作卷首題識。**

據《蕙風簃隨筆》卷首語:"悲迴風之摇蕙兮,心憂鬱而内傷。蒙自乙未南轅,晌更十稔,所處之境,誠如霧均所云:不爲可已之事,何以遣不得已之生。《隨筆》云者,隨得隨書,無門類次弟也;昉洪容齋例,繼此有作,曰《二筆》。光緒乙巳良日,況周儀蘷笙自記於金陵四象橋北寓廬。"④

【按】《丁譜》《孫譜》繫此資料於是年,但以先生是年爲四十七歲,蓋因取咸豐九年己未(1859)爲先生之生年故也。《馬譜》繫此資料於是年。《賴譜》引此資料,謂先生於是年"完成《蕙風簃隨筆》二筆四卷",亦未盡確。先生於是時或已撰成《蕙風簃隨筆》二卷,而始撰《蕙風簃二筆》。

---

① 繆荃孫著:《藝風老人日記》第5册,北京大學出版社1986年4月,第1828頁。

② 繆荃孫著:《藝風老人日記》第5册,北京大學出版社1986年4月,第1829頁。

③ 繆荃孫著:《藝風老人日記》第5册,北京大學出版社1986年4月,第1829頁。

④ 況周儀蘷笙:《蕙風簃隨筆》卷弟一,葉一,《阮盦筆記》第4種,《蕙風叢書》第2册,上海中國書店藏版,丙寅(1926)四月刊本。

## 1906 光緒三十二年 丙午 四十六歲

**正月初二日,繆荃孫送《劉賓客集》予先生校。①**

**正月初三日,繆荃孫以先生所撰之《五燈會元跋》還劉世珩。②**

【按一】本譜"乙巳(1905)七月十一日及十二日"條記先生校《五燈會元》事,先生既爲《五燈會元》撰跋,其必在校竟之後,是可無疑也。

【按二】劉世珩曾於光緒壬寅(1902)十月自鄂楊氏得宋本《五燈會元》二十卷,而先生應曾以此宋本與他本校讀之;蓋該宋本中可見先生之鈐印最少有兩種:一爲朱文"阮盦"方印,另一爲白文"周儀讀竟"方印。此本另鈐有楊守敬及劉世珩藏印十餘方。此本現藏於臺灣圖書館。③

**約正月初三日之後,先生輯《五燈博聞》若干卷。**

據先生所撰之《蕙風簃隨筆》卷弟二,第七十四則:"《五燈會元》……余校是書竟,輯《五燈博聞》若干卷。……"④

【按一】據本譜是年"正月初三日"條,先生於是時已校畢《五燈會元》并已撰跋;上引筆記云"校是書竟,輯《五燈博聞》若干卷",故知《五燈博聞》之輯,約在是年正月初三日之後。

---

① 繆荃孫著:《藝風老人日記》第5册,北京大學出版社1986年4月,第1831頁。

② 繆荃孫著:《藝風老人日記》第5册,北京大學出版社1986年4月,第1831頁。

③ 梁春醪、吳榮子:《淺談宋版佛經》,見《臺灣圖書館館刊》第2期,1998年12月出版,第261-293頁。參見佛學研究網,http://www.wuys.com/news/,2007年7月9日。

④ 臨桂況周儀阮盦記:《蕙風簃隨筆》卷弟二,葉十五,《阮盦筆記》第4種,《蕙風叢書》第2册,上海中國書店藏版,丙寅(1926)四月刊本。

【按二】先生於《蕙風簃隨筆》卷第二葉十四"容若"條起，迄該卷末，共録有有關《五燈會元》之札記二十九則（即第七十一至第九十九則），内容涉及語言、文字、版本、風俗、异聞、詞林掌故、禪宗人物、佛家故事等等。上述諸則筆記，或即《五燈博聞》若干卷中之一部分，待考。

【按三】先生之輯成《五燈博聞》，必不遲於丁未年，蓋記載此事之《蕙風簃隨筆》乃《阮盦筆記》五種之第四種，刊於光緒三十三年丁未（1907）。

**正月初八日，先生應劉世珩邀飲，與繆荃孫、張次山、陳百年、傅竹厓、顧石公同席。①**

**是年初，先生仍居金陵蕙風簃，從劉世珩假觀《湖樓請業圖册》逾半月。**

據《蕙風簃二筆》："隨園女弟子《湖樓請業圖册》一卷一册……卷則長幀布景者也，壓貴池劉氏聚學軒。丙午開歲余從假觀，庋蕙風簃逾半月……"②

【按】《丁譜》繫此條資料於是年，但以先生是年爲四十八歲，蓋因取咸豐九年己未（1859）爲先生之生年故也。

**正月十一月，先生應繆荃孫約，與劉世珩、陳百年、顧石公、陳小山、孫孝藹、章西楨、傅竹厓小飲於雲自在龕。③**

**正月十五日，先生訪繆荃孫談。④**

---

① 繆荃孫著：《藝風老人日記》第5册，北京大學出版社1986年4月，第1832頁。

② 臨桂況周儀阮堪記：《蕙風簃二筆》卷第一，葉四，《阮盦筆記》第5種，《蕙風叢書》第3册，上海中國書店藏版，丙寅（1926）四月刊本。

③ 繆荃孫著：《藝風老人日記》第5册，北京大學出版社1986年4月，第1833頁。

④ 繆荃孫著：《藝風老人日記》第5册，北京大學出版社1986年4月，第1834頁。

正月二十二日,先生自繆荃孫借《升庵全集》《雷塘盦主弟子記》。①

正月二十七日,繆荃孫索《普通歌括》二册予先生。②

正月二十九日,先生送《湖樓請業圖》交繆荃孫。③

二月二十九日,繆荃孫送先生之《中土地理歌訣》、陳宜甫之《文法》、朱仲我之《國朝事略》第二卷交局。④

三月六日,書局送還先生撰著之《中土地理歌訣》予繆荃孫。⑤

三月十九日,繆荃孫約丁孟輿、殷亦坪及先生,同閲安徽學會卷。⑥

四月二日,繆荃孫送先生《朱氏叢書》、明刻《風俗通》。⑦

四月十五日,繆荃孫送先生《石鼓文》石印本。⑧

四月二十一日,先生自繆荃孫借《廣西名勝志》。⑨

---

① 繆荃孫著:《藝風老人日記》第5册,北京大學出版社1986年4月,第1836頁。

② 繆荃孫著:《藝風老人日記》第5册,北京大學出版社1986年4月,第1837頁。

③ 繆荃孫著:《藝風老人日記》第5册,北京大學出版社1986年4月,第1838頁。

④ 繆荃孫著:《藝風老人日記》第5册,北京大學出版社1986年4月,第1845頁。

⑤ 繆荃孫著:《藝風老人日記》第5册,北京大學出版社1986年4月,第1847頁。

⑥ 繆荃孫著:《藝風老人日記》第5册,北京大學出版社1986年4月,第1851頁。

⑦ 繆荃孫著:《藝風老人日記》第5册,北京大學出版社1986年4月,第1854頁。

⑧ 繆荃孫著:《藝風老人日記》第5册,北京大學出版社1986年4月,第1857頁。

⑨ 繆荃孫著:《藝風老人日記》第5册,北京大學出版社1986年4月,第1858頁。

**四月二十四日，先生向繆荃孫出示徐鯤所鈔之《鬼谷子》，繆氏赞曰“極佳”。①**

【按一】先生所撰之筆記《香東漫筆》，曾記載其所藏之《鬼谷子》版本資料，有云：“得徐北溟寫校《鬼谷子》一册，楷瀍樸茂，每葉二十行，行二十一字，悉仍宋本之舊。北溟跋云：‘……所壓爲錢遵王述古堂舊物，乃據宋本傳録者。……’桉秦氏石研齋所刻《鬼谷子》，与此本同，徐氏朱批亦全收入，唯行數字數全改，不如此寫本猶存宋本面目，爲可珤也。”②

【按二】先生八年後將此書轉售予繆荃孫；参本譜“民國三年(1914)甲寅十一月二十七日”條。

**閏四月二十一日，先生應繆荃孫約，與吴蘭坡、萬梅岩、吴劍華、詹友石、丁秉衡小飲於雲自在龕。③**

**閏四月二十二日，先生代繆荃孫撰壽詞成。④**

**閏四月二十四日，先生自繆荃孫借《南村草堂詩文集》。⑤**

**閏四月二十九日，先生借《劉伯山稿》予繆荃孫。⑥**

**閏四月三十日，先生還《湘皋詩文集》予繆荃孫，又自繆氏借《山樵**

---

① 繆荃孫著：《藝風老人日記》第5册，北京大學出版社1986年4月，第1859頁。

② 臨桂況周頤寱遴記：《香東漫筆》卷弟一，葉十四，見《蕙風叢書》第4册，上海中國書店藏版，丙寅(1926)四月刊本。

③ 繆荃孫著：《藝風老人日記》第5册，北京大學出版社1986年4月，第1864頁。

④ 繆荃孫著：《藝風老人日記》第5册，北京大學出版社1986年4月，第1864頁。

⑤ 繆荃孫著：《藝風老人日記》第5册，北京大學出版社1986年4月，第1865頁。

⑥ 繆荃孫著：《藝風老人日記》第5册，北京大學出版社1986年4月，第1866頁。

**書外紀》。①**

**五月二日，先生應繆荃孫約，與何豐威、丁秉衡、梁慕韓同飲於金陵春；又繆氏還《劉伯山稿》《涵通樓師友文鈔》予先生。②**

**五月八日，先生自繆荃孫借《康伯山詩話》《焠掌録》。③**

**五月十日，先生還繆荃孫《康伯山詩話》《焠掌録》。④**

**五月十七日，小暑，編成《祥福集》，并撰序。**

據《祥福集》自序："頤齠齔學爲文，先嚴嘗誡之曰：'語作吉祥能載福。'頤服膺弗敢忘。凡爲前人辨誣之文，皆吉祥文字也。時局狼疐，言妖競作，節義之風，弁髦滋懼，當趨庭之日，誠意料不及此。信復雅之閎辯，寓救世之微權，尤爲當務之急矣。唯是殊鄉梗汎，藏弆無多，一鱗半甲，草之搗網，聊爲嚆矢云爾。若甄録靡遺，則敬竢異日。光緒丙午小暑，臨桂況周頤自識於蕙風簃。"⑤

【按一】丙午小暑在五月十七日。

【按二】《祥福集》於十八年後之甲子（1924）五月，改名爲《證璧集》付梓，時先生已改名周頤，故於此序中之自稱"儀"皆作"頤"。（詳本譜"民國十三年甲子五月"條。）

**五月十八日，先生自繆荃孫借《西山寺功德碑》；繆氏并送其二子、**

---

① 繆荃孫著：《藝風老人日記》第5册，北京大學出版社1986年4月，第1866頁。

② 繆荃孫著：《藝風老人日記》第5册，北京大學出版社1986年4月，第1867頁。

③ 繆荃孫著：《藝風老人日記》第5册，北京大學出版社1986年4月，第1868頁。

④ 繆荃孫著：《藝風老人日記》第5册，北京大學出版社1986年4月，第1868頁。

⑤ 況周頤輯：《證璧集》，《惜陰堂叢書》，甲子（1924）五月刻本。

**三子之義試文卷,請先生批改。①**

【按】先生之婿陳巨來曾記述,繆荃孫之子繆子彬爲先生衆多弟子之一。②

**五月二十四日,繆荃孫寄先生一柬。③**

**六月十日,繆荃孫送《二家詞》予先生。④**

**六月十六日,先生訪繆荃孫。⑤**

**六月十八日,先生訪繆荃孫。⑥**

**六月二十四日,先生訪繆荃孫。⑦**

**六月二十八日,繆荃孫還先生《茶餘客話》。⑧**

**七月十二日,先生自繆荃孫取《桂勝》《桂故》。⑨**

---

① 繆荃孫著,《藝風老人日記》,第五册,北京大學出版社,1986 年 4 月;第 1870 頁。

② 陳巨來:《安持人物瑣憶》之《記況公一二事》,見上海文藝出版總社網頁 http://www. shwenyi. com,2007 年 2 月 5 日。參見 http://cache. baidu. com/,2007 年 5 月 1 日。又見《萬象》2003 年第 5 卷第 8 期,第 114 頁。又見陳巨來:《安持人物瑣憶》,上海書畫出版社 2011 年 1 月第 1 版,第 129 頁。

③ 繆荃孫著:《藝風老人日記》第 5 册,北京大學出版社 1986 年 4 月,第 1872 頁。

④ 繆荃孫著:《藝風老人日記》第 5 册,北京大學出版社 1986 年 4 月,第 1877 頁。

⑤ 繆荃孫著:《藝風老人日記》第 5 册,北京大學出版社 1986 年 4 月,第 1878 頁。

⑥ 繆荃孫著:《藝風老人日記》第 5 册,北京大學出版社 1986 年 4 月,第 1879 頁。

⑦ 繆荃孫著:《藝風老人日記》第 5 册,北京大學出版社 1986 年 4 月,第 1880 頁。

⑧ 繆荃孫著:《藝風老人日記》第 5 册,北京大學出版社 1986 年 4 月,第 1881 頁。

⑨ 繆荃孫著:《藝風老人日記》第 5 册,北京大學出版社 1986 年 4 月,第 1885 頁。

**七月十三日,先生自繆荃孫易小叢書。①**

**七月十七日,先生訪繆荃孫。②**

**七月二十日,先生訪繆荃孫。③**

**七月二十八日,先生與繆荃孫、金武祥同游靈岩,歸途遇雨,再登半山寺。④**

【按】靈岩,應即南京靈岩山;山腰有靈岩禪寺,俗稱半山寺。

**八月二十四日,先生晤繆荃孫;繆氏送《對雨樓叢刻》四種與先生。⑤**

**八月二十六日,先生訪繆荃孫。⑥**

**八月二十七日,繆荃孫爲先生存二百元於慶福銀樓,息月五厘。⑦**

**九月一日,先生代繆荃孫購《暉福寺碑》。⑧**

---

① 繆荃孫著:《藝風老人日記》第5册,北京大學出版社1986年4月,第1885頁。

② 繆荃孫著:《藝風老人日記》第5册,北京大學出版社1986年4月,第1886頁。

③ 繆荃孫著:《藝風老人日記》第5册,北京大學出版社1986年4月,第1887頁。

④ 繆荃孫著:《藝風老人日記》第5册,北京大學出版社1986年4月,第1889頁。

⑤ 繆荃孫著:《藝風老人日記》第5册,北京大學出版社1986年4月,第1895頁。

⑥ 繆荃孫著:《藝風老人日記》第5册,北京大學出版社1986年4月,第1896頁。

⑦ 繆荃孫著:《藝風老人日記》第5册,北京大學出版社1986年4月,第1896頁。

⑧ 繆荃孫著:《藝風老人日記》第5册,北京大學出版社1986年4月,第1897頁。

九月五日，繆荃孫送《今詞選》予先生。①

十月七日，繆荃孫接先生信。先生於信中提及繆二公子有病未愈。② 時繆氏處於蘇、滬一帶。③

十月十二日，繆荃孫送《金石目》毛邊紙印本一部予先生。④

十月十七日，先生訪繆荃孫。⑤

十一月十五日，先生訪繆荃孫。⑥

十一月二十五日，先生自繆荃孫借《典雅詞》，又借予繆氏《龔定庵詩》一冊。⑦

十一月二十七日，繆荃孫晤先生。⑧

十二月二日，繆荃孫交《魏永平碑》予先生釋。⑨

---

① 繆荃孫著：《藝風老人日記》第5冊，北京大學出版社1986年4月，第1898頁。

② 繆荃孫著：《藝風老人日記》第5冊，北京大學出版社1986年4月，第1907頁。

③ 繆荃孫著：《藝風老人日記》第5冊，北京大學出版社1986年4月，第1901－1907頁。

④ 繆荃孫著：《藝風老人日記》第5冊，北京大學出版社1986年4月，第1909頁。

⑤ 繆荃孫著：《藝風老人日記》第5冊，北京大學出版社1986年4月，第1910頁。

⑥ 繆荃孫著：《藝風老人日記》第5冊，北京大學出版社1986年4月，第1918頁。

⑦ 繆荃孫著：《藝風老人日記》第5冊，北京大學出版社1986年4月，第1921頁。

⑧ 繆荃孫著：《藝風老人日記》第5冊，北京大學出版社1986年4月，第1921頁。

⑨ 繆荃孫著：《藝風老人日記》第5冊，北京大學出版社1986年4月，第1922頁。

**十二月七日，先生已釋《魏永平碑》，并交還繆荃孫。①**

**十二月九日，先生自繆荃孫借《養素堂全集》。②**

**十二月十六日，先生應端方招，與繆荃孫、李薌園、程祖福、俞恪士同席。③**

**十二月二十三日，繆荃孫題《魏永平碑》，即送先生。④**

**十二月二十八日，先生借《紅雨樓題跋》予繆荃孫。⑤**

【按】除《藝風老人日記》外，此事亦見於《峭帆樓叢書》本《紅雨樓題跋》之繆荃孫跋語，有云："光緒丙午十二月，吾友況君夔生於金陵市中，得注韓居刻《紅雨樓題跋》一册，荃孫借校，所刻僅八十七條……"⑥

**冬，得見阮元《瀛舟筆譚》刻本。**

據《選巷叢談》卷第二第二十九則"瀛舟筆譚"句下注："丙午冬余得見是書，刻本甚精，版式與《揅經室集》同，文達自署檢分書。補記。"⑦

**前年至是年間，先生或曾講學於南京師範學堂。**

---

① 繆荃孫著：《藝風老人日記》第5册，北京大學出版社1986年4月，第1924頁。

② 繆荃孫著：《藝風老人日記》第5册，北京大學出版社1986年4月，第1924頁。

③ 繆荃孫著：《藝風老人日記》第5册，北京大學出版社1986年4月，第1926頁。

④ 繆荃孫著：《藝風老人日記》第5册，北京大學出版社1986年4月，第1928頁。

⑤ 繆荃孫著：《藝風老人日記》第5册，北京大學出版社1986年4月，第1929頁。

⑥ 楊洪升著：《繆荃孫研究》，上海古籍出版社2008年12月第1版，第87頁。

⑦ 臨桂況周儀阮盦記：《選巷叢談》卷第二，葉二十一，《阮盦筆記》第1種，《蕙風叢書》第1册，上海中國書店藏版，丙寅(1926)四月刊本。

據《趙史》云:"《薐景詞》刻於光緒戊戌年。自此先生即留南中,掌教吾鄉龍城書院,講學南京師範學堂。……"①

【按】本譜繫此事於本條,蓋因後此先生或已入端方幕(參以下"是年至翌年間"條【按三】),當無暇講學矣。

**是年,先生曾手校《今詞初集》抄本并撰跋。**

據詹千慧碩士論文《雲間詞人與雲間詞派研究》之參考文獻資料,著録有"今詞初集　二卷　清顧貞觀、納蘭性德輯,況周儀光緒三十二年手校並跋,清光緒三十二年鈔本"②。

【按】此書筆者未見,待考。

**是年至翌年間,居金陵閘。約於是時,先生始撰《香東漫筆》。**

據《香東漫筆》卷弟一,第一則:"丙午、丁未閒,賃廬金陵閘,西鄰有水閣曰周河廳,數年前掘地得石碣,刻'媚香樓'三大字……白門寥落,意多違差,幸與媚香結鄰耳。"③

【按一】《丁譜》繫此條資料於是年,但以先生是年爲四十八歲,蓋因取咸豐九年己未(1859)爲先生之生年故也。《賴譜》《馬譜》繫此條資料於是年。

【按二】先生居處,西鄰爲媚香樓,即乃"香東",所撰筆記,因以爲名;故推斷先生約於是年始撰《香東漫筆》。

【按三】先生居金陵閘前,曾居於四象橋;詳本譜乙巳(1905)年二月上旬條。本譜頗疑先生入端方幕之時間上限,或於是年自四象橋遷居金陵閘之時。

---

① 趙尊嶽:《蕙風詞史》,見《詞學季刊》第1卷第4號,澳門海外圖書出版社1967年再版發行本,第76頁。

② 轉録自臺灣圖書館—全國博碩士論文資訊網,2010年6月28日。

③ 臨桂況周頤寱遴記:《香東漫筆》卷弟一,葉一,《蕙風叢書》第4册,上海中國書店藏版,丙寅(1926)四月刊本。

## 1907 光緒三十三年 丁未 四十七歲

**正月初三日,先生還《山海經箋疏》予繆荃孫。①**

**正月初五日,繆荃孫爲先生報出十六元帳。②**

**正月初八日,先生應繆荃孫約,與程樂庵、楊子晴、吴康伯、王孝禹、王漢輔、倪萊山小飲於雲自在龕。③**

**正月初九日,繆荃孫詣先生談。④**

**正月二十七日,先生訪繆荃孫,同進早飯。⑤**

**二月五日,先生訪繆荃孫。⑥**

**二月九日,先生自繆荃孫借《有正味齋文集》。⑦**

**二月十三日,先生訪繆荃孫,交壽文予繆氏;繆氏於其日記中謂先生寫來"極認真"。⑧**

---

① 繆荃孫著:《藝風老人日記》第5册,北京大學出版社1986年4月,第1931頁。

② 繆荃孫著:《藝風老人日記》第5册,北京大學出版社1986年4月,第1931頁。

③ 繆荃孫著:《藝風老人日記》第5册,北京大學出版社1986年4月,第1932頁。

④ 繆荃孫著:《藝風老人日記》第5册,北京大學出版社1986年4月,第1932頁。

⑤ 繆荃孫著:《藝風老人日記》第5册,北京大學出版社1986年4月,第1937頁。

⑥ 繆荃孫著:《藝風老人日記》第5册,北京大學出版社1986年4月,第1939頁。

⑦ 繆荃孫著:《藝風老人日記》第5册,北京大學出版社1986年4月,第1940頁。

⑧ 繆荃孫著:《藝風老人日記》第5册,北京大學出版社1986年4月,第1941頁。

**二月十五日之前,先生曾爲端方所藏自柏林拓得之涼王且渠安周造像刻石題跋。**

據《鄭孝胥日記》"光緒三十三年二月十五日"條:"晴,園中初日甚美。觀午帥自柏林拓得涼王且渠安周造像刻石,文凡二十二行,碑首斷缺二字,跋者楊守敬、況周儀、繆荃孫、黄紹箕,題者張之洞、柯逢時、俞廉三、梁鼎芬。"①

【按一】鄭孝胥觀碑拓時,已見先生之《跋》,故先生之《跋》,必題於光緒三十三年(1907)二月十五日之前。

【按二】此碑全名應爲《且渠安周造寺功德碑》,屬北涼統治高昌時期之佛教文物,刻於承平三年(445),共二十二行,行四十七字,正書,微存隸意。1902 至 1903 年間,由德國考古學家格倫威德爾(A. Grünweldel)及其探險隊,於新疆吐魯番高昌故城發現,并將之運回柏林,藏於德國國立人類學博物館。端方於光緒三十二年(1906)出使歐洲各國,於柏林拓得此碑完本,一全張,又半張。拓片四周有況周儀、梁鼎芬、楊守敬、柯逢時、俞廉三、張之洞、張曾疇、鄭孝胥、張謇、羅振玉、宗舜年、章鈺、繆荃孫、張祖翼、金焕章、沈瑜慶、黄紹箕、鄧邦述、俞陛雲、蕭方駿、日人原口要、法國某君等二十二人之題跋。原碑於第一次世界大戰時斷裂,於第二次世界大戰中損毀。端方之拓片,縱 132.2 厘米,横 85.8 厘米,現藏中國歷史博物館,已成海内外孤本。②

---

① 中國國家博物館編,勞祖德整理:《鄭孝胥日記》第 2 册,中華書局 1993 年 10 月第 1 版,第 1082 頁。

② 安陽:《北涼統治與高昌佛教》,原刊《敦煌學輯刊》2007 年第 4 期,參見 http://cache.baidu.com/,2008 年 3 月 15 日。另參考中國碑帖拓片網之《且渠安周造寺碑》,參見 http://cache.baidu.com/,2007 年 7 月 30 日。

**二月十八日,許東畬送交六十元予繆荃孫,作爲先生之潤筆金。①**

【按】此六十元,或即上述二月十三日條,先生所撰壽文之筆金。

**二月十八日夜,端方邀先生與繆荃孫共晤鄭孝胥,談至翌日(十九日)凌晨一時始散。②**

**二月十九日,先生應繆荃孫約,與潘錦洲、方玉山、龔子重、黄熙亭、蘇毓宗、李仁甫小飲於金陵春。③**

**二月二十二日,編成《玉棲後詞》并撰序。此集由先生弟子柴瓊校字。時先生仍居南京。**

據《玉棲後詞》卷首識語:"……丁未小寒食,自識於秦淮榢廬之珠花簃。"④

【按一】《黄譜》繫此條資料於是年,但以先生是年爲四十九歲,蓋因取咸豐九年己未(1859)爲先生之生年故也。

【按二】《丁譜》繫此條資料於丙午年(1906),誤。《賴譜》繫此資料於是年。

【按三】俗以清明節前兩日爲小寒食。是年之清明在二月二十四日,小寒食則在二月二十二日。

【按四】《玉棲後詞》卷首識語全文,見本譜甲辰(1904)"四月,先生晤王鵬運時"條。

---

① 繆荃孫著:《藝風老人日記》第5册,北京大學出版社1986年4月,第1943頁。

② 中國國家博物館編,勞祖德整理:《鄭孝胥日記》第2册,中華書局1993年10月第1版,第1082頁。

③ 繆荃孫著:《藝風老人日記》第5册,北京大學出版社1986年4月,第1943頁。

④ 蕙笙:《玉棲後詞》,葉一,《蕙風叢書》第10册,上海中國書店藏版,丙寅(1926)四月刊本。

又據《玉棋後詞》卷末刻字"吳縣受業柴瓊秀林斠字"[①]。

**二月二十五日,先生訪繆荃孫。[②]**

**三月二日,先生訪繆荃孫。[③]**

**三月四日,先生訪繆荃孫。[④]**

**三月九日,先生訪繆荃孫。[⑤]**

**三月二十一日,繆荃孫以先生原校之《五鐙會元》交書屏覆籤。[⑥]**

**三月二十三日,先生與繆荃孫、傅苕生同詣端方,并與瑞莘儒、楊惺吾、楊子晴、吳康伯、程樂庵、宗子岱小飲於叢鈔堂。[⑦]**

**三月二十六日,繆荃孫開帳予先生;又,先生借《事林廣記》予繆氏。[⑧]**

**三月二十七日,繆荃孫送《五鐙會元》予先生。[⑨]**

**四月一日,先生應端方招,與繆荃孫、鄭孝胥、楊惺吾、傅苕生、梅子**

---

① 薆笙:《玉棋後詞》,葉四,《蕙風叢書》第10冊,上海中國書店藏版,丙寅(1926)四月刊本。

② 繆荃孫著:《藝風老人日記》第5冊,北京大學出版社1986年4月,第1944頁。

③ 繆荃孫著:《藝風老人日記》第5冊,北京大學出版社1986年4月,第1946頁。

④ 繆荃孫著:《藝風老人日記》第5冊,北京大學出版社1986年4月,第1947頁。

⑤ 繆荃孫著:《藝風老人日記》第5冊,北京大學出版社1986年4月,第1948頁。

⑥ 繆荃孫著:《藝風老人日記》第5冊,北京大學出版社1986年4月,第1952頁。

⑦ 繆荃孫著:《藝風老人日記》第5冊,北京大學出版社1986年4月,第1952頁。

⑧ 繆荃孫著:《藝風老人日記》第5冊,北京大學出版社1986年4月,第1953頁。

⑨ 繆荃孫著:《藝風老人日記》第5冊,北京大學出版社1986年4月,第1954頁。

肇、陳百年、宗子岱、吳康伯、楊子晴同飲於莫愁湖。①

四月六日,先生訪繆荃孫。②

四月八日,繼蓮溪招飲,先生與端方、繆荃孫、陳百年、程樂庵、楊子晴、傅苕生、吳康伯、宗子岱同席。③

四月十日,先生訪繆荃孫;繆氏還《事林韻會》予先生。④

四月十一日,先生獲繆荃孫贈《鐵網珊瑚》。⑤

四月二十三日,先生應吳蘭坡招,與繆荃孫、孫孝藹、潘受培、張仲穆、支樹屏同飲。⑥

四月二十五日,繆荃孫讀甘肅碑畢,餘者送予先生。⑦

四月二十八日,先生訪繆荃孫。⑧

五月一日,先生自繆荃孫借《胡洪雨駢文》。⑨

五月二日,繆荃孫還《吐番會盟碑》予先生;又,先生還《典雅詞》予

① 繆荃孫著:《藝風老人日記》第5册,北京大學出版社1986年4月,第1955頁。

② 繆荃孫著:《藝風老人日記》第5册,北京大學出版社1986年4月,第1956頁。

③ 繆荃孫著:《藝風老人日記》第5册,北京大學出版社1986年4月,第1956頁。

④ 繆荃孫著:《藝風老人日記》第5册,北京大學出版社1986年4月,第1957頁。

⑤ 繆荃孫著:《藝風老人日記》第5册,北京大學出版社1986年4月,第1957頁。

⑥ 繆荃孫著:《藝風老人日記》第5册,北京大學出版社1986年4月,第1960頁。

⑦ 繆荃孫著:《藝風老人日記》第5册,北京大學出版社1986年4月,第1961頁。

⑧ 繆荃孫著:《藝風老人日記》第5册,北京大學出版社1986年4月,第1961頁。

⑨ 繆荃孫著:《藝風老人日記》第5册,北京大學出版社1986年4月,第1962頁。

**繆氏。①**

**五月九日，先生與傅筑岩、談篤生、潘壽培等訪繆荃孫，共商賠款事。②**

【按】清末中國先後有甲午戰爭、八國聯軍入侵之敗，敗後賠款金額龐大，至是年由各種賠款及因此所舉之外債，累積已高達六至七億兩，其時各省需按年攤解朝廷對外之戰敗賠款及外債，繆氏等其時屬兩江總督端方幕，所共商之賠款事即此。

**五月二十一日，先生晤繆荃孫。③**

**五月二十三日，先生晤繆荃孫。④**

**五月二十五日，先生訪繆荃孫。⑤**

**五月二十七日，繆荃孫接先生信，信言"吴風又運動，不肯出洋，學堂愈不能辦矣"⑥。**

**六月二日，先生晤繆荃孫。⑦**

**六月三日，繆荃孫檢《同瑃造象》兩種送予先生；先生又借《西清札**

① 繆荃孫著:《藝風老人日記》第5册，北京大學出版社1986年4月，第1962頁。

② 繆荃孫著:《藝風老人日記》第5册，北京大學出版社1986年4月，第1964頁。

③ 繆荃孫著:《藝風老人日記》第5册，北京大學出版社1986年4月，第1967頁。

④ 繆荃孫著:《藝風老人日記》第5册，北京大學出版社1986年4月，第1968頁。

⑤ 繆荃孫著:《藝風老人日記》第5册，北京大學出版社1986年4月，第1968頁。

⑥ 繆荃孫著:《藝風老人日記》第5册，北京大學出版社1986年4月，第1969頁。

⑦ 繆荃孫著:《藝風老人日記》第5册，北京大學出版社1986年4月，第1970頁。

記》予繆氏。①

六月五日,先生招繆荃孫、潘受培、吳蘭坡、于樸園同飲。②

六月六日,先生訪繆荃孫。③

六月八日,先生應潘受培邀,與繆荃孫、孫孝藹、吳蘭坡同飲。又,先生還《吳梅村三種傳奇》予繆氏。④

六月九日,繆荃孫送《孫雲鳳詞》予先生校。⑤

六月十一日,先生訪繆荃孫。⑥

六月十五日,先生晤繆荃孫。⑦

六月十六日,先生受繆荃孫托,帶信予陳善餘。⑧

六月十七日,先生訪繆荃孫。⑨

---

① 繆荃孫著:《藝風老人日記》第 5 册,北京大學出版社 1986 年 4 月,第 1970 頁。

② 繆荃孫著:《藝風老人日記》第 5 册,北京大學出版社 1986 年 4 月,第 1971 頁。

③ 繆荃孫著:《藝風老人日記》第 5 册,北京大學出版社 1986 年 4 月,第 1971 頁。

④ 繆荃孫著:《藝風老人日記》第 5 册,北京大學出版社 1986 年 4 月,第 1971 頁。

⑤ 繆荃孫著:《藝風老人日記》第 5 册,北京大學出版社 1986 年 4 月,第 1972 頁。

⑥ 繆荃孫著:《藝風老人日記》第 5 册,北京大學出版社 1986 年 4 月,第 1972 頁。

⑦ 繆荃孫著:《藝風老人日記》第 5 册,北京大學出版社 1986 年 4 月,第 1973 頁。

⑧ 繆荃孫著:《藝風老人日記》第 5 册,北京大學出版社 1986 年 4 月,第 1973 頁。

⑨ 繆荃孫著:《藝風老人日記》第 5 册,北京大學出版社 1986 年 4 月,第 1974 頁。

六月十九日,繆荃孫送《憶雲詞》原本予先生;又,先生訪繆氏。①

六月二十日,先生訪繆荃孫,自繆氏借《宋詩紀事補遺》。②

六月二十二日,繆荃孫曾訪先生,不晤。③

六月二十五日,先生與繆荃孫共訂證《方遺行碑跋》。④

六月二十七日,晚,大雨,先生訪繆荃孫。⑤

六月三十日,先生訪繆荃孫。⑥

七月三日,先生晤繆荃孫。⑦

七月五日,先生訪繆荃孫。⑧

七月八日,先生訪繆荃孫。⑨

八月十六日,晚,先生訪繆荃孫。⑩

---

① 繆荃孫著:《藝風老人日記》第5册,北京大學出版社1986年4月,第1974頁。

② 繆荃孫著:《藝風老人日記》第5册,北京大學出版社1986年4月,第1974頁。

③ 繆荃孫著:《藝風老人日記》第5册,北京大學出版社1986年4月,第1975頁。

④ 繆荃孫著:《藝風老人日記》第5册,北京大學出版社1986年4月,第1976頁。

⑤ 繆荃孫著:《藝風老人日記》第5册,北京大學出版社1986年4月,第1976頁。

⑥ 繆荃孫著:《藝風老人日記》第5册,北京大學出版社1986年4月,第1977頁。

⑦ 繆荃孫著:《藝風老人日記》第5册,北京大學出版社1986年4月,第1978頁。

⑧ 繆荃孫著:《藝風老人日記》第5册,北京大學出版社1986年4月,第1978頁。

⑨ 繆荃孫著:《藝風老人日記》第5册,北京大學出版社1986年4月,第1979頁。

⑩ 繆荃孫著:《藝風老人日記》第5册,北京大學出版社1986年4月,第1990頁。

八月十八日,先生訪繆荃孫,與繆氏共進早飯。①

八月十九日,晚,繆荃孫入署詣端方談,時先生與李仲仙、陳百年、陳善餘、景樸孫同座。②

八月二十三日,先生訪繆荃孫。③

八月二十四日,繆荃孫致先生一緘。又,繆氏詣先生談。④

八月二十五日,先生訪繆荃孫。⑤

八月二十七日,繆荃孫訪先生。⑥

八月二十八日,先生訪繆荃孫。⑦

九月四日,先生送還《□石文》《劉燕庭金石雜鈔》予繆荃孫。⑧

【按】□疑爲説字。

九月十四日,晚,先生於端方署中晤繆荃孫。⑨

---

① 繆荃孫著:《藝風老人日記》第5册,北京大學出版社1986年4月,第1990頁。

② 繆荃孫著:《藝風老人日記》第5册,北京大學出版社1986年4月,第1990-1991頁。

③ 繆荃孫著:《藝風老人日記》第5册,北京大學出版社1986年4月,第1992頁。

④ 繆荃孫著:《藝風老人日記》第5册,北京大學出版社1986年4月,第1992頁。

⑤ 繆荃孫著:《藝風老人日記》第5册,北京大學出版社1986年4月,第1992頁。

⑥ 繆荃孫著:《藝風老人日記》第5册,北京大學出版社1986年4月,第1993頁。

⑦ 繆荃孫著:《藝風老人日記》第5册,北京大學出版社1986年4月,第1993頁。

⑧ 繆荃孫著:《藝風老人日記》第5册,北京大學出版社1986年4月,第1995頁。

⑨ 繆荃孫著:《藝風老人日記》第5册,北京大學出版社1986年4月,第1998頁。

**九月十七日，先生訪繆荃孫。①**

**九月十八日，先生赴埽葉樓，與端方、繆荃孫、沈幼賢、程樂庵聚會。②**

**九月二十日，端方交百金與先生。同日，先生應楊子晴約，與繆荃孫、沈子封、田福侯、吳康伯、宗子岱同飲。③**

**十月二十三日，繆荃孫代先生購《蘇詩編年大成》。④**

**十一月十二日，先生訪繆荃孫，自繆氏取《兩罍軒金石》及《齊侯罍通釋》。繆氏又還八十元予先生。⑤**

**十一月二十六日，先生晤繆荃孫，繆氏見先生座上之《中州樂府》。⑥**

【按一】估計繆氏所見先生座上之《中州樂府》，或即明嘉靖九峰書院刊本。徐珂《清稗類鈔》曾記述："況夔笙太守周頤嘗寓金陵，一日，於東牌樓匧董攤購書二册，一九峰書院本《中州樂府》，後爲朱古微侍郎據以覆刻。"⑦繆氏是日見此書於先生座上，則先生應於是年十一月二十六日或之前，已購得此本。

---

① 繆荃孫著:《藝風老人日記》第5册，北京大學出版社1986年4月，第1999頁。

② 繆荃孫著:《藝風老人日記》第5册，北京大學出版社1986年4月，第1999－2000頁。

③ 繆荃孫著:《藝風老人日記》第5册，北京大學出版社1986年4月，第2000頁。

④ 繆荃孫著:《藝風老人日記》第5册，北京大學出版社1986年4月，第2010頁。

⑤ 繆荃孫著:《藝風老人日記》第4册，北京大學出版社1986年4月，第2016頁。

⑥ 繆荃孫著:《藝風老人日記》第5册，北京大學出版社1986年4月，第2021頁。

⑦ 徐珂編撰:《清稗類鈔》第11册，奴婢類之"莊某著長隨論"則，中華書局1986年7月第1版，第5271－5271頁。

【按二】先生之《香東漫筆》亦曾記述此書謂:“得九峰書院刻本《中州樂府》,每葉十六行,行十六字,連序跋共九十葉,前有嘉靖十五年漢嘉彭汝寔序稱……後有屬吏麻城毛鳳韶《跋》。汲古閣刻中州集据明宏(弘)治刻本,刻樂府即据此本……”①

**十一月二十七日,先生還金石書三種予繆荃孫。②**

**十二月二日,先生應端方招,與繆荃孫、彭青藜、桂東垣、楊子晴、李文石、宗子岱同席。③**

**十二月十一日,先生晤繆荃孫。④**

**十二月十二日,繆荃孫送先生之筆記予劉蘧六。⑤**

**十二月十八日,先生訪繆荃孫。⑥**

**十二月二十一日,先生訪繆荃孫。⑦**

**十二月二十八日,先生訪繆荃孫,向繆氏借二十五元。⑧**

---

① 臨桂況周頤寱遴記:《香東漫筆》卷弟一,葉九,《蕙風叢書》第4册,上海中國書店藏版,丙寅(1926)四月刊本。

② 繆荃孫著:《藝風老人日記》第5册,北京大學出版社1986年4月,第2021頁。

③ 繆荃孫著:《藝風老人日記》第5册,北京大學出版社1986年4月,第2023頁。

④ 繆荃孫著:《藝風老人日記》第5册,北京大學出版社1986年4月,第2026頁。

⑤ 繆荃孫著:《藝風老人日記》第5册,北京大學出版社1986年4月,第2026頁。

⑥ 繆荃孫著:《藝風老人日記》第5册,北京大學出版社1986年4月,第2028頁。

⑦ 繆荃孫著:《藝風老人日記》第5册,北京大學出版社1986年4月,第2029頁。

⑧ 繆荃孫著:《藝風老人日記》第5册,北京大學出版社1986年4月,第2031頁。

**十二月二十九日,先生訪繆荃孫,自繆氏借《湖北志》二種。**①

**是年,先生以近年所撰録之筆記,合刊爲《阮盦筆記五種》,端方爲題卷端。**

據《阮盦筆記五種》扉葉上題:"阮盦筆記｜五種　端方署。"扉葉下牌記:"光緒丁未｜鍥于白門。"②

【按一】《黄譜》繫此條資料於是年,但以先生是年爲四十九歲,蓋因取咸豐九年己未(1859)爲先生之生年故也。《丁譜》繫此條資料於丙午年(1906),誤。《馬譜》引録鄭逸梅《藝林散葉》,繫此資料於是年。《賴譜》繫此資料於是年。

【按二】五種筆記依次爲:《選巷叢談》二卷、《西底叢談》一卷、《蘭雲菱夢樓筆記》一卷、《蕙風簃隨筆》二卷、《蕙風簃二筆》二卷,共八卷。光緒丁未(1907)刊本附録《玉棲後詞》。

**最遲於是年,先生入兩江總督端方幕,曾供職於江楚編譯官書局,任總纂。是年起爲端方撰《匋齋藏石記》。**

據《墓志銘》云:"南皮張文襄公之洞督湖廣,瀋陽托活洛忠敏公端方督兩江。欽君才望,先後禮聘,署之賓職。文移牋奏,率與參懷。君從容贊畫,動中倫脊。嘗爲忠敏斠訂金石,零文墜簡,多所諟正,旁籀搏稽,莫不贍舉。"③

又據龔錫齡宣統元年十月之《陶齋臧石記序》:"……洎丙午歲,公再督兩江,海内人才雲集景附;而錫齡適又以飢驅至,公終不以爲無能,齒於下客也。則並出前後臧石,都七百種,命與況中

① 繆荃孫著:《藝風老人日記》第5册,北京大學出版社1986年4月,第2032頁。

② 《阮盦筆記五種》,《蕙風叢書》第1册,上海中國書店藏版,丙寅(1926)四月刊本。

③ 馮幵撰:《清故通議大夫三品銜浙江補用知府況君墓志銘》,見寒冬虹《新見況周頤墓志銘拓本》,《文獻》1994年第1期(總第59期),第282頁。

翰周頤、李明經詳,共任録文之役。……”①

又據先生致劉世珩函,其中有云“蕙風……曾充江楚編譯官書局總纂”②。

又據李詳民國戊辰九月所撰之《分撰匋齋藏石記釋文題記》:“光緒丁未,余以江陰繆藝風、合肥蒯禮卿兩君,薦之兩江制府端尚書,充江楚編譯官書局幫總纂。時實無書可纂,支官錢,治私書,即《匋齋藏石記》是也。總纂本屬藝風,渠方爲匋齋辦《消夏記》,論列書畫,不暇兼顧,薦臨桂況夔笙周儀領之……”③

又據《清代士人游幕表》載,先生“1907 年以繆荃孫之薦入兩江總督端方幕”,“與李詳爲端方撰《陶齋藏石記》”。④

【按一】先生入端方幕之時間,《墓志銘》并未明言。《黄譜》謂先生於乙巳(1905)年“居南京,疑於是年入端方幕”。但據《清史稿·德宗本紀》,端方於光緒三十二年丙午(1906)七月己酉始調任兩江總督,故知《黄譜》之猜測不確。

【按二】《賴譜》引龔錫齡《陶齋臧石記序》,定先生於丙午年入端方幕,唯龔序僅指出自己於丙午年入幕,并未實指先生入幕之年。《孫譜》《馬譜》皆以端方於光緒三十二年督兩江(《馬譜》據《清史稿·端方傳》,《孫譜》所據未詳),推斷先生於丙午年入端方幕。唯二譜皆未能確證其入幕之年份,蓋端方移督兩江之年,未必等同於先生入幕之年也。

---

① 端方:《陶齋臧石記》卷首,葉一,宣統元年(1909)十月刊行,宣統二年(1910)十月初版,商務印書館發行。

② 吴書蔭主編:《綏中吴氏藏抄本稿本戲曲叢刊》之《暖紅室校刻傳劇資料叢輯》,學苑出版社 2004 年 3 月第 1 版,第 492 頁。

③ 李詳著:《李審言文集》下册,江蘇古籍出版社 1989 年 6 月第 3 版,第 1369 – 1370 頁。

④ 尚小明編著:《清代士人游幕表》,中華書局 2005 年 3 月第 1 版,第 274 – 275 頁。

【按三】據本譜甲辰(1904)年資料,先生約於甲辰秋自常州遷至南京,自此即留南京,至去年丙午(1906)十二月十六日始見先生參加端方之宴席,是年丁未(1907)始見先生與端方有較頻密之往還。先生或於是年初已入端方幕,唯尚未確考;再據上述《分撰匋齋藏石記釋文題記》及《清代士人游幕表》之資料,本譜因繫先生入端方幕一事於是年,取其時間下限也。

【按四】李詳《分撰匋齋藏石記釋文題記》自謂光緒丁未時充江楚編譯官書局幫總纂,則其時先生乃李詳之上司也。李詳於此題記中,詳述與先生交惡之因由,并力詆先生與端方。此記撰於民國戊辰(1928)年,其時端方、繆荃孫、先生及一衆遺老之知情者皆已謝世,事實真相已難以對證。

**是年至翌年間,曾閲繆荃孫《藝風堂藏石目》,集粵石著録及所藏粵石拓本,編成《粵西金石略補遺》。**

據《香東漫筆》:"……丁未、戊申閒客江甯,閱繆氏《藝風堂壓石目》,箸録粵石,多《謝志》所未載,商之藝風先生,陸續借歸釋文,合以金君所詒,及張君所詒中之數種,通計得如干種,寫次成帙,名曰《粵西金石略補遺》。……"①

【按一】《黄譜》繫此條資料於是年,但以先生是年爲四十九歲,蓋因取咸豐九年己未(1859)爲先生之生年故也。《馬譜》繫此條資料於是年。《丁譜》繫此條資料於丙午年(1906),誤。

【按二】《謝志》,即謝啟昆編纂之《廣西通志》(《香東漫筆》卷弟二葉十一)。金君,即金武祥(參本譜光緒三十年甲辰"是年,先生在常州"條)。張君,即張心泰(參本譜"光緒二十五年丁酉'是年,先生客揚州'"條)。

---

① 臨桂況周頤寱遴記:《香東漫筆》卷弟二,葉四,《蕙風叢書》第4册,上海中國書店藏版,丙寅(1926)四月刊本。

## 1908 光緒三十四年 戊申 四十八歲

正月初一日，繆荃孫送《紅雨樓題跋》予先生。①

正月初六日，先生應繆荃孫約，與丁善之、方夔尹同小酌。②

正月初七日，繆荃孫偕第三子詣先生談。③

正月八日晚，繆荃孫與先生、景樸孫於端方署中同點心。④

正月十日，繆荃孫送左宗棠篆書書法予先生。⑤

正月十九日，先生訪繆荃孫，還繆氏二十五元。⑥

正月二十日，先生訪繆荃孫。⑦

正月二十三日，晚，先生訪繆荃孫。⑧

正月二十九日，先生應潘壽培邀，與繆荃孫、吴蘭坡、方玉山共飲於

---

① 繆荃孫著：《藝風老人日記》第 5 册，北京大學出版社 1986 年 4 月，第 2033 頁。

② 繆荃孫著：《藝風老人日記》第 5 册，北京大學出版社 1986 年 4 月，第 2034 頁。

③ 繆荃孫著：《藝風老人日記》第 5 册，北京大學出版社 1986 年 4 月，第 2034 頁。

④ 繆荃孫著：《藝風老人日記》第 5 册，北京大學出版社 1986 年 4 月，第 2035 頁。

⑤ 繆荃孫著：《藝風老人日記》第 5 册，北京大學出版社 1986 年 4 月，第 2035 頁。

⑥ 繆荃孫著：《藝風老人日記》第 5 册，北京大學出版社 1986 年 4 月，第 2038 頁。

⑦ 繆荃孫著：《藝風老人日記》第 5 册，北京大學出版社 1986 年 4 月，第 2038 頁。

⑧ 繆荃孫著：《藝風老人日記》第 5 册，北京大學出版社 1986 年 4 月，第 2039 頁。

金陵春。①

二月一日,先生招繆荃孫、丁孟輿、柳翼謀、吴蘭坡飲。②

二月五日,先生應孫孝藹邀,與繆荃孫、殷亦坪、吴蘭坡同飲於金陵春。③

二月十四日,先生訪繆荃孫。④

二月十五日,先生自繆荃孫借《古今合璧事類》前集。⑤

二月二十五日,繆荃孫自先生索回《古今合璧事類》十册。⑥

二月二十七日,先生訪繆荃孫。⑦

二月二十九日,先生晤繆荃孫;又留《詞目》,并送《桂碑》交繆氏。⑧

三月八日,先生訪繆荃孫。⑨

三月二十日,先生有詞三首,載於《國粹學報》之"文篇"版。

---

① 繆荃孫著:《藝風老人日記》第5册,北京大學出版社1986年4月,第2041頁。

② 繆荃孫著:《藝風老人日記》第5册,北京大學出版社1986年4月,第2041頁。

③ 繆荃孫著:《藝風老人日記》第5册,北京大學出版社1986年4月,第2042頁。

④ 繆荃孫著:《藝風老人日記》第5册,北京大學出版社1986年4月,第2044頁。

⑤ 繆荃孫著:《藝風老人日記》第5册,北京大學出版社1986年4月,第2045頁。

⑥ 繆荃孫著:《藝風老人日記》第5册,北京大學出版社1986年4月,第2048頁。

⑦ 繆荃孫著:《藝風老人日記》第5册,北京大學出版社1986年4月,第2048頁。

⑧ 繆荃孫著:《藝風老人日記》第5册,北京大學出版社1986年4月,第2049頁。

⑨ 繆荃孫著:《藝風老人日記》第5册,北京大學出版社1986年4月,第2051頁。

據筆者查考，先生有《壽樓春》"嗟春來何遲"、《水龍吟》"聲聲只在街南"、《醉吟商小品》"謾問訊"，載於《國粹學報》第四十期。①

【按】前兩闋已見録於先生之《蕙風詞》，後一闋則已見録於先生之《薆景詞》。

**四月六日，先生自繆荃孫借《宜州鐵城頌記》。②**

**四月十一日，先生訪繆荃孫，繆氏謂先生"所言皆可笑"③。**

**四月十三日，繆荃孫詣先生談。④**

**四月十七日，先生訪繆荃孫。⑤**

**四月十九日，先生應繆荃孫約，與李蘭甫、袁回回、丁紹裘同飲於坤園。⑥**

**四月二十日，先生所撰之《玉棲詞話》作品，始載於《國粹學報》之"文篇"版，并於是年十月二十日續載，十一月二十日連載完畢。**

據筆者查考，先生之《玉棲詞話》，連載於《國粹學報》第四十

---

① 《國粹學報》第四年戊申第三號(第四十期)，光緒三十四年(1908)三月二十日，"文篇"版，葉九。

② 繆荃孫著：《藝風老人日記》第5冊，北京大學出版社1986年4月，第2061頁。

③ 繆荃孫著：《藝風老人日記》第5冊，北京大學出版社1986年4月，第2063頁。

④ 繆荃孫著：《藝風老人日記》第5冊，北京大學出版社1986年4月，第2063頁。

⑤ 繆荃孫著：《藝風老人日記》第5冊，北京大學出版社1986年4月，第2064頁。

⑥ 繆荃孫著：《藝風老人日記》第5冊，北京大學出版社1986年4月，第2065頁。

一、[1]四十七、[2]四十八期。[3]

【按一】《詞學論著總目》載,《玉棋詞話》見刊於第 41 期、47 期、48 期之《國粹學報·文篇》,出版日期分別爲新曆 1908 年 4 月 20 日、10 月 20 日及 11 月 20 日。[4]其所標示之各發表日期,誤以原刊之舊曆月日爲新曆。

【按二】《丁譜》於 1904 年條下,轉引商務重刊《國粹學報》云:“此年國學保存會設於黄浦江上,綢繆宗國,商量舊學,志同道合者咸集,先生與焉……”[5]惜未注明出處。筆者遍讀各期《國粹學報》,其中各號《國學保存會報告》及其捐款題名、捐基本譜題名、捐書題名,以至於各次徵書目録、通信及會員照片等等,皆未見先生之名,故頗疑先生并非國學保存會之核心成員(如鄧實、黄節、劉師培等),僅屬應邀投稿者而已,而其稿件之發表,不早於光緒三十四年(1908)三月二十日;而據該會章程,凡曾投稿者,皆自動成爲會員,則先生亦可算爲該會會員。《丁譜》所謂 1904 年“國學保存會設於黄浦江上……先生與焉”之説,語焉不詳,或即指先生爲該會會員也。

---

① 《國粹學報》第四年戊申第四號(第四十一期),光緒三十四年(1908)四月二十日,“文篇”版,葉四至五。

② 《國粹學報》第四年戊申第十號(第四十七期),光緒三十四年(1908)十月二十日,“文篇”版,葉五至七。

③ 《國粹學報》第四年戊申第十一號(第四十八期),光緒三十四年(1908)十一月二十日“文篇”版,葉五至六。原刊封面作“光緒三十四年十月二十日”,誤,失校。

④ 林玫儀主編:《詞學論著總目》,臺灣“中央研究院”中國文哲研究所,1995 年 6 月初版,第 04139 – 04141 條,第 293 – 294 頁。

⑤ 丁千蕙:《況周頤蕙風詞話研究》之附録一《況周頤年譜簡表》,臺灣政治大學碩士論文,1978 年,第 102 頁。

**四月二十五日,先生訪繆荃孫談。①**

**四月二十七日,先生訪繆荃孫。②**

**五月三日,繆荃孫送《王周士詞》予先生。③**

**五月四日,先生應繆荃孫約,與程頌萬、莊紉南、趙曉生同小飲於金陵春。④**

**約於五月五日前,程頌萬訪金陵,曾與先生、陳三立、俞恪士、李梅盦、黄澤生、王木齋等共唱和於淮舫。**

據程頌萬《石巢詩集》所載之《淮舫即席分贈》六首,其中第五首贈先生,其餘五首分别贈與陳三立、俞恪士、李梅盦、黄澤生、王木齋。⑤

【按一】此詩被編入《石巢詩集》之"丁未、戊申、己酉"卷。此三年間,先生與程氏衹於是年戊申(1908)曾相過從(詳本譜),又程氏此卷内之金陵詩作,尚有編於此後之《秦淮端陽曲》等,故暫繫此事於是年五月五日前。

【按二】程頌萬贈先生之作,詩末自注云:"況夔笙近更名芸臺,號阮盦,所居周氏河亭,得小碣,有媚香樓三字。"先生更名芸臺一事,最遲於甲辰(1904)九月二十八日前,該日先生以更名一事告知繆荃孫(詳本譜該日條);而程氏於是時始得知耳。

---

① 繆荃孫著:《藝風老人日記》第5册,北京大學出版社1986年4月,第2067頁。

② 繆荃孫著:《藝風老人日記》第5册,北京大學出版社1986年4月,第2067頁。

③ 繆荃孫著:《藝風老人日記》第5册,北京大學出版社1986年4月,第2070頁。

④ 繆荃孫著:《藝風老人日記》第5册,北京大學出版社1986年4月,第2070頁。

⑤ 程頌萬:《石巢詩集》卷五,葉三至四,《續修四庫全書》本,據民國十二年武昌刻《十髮居士全集》本影印。

**約於五月五日前，程頌萬訪金陵期間，先生與程氏曾賦七律聯句詩二首。**

據程頌萬《石巢詩集》，輯有題爲《淮舫同夔笙二首》之聯句七言律詩，①編入該集卷一二《戊申七夕後二日……》詩之前，估計應作成於戊申（1908）七夕後二日之前。今據本譜上條所記，程氏約於是年五月五日前訪南京，故繫二人賦聯句詩一事於此。

**五月六日，先生訪繆荃孫。②**

**五月二十日，先生訪繆荃孫。③**

**五月二十四日，繆荃孫詣先生，見《長隨福》一册，謂"書極佳"④。**

【按】《長隨福》應即《仕途軌範》，又名《偏途福》，俗稱《長隨論》。繆荃孫曾自先生借此書抄録一通，估計亦在此段期間。先生《餐櫻廡隨筆》第六一則有云："曩寓金陵，某日，於東牌樓匧董攤，購書二册……一寫本《長隨論》，前序略云：'《偏途福》，又名《仕途軌範》，俗曰《長隨論》。曩余寄跡漣水官廨，見有《長隨福》一書，友人置之案頭。據載，國朝莊友恭先生所作，相傳已久。……'序後一則略云：'莊先生，諱友恭，廣東人，乾隆己未科狀元。……'是書於州縣衙門公事程

---

① 程頌萬：《石巢詩集》卷一二，葉七至八，鹿川閣刊本。

② 繆荃孫著：《藝風老人日記》第5册，北京大學出版社1986年4月，第2070頁。

③ 繆荃孫著：《藝風老人日記》第5册，北京大學出版社1986年4月，第2075頁。

④ 繆荃孫著：《藝風老人日記》第5册，北京大學出版社1986年4月，第2076頁。

式，記載綦詳，可作掌故書觀。……繆筱珊、徐積餘兩君，今之藏書家也，各借抄一通，知其爲有用之書矣。（按是書莊封翁所作，托名殿撰以爲重耳。）”①後先生又於《餐櫻廡漫筆》再記此書。②

**六月六日，先生訪繆荃孫。③**

**六月八日，先生訪繆荃孫。④**

**六月十一日，先生訪繆荃孫談。⑤**

**六月十三日，先生訪繆荃孫談。⑥**

**六月十五日，繆荃孫送《雞窗客談》《蕙櫋叢話》予先生。⑦**

**六月十七日，先生訪繆荃孫。⑧**

**六月十八日，先生訪繆荃孫。⑨**

---

① 況周頤著，張繼紅點校：《餐櫻廡隨筆》，《民國筆記小説大觀》第1輯第4册，山西古籍出版社1995年12月第1版，第42－44頁。

② 蕙風：《餐櫻廡漫筆》，《申報·自由談》，民國十三年（1924）8月22日。

③ 繆荃孫著：《藝風老人日記》第5册，北京大學出版社1986年4月，第2078頁。

④ 繆荃孫著：《藝風老人日記》第5册，北京大學出版社1986年4月，第2079頁。

⑤ 繆荃孫著：《藝風老人日記》第5册，北京大學出版社1986年4月，第2080頁。

⑥ 繆荃孫著：《藝風老人日記》第5册，北京大學出版社1986年4月，第2080頁。

⑦ 繆荃孫著：《藝風老人日記》第5册，北京大學出版社1986年4月，第2080－2081頁。

⑧ 繆荃孫著：《藝風老人日記》第5册，北京大學出版社1986年4月，第2081頁。

⑨ 繆荃孫著：《藝風老人日記》第5册，北京大學出版社1986年4月，第2081頁。

六月二十二日,先生訪繆荃孫。①

六月二十四日,先生訪繆荃孫。②

六月二十七日,先生訪繆荃孫。③

七月一日,先生訪繆荃孫。④

七月六日,先生晤繆荃孫。⑤

七月九日,先生訪繆荃孫,自繆氏借三十元及《倚聲集》。⑥

七月十日,繆荃孫還《秋室集》一册予先生。⑦

七月十一日,章景春與其孫至南京訪繆荃孫,爲其曾孫被押起一事,求繆氏作一函予章琴若;并托繆氏求先生亦予之一函。同日,先生訪繆荃孫,自繆氏借《壬申文刻》。⑧

七月二十日,先生所撰之《選巷叢談》,始載於《國粹學報》之"叢談"版,至翌年正月二十日連載完畢。

---

① 繆荃孫著:《藝風老人日記》第5册,北京大學出版社1986年4月,第2082頁。

② 繆荃孫著:《藝風老人日記》第5册,北京大學出版社1986年4月,第2083頁。

③ 繆荃孫著:《藝風老人日記》第5册,北京大學出版社1986年4月,第2084頁。

④ 繆荃孫著:《藝風老人日記》第5册,北京大學出版社1986年4月,第2084頁。

⑤ 繆荃孫著:《藝風老人日記》第5册,北京大學出版社1986年4月,第2086頁。

⑥ 繆荃孫著:《藝風老人日記》第5册,北京大學出版社1986年4月,第2087頁。

⑦ 繆荃孫著:《藝風老人日記》第5册,北京大學出版社1986年4月,第2087頁。

⑧ 繆荃孫著:《藝風老人日記》第5册,北京大學出版社1986年4月,第2087頁。

據筆者查考，先生之《選巷叢談》，連載於《國粹學報》第四十四期、[1]四十五期、[2]四十六期、[3]四十七期、[4]四十九期、[5]五十期。[6]

【按】《詞學論著總目》載，先生之《選巷叢談》刊於第46、47、49期之《國粹學報·叢談》，出版日期分别爲新曆1908年10月20日、11月20日及12月20日。[7] 并未提及第四十四、四十五、五十等期，或因未及細讀原刊之故也。至其所標示之各發表日期，於新舊曆之换算，亦頗有錯亂誤導之處，此乃大型目録工具書常見之問題，學者宜慎用之。誠如林玫儀所言："由此可見，'全編性文本'編成、流通以後，仍須續作校訂，以減少錯漏。"[8]《詞學論著總目》實乃至今爲止最權威之"全編性文本"詞學目録大型工具書，向爲詞學界所推崇，唯其中錯漏之

---

① 《國粹學報》第四年戊申第七號（第四十四期），光緒三十四年（1908）七月二十日，"叢談"版，葉四至六。篇名《選巷叢談》之下有小字注"阮盦筆記五種之一"。

② 《國粹學報》第四年戊申第八號（第四十五期），光緒三十四年（1908）八月二十日，"叢談"版，葉五至七。

③ 《國粹學報》第四年戊申第九號（第四十六期），光緒三十四年（1908）九月二十日，"叢談"版，葉九至十二。

④ 《國粹學報》第四年戊申第十號（第四十七期），光緒三十四年（1908）十月二十日，"叢談"版，葉九至十一。

⑤ 《國粹學報》第四年戊申第十二號（第四十九期），光緒三十四年（1908）十二月二十日，"叢談"版，葉六至八。

⑥ 《國粹學報》第五年己酉第一號（原第五十期），宣統元年（1909）正月二十日，"叢談"版，葉一至七。

⑦ 林玫儀主編：《詞學論著總目》，臺灣"中央研究院"中國文哲研究所1995年6月初版，第04151－04153條，第294頁。

⑧ 林玫儀評饒宗頤、張璋所編《全明詞》語。林玫儀：《陸嘉淑詞輯校》，《中國文哲研究通訊》2006年第16卷第1期，臺灣"中央研究院"中國文哲研究所，第161頁。

處,仍難倖免。學術之難,於此可見一斑。

**七月二十四日,先生訪繆荃孫,還三十元予繆氏。①**

**七月二十九日,先生訪繆荃孫。②**

**八月六日,繆荃孫送《詠京》一分與先生。③**

**八月十二日,先生訪繆荃孫。④**

**八月十四日,繆荃孫還先生《長隨福》一册。⑤**

【按】繆荃孫曾自先生借此書抄録一通,應在是年五月十四日至八月十四日之間。詳参本譜是年"五月十四日"條。

**八月十九日,先生還鈔刻《花草粹編》予繆荃孫。⑥**

**八月二十七日,先生訪繆荃孫。⑦**

**九月二日,先生訪繆荃孫。⑧**

**九月十一日,先生訪繆荃孫。⑨**

---

① 繆荃孫著:《藝風老人日記》第5册,北京大學出版社1986年4月,第2091頁。

② 繆荃孫著:《藝風老人日記》第5册,北京大學出版社1986年4月,第2093頁。

③ 繆荃孫著:《藝風老人日記》第5册,北京大學出版社1986年4月,第2095頁。

④ 繆荃孫著:《藝風老人日記》第5册,北京大學出版社1986年4月,第2097頁。

⑤ 繆荃孫著:《藝風老人日記》第5册,北京大學出版社1986年4月,第2098頁。

⑥ 繆荃孫著:《藝風老人日記》第5册,北京大學出版社1986年4月,第2099頁。

⑦ 繆荃孫著:《藝風老人日記》第5册,北京大學出版社1986年4月,第2102頁。

⑧ 繆荃孫著:《藝風老人日記》第5册,北京大學出版社1986年4月,第2102頁。

⑨ 繆荃孫著:《藝風老人日記》第5册,北京大學出版社1986年4月,第2105頁。

**九月十二日,繆荃孫致先生一柬。**①

**九月十七日,先生訪繆荃孫,還《粵西碑》予繆氏。**②

**九月三十日,先生晤繆荃孫。**③

**十月三日,先生訪繆荃孫。**④

**十月八日,先生應端方招,與繆荃孫、程樂庵、李文石、徐乃昌、萬經堪、徐紹楨、陳善餘、金文山、景樸孫同飲於掃葉樓。**⑤

**十月九日,先生訪繆荃孫。**⑥

**十月十四日,先生自繆荃孫借三十元。**⑦

**十月十八日,先生訪繆荃孫。**⑧

**十月二十一日之前,曾集句爲詩,題葛金烺遺照。**

據《平湖葛毓珊先生小影題詠》。⑨先生於詩作正文後題"集句奉

① 繆荃孫著:《藝風老人日記》第5册,北京大學出版社1986年4月,第2105頁。

② 繆荃孫著:《藝風老人日記》第5册,北京大學出版社1986年4月,第2107頁。

③ 繆荃孫著:《藝風老人日記》第5册,北京大學出版社1986年4月,第2111頁。

④ 繆荃孫著:《藝風老人日記》第5册,北京大學出版社1986年4月,第2112頁。

⑤ 繆荃孫著:《藝風老人日記》第5册,北京大學出版社1986年4月,第2113頁。

⑥ 繆荃孫著:《藝風老人日記》第5册,北京大學出版社1986年4月,第2113頁。

⑦ 繆荃孫著:《藝風老人日記》第5册,北京大學出版社1986年4月,第2115頁。

⑧ 繆荃孫著:《藝風老人日記》第5册,北京大學出版社1986年4月,第2116頁。

⑨ 《平湖葛毓珊先生小影題詠》,珂羅版印本。據集中題咏所署日期推斷,此書約刊於民國乙卯(1915)後不久。筆者所據爲山東大學圖書館所藏之本。

題景亮先生玉照,應喆嗣詞蔚仁兄有道雅令,夔笙況周儀",下鈐"況周儀印"白文方印。

【按一】先生於光緒三十四年(1908)十月二十一日宣統皇帝登基後,因避帝諱而改其名周儀爲周頤。此詩自署"夔笙況周儀",尚未改名避帝諱,故推論此詩應成於十月二十一日之前,因而暫繫於此。

【按二】先生之題詩云:"龍馬精神海鶴姿,風流儒雅亦吾師。文章舊價留鸞掖,山斗於今説退之。"

**十月二十一日,光緒皇帝崩,溥儀繼位。先生因避帝諱,改名周頤。**

據《墓志銘》云:"君諱周儀,以避國諱,更儀爲頤。"①

又據《清史稿·德宗本紀》:"光緒三十四年……冬十月……癸酉,上疾大漸,崩於東瀛臺涵元殿……遺詔攝政載灃子溥儀入承大統,爲嗣皇帝。"②

【按一】是年十月癸酉日,即二十一日。

【按二】《墓志銘》所云避國諱,即指避皇帝之名諱。先生因避國諱而更名,當自溥儀嗣位之日始,如此方爲合制。《馬譜》以避諱之事繫於是年,甚是,惜未注明月日。《孫譜》與《秦文》皆繫先生更名一事於宣統元年,誤。

又據《國粹學報》第四十八期目録頁,③先生所著《玉棲詞話》之作者姓名已改爲"況周頤"。

【按】此爲現今所見先生改名之最早資料。《國粹學報》第四十

---

① 馮幵撰:《清故通議大夫三品銜浙江補用知府況君墓志銘》,見寒冬虹《新見況周頤墓志銘拓本》,《文獻》1994 年第 1 期(總第 59 期),第 282 頁。

② 《新校本清史稿》,臺灣"中央研究院",漢籍電子文獻,瀚典全文檢索系統 1.3 版,1997 年 11 月。

③ 《國粹學報》第四年戊申第十一號(第四十八期),光緒三十四年(1908)十一月二十日,見目録頁。

八期之刊行日期爲光緒三十四年十一月二十日，前此先生於《國粹學報》所發表諸篇，皆用"況周儀"一名。《國粹學報》每月二十日刊行；是以知先生改名，必在光緒三十四年十月二十日之後(翌日光緒帝駕崩)，十一月二十日之前。

**十月二十二日，繆荃孫詣先生談。**①

**十月二十六日，先生訪繆荃孫。**②

**十月二十八日，先生自繆荃孫取《古今詞話》，又自繆氏借《臨川夢》。**③

**十一月五日，先生訪繆荃孫。**④

**十一月十九日，先生訪繆荃孫。**⑤

**十一月二十四日，繆荃孫送《河南二賦》一分與先生。**⑥

**十一月二十六日，先生訪繆荃孫。**⑦

**十一月二十八日，先生訪繆荃孫。**⑧

---

① 繆荃孫著:《藝風老人日記》第5册，北京大學出版社1986年4月，第2117頁。

② 繆荃孫著:《藝風老人日記》第5册，北京大學出版社1986年4月，第2118頁。

③ 繆荃孫著:《藝風老人日記》第5册，北京大學出版社1986年4月，第2119頁。

④ 繆荃孫著:《藝風老人日記》第5册，北京大學出版社1986年4月，第2120頁。

⑤ 繆荃孫著:《藝風老人日記》第5册，北京大學出版社1986年4月，第2124頁。

⑥ 繆荃孫著:《藝風老人日記》第5册，北京大學出版社1986年4月，第2125頁。

⑦ 繆荃孫著:《藝風老人日記》第5册，北京大學出版社1986年4月，第2125頁。

⑧ 繆荃孫著:《藝風老人日記》第5册，北京大學出版社1986年4月，第2126頁。

十二月八日，先生訪繆荃孫。[1]

十二月十三日，先生應許午樓招，與繆荃孫、齊梅孫、巢勖生、黄子逸同飲於萬全館。[2]

十二月十五日，繆荃孫詣先生談。[3]

十二月二十八日，先生訪繆荃孫。[4]

## 1909 宣統元年 己酉 四十九歲

正月初二日，繆荃孫詣先生談。[5]

正月初三日，先生訪繆荃孫。[6]

正月二十二日，先生訪繆荃孫。[7]

正月二十五日，先生訪繆荃孫。[8]

正月二十九日，先生應繆荃孫約，與徐乃昌、吴闐生、王漢輔、枚庵、

---

① 繆荃孫著:《藝風老人日記》第 5 册，北京大學出版社 1986 年 4 月，第 2129 頁。

② 繆荃孫著:《藝風老人日記》第 5 册，北京大學出版社 1986 年 4 月，第 2130 頁。

③ 繆荃孫著:《藝風老人日記》第 5 册，北京大學出版社 1986 年 4 月，第 2131 頁。

④ 繆荃孫著:《藝風老人日記》第 5 册，北京大學出版社 1986 年 4 月，第 2134 頁。

⑤ 繆荃孫著:《藝風老人日記》第 6 册，北京大學出版社 1986 年 4 月，第 2135 頁。

⑥ 繆荃孫著:《藝風老人日記》第 6 册，北京大學出版社 1986 年 4 月，第 2135 頁。

⑦ 繆荃孫著:《藝風老人日記》第 6 册，北京大學出版社 1986 年 4 月，第 2141 頁。

⑧ 繆荃孫著:《藝風老人日記》第 6 册，北京大學出版社 1986 年 4 月，第 2142 頁。

劉蘧六、劉怡慎小飲。①

二月七日，先生訪繆荃孫。②

二月十五日，徐乃昌撰《閨秀詞鈔例言》，謂先生曾盡發所藏閨秀詞集，供其編輯采録。③

二月十七日，先生應端方約，與繆荃孫、朱桂卿、余壽平、蔡伯浩、章式之、宗子岱、伍蘭生、沈佑彦同晚飯。④

閏二月三日，先生晤繆荃孫。⑤

閏二月五日，先生邀繆荃孫飲於金陵春，并自繆氏借《江左石刻文編》。⑥

閏二月七日，先生訪繆荃孫。⑦

閏二月十五日，先生訪繆荃孫，繆送先生《兩唐墓志》。⑧

閏二月十八日，先生自繆荃孫借《瞿木夫年譜》。⑨

---

① 繆荃孫著：《藝風老人日記》第6册，北京大學出版社1986年4月，第2143頁。

② 繆荃孫著：《藝風老人日記》第6册，北京大學出版社1986年4月，第2145頁。

③ 據徐氏宣統元年己酉(1909)花朝日所撰之例言最末則。見徐乃昌編《閨秀詞鈔》，清宣統辛亥(1911)二月小檀欒室刻本。

④ 繆荃孫著：《藝風老人日記》第6册，北京大學出版社1986年4月，第2149頁。

⑤ 繆荃孫著：《藝風老人日記》第6册，北京大學出版社1986年4月，第2154頁。

⑥ 繆荃孫著：《藝風老人日記》第6册，北京大學出版社1986年4月，第2154頁。

⑦ 繆荃孫著：《藝風老人日記》第6册，北京大學出版社1986年4月，第2155頁。

⑧ 繆荃孫著：《藝風老人日記》第6册，北京大學出版社1986年4月，第2157－2158頁。

⑨ 繆荃孫著：《藝風老人日記》第6册，北京大學出版社1986年4月，第2158頁。

**閏二月二十日，先生之《西底叢談》刊於《國粹學報》。①**

【按】《丁譜》已載是年正月二十日之《國粹學報》載畢《選卷叢談》，閏二月二十日刊《西底叢談》，甚是。《詞學論著總目》未録此資料。

**三月四日，先生晤繆荃孫。②**

**三月二十日，先生訪繆荃孫。③**

**三月二十六日，先生訪繆荃孫。④**

**三月二十九日，先生晤繆荃孫。⑤**

**四月一日，先生訪繆荃孫，拉繆氏至篋街看書。⑥**

**四月四日，先生訪繆荃孫。⑦**

**四月十二日，先生訪繆荃孫。⑧**

---

① 《國粹學報》第五年己酉第三號（原第五十二期），宣統元年（1909）閏二月二十日，"叢談"版，葉一至六，《西底叢談》篇名之下自注"專録考訂金石一類"。

② 繆荃孫著：《藝風老人日記》第 6 册，北京大學出版社 1986 年 4 月，第 2163 頁。

③ 繆荃孫著：《藝風老人日記》第 6 册，北京大學出版社 1986 年 4 月，第 2167 頁。

④ 繆荃孫著：《藝風老人日記》第 6 册，北京大學出版社 1986 年 4 月，第 2169 頁。

⑤ 繆荃孫著：《藝風老人日記》第 6 册，北京大學出版社 1986 年 4 月，第 2170 頁。

⑥ 繆荃孫著：《藝風老人日記》第 6 册，北京大學出版社 1986 年 4 月，第 2170 頁。

⑦ 繆荃孫著：《藝風老人日記》第 6 册，北京大學出版社 1986 年 4 月，第 2171 頁。

⑧ 繆荃孫著：《藝風老人日記》第 6 册，北京大學出版社 1986 年 4 月，第 2173 頁。

**四月十八日，先生訪繆荃孫。**[①]

**四月十九日，先生應端方約，與繆荃孫、樊增祥、王旭莊、王孝禹、程樂庵、楊子晴同游船。**[②]

**四月二十一日，端方招陪伯希和，先生與繆荃孫、王孝禹、章式之、景樸孫、劉笙叔、陳善餘赴會。**[③]

**四月二十五日，先生訪繆荃孫。**[④]

**四月，先生於南京寄石至成都，囑沈忠澤刻"況周頤審釋金石文字"方印。**

據《蕙風宧遺印》所收録之第十印。印面刻白文九字曰"況周頤｜審釋金｜石文字"。邊款曰"宣統紀元夏四月，｜阮盦在金陵，寄石至成｜都，屬泉唐沈忠澤篆"[⑤]。

**是年約四月前後，沈忠澤爲先生刻"況周頤印"及"況周頤觀"方印。**

據《蕙風宧遺印》所收録之第十七印。印面刻白文四字曰"況印｜周頤"。邊款曰"宣統紀元，｜阮盦更名，執广製此｜ 寄贈"[⑥]。

據《蕙風宧遺印》所收録之第十六印。印面刻朱文四字曰"況周｜頤觀"。邊款曰"執广篆寄｜阮盦道兄｜ 己酉"[⑦]。

【按一】二印邊款分别署"宣統紀元"及"己酉"，即宣統元年，

---

① 繆荃孫著：《藝風老人日記》第6册，北京大學出版社1986年4月，第2175頁。

② 繆荃孫著：《藝風老人日記》第6册，北京大學出版社1986年4月，第2175頁。

③ 繆荃孫著：《藝風老人日記》第6册，北京大學出版社1986年4月，第2176頁。

④ 繆荃孫著：《藝風老人日記》第6册，北京大學出版社1986年4月，第2177頁。

⑤ 《蕙風宧遺印》，乙未(1955)閏三月，濮尊朱佛齋拓本。

⑥ 《蕙風宧遺印》，乙未(1955)閏三月，濮尊朱佛齋拓本。

⑦ 《蕙風宧遺印》，乙未(1955)閏三月，濮尊朱佛齋拓本。

亦即是年。

【按二】刻印者署名"執广",應即沈忠澤之别號,因沈氏一號執闇(参本譜光緒十一年乙酉,是年至翌年間條【按二】)也。

【按三】是年四月,因有沈忠澤爲先生刻"況周頤審釋金石文字"印(詳本譜是年四月條),故推測此二印亦約成於同時期,姑繫於是年四月前後。

**五月四日,繆荃孫送四十元予先生,不受。稍後,先生訪繆氏。**①

**五月六日,先生訪繆荃孫。**②

**五月九日,先生訪繆荃孫。**③

**五月二十日,先生所撰之《蘭雲菱夢樓筆記》始載於《國粹學報》"叢談"版。**

據筆者查考,先生之《蘭雲菱夢樓筆記》,連載於《國粹學報》第五十五期、④六十九期、⑤七十期、⑥七十一期。⑦

【按】《詞學論著總目》載,先生之《蘭雲菱夢樓筆記》刊於第69－71期之《國粹學報·叢談》,出版日期分别爲新曆1910年

---

① 繆荃孫著:《藝風老人日記》第6册,北京大學出版社1986年4月,第2180頁。

② 繆荃孫著:《藝風老人日記》第6册,北京大學出版社1986年4月,第2180頁。

③ 繆荃孫著:《藝風老人日記》第6册,北京大學出版社1986年4月,第2181頁。

④ 《國粹學報》第五年己酉第六號(原第五十五期),宣統元年(1909)五月二十日,"叢談"版,葉一至五。

⑤ 《國粹學報》第六年庚戌第七號(原第六十九期),宣統二年(1910)七月二十日,"叢談"版,葉三至五。

⑥ 《國粹學報》第六年庚戌第八號(原第七十期),宣統二年(1910)八月二十日,"叢談"版,葉六至七。

⑦ 《國粹學報》第六年庚戌第九號(原第七十一期),宣統二年(1910)九月二十日,"叢談"版,葉七至九。

7月20日、8月20日及9月20日;[①]從未提及第55期,至其所標示之各發表日期,皆誤以原刊之舊曆月日爲新曆。

**五月二十八日,先生晤繆荃孫。**[②]

**六月九日,曾孟樸送《越縵文集》至繆荃孫處托轉予先生。**[③]

**六月十二日,先生訪繆荃孫。**[④]

**六月二十一日,先生訪繆荃孫。**[⑤]

**六月二十二日,繆荃孫詣先生談。**[⑥]

**六月二十四日,先生致函繆荃孫,繆氏於其日記中謂先生來函之内容"不可究詰",并以"貪劣二字,其定評也"形容之。**[⑦]

**七月七日,先生訪繆荃孫。**[⑧]

**七月十三日,先生晤繆荃孫。**[⑨]

---

① 林玫儀主編:《詞學論著總目》,臺灣"中央研究院"中國文哲研究所,1995年6月初版,第04161－04163條,第295頁。

② 繆荃孫著:《藝風老人日記》第6册,北京大學出版社1986年4月,第2187頁。

③ 繆荃孫著:《藝風老人日記》第6册,北京大學出版社1986年4月,第2190頁。

④ 繆荃孫著:《藝風老人日記》第6册,北京大學出版社1986年4月,第2191頁。

⑤ 繆荃孫著:《藝風老人日記》第6册,北京大學出版社1986年4月,第2193頁。

⑥ 繆荃孫著:《藝風老人日記》第6册,北京大學出版社1986年4月,第2194頁。

⑦ 繆荃孫著:《藝風老人日記》第6册,北京大學出版社1986年4月,第2194頁。

⑧ 繆荃孫著:《藝風老人日記》第6册,北京大學出版社1986年4月,第2198頁。

⑨ 繆荃孫著:《藝風老人日記》第6册,北京大學出版社1986年4月,第2199頁。

**七月十四日,繆荃孫詣先生談。**①

**七月二十五日,繆荃孫致先生一箋。**②

**七月二十六日,先生訪繆荃孫,贈繆氏《鳳陽府志金石》一本。同日,繆荃孫撰《陶齋臧石記序》。**③

【按】《陶齋臧石記》現署端方所著,實乃先生所編撰者,端方僅領銜而已;而該書之端方自序,則由繆荃孫代筆。

**七月,先生於《國粹學報》發表《吳大安寺鐵鑪攝影全形及銘文題記》。**

據是月《國粹學報》所載"南昌大安寺鐵鑪攝影全形及銘文"之題記:"朱竹垞《曝書亭金石跋尾》、馮柳東《石經閣金石跋文》並箸録。大安寺在南昌府治後……臨桂況夔笙記。"④

**八月六日,先生訪繆荃孫,自繆氏借《王壬秋尺牘》。**⑤

**八月十七日,先生晤繆荃孫。**⑥

**八月,先生於《國粹學報》發表《普賢寺鐵鑪攝影全形題記》。**

據是月《國粹學報》所載"南昌普賢寺鐵鑪攝影"之題記:"此鑪前人金石書未經箸録。普賢寺在江西省城惠民門内,香鑪蓮花

---

① 繆荃孫著:《藝風老人日記》第6册,北京大學出版社1986年4月,第2200頁。

② 繆荃孫著:《藝風老人日記》第6册,北京大學出版社1986年4月,第2202頁。

③ 繆荃孫著:《藝風老人日記》第6册,北京大學出版社1986年4月,第2202–2203頁。

④ 《國粹學報》第五年己酉第七號(原第五十六期),宣統元年(1909)六月二十日,"金石"版。

⑤ 繆荃孫著:《藝風老人日記》第6册,北京大學出版社1986年4月,第2205頁。

⑥ 繆荃孫著:《藝風老人日記》第6册,北京大學出版社1986年4月,第2207頁。

形，鑪下三鐵勇士，頂立爲腳……臨桂況周頤記。”①

**十月，先生助端方編撰之《陶齋臧石記》完稿。**

據端方《陶齋臧石記》自序：“……助余勘定者，則有臨桂況周頤、湘陰龔錫齡、興化李詳、丹徒陳慶年，於例得附書之。宣統元年十月浭陽端方書。”②

【按】李詳與先生交惡之事，實與《陶齋臧石記》之編撰有關，蓋先生於其時乃代繆荃孫領銜主持江楚編譯官書局之總纂，位居李詳之上，而李有不服，故終交惡。

又據端方門人龔錫齡爲是書所撰之卷首序，末署“宣統元年十月門下士湘陰龔錫齡謹識於上海商務印書館”③。

**先生寓南京時，每年必購夜來香。**

據《天春樓漫筆》葉十一：“……十年前，余寓金陵，每年必購夜來香，每年必有螳螂……”④

【按】先生始撰《天春樓漫筆》於辛酉(1921)春，⑤十年前先生寓金陵時，即至大通之前，約即庚戌(1910)或以前。故本譜繫此事於先生赴安徽前。

**約於先生離南京前，曾爲繆荃孫校《藝風堂文續集》。**

據《藝風堂文續集》卷八，末行下端刻“桂林後學況周頤斠字”。

---

① 《國粹學報》第五年己酉第八號(原第五十七期)，宣統元年(1909)七月二十日，“金石”版。

② 端方:《陶齋臧石記》，宣統元年(1909)十月刊行，宣統二年(1910)十月初版，商務印書館發行。

③ 端方:《陶齋臧石記》，卷首序，葉二，宣統元年(1909)十月刊行，宣統二年(1910)十月初版，商務印書館發行。

④ 臨桂況周頤夔笙:《天春樓漫筆》，筆者所藏紉芳宧寫本。

⑤ 蕙風:《餐櫻廡漫筆》，《中報·自由談》，民國十四年(1925)3月13日(乙丑年二月十九日)。詳本譜辛酉年有關《天春樓漫筆》各條。

該書書名葉下牌記曰"庚戌付刻｜癸丑印行"[①]。故知是書於明年庚戌(1910)付刻前已校畢;而先生於是年秋冬間赴安徽,故本譜暫繫先生校書之事於其離南京之前。

**約於是年秋冬間,先生離南京,前赴安徽宣城。**

【按一】據本譜,先生曾於是年八月十七日晤繆荃孫於南京,其後行迹不詳,至十一月二十四日則有信寄抵繆氏,繆氏於十一月二十七日覆信至安徽宣城予先生。故知先生約於是年十一月下旬已抵宣城,而其離南京之日,則應在是年秋冬之間。

【按二】《賴譜》引《趙史》謂先生於翌年庚戌(1910)前後,由金陵赴大通掌榷運,此説有誤。先生實於是年已離南京赴宣城(與大通毗鄰),而於翌年決定於當地留差,詳本譜"宣統二年庚戌(1910)六月十一日"條。

**十一月二十四日,繆荃孫接先生信,其信中"痛詆葛幹庭"[②]。**

**十一月二十七日,繆荃孫發信至安徽宣城予先生。[③]**

**十二月十日,先生遣專人送禮予繆荃孫,繆氏於其日記中謂其"可笑"[④]。**

**十二月十二日,繆荃孫接先生信及《野古集》《肓華集》。[⑤]**

---

① 繆荃孫撰:《藝風堂文續集》題名葉下,卷八葉二十三,《續修四庫全書一五七四·集部·别集類》據庚戌付刻、癸丑印行本影印。

② 繆荃孫著:《藝風老人日記》第6册,北京大學出版社1986年4月,第2235頁。

③ 繆荃孫著:《藝風老人日記》第6册,北京大學出版社1986年4月,第2236頁。

④ 繆荃孫著:《藝風老人日記》第6册,北京大學出版社1986年4月,第2240頁。

⑤ 繆荃孫著:《藝風老人日記》第6册,北京大學出版社1986年4月,第2241頁。

**十二月二十三日，繆荃孫到李貽和處取先生之書四分。①**

**十二月二十九日，繆荃孫接獲先生寄自安徽宣城之信函及蘇書《如意呪》。②**

【按】本條所謂蘇書《如意呪》，應即蘇東坡所書之《如意輪經》。先生所撰之《餐櫻廡隨筆》第五一則云："……宣城縣北門外雙塔寺石刻《如意輪經》（庚戌秋訪獲，石凡二），皆未經鑱削真跡，書勢秀勁絶倫，其它殆不多覯。"③先生之夫人卜娱（一説爲先生托名卜娱）所撰之《織餘瑣述》有云："庚戌秋，蕙風訪獲蘇文忠書《如意輪經》於宣城縣北門外雙壇寺……"④卜娱所記先生訪獲蘇書《如意輪經》之時在庚戌（1910）秋，而繆氏日記則謂於己酉（1909）十二月二十九日已接獲先生所寄之蘇書《如意呪》，或《織餘瑣述》及《餐櫻廡隨筆》後來追記皆有誤，應從繆氏日記；故知先生應於是年秋已訪得此碑。

**十二月三十日，繆荃孫發信至安徽宣城珍珠糖街予先生。⑤**

## 1910 宣統二年 庚戌 五十歲

**二月六日前，先生之《香東漫筆》刻成。**

---

① 繆荃孫著：《藝風老人日記》第6册，北京大學出版社1986年4月，第2245頁。

② 繆荃孫著：《藝風老人日記》第6册，北京大學出版社1986年4月，第2247頁。

③ 況周頤著，張繼紅點校：《餐櫻廡隨筆》，《民國筆記小説大觀》第1輯第4册，山西古籍出版社1995年12月第1版，第33－34頁。

④ 況卜娱著：《織餘瑣述》卷下，葉十四，己未（1919）十月仿聚珍版排印本。

⑤ 繆荃孫著：《藝風老人日記》第6册，北京大學出版社1986年4月，第2247頁。

【按一】《香東漫筆》作者署名"臨桂況周頤𧔨遯記"(卷第一及第二之卷首),已避溥儀諱;又該書卷第一葉二十至二十一中曾述及《陶齋臧石記》内容,又嘗記丁未、戊申(1907－1908)間事,故是書當刻成於宣統嗣位(光緒三十四年戊申(1908)十月二十一日)以後。

【按二】據本譜"二月六日""二月七日""二月十日""二月十六日"各條,可推知《香東漫筆》刻成於是年二月六日以前。

**二月六日,先生遣專人送信及《續記》予繆荃孫,繆氏即覆之。**①

【按】先生此前所撰之《阮盦筆記》刻成於丁未(1907)年。繆荃孫所謂之《績記》,其意或即先生所續撰之筆記,即《香東漫筆》也。

**二月七日,繆荃孫送先生所刻書予徐乃昌。**②

【按一】據本譜是年"二月六日前"條之按語,先生近期所刻之新著,僅有《香東漫筆》耳。

【按二】本譜是年"二月十六日"條載,繆氏又送《香東漫筆》予金武祥,故知徐乃昌所得之書,亦應爲《香東漫筆》。

**二月八日晚,繆荃孫得知先生薪水尚在。**③

**二月十四日,繆荃孫發信予先生。**④

---

① 繆荃孫著:《藝風老人日記》第6册,北京大學出版社1986年4月,第2259頁。

② 繆荃孫著:《藝風老人日記》第6册,北京大學出版社1986年4月,第2260頁。

③ 繆荃孫著:《藝風老人日記》第6册,北京大學出版社1986年4月,第2260頁。

④ 繆荃孫著:《藝風老人日記》第6册,北京大學出版社1986年4月,第2262頁。

**二月十六日，繆荃孫於常州送《香東漫筆》予金武祥。①**

**三月五日，繆荃孫接先生信。②**

**三月二十日起，先生所撰之《香東漫筆》始載於《國粹學報》"叢談"版，至是年九月二十日載畢。**

據筆者查考，先生之《香東漫筆》，連載於《國粹學報》第六十五期、③六十六期、④六十七期、⑤六十八期、⑥六十九期、⑦七十期、⑧七十一期。⑨

【按】《詞學論著總目》載，先生之《香東漫筆》刊於第65－71期之《國粹學報·叢談》，出版日期分別爲新曆1910年3月至9月每月之20日。⑩其所標示之各發表日期，誤以原刊之舊曆

① 繆荃孫著：《藝風老人日記》第6册，北京大學出版社1986年4月，第2263頁。

② 繆荃孫著：《藝風老人日記》第6册，北京大學出版社1986年4月，第2268頁。

③ 《國粹學報》第六年庚戌第三號（原第六十五期），宣統二年（1910）三月二十日，"叢談"版，葉一至六。

④ 《國粹學報》第六年庚戌第四號（原第六十六期），宣統二年（1910）四月二十日，"叢談"版，葉一至三。

⑤ 《國粹學報》第六年庚戌第五號（原第六十七期），宣統二年（1910）五月二十日，"叢談"版，葉一至四。

⑥ 《國粹學報》第六年庚戌第六號（原第六十八期），宣統二年（1910）六月二十日，"叢談"版，葉一至三。

⑦ 《國粹學報》第六年庚戌第七號（原第六十九期），宣統二年（1910）七月二十日，"叢談"版，葉一至二。

⑧ 《國粹學報》第六年庚戌第八號（原第七十期），宣統二年（1910）八月二十日，"叢談"版，葉一至五。

⑨ 《國粹學報》第六年庚戌第九號（原第七十一期），宣統二年（1910）九月二十日，"叢談"版，葉一至六。

⑩ 林玫儀主編：《詞學論著總目》，臺灣"中央研究院"中國文哲研究所1995年6月初版，第04154－04160條，第294－295頁。

月日爲新曆。

**五月二十日，繆荃孫接先生寄自安徽宣城之信，又接獲先生電報。**[①]

**五月二十一日，先生遣專人送“拚瓶宣運”宣紙拓本予繆荃孫。**[②]

**五月二十二日，繆荃孫發先生信，交先生家人帶回。**[③]

**五月三十日，繆荃孫接先生寄自安徽宣城之信。**[④]

**六月二日，繆荃孫發信往安徽宣城予先生。**[⑤]

**六月十一日，繆荃孫接先生回信，先生於信中云將留差於安徽宣城。**[⑥]

【按一】《廣西一覽》[⑦]及《臨桂縣志》[⑧]皆載先生曾任“安徽甯國府鹽厘督辦”一職。甯國府，位於安徽宣城；先生致繆荃孫信中云將“留差”，或即就任此職；待考。

【按二】《趙史》并未提及先生曾至宣城之事，但云先生“遂入江督端忠敏公幕，旋至大通掌榷運，至辛亥十月，鼎革，始來上

① 繆荃孫著：《藝風老人日記》第6册，北京大學出版社1986年4月，第2289頁。

② 繆荃孫著：《藝風老人日記》第6册，北京大學出版社1986年4月，第2289－2290頁。

③ 繆荃孫著：《藝風老人日記》第6册，北京大學出版社1986年4月，第2290頁。

④ 繆荃孫著：《藝風老人日記》第6册，北京大學出版社1986年4月，第2292頁。

⑤ 繆荃孫著：《藝風老人日記》第6册，北京大學出版社1986年4月，第2292頁。

⑥ 繆荃孫著：《藝風老人日記》第6册，北京大學出版社1986年4月，第2294頁。

⑦ 《廣西一覽·歷代名人志略》，轉引自況周頤撰，屈興國輯注《蕙風詞話輯注》，江西人民出版社2000年10月第1版，第650頁。

⑧ 臨桂縣志編纂委員會編：《臨桂縣志》，方志出版社1996年10月第1版，第798頁。

海"，又云"辛亥九月，先生在大通榷運局"。大通乃清末安徽四大商埠之一，鄰近宣城甯國府；至於大通榷運局，則爲當地掌管鹽運之官署。故本譜推斷，所謂先生曾任職"安徽甯國府鹽厘督辦"，與"在大通掌榷運"，一云"督辦"，一云"掌"，或爲同一事，蓋兩者皆與鹽務有關，而大通與甯國府亦相鄰也。

【按三】《黄譜》以先生於辛亥(1911)年至大通掌榷運，未確。《孫譜》及《馬譜》皆以端方於去年己酉(1909)調任直隸總督，先生難以繼在南京立足爲由，故繫至大通掌榷運一事於去年，亦未盡確。[詳上按語及本譜己酉(1909)約於是年秋冬間條。]

**七月九日，繆荃孫接先生信，信中附寄十元予繆氏。**①

**七月十日，繆荃孫發信往宣城予先生。**②

**七月二十日，先生所撰之《蘭雲菱夢樓筆記》續載於《國粹學報》"叢談"，至是年九月二十日載畢。**

據筆者查考，先生之《蘭雲菱夢樓筆記》，連載於《國粹學報》第五十五期、③六十九期、④七十期、⑤七十一期。⑥

【按】《詞學論著總目》僅載先生之《蘭雲菱夢樓筆記》刊於第

---

① 繆荃孫著:《藝風老人日記》第6册，北京大學出版社1986年4月，第2302頁。

② 繆荃孫著:《藝風老人日記》第6册，北京大學出版社1986年4月，第2302頁。

③ 《國粹學報》第五年己酉第六號(原第五十五期)，宣統元年(1909)五月二十日，"叢談"版，葉一至五。

④ 《國粹學報》第六年庚戌第七號(原第六十九期)，宣統二年(1910)七月二十日，"叢談"版，葉三至五。

⑤ 《國粹學報》第六年庚戌第八號(原第七十期)，宣統二年(1910)八月二十日，"叢談"版，葉六至七。

⑥ 《國粹學報》第六年庚戌第九號(原第七十一期)，宣統二年(1910)九月二十日，"叢談"版，葉七至九。

69－71期之《國粹學報·叢談》,出版日期分别爲新曆1910年7月20日、8月20日及9月20日;①漏載第55期,至其所標示之各發表日期,皆誤以原刊之舊曆月日爲新曆。學者須慎察之。

**十月二十日,先生所撰之《蕙風簃隨筆》始載於《國粹學報》“叢談”,并於是年十一月二十日、十二月二十日續載,翌年八月二十日載畢。**

據筆者查考,先生之《蕙風簃隨筆》卷弟一,連載於《國粹學報》第七十二期、②七十三期、③七十四期,④卷弟二於第八十二期。⑤

【按一】《國粹學報》本之《蕙風簃隨筆》,筆者據之與《蕙風叢書》本互校,乃知前者僅爲選刊本而已。

【按二】《詞學論著總目》載,先生之《蕙風簃隨筆》見刊於第72－74、82期之《國粹學報·叢談》,出版日期分别爲新曆1910年10月20日、11月20日、12月20日及1911年(不著月日)。⑥其所標示之各發表日期,誤以原刊之舊曆月日爲新曆。

---

① 林玫儀主編:《詞學論著總目》,臺灣“中央研究院”中國文哲研究所1995年6月初版,第04161－04163條,第295頁。

② 《國粹學報》第六年庚戌第十號(原第七十二期),宣統二年(1910)十月二十日,“叢談”版,葉一至四。原刊目録有誤,將《蕙風簃隨筆》誤作《香東漫筆》,見該期目録頁。

③ 《國粹學報》第六年庚戌第十一號(原第七十三期),宣統二年(1910)十一月二十日,“叢談”版,葉一至四。

④ 《國粹學報》第六年庚戌第十二號(原第七十四期),宣統二年(1910)十二月二十日,“叢談”版,葉一至三。

⑤ 《國粹學報》第七年辛亥第八號(原第八十二期),宣統三年(1911)八月二十日,筆者據(揚州)廣陵書社2006年重印之《國粹學報》第十六册該期之“叢談”版,第10113－10123頁;筆者又據香港大學馮平山圖書館特藏期刊之《國粹學報》原刊(有配補)本,第八十二期,第5939－5949頁(封面有“辛亥　第七年｜第八十二期”字樣)。

⑥ 林玫儀主編:《詞學論著總目》,臺灣“中央研究院”中國文哲研究所1995年6月初版,第04133－04136條,第293頁。

**十月，先生所撰之《宋詞媛朱淑真事略》及《玉楳後詞》先後刊於《香豔叢書》第七集①及第八集。②**

【按一】《宋詞媛朱淑真事略》刊於《香豔叢書》之本，并無署作者姓名；筆者據《香海棠館詞話》之"淑真事略"條校之，③乃知其確爲先生之舊作。先生原撰淑真事略一事，請參本譜"壬辰(1892)年二月回京之後"條。

【按二】《賴譜》據《香豔叢書》蟲天子宣統元年十二月八日序，定先生之《玉楳後詞》刊入《香豔叢書》之年月爲己酉(1909，賴氏誤書爲乙酉)十二月。

**約是年(最遲至翌年)，先生曾參閱葉銘所輯之《廣印人傳》十六卷。**

據《廣印人傳》刻有十八位參閱者籍貫及姓名，依次爲汪厚昌、胡钁、張鳴珂、吳俊卿、王壽祺、吳隱、繆荃孫、徐熙、趙慈壆、丁仁、費硯、況周頤、河井仙郎、王毓岱、周德華、吳仁禧、蔡文及丁上左。④

又據該書之宣統二年秋九月汪厚昌叙、庚戌十月所刻葉舟小像、宣統庚戌吳隱叙、辛亥上巳陳去病序等。⑤ 本譜因繫此事於是年至翌年間。

---

① 國學扶輪社校輯：《香豔叢書》第7集卷三，葉二十一至二十三，上海中國圖書公司和記印行，庚戌年(1910)十月初版，民國三年八月五版。

② 國學扶輪社校輯：《香豔叢書》第8集卷二，葉十一至十三，上海中國圖書公司和記印行，庚戌年(1910)十月初版，中華民國三年八月五版。

③ 臨桂況周儀夔笙：《香海棠館詞話》，葉四至七(第18則)，《蕙風叢書》第11册，上海中國書店藏版，丙寅(1926)四月刊本。

④ 仁和葉銘葉舟輯：《廣印人傳》，西泠印社"印學"叢書，宣統庚戌至辛亥間刻本。

⑤ 仁和葉銘葉舟輯：《廣印人傳》，西泠印社"印學"叢書，宣統庚戌至辛亥間刻本。

## 1911 宣統三年 辛亥 五十一歲

**三月六日，先生遣專人黄鏡蓉送禮及信予繆荃孫。①**

**三月八日，黄鏡蓉自繆荃孫處取其致先生之回信。②**

**五月二日，繆荃孫發信予先生。③**

**五月十六日，繆荃孫閱先生信。④**

**六月七日，繆荃孫發信予先生。⑤**

**七月二十五日，繆荃孫接先生信，即覆之。⑥**

**八月二十日，繆荃孫發信予先生。⑦**

**九月，先生仍在安徽大通榷運局。辛亥革命之後，至翌年三月間，先生或因事留於安徽，仍居宣城珍珠塘街寓所。**

據《趙史》："直至辛亥九月，先生在大通榷運局。……"⑧

---

① 繆荃孫著：《藝風老人日記》第6册，北京大學出版社1986年4月，第2367頁。

② 繆荃孫著：《藝風老人日記》第6册，北京大學出版社1986年4月，第2367頁。

③ 繆荃孫著：《藝風老人日記》第6册，北京大學出版社1986年4月，第2382頁。

④ 繆荃孫著：《藝風老人日記》第6册，北京大學出版社1986年4月，第2386頁。

⑤ 繆荃孫著：《藝風老人日記》第6册，北京大學出版社1986年4月，第2392頁。

⑥ 繆荃孫著：《藝風老人日記》第6册，北京大學出版社1986年4月，第2413頁。

⑦ 繆荃孫著：《藝風老人日記》第6册，北京大學出版社1986年4月，第2419頁。

⑧ 趙尊嶽：《蕙風詞史》，見《詞學季刊》第1卷第4號，澳門海外圖書出版社1967年再版發行本，第79頁。

又據《藝風老人日記》"壬子年二月二十日"條所記,該日曾收先生寄自安徽宣城珍珠糖街之信。①

又據《藝風老人日記》"壬子年四月七日"條,有謂先生自宣城至上海,於該日到訪。②

【按一】本譜據上述資料,推論先生於辛亥革命後,至翌年三月間,應尚在安徽宣城,仍未至上海。

【按二】《趙史》云"直至辛亥九月,先生在大通榷運局,聞警來滬,即居滬瀆"③,又云先生"旋至大通掌榷運,至辛亥十月鼎革,始來上海"④。《趙史》意謂先生任職大通榷運局,直至辛亥鼎革之後,始移居滬上,僅叙明先生行實之先後次序,非指先生於是年十月至上海也。

【按三】《黄譜》《丁譜》《賴譜》《孫譜》《馬譜》皆引用《趙史》所言,將先生至上海一事,繫於1911年辛亥革命前後,實屬誤讀《趙史》之失也。

## 1912 民國元年 壬子 五十二歲

**二月十九日,繆荃孫接先生信。⑤**

---

① 繆荃孫著:《藝風老人日記》第6册,北京大學出版社1986年4月,第2463頁。

② 繆荃孫著:《藝風老人日記》第6册,北京大學出版社1986年4月,第2477頁。

③ 趙尊嶽:《蕙風詞史》,見《詞學季刊》第1卷第4號,澳門海外圖書出版社1967年再版發行本,第79頁。

④ 趙尊嶽:《蕙風詞史》,見《詞學季刊》第1卷第4號,澳門海外圖書出版社1967年再版發行本,第76頁。

⑤ 繆荃孫著:《藝風老人日記》第6册,北京大學出版社1986年4月,第2463頁。

**二月二十日，繆荃孫收先生寄自安徽宣城珍珠糖街之信。**①

**四月七日或稍前，先生到上海。**

據《藝風老人日記》是年“四月七日”條，謂先生自宣城至上海，於是日到訪。②故先生應於是日或稍前，已抵上海。

又據《餐櫻詞自序》：“……壬子以還，辟地滬上，與漚尹以詞相切礲，漚尹守律綦嚴，余亦恍然，嚮者之失……”③

【按】《孫譜》以此資料及《趙史》所云“移居東有恒路。時朱彊邨侍郎即居德裕里，衡宇相望，過從甚頻，酬唱之樂，時復得之”④，證先生於是年“與朱祖謀遊”。唯本譜認爲此二條資料，仍不足以證明先生“與朱祖謀遊”必自壬子(1912)始。蓋壬子以還，意即壬子以後，未必自壬子始也。查況、朱二人之詞作及交游史料(如《藝風老人日記》等)，并未見有二人於是年交往之直接證據，故本譜頗疑二人在滬之交游，或始自翌年癸丑(1913)。

又據《繪芳詞·題詞》之《高陽臺》“春女花身”詞序：“歲在壬子，避地海隅……”⑤

【按一】如上所據，先生曾不止一次自記其至上海之年份爲壬子(1912)年，但未提及日月；而繆荃孫之日記“壬子四月七日”條云先生自宣城來訪，故本譜推知先生應於是日或之前不久

---

①　繆荃孫著：《藝風老人日記》第6册，北京大學出版社1986年4月，第2463頁。

②　繆荃孫著：《藝風老人日記》第6册，北京大學出版社1986年4月，第2477頁。

③　臨桂況周頤夔笙：《餐櫻詞》，葉一，《第一生修梅花館詞》弟七，《蕙風叢書》第12册，上海中國書店藏版，丙寅(1926)四月刊本。

④　趙尊嶽：《蕙風詞史》，見《詞學季刊》第1卷第4號，澳門海外圖書出版社1967年再版發行本，第79頁。

⑤　玉梅詞隱撰録：《繪芳詞》，中華圖書館印行，民國四年六月出版。

抵達上海，因繫此事於是年四月七日或稍前。

【按二】《趙史》云"直至辛亥九月，先生在大通榷運局，聞警來滬，即居滬瀆"①，又云先生"旋至大通掌榷運，至辛亥十月，鼎革，始來上海"②。《趙史》意謂先生任職大通榷運局，直至辛亥鼎革之後，始移居滬上，僅敘明先生行實之先後次序，非指先生於辛亥革命後十月至上海也。

【按三】《黄譜》《丁譜》《賴譜》《孫譜》《馬譜》皆引用《趙史》所言，將先生至上海一事，繫於1911年辛亥革命前後，實屬誤讀《趙史》之失也。

**四月七日，先生自安徽宣城至上海，訪繆荃孫。③**

**四月八日，繆荃孫致先生一柬。④**

**四月十一日，繆荃孫詣先生談。晚，先生應鄧秋湄約，與繆荃孫、李詳、袁承業、李曉暾、王壽軒同宴席於半齋。⑤**

**四月十七日，繆荃孫訪先生，未晤。⑥**

**四月十九日，繆荃孫詣先生談。⑦**

---

① 趙尊嶽：《蕙風詞史》，見《詞學季刊》第1卷第4號，澳門海外圖書出版社1967年再版發行本，第79頁。

② 趙尊嶽：《蕙風詞史》，見《詞學季刊》第1卷第4號，澳門海外圖書出版社1967年再版發行本，第76頁。

③ 繆荃孫著：《藝風老人日記》第6册，北京大學出版社1986年4月，第2477頁。

④ 繆荃孫著：《藝風老人日記》第6册，北京大學出版社1986年4月，第2477頁。

⑤ 繆荃孫著：《藝風老人日記》第6册，北京大學出版社1986年4月，第2478頁。

⑥ 繆荃孫著：《藝風老人日記》第6册，北京大學出版社1986年4月，第2480頁。

⑦ 繆荃孫著：《藝風老人日記》第6册，北京大學出版社1986年4月，第2480頁。

四月二十四日，繆荃孫還《花草粹編》予先生，先生交繆氏三十元。①

四月二十八日，繆荃孫詣先生談，并送還張綸英書及《藏書紀事詩》未印本。②

四月二十九日，繆荃孫接先生便條。③

五月六日，先生訪繆荃孫，未晤。④

五月八日，先生自繆氏借《倚聲初集》《朱竹垞詞》。⑤

五月十日，繆荃孫詣先生，并借予先生《荆谿詞》《留雲借月盦詩》《明湖四客詞》《珂雪詞》《張鴻卓詞》。⑥

五月十一日，繆荃孫送《姚梅伯詞》予先生，并自先生取回二十元。⑦

五月十七日，先生訪繆荃孫。同日，先生還《曝書亭詞》《三十六夫容行館詞》《留雲借月盦詩》予繆氏。⑧

---

① 繆荃孫著:《藝風老人日記》第6册，北京大學出版社1986年4月，第2482頁。

② 繆荃孫著:《藝風老人日記》第6册，北京大學出版社1986年4月，第2483頁。

③ 繆荃孫著:《藝風老人日記》第6册，北京大學出版社1986年4月，第2483頁。

④ 繆荃孫著:《藝風老人日記》第6册，北京大學出版社1986年4月，第2485頁。

⑤ 繆荃孫著:《藝風老人日記》第6册，北京大學出版社1986年4月，第2486頁。

⑥ 繆荃孫著:《藝風老人日記》第6册，北京大學出版社1986年4月，第2486頁。

⑦ 繆荃孫著:《藝風老人日記》第6册，北京大學出版社1986年4月，第2487頁。

⑧ 繆荃孫著:《藝風老人日記》第6册，北京大學出版社1986年4月，第2488－2489頁。

五月二十一日，繆荃孫面交先生《西山功德記》。[①]

五月二十二日，先生借《秦淮感舊集》予繆荃孫；二人談近事，繆氏覺“頗有用”[②]。

五月二十五日，繆荃孫詣先生談，先生借《藝苑筆記》予繆氏。[③]

五月二十六日，先生招繆荃孫飲，獲繆氏歸還《藝苑筆記》。[④]

六月十二日，先生訪繆荃孫。[⑤]

六月十五日，繆荃孫送書板及《雲自在龕小叢書》予先生。[⑥]

六月十九日，先生自繆荃孫取繆氏寄賣之書去。[⑦]

六月三十日前，已撰成《詠美人詞》十六闋，并托名周夔編入《繪芳詞》。

據玉楳詞隱撰録之咏美人詞集《繪芳詞》中，録有署名“今周夔石黼”之詞作共十六闋。[⑧]

又據《眉廬叢話》有云：“始安周笙頤（夔），撰録宋已來詠美人詞

① 繆荃孫著：《藝風老人日記》第6册，北京大學出版社1986年4月，第2490頁。

② 繆荃孫著：《藝風老人日記》第6册，北京大學出版社1986年4月，第2490頁。

③ 繆荃孫著：《藝風老人日記》第6册，北京大學出版社1986年4月，第2491頁。

④ 繆荃孫著：《藝風老人日記》第6册，北京大學出版社1986年4月，第2491頁。

⑤ 繆荃孫著：《藝風老人日記》第6册，北京大學出版社1986年4月，第2495頁。

⑥ 繆荃孫著：《藝風老人日記》第6册，北京大學出版社1986年4月，第2496頁。

⑦ 繆荃孫著：《藝風老人日記》第6册，北京大學出版社1986年4月，第2497頁。

⑧ 玉梅詞隱撰録：《繪芳詞》，中華圖書館印行，民國四年六月出版。

爲《寸瓊詞》,得一百七十闋,凡前人未備之題,皆自作以補之。"①

又據《趙史》:"《繪芳詞》撰録古今咏美人詞,自髮迄影,几百餘闋。有前人所未賦者,先生爲補撰之,題曰'周夔',又有託卜娱之名者。"②

【按一】先生(署名蕙風)之《繪芳詞題詞》《高陽臺》"春女花身"詞序云:"歲在壬子,避地海隅,立秋後四日,輯《繪芳詞》成……"③故知集中之周夔詞作,亦撰成於是年立秋後四日(即六月三十日)之前。

【按二】《繪芳詞》指周夔爲今人(即民國當代人),字石鮨。而《眉廬叢話》則謂周夔字笙頤,籍貫始安;又謂其撰録之詞集名爲《寸瓊詞》,蓋故弄玄虚之語也。《眉廬叢話》所録出之周夔咏美人詞,大抵與《繪芳詞》所載者同,故知所謂《寸瓊詞》,或即《繪芳詞》之匿稱。

【按三】《眉廬叢話》云周夔字笙頤,實即周頤、夔笙之顛倒。其又云周夔爲始安人,乃進一步暗喻周夔之真正身分。西漢元鼎六年(前 111 年),朝廷於今之桂林市地,設始安縣,故知始安乃先生籍貫之古稱。

【按四】《繪芳詞》集内十六闋周夔詞作中,《定風波・美人渦》《白蘋香・美人肩》及《風流子・美人臂》三闋,已見收於先生少年時之詞集《養清書屋存悔詞》及香海棠館刻本《存

---

① 蕙風:《眉廬叢話》,《東方雜誌》1915 年第 12 卷第 7 號,第 20 頁。

② 趙尊嶽:《蕙風詞史》,見《詞學季刊》第 1 卷第 4 號,澳門海外圖書出版社 1967 年再版發行本,第 80 頁。

③ 玉梅詞隱撰録:《繪芳詞》,中華圖書館印行,民國四年六月出版,見卷首題詞。

悔詞》内,①亦可證先生托名周夔之説。

【按五】先生之好友徐珂,亦嘗疑周夔乃先生之化名;其《仲可筆記》有云:"況夔笙前輩周頤所撰《眉廬叢話》行世,有周笙頤詠天足之《念奴嬌》詞。笙頤二字下,注'夔'字,蓋笙頤之名也,或疑爲前輩之化名。"②

【按六】加以《趙史》所記,故可確信,周夔爲先生之托名,而《寸瓊詞》即《繪芳詞》也。

【按七】《繪芳詞》集中,周夔詞除三闋已入先生個人詞集外,其餘十三闋爲先生之散佚詞作,現録如下:

《菩薩蠻·美人辮髮》:"同根三綹青絲綰,絲絲比竝情長短。背立畫圖中,巫雲一段鬆。　　衫羅防污(去)卻,巧製烏綾托,私問上鬟期,平添阿母疑。"

《減字浣溪沙·美人脣》:"記向瑶窗寫韻成,重輕音裏識雙聲(自注:五音唯脣分輕重音),石榴嬌欲競珠櫻(自注:唐僖宗時競妝,脣有石榴嬌、嫩吴香、半邊嬌、萬金紅、聖檀心、露珠兒、内家員、天宫巧、淡紅心、猩猩暈等名)。　　笛孔膩分脂暈浥,繡絨香帶唾花凝。憐卿吻合是深情。"

《沁園春·美人舌》:"慧茁心苗,欲度靈犀,温馨自然。恰鸚簾客去,香留茶釅。鸞箋句秀(姜夔詞:象筆鸞箋,甚而今不道秀句),粲説花妍。金籥深扃(黄庭經:玉筬金籥身完堅。金籥,舌也),玉津密漱,消得神方長駐顔。圍曾解,羨瀾翻清辯,巾幗儀連(李白詩:笑吐張儀舌。又:誰云秦軍衆,摧卻仲連舌)。　　簪花格,最嬋

---

① 悔道人夔笙未定草:《養清書屋存悔詞》,葉十三至十四,光緒己卯(1879)刻本。又見於臨桂況周儀夔笙著《存悔詞》,葉十至十一,光緒丁亥(1887)仲秋,香海棠館刻本。

② 徐珂著:《康居筆記匯函》(一),《民國筆記小説大觀》(第3輯),山西古籍出版社1997年7月第1版,第207頁。

娟,更妙吮香毫越恁圓。甚小玉偏饒,幽懷易洩;阿(入)侯乍學,泥(去)語輕憐。一角溪山,廣長真諦(蘇軾《贈東林長老》詩:溪聲便是廣長舌,山色寧非清浄身),衹在紅樓斜照邊。閒憑弔,憶楚宫淒怨,捫竟三年(詩:莫捫朕舌)。”

《減字浣溪沙·美人頸》:“延秀雒川鶴未翔(《洛神賦》:延頸秀項。又:余朝京師,還濟洛川。又:竦輕軀以鶴立,若將飛而未翔),蝤蠐玉映鏡中妝,低垂膩粉卻羞郎。　書雁遲迴勞引望,綉鴛偎傍慣交相。溜釵情味蟬鬢香。”

《鳳凰臺上憶吹簫·美人胸》:“酥嫩雲饒(李洞詩:半胸酥嫩白雲饒),蘭薰粉著(韓偓詩:粉著蘭胸雪壓梅),羅裙半露還藏(周濆詩:漫束羅裙半露胸)。乍領巾微褪(庾信《春賦》:穿珠貼領巾),一縷幽香。依約玉山高竝(杜甫詩:玉山高竝兩峯寒),皚皚雪,宛在中央。難消遣,填膺别恨(《説文》:膺,胸也),積臆春傷(《釋名》:胸,臆也)。　閨房。别饒光霽,衹風月叨陪,僥倖檀郎(黄山谷曰:茂叔胸中灑落,如光風霽月)。更三生慧業,錦繡羅將。云是埽眉才子,渾不讓,列宿文章(李賀詩:云是西京才子,文章鉅公,二十八宿列心胸,元精耿耿貫當中)。論(平)邱壑(楊萬里詩:何日來同邱壑胸),遥山澹濃,占斷眉場(秦韜玉《貧女》詩:不把雙眉鬭畫場)。”

《減字浣溪沙·美人腹》:“妙相規前寫秘辛(漢《雜事秘辛》:規前方後,腹與背也),圓肌粉緻麝臍温,個中常滿玉精神。　郎若推心誰與置,天教貯恨不堪捫(蘇軾詩:散步消遥自捫腹),輖飢可奈别經春。”

《白蘋香·美人腹》:“屬稿未須鳳紙,兜羅穩稱瓊肌。宣文艷説女宗師,不數便便經笥。　玉抱香詞慣倚(自注:詞名有《玉抱肚》),珠胎消息還疑。畫眉也不合時宜,約略檀奴風味。”

《減字浣溪沙·美人臍》:“可可珠容半寸餘(《雜事秘辛》:臍容半寸許珠),麝薰温膩較何如。帶羅微勒惜凝酥。　酒到暫能酡絳靨(《世説》:桓温有主簿善别酒,好者謂青州從事,惡者謂平原督郵。青州有齊郡,平原有鬲縣;從事言好酒到臍,督郵言惡酒在鬲上住。陸游詩:且泥杯中酒到臍),藥香長藉煖瓊膚(蘇軾詩:留氣煖下臍。自注:今藥肆有煖臍膏),夢中日入叶禎符(《晉書》:南燕慕容德母,夢日入臍生德,額有日角偃月重文,年未弱冠,博觀羣書,性情清慎多才藝)。"

《念奴嬌·今美人足》云:"踏花行遍,任匆匆,不愁香徑苔滑。六寸圓膚天然秀(韓偓詩:六寸圓膚光緻緻),穩稱身材玉立。韈不生塵,版還參玉,二妙兼香潔。平頭軟繡,鳳翹無此甯貼。花外來上鞦韆,那須推送,曳起湘裙摺。試昉鞵杯傳綺席,小户料應愁絶。弟一銷魂,温存鴛被底,柔如無骨。同偕讖好,向郎乞(作平)借吟舄。"

《減字木蘭花·美人骨》:"陽秋皮裏,何止肉匀肌理膩(杜甫《麗人行》:肌裏細膩骨肉匀)。玉瑩(去)冰清,無俗偏宜百媚生(王貞白詩:念予無俗骨。蘇軾詩:俗骨變换顔如葩)。　銀屏讀曲,藥店飛龍爲誰出(宋《讀曲歌》:飛龍落藥店,骨出只爲汝)。坦腹才難,消得文章比建安。"

《金縷曲·美人骨》:"畫筆應難到,稱冰肌,清涼無汗,摩訶秋早(東坡《洞仙歌》詞:'冰肌玉骨,自清涼無汗';歇拍云:'但屈指、西風幾時來,又不道、流年暗中偷换。'乃足成蜀主孟昶與花蕊夫人摩訶池上避暑之作)。妙像應圖天然秀(《洛神賦》:'骨像應圖。'《神女賦》曰:'骨法多奇,應君之相。'應圖,應畫圖也),難得神清更好。憐瑑子,掌中嬌小,不把畫場雙眉鬪。恰青衫,未抵紅裙傲。論高格,九仙抱。　嗤他皮相爭顰笑,漫魂消,花柔疑没(《宣和畫譜》:黄荃有没骨花枝圖。《圖畫見聞志》:徐崇嗣畫没骨圖,以其無筆墨骨氣而名之,但取濃麗生態),肉匀足冒(漢《雜事秘辛》:肉足冒骨)。可奈相思深如刻,瘦損香桃多少?怕玉比瓏瓏難肖,知己半生除紅粉,莫艱難,市駿金臺道。祇無俗,是同調。”

《減字浣溪沙·美人肉》:“絲竹平章總不如,屏風誰列十眉圖(自注:楊國忠冬月令美姬環之,名肉屏風),收藏慣貼是郎書。似燕瘦纔能冒骨,如環豐卻不垂腴,鷄頭得似軟温無?”

《滿庭芳·美人色》:“倚醉微赬,佯羞淺絳,相映妒煞桃花(崔護詩:人面桃花相映紅)。豔名增重,顰莫傚西家(王維詩:豔色天下重,西施甯久微;又:持謝鄰家子,傚顰安可希)。旭日鯱窗穿照,光豔射,和雪朝霞(漢《雜事秘辛》:時日晷薄晨,穿照鯱窗,光送著瑩面上,如朝霞和雪豔射,不能正視)。東風裏,紅紅翠翠,生怕繡簾遮。嫌他(自注:方言讀若塔,平聲)脂粉污(去),蛾眉淡掃(張祜詩:卻嫌脂粉污顔色,淡掃蛾眉朝至尊),芳澤無加(《洛神賦》:芳澤無加,鉛華弗御)。更佳如秋菊(陶潛詩:秋菊有佳色),鮮若晨葩(束皙《補白華》:鮮侔晨葩,莫之點辱)。任爾芙蓉三變,濃和澹,莫漫驚誇。蘭閨静,秀餐長飽,相對茜窗紗。”①

【按八】《繪芳詞》另録有今卜娱(清歡閨秀)所賦《醉春風·今美人足》:“頻换紅幫樣,低展湘裙浪。鄰娃偷覰短和長,放放放。檀郎雅謔,戲書尖字,道儂真相。　　步步嬌無恙,何必蓮鉤昉。登登響屧畫樓西,上上上。年時記得,扶教(平)小玉,畫闌長傍。”②據《趙史》所言,先生於《繪芳詞》中,亦有托名其夫人卜娱之作,故此詞或亦先生之佚詞,亦未可知。③

---

① 以上13闋詞,見玉梅詞隱撰録:《繪芳詞》,中華圖書館印行,民國四年六月出版。另可參考鄭煒明撰輯《蕙風散佚詞輯考》,香港大學饒宗頤學術館出版,第13-27頁。

② 玉梅詞隱撰録《繪芳詞》卷下,葉七,中華圖書館印行,民國四年六月出版。

③ 拙編《蕙風散佚詞輯考》列入存疑之類。鄭煒明撰輯:《蕙風散佚詞輯考》,香港大學饒宗頤學術館出版,第124-125頁。

**六月三十日，輯成《繪芳詞》，賦《高陽臺》"春女花身"以當楔子。**

據《高陽臺》"春女花身"詞序："歲在壬子，避地海隅，立秋後四日，輯《繪芳詞》成，漫拈一闋，以當楔子。"①

【按一】是年壬子(1912)立秋日在六月二十六日，其後四日即六月三十日。

【按二】《繪芳詞》今見有民國四年(乙卯，1915)六月(上海)中華圖書館印行本。

【按三】此《高陽臺》詞，先生自署蕙風，後附詩三首。此詞及附詩亦見收入先生約於甲寅(1914)年四月下旬編定之《二雲詞》集中，唯略去詞序，而題曰"自題《繪芳詞》(撰録古今詠美人詞，自髮迄影，得百數十闋)"②。

【按四】《趙史》云："乙丑之後，項城秉國，已有僭位之思。時先生輯《繪芳詞》成，媵以小詩，有云：'傾城傾國談何易？爲雨爲雲事可哀！'即隱詆之也。"③乙丑(1865或1925)應爲乙卯(1915)之誤，或一時失校。《繪芳詞》或編成於壬子，乙卯則爲此集之印行年份。至所云之小詩，亦《高陽臺》三附詩之一，最早應成於壬子(1912)六月三十日賦《高陽臺》時，最遲則於甲寅(1914)四月編定《二雲詞》時已有之(參本條【按三】)，故其與《趙史》所謂先生隱詆袁世凱有僭位之思之時間，并不吻合，且詩意亦頗不類也。趙氏或有所誤箋。

【按五】《賴譜》以《高陽臺》詞於《二雲詞》集内之次序，繫先生

---

① 玉梅詞隱撰録：《繪芳詞》，中華圖書館印行，民國四年六月出版，見卷首題詞。

② 臨桂況周頤夔笙：《二雲詞》，葉三至四，《弟一生修梅花館詞》弟六，《蕙風叢書》第11册，上海中國書店藏版，丙寅(1926)四月刊本。

③ 趙尊嶽：《蕙風詞史》，見《詞學季刊》第1卷第4號，澳門海外圖書出版社1967年再版發行本，第80頁。

輯《繪芳詞》一事於翌年癸丑(1913),未確。《馬譜》謂《繪芳詞》成於民國丁巳(1917)年,不知何據。

【按六】先生編《高陽臺》詞於《二雲詞》集之第六闋。《二雲詞》之卷首題識有云:"歲在癸丑,避地海隅,索居多暇,稍復從事。"①先生意指於翌年癸丑(1913)年,稍復從事填詞。然據此詞及先生爲黄侃詞集題詞(詳下條)可證,先生於是年已有零散詞作。《二雲詞》卷首題識之語,或先生概而言之耳。

**約六月或稍後,先生爲黄侃之《纗華詞》題《減字浣溪沙》四首。**

據黄侃《纗華詞》之題詞頁,有先生《減字浣溪沙·題纗華詞》四首,署"臨桂況周儀阮堪"②。又該書卷末之編成自記:"右詞一卷……起丁未迄辛亥五歲間所得……壬子六月,編成自記。"③

【按一】李一氓謂先生爲黄侃《纗華詞》所題之詞乃《減字木蘭花》四首,④應屬誤記,或李氏未及覆核原書。

【按二】先生之《減字浣谿沙·題纗華詞》四首未見入集。其一:"容易金風到海湄,㶉漭吹聚兩詞癡,玉簫聲裏識君遲。記得淩雲常自惜,劇憐飲水不同時。而今真個慰輖飢。"其二:"雁後霜前百不堪,飄燈何意得深談,賃廬天與近花庵。祇爲移情來海上,便須連句仿城南。人天慧業好同參。"其三:"憶昔梅邊失賞音(指半唐老人),十年淒絶據梧吟,爲誰重理

① 臨桂況周頤夔笙:《二雲詞》,葉一,《第一生修梅花館詞》第六,《蕙風叢書》第11冊,上海中國書店藏版,丙寅(1926)四月刊本。

② 蘄春黄侃季剛:《纗華詞》,民國壬子(1912)年九月之排印本(按:筆者據此本有作者壬子六月之編後記、王邕壬子七月七日序、汪東壬子九月序等資料,定爲壬子九月排印本。下同,不另注),見題詞頁。

③ 蘄春黄侃季剛:《纗華詞》,民國壬子(1912)年九月之排印本,第29頁。

④ 李一氓:《關於黄侃的詞》,《讀書》1982年第1期總34期,1982年1月10日出版,第122頁。

舊彈琴。　　青眼高歌望吾子，素心難得況而今。桃花潭水此情深。”其四：“彩筆能扶大雅輪，周情柳思更無倫，偶於疏處見蘇辛。　　結習盡同成二我，多情不薄到今人。輭紅門外亦珠塵。”①

**七月十七日，繆荃孫接閱先生便條，先生於便條中言與繆氏“同病”②。**

**七月二十六日，繆荃孫致先生一柬。③**

**七月二十八日，繆荃孫致先生一柬。④**

**八月六日，繆荃孫接先生便條，覆先生兩柬。⑤**

**八月十二日，先生交石本予繆荃孫，價七元六角。⑥**

**八月十四日，繆荃孫致先生一柬。⑦**

**八月十六日，繆荃孫向先生收書價十元。又致先生一柬。又自先生處取回汲修惲吳兩卷及綉件兩件。又擬取回《小叢書》，但先生云已寄日本。又自先生處取《常州詞録》一部。後繆氏又還《□芳**

---

① 蘄春黄侃季剛：《纗華詞》，民國壬子（1912）年九月排印本，見題詞頁。

② 繆荃孫著：《藝風老人日記》第6册，北京大學出版社1986年4月，第2503頁。

③ 繆荃孫著：《藝風老人日記》第6册，北京大學出版社1986年4月，第2506頁。

④ 繆荃孫著：《藝風老人日記》第6册，北京大學出版社1986年4月，第2506頁。

⑤ 繆荃孫著：《藝風老人日記》第6册，北京大學出版社1986年4月，第2509頁。

⑥ 繆荃孫著：《藝風老人日記》第6册，北京大學出版社1986年4月，第2511頁。

⑦ 繆荃孫著：《藝風老人日記》第6册，北京大學出版社1986年4月，第2511頁。

記》予先生。①

八月十九日,繆荃孫閲先生便條,以便條内容乃“一廂情願之談”,繆氏亦即覆之,并示先生以《西泠印社目》。②

八月二十六日,繆荃孫送《唐開路記》及《廣靈王廟碑》予先生。③

八月二十八日,繆荃孫詣先生。④

八月二十九日,先生自繆荃孫取陳西畇《寓目編》《滇雲歷年傳》去寄售。⑤

九月二日,繆荃孫還先生《廣西金石稿》,又自先生借《萬縣石刻》。⑥

九月六日,先生還繆荃孫《滇雲繫年録》。⑦

九月十三日,先生借《金石文》清稿二百四十葉予繆荃孫。⑧

九月十四日,繆荃孫校畢先生之《金石文》并還之。⑨

---

① 繆荃孫著:《藝風老人日記》第6册,北京大學出版社1986年4月,第2512頁。

② 繆荃孫著:《藝風老人日記》第6册,北京大學出版社1986年4月,第2513頁。

③ 繆荃孫著:《藝風老人日記》第6册,北京大學出版社1986年4月,第2516–2517頁。

④ 繆荃孫著:《藝風老人日記》第6册,北京大學出版社1986年4月,第2517頁。

⑤ 繆荃孫著:《藝風老人日記》第6册,北京大學出版社1986年4月,第2517頁。

⑥ 繆荃孫著:《藝風老人日記》第6册,北京大學出版社1986年4月,第2518頁。

⑦ 繆荃孫著:《藝風老人日記》第6册,北京大學出版社1986年4月,第2519頁。

⑧ 繆荃孫著:《藝風老人日記》第6册,北京大學出版社1986年4月,第2521頁。

⑨ 繆荃孫著:《藝風老人日記》第6册,北京大學出版社1986年4月,第2521頁。

**九月二十二日，繆荃孫送書予先生，先生有信覆之，繆氏讀之怒甚，認爲“直非人類語”。繆氏又致先生一柬。①**

**九月二十四日，先生還《倚聲集》《種水詞》《緑雪軒詞》《疏影樓詞》《敏求記》《西畇寓目編》予繆荃孫。②**

**十月四日，繆荃孫致先生柬。③**

**十月五日，先生訪繆荃孫。④**

**十月六日，繆荃孫閲先生便條。⑤**

**十月九日，繆荃孫致先生一柬，并取二元回。後繆氏又覆先生一柬。⑥**

**十月上旬或以前，先生創立嬛福書莊，旨在出版新書、出售舊有藏書及碑志拓本等等。**

據先生編撰之《説部擷華》扉葉下牌記：“壬子孟冬上澣｜嬛福書莊石印。”又該書各卷卷首刻“玉梅詞隱撰輯”。又該書卷六封底版權頁，除注明“本莊｜自有｜板權｜翻印｜必究”外，又預告書莊出版物“《綺詞萬卷樓叢書乙集》編輯中：《今文豔》《傾國名花譜》《錦瑟華年録》《匳雅》《竹西俊賞録》《北里詞

---

① 繆荃孫著：《藝風老人日記》第6册，北京大學出版社1986年4月，第2523頁。

② 繆荃孫著：《藝風老人日記》第6册，北京大學出版社1986年4月，第2524頁。

③ 繆荃孫著：《藝風老人日記》第6册，北京大學出版社1986年4月，第2527頁。

④ 繆荃孫著：《藝風老人日記》第6册，北京大學出版社1986年4月，第2527頁。

⑤ 繆荃孫著：《藝風老人日記》第6册，北京大學出版社1986年4月，第2527頁。

⑥ 繆荃孫著：《藝風老人日記》第6册，北京大學出版社1986年4月，第2528－2529頁。

徵》;《説部擷華乙編》編輯中:經籍弟一、金石弟二、書畫弟三、名勝弟四、坊曲弟五、諧謔弟六",末有小啓云:"本莊又有精印《雜體詩鈔》十六卷、嚴藕漁《秋水集》、《黄蕘圃先生小像》立軸、《李易安三十二歲小像》立軸及各種碑志拓本陸續出售,附啟。"①

又據《趙史》:"……聞警來滬,即居滬瀆。初賃廡於梅福里,而生事日艱,遂出其藏書,設一書肆。然先生因不工市儈,朋從至,道姓名,輒以書奉贈,舉手輒盡。……"②

又據《外傳》:"……辛亥以還,遁跡海上,賃廡一椽。漸漸不繼,設鄉福書肆,以不善經紀,又致耗蝕……"③

【按一】本譜據上引資料推斷,《趙史》所云先生所設之書肆,即嬛福書莊。而《外傳》所謂"鄉福"書肆,亦即"嬛福"之誤。

【按二】《趙史》衹道先生曾設書肆,并未指明年份。而《黄譜》《丁譜》《馬譜》皆衹引用《趙史》此段資料,即分别繫設書肆事於是年壬子(1912)、翌年癸丑(1913)及去年辛亥(1911),則僅屬臆測之言而已。《賴譜》引《趙史》及《外傳》,指先生設書肆及搬遷之事,不詳其時,但仍繫於己未(1919),失考。

**十月上旬,先生撰輯清朝以來叢話筆記數十種,共四百零七則,編成《説部擷華》六卷付梓。**

據《説部擷華》扉葉下牌記"壬子孟冬上澣|嬛福書莊石印"及該

---

① 玉梅詞隱撰輯:《説部擷華》6卷,六册一函,壬子(1912)十月,嬛福書莊石印本。

② 趙尊嶽:《蕙風詞史》,見《詞學季刊》第1卷第4號,澳門海外圖書出版社1967年再版發行本,第79頁。

③ 腹痛:《況蕙風先生外傳》,《申報·自由談》,民國十五年(1926)8月28日(丙寅年七月二十一日)。

書總目。又該書各卷卷首署曰“玉梅詞隱撰輯”①。

【按】《説部擷華》由許同甲扉葉題贉、徐珂之女公子徐新華封面題簽。徐新華題曰“夔笙世丈命書”，可知先生於是年已與徐珂相善。卷末刻“吴縣卜娱斠字”。

**十月或以前，先生已著有《草閒夢憶》。**

據先生撰輯之《説部擷華》撰輯書目，有“今周夔草閒夢憶”；卷六“神怪”類，有録自周夔《草閒夢憶》之筆記四則，其中三則俱云得自半塘（即王鵬運）。②

又據《趙史》，先生曾有筆名“周夔”：“《繪芳詞》……先生爲補撰之，題曰‘周夔’……”③

【按一】先生之《草閒夢憶》或已佚，幸得有此數則保存於《説部擷華》中。

【按二】有關周夔即先生筆名之考證，詳參本譜“乙卯（1915）五月二十八日”條。

**十月或以前，先生已著有《臼辛漫筆》。**

據先生撰輯之《説部擷華》撰輯書目，於先生名下，有《臼辛漫筆》一書名目；④又有録自《臼辛漫筆》之筆記八則，散見於該書卷一、二、四。⑤

---

① 玉梅詞隱撰輯：《説部擷華》6卷，六册一函，壬子（1912）十月，嬛福書莊石印本。

② 玉梅詞隱撰輯：《説部擷華》撰輯書目，葉二、卷六葉二十八至三十，壬子（1912）十月，嬛福書莊石印本。

③ 趙尊嶽：《蕙風詞史》，見《詞學季刊》第1卷第4號，澳門海外圖書出版社1967年再版發行本，第80頁。

④ 玉梅詞隱撰輯：《説部擷華》撰輯書目，葉二、卷六葉二十八至三十，壬子（1912）十月，嬛福書莊石印本。

⑤ 玉梅詞隱撰輯：《説部擷華》卷一，葉二十九至三十；卷三，葉二十三至二十六；卷四，葉二十九至三十；壬子（1912）十月，嬛福書莊石印本。

【按一】先生後於《眉廬叢話》記有:“曩撰《臼辛漫筆》,有‘瓊花豔遇’一則……”①又於《餐櫻廡隨筆》記云:“曩譔《臼辛漫筆》,有辨《茶餘客話》記雲郎事一則……”②足可佐證先生曾著有《臼辛漫筆》。

【按二】先生之《臼辛漫筆》或已佚,幸得有此若干則保存於《説部擷華》中。

**十月十五日,繆荃孫發先生一柬。③**

**十月二十五日,繆荃孫送《金石目》兩部予先生,换《藕香零拾》兩部回。④**

**十一月二十八日,先生晤繆荃孫。⑤**

**冬,傅增湘曾於先生處,見元天曆三年刊本《楚辭集注》八卷。**

據傅增湘《藏園群書經眼録》,於元天曆三年陳忠甫宅刊本《楚辭集注》八卷條下注云:“壬子冬見于況夔生處。”⑥

【按】先生所藏之《楚辭集注》,後或已歸傅增湘所藏。傅氏於《藏園訂補郘亭知見傳本譜目》中,補《楚辭集注》八卷條下記

---

① 況周頤著,郭長保點校:《眉廬叢話》第 255 則,《民國筆記小説大觀》第 1 輯第 3 册,山西古籍出版社 1995 年 12 月第 1 版,第 179 頁。

② 況周頤著,張繼紅點校:《餐櫻廡隨筆》第 71 則,《民國筆記小説大觀》第 1 輯第 4 册,山西古籍出版社 1995 年 12 月第 1 版,第 50 頁。本譜按:“曩譔”,此本原作“曩選”,誤;今據《東方雜誌》本改。見《東方雜誌》第 13 卷第 6 號,第 11 頁。

③ 繆荃孫著:《藝風老人日記》第 6 册,北京大學出版社 1986 年 4 月,第 2531 頁。

④ 繆荃孫著:《藝風老人日記》第 6 册,北京大學出版社 1986 年 4 月,第 2534 頁。

⑤ 繆荃孫著:《藝風老人日記》第 6 册,北京大學出版社 1986 年 4 月,第 2544 頁。

⑥ 傅增湘撰:《藏園群書經眼録》第 4 册集部上,中華書局 1983 年 9 月第 1 版,第 978 頁。

云:"元天曆三年陳忠甫宅刊本……余藏。"①其書或得自先生。

**約是年,先生或參與創辦,或已參加萍社。**

據王文濡所撰之《春謎大觀序》:"……竭來海上,先後得交陳逸石、況蕙風、賈粟香、孫玉聲、徐岫雲、汪處廬、姚滌源、陸律西、朱覺盦諸君,而我潯張君子良、蔣君山傭亦厠其間,皆於此道三折肱者,職業之暇,餘事爲此,創立萍社,八載於兹。……當此玄黄擾攘之秋,新舊黨人奔走運動,争名奪利之日,而寒江伏處數十窮措大之學問、之經濟、之氣慨,日消磨於游戲文字中……幸乎不幸,我同人對此,感情爲何如耶?……民國九年重三日,吴興王文濡序於滬北望古遥集樓。"②

【按】王序作於民國九年(1920)三月三日;其所云結交先生等人、創立萍社"八載於兹",故知先生於是年(1912)或已參與創辦或加入萍社。

## 1913 民國二年 癸丑 五十三歲

**正月初七日,繆荃孫詣先生。**③

**正月十八日,先生訪繆荃孫。**④

---

① 莫友芝撰,傅增湘訂補,傅熹年整理:《藏園訂補郘亭知見傳本書目》(三),中華書局2009年4月第1版,第929頁。

② 王文濡編:《春謎大觀》,上海進步書局印行,民國九年(1920),見百駢編輯《謎林》第3册,香港太平藝苑,1979年10月影印。

③ 繆荃孫著:《藝風老人日記》第7册,北京大學出版社1986年4月,第2563頁。

④ 繆荃孫著:《藝風老人日記》第7册,北京大學出版社1986年4月,第2566頁。

**正月二十日,先生訪繆荃孫。①**

**二月二日,繆荃孫詣先生談。②**

**二月三日,陳翰章自繆荃孫處搶去先生之信,繆氏於日記中謂陳“似非善類”③。**

**二月八日,繆荃孫自書客處取得《栟櫚先生集》十六卷,并交托與先生。④**

**三月四日,繆荃孫詣先生談。⑤**

**三月十二日,先生訪繆荃孫。⑥**

**三月十四日,繆荃孫詣先生談。⑦**

**三月十七日,繆荃孫致先生一柬,亦得先生覆信。⑧**

**約是年春暮,先生有《握金釵》“鐵篴倚層樓”、《蝶戀花》“柳外輕寒花外雨”、《買陂塘》“又怱怱”、《高陽臺》“帽影羞花”等詞。又曾賦《浣溪紗》詞。**

【按一】諸詞多有身世飄零之嘆,蓋屬先生來滬初年之作。前三

---

① 繆荃孫著:《藝風老人日記》第7册,北京大學出版社1986年4月,第2567頁。

② 繆荃孫著:《藝風老人日記》第7册,北京大學出版社1986年4月,第2570頁。

③ 繆荃孫著:《藝風老人日記》第7册,北京大學出版社1986年4月,第2571頁。

④ 繆荃孫著:《藝風老人日記》第7册,北京大學出版社1986年4月,第2572頁。

⑤ 繆荃孫著:《藝風老人日記》第7册,北京大學出版社1986年4月,第2581頁。

⑥ 繆荃孫著:《藝風老人日記》第7册,北京大學出版社1986年4月,第2584頁。

⑦ 繆荃孫著:《藝風老人日記》第7册,北京大學出版社1986年4月,第2585頁。

⑧ 繆荃孫著:《藝風老人日記》第7册,北京大學出版社1986年4月,第2586頁。

闋詞編入《二雲詞》之第三至第五闋，①編於是年四月起與程頌萬唱和諸詞之前，故本譜暫繫於“四月，程頌萬至上海”條前。

【按二】《高陽臺》“帽影羞花”則有程頌萬是年和韵之《高陽臺·贈仲可用夔笙韻》，故推測此詞應寫成於程氏和作之前，故并繫於此。此詞未入集，後發表於《小説月報》（詳本譜翌年約四月條）。

【按三】程頌萬《定巢詞集》有《握金釵·和夔笙韻》及《高陽臺·贈仲可用夔笙韻》，爲程氏編入“昭陽赤奮若”（即癸丑年）；可佐證先生之同調詞作，或賦於程氏到滬前不久，又或同時所作。

【按四】先生之《浣溪紗》詞或已佚。因程頌萬《定巢詞集》内是年詞作有《浣溪紗·初度日和夔笙》，估計先生於同時或較早前必有原作，故繫於此。

**四月，程頌萬至上海；此後至翌年正月程氏回湘前，先生與之觴咏甚樂，詞作除下條所記之《鶯嗁序·擬贈彩雲》外，并賦有《絳都春》“江山画裏”②、《壽樓春》“無題詩銷魂”③、《臨江仙》連句詞八闋④、《臨江仙》八闋等等。⑤**

---

① 臨桂況周頤夔笙：《二雲詞》，葉二至葉三，《弟一生修梅花館詞》弟六，《蕙風叢書》第11册，上海中國書店藏版，丙寅（1926）四月刊本。

② 臨桂況周頤夔笙：《二雲詞》，葉四，《弟一生修梅花館詞》弟六，《蕙風叢書》第11册，上海中國書店藏版，丙寅（1926）四月刊本。

③ 臨桂況周頤夔笙：《二雲詞》，葉六至七，《弟一生修梅花館詞》弟六，《蕙風叢書》第11册，上海中國書店藏版，丙寅（1926）四月刊本。

④ 見《臨江仙》八闋之詞序，臨桂況周頤夔笙：《二雲詞》，葉七，《弟一生修梅花館詞》弟六，《蕙風叢書》第11册，上海中國書店藏版，丙寅（1926）四月刊本。

⑤ 臨桂況周頤夔笙：《二雲詞》，葉七至九，《弟一生修梅花館詞》弟六，《蕙風叢書》第11册，上海中國書店藏版，丙寅（1926）四月刊本。

據《絳都春》"江山画裏"序:"子大别五年矣,瀛壖捧袂,棖觸昔遊,倚此索和。"①

又據《瑞龍吟》"滄洲路"序:"甲寅暮春,得子大湘中書,坿贈别詩,倚此卻寄。(子大客歲四月來申,今年首春回湘。)"②

又據《臨江仙》八闋序:"子大來申,詞事雲涌。《臨江仙》連句八闋,極掩抑藷亂之致。訥翁和之,余亦疊均,晨夕素心之樂,身世斷蓬之感,固有言之不足者。"③

【按一】《賴譜》《馬譜》亦繫先生與程頌萬酬唱之事於是年。

【按二】據本譜,程頌萬(子大)於光緒戊申(1908)五月訪金陵,與先生聚首。按上引《絳都春》"江山画裏"詞序推算,二人别後五年,重會於滬上之時,恰爲是年(1913)。

【按三】《瑞龍吟》"滄洲路"約成於甲寅(1914)暮春,故其詞序注云"客歲",即癸丑(1913)。此詞序可證程頌萬訪滬期間,爲是年癸丑四月至翌年甲寅正月;故先生於《二雲詞》集中與程氏唱和諸作,皆可繫於此期間。

【按四】但據《餐櫻廡漫筆》:"甯鄉程子大(頌萬),自號十髮居士。與余投分,垂三十稔。壬子、癸丑間,淞濱捧袂,觴詠甚樂。俄復别去,游寓武昌。……"④記程氏游滬年份,與《瑞龍吟》"滄洲路"詞序所記稍有差异。此則筆記撰於乙丑(1925),先生之記憶或稍有偏差,故宜以《瑞龍吟》"滄洲路"詞序爲準。

---

① 臨桂況周頤夔笙:《二雲詞》,葉四,《第一生修梅花館詞》弟六,《蕙風叢書》第11册,上海中國書店藏版,丙寅(1926)四月刊本。

② 臨桂況周頤夔笙:《二雲詞》,葉十一,《第一生修梅花館詞》弟六,《蕙風叢書》第11册,上海中國書店藏版,丙寅(1926)四月刊本。

③ 臨桂況周頤夔笙:《二雲詞》,葉七,《第一生修梅花館詞》弟六,《蕙風叢書》第11册,上海中國書店藏版,丙寅(1926)四月刊本。

④ 蕙風:《餐櫻廡漫筆》,《申報·自由談》,民國十四年(1925)2月18日。

【按五】《臨江仙》八闋詞序所言之《臨江仙》連句八闋，并未編入先生之詞集；兹據程頌萬《定巢詞集》卷一〇，録出如下：

其一云："碧樹門闌初過雨，天涯又共芳尊。(夔)青衫换卻少年痕。欲回花意嬾，先遣酒情温。(大)　舊約湘臯愁解珮，番風不到蘭蓀。(夔)登樓切莫怨黄昏。更無芳草外，何處憶王孫。(大)"

其二云："樓外斜陽如水潑，垂條掃盡誰來。(大)似曾幽夢到莓苔。緑牕紅燭短，莫惜倒金杯。(夔)　海燕有情商去住，風櫺六扇須開。(大)尋常門巷亦蒿萊。江南眉樣月，留照庾郎哀。(夔)"

其三云："海氣着衣能祓暑，玉驄嘶過銅街。(大)緑牕朱户勝蓬萊。夫容開畫幨，香影暫徘徊。(夔)　黄雨滿城人中酒，玉盤新薦楊梅(大)，流年不换舊情懷，鑪煙如我瘦，辛苦未成灰。(夔)"

其四云："側帽行吟滄海上，朝潮夕汐蹉跎。珍珠淚少月明多。(夔)牛郎逋後恨，龍女嫁時歌。　未暝尚看樓閣在，小簾能卷嵯峨。(大)倚闌誰唱定風波。癡雲成慘碧，猶自伫姮娥。(夔)"

其五云："皺水横塘風不定，垂楊舊繫吴舲。(夔)酒情摇幌向人青。那堪初上月，來照可中亭。(大)　别後琵琶多怨曲，夢回依約雲屏。(夔)更無人與訴飄零。玉猧殘局亂，金雀畫堂扃。(大)"

其六云："二十四橋春晼晚，三生杜牧誰知。青青薺麥换芳時。(夔)瘦西湖畔柳，猶自鬬腰肢。(大)　儘有狂名消薄倖，青樓夢覺還疑。簾波笛語各淒其。(夔)一鈎金落索，八犯玉交枝。(大)"

其七云："曾拾媚香樓半碣，夢迴人倦潮生。隔簾花似鏡中行。

(大)小名呼好好,薄醉不卿卿。　桂槳蘭橈今在否,鴛鴦也莫飄零。(夔)海西龕去幾陰晴。庭花江上曲,分付與誰聽。(大)”

其八云:“掩抑鵾絃彈楚調,舊人新月温存。者回飛絮到萍根。(夔)桃花新换刼,何處問仙源。(大)　彩筆祇今慳秀句,非干賦别消魂。(夔)柔鄉萬一有乾坤。總饒金鑄淚,莫遣麝成塵。(大)”①

**四月至年末間(或於夏季),先生曾爲賽金花賦《鶯嗁啼序·擬贈彩雲》,程頌萬以《鶯啼序》“情天靚霞界暝”和之。**

據程頌萬《鶯啼序》“情天靚霞界暝”詞序:“壬寅夏見彩雲於都門,今重逢海上,夔笙擬贈,余亦繼聲。”②

【按一】此詞被編入程氏詞集之“昭陽赤奮若”,即癸丑(1913)年詞作。③先生之《鶯嗁序·擬贈彩雲》④當成於程頌萬繼作前不久;而程氏於是年四月始至上海,至翌年首春離滬(詳本譜是年四月條),故本譜繫先生此詞於是年四月至年末間。

【按二】賽金花又名傅彩雲。《趙史》箋云:“傅彩雲……飽更世變。迄辛亥後,又張幟海上。時如皋某君與之稔,介先生識之,遂投之以《鶯啼序》。”⑤《賴譜》據《趙史》繫先生識傅彩雲

① 《定巢詞集》卷一〇,葉八至十,《十髮居士全集》弟五,甲子(1924)元春武昌程氏鹿川閣刊本。

② 《定巢詞集》卷七,葉九,《十髮居士全集》弟五,甲子(1924)元春武昌程氏鹿川閣刊本。

③ 《定巢詞集》之“定巢詞目”,葉十三,《十髮居士全集》弟五,甲子(1924)元春武昌程氏鹿川閣刊本。

④ 臨桂況周頤夔笙:《二雲詞》,葉一至二,《弟一生修梅花館詞》弟六,《蕙風叢書》第11册,上海中國書店藏版,丙寅(1926)四月刊本。

⑤ 趙尊嶽:《蕙風詞史》,見《詞學季刊》第1卷第4號,澳門海外圖書出版社1967年再版發行本,第79頁。

并有詞贈一事於是年。

【按三】《冒鶴亭先生年譜》"1912 年"條下記云:"夏,先生赴上海,重晤程子大。是時,況夔笙來訪先生於傅姬家(今按,即指賽金花),聽傅姬自述其所遭遇。況夔笙作賦《鶯啼天》,程子大和之。後所謂賽金花致先生手札,實則爲況代筆,此事曾轟動一時。先生旋赴温州,程歸武昌,況則後幾年死於客鄉。"①文中《鶯啼天》應爲《鶯啼序》之誤。據此,則先生、程頌萬與冒廣生三人,或曾於上海賽金花寓所會面。冒氏年譜以此段事迹繫於 1912 年,未確;其中交代相關事迹之時間點,用語多含糊不詳,亦未注明資料出處,恐未可全信。然據本譜所得資料,程頌萬於癸丑(1913)四月始至上海,其與先生和作《鶯啼序》之事,及先生與程、冒二人於賽金花宅會面一事,或應繫於 1913 年爲妥。

【按四】《近代上海詞學繫年初編》亦繫先生、程頌萬與冒廣生三人會晤於上海賽金花家,以及先生爲賽金花賦《鶯啼序》,程子大和作之事於是年壬子(1912)夏,②蓋完全據引《冒鶴亭先生年譜》,并未加以考證,故有此誤。

**五月二十四日,與黄侃談詞甚久。**

據《黄侃日記·癸丑日記》"五月廿四日"條:"……復至神州館小坐,晤況夔老,談詞甚久。……"③

**五月二十五日,到友人李世由處晚飯,程海平、程頌萬、李詳、黄侃**

---

① 冒懷蘇編著:《冒鶴亭先生年譜》,學林出版社 1998 年 5 月第 1 版,第 178 頁。

② 楊柏嶺編著:《近代上海詞學繫年初編》,上海教育出版社 2003 年 7 月第 1 版,第 223 頁。

③ 黄侃著,黄延祖重輯:《黄侃日記》,中華書局 2007 年 7 月第 1 版,第 2 頁。

**等亦在座。**

據《黄侃日記·癸丑日記》"五月廿五日"條:"……晚至曉敦處飯,新識程海平、子大兄弟。況夔老、李審言亦在座。"①

【按】曉敦,一作曉暾,即李世由,廣德人,原籍湖南。先德李臣典,從曾忠襄吉安軍,屢立軍功,封忠壯公。世由嗜歌,亦善歌,居滬時與先生及黄侃等友多所交往。先生後曾應世由之請,節要其先李臣典之功勛事迹,録入筆記《眉廬叢話》。②

**五月二十六日,晤黄侃於神州館。**

據《黄侃日記·癸丑日記》"五月廿六日"條:"……晚飯旭初處,同至樓外樓納涼,過神州館小坐,晤夔老。"③

**六月初三日,吴二送填詞圖予黄侃,囑轉交先生。**

據《黄侃日記·癸丑日記》"六月初三日"條:"雨寒。吴二送填詞圖來,囑轉交夔老。……"④

**六月十日,繆荃孫詣先生談。**⑤

**六月十五日至七月十一日間,某夕,先生聞戰場炮聲,遂作一絶句。**

據《天春樓漫筆》:"癸丑滬變之夕,余聞戰場砲聲,口占一絶云:'慘餤揺燈夢不成,倏如雨密倏雷驚,令人回首承平日,除夕千門爆竹聲。'巨砲聲震,燈餤爲之動揺,當時景象如是。余寓慶雲

① 黄侃著,黄延祖重輯:《黄侃日記》,中華書局2007年7月第1版,第2頁。

② 蕙風:《眉廬叢話》,《東方雜誌》1915年第12卷第12號,第17-18頁。又《黄侃日記》載有李曉敦事多則,不另引。

③ 黄侃著,黄延祖重輯:《黄侃日記》,中華書局2007年7月第1版,第2頁。

④ 黄侃著,黄延祖重輯:《黄侃日記》,中華書局2007年7月第1版,第3頁。

⑤ 繆荃孫著:《藝風老人日記》第7册,北京大學出版社1986年4月,第2609頁。

里,距戰場非甚近也。"①

【按一】新曆1913年7月18日(即是年六月十五日),陳其美於上海起兵討袁,并宣布上海獨立,由陳果夫等率討袁軍猛攻龍華製造局、高昌廟等地,又戰於吴淞炮台;至同年8月12日(即是年七月十一日)始停戰。先生《天春樓漫筆》所記,應即指此戰事。

【按二】《黄侃日記·癸丑日記》"六月二十九日"條有云:"十點鐘時遥聞砲聲,舉室惶恐。""七月一日"條又云:"昨夕竟夜聞遠處砲聲。"②此或與先生所記"巨砲聲震"爲同一事,蓋事發日期亦相吻合也。

**七月六日,晚,黄侃至先生處小坐。**

據《黄侃日記·癸丑日記》"七月六日"條:"……晚出取眼鏡,還至夔老處小坐。……"③

**七月十一日之後,先生有詞《綺寮怨》"画裏樓臺如夢",以和朱祖謀之同調詞作。**

據先生之《綺寮怨》"画裏樓臺如夢"詞序:"和漚尹贈素雲。陰陽平上去入聲,悉依清真,凡翫宫律,先審清濁,陰平清聲,陽平濁聲,亦如上去,不可通融也。"④

【按一】考朱祖謀之同調詞作,應即《綺寮怨·兵後海上遇歌者朱素雲》。此詞於朱氏詞集《彊村語業》中編入民國二年癸丑

---

① 臨桂況周頤夔笙:《天春樓漫筆》,葉十二,筆者所藏紉芳宧寫本。

② 黄侃著,黄延祖重輯:《黄侃日記》,中華書局2007年7月第1版,第7頁。

③ 黄侃著,黄延祖重輯:《黄侃日記》,中華書局2007年7月第1版,第8頁。

④ 臨桂況周頤夔笙:《二雲詞》,葉二,《弟一生修梅花館詞》第六,《蕙風叢書》第11册,上海中國書店藏版,丙寅(1926)四月刊本。

(1913),[①]故先生此詞,當亦成於是年。

【按二】朱祖謀詞題所云"兵後"者,或指陳其美上海討袁起義一役之後。上海起義一役,於是年七月十一日(新曆 1913 年 8 月 12 日)停戰,故本譜暫繫先生和朱祖謀詞作一事,於是年七月十一日之後。

【按三】朱祖謀詞題所云"歌者朱素雲",應即上海丹桂第一台之基本角兒;此據梅蘭芳《舞台生活四十年》:"丹桂第一台的基本演員,可都是好角兒。……小生有朱素雲、陳嘉祥。"[②]

【按四】《趙史》云:"朱素雲都下名優,工小生,傳王楞仙、徐小香之學。方其在都,多與貴人游,先生夙習之。辛亥後又來海上,謁先生寓廬,因爲賦《綺寮怨》。"[③]《賴譜》節引《趙史》而謂先生於是年識朱素雲,未確;先生在京時已識朱素雲,《賴譜》似未細讀《趙史》。

**八月十三日,繆荃孫詣先生談。**[④]

**九月四日,先生訪繆荃孫。**[⑤]

**十月上旬至十一月間,梅蘭芳初次到上海演劇,曾結識先生及其他文士。**

據梅蘭芳《舞台生活四十年》述其初 1913 年初之到上海演出之

---

① 朱孝臧著,白敦仁箋注:《彊村語業箋注》卷二,巴蜀書社 2002 年 1 月第 1 版,目録第 6 頁、正文第 260 - 262 頁。

② 梅蘭芳述,許姬傳、許源來、朱家溍記:《舞台生活四十年》上册,團結出版社 2006 年 1 月第 1 版,第 126 - 127 頁。

③ 趙尊嶽:《蕙風詞史》,見《詞學季刊》第 1 卷第 4 號,澳門海外圖書出版社 1967 年再版發行本,第 79 頁。

④ 繆荃孫著:《藝風老人日記》第 7 册,北京大學出版社 1986 年 4 月,第 2626 頁。

⑤ 繆荃孫著:《藝風老人日記》第 7 册,北京大學出版社 1986 年 4 月,第 2634 頁。

情形:"那時拜客的風氣,還没有普遍流行。……鳳二爺只陪我到幾家報館去拜訪過主持時報的狄平子、申報的史量才、新聞報的汪漢溪。……我們還認識了許多文藝界的朋友,如吳昌碩、況夔笙、朱古微、趙竹君等。……"①

【按一】《舞台生活四十年》記:"民國二年十一月四日(舊曆十月初七日),是我們第一天在館子登台的日子。"又:"看看快到十二月十八日(舊曆十一月二十一日),就是期滿的最後一天了。"又:"我們在上海一口氣唱完了四十五天的戲……"②故知梅蘭芳與先生結識之時,應在是年(1913)十月上旬至十一月間。

【按二】《外傳》云,先生"庚申北上交伶官梅畹華,延賞備至。翌年辛酉,畹華南來,香南雅集……"③此段多有誤記。先生與梅氏本爲世交,④蓋先生寓京時或已識梅之父輩。二人始識於是年(1913),及後梅氏至滬演劇,先生每每往觀。先生戊午(1918)訪京,嘗晤梅氏,并非如《外傳》所言"庚申北上"也。至於香南雅集,則乃庚申(1920)春暮之舉,而非辛酉。(以上諸事,請詳參本譜各年之相關條目。)《外傳》於研究蕙風生平,誠屬可貴之史料,唯部分史料仍稍欠精確,學者尚宜善察而用之。

**十月十二日,先生訪繆荃孫。⑤**

---

① 梅蘭芳述,許姬傳、許源來、朱家溍記:《舞台生活四十年》上册,團結出版社 2006 年 1 月第 1 版,第 123 頁。

② 梅蘭芳述,許姬傳、許源來、朱家溍記:《舞台生活四十年》上册,團結出版社 2006 年 1 月第 1 版,見第 1 集第 10 章,第 127、175、177 頁。

③ 腹痛:《況蕙風先生外傳》,《申報·自由談》,民國十五年(1926)8 月 28 日(丙寅年七月二十一日)。

④ 據《梅訊》,《申報·自由談》,民國九年(1920)4 月 14 日。

⑤ 繆荃孫著:《藝風老人日記》第 7 册,北京大學出版社 1986 年 4 月,第 2646 頁。

**十月十三日，繆荃孫詣先生談。①**

**同日，晚，黄侃與友曉敦，或曾談及先生之言。**

據《黄侃日記·癸丑日記》"十月十三日"條："……曉敦述夔□之言，令人媿感。……"②

【按】《黄侃日記》中之夔□，或乃夔老（即指先生），姑繫此資料待考。

**十月十四日，繆荃孫交《千頃堂書目》刻本兩卷、《易疏》一册予先生。③**

**十月十五日，先生送《千頃堂書目》予繆荃孫。④**

**十月十八日，繆荃孫交《説文》二册、《千頃堂書目》一册予先生，又自先生處取回《内閣書目》兩册。⑤**

**十月二十日，先生訪繆荃孫，交《千頃堂書目》一卷。同日，先生又自繆氏取《草堂詞》二册。⑥**

**十月二十二日，晚，與黄侃同往看王鳳卿演戲。**

據《黄侃日記·癸丑日記》"十月廿二日"條："……晚訪曉敦，遇夔老，飯後同看王鳳卿，殊不佳。近看梅郎亦不甚佳。……夔老

---

① 繆荃孫著：《藝風老人日記》第7册，北京大學出版社1986年4月，第2646頁。

② 黄侃著，黄延祖重輯：《黄侃日記》，中華書局2007年7月第1版，第19頁。

③ 繆荃孫著：《藝風老人日記》第7册，北京大學出版社1986年4月，第2646頁。

④ 繆荃孫著，《藝風老人日記》第7册，北京大學出版社1986年4月，第2647頁。

⑤ 繆荃孫著：《藝風老人日記》第7册，北京大學出版社1986年4月，第2648頁。

⑥ 繆荃孫著：《藝風老人日記》第7册，北京大學出版社1986年4月，第2649頁。

居眉壽里四十八號。”①

【按】關於先生於上海之居處,《趙史》有云:“初賃廡於梅福里,而生事日艱,遂出其藏書,設一書肆。然先生因不工市儈,朋從至,道姓名,輒以書奉贈,舉手輒盡。既乃棄去,移居東有恒路。時朱彊邨侍郎即居德裕里,衡宇相望,過從甚頻……”②據《趙史》,先生於上海初居梅福里,并開設一書肆;後來再遷至東有恒路,此處近朱祖謀所居。《黄侃日記》所記“眉壽里四十八號”,與《趙史》所記有异。民國時期,上海街道名稱常有更改,眉壽里是否即趙氏所稱之梅福里或東有恒路,又抑爲另一處,待考。

**十月二十五日,繆荃孫送《張金吾年譜》《傅與礪詩》一册予先生。③**

**十月二十七日,先生訪繆荃孫。④**

**十月二十七日,晚,黄侃或曾過訪先生不遇。**

據《黄侃日記·癸丑日記》“十月廿七日”條:“……晚出訪九姊,值有客,遂至眉壽里,覓不得,因過曉敦……”⑤

【按】《黄侃日記·癸丑日記》“十月廿二日”條記先生之居處

---

① 黄侃著,黄延祖重輯:《黄侃日記》,中華書局 2007 年 7 月第 1 版,第 20 - 21 頁。

② 趙尊嶽:《蕙風詞史》,見《詞學季刊》第 1 卷第 4 號,澳門海外圖書出版社 1967 年再版發行本,第 79 頁。

③ 繆荃孫著:《藝風老人日記》第 7 册,北京大學出版社 1986 年 4 月,第 2650 頁。

④ 繆荃孫著:《藝風老人日記》第 7 册,北京大學出版社 1986 年 4 月,第 2650 頁。

⑤ 黄侃著,黄延祖重輯:《黄侃日記》,中華書局 2007 年 7 月第 1 版,第 21 頁。

爲“眉壽里四十八號”①，而十月廿七日此條謂至眉壽里，或指往訪先生，姑暫繫於此。

**十月二十八日，先生訪繆荃孫，以元版《爾雅》《金蘭集》，明版《范文正集》求售。②**

**十月二十九日，繆荃孫詣先生，面交五十元。③**

**十月，先生在上海，獲冒廣生自温州寄贈《東海漁歌》第一卷、三卷、四卷。**

據西泠印社活字本《東海漁歌序》：“……癸丑十月，索居海隅，冒子甌隱自温州寄《東海漁歌》來。欹床炳燭，雒誦竟卷，低徊三復而涵詠玩索之。……《東海漁歌》凡四卷，缺第二卷……”④

【按】《黄譜》繫此條資料於是年，但以先生是年爲五十五歲，蓋因取咸豐九年己未(1859)爲先生之生年故也。

約十月，先生於《小説月報》，發表《埽花游·和仲可子大》詞。⑤

【按一】此詞發表於是年第十一號之《小説月報》，約於新曆1913年11月(舊曆十月初四日至十一月初三日)出版。

【按二】此詞未見入集，詞云：“海棠過卻，費寶鴨沈煙，茜窗多暝，暮愁慣領。更樓陰慘緑，胃春如病。皺水前池，別有驚鴻倩

---

① 黄侃著，黄延祖重輯：《黄侃日記》，中華書局2007年7月第1版，第20－21頁。

② 繆荃孫著：《藝風老人日記》第7册，北京大學出版社1986年4月，第2651頁。

③ 繆荃孫著：《藝風老人日記》第7册，北京大學出版社1986年4月，第2652頁。

④ 見《東海漁歌》況周頤《序》，澳門曹氏芸香室據西泠印社甲寅(1914)活字本之傳抄油印本。

⑤ 《小説月報》第4卷第11號(約於1913年11月出版)，“文苑”版，第3頁。

影。怯明鏡,説憔悴近來,人比花更。　高處誰共憑?憶俊約年時,月圓風定,采香路迴。祇金鈴、未減惜花情性。杜宇聲聲,不管梨雲夢冷,晚霞靚。唱庭花,隔簾猶聽。”①

**十一月二日,先生帶同《玉堂薈記》、《周易正義》第三至六册、《豐草庵詩》訪繆荃孫。②**

**十一月四日,先生晤繆荃孫。③**

**十一月七日,先生訪繆荃孫。同日,先生又發便條與繆氏。④**

**十一月八日,繆荃孫送一百元與先生,購《金蘭集》《范文正集》、元版《爾雅》。⑤**

【按】繆荃孫於《藝風堂再續藏書記》卷上“元刊本”類,載有《爾雅》十一卷,并記此書爲晋郭璞注,乃元大德刊本。⑥繆氏此藏或即是年購自先生之本,亦未可知。

**十一月八日,晚,黄侃曾過訪先生不遇。**

據《黄侃日記·癸丑日記》“十一月八日”條:“……晚赴式式軒,晤吴二及夔老,飯後同至丹桂看戲,未終即還,皆燕甥東道。”⑦

---

① 《小説月報》第4卷第11號(約於1913年11月出版),“文苑”版,第3頁。

② 繆荃孫著:《藝風老人日記》第7册,北京大學出版社1986年4月,第2652頁。

③ 繆荃孫著:《藝風老人日記》第7册,北京大學出版社1986年4月,第2653頁。

④ 繆荃孫著:《藝風老人日記》第7册,北京大學出版社1986年4月,第2654頁。

⑤ 繆荃孫著:《藝風老人日記》第7册,北京大學出版社1986年4月,第2654頁。

⑥ 詳參《藝風堂再續藏書記》卷上,葉八上,中國書店丁亥年冬月(2008年1月)據1939年燕京大學圖書館刻本舊板重刊。

⑦ 黄侃著,黄延祖重輯:《黄侃日記》,中華書局2007年7月第1版,第22頁。

**十一月十一日,繆荃孫還書予先生。**①

**十一月十三日,繆荃孫送《唐書藝文志》予先生。**②

**十一月十三日,黄侃訪先生談詞,又同往曉敦處晚飯。**

據《黄侃日記·癸丑日記》"十一月十三日"條:"……至郵局致通一一片……還訪夔老談詞,遂同至曉敦處晚飯,遇公畏……"③

**十一月十七日,繆荃孫送《此山集》元本、新刻本、鈔本,還《石銘》,送《魏地形志》《千頃堂書目》予先生。**④

**十一月二十一日,繆荃孫詣先生談。**⑤

**十一月二十二日,先生訪繆荃孫,還《文集》一册予繆氏。同日,先生自繆荃孫借《五雜俎》。**⑥

**十一月二十六日,晚,赴曉敦處晚飯,黄侃、孫大、伯純等在座。**

據《黄侃日記·癸丑日記》"十一月廿六日"條:"……晚赴曉敦飯,有孫大、夔生、伯純諸人,遇陳佩忍來接談……"⑦

**十一月二十七日,繆荃孫詣先生談,送交《范集》及《耕洹稿》,并向**

---

① 繆荃孫著:《藝風老人日記》第7册,北京大學出版社1986年4月,第2655頁。

② 繆荃孫著:《藝風老人日記》第7册,北京大學出版社1986年4月,第2655頁。

③ 黄侃著,黄延祖重輯:《黄侃日記》,中華書局2007年7月第1版,第23頁。

④ 繆荃孫著:《藝風老人日記》第7册,北京大學出版社1986年4月,第2656頁。

⑤ 繆荃孫著:《藝風老人日記》第7册,北京大學出版社1986年4月,第2658頁。

⑥ 繆荃孫著:《藝風老人日記》第7册,北京大學出版社1986年4月,第2658頁。

⑦ 黄侃著,黄延祖重輯:《黄侃日記》,中華書局2007年7月第1版,第25頁。

**先生購入《杜詩》。①**

**十一月二十九日，先生訪繆荃孫，自繆氏取二十元去。②**

**十一月，先生編成《東海漁歌》并撰序；此本將付西泠印社印行活字本。**

據西泠印社活字本《東海漁歌》序，末署："上元癸丑仲冬，桂林況周頤夔笙序於海上寓廬。"③

**十二月十日，先生訪繆荃孫。④**

**十二月十二日，先生訪繆荃孫。⑤**

**十二月二十八日，繆荃孫送《言舊録》稿本予先生。⑥**

**是年，先生曾爲劉世珩所藏《宋拓嘉祐二體石經》及《枕雷圖》題《蘭陵王》"輭塵隔"及《鳳凰臺上憶吹簫》"别殿春雷"。**

據《蘭陵王》"輭塵隔"序："《宋拓嘉祐二體石經》，海内孤本。咸豐丁巳，山陽丁建卿得於淮安市肆，何子貞太史爲賦七言長篇，今歸貴池劉蔥石。"⑦

又據《鳳凰臺上憶吹簫》"别殿春雷"序："蔥石得大小兩忽雷，作

---

① 繆荃孫著：《藝風老人日記》第7册，北京大學出版社1986年4月，第2659頁。

② 繆荃孫著：《藝風老人日記》第7册，北京大學出版社1986年4月，第2660頁。

③ 見《東海漁歌》況周頤《序》，澳門曹氏芸香室據西泠印社甲寅(1914)活字本之傳抄油印本。

④ 繆荃孫著：《藝風老人日記》第7册，北京大學出版社1986年4月，第2663頁。

⑤ 繆荃孫著：《藝風老人日記》第7册，北京大學出版社1986年4月，第2663頁。

⑥ 繆荃孫著：《藝風老人日記》第7册，北京大學出版社1986年4月，第2668頁。

⑦ 臨桂況周頤夔笙：《二雲詞》，葉五，《弟一生修梅花館詞》弟六，《蕙風叢書》第11册，上海中國書店藏版，丙寅(1926)四月刊本。

《枕雷圖》屬題……"①

【按一】二詞編入《二雲詞》之第九及第十闋,列於與程頌萬唱和諸詞之間。程氏是年四月至滬,翌年首春回湘,故本譜暫繫二詞於是年。

【按二】《趙史》云:"貴池劉聚卿京卿富收藏,得宋拓二體石經,及大小忽雷、馬湘蘭爐等,名重一時,因丐先生爲詞。先生在寧固與舊契,因賦《蘭陵王》《鳳凰臺上憶吹簫》……"②

【按三】《賴譜》亦繫此二詞於是年。

【按四】《孫譜》《馬譜》據此資料,謂先生於是年始撰《二雲詞》。據本譜考知,《二雲詞》集中,或至少有《高陽臺》一詞成於壬子年(詳本譜"壬子六月三十日"條);但二譜之説大致正確。

**是年,繆荃孫於日記後所附之帳目記有:先生借款一筆五十元、支先生校脩一筆十元六角。③**

**是年,先生曾爲葉銘所輯之《西泠印社志》撰序。**

據余正《西泠印社早期社員狀況研究之一》,文中提到:"……1913年葉銘等編撰的《西泠印社志》手稿抄本。此手稿係未竣稿,抗戰後亡佚。秦康祥《西泠印社志稿》卷六第2頁録有況周頤撰《葉品三原輯〈西泠印社志〉序》,係編者(本譜按即秦康祥)從況《蕙風簃文稿》録入。"④

【按一】《蕙風簃文稿》,未見,待考。

---

① 臨桂況周頤夔笙:《二雲詞》,葉六,《第一生修梅花館詞》弟六,《蕙風叢書》第11册,上海中國書店藏版,丙寅(1926)四月刊本。

② 趙尊嶽:《蕙風詞史》,見《詞學季刊》第1卷第4號,澳門海外圖書出版社1967年再版發行本,第81頁。

③ 繆荃孫著:《藝風老人日記》第7册,北京大學出版社1986年4月,第2677頁。

④ 見《"百年名社·千秋印學"國際印學研討會論文集》,西泠印社2003年10月第1版,第22頁。

【按二】先生之《西泠印社志序》有云:"光緒甲辰、乙巳(本譜按:即 1904－1905)間,仁和葉君銘、王君壽祺、泉唐丁君仁、山陰吳君隱……刱立西泠印社。……瘁十年心力,而規模燦然備焉。"①此序不署干支月日,唯據文中"十年心力"句推算,約撰成於 1913 至 1914 年間。

**是年至翌年間,始識藏書家葉德輝於上海,一見如故。**

據《眉廬叢話》:"……癸丑、甲寅間,余客滬上,始識長沙葉奐彬(德輝),素心晨夕,一見如故,窮不見疑,狂不爲牾,是在氣類,弗可強爲謀也。……"②

**是年至翌年間,居於上海眉壽里,因名所撰叢話曰《眉廬叢話》。**

據《眉廬叢話》第三九五則之前言:"癸丑、甲寅間,蕙風賃廬眉壽里,所撰叢話,以眉廬名。"③

## 1914 民國三年 甲寅 五十四歲

**正月初三日,繆荃孫致先生一柬。④**

**正月初五日,先生訪繆荃孫。⑤**

**正月初七日,先生應劉世珩招,與繆荃孫、王雪澄、趙伯藏、王旭莊、**

---

① 王福庵審定,秦康祥編著,孫智敏裁正,余正注釋:《西泠印社志稿》(影印注釋本),浙江古籍出版社 2003 年 11 月第 1 版,第 126 頁。

② 況周頤著,郭長保點校:《眉廬叢話》第 470 則,《民國筆記小說大觀》第 1 輯第 3 册,山西古籍出版社 1995 年 12 月第 1 版,第 338 頁。

③ 況周頤著,郭長保點校:《眉廬叢話》,《民國筆記小說大觀》第 1 輯第 3 册,山西古籍出版社 1995 年 12 月第 1 版,第 289 頁。

④ 繆荃孫著:《藝風老人日記》第 7 册,北京大學出版社 1986 年 4 月,第 2687 頁。

⑤ 繆荃孫著:《藝風老人日記》第 7 册,北京大學出版社 1986 年 4 月,第 2688 頁。

**程頌萬、沈愛蒼、張篁樓、傅苕生、吳絅齋、林詒書同席。**①

**正月十二日，先生自繆荃孫借十八元，繆氏并交《吳興掌故集》十七卷予先生。**②

**正月十五日，先生自繆荃孫處索回《薇省詞鈔》《粵西詞見》及自撰詞。**③

**正月二十日，先生晤繆荃孫，又借《世説新語》予繆氏。**④

**正月二十五日，繆荃孫致先生柬，并自先生處取回《吳興掌故集》。**⑤

**正月二十六日，繆荃孫致先生一柬，并自先生處取回《易注疏》。**⑥

**正月前，程頌萬在滬期間（去年四月起至今），先生與程氏等友，曾於滬上張園，聽好友李世由歌《硃砂痣》曲。**

據《眉廬叢話》："曉暾耆歌，歌者樂得而從之遊，遂亦善歌。某夕，興之所至，竟結束而登滬濱張園之歌臺。余愧非知音，幸此曲（《硃砂痣》）之得聞焉。甯鄉程子大（頌萬）賦長句贈之，有云：'有時舉酒歌莫哀，酒酣還上海邊臺。天吳象罔作儔侶，乃自驚濤落日之中來。'曉暾之歌之聲情激越，吾得而聞之，而其中之所

---

① 繆荃孫著：《藝風老人日記》第 7 册，北京大學出版社 1986 年 4 月，第 2688 頁。

② 繆荃孫著：《藝風老人日記》第 7 册，北京大學出版社 1986 年 4 月，第 2690 頁。

③ 繆荃孫著：《藝風老人日記》第 7 册，北京大學出版社 1986 年 4 月，第 2691 頁。

④ 繆荃孫著：《藝風老人日記》第 7 册，北京大學出版社 1986 年 4 月，第 2692 頁。

⑤ 繆荃孫著：《藝風老人日記》第 7 册，北京大學出版社 1986 年 4 月，第 2694 頁。

⑥ 繆荃孫著：《藝風老人日記》第 7 册，北京大學出版社 1986 年 4 月，第 2694 頁。

蘊蓄，則吾子大知之矣。”①

【按】此則筆記不著年月，據本譜前述程頌萬事，知程氏於去年四月至是年正月間在滬，故繫聽歌一事於此，取其時間下限也。

**正月，程頌萬由滬回湘，後賦贈別詩寄予先生。**

據程頌萬《鹿川詩集》卷四，有《歸湘贈況夔笙一首》，編於其甲寅元日詩之後。②

又據先生之《瑞龍吟》“滄洲路”序：“甲寅暮春，得子大湘中書，坿贈別詩，倚此卻寄。（子大客歲四月來申，今年首春回湘。）”③

**二月二日，繆荃孫詣先生談，并自先生處取《魏地形志》。④**

**二月四日，繆荃孫送《易注疏》予先生。⑤**

**二月六日，先生訪繆荃孫。⑥**

**二月十一日，繆荃孫寄先生文一册予夏彦保。⑦**

**二月十二日，撰《二雲詞》卷首識語於眉廬。**

---

① 蕙風：《眉廬叢話》，《東方雜誌》1915 年第 12 卷第 12 號，第 18 頁。又見況周頤著，郭長保點校：《眉廬叢話》第 464 則，《民國筆記小説大觀》第 1 輯第 3 册，山西古籍出版社 1995 年 12 月第 1 版，第 336 頁。按：“滬濱張園”，山西古籍本脱一“濱”字。

② 程頌萬著，徐哲兮校點：《程頌萬詩詞集》之《鹿川詩集》卷四，湖南人民出版社 2009 年 10 月第 1 版，第 63 頁。

③ 臨桂況周頤夔笙：《二雲詞》，葉十一，《第一生修梅花館詞》弟六，《蕙風叢書》第 11 册，上海中國書店藏版，丙寅（1926）四月刊本。

④ 繆荃孫著：《藝風老人日記》第 7 册，北京大學出版社 1986 年 4 月，第 2696 頁。

⑤ 繆荃孫著：《藝風老人日記》第 7 册，北京大學出版社 1986 年 4 月，第 2696 頁。

⑥ 繆荃孫著：《藝風老人日記》第 7 册，北京大學出版社 1986 年 4 月，第 2697 頁。

⑦ 繆荃孫著：《藝風老人日記》第 7 册，北京大學出版社 1986 年 4 月，第 2699 頁。

據《二雲詞》卷首識語云:"《蕙景詞》刻於戊戌夏秋閒,距今十六年。中閒刻《玉梅後詞》十數闋,坿筆記别行,謂涉淫豔,爲傖父所訶。自是斷手,閒有所作,輒復棄去,亦不足存也。歲在癸丑,避地海隅,索居多暇,稍復從事。頑而不豔,窮而不工。姜白石乘肩小女,花月堪悲;張材甫回首長安,星霜易换。此際潯陽商婦,琵琶忽聞,何戡舊人?渭城重唱,有不託蘭情之婉娩,締瑶想之蟬嫣者乎!重以江關蕭條,知愛斷絶,言愁欲愁,則春水方滋,斯世何世,則秋雲非薄。似曾相識,唯吾二雲,二雲而外,吾詞何屬?以二雲名,非必爲二雲作也,寫付烏絲,但博傾城一咲。上元甲寅花朝,自題於海上眉廬。"①

【按一】《黄譜》《丁譜》繫此事於是年,但以先生是年爲五十六歲,蓋因取咸豐九年己未(1859)爲先生之生年故也。

【按二】滬俗以二月十二日爲花朝(另一説以二月十五日爲花朝),其時先生居滬,故本譜依滬俗繫此事於是日。

【按三】二雲者,即名妓賽金花(原名傅彩雲)與滬上名伶朱素雲也。先生有詞《鶯啼序》《綺寮怨》,分别贈予二雲(詳本譜"癸丑年四月"至"翌年一月"間條、"癸丑年七月十一日"之後條)。故其詞集,亦以二雲爲名。《趙史》云:"《二雲詞》以贈傅彩雲及朱素雲二詞爲名;蓋先生有所寄托,諱以二雲也。"②

【按四】先生於《二雲詞》卷首識語中,追記其曾刻《玉楳後詞》,而"爲傖父所訶"一事。"傖父"究指何人,本譜於甲辰(1904)"四月,先生晤王鵬運時"條嘗論之,可參考。

---

① 臨桂況周頤夔笙:《二雲詞》,葉一,《第一生修梅花館詞》弟六,《蕙風叢書》第 11 册,上海中國書店藏版,丙寅(1926)四月刊本。

② 趙尊嶽:《蕙風詞史》,見《詞學季刊》第 1 卷第 4 號,澳門海外圖書出版社 1967 年再版發行本,第 79 頁。

**二月十三日,先生訪繆荃孫。**①

**二月十六日,繆荃孫詣先生,并自先生處取去洪武本《草堂詩餘》二册、又嘉靖本四册。**②

**二月十八日,先生訪繆荃孫。**③

**約是年首春至仲春前後,先生有詞《滿庭芳》"簾押寒輕"、《買陂塘·題水繪園書画合璧册子》、《紅林檎近》"重幕留香霧"、《玉樓春》"金猊香冷羅衣薄"、《燕歸梁·本意》、《減字浣溪沙》"嚦鴂嚦鵑不忍聞"、《減字浣溪沙》"紅瘦何因怨緑肥"、《減字浣溪沙·緑葉成陰苦憶閶門楊柳》兩闋、《減字浣溪沙》"莫遣春風上海棠"等。**

【按】此十闋詞編於《二雲詞》第二十至第二十九闋。④先生詞集蓋按寫作時序編次,諸詞於集中緊接於甲寅暮春《瑞龍吟》"滄洲路"之前,因暫繫於此。

**約暮春之初,先生得程頌萬來書,因賦《瑞龍吟》"滄洲路"。**

據《瑞龍吟》"滄洲路"序:"甲寅暮春,得子大湘中書,坿贈别詩,倚此卻寄。(子大客歲四月來申,今年首春回湘。)"⑤

【按一】《丁譜》繫此事於是年,但以先生是年爲五十六歲,蓋因取咸豐九年己未(1859)爲先生之生年故也。《賴譜》《馬譜》繫此事於是年。

---

① 繆荃孫著:《藝風老人日記》第7册,北京大學出版社1986年4月,第2699頁。

② 繆荃孫著:《藝風老人日記》第7册,北京大學出版社1986年4月,第2700頁。

③ 繆荃孫著:《藝風老人日記》第7册,北京大學出版社1986年4月,第2701頁。

④ 臨桂況周頤夔笙:《二雲詞》,葉九至葉十一,《弟一生修梅花館詞》弟六,《蕙風叢書》第11册,上海中國書店藏版,丙寅(1926)四月刊本。

⑤ 臨桂況周頤夔笙:《二雲詞》葉十一,《弟一生修梅花館詞》弟六,《蕙風叢書》第11册,上海中國書店藏版,丙寅(1926)四月刊本。

【按二】此詞編於《二雲詞》第三十闋，列甲寅寒食《解蹀躞》“十里珠簾齊捲”之前。是年寒食在三月八、九日間，本譜因繫此事於暮春之初。

**約寒食前，先生曾爲徐珂《湘樓聽雨圖》題《最高樓》詞，又曾爲其《純飛館填詞圖》題《婆羅門引》。**

【按一】此二詞編於《二雲詞》第三十一及第三十二闋，①緊接於甲寅寒食《解蹀躞》“十里珠簾齊捲”之前，因暫繫於此。

【按二】《賴譜》繫此事於是年。

**三月八或九日，先生携二女，往觀西人跳舞燭火之戲，後賦《解蹀躞》“十里珠簾齊捲”。**

據《解蹀躞》“十里珠簾齊捲”序：“甲寅寒食夕，旅滬西人執戈者，爲跳舞爛火之嬉，觀者空巷。余携二女往，歸途謂之曰：‘今日禁火節，吾輩乃觀火。’二女瞠目不知所云。因念車馬殷填，帬屐縩遝中，能有幾人知今日是寒食耶？燈灺香焦，悵肰賦此。”②

【按一】舊俗以清明前一或二日爲寒食。甲寅清明爲三月十日，故寒食應爲三月八日或九日。

【按二】《丁譜》繫此條資料於是年，但以先生是年爲五十六歲，蓋因取咸豐九年己未(1859)爲先生之生年故也。《賴譜》繫此條資料於是年。

**三月十日，先生偕好友徐珂，二子維琦、維璟，同游上海愚園。**

據《踏青游》“評泊尋芳”序：“三月初十日清明，同仲可游愚園，維琦、維璟侍行。”又詞末自注：“園有廣座，售彈唱褓里諢，余亟

---

① 臨桂況周頤夔笙：《二雲詞》，葉十二至十三，《弟一生修梅花館詞》弟六，《蕙風叢書》第11册，上海中國書店藏版，丙寅(1926)四月刊本。

② 臨桂況周頤夔笙：《二雲詞》，葉十三，《弟一生修梅花館詞》弟六，《蕙風叢書》第11册，上海中國書店藏版，丙寅(1926)四月刊本。

引避，撰斗室幽静處憩焉。"①

【按一】此詞無繫年，但被編入集中之《解蹀躞》"甲寅寒食夕"詞後，故本譜繫之於是年甲寅(1914)。

【按二】《丁譜》繫此事於是年，但以先生是年爲五十六歲，蓋因取咸豐九年己未(1859)爲先生之生年故也。《賴譜》《馬譜》繫此事於是年。

**三月十三日，先生應繆荃孫約，與羅叔藴、范偉君、章一山、李詳、程名孫、吴石潛同小飲於悦賓樓。②**

**三月二十二日，先生訪繆荃孫，自繆氏取《廣川書跋》。③**

**三月二十四日，先生訪繆荃孫。④**

**三月二十五日，先生晤繆荃孫。⑤**

**三月間，先生曾往上海六三園賞櫻花，對園中緑櫻花甚爲傾倒，遂賦《南浦》《緑意》。稍後，又有《沁園春·緑櫻花弟三詠》《玉樓春·緑櫻花弟四詠》二闋。**

據《南浦》"澮沱越娉婷"題爲："同仲可遊六三園詠緑櫻花……"⑥

又據《緑意》"薄陰媚夕"詞序："六三園之遊，徘徊緑櫻花下，移

---

① 臨桂況周頤夔笙：《二雲詞》，葉十三，《弟一生修梅花館詞》弟六，《蕙風叢書》第11册，上海中國書店藏版，丙寅(1926)四月刊本。

② 繆荃孫著：《藝風老人日記》第7册，北京大學出版社1986年4月，第2708頁。

③ 繆荃孫著：《藝風老人日記》第7册，北京大學出版社1986年4月，第2710頁。

④ 繆荃孫著：《藝風老人日記》第7册，北京大學出版社1986年4月，第2710頁。

⑤ 繆荃孫著：《藝風老人日記》第7册，北京大學出版社1986年4月，第2711頁。

⑥ 臨桂況周頤夔笙：《二雲詞》，葉十四，《弟一生修梅花館詞》弟六，《蕙風叢書》第11册，上海中國書店藏版，丙寅(1926)四月刊本。

晷不忍去。情文相生,宜乎言之不足,又長言之。再倚此調,以實前詞歇拍云云。”①

【按一】前二闋編於《二雲詞》第三十五及第三十六闋,緊接是年三月初十日清明《踏青游》“評泊尋芳”之後,又列於四月六日《月華清》“詩筆楊傳”之前,故繫賞花一事於是年三月間。

【按二】後二闋編於《二雲詞》第三十九及第四十闋,②列於是年三月初十日清明《踏青游》“評泊尋芳”之後,又緊接於四月六日《月華清》“詩筆楊傳”之前,當賦於賞花之後不久,因并繫於此。

【按三】《賴譜》繫此事於是年。

**約三、四月間,先生曾爲劉世珩所藏馬湘蘭薰爐題《緑意》“芸黏麝裛”。**

據《緑意》“芸黏麝裛”詞序云:“劉葱石所庋馬湘蘭薰鑪,銘曰:‘薰透鴛衾,香添鳳餅,一點春犀,管領迴環。’刻於會(蓋謂之會)側。”③

【按一】此詞乃《二雲詞》之第三十七闋,編於是年三月初十日清明《踏青游》“評泊尋芳”,與四月六日《月華清》“詩筆楊傳”之間,故暫繫此事於三、四月間。此詞編次緊接《緑意》“薄陰媚夕”詞後,調名原題作“前調”,蓋賦於六三園之游前後。

【按二】《趙史》云:“貴池劉聚卿京卿富收藏,得宋拓二體石經,及大小忽雷、馬湘蘭爐等,名重一時,因丐先生爲詞。先生

---

① 臨桂況周頤夔笙:《二雲詞》,葉十四,《第一生修梅花館詞》弟六,《蕙風叢書》第11册,上海中國書店藏版,丙寅(1926)四月刊本。

② 臨桂況周頤夔笙:《二雲詞》,葉十六至十七,《第一生修梅花館詞》弟六,《蕙風叢書》第11册,上海中國書店藏版,丙寅(1926)四月刊本。

③ 臨桂況周頤夔笙:《二雲詞》,葉十五,《第一生修梅花館詞》弟六,《蕙風叢書》第11册,上海中國書店藏版,丙寅(1926)四月刊本。

在甯固與舊契，因賦《蘭陵王》《鳳凰臺上憶吹簫》《緑意》。”①《賴譜》引此資料而繫《緑意》一詞於去年癸丑，唯未詳其所據。

**約三、四月間，徐珂曾示先生以黄侃及汪東之和清真詞，四聲相依，一字不易，故仿作《意難忘》“煙柳昏黄”一闋。**

據《意難忘》“煙柳昏黄”詞序云：“仲可示我滬上近刻，内有季剛、旭初和清真詞，四聲相依，一字不易。其意綿邈，其詞閎雅，非方千里、楊澤民所及；惜於陰陽平聲，未嘗措意。遥夜坐雨，偶肰放效，竝陰陽平，悉依清真，唯是束縛已甚，脩辭未工，巴人下里，猶慚方、楊，何止不能卬冀清真而已？它日二君見之，當必有以教我。”②

【按一】此詞乃《二雲詞》之第三十八闋，編於是年三月初十日清明《踏青游》“評泊尋芳”，與四月六日《月華清》“詩筆楊傳”之間，故暫繫此事於此。

【按二】此詞後有小字注云：“細審清真此調，觴陽平，香陰平，涼浪陽平，相陰平，郎陽平，妝陰平，腸妨陽平，光陰平，兩聲相閒，抑揚相應，兩段一律。至前段起句，黄陽平，後段起句，雙陰平，所以爲换頭也。昔人於陰陽平，分析配合，謹嚴如此，吾輩可忽乎哉？黄九煙先生云：‘三仄應須分上去，兩平還要辨陰陽。’誠知音之言矣。”③此乃先生重要詞話之一，可具見先生對詞律之精審嚴謹程度。近輯先生散佚詞話文獻者頗不乏人，惜皆遺漏此條，未知何故。或當代治詞話之學者，絶少兼

---

① 趙尊嶽：《蕙風詞史》，見《詞學季刊》第 1 卷第 4 號，澳門海外圖書出版社 1967 年再版發行本，第 81 頁。

② 臨桂況周頤夔笙：《二雲詞》，葉十五至十六，《第一生修梅花館詞》弟六，《蕙風叢書》第 11 册，上海中國書店藏版，丙寅(1926)四月刊本。

③ 臨桂況周頤夔笙：《二雲詞》，葉十六，《第一生修梅花館詞》弟六，《蕙風叢書》第 11 册，上海中國書店藏版，丙寅(1926)四月刊本。

顧先生之詞作也。先生晚年詞作之序言或夾注中，間或記有其一己詞學之心得與觀念，皆爲先生極重要之詞話，有志於從事先生或晚清詞學之研究者不應忽視。

**四月二日，先生訪繆荃孫，二人同至徐乃昌處，晤李詳、王雪澄。①**

**四月六日，徐珂之女公子新華逝世，先生後有詞《月華清》"詩筆楊傳"悼之。**

據《月華清》"詩筆楊傳"序："徐仲可之女公子，名新華，蚤慧，擅文筆，楷法得北碑神韻，曾爲余書楹聯，尤工繪事……於甲寅灌佛前二日，弃五濁浮提而去……仲可傷悼特甚，屬余爲詞，道歎芳懿……"②

【按】《丁譜》繫此事於是年，但以先生是年爲五十六歲，蓋因取咸豐九年己未(1859)爲先生之生年故也。《賴譜》繫此條資料於是年。

**四月十七日，先生訪繆荃孫，自繆氏借《五雜俎》。③**

**約四月間，先生獲徐積餘贈其所藏"石家侍兒"小銅印拓本，賦《四字令》詞以報。**

據《四字令》"石家侍兒"詞序云："勽弦得小銅印，文曰'石家侍兒'，白文方式，以拓本見貽，賦此報之。"④

【按一】此詞乃《二雲詞》之第四十二闋，緊接是年四月六日《月華清》"詩筆楊傳"之後，又於卷末甲寅四月二十二日《紫

---

① 繆荃孫著：《藝風老人日記》第7冊，北京大學出版社1986年4月，第2713頁。

② 臨桂況周頤夔笙：《二雲詞》，葉十七，《弟一生修梅花館詞》弟六，《蕙風叢書》第11册，上海中國書店藏版，丙寅(1926)四月刊本。

③ 繆荃孫著：《藝風老人日記》第7册，北京大學出版社1986年4月，第2716頁。

④ 臨桂況周頤夔笙：《二雲詞》，葉十八，《弟一生修梅花館詞》弟六，《蕙風叢書》第11册，上海中國書店藏版，丙寅(1926)四月刊本。

玉簫》"流水凝眸"之前,其事或在是年四月間,故暫繫於此。

【按二】夊弦,乃先生好友徐積餘之號。

【按三】《賴譜》繫此詞於是年。

**約四月間,先生有詞《珍珠簾》"寥回春去聞嗁宇"感懷。**

【按】此詞乃《二雲詞》之第四十三闋,①編於是年四月六日《月華清》"詩筆楊傳"之後,并緊接於卷末甲寅四月二十二日《紫玉簫》"流水凝眸"之前,故暫繫此詞於四月間。

**四月二十二日,於蘇州晤朱祖謀,共商定近詞《二雲詞》;於歸途中賦《紫玉簫》"流水凝眸"。**

據《紫玉簫》"流水凝眸"序:"甲寅四月二十二日,晤漚尹蘇州,商定近詞,深譚移晷,略涉身世,因以曲終奏雅自嘲。向來危苦之言,以跌宕出之,愈益沈痛,是亦填詞之微恉也。行沽市樓,草草握別,歸涂惘肰,倚此卻寄。"②

【按一】《紫玉簫》編爲《二雲詞》之最後一闋,其詞序云"商定近詞",應即指《二雲詞》。是以知先生《二雲詞》之編定,當在先生赴蘇州與朱祖謀商定其詞,歸滬後不久。

【按二】《黄譜》《丁譜》繫此資料於是年,但以先生是年爲五十六歲,蓋因取咸豐九年己未(1859)爲先生之生年故也。《賴譜》《馬譜》繫此資料於是年。

【按三】《孫譜》《馬譜》繫《二雲詞》成一事於是年除夕之前,略嫌保守。本譜認爲《二雲詞》應成於是年四月二十二日之後不久(參本條"【按一】")。

---

① 臨桂況周頤夔笙:《二雲詞》,葉十八至十九,《弟一生修梅花館詞》弟六,《蕙風叢書》第11册,上海中國書店藏版,丙寅(1926)四月刊本。

② 臨桂況周頤夔笙:《二雲詞》,葉十九,《弟一生修梅花館詞》弟六,《蕙風叢書》第11册,上海中國書店藏版,丙寅(1926)四月刊本。

**同日,先生晤繆荃孫。①**

**四月二十八日,先生訪繆荃孫,并自繆氏支取十一元。②**

**四月,賦詞《千秋歲》"雲颿萬里",贈日本蹬澤青淵男爵。**

據《眉廬叢話》:"甲寅四月,日本蹬澤青淵男爵,來游滬上。……余嘗賦詞贈之,調寄《千秋歲》云:'雲颿萬里,人自日邊至。桑海後,登臨地。湖猶西子笑,江更春申醉。誰得似,董陵澆酒平生誼。　　九點齊煙翠,指顧停征轡。洙泗遠,宮墻峙。乘桴知有願,淑艾嘗言志。道東矣,蓬山回首呈佳氣。'……"③

【按】此詞未見入集。

**約四月,先生於《小説月報》發表《高陽臺》"帽影羞花"、《絳都春》"江山畫裏"及《買陂塘》"又悤悤"等詞。④**

【按一】此三闋詞發表於是年第五號之《小説月報》,約於新曆1914年5月(舊曆四月初七日至五月初七日)出版。發表時署名夔笙。

【按二】後二闋詞已入集,見《二雲詞》第七及第五闋。⑤前一闋則未入集,詞云:"帽影羞花,襟痕泥酒,匆匆賺却芳時。半榻書塵,相如倦極誰知。流鶯莫作傷春語,替垂楊、惜起腰

---

① 繆荃孫著:《藝風老人日記》第7册,北京大學出版社1986年4月,第2718頁。

② 繆荃孫著:《藝風老人日記》第7册,北京大學出版社1986年4月,第2719頁。

③ 蕙風撰:《眉廬叢話》,《東方雜誌》1915年第12卷第6號,第20頁。況周頤著,郭長保點校:《眉廬叢話》第219則,《民國筆記小説大觀》第1輯第3册,山西古籍出版社1995年12月第1版,第153頁。

④ 《小説月報》第5卷(約於1914年出版)第5號,"文苑"版,第3-4頁。

⑤ 臨桂況周頤夔笙:《二雲詞》,葉四及葉三,《第一生修梅花館詞》弟六,《蕙風叢書》第11册,上海中國書店藏版,丙寅(1926)四月刊本。

肢。問東風底事？殘英欲墜還遲。　　長亭早是相思路，更和烟和雨，芳草淒其。最苦登臨，如何樓閣參差。紅墻便抵蓬山遠，説紅墻、更在天涯。倚瓊簫，醉不成聲，不醉休吹。"①

**五月三日，繆荃孫送信予先生。②**

**五月四日，先生訪繆荃孫，并自繆氏支十二元去。③**

**五月八日，先生晤繆荃孫。④**

**五月十一日，繆荃孫自先生借黄蕘圃像。⑤**

**五月十五日，先生自繆荃孫處支取十元。⑥**

**五月十七日，繆荃孫詣先生談。⑦**

**五月二十七日，繆荃孫詣先生談。⑧**

**五月，唐源鄴曾爲先生刻"桂林況周頤藏書"長方印，并爲先生之夫人刻"卜娛掌記"方印。**

---

① 《小説月報》第 5 卷(約於 1914 年出版)第 5 號，"文苑"版，第 3 頁。

② 繆荃孫著:《藝風老人日記》第 7 册，北京大學出版社 1986 年 4 月，第 2721 頁。

③ 繆荃孫著:《藝風老人日記》第 7 册，北京大學出版社 1986 年 4 月，第 2721 頁。

④ 繆荃孫著:《藝風老人日記》第 7 册，北京大學出版社 1986 年 4 月，第 2722 頁。

⑤ 繆荃孫著:《藝風老人日記》第 7 册，北京大學出版社 1986 年 4 月，第 2723 頁。

⑥ 繆荃孫著:《藝風老人日記》第 7 册，北京大學出版社 1986 年 4 月，第 2724 頁。

⑦ 繆荃孫著:《藝風老人日記》第 7 册，北京大學出版社 1986 年 4 月，第 2725 頁。

⑧ 繆荃孫著:《藝風老人日記》第 7 册，北京大學出版社 1986 年 4 月，第 2727 頁。

據《蕙風宧遺印》所收録之第二十一印。印面刻朱文直行七字曰“桂林況周頤藏書”。邊款曰“甲寅夏五唐源鄴製于｜西泠印社”。①

又據《蕙風宧遺印》所收録之第二十三印。印面刻朱白文(首字朱文)四字曰“卜娱｜掌記”。邊款曰“醉石作于｜申江甲寅｜夏五”。②

**閏五月六日,繆荃孫詣先生取書。③**

**閏五月十日,先生訪繆荃孫。④**

**閏五月十三日,先生晤繆荃孫。⑤**

**閏五月十九日,先生訪繆荃孫。⑥**

**六月十六日,繆荃孫詣先生談。⑦**

**六月二十四日之前不久,以輯自《閨秀詞話》之顧春詞五闋(曾録入《蘭雲菱夢樓筆記》),編入《東海漁歌》第二卷,并爲跋語。**

據西泠印社活字本《東海漁歌補遺跋》:“右詞五闋,見錢唐沈湘佩女史善寶《閨秀詞話》,適爲三卷所無,當是編入第二卷者。甲寅六月,蕙風詞隱記。”⑧

---

① 《蕙風宧遺印》,乙未(1955)閏三月,濮尊朱佛齋拓本。

② 《蕙風宧遺印》,乙未(1955)閏三月,濮尊朱佛齋拓本。

③ 繆荃孫著:《藝風老人日記》第7冊,北京大學出版社1986年4月,第2729頁。

④ 繆荃孫著:《藝風老人日記》第7冊,北京大學出版社1986年4月,第2730頁。

⑤ 繆荃孫著:《藝風老人日記》第7冊,北京大學出版社1986年4月,第2731頁。

⑥ 繆荃孫著:《藝風老人日記》第7冊,北京大學出版社1986年4月,第2733頁。

⑦ 繆荃孫著:《藝風老人日記》第7冊,北京大學出版社1986年4月,第2739頁。

⑧ 見《東海漁歌》況周頤《序》,澳門曹氏芸香室據西泠印社甲寅(1914)活字本之傳抄油印本。

又據西泠印社活字本《東海漁歌序》:"……《東海漁歌》凡四卷,缺第二卷,曩閲沈女士善寶《閨秀詞話》,得太清詞五闋,録入《蘭雲菱夢樓筆記》,今此三卷中適無此五闋,當是編入第二卷者,則是第二卷亦不盡缺。……"①

【按】先生於是年六月二十四日校畢《東海漁歌》(詳下條),故書中之《東海漁歌補遺》應成於六月二十四日前不久。

**六月二十四日,校畢《東海漁歌》三卷,附補遺五闋,再撰後記。**

據西泠印社活字本《東海漁歌》補遺跋後再記:"《東海漁歌》三卷附補遺五闋,甲寅荷花生日校畢。各闋後閒綴評語……蕙風再記。"②

【按】俗以六月二十四日爲荷花生日。

**六月二十七日,繆荃孫致先生一柬,未得回信,繆氏於日記中戲言"又絶交矣"③。**

**六月,吴昌碩爲先生校刊之《東海漁歌》篆書題贉。④**

【按一】先生於去年癸丑(1913)十月得冒廣生寄來《東海漁歌》,同年十一月撰成此書西泠印社活字本之序言(詳本譜"癸丑年十月及十一月"條)。據西泠印社活字本《東海漁歌》跋語及題贉之時間記録,本譜估計此本應約於是年甲寅(1914)六月、七月間刊成。

【按二】高拜石所撰之《新編古春風樓瑣記》(四)有云:"冒鶴

---

① 見《東海漁歌》況周頤《序》,澳門曹氏芸香室據西泠印社甲寅(1914)活字本之傳抄油印本。

② 見《東海漁歌》況周頤《序》,澳門曹氏芸香室據西泠印社甲寅(1914)活字本之傳抄油印本。

③ 繆荃孫著:《藝風老人日記》第7册,北京大學出版社1986年4月,第2743頁。

④ 見《東海漁歌》扉葉,澳門曹氏芸香室據西泠印社甲寅(1914)活字本之傳抄油印本。

亭得了這《東海漁歌》的稿本,便送給'蕙風詞人'況夔笙(周頤)觀看,并請況分任校刊之責,於是這本譜,便託由杭州西泠印社,以聚珍仿宋體的活字版印出,於甲寅(一九一四)冬間印竣……"①高氏云是書印竣於是年冬,惜未詳所據,待考。

**夏,唐源鄴曾爲先生刻"況周頤鑒賞書籍金石"方印。**

據《蕙風宧遺印》所收録之第二十四印。印面刻朱文九字曰"況周頤|鑒賞書|籍金石"。邊款曰"甲寅夏爲|夔笙先生製|醉石唐源鄴"。②

**七月七日,繆荃孫詣先生。③**

**七月八日,先生訪繆荃孫。④**

**七月二十七日,繆荃孫詣先生談。⑤**

**七月二十八日,繆荃孫發信予先生。⑥**

**八月一日,繆荃孫收到先生一柬。⑦**

**八月九日,先生訪繆荃孫。⑧**

---

① 見是書《才氣都教美色掩——況夔笙〈東海漁歌序〉》一文,作家出版社2003年12月第1版,第364-370頁。

② 《蕙風宧遺印》,乙未(1955)閏三月,濮尊朱佛齋拓本。

③ 繆荃孫著:《藝風老人日記》第7册,北京大學出版社1986年4月,第2745頁。

④ 繆荃孫著:《藝風老人日記》第7册,北京大學出版社1986年4月,第2745頁。

⑤ 繆荃孫著:《藝風老人日記》第7册,北京大學出版社1986年4月,第2750頁。

⑥ 繆荃孫著:《藝風老人日記》第7册,北京大學出版社1986年4月,第2750頁。

⑦ 繆荃孫著:《藝風老人日記》第7册,北京大學出版社1986年4月,第2751頁。

⑧ 繆荃孫著:《藝風老人日記》第7册,北京大學出版社1986年4月,第2754頁。

八月十六日，繆荃孫詣吳子修、楊子晴、戴子開及先生談，衆人同飲悦賓樓。①

八月十八日，繆荃孫交《周易校勘記》及《草堂詩餘》予先生校。②

八月十九日，先生訪繆荃孫。③

八月二十一日，先生應繆荃孫邀，與殷亦平、羅子敬、張爾常、王季蓀、趙皖生、□□同小飲於悦賓樓。④

八月二十四日，先生訪繆荃孫。⑤

八月二十六日，繆荃孫致先生兩柬。⑥

八月二十七日，先生晤繆荃孫。⑦

約八、九月間，先生於《小説月報》發表《玉樓春》"金猊香冷羅衣薄"、《減字浣溪沙》"啼鴂啼鵑不忍聞"、《絳都春》"江山畫裏"、《減字浣溪沙》"紅瘦何因怨緑肥"等四闋詞。⑧

【按一】此三闋詞發表於是年第十號之《小説月報》，約於新曆

---

① 繆荃孫著：《藝風老人日記》第7冊，北京大學出版社1986年4月，第2755頁。

② 繆荃孫著：《藝風老人日記》第7冊，北京大學出版社1986年4月，第2756頁。

③ 繆荃孫著：《藝風老人日記》第7冊，北京大學出版社1986年4月，第2756頁。

④ 繆荃孫著：《藝風老人日記》第7冊，北京大學出版社1986年4月，第2756頁。

⑤ 繆荃孫著：《藝風老人日記》第7冊，北京大學出版社1986年4月，第2757頁。

⑥ 繆荃孫著：《藝風老人日記》第7冊，北京大學出版社1986年4月，第2758頁。

⑦ 繆荃孫著：《藝風老人日記》第7冊，北京大學出版社1986年4月，第2758頁。

⑧ 《小説月報》第5卷（約於1914年出版）第10號，"文苑"版，第4–5頁。

1914 年 10 月(舊曆八月十二日至九月十三日)出版。發表時署名夔笙。

【按二】以上四闋詞已入集,依次見《二雲詞》第二十三闋、第二十五闋、第七闋及第二十六闋。①其中《減字浣溪沙》"紅瘦何因怨緑肥"詞調,《小説月報》誤作《減字木蘭花》。此外《絳都春》"江山畫裏",已見刊於《小説月報》第五卷第五號;此號所載之本,較前於第五號所載者,頗有修訂;而編入《二雲詞》者,與此本幾全同,僅易一字而已。

**九月四日,值劉世珩四十生日,先生爲撰《彙刻傳劇序》,并賦三絶句以贈。**

據先生之《彙刻傳劇序》:"……上元第三甲寅三秋九月,重陽前五日,臨桂況周頤夔笙,序於上海餐櫻廡。"②

又據《眉廬叢話》第二〇七則:"……余爲撰《匯刻傳奇》序,附三絶句。……甲寅九月初四,值蔥石四十生日……"③

【按一】先生之三絶句,前有總序:"楚園先生屬序《彙刻傳劇》,擬百宋一廛賦體序成,意有未盡,再題三截句,呈就教正。"詩云:"瑯瑯百宋一廛賦,我媿當年顧虎頭。得似蕘翁學山海,家珍何必借黄州。(蕘圃先生藏詞曲處,曰學山海居。明臧晋叔刻《元曲選》,嘗從黄州劉延伯借元人雜劇二百五十種,見《静志居詩話》。)"又:"瘳鳳簫樓重回首,暖紅蘭室兩同心。詞場僂指陽春曲,幾見知音在瑟琴。(先生刻書,多與夫人合校。德配江甯傅偶蔥

---

① 臨桂況周頤夔笙:《二雲詞》,葉四、葉十至十一等,《弟一生修梅花館詞》弟六,《蕙風叢書》第 11 册,上海中國書店藏版,丙寅(1926)四月刊本。

② 劉世珩輯:《暖紅室彙刻西廂記》卷首,江蘇廣陵古籍刻印社 1997 年 6 月重印。

③ 況周頤著,郭長保點校:《眉廬叢話》,《民國筆記小説大觀》第 1 輯第 3 册,山西古籍出版社 1995 年 12 月第 1 版,第 145 頁。

夫人春孅,字小鳳;繼配江甯傅儷蒠夫人春姍,字小紅。瘳鳳樓、暖紅室所由名。)”又:“取次瑯璈記拍來,尋常絃管莫相催;挑燈笑問雙紅袖,参昴星邊大小雷。(先生兩姬人,以大雷、小雷呼之。收掌圖史,有水繪園雙畫史風。安吉吳俊卿爲作‘雙忽雷閣内史書記’‘童嬛柳嬿掌記’小印。先生辟地海上,自號枕雷道士。)”①

【按二】吴書蔭主編之《綏中吴氏藏抄本稿本戲曲叢刊》之《暖紅室校刻傳劇資料叢輯》,收有先生致劉世珩未刊信札二十二封等等資料,内容多與暖紅室《彙刻傳劇》之覆勘工作有關。②吴氏認爲先生此批信札,當寫於 1913 – 1914 年之間。③

**九月十四日(新曆 11 月 1 日)起,先生所撰之《眉廬叢話》發表於《東方雜誌》第十一卷第五號,至丙辰年正月初七日(新曆 1916 年 2 月 10 日)之第十三卷第二號止。④**

**九月,唐源鄴曾爲先生刻“況周頤長壽印”方印及“桂林況周頤臧書”長方印。**

據《蕙風宧遺印》所收録之第二十七印。印面右方刻白文六字曰“況周頤|長壽印”,左方刻瑞獸。邊款曰“甲寅九月刻寄|夔公先生正篆|醉石唐源鄴製”。⑤

又據《蕙風宧遺印》所收録之第二十二印。印面朱文直行六字曰

① 劉世珩輯:《暖紅室彙刻西廂記》卷首,葉二十二“彙刻傳劇題辭”,江蘇廣陵古籍刻印社 1997 年 6 月重印。

② 吴書蔭主編:《綏中吴氏藏抄本稿本戲曲叢刊》,學苑出版社 2004 年 3 月第 1 版,第 471 – 499 頁。

③ 吴書蔭:《況周頤和暖紅室〈匯刻傳劇〉》,《文獻》季刊 2005 年 1 月第 1 期(總第 103 期),北京圖書館出版社 2005 年 1 月 13 日出版,第 195 – 196 頁。

④ 三聯書店編輯部編:《東方雜誌總目》,三聯書店 1957 年 12 月第 1 版,第 159 – 173 頁。

⑤ 《蕙風宧遺印》,乙未(1955)閏三月,濮尊朱佛齋拓本。

"桂林況周頤臧書"。邊款曰"甲寅久月醉石製"。①

**九、十月前,先生爲吴隱《遯盦秦漢古銅印譜》題詞,撰五言律詩一首。**

據《遯盦秦漢古銅印譜》扉葉有吴昌碩甲寅十月題賆,繼有吴氏上元甲寅九月序文,又有先生題詩一首,署名"桂林況周頤夔笙"②。是以知先生之題詞應撰成於此前。

【按】先生之五言詩云:"上下二千載,摭抄徑寸珍。印燈今續燄,鐵筆此傳薪。奇字人争問,古裦孰與倫。斷無斯籒蹟,淪落在風塵。"③

**秋,唐源鄴曾爲先生刻"蕙風"長方印。**

據《蕙風宧遺印》所收録之第二十六印。印面刻朱文兩字曰"蕙風"。邊款曰"甲寅秋|醉石"。④

**約九、十月間,先生於《小説月報》第五卷第十一號"文苑",載有夔笙所賦《臨江仙》"楊柳樓臺""往事秦淮""畫舫香温""西北樓高""危坐促弦""老去相如""一桁珠簾""約略琵琶"八闋。⑤**

【按一】此八闋詞發表於是年第十一號之《小説月報》,約於新曆 1914 年 11 月(舊曆九月十四日至十月十三日)出版。發表時署名夔笙。

---

① 《蕙風宧遺印》,乙未(1955)閏三月,濮尊朱佛齋拓本。

② 吴隱《遯盦秦漢古銅印譜》扉葉、序、題詞之四,西泠印社,甲寅(1914)十月刊本(香港大學圖書館藏本,全四册)。

③ 吴隱《遯盦秦漢古銅印譜》題詞之四,西泠印社,甲寅(1914)十月刊本(香港大學圖書館藏本,全四册)。

④ 《蕙風宧遺印》,乙未(1955)閏三月,濮尊朱佛齋拓本。

⑤ 《小説月報》第 5 卷(約於 1914 年出版)第 11 號,"文苑"版,第 3－4 頁。

【按二】《臨江仙》八闋已入集,見《二雲詞》第十二至十九闋。①

**秋冬間,編纂《陳圓圓事輯》。**

據《眉廬叢話》:"客歲秋冬間,纂《陳圓圓事輯》,得萬餘言。……"②

【按】《眉廬叢話》約撰於癸丑、甲寅(1913－1914)間,甲寅歲末(1915新春)始撰續叢話,此條爲續叢話之第三六條,推斷當成於乙卯(1915)初,而"客歲"或即指是年(1914)。

**十月一日至十五日間某日,先生與吳隱散步於上海新聞橋東,見繆筱山醫室,因戲占律詩一首,以記其與繆荃孫同時、同地、同名之巧合。**

據《眉廬叢話》:"……甲寅十月某日,余偕吳遁庵閑步新聞橋迤東,見路南一家,門題'繆筱山醫室'橫扁,大小各一。何同時同地,姓字巧合若是。戲占一律云……他日先生見之,當必爲之解頤。"③

【按一】《眉廬叢話》又載:"上海新聞橋迤東,有繆筱山醫寓……余嘗作詩賦其事。越翼月,先生至自都門,見而賞之……"④是以知先生見"繆筱山醫室"而賦詩一事,當在繆氏赴京之時。又據《藝風老人日記》,繆荃孫於甲寅(1914)年九月

① 臨桂況周頤夔笙:《二雲詞》,葉七至九,《弟一生修梅花館詞》弟六,《蕙風叢書》第11册,上海中國書店藏版,丙寅(1926)四月刊本。

② 況周頤著,郭長保點校:《眉廬叢話》第251則,《民國筆記小說大觀》第1輯第3册,山西古籍出版社1995年12月第1版,第176頁。

③ 況周頤著,郭長保點校:《眉廬叢話》第187則,《民國筆記小說大觀》第1輯第3册,山西古籍出版社1995年12月第1版,第129頁。

④ 況周頤著,郭長保點校:《眉廬叢話》第205則,《民國筆記小說大觀》第1輯第3册,山西古籍出版社1995年12月第1版,第142－143頁。

十二日啓程赴京,至同年十月十六日返抵上海。①故此事應繫於是年十月一至十五日間。

【按二】先生該詩云:"點檢同書費審詳,教人錯認藝風堂。(筱珊先生,著有《藝風堂文集》。)杏林未必留雲在,藥籠何因拾薌香。(先生刻《雲自在龕叢書》《薌香零拾》。)緗素家珍標難素,(先生富藏書,多宋、元本。)顧黄學派衍岐黄。(先生校勘專家,顧千里、黄堯圃後,一人而已。)還疑史筆餘清暇,(先生近膺清史館總纂之聘,於前月北上)得似宣公録祕方。(《談苑》:'陸宣公晚年家居,尤留心於醫,聞有祕方,必手自鈔録,曰:此亦活人之一術也。')"②

**十月初六日,吴昌碩爲先生刻朱文"阮闇藏書"方印。**

據《吴昌碩印譜》載"阮闇藏書"印邊款"阮盦先生|藏書印|甲寅小雪|苦鐵"③。

【按】甲寅小雪,即爲十月初六日。

**十月二十五日,先生訪繆荃孫。**④

**十月二十九日,先生晤繆荃孫。**⑤

**約十、十一月間,先生於《小説月報》發表《握金釵》"鐵笛倚層樓"、《鳳凰臺上憶吹簫》"别殿春雷"、《鶯啼序·擬贈彩雲》等三**

---

① 繆荃孫著:《藝風老人日記》第7册,北京大學出版社1986年4月,第2761、2770頁。

② 蕙風撰:《眉廬叢話》,《東方雜誌》1915年第12卷第5號,第15頁。又見況周頤著,郭長保點校:《眉廬叢話》第187則《民國筆記小説大觀》第1輯第3册,山西古籍出版社1995年12月第1版,第129頁。

③ 《吴昌碩印譜》,上海書畫出版社1985年9月第1版,第200頁。

④ 繆荃孫著:《藝風老人日記》第7册,北京大學出版社1986年4月,第2772頁。

⑤ 繆荃孫著:《藝風老人日記》第7册,北京大學出版社1986年4月,第2773頁。

**闋詞。①**

【按一】此三闋詞發表於是年第十二號之《小説月報》,約於新曆1914年12月(舊曆十月十四日至十一月十五日)出版。發表時署名夔笙。

【按二】以上三闋詞已入集,見《二雲詞》第三、第十、第一闋。②

**十一月六日,先生訪繆荃孫。③**

**十一月十五日,先生訪繆荃孫。④**

**十一月十六日,續撰《眉廬叢話》。**

據《眉廬叢話》:"新曆四年元旦,蕙風搦管續叢話。是日也,風日妍和,雲物高朗。俯仰身世,聊樂我員。口占一律,即以實《叢話》:'陽生一九叶龍躔(距長至九日),寶籙欣開泰運先。吉語桃符春駿發,清輝桂魄昨蟾圓(值舊曆十六日)。衣冠萬國同佳節,歌管千門勝昔年。晴日茜窗揮綵筆,歲華多麗入新編。'"⑤

【按】新曆四年元旦,即新曆1915年1月1日,亦即舊曆十一月十六日。

---

① 《小説月報》第5卷(約於1914年出版)第12號,"文苑"版,第4-5頁。

② 臨桂況周頤夔笙:《二雲詞》,葉二至三、葉六、葉一至二,《第一生修梅花館詞》弟六,《蕙風叢書》第11册,上海中國書店藏版,丙寅(1926)四月刊本。

③ 繆荃孫著:《藝風老人日記》第7册,北京大學出版社1986年4月,第2776頁。

④ 繆荃孫著:《藝風老人日記》第7册,北京大學出版社1986年4月,第2778頁。

⑤ 蕙風撰:《眉廬叢話》,《東方雜誌》1915年第12卷第6號,第19-20頁。又見況周頤著,郭長保點校:《眉廬叢話》第216則,《民國筆記小説大觀》第1輯第3册,山西古籍出版社1995年12月第1版,第151頁。

十一月十七日,先生晤繆荃孫。①

十一月二十日,先生晤繆荃孫;又,先生交書予繆氏。②

十一月二十三日,先生訪繆荃孫。③

十一月二十七日,先生以《鬼谷子》售予繆荃孫,得十二元。④

【按一】繆氏所購之《鬼谷子》,乃先生原藏之徐北溟手寫本(參本譜"光緒三十二年四月二十四日"條)。

【按二】繆荃孫於逝世前曾爲晚年新收藏書編目,輯成《藝風堂新收書目》,後易名《藝風堂再續藏書記》。該書卷上"舊抄本"類有《鬼谷子》三卷條,云:"徐北溟手寫本。'乾隆乙卯六月,據錢遵王述古堂藏本手寫,徐鯤記'一行在書後。癸丑八月沉夔生以此本歸雲自在堪。"⑤雲自在堪乃繆氏室號,其云癸丑(1913)八月自先生處購得此書,應屬編此書目時之誤記。本譜則依繆氏日記,故繫此事於是年十一月二十七日。

【按三】先生原藏《鬼谷子》下落仍然可稽,該書現藏於臺灣"中央研究院"傅斯年圖書館。據書目簡介,該書共三卷一册,書長二十九公分,爲清乾隆六十(乙卯)年(1795)徐鯤據錢遵王述古堂藏本手鈔之本,有徐鯤清嘉慶元年跋,并有朱墨筆批

---

① 繆荃孫著:《藝風老人日記》第7册,北京大學出版社1986年4月,第2779頁。

② 繆荃孫著:《藝風老人日記》第7册,北京大學出版社1986年4月,第2780頁。

③ 繆荃孫著:《藝風老人日記》第7册,北京大學出版社1986年4月,第2781頁。

④ 繆荃孫著:《藝風老人日記》第7册,北京大學出版社1986年4月,第2782頁。

⑤ 見《藝風堂再續藏書記》卷上,葉十七,中國書店丁亥年冬月(2008年1月)據1939年燕京大學圖書館刻本舊板重刊。

校。有藏印“徐鯤私印”“北溟”“況周頤鑒賞書籍金石”“阮闇藏書”“卜娱掌記”等;①後三印乃先生夫婦之用印,其爲先生原藏之物,可以無疑。

**冬月,李尹桑曾爲先生刻“背塵迺能合覺”方印。**

據《蕙風宧遺印》所收録之第十八印。印面刻白文六字曰“背塵|迺能|合覺”。邊款曰“甲寅冬月刻爲|阮盦仁丈法正|壺父時同客海上”②。

【按】《中國美術家人名辭典》載兩“壺父”,其中陳允升(1820－1884)③於是年已不在世,另一爲李尹桑(?－1945),字茗柯,一作榠柯,一字壺父,號鉥齋,别署秦齋,原籍江蘇吴縣。精研篆刻碑拓,與黄賓虹、易大厂、鄧爾疋等往來較密。以精刻小鉥名於時。臨橅漢、魏諸碑,饒有金石氣。④

**約十一、十二月間,繆荃孫見先生所作咏其姓字巧合之七言律詩,甚爲赞賞;先生因再占《點絳唇》“男女分科”一詞。**

據《眉廬叢話》:“上海新聞橋迤東,有繆筱山醫寓……余嘗作詩賦其事。越翼月,先生至自都門,見而賞之,因再占一詞,調寄《點絳唇》:‘男女分科,霜紅龕主原耆宿(太原傅青主先生山,以醫名,箸有《男科》、《女科》,今盛行),藕香盈匊,何用蔆苓劚。(先生刻精本叢書,名《藕香零拾》。)　八代文衰,和緩功誰屬。醫吾俗,牙籤

---

① 據中文古籍聯合目録資料庫,参见 http://nclcc. ncl. edu. tw/ ,2004年5月25日。

② 《蕙風宧遺印》,乙未(1955)閏三月,濮尊朱佛齋拓本。

③ 俞劍華編:《中國美術家人名辭典》,上海人民美術出版社 1981 年12月第1版,第991頁。

④ 俞劍華編:《中國美術家人名辭典》,上海人民美術出版社 1981 年12月第1版,第348頁。

玉軸,乞借閒中讀。'"①

【按一】先生作詩賦繆筱山醫寓事,繫於是年十月(詳本譜是年"十月一日至十五日間某日"條)。先生謂"越翼月"再占一詞,故本譜繫賦詞一事於是年十一、十二月間。

【按二】此詞未見入集。

**十二月三日,先生晤繆荃孫。②**

**十二月二十日,先生訪繆荃孫。③**

**十二月三十日前,爲徐乃昌題《定林訪碑第二圖》。**

據《鶯啼序》"吳雲澹摇夢"詞序:"爲徐積餘題《定林訪碑弟二圖》。訪碑五人,其一余也,距今十七年矣。"又據該詞第二片"猶識題名誰某"句下自注:"曾刻題名於宋賢之次。"④

【按一】《賴譜》繫此事於是年。

【按二】此詞爲《餐櫻詞》集之第一首,編於《燭影摇紅·甲寅除夕》之前,故繫於是年十二月三十日前。

【按三】此"第二圖"由名畫家汪洛年所繪并題識,署"壬子六月,洛年記於上海照青堂"。引首由張謇所題,曰"定林訪碑後圖",署"隨菴主人屬,謇題"。後有樊增祥、張謇、梁鼎芬等共

---

① 蕙風撰:《眉廬叢話》,《東方雜誌》1915 年第 12 卷第 6 號,第 17 頁。況周頤著,郭長保點校:《眉廬叢話》第 205 則,《民國筆記小説大觀》第 1 輯第 3 册,山西古籍出版社 1995 年 12 月第 1 版,第 142-143 頁。

② 繆荃孫著:《藝風老人日記》第 7 册,北京大學出版社 1986 年 4 月,第 2783 頁。

③ 繆荃孫著:《藝風老人日記》第 7 册,北京大學出版社 1986 年 4 月,第 2789 頁。

④ 臨桂況周頤夔笙:《餐櫻詞》,葉一,《弟一生修梅花館詞》弟七,《蕙風叢書》第 12 册,上海中國書店藏版,丙寅(1926)四月刊本。

二十七家題跋。先生之題跋列第二十一。①

**十二月三十日，賦《燭影摇紅·甲寅除夕》。②**

【按】《賴譜》繫此詞於是年。

**是年，先生撰《遯庵秦漢古銅印譜序》。③**

**是年，繆荃孫於日記後所附之帳目記有：送先生款一筆十八元、支先生校脩六筆共三十七元三角、先生支款一筆十元、向先生購書款一筆十九元、購《鬼谷子》一筆十二元。④**

【按】繆氏日記帳目所言之《鬼谷子》，實亦購自先生，參本譜是年"十一月二十七日"條。

**是年，先生晤吴明試，吴氏告先生有關"瓊花豔遇"事之另一版本。**

據《眉廬叢話》："曩撰《臼辛漫筆》，有'瓊花豔遇'一則，蓋聞之皖友。歲在甲寅，晤廣陵吴嵇翁（明試）爲言此事……有出吾舊聞外者，因并前記所述焉……"⑤

**是年，先生得吴昌碩贈以所刻之"到處雲山是我師"白文閑章。**

據《吴昌碩刻（青田平頭）章》，介紹吴昌碩該印，謂該印乃刻於光緒己卯（1879）年，第一段邊款亦刻於該年；而吴昌碩"再行補款

---

① 資料見拍賣網站 http://auction. artxun. com/paimai - 21630 - 108145439. shtml，2010 年 12 月 24 日。

② 臨桂況周頤夔笙：《餐櫻詞》，葉一至二，《弟一生修梅花館詞》弟七，《蕙風叢書》第 12 册，上海中國書店藏版，丙寅（1926）四月刊本。

③ 真微印網，篆刻印學專業網站：www. sealbank. net，真微書屋印學資料庫，"真微印庫"之"況周頤"條，2007 年 4 月 30 日。

④ 繆荃孫著：《藝風老人日記》第 7 册，北京大學出版社 1986 年 4 月，第 2792 – 2808 頁。

⑤ 況周頤著，郭長保點校：《眉廬叢話》第 255 則，《民國筆記小説大觀》第 1 輯第 3 册，山西古籍出版社 1995 年 12 月第 1 版，第 179 頁。

作於 1914 年甲寅,將印送給阮盦先生,以報贈墨之情"①。

**是年或之後,先生獲康有爲書贈行書五言聯。**

據康有爲所書行書五言聯:"烟松銜翠幄,雪徑繞花源。"對聯書於灑金箋上,上款題"葵孫仁兄",下款署"康有爲"并鈐印二方,一曰"康有爲"、一曰"維新百日出亡十六年三周大地遊遍四洲經三十一國行六十萬里"。②

【按】先生一字葵孫。另據康氏"維新百日出亡十六年……"印,知此聯必書於戊戌(1898)政變後十六年(即 1914)或之後。故本譜繫此事於此。

**是年至翌年間,作櫻花詞多闋。**

據《織餘瑣述》有云:"蕙風外子愛日本櫻花,尤酷愛緑櫻花;甲寅、乙卯閒,作櫻花詞如干闋,刻入《餐櫻詞》,自號櫻癡,名填詞處曰餐櫻廡。"③

## 1915 民國四年 乙卯 五十五歲

**正月初七日,繆荃孫詣先生談。④**

**正月初十日,先生晤繆荃孫。⑤**

---

① 見網頁 http://www. ndcnc. gov. cn/datalib/2003/TFContrast/DL/DL-20031120110649。参见 http://cache. baidu. com/ ,2007 年 7 月 9 日。

② 見《中國嘉德 2004 春季拍賣會》目録,拍品編號 797(百虹樓舊藏之一),2004 年 5 月 16 日。

③ 況卜娱著:《織餘瑣述》卷下,葉一,己未(1919)十月仿聚珍版排印本。

④ 繆荃孫著:《藝風老人日記》第 7 册,北京大學出版社 1986 年 4 月,第 2811 頁。

⑤ 繆荃孫著:《藝風老人日記》第 7 册,北京大學出版社 1986 年 4 月,第 2811 頁。

**正月二十四日,先生訪繆荃孫,并自繆氏索《宋代小説》去。①**

**二月二日,先生訪繆荃孫。②**

**二月十五日,先生訪繆荃孫,以十二元自繆氏購《韓君平集》。③**

**二月十八日,先生晤繆荃孫。④**

**二月二十二日前後,賦《高陽臺·和漚尹社作均,我非社中人也》,以和朱祖謀。**

【按一】《賴譜》繫此詞於是年,唯於寫作月日及其他細節,未加考證。

【按二】朱祖謀原作《高陽臺·花朝渝樓同蒿叟作》,編入《彊村語業》民國四年乙卯(1915)詞作,⑤知朱氏此詞作於是年二月十二日花朝。而先生之和作,當爲二月十二日後之作,詞有"費春聲""負清明"等語,⑥故本譜估計當成於是年清明(即二月二十二日)前後。

【按三】《趙史》箋釋"漚尹社作"云:"其時海上有詞社,徐仲可,王蓴農,周夢坡諸君,奉彊翁爲社長。先生填詞,獨往獨

---

① 繆荃孫著:《藝風老人日記》第7册,北京大學出版社1986年4月,第2815頁。

② 繆荃孫著:《藝風老人日記》第7册,北京大學出版社1986年4月,第2818頁。

③ 繆荃孫著:《藝風老人日記》第7册,北京大學出版社1986年4月,第2822頁。本譜按:韓君平集,繆氏原著作李韓君平集,李字疑屬衍字。

④ 繆荃孫著:《藝風老人日記》第7册,北京大學出版社1986年4月,第2823頁。

⑤ 朱孝臧著,白敦仁箋注:《彊村語業箋注》卷二,巴蜀書社2002年1月第1版,第270–271頁。

⑥ 臨桂況周頤夔笙:《餐櫻詞》,葉二,《弟一生修梅花館詞》弟七,《蕙風叢書》第12册,上海中國書店藏版,丙寅(1926)四月刊本。

來,初未入爲社友;而彊翁促爲社課,始賦《高陽臺》。"①誤以爲先生《高陽臺》詞題所言"漚尹社作"之社乃一詞社。(詳【按五】。)

【按四】《近代上海詞學繫年初編》"1915 年"條下記有:"本年,況周頤在朱彊村的要求下,也爲春音詞社作社課。……"②并引《趙史》以證己説,進而認爲先生《高陽臺》詞題所言之社爲"春音詞社",是誤上加誤也。考春音詞社,乃由周慶雲創立於是年初夏,以朱祖謀爲社長。③朱氏《高陽臺》詞,作於是年花朝,其時尚未有春音詞社,因知《近代上海詞學繫年初編》"春音詞社"之説必誤。

【按五】白敦仁《彊村語業箋注》謂朱氏之《高陽臺》乃逸社第二集社課;④而《藝風老人日記》則謂逸社乃一以故清遺老爲主之文人雅集,作品不拘體韵,第二集舉於乙卯二月十二日,⑤朱詞當於是時所作;故知先生《高陽臺》詞題所言"漚尹社作"之社,應指逸社。

---

① 趙尊嶽:《蕙風詞史》,見《詞學季刊》第 1 卷第 4 號,澳門海外圖書出版社 1967 年再版發行本,第 85 頁。

② 楊柏嶺編著:《近代上海詞學繫年初編》,上海教育出版社 2003 年 7 月第 1 版,第 272 頁。

③ 周延礽:《吴興周夢坡(慶雲)先生年譜》,臺灣文海出版社 1972 年(據 1934 年本影印),第 26 頁。轉引自何泳霖《朱彊邨先生年譜及其詩詞繫年》,見饒宗頤主編《華學》(第 9、10 合輯),上海古籍出版社 2008 年 8 月第 1 版,第 6 册,第 2151 頁。

④ 朱孝臧著,白敦仁箋注:《彊村語業箋注》卷二,巴蜀書社 2002 年 1 月第 1 版,第 271 頁。

⑤ 繆荃孫著:《藝風老人日記》第 7 册,北京大學出版社 1986 年 4 月,第 2816、2821 頁。

**二月二十六日，先生訪繆荃孫。①**

**二月二十六至二十九日間，先生失足跌傷。**

據《藝風老人日記》"乙卯年二月二十九日"條："……看夔生跌甚重。……"②

【按】本譜載，先生是年二月二十六日曾往訪繆荃孫，二月二十九日繆氏曾訪先生，并記先生"跌甚重"，故知先生失足之事，應在此期間。

**二月二十九日，繆荃孫訪先生問其病足事。③**

**三月初，先生因病足，不克赴吴昌碩、朱祖謀共游六三園賞櫻花之約。**

據先生之《花犯》"數芳期"詞序："和漚尹賦六三園櫻花。今年花時，缶廬、漚尹同遊，余病足弗獲與。"④

【按一】《賴譜》繫此詞於是年，唯未詳寫作月日及其他細節。

【按二】先生病足事，参本譜是年"二月二十六至二十九日"條。又據《小重山》"何止相逢"序："暮春之初賦櫻花，調《花犯》，有句云'滄洲金粉泪'，以四聲未諰易之，漚尹甚以爲惜……"⑤

【按】《花犯》"數芳期"詞，有"金粉滄洲餘泪幾"句。

**三月十六日，朱祖謀致先生一箋論櫻花，并附《花犯》"彈輕陰"**

---

① 繆荃孫著：《藝風老人日記》第7册，北京大學出版社1986年4月，第2825頁。

② 繆荃孫著：《藝風老人日記》第7册，北京大學出版社1986年4月，第2826頁。

③ 繆荃孫著：《藝風老人日記》第7册，北京大學出版社1986年4月，第2826頁。

④ 臨桂況周頤夔笙：《餐櫻詞》，葉二至三，《第一生修梅花館詞》第七，《蕙風叢書》第12册，上海中國書店藏版，丙寅(1926)四月刊本。

⑤ 臨桂況周頤夔笙：《餐櫻詞》，葉七，《第一生修梅花館詞》弟七，《蕙風叢書》第12册，上海中國書店藏版，丙寅(1926)四月刊本。

**詞稿。**

據朱祖謀致先生信："小别甚馳念。玉體必無恙,但不可强起,以蘄速效耳。櫻花詞寫呈|大教,命意未免唐突,竊意緑櫻花如静女,誠當寶護珍重,若紅白|者,繁縟太過,未免有武士道之風,不必一律看,承使我國碧鷄坊|下客短氣也。敬問|阮盦先生起居。弟臧頓。十六日。"附詞箋曰:"花犯 櫻花産東瀛,滬上諸園喜植之,雨中同倉石蘭史遊六三園,花已向|盡,憮然賦之。(本譜按:詞略)|阮盦詞宗吾師削正。 臧。|稿甫脱手,疵纇甚多。 嚴削,叩叩。"①

【按一】朱氏此信但署"十六日",不著年月。信中及所附詞稿,語及游六三園、賞櫻花事,又叮嚀先生不可强起,應指先生病足需休養一事。本譜已據先生之《小重山》"何止相逢"詞序,繫朱氏等往六三園賞花一事於是年三月初,故朱氏此信,應寫成於三月初之後不久,即三月十六日。

【按二】考朱祖謀詞集《彊村語業》,卷三有《花犯》"鞞輕陰"一詞,繫入"屠維大荒落 十八年己巳,一九二九",題爲"巢園櫻花周梅泉索賦",字句較原作有大幅改動。②

**三月十六日之後不久,先生賦《花犯》"數芳期",以和朱祖謀之原作;其後又就此詞之修改,屢致函與朱氏切磋商定。**

據先生之《花犯》"數芳期"詞序:"和漚尹賦六三園櫻花。今年花時,缶廬、漚尹同遊,余病足弗獲與。"③

① 國家圖書館善本部編:《趙鳳昌藏札》,國家圖書館出版社 2009 年 10 月第 1 版,見該書第 2 册,第 119 – 120 頁。

② 朱孝臧著,白敦仁箋注:《彊村語業箋注》卷三,巴蜀書社 2002 年 1 月第 1 版,目録第 8 頁、正文第 403 – 404 頁。

③ 臨桂況周頤夔笙:《餐櫻詞》,葉二至三,《弟一生修梅花館詞》弟七,《蕙風叢書》第 12 册,上海中國書店藏版,丙寅(1926)四月刊本。

【按一】先生之《花犯》"數芳期"與朱氏之《花犯》"羃輕陰",同屬支尾仄韵。

【按二】本譜下條,載朱氏爲先生斟酌改詞事,故知先生就此詞之修改,曆屢次致函朱氏商。

**四月十三夕及十四日晨,朱祖謀先後覆先生信,細論先生詞作《花犯》"數芳期"改定事;并示其詞一册,請先生嚴擇數十闋并改削之。**

據朱祖謀致先生信:"大詞愈改愈妙,|亦真善於改者也,佩極。唯'天涯'二字與前'天外'字面犯,與'萬里'意|亦犯,似仍須一改。鄙意以用半虛字爲宜,如闌珊或飄零等字,唯|酌之。餘則無可吹求矣。拙詞一册,求|嚴擇數十闋,改削固最妙,否則亦須批抹,俾弟自改,叩禱之至。|阮盦吾師　臧頓　十三夕。"信右側下方又有别注云:"美成士字乃《樂府雅詞》本,極可校。"①

又據朱祖謀致先生另一信:"正去函間,又得　大札,敬悉。首句'倦後'甚自然,勝'暗識''倦減'多矣。|藥韻固無一字不合,然究不如原稿五字精渾,鄙意以不改爲是。|'霧霏'句亦不必换也。……|　十四日晨　祖謀頓。"②

【按一】朱氏信中所言"天外""萬里""倦後""霧霏"等語,皆見於先生之《花犯》"數芳期"定稿。③可證此二信皆寫成於先生賦和朱氏《花犯》之後,因繫於是年四月十三夕及十四日晨。

【按二】綜觀朱氏致先生信,具見二人詞學交流之詳情:朱氏

---

① 國家圖書館善本部編:《趙鳳昌藏札》,國家圖書館出版社 2009 年 10 月第 1 版,見該書第 2 册,第 117 頁。

② 國家圖書館善本部編:《趙鳳昌藏札》,國家圖書館出版社 2009 年 10 月第 1 版,見該書第 2 册,第 118 頁。

③ 臨桂況周頤夔笙:《餐櫻詞》,葉二至三,《弟一生修梅花館詞》弟七,《蕙風叢書》第 12 册,上海中國書店藏版,丙寅(1926)四月刊本。

曾爲先生詞作字斟句酌，提出修訂建議；朱氏又嘗請先生爲其詞集嚴加刪削改定；又見二人對周美成詞之關注等等。先生曾自謂其守律綦嚴實得力於朱氏，①今又見朱氏信中輒稱先生爲“阮盦詞宗吾師”，對先生極爲敬重，足證二人以詞相切磋，誠屬雙向交流之詞學摯友。

【按三】孫克強嘗於《以夢窗詞轉移一代風會——晚清四大家推尊吳文英的詞學主張及意義》一文中，以“師事王、朱的況周頤”②形容先生，其説不符史實，有信口開河之嫌。王鵬運與先生之誼在師友之間，且曾結爲譜兄弟（參本譜“乙未年先生離京前”條）；而朱氏則因王鵬運之誘掖而始學填詞。其後朱氏與先生同客海上，同聲相應，切磋詞學，并爲摯友，決未許以師棣視之也。

**四月，移居迤西青雲里。**

據《東方雜誌》第十二卷第十一號之《眉廬叢話》前言：“……乙卯四月，移居迤西青雲里。……”③

**四月十九日至五月十八日間，先生所著之《漱玉詞箋》出版。**

據《漱玉詞箋》之版權頁，該書之出版日期爲民國四年六月，箋注者爲蕙風簃主。④

【按一】新曆1915年6月，即舊曆乙卯年四月十九日至五月十八日間。蕙風簃主，乃先生之別號也。

---

① 臨桂況周頤夔笙：《餐櫻詞自序》，《弟一生修梅花館詞》第七，《蕙風叢書》第12冊，上海中國書店藏版，丙寅（1926）四月刊本。

② 孫克強：《以夢窗詞轉移一代風會——晚清四大家推尊吳文英的詞學主張及意義》，《河南大學學報（社會科學版）》2007年第47卷第4期，第3頁。

③ 蕙風：《眉廬叢話》，《東方雜誌》1915年第12卷第11號，第13頁。

④ 李清照著，蕙風簃主箋：《漱玉詞箋》，中華圖書館印行，民國四年六月出版。

【按二】《馬譜》繫此事於是年,未繫月日。

**四月十九日至五月十八日間,先生所編輯之《繪芳詞》出版。**

據《繪芳詞》之版權頁,該書之出版日期爲民國四年六月,編輯者爲玉楳詞隱。①

【按】新曆1915年6月,即舊曆乙卯年四月十九日至五月十八日間。玉楳詞隱,乃先生之别號也。

**四月二十八日,先生於《東方雜誌》發表托名周夔之咏美人足詞《念奴嬌》"踏花行徧",及其夫人之《醉春風》"頻换紅幫樣"。**

據《東方雜誌》本《眉廬叢話》:"……若今美人足,則未聞賦詠及之者。始安周笙頣(夔)《念奴嬌》云……又吴縣某閨媛《醉春風》云……兩詞并皆佳妙,亟録之。"②

【按一】始安周笙頣,乃先生之托名,参本譜壬子(1912)年六月三十日前條。

【按二】吴縣某閨媛,考先生所編之《繪芳詞》,録有《醉春風》"頻换紅幫様"詞,署名卜娱,③故知即先生之夫人卜娱也。

【按三】《念奴嬌》爲先生之佚作,而《醉春風》則或亦先生托名之作,詳本譜壬子(1912)年六月三十日前條【按七】及【按八】。

**五月六日,繆荃孫詣先生。④**

**五月二十八日,先生復於《東方雜誌》發表托名周夔之咏美人詞十三闋,自比於朱彝尊《茶煙閣體物集》詞。**

據《東方雜誌》本《眉廬叢話》:"始安周笙頣(夔)撰録宋已來詠美

---

① 玉梅詞隱撰録:《繪芳詞》,中華圖書館印行,民國四年六月出版。

② 蕙風:《眉廬叢話》,《東方雜誌》1915年第12卷第6號,第13頁。

③ 玉梅詞隱撰録:《繪芳詞》,中華圖書館印行,民國四年六月出版,見卷下葉七。

④ 繆荃孫著:《藝風老人日記》第7册,北京大學出版社1986年4月,第2843頁。

人詞爲《寸瓊詞》,得一百七十闋,凡前人未備之題,皆自作以補之。……已上各闋,置之《茶煙閣體物集》中,允推佳構,《寸瓊詞》未經印行,故録之。"①

【按一】始安周笙頤,乃先生之托名,本譜"壬子(1912)年六月三十日前"條已詳考之,不贅。

【按二】上述咏美人詞十三闋中,皆見録於是年出版之《繪芳詞》②集中,故知《寸瓊詞》亦即《繪芳詞》。十三闋中之《定風波·美人渦》,已編入先生少年時之詞集《養清書屋存悔詞》及香海棠館刻本《存悔詞》;③其餘十二闋皆屬先生之散佚詞作,詳本譜"壬子(1912)年六月三十日前"條【按六】。

【按三】山西古籍出版社刊行之《眉廬叢話》第二五九則,④由該書編者所加之小標題爲"詠美人詞十二首",實誤。

**六月六日,先生晤繆荃孫。⑤**

**六月十二日,先生再咏櫻花,賦《減字浣溪沙》詞九闋。**

據《減字浣溪沙》九首序:"余賦櫻花詞屢矣,率羌無故實。偶閲黄公度《日本雜事詩》注及日人原善公道《先哲叢談》,再占此九調。時乙卯大暑前一日……"⑥

---

① 蕙風:《眉廬叢話》,《東方雜誌》1915年第12卷第7號,第20－22頁。

② 玉梅詞隱撰録:《繪芳詞》,中華圖書館印行,民國四年六月出版。

③ 悔道人夔笙未定草:《養清書屋存悔詞》,葉十三,光緒己卯(1879)刻本。又見於臨桂況周儀夔笙著:《存悔詞》,葉十,光緒丁亥(1887)仲秋,香海棠館刻本。

④ 況周頤著,郭長保點校:《眉廬叢話》,《民國筆記小説大觀》第1輯第3册,山西古籍出版社1995年12月第1版,第183－188頁。

⑤ 繆荃孫著:《藝風老人日記》第7册,北京大學出版社1986年4月,第2851頁。

⑥ 臨桂況周頤夔笙:《餐櫻詞》,葉三,《第一生修梅花館詞》弟七,《蕙風叢書》第12册,上海中國書店藏版,丙寅(1926)四月刊本。

【按一】乙卯大暑,即六月十三日;大暑前一日,即六月十二日。

【按二】《丁譜》繫此事於民國四年乙卯(1915)五十七歲。蓋因取咸豐九年己未(1859)爲先生之生年故也。

**約六月中旬,先生爲朱祖謀題校詞圖,賦《還京樂·爲漚尹題彊村校詞圖》;①因憶昔日於四印齋校詞事,又賦《清平樂》"詞仙去後"以懷王鵬運。②**

【按一】《賴譜》繫此二詞於是年,唯未詳寫作月日及其他細節。

【按二】《彊村校詞圖》有三,分别由何維樸、顧麟士及吴昌碩爲朱祖謀所繪。③ 先生之詞,題於顧麟士是年五月所繪圖卷。④後朱氏廣徵題咏。⑤先生所題之《還京樂》,應作於是年五月此圖寫成之後不久。而《清平樂》詞序有云"因題《彊村校詞圖》,不能無感"⑥,故二詞并繫於此。

【按三】此二闋詞編入先生詞集《餐櫻詞》第十四及第十五闋,緊接是年六月十二日所賦《減字浣溪沙》九首之後,又列於六

---

① 臨桂況周頤夔笙:《餐櫻詞》,葉五,《第一生修梅花館詞》第七,《蕙風叢書》第12册,上海中國書店藏版,丙寅(1926)四月刊本。

② 臨桂況周頤夔笙:《餐櫻詞》,葉五,《第一生修梅花館詞》第七,《蕙風叢書》第12册,上海中國書店藏版,丙寅(1926)四月刊本。

③ 龍榆生輯:《彊邨校詞圖題詠》,《彊邨遺書》,江蘇廣陵古籍刻印社1987年12月第1次印刷,第15册。

④ 顧麟士所繪圖卷,作於乙卯五月,乃據龍榆生輯《彊邨校詞圖題詠》之顧麟士詩《爲漚尹先生作校詞圖,附書三絶句》後記、又記。《彊邨遺書》,江蘇廣陵古籍刻印社,1987年12月第1次印刷,第15册,葉二十上至二十一上。況周頤《還京樂》載於顧麟士所繪圖卷,乃據龍榆生附記之按語,詳參《彊邨校詞圖題詠》葉三十七下至三十八下。

⑤ 龍榆生輯:《彊邨校詞圖題詠》,《彊邨遺書》,江蘇廣陵古籍刻印社1987年12月第1次印刷,第15册。

⑥ 臨桂況周頤夔笙:《餐櫻詞》,葉五,《第一生修梅花館詞》第七,《蕙風叢書》第12册,上海中國書店藏版,丙寅(1926)四月刊本。

月中旬《減字浣溪沙·無米戲占》詞之前(參本譜是年"六月幾望"條),故繫於此。

**約六月中旬,先生有詞《定風波》"未問蘭因已惘然"。**

【按】此詞編爲《餐櫻詞》第十六闋,①列於是年六月十二日所賦《減字浣溪沙》九首,及六月中旬《減字浣溪沙·無米戲占》詞(參本譜是年"六月幾望"條)之間,故暫繫於此。

**約六月中旬,先生爲女兒維瑀賦《玉團兒》"酥搓膩粉"。**

【按一】此詞編爲《餐櫻詞》第十七闋,②列於是年六月十二日所賦《減字浣溪沙》九首,及六月中旬《減字浣溪沙·無米戲占》詞(參本譜是年"六月幾望"條)之間,故暫繫於此。

【按二】此詞題爲"示維瑀字佩雙"。先生子女之名,皆以維字排行,估計"維瑀"乃先生女公子之一。

**約六月中旬,先生隱括近作《減字浣溪沙》九首,再賦咏櫻花詞,成《戚氏》"倚珍叢"。又有《小重山》"何止相逢非故鄉"之作。**

據《戚氏》"倚珍叢"序:"㔶栝近作《減字浣溪沙》詠櫻花九首。詞成廑略具所用典;其言中寄託,與夫言外之意,得十之二三而已。爲櫻花詞弟十五。"③

【按】此詞編爲《餐櫻詞》第十八闋,④列於是年六月十二日所賦《減字浣溪沙》九首,及六月中旬《減字浣溪沙·無米戲占》詞(參本譜是年"六月幾望"條)之間,故暫繫於此。

---

① 臨桂況周頤夔笙:《餐櫻詞》,葉六,《弟一生修梅花館詞》弟七,《蕙風叢書》第12册,上海中國書店藏版,丙寅(1926)四月刊本。

② 臨桂況周頤夔笙:《餐櫻詞》,葉六,《弟一生修梅花館詞》弟七,《蕙風叢書》第12册,上海中國書店藏版,丙寅(1926)四月刊本。

③ 臨桂況周頤夔笙:《餐櫻詞》,葉六,《弟一生修梅花館詞》弟七,《蕙風叢書》第12册,上海中國書店藏版,丙寅(1926)四月刊本。

④ 臨桂況周頤夔笙:《餐櫻詞》,葉六至七,《弟一生修梅花館詞》弟七,《蕙風叢書》第12册,上海中國書店藏版,丙寅(1926)四月刊本。

又據《小重山》“何止相逢非故鄉”序:“暮春之初賦櫻花,調《花犯》,有句云‘滄洲金粉泪’,以四聲未䅉易之,漚尹甚以爲惜。因率占此解用之,蓋亦在十四詞外者。”①

【按一】《賴譜》繫此詞於是年,唯未詳寫作月日。

【按二】此詞編爲《餐櫻詞》第十九闋,列於是年六月十二日所賦《減字浣溪沙》九首,及六月中旬《減字浣溪沙·無米戲占》詞(參本譜是年“六月幾望”條)之間,故暫繫於此。

**約六月中旬,先生讀《半唐定稿》,爲之悵然,因賦《繞佛閣·讀半唐自定詞愴然賦此》。②**

【按一】《賴譜》繫此詞於是年,唯未詳寫作月日。

【按二】此詞編爲《餐櫻詞》第二十闋,列於是年六月十二日所賦《減字浣溪沙》九首,及六月中旬《減字浣溪沙·無米戲占》詞(參本譜是年“六月幾望”條)之間,故暫繫於此。

**約六月中旬,先生曾爲張祥齡《半篋秋詞》題《八歸》“吳霜鬢點”詞。③**

【按一】《賴譜》繫此詞於是年,唯未詳寫作月日,更誤《八歸》爲《入歸》。

【按二】此詞編爲《餐櫻詞》之第二十一闋,列於是年六月十二日所賦《減字浣溪沙》九首,及六月中旬《減字浣溪沙·無米戲占》(參本譜是年“六月幾望”條)之間,故暫繫於此。

**約六月中旬,先生有詞《眉嫵》,咏好友吳隱於杭州所購得之何震所**

---

① 臨桂況周頤夔笙:《餐櫻詞》,葉七,《第一生修梅花館詞》弟七,《蕙風叢書》第12册,上海中國書店藏版,丙寅(1926)四月刊本。

② 臨桂況周頤夔笙:《餐櫻詞》,葉七,《第一生修梅花館詞》弟七,《蕙風叢書》第12册,上海中國書店藏版,丙寅(1926)四月刊本。

③ 臨桂況周頤夔笙:《餐櫻詞》,葉八,《第一生修梅花館詞》弟七,《蕙風叢書》第12册,上海中國書店藏版,丙寅(1926)四月刊本。

**刻馬湘蘭"聽鸝深處"白文方印。**

據《眉廬叢話》:"……一'聽鸝深處'印……邊款'王百穀先生索篆,贈湘蘭仙史。何震'。今年五月,吴遯盦購得於杭州,余有詞詠之,調《眉嫵》(見《餐櫻詞》)。"①

【按一】此則筆記,於1916年2月10日(即丙辰年正月初七日)出版之《東方雜誌》刊出,估計當寫成於乙卯(1915)年,故先生云"今年五月",應指乙卯年五月。而先生爲吴隱賦此詞,必在吴氏是年五月獲印之後。

【按二】此詞編爲《餐櫻詞》之第二十二闋,②列於是年六月十二日所賦《減字浣溪沙》九首,及六月中旬《減字浣溪沙·無米戲占》(參本譜是年"六月幾望"條)之間,故本譜繫先生作此詞之月日於此。

**約六月中旬前後,先生杭州友人來言湖上荷花盛開,因依夢窗體賦《隔浦蓮近》"蘅皋不度"。**

據《隔浦蓮近》"蘅皋不度"序:"杭州人來言,湖上荷花盛開,爲占此調,依夢窗體。"③

【按】此詞編爲《餐櫻詞》之第二十三闋,列於是年六月十二日所賦《減字浣溪沙》九首,及六月中旬《減字浣溪沙·無米戲占》(參本譜是年"六月幾望"條)之間,故暫繫於此。

**約六月中旬前後,吴昌碩、朱祖謀嘗與先生言六三園荷花盛衰事,遂戲占《品令》"倦遊心眼"詞,并借此作寄托其咏櫻花深意。**

據《品令》"倦遊心眼"序:"缶廬來言六三園荷花甚盛。翌日,漚

---

① 蕙風:《眉廬叢話》,《東方雜誌》1916年第13卷第2號,第14頁。

② 臨桂況周頤夔笙:《餐櫻詞》,葉八至九,《第一生修梅花館詞》第七,《蕙風叢書》第12册,上海中國書店藏版,丙寅(1926)四月刊本。

③ 臨桂況周頤夔笙:《餐櫻詞》,葉九,《第一生修梅花館詞》第七,《蕙風叢書》第12册,上海中國書店藏版,丙寅(1926)四月刊本。

尹見過，乃曰：'殆將殘矣。'戲占此解。園中綠櫻花絶佳，令人作除郤巫山想。"①

【按一】荷花盛於夏，而彊村所謂"殆將殘矣"，則其時節應在夏末間。

【按二】此詞編爲《餐櫻詞》之第二十四闋，列於是年六月十二日所賦《減字浣溪沙》九首，及六月中旬《減字浣溪沙·無米戲占》(參本譜是年"六月幾望"條)之間，故暫繫於此。

**約六月中旬前後，嘗憶故鄉桂林榕湖詞境，悵然而賦《垂絲釣近》"地偏樹古"詞。**

據《垂絲釣近》"地偏樹古"詞題："憶榕湖 湖在桂城西偏。湖上有樓，舊西門城樓也，俗名榕樹樓。樓前榕樹，相傳李唐時物。湖水空翠澄鮮，如鏡新拭。峰巒匼匝，樓閣參差。方春萬柳垂絲，夏則紅香千畝。昔放翁於桂林山水，有詩境之品題，此則詞境也。别來三十年，每憶青篷玉勒，少年情味，不無悵惘久之。"②

【按】此詞編爲《餐櫻詞》之第二十五闋，列於是年六月十二日所賦《減字浣溪沙》九首之後，緊接於六月中旬《減字浣溪沙·無米戲占》(參本譜是年"六月幾望"條)之前，故暫繫於此。

**六月幾望，先生室人以無米告，遂戲占《減字浣溪沙》"逃墨翻教"詞。**

據《餐櫻廡隨筆》："鰥生窮餓海濱，蓋五年於兹矣。乙卯六月，大風爲災之前數日，室人以無米告，戲占《減字浣溪沙》……"③

---

① 臨桂況周頤夔笙：《餐櫻詞》，葉九，《第一生修梅花館詞》第七，《蕙風叢書》第12册，上海中國書店藏版，丙寅(1926)四月刊本。

② 臨桂況周頤夔笙：《餐櫻詞》，葉九至十，《第一生修梅花館詞》第七，《蕙風叢書》第12册，上海中國書店藏版，丙寅(1926)四月刊本。

③ 況周頤著，張繼紅點校：《餐櫻廡隨筆》第17則，《民國筆記小説大觀》第1輯第4册，山西古籍出版社1995年12月第1版，第12頁。

【按一】此詞爲《餐櫻詞》集中第二十六闋，題爲“無米戲占”①。此詞不著年月，今據《餐櫻廡隨筆》繫於是年六月間。

【按二】《上海氣象志》有載“（本譜按：1875 – 1990 年間）其中影響上海的颱風風力最大的一次是民國四年（1915 年）7 月 28 日……”②先生筆記所謂“乙卯六月，大風爲災”，應即指此。1915 年 7 月 28 日，即是年舊曆六月十七日；“前數日”則指六月十四日左右，故本譜繫先生“室人以無米告”一事於此，而詞作則應成於稍後不久間。

**約六月中旬間，先生曾擬《新鶯詞》風格，賦《減字浣溪沙·擬新鶯詞》。**

【按】此詞編爲《餐櫻詞》之第二十七闋，③緊接六月中旬《減字浣溪沙·無米戲占》（參本譜是年“六月幾望”條）之後，詞調原題爲“前題”，二詞寫作時間似應相近，故暫繫於此。

**六月十九日，先生訪繆荃孫，并送其新刻書予繆氏。④**

**六月三十日前，先生曾代賽金花作書致冒廣生。**

據新曆 1915 年 8 月 10 日出版之《東方雜誌》第十二卷第八號《眉廬叢話》之“近於某友處，見某校書寄某君函稿”條，已録先生代賽金花致冒廣生函。⑤

---

① 臨桂況周頤夔笙：《餐櫻詞》，葉十，《弟一生修梅花館詞》弟七，《蕙風叢書》第 12 册，上海中國書店藏版，丙寅（1926）四月刊本。

② 上海市地方志辦公室主辦，上海通網頁：《專業志·上海氣象志·第四編天氣系統·第一章台風·第三即台風大風》，http://www. shtong. gov. cn，參見 http://cache. baidu. com，2010 年 2 月 10 日。

③ 臨桂況周頤夔笙：《餐櫻詞》，葉十，《弟一生修梅花館詞》弟七，《蕙風叢書》第 12 册，上海中國書店藏版，丙寅（1926）四月刊本。

④ 繆荃孫著：《藝風老人日記》第 7 册，北京大學出版社 1986 年 4 月，第 2854 頁。

⑤ 《東方雜誌》1915 年第 12 卷第 8 號，第 14 頁。

又據《詞林新語》云:“傅彩雲以絶色負盛名,某名氏媁之,嘗與蕙風同過酩酊,蕙風亦欣賞。迨其官浙東,彩雲少不繼,蕙風爲作小箋,詞意婉委,其人爲致二百金慰之。”①

【按一】《詞學季刊》第二卷第二號圖版八,有冒鶴亭先生藏,趙尊嶽題《況蕙風(周頤)爲賽金花致甌隱書》之影本,②與1915年8月10日出版之《東方雜誌》第十二卷第八號《眉廬叢話》所録文字幾全然相同(《眉廬叢話》但隱去上下款名號而已);甌隱,冒廣生之號也。故足證先生早於1915年8月10日(即舊曆六月三十日)前,已代賽金花作書。

【按二】《馬譜》引陳聲聰《兼予閣詩話》第二卷“冒鶴亭”條,繫此事於民國七年戊午(1918),失審。

**約夏秋間,先生有詞《丹鳳吟·贈漚尹》及《秋宵吟·賣書》。**

【按一】二詞乃《餐櫻詞》之第二十八及第二十九闋,③編於六月中旬《減字浣溪沙·無米戲占》(參本譜是年“六月幾望”條)之後,及是年七月二十五日《西江月》詞之前,故暫繫於此。

【按二】《賴譜》繫《丹鳳吟》一詞於是年。

**約夏秋間,徐珂以其亡女新華之山水畫稿二幀贈予先生,先生作《玉京謠》“玉映傷心稿”以報之。**

據《玉京謠》“玉映傷心稿”詞序:“徐仲可以其女公子新華山水畫稿二幀見貽……爲譜夷則商犯無射宫腔,即以答謝。”④

---

① 靈(即張爾田):《詞林新語》,《詞學季刊》第1卷第3號,澳門海外圖書出版社1967年再版發行本,第126頁。

② 《詞學季刊》第2卷第2號,澳門海外圖書出版社1967年再版發行本。

③ 臨桂況周頤夔笙:《餐櫻詞》,葉十一,《弟一生修梅花館詞》第七,《蕙風叢書》第12册,上海中國書店藏版,丙寅(1926)四月刊本。

④ 見《小説月報》第6卷(約於1915年出版)第9號,“文苑”版,第8頁。後收入《餐櫻詞》,葉十一至十二,《弟一生修梅花館詞》第七,《蕙風叢書》第12册,上海中國書店藏版,丙寅(1926)四月刊本。

【按一】《賴譜》繫此詞於是年。

【按二】此詞乃《餐櫻詞》第三十闋,①編於六月中旬《減字浣溪沙・無米戲占》(參本譜是年"六月幾望"條)之後,及是年七月二十五日《西江月》詞之前,故暫繫於此。

**約夏秋間,先生加入春音詞社;嘗賦社作《風入松・宋徽宗琴名松風》四闋。**

【按一】春音詞社,由周慶雲創立於是年初夏(一説由王蘊章與陳匪石發起),推朱祖謀爲社長,先生於較後期加入,②《趙史》亦云先生"初未入爲社友"③,乃知先生初未加入該社。該社第一集社題《花犯》咏緑櫻花;第二集《眉嫵》咏河東君妝鏡;第三集《風入松》咏宋徽宗琴名松風。④ 先生於是年十二月刻成之《餐櫻詞》中,見《風入松・宋徽宗琴名松風》四首,當爲該社社課,則推知先生於春音詞社第三集時始行加入該社。

【按二】此四闋詞編入《餐櫻詞》之第三十一至第三十四闋,⑤列

---

① 臨桂況周頤夔笙:《餐櫻詞》,葉十一至十二,《弟一生修梅花館詞》第七,《蕙風叢書》第12冊,上海中國書店藏版,丙寅(1926)四月刊本。

② 周延祁:《吳興周夢坡(慶雲)先生年譜》,臺灣文海出版社1972年(據1934年本影印),第26頁。西神(即王蘊章),《春音餘響》;《同聲月刊》第1卷創刊號,1939年12月,第178頁。轉引自何泳霖《朱彊邨先生年譜及其詩詞繫年》注454、455,見饒宗頤主編《華學》(第9、10合輯),上海古籍出版社2008年8月第1版,第6冊,第2206頁。

③ 趙尊嶽:《蕙風詞史》,見《詞學季刊》第1卷第4號,澳門海外圖書出版社1967年再版發行本,第85頁。

④ 西神(即王蘊章):《春音餘響》,《同聲月刊》1939年第1卷創刊號,第178－179頁。轉引自何泳霖《朱彊邨先生年譜及其詩詞繫年》注462,見饒宗頤主編《華學》(第9、10合輯),上海古籍出版社2008年8月第1版,第6冊,第2206頁。

⑤ 臨桂況周頤夔笙:《餐櫻詞》,葉十二至十四,《弟一生修梅花館詞》第七,《蕙風叢書》第12冊,上海中國書店藏版,丙寅(1926)四月刊本。

於六月中旬《減字浣溪沙·無米戲占》(参本譜是年“六月幾望”條)之後,及是年七月二十五日《西江月》詞之前,故暫繫於此。

**七月十七日,繆荃孫詣先生,托先生做樊增祥壽詞,并贈二十元予先生,又自先生借《桂勝》一册。①**

**約初秋,賦《戀綉衾·擬存悔詞》。**

【按】此詞乃《餐櫻詞》第三十五闋,②編於六月中旬《減字浣溪沙·無米戲占》(参本譜是年“六月幾望”條)之後,緊接於是年七月二十五日《西江月》詞之前,故暫繫於此。

**七月二十五日,夢中哭醒,賦《西江月·乙卯七月二十五日寱中哭醒占》。③後又賦《鷓鴣天·憶寱再占》。④**

【按一】《丁譜》繫此事於民國四年乙卯(1915)五十七歲。蓋因取咸豐九年己未(1859)爲先生之生年故也。

【按二】《鷓鴣天》詞雖不著年月,唯據詞題,當作於七月二十五日之後不久,故并繫於此。

**同日,繆荃孫致先生一信并交《樊山續集》四册予先生。⑤**

**七月二十六日,先生訪繆荃孫。⑥**

---

① 繆荃孫著:《藝風老人日記》第7册,北京大學出版社1986年4月,第2862頁。

② 臨桂況周頤夔笙:《餐櫻詞》,葉十四,《第一生修梅花館詞》第七,《蕙風叢書》第12册,上海中國書店藏版,丙寅(1926)四月刊本。

③ 臨桂況周頤夔笙:《餐櫻詞》,葉十四,《第一生修梅花館詞》第七,《蕙風叢書》第12册,上海中國書店藏版,丙寅(1926)四月刊本。

④ 臨桂況周頤夔笙:《餐櫻詞》,葉十五,《第一生修梅花館詞》第七,《蕙風叢書》第12册,上海中國書店藏版,丙寅(1926)四月刊本。

⑤ 繆荃孫著:《藝風老人日記》第7册,北京大學出版社1986年4月,第2864頁。

⑥ 繆荃孫著:《藝風老人日記》第7册,北京大學出版社1986年4月,第2865頁。

**八月五日,下午,魯迅得西泠印社所寄,先生所著之《阮盦筆記》二册及《香東漫筆》一册。①**

【按】《魯迅日記》乙卯日記所附之乙卯書帳,記其於是日購入《阮盦筆記》五種二册(〇·八〇元)及《香東漫筆》一册(〇·三〇元)。②

**八月十五日,與朱祖謀唱和,作《解連環·乙卯中秋和漚尹夜飛鵲》。③**

【按】《丁譜》繫此事於是年,但以先生是年爲五十七歲;蓋因取咸豐九年己未(1859)爲先生之生年故也。《賴譜》繫此事於是年。

**八月二十一日,先生爲李尹桑所藏《虢季子白盤拓片》題跋。**

據《虢季子白盤拓片》左側之先生題跋:"乙卯中秋後六日,況周頤觀,時與茗柯先生同客海上,并記。"下鈐"況周頤印"④白文方章。

【按一】茗柯先生,應即民國時期嶺南著名篆刻家李尹桑;李氏其時亦曾客居上海。

【按二】此拓片另有商承祚、樵風逸民(本譜按即鄭文焯)、朱孝臧、褚德彝、黄節、譚延闓等題記。

---

① 魯迅著:《魯迅日記》第4册(一九一五年),乙卯日記之"八月五日"條,葉廿六上,上海出版公司1951年4月至5月初版影印,1951年8月至9月再版影印,第152頁上。

② 魯迅著:《魯迅日記》第4册(一九一五年),乙卯書帳之"八月五日"條,葉六下,上海出版公司1951年4月至5月初版影印,1951年8月至9月再版影印,第175頁下。

③ 臨桂況周頤夔笙:《餐櫻詞》,葉十五,《弟一生修梅花館詞》弟七,《蕙風叢書》第12册,上海中國書店藏版,丙寅(1926)四月刊本。

④ 上海博古齋2008年春季大型藝術品拍賣會古籍善本專場圖録,上海博古齋拍賣有限公司,2008年6月22日,拍品第1433號。

**八月二十九日，繆荃孫接先生信。**①

**九月三日，繆荃孫發信予先生。**②

**九月五日，先生晤繆荃孫，繆氏取先生代作詞。**③

【按】此代作詞，或即本譜是年"七月十七日"條所記繆氏托先生代作之樊增祥壽詞。本譜是年"七月二十五日"條所記，繆氏交《樊山續集》予先生，應亦與此事有關。

**同日，賦《定風波·九月五日詠牡丹或曰非時漚尹曰非非時》。④後賦《多麗·秋雨》。⑤二詞皆爲諷袁世凱之作。**

據《趙史》："在甲寅、乙卯間，項城柄國，輒有僭位之思，其事漸顯。先生以勝朝故老，益爲痛心，遂作《定風波》《多麗》以諷之。彊邨侍郎亦憾袁氏之盜竊，一日戲謂姬人曰：'我當化虎，撲殺此獠。'……先生又爲賦《醉翁操》……"⑥

【按一】《賴譜》祇繫《定風波》一詞於是年。

【按二】此《定風波》詞雖未繫年，唯於《餐櫻詞》集中，編於乙卯七月二十五日詞後，而該集則刻成於是年冬，故繫於此。

【按三】此《多麗》詞不著年月日，唯於《餐櫻詞》集中，編於乙

---

① 繆荃孫著：《藝風老人日記》第7冊，北京大學出版社1986年4月，第2874頁。

② 繆荃孫著：《藝風老人日記》第7冊，北京大學出版社1986年4月，第2875頁。

③ 繆荃孫著：《藝風老人日記》第7冊，北京大學出版社1986年4月，第2876頁。

④ 臨桂況周頤夔笙：《餐櫻詞》，葉十六，《第一生修梅花館詞》弟七，《蕙風叢書》第12册，上海中國書店藏版，丙寅(1926)四月刊本。

⑤ 臨桂況周頤夔笙：《餐櫻詞》，葉十六，《第一生修梅花館詞》弟七，《蕙風叢書》第12册，上海中國書店藏版，丙寅(1926)四月刊本。

⑥ 趙尊嶽：《蕙風詞史》，見《詞學季刊》第1卷第4號，澳門海外圖書出版社1967年再版發行本，第89－90頁。

卯七月二十五日詞後,而該集則刻成於是年冬,故應繫於是年;又據《趙史》資料,附繫於《定風波》詞後。

【按四】有關袁世凱及其子侄輩之個人對於恢復帝制及稱帝之野心,中外史家多有論述,一般皆以下列事件爲袁氏有僭位之思之始:1913 年 11 月袁氏下令解散國民黨,并將之定性爲叛亂組織,使當時之國會喪失能力,隨後於 1914 年上半年下令解散所有經選舉産生之各級地方議會,至 1915 年,公然推動帝制運動。①故《趙史》謂項城於甲寅、乙卯(1914－1915)間開始顯露稱帝野心,其説屬實。

【按五】《趙史》所云先生爲彊村賦之《醉翁操》,即《醉翁操·爲漚尹賦與客談人變虎事》詞;②詳本譜是年"十一月十八日"至"二十二日"條。

**九月八日,先生訪繆荃孫。③**

**九月九日,與朱祖謀等游哈園,有詞《霜花腴·哈園九日同漚尹作》、④《紫萸香慢·九日再賦》。⑤**

---

① 請參考歐内斯特·P. 揚:《革命後的政治風雲:袁世凱時期,1912－1916 年》之"獨裁統治"及"袁的帝制運動"兩節,見收於費正清編《劍橋中華民國史 1912－1949 年》上卷,楊品泉等據劍橋大學出版社 1983 年初版中譯,謝亮生校,中國社會科學出版社 1994 年 1 月第 1 版,第 263 至 284 頁。另請參考唐德剛著:《袁氏當國》,臺灣遠流出版事業股份有限公司,2002 年 8 月 1 日初版一刷,第 160－170、259－263、269－274、311－313 頁。

② 臨桂況周頤夔笙:《餐櫻詞》,葉二十一,《弟一生修梅花館詞》弟七,《蕙風叢書》第 12 册,上海中國書店藏版,丙寅(1926)四月刊本。

③ 繆荃孫著:《藝風老人日記》第 7 册,北京大學出版社 1986 年 4 月,第 2877 頁。

④ 臨桂況周頤夔笙:《餐櫻詞》,葉十六至十七,《弟一生修梅花館詞》弟七,《蕙風叢書》第 12 册,上海中國書店藏版,丙寅(1926)四月刊本。

⑤ 臨桂況周頤夔笙:《餐櫻詞》,葉十七,《弟一生修梅花館詞》弟七,《蕙風叢書》第 12 册,上海中國書店藏版,丙寅(1926)四月刊本。

【按一】此二詞雖未繫年，唯於《餐櫻詞》集中，編於乙卯七月二十五日詞後，而該集則刻成於是年冬，故繫於此。

【按二】《賴譜》衹繫《霜花腴》一詞於是年。

**九月十二日，先生訪繆荃孫談，并自繆氏索去《周易正義》。①**

**同日，魯迅得上海蟫隱廬所寄書籍一包，内有先生所著之《萬邑西南山石刻記》一册。②**

【按一】《魯迅日記》該條原作"《萬邑西南石刻記》"，缺一"山"字，應作"《萬邑西南山石刻記》"。

【按二】《魯迅日記》乙卯日記所附之乙卯書帳，記其於是日購入《萬邑西南山石刻記》一册（〇·四〇元）。③

**九月十八日，先生晤繆荃孫。④**

**九月二十九日夜，先生賦《最高樓·雨夕餞秋》及《鷓鴣天》"如霧如煙憶舊游"⑤。**

【按一】餞秋日，即秋季之最後一日；是年九月小，故餞秋日，即九月二十九日。

【按二】此《最高樓》詞雖未繫年，唯於《餐櫻詞》集中，編於乙

---

① 繆荃孫著：《藝風老人日記》第7册，北京大學出版社1986年4月，第2878頁。

② 魯迅著，《魯迅日記》第4册（一九一五年），乙卯日記之"九月十二日"條，葉卅下，上海出版公司1951年4月至5月初版影印，1951年8月至9月再版影印，第156頁下。

③ 魯迅著：《魯迅日記》第4册（一九一五年），乙卯書帳之"九月十二日"條，葉七下，上海出版公司1951年4月至5月初版影印，1951年8月至9月再版影印，第176頁下。

④ 繆荃孫著：《藝風老人日記》第7册，北京大學出版社1986年4月，第2880頁。

⑤ 臨桂況周頤夔笙：《餐櫻詞》，葉十七至十八，《弟一生修梅花館詞》弟七，《蕙風叢書》第12册，上海中國書店藏版，丙寅（1926）四月刊本。

卯七月二十五日詞後，而該集則刻成於是年冬，故繫於此。《鷓鴣天》"如瘳如煙憶舊游"於集中則緊接《最高樓》之後，及十月初一日《浪淘沙》之前，故并繫於此。

**秋，與朱祖謀共讀昔年王鵬運諫上駐蹕頤和園奏稿。**

據《餐櫻廡隨筆》："曩歲在甲辰……記王半塘侍御諫園居事甚悉，其摺稿當時匆匆一讀，以未經録存爲惜。比由漚尹輾轉乞借得之……余甚欲得此摺稿，十一年於兹矣。秋陰積雨，漚尹携來共讀，俯仰陳跡，銷魂黯然。"①

【按】甲辰(1904)後十一年，即是年乙卯(1915)。又云"秋陰積雨"，因繫此事於是年秋。

**秋，鍾以敬爲先生刻"飡櫻廡"方印。**

據《蕙風宧遺印》所收録之第十九印。印面刻朱文三字曰"飡櫻｜廡"。邊款曰"乙卯秋日｜矞申"②。

【按一】《蕙風宧遺印》所收録之第二十印，亦署"矞申"，不署年月；乃朱文方印，刻"櫻｜癡"二字。③疑與"飡櫻廡"印同時所作。

【按二】《織餘瑣述》云："蕙風外子愛日本櫻花，尤酷愛緑櫻花；甲寅、乙卯間作櫻花詞如干闋，刻入《餐櫻詞》，自號櫻癡，名填詞處曰餐櫻廡……"④此即二印之所本。

【按三】矞申，即鍾以敬(1866－1916)，浙江錢塘人，字越生，又字矞聲，一作矞申，號讓先，又號窳龕；少嗜金石，原工篆書，印

---

① 況周頤著，張繼紅點校：《餐櫻廡隨筆》第108則，《民國筆記小説大觀》第1輯第4册，山西古籍出版社1995年12月第1版，第80－83頁。

② 《蕙風宧遺印》，乙未(1955)閏三月，濮尊朱佛齋拓本。

③ 《蕙風宧遺印》，乙未(1955)閏三月，濮尊朱佛齋拓本。

④ 況卜娱著：《織餘瑣述》卷下，葉一，己未(1919)十月仿聚珍版排印本。

宗趙次閑、陳秋堂、趙撝叔，均能得神似，刻印宗浙派者，當推巨擘。①鍾氏爲西泠印社早期社員。②

**十月初一日，先生賦《浪淘沙·餞秋明日咏菊》。③**

【按】是年餞秋日爲九月二十九日；其明日即十月初一日。此詞雖未繫年，唯於《餐櫻詞》集中，編於乙卯七月二十五日詞後，而該集則刻成於是年冬，故繫於此。

**十月七日，上午，魯迅寄周作人書兩包，内有先生所著之《阮盦筆記》二册、《香東漫筆》一册及《萬邑西南山石刻記》一册。④**

【按一】周作人其後於1938年5月31日，撰《題阮盦筆記》一則，云"廿七年戊寅端午前三日，隆福寺書估携此書來，乃收得之"，又云"《阮盦筆記》素所喜愛"，結合本條，乃知周作人已前後兩次得先生所著之書矣；周作人題記中又盛赞先生"文筆樸實，風趣閒雅，自有勝地，近代著作中少見其匹"⑤云云。據本譜是年"八月五日""九月十二日"及本條，可具見魯迅、周作人兄弟二人對先生著作之重視與推崇。

【按二】向來研究新文學史之學者，皆盛赞周作人散文風格之

---

① 俞劍華編：《中國美術家人名辭典》，上海人民美術出版社1981年12月第1版，第1474－1475頁。

② 見《西泠印社早期社員名單》，載王福庵審定，秦康祥編著，孫智敏裁正，余正注釋《西泠印社志稿》（影印注釋本），浙江古籍出版社2003年11月第1版，2006年7月第2版，第162頁。

③ 臨桂況周頤夔笙：《餐櫻詞》，葉十八，《弟一生修梅花館詞》弟七，《蕙風叢書》第12册，上海中國書店藏版，丙寅（1926）四月刊本。

④ 魯迅著：《魯迅日記》第4册（1915年），乙卯日記之"十月七日"條，葉卅三下至葉卅四上，上海出版公司1951年4月至5月初版影印，1951年8月至9月再版影印，第159頁下－160頁上。

⑤ 周作人著：《書房一角》卷四"看書餘記"第17則，新民印書館1945年2月28日再版，實用書局1974年1月重印，第151頁。

佳妙，有謂實源於晚明之小品文，然從未見有人提及周氏之散文風格，或有受先生筆記文之影響，故特標舉於此，以供治新文學史及研究周作人之學者參考。

【按三】魯迅之留心於先生之文史筆記及金石學著作，具見其舊學之興趣所在。今讀《魯迅全集》，其中多有舊學之研究，其根柢深厚，非一般新文學家可企及，是亦不足爲怪矣。

**孟冬前後，先生爲葛金烺《傳樸堂詩稿》四卷所附之《竹樊山莊詞》一卷題詞。**

據《竹樊山莊詞》題辭葉，有朱祖謀之《壽樓春》"鴛鴦湖詞鄉"及先生之《齊天樂》"舊家文采"題詞二闋。又據《竹樊山莊詞》題名葉，下署"乙卯孟冬｜安吉吳昌碩"①，因此估計先生之題詞，或寫成於吳昌碩題書名之同期，故本譜繫此事於是年孟冬前後。

【按一】先生之《齊天樂》"舊家文采"詞未見入集。詞云："舊家文采丹陽集，蘭荃況兼餘事。綺屬思沈，花生筆健，論派浙西渾異。清吟鳳紙，看平揖蘇辛，指揮姜史。自惜嶔崎，竹樊芳約素心幾。　曲高金縷唱徹，問浦團慧業，誰證彈指。麗製紅牙，遥情鐵撥，漫比尋常宫徵。遺箋料理，有處度摛華，原叔趾美。秀挹當湖，雅詞應署里。"②

【按二】柯愈春所著之《清人詩文集總目提要》卷五〇"傳樸堂詩稿"條，以《竹樊山莊詞》刊於光緒二十一年（1895），③誤。

---

① 吳昌碩之書名題字及況周頤之題詞，見平湖葛金烺景亮著：《竹樊山莊詞》，民國乙卯（1915）孟冬刻本，書名葉及"題辭"葉一。筆者所據之本爲中國國家圖書館所藏葛氏《傳樸堂詩稿》四卷所附之《竹樊山莊詞》一卷。

② 平湖葛金烺景亮著：《竹樊山莊詞》，民國乙卯（1915）孟冬刻本，題辭葉一。筆者所據之本爲中國國家圖書館所藏葛氏《傳樸堂詩稿》四卷所附之《竹樊山莊詞》一卷。

③ 柯愈春著：《清人詩文集總目提要》，北京古籍出版社 2001 年 11 月第 1 版，第 1720 頁。

據中國國家圖書館所藏原書,《傳樸堂詩稿》四卷刊於光緒乙未(1895)新秋,而《竹樊山莊詞》則由吳昌碩題書名於乙卯(1915)孟冬,故知《竹樊山莊詞》不可能刊於光緒二十一年,或柯氏未及親檢原著,致有此失。

**約十月,先生所編纂之《陳圓圓事輯》刊於《小説月報》。①**

**約初冬至仲冬間,先生接朱祖謀將之吳門書,乃賦《徵招》"清琴各自"報之。**

據《徵招》"清琴各自"序:"漚尹將之吳門,有書來云:'雖小别,亦依黯也。'賦此報之。"②

【按一】此詞不著年月日,唯於《餐櫻詞》集中列爲第四十六闋,編於是年十月初一日《浪淘沙》詞之後,及"一九初交"《醉翁操》詞之前,故暫繫於是年初冬至仲冬間。

【按二】《賴譜》繫此詞於是年,未考月日。

**約初冬至仲冬間,先生補綴所得之元本《爾雅》,於書後賦題《鷓鴣天》"老向書叢作蠹魚"。**

據《鷓鴣天》"老向書叢作蠹魚"序:"得明正德補版元本《爾雅》,殘破特甚,補綴成篇,賦此題後。"③

【按】此詞不著年月日,唯於《餐櫻詞》集中列爲第四十七闋,編於是年十月初一日《浪淘沙》詞之後,及"一九初交"《醉翁操》詞之前,故暫繫於是年初冬至仲冬間。

**約初冬至仲冬間,先生仿元代姚雲文《瓌瓏玉·詠雪》調,作《瓌瓏**

---

① 況周頤著:《陳圓圓事輯》,見《小説月報》第6卷第11號(約於1915年11月出版),"雜俎二",第1-14頁。

② 臨桂況周頤夔笙:《餐櫻詞》,葉十八,《弟一生修梅花館詞》弟七,《蕙風叢書》第12册,上海中國書店藏版,丙寅(1926)四月刊本。

③ 臨桂況周頤夔笙:《餐櫻詞》,葉十八至十九,《弟一生修梅花館詞》弟七,《蕙風叢書》第12册,上海中國書店藏版,丙寅(1926)四月刊本。

**玉·詠霜》。**

據《瓏瓏玉》"無恙危闌"序:"元姚雲文,字聖瑞……有《江邨遺稿》,當是倚聲媾家,《紫萸香慢》《瓏瓏玉》皆自度曲,聲情悱惻,饒絃外音,余極憙之。今年九日,既賦《紫萸香慢》,寒宵無聊,更昉此調。聖瑞詠雪,余則詠霜,此題盍廑有作者。"①

【按】此詞不著年月日,唯於《餐櫻詞》集中列爲第四十八闋,編於是年十月初一日《浪淘沙》詞之後,及"一九初交"《醉翁操》詞之前,故暫繫於是年初冬至仲冬間。

**約初冬至仲冬間,先生有詞《南鄉子》"秋士慣疏蕭",及《曲玉管·憶虎山舊游》。**

【按】二詞於《餐櫻詞》集中列爲第四十九及第五十闋,②編於是年十月初一日《浪淘沙》詞之後,及"一九初交"《醉翁操》詞之前,故暫繫於此。

**十一月七日,先生訪繆荃孫。③**

**十一月十七日,先生晤繆荃孫。④**

**十一月十八至十九日間或稍前,先生賦詞《醉翁操》"嬋媛",咏外國銀錢肖像。**

據《醉翁操》"嬋媛"序:"外國銀錢有肖像絶娟倩者,或曰自由

---

①　臨桂況周頤夔笙:《餐櫻詞》,葉十九,《弟一生修梅花館詞》弟七,《蕙風叢書》第12册,上海中國書店藏版,丙寅(1926)四月刊本。

②　臨桂況周頤夔笙:《餐櫻詞》,葉十九至二十,《弟一生修梅花館詞》弟七,《蕙風叢書》第12册,上海中國書店藏版,丙寅(1926)四月刊本。

③　繆荃孫著:《藝風老人日記》第7册,北京大學出版社1986年4月,第2893頁。

④　繆荃孫著:《藝風老人日記》第7册,北京大學出版社1986年4月,第2896頁。

神,亦有其國女王真像。"①

【按】此詞不著年月日,於《餐櫻詞》集中列爲第五十一闋,緊接於是年一九初交之《醉翁操》"淒然"詞之前。《醉翁操》"淒然"於集中,調名原題爲"前調",估計二詞之創作時間或相近,故暫繫於此。

**十一月十八至十九日間,先生賦詞《醉翁操》"淒然",索孫德謙、張爾田、朱祖謀和。**

據《醉翁操》"淒然"序:"一九初交,消寒未幾,海濱風日,饒有春意,天時人事,我愁如何? 倚此索隘庵、孟劬、漚尹和。"②

【按】俗以冬至節後第一至第九日爲"一九"。一九初交,即冬至後之一兩日。是年十一月十七日爲冬至,故本譜繫此事於十一月十八至十九日間。

**十一月十八至十九日間或稍後,先生賦詞《醉翁操·爲漚尹賦與客談人變虎事》,索孫德謙、張爾田、朱祖謀和。**

據《趙史》:"在甲寅、乙卯間,項城柄國,輒有僭位之思,其事漸顯。先生以勝朝故老,益爲痛心,遂作《定風波》《多麗》以諷之。彊邨侍郎亦憾袁氏之盜竊,一日戲謂姬人曰:'我當化虎,撲殺此獠。'……先生又爲賦《醉翁操》……"③

【按一】《趙史》所云先生爲彊村賦之《醉翁操》,即《醉翁操·爲漚尹賦與客談人變虎事》詞。

【按二】《賴譜》繫此詞於是年。

---

① 臨桂況周頤夔笙:《餐櫻詞》,葉二十,《弟一生修梅花館詞》弟七,《蕙風叢書》第12冊,上海中國書店藏版,丙寅(1926)四月刊本。

② 臨桂況周頤夔笙:《餐櫻詞》,葉二十二,《弟一生修梅花館詞》弟七,《蕙風叢書》第12冊,上海中國書店藏版,丙寅(1926)四月刊本。

③ 趙尊嶽:《蕙風詞史》,見《詞學季刊》第1卷第4號,澳門海外圖書出版社1967年再版發行本,第89-90頁。

【按三】此詞不著年月日，於《餐櫻詞》集中列爲第五十三闋，①緊接是年一九初交之《醉翁操》"淒然"詞之後。此詞於集中，調名原題爲"前調"，賦詞時間或亦相近，故暫繫於此。

**十一月二十二日或稍前，先生有詞《聲聲慢·遥夜坐愁和寥窗均》。**

【按】此詞不著年月日，於《餐櫻詞》集中列爲第五十四闋，②編於是年一九初交之《醉翁操》"淒然"詞之後，及是年長至後五日《千秋歲引》"玉宇瓊樓"詞之前，故暫繫於此。

**十一月二十二日或稍前，朱祖謀赴蘇州，先生賦《浣溪沙》"身世滄波夕照邊"惜别。**

據《浣溪沙》"身世滄波夕照邊"序："漚尹往還蘇滬閒，蟾不再圓，驪輒一唱，感時惜别，情見乎詞。"③

【按一】此詞不著年月日，於《餐櫻詞》集中列爲第五十五闋，④編於是年一九初交之《醉翁操》"淒然"詞之後，及是年長至後五日《千秋歲引》"玉宇瓊樓"詞之前，故暫繫於此。

【按二】《賴譜》繫此詞於是年，未考月日。

**十一月二十二日，繆荃孫送二十五元及墨拓予先生，并囑先生編《江蘇金石記》。⑤**

**同日，與朱祖謀仿爲連咏體連句詞，共賦《千秋歲引》。**

---

① 臨桂況周頤夔笙：《餐櫻詞》，葉二十一，《弟一生修梅花館詞》弟七，《蕙風叢書》第12册，上海中國書店藏版，丙寅(1926)四月刊本。

② 臨桂況周頤夔笙：《餐櫻詞》，葉二十一，《弟一生修梅花館詞》弟七，《蕙風叢書》第12册，上海中國書店藏版，丙寅(1926)四月刊本。

③ 臨桂況周頤夔笙：《餐櫻詞》，葉二十二，《弟一生修梅花館詞》弟七，《蕙風叢書》第12册，上海中國書店藏版，丙寅(1926)四月刊本。

④ 臨桂況周頤夔笙：《餐櫻詞》，葉二十一至二十二，《弟一生修梅花館詞》弟七，《蕙風叢書》第12册，上海中國書店藏版，丙寅(1926)四月刊本。

⑤ 繆荃孫著：《藝風老人日記》第7册，北京大學出版社1986年4月，第2897頁。

據《千秋歲引》序:"連句詩自漢時有之,連句詞未詳所自始。沈雄《古今詞話》:張樞言席上,劉巨源、僧仲殊在焉,命作西湖詞,巨源口占云:'憑誰好筆,横掃素縑三百尺;天下應無,此是錢唐湖上圖。'仲殊應聲云:'一般奇絶,雲澹天高秋月夜;費盡丹青,只這些兒畫不成。'又命賦梅花,仲殊先吟云:'江南二月,猶有枝頭千點雪;邀上芳尊,卻占東風一半春。'巨源續和云:'尊前眼底,南國風光都在此;移過江來,從此江南不復開。'調《減字木蘭花》。此連詠體也。乙卯長至後五日,與漚尹昉爲之。"①

【按一】長至,即冬至。是年之冬至,在十一月十七日;其後五日,即十一月二十二日。

【按二】《丁譜》以詞賦於是年五月中,蓋誤長至爲夏至也。

【按三】此詞序實亦先生重要詞話之一,引沈雄《古今詞話》,以論述詞之連咏體起源問題。近輯先生散佚詞話文獻者頗不乏人,往往遺漏此類論詞語,至爲可惜。或當代治詞話之學者,絶少兼顧先生詞作中之序跋及夾注。

**十一月二十四日,繆荃孫送《虎邱題名》予先生。②**

**十一月,朱祖謀覆刻先生所藏之九峰書院刊本《中州樂府》,并編入《彊村叢書》。**

據徐珂《清稗類鈔》有云:"况夔笙太守周頤嘗寓金陵,一日,於東牌樓匢董攤購書二册,一九峰書院本《中州樂府》,後爲朱古微侍郎據以覆刻。"③

---

① 臨桂況周頤夔笙:《餐櫻詞》,葉二十二,《弟一生修梅花館詞》弟七,《蕙風叢書》第12册,上海中國書店藏版,丙寅(1926)四月刊本。

② 繆荃孫著:《藝風老人日記》第7册,北京大學出版社1986年4月,第2898頁。

③ 徐珂編撰:《清稗類鈔》第11册,奴婢類之"莊某著長隨論"則,中華書局1986年7月第1版,第5271－5272頁。

又據朱祖謀《中州樂府校記·跋》:"右《中州樂府》一卷,彭汝寔、毛鳳韶序,明嘉靖中嘉定守高登刊之九峰書院者。……宣統旃蒙單閼之歲辜月,歸安朱孝臧跋。"①

【按】朱氏跋文,署"旃蒙單閼之歲辜月",即乙卯(1915)十一月。唯朱氏并未説明其據以覆刻之九峰書院本《中州樂府》,實乃先生丁未(1907)年於金陵所購得之本(參本譜"丁未年十一月二十六日"條),今據徐珂所記,繫此事於此。

**十二月三日,繆荃孫詣先生長談。②**

**十二月十二日,先生訪繆荃孫,還《江蘇金石記》予繆氏,并云不能編。③**

**十二月十五日,繆荃孫詣先生談,交《書經正義》予先生,亟期先生撰校勘記。④**

**十二月十八日,先生訪繆荃孫。⑤**

**十二月十九日,先生訪繆荃孫。⑥**

**十二月二十四日,朱祖謀爲先生刻《餐櫻詞》成,先生乃撰序。朱祖謀爲題詞《還京樂》。**

---

① 《彊村叢書》第2册,《中州樂府》卷末,壬戌(1921)十月三次校補印行本。

② 繆荃孫著:《藝風老人日記》第7册,北京大學出版社1986年4月,第2900頁。

③ 繆荃孫著:《藝風老人日記》第7册,北京大學出版社1986年4月,第2902頁。

④ 繆荃孫著:《藝風老人日記》第7册,北京大學出版社1986年4月,第2903頁。

⑤ 繆荃孫著:《藝風老人日記》第7册,北京大學出版社1986年4月,第2904頁。

⑥ 繆荃孫著:《藝風老人日記》第7册,北京大學出版社1986年4月,第2904頁。

據先生所撰之《餐櫻詞自序》："……乙卯風雪中，漚尹爲鍥《餐櫻詞》竣。……歲不盡六日夔笙書於餐櫻廡。"①

【按】《黃譜》《丁譜》《孫譜》俱繫此事於是年，但以先生是年爲五十七歲；蓋因取咸豐九年己未(1859)爲先生之生年故也。《賴譜》《馬譜》繫此事於是年。

**十二月二十六日，先生晤繆荃孫，以元版《小爾雅注疏》求售百元，獲繆氏允之。②**

【按一】筆者稽之各書目，雖有《小爾雅》《小爾雅注》《小爾雅注釋》《小爾雅疏》《小爾雅義證》《小爾雅訓纂》《小爾雅疏證》等等名目，唯獨無《小爾雅注疏》其書，或乃繆氏筆誤。繆氏於是年十二月二十七日日記中，謂給予先生《爾雅注疏》書價百元(詳本譜下條)，故疑《藝風老人日記》是日所謂之元版《小爾雅注疏》，實乃其翌日所云之《爾雅注疏》。

【按二】此書又或即先生所謂之明正德補版元本《爾雅》；先生是年曾賦《鷓鴣天》"老向書叢作蠹魚"題於此書後；此詞後收入《餐櫻詞》，有詞序云："得明正德補版元本《爾雅》，殘破特甚，補綴成篇，賦此題後。"③(詳參本譜是年約"初冬至仲冬間，先生補綴所得之元本《爾雅》"條。)

**十二月二十七日，先生訪繆荃孫，繆氏給予《爾雅注疏》書價百元。**

據《藝風老人日記》該日條。④

---

① 臨桂況周頤夔笙：《餐櫻詞》，《弟一生修梅花館詞》弟七，《蕙風叢書》第12册，上海中國書店藏版，丙寅(1926)四月刊本。

② 繆荃孫著：《藝風老人日記》第7册，北京大學出版社1986年4月，第2906頁。

③ 臨桂況周頤夔笙：《餐櫻詞》，葉十八至十九，《弟一生修梅花館詞》弟七，《蕙風叢書》第12册，上海中國書店藏版，丙寅(1926)四月刊本。

④ 繆荃孫著：《藝風老人日記》第7册，北京大學出版社1986年4月，第2907頁。

又據《藝風老人日記》乙卯年日記後所附之帳目清單，亦記有繆氏以百元購藏此書。①

【按一】王國維1918年10月1日致羅振玉函有云："藝風有元本《爾雅》，係注疏本，乃得之況夔笙者。公所見或此本歟？"②

【按二】繆荃孫於《藝風堂再續藏書記》卷上"元刊本"類，載有《爾雅注疏》十一卷，并記此書由晋郭璞注、宋邢昺疏，乃元槧遞修至明正德間之本。③繆氏此藏蓋是年購自先生者。

**是年，先生集藏元版書三種，乃名所寓曰三元樓。**

據《餐櫻廡隨筆》："……蕙風避地海上，皆樓居。客歲得元版書三種（大德本《爾雅》、天麻本《楚辭》、五卷本《圖繪寶鑒》），名所寓曰三元樓。……"④

【按一】此則筆記發表於新曆1916年9月10日，當寫成於此前不久，其云"客歲"，應即乙卯（1915）年。故本譜繫此事於是年。

【按二】先生所得元版書，其中天曆本《楚辭》，應即元天曆三年陳忠甫宅刊本《楚辭集注》八卷，先生於壬子（1912）冬之前已得之（詳參本譜"民國元年壬子冬"條）。是以推知先生筆記所云"客歲得元版書三種"，其意應指於是年，其藏書中集有元刊本三種，非必爲是年所購得者也。

---

① 繆荃孫著：《藝風老人日記》第7册，北京大學出版社1986年4月，第2908－2924頁。

② 吴澤主編，劉寅生、袁英光編：《王國維全集·書信》，中華書局1984年3月第1版，第276頁。

③ 《藝風堂再續藏書記》卷上，葉八下，中國書店丁亥年冬月（2008年1月）據1939年燕京大學圖書館刻本舊板重刊。

④ 蕙風：《餐櫻廡隨筆》，《東方雜誌》第13卷第9號，1916年9月10日，第11頁。

**是年，繆荃孫於日記後所附之帳目記有：送先生款一筆二十元。**①

**是年，先生爲葛昌楹之《晏廬印集》作序。**

據潘德熙《玩鶴聽鸝樓主　西泠印社中人——記葛昌楹先生》："葛昌楹（一八九二——一九六三年）……《晏廬印集》是他二十三歲時所輯的第一部印譜。……共八卷，卷首有鄭大鶴及況周頤序，此譜共拓裝三十餘部，分贈同好。"②

又據葛昌楹孫葛賢鐀之《葛昌楹輯梓印譜述略》文中提及，《晏廬印集》之葛昌楹自跋撰於"民國四年乙卯"③（1915）。故本譜估計，先生之序亦應成於是年，因繫於此。

**約於是年，先生賦詞《臨江仙》"家世列仙"，以題葛毓珊遺像。**

據《餐櫻廡隨筆》："平湖葛詞蔚，以其尊人毓珊部郎遺像屬題，因檢《尚友録》，甄葛姓事，列名廑七人，而其五以神仙稱：周葛由……吴葛元……晉葛洪……葛璝……宋葛長庚……靈蹟蟬嫣，它姓殆未曾有。漚尹題《臨江仙》詞，余亦寄此調云：'家世列仙官列宿，才名小集丹陽（宋葛勝仲，著《丹陽集》二十四卷），當湖雅故在青箱（部郎輯《當湖文繫》）。太沖原卓犖，叔度自汪洋。　三十六年回首憶，共攀蟾窟天香（己卯同年）。幾人寥廓遂翱翔（《瘞鶴銘》：天其未遂吾翔寥廓耶）。滄洲餘病骨，辛苦看紅桑。'歇拍云云。所謂鮮民之生，不覺詞之淒抑也。"④

【按一】上引筆記發表於1916年7月，爲此詞寫作時間之下

---

① 繆荃孫著：《藝風老人日記》第7册，北京大學出版社1986年4月，第2908－2924頁。

② 資料參見 http://cache.baidu.com/，2006年11月7日。

③ 見《"百年名社·千秋印學"國際印學研討會論文集》，西泠印社2003年10月第1版，第357頁。

④ 蕙風：《餐櫻廡隨筆》，《東方雜誌》第13卷第7號，1916年7月，第12頁。

限。詞中"三十六年回首憶,共攀蟾窟天香"句,又有注云"己卯同年"。故知況氏與葛氏同於光緒己卯(1879)年考中舉人,而此詞應作於1879年後的36年,即約1915年間,因繫於此。

【按二】此詞未見入集。

## 1916 民國五年 丙辰 五十六歲

**正月四日,先生晤繆荃孫;稍後,先生又訪繆氏。①**

**正月八日,繆荃孫接先生來條,繆氏即覆之。②**

**正月十日,繆荃孫致先生一柬,還《書經》明本予先生。③**

**正月十一日,先生晤繆荃孫。④**

**正月十六日,繆荃孫接先生來條。⑤**

**正月十八日晚,姬佛陀招飲,先生與王國維、鄒景叔等同席,共商上海蒼聖明智大學諸事。**

據王國維1916年2月21日(即丙辰年正月十八日)致羅振玉函:"昨日寄一書,想達左右。是晚赴姬君招飲,坐中尚有況夔笙等,不及言學報事。歸時詢景叔……夔笙恐須在此報中作文,又兼金石美術事,因其人乃景叔所延,又藝風所薦,而光境現復奇

---

① 繆荃孫著:《藝風老人日記》第7册,北京大學出版社1986年4月,第2925頁。

② 繆荃孫著:《藝風老人日記》第7册,北京大學出版社1986年4月,第2926頁。

③ 繆荃孫著:《藝風老人日記》第7册,北京大學出版社1986年4月,第2927頁。

④ 繆荃孫著:《藝風老人日記》第7册,北京大學出版社1986年4月,第2927頁。

⑤ 繆荃孫著:《藝風老人日記》第7册,北京大學出版社1986年4月,第2928頁。

窘故也。乙老言其人性氣極不佳，楊子勤則無暇爲此云。姑洵之。”①

【按】由此函可見，其時王國維與先生并不稔熟，且對先生参與蒼聖大學事頗有保留。

**正月二十日起，先生與王國維成爲同事，任《蒼聖大學雜誌》編輯。**

據王國維1916年2月23日（即丙辰年正月二十日）致羅振玉函：“……今日往園，現已定分三支：一、《學術叢編》，由維任之；二、《藝術叢編》，景叔任之；三、《蒼聖大學雜誌》，則況夔笙任之。《雜誌》之門類與二叢編相出入，但加淺近，凡姬君所發揮之蒼教教理皆歸入其中。……”②

又據《近代上海詞學繫年初編》“1916年”條下記有：“2月，王國維任《學術叢編》編輯，鄒景叔任《藝術叢編》編輯，況周頤任《蒼聖大學雜誌》編輯。……”③

**正月二十一日，繆荃孫閱先生來條。**④

**正月二十四日，繆荃孫致先生一柬。**⑤

**正月二十六日，繆荃孫詣先生談，并取回所購之《爾雅注疏》。**⑥

---

① 吳澤主編，劉寅生、袁英光編：《王國維全集·書信》，中華書局1984年3月第1版，第54頁。

② 吳澤主編，劉寅生、袁英光編：《王國維全集·書信》，中華書局1984年3月第1版，第55頁。

③ 楊柏嶺編著：《近代上海詞學繫年初編》，上海教育出版社2003年7月第1版，第295頁。

④ 繆荃孫著：《藝風老人日記》第7册，北京大學出版社1986年4月，第2929頁。

⑤ 繆荃孫著：《藝風老人日記》第7册，北京大學出版社1986年4月，第2930頁。

⑥ 繆荃孫著：《藝風老人日記》第7册，北京大學出版社1986年4月，第2931頁。

正月二十八日,先生晤繆荃孫,繆氏交《尚書注疏》予先生。①

二月一日,先生應家慶善邀,與繆荃孫、莊哲卿、殷亦坪、褚介軒、阿三同飲於都益處。②

二月二日,先生訪繆荃孫。③

二月七日(新曆3月10日)起,先生所撰之《餐櫻廡隨筆》發表於《東方雜誌》第十三卷第三號,至是年十一月十六日(新曆12月10日)之第十三卷第十二號止。④

二月二十四日,先生借《桂故》一册予繆荃孫。⑤

三月三日,先生晤繆荃孫。⑥

三月九日,先生有信片送達繆荃孫。⑦

三月十九日,先生訪繆荃孫。⑧

三月二十二日,繆荃孫致先生一柬。⑨

---

① 繆荃孫著:《藝風老人日記》第7册,北京大學出版社1986年4月,第2931頁。

② 繆荃孫著:《藝風老人日記》第7册,北京大學出版社1986年4月,第2932頁。

③ 繆荃孫著:《藝風老人日記》第7册,北京大學出版社1986年4月,第2932頁。

④ 三聯書店編輯部編:《東方雜誌總目》,三聯書店1957年12月第1版,上海書店1980年12月重印,第173-180頁。

⑤ 繆荃孫著:《藝風老人日記》第7册,北京大學出版社1986年4月,第2938頁。

⑥ 繆荃孫著:《藝風老人日記》第7册,北京大學出版社1986年4月,第2940頁。

⑦ 繆荃孫著:《藝風老人日記》第7册,北京大學出版社1986年4月,第2942頁。

⑧ 繆荃孫著:《藝風老人日記》第7册,北京大學出版社1986年4月,第2944頁。

⑨ 繆荃孫著:《藝風老人日記》第7册,北京大學出版社1986年4月,第2945頁。

**五月十二日，先生晤繆荃孫。①**

**五月十四日，繆荃孫接先生信片。②**

**五月十五日，繆荃孫索先生還《書經注疏》，先生祇還一本。③**

**五月二十二日，先生晤繆荃孫。同日，繆氏還《桂故》予先生。④**

**六月十四日，繆荃孫自先生處取回《尚書》一卷。⑤**

【按】結合本譜是年"五月十五日"條，此處《尚書》應即《書經注疏》，蓋繆荃孫於是日之日記中有"可謂難矣"之嘆，以形容取回《尚書》一事，故知。

**六月十九日，先生訪繆荃孫。同日稍後，先生又晤繆荃孫。又同日，繆氏自先生處取回《書經》。⑥**

**七月十三日之前，先生曾爲西泠印社潛泉勝迹標題八景。**

據吳隱《濳泉石刻記》："……余於光緒甲辰夏，偕仁和葉君銘、王君壽祺、錢塘丁君仁，經始西泠印社。……乙卯莫春，值屏當社事，句留湖上……其後印泉開鑿……爰亟命工劃石采土，尋源利導，引爲一渠，承以石檻，其清若鏡，名曰濳泉。……桂林况夔笙太守，今世鴻達士也，爲標題八景，以寵異之。一登龍門，則聲賈

---

① 繆荃孫著：《藝風老人日記》第7册，北京大學出版社1986年4月，第2958頁。

② 繆荃孫著：《藝風老人日記》第7册，北京大學出版社1986年4月，第2958頁。

③ 繆荃孫著：《藝風老人日記》第7册，北京大學出版社1986年4月，第2958頁。

④ 繆荃孫著：《藝風老人日記》第7册，北京大學出版社1986年4月，第2961頁。

⑤ 繆荃孫著：《藝風老人日記》第7册，北京大學出版社1986年4月，第2967頁。

⑥ 繆荃孫著：《藝風老人日記》第7册，北京大學出版社1986年4月，第2968頁。

十倍,即斯泉何莫不然。丙辰立秋後三日,山陰吳隱潛泉並記於遯盦。”①

又據吳善慶述《遯盦崇祀泰伯記》有云:“桂林況夔笙太守,今世鴻達士也,爲標題八景,以寵異之。……”②

【按】吳隱之記,署是年立秋後三日,即七月十三日。故先生爲潛泉等勝迹標題八景一事,應繫於是日之前。

**七月二十三日前,先生有詞《鷓鴣天》“錦障濃香一霎中”③。**

【按】此詞爲先生詞集《菊夢詞》(集中諸作皆成於是年丙辰)之第一闋,編於三伏後所作《金縷曲》“天也因人熱”之前,因繫於此(詳下條)。

**七月二十三日至八月十五日間,先生有感於深秋酷熱,賦詞《金縷曲》“天也因人熱”。**

據《金縷曲》“天也因人熱”序:“海上秋深,炎景逾庚伏,感拈此解。”④

【按一】此詞於《菊夢詞》集中,列第二闋,編於《石湖仙·中秋集愚園爲彊村補祝》詞前,而《菊夢詞》集中諸作皆成於是年丙辰,故本譜繫此事於是年中秋之前。

【按二】詞序表明詞成於是年庚伏之後。庚伏即三伏,是年三伏之最後一日爲七月二十二日,故此詞當賦於七月二十三日

---

① 王佩智編著:《西泠印社摩崖石刻》,西泠印社2007年12月第1版,第80－81頁。

② 王福厂審定,秦康祥編著,孫智敏裁正,余正注釋:《西泠印社志稿》(影印注釋本),浙江古籍出版社2003年11月第1版,2006年7月第2版,第66頁。

③ 臨桂況周頤夔笙:《菊夢詞》,葉一,《弟一生修梅花館詞》弟八,《蕙風叢書》第12册,上海中國書店藏版,丙寅(1926)四月刊本。

④ 臨桂況周頤夔笙:《菊夢詞》,葉一,《弟一生修梅花館詞》弟八,《蕙風叢書》第12册,上海中國書店藏版,丙寅(1926)四月刊本。

至八月十五日之間。

**八月十三日前,先生已將其所藏之元版書三種,售予他人。**

據《餐櫻廡隨筆》:"……蕙風避地海上,皆樓居。客歲得元版書三種(大德本《爾雅》、天麻本《楚辭》、五卷本《圖繪寶鑒》),名所寓曰三元樓。裘葛甫更,三元已易米,即樓亦易主矣(易所主也)。"①

【按】此則筆記發表於新曆1916年9月10日,即丙辰年八月十三日。先生云"裘葛甫更",應指其得書後,歷客歲乙卯(1915)冬、是年丙辰(1916)春夏等,及至此則筆記發表之前,三元本皆已易主矣。故本譜繫售書事於是年八月十三日前。

**八月十五日,先生與友人集於愚園,爲朱祖謀補祝生日,賦《石湖仙·中秋集愚園爲彊邨補祝》及《定風波·前詞意有未罄再填此解》。②**

據《趙史》云:"彊邨翁於丙辰爲七十壽,避赴蘇州。海上詞林,於其歸也,集愚園補祝之。先生賦《石湖仙》《定風波》二詞,……"③

【按一】是年丙辰(1916),朱祖謀應爲六十歲,④《趙史》云"七十壽",誤。

【按二】《近代上海詞學繫年初編》"1916年"條下亦記有:"本

---

① 蕙風:《餐櫻廡隨筆》,《東方雜誌》第13卷第9號,1916年9月10日,第11頁。又見於況周頤著,張繼紅點校:《餐櫻廡隨筆》第136則,《民國筆記小説大觀》第1輯第4册,山西古籍出版社1995年12月第1版,第100－101頁。

② 臨桂況周頤夔笙:《菊夢詞》,葉一至二,《弟一生修梅花館詞》弟八,《蕙風叢書》第12册,上海中國書店藏版,丙寅(1926)四月刊本。

③ 趙尊嶽:《蕙風詞史》,見《詞學季刊》第1卷第4號,澳門海外圖書出版社1967年再版發行本,第92頁。

④ 何泳霖:《朱彊邨先生年譜及其詩詞繫年》,見饒宗頤主編《華學》(第9、10合輯),上海古籍出版社2008年8月第1版,第6册,第2154頁。

年,朱彊村七十壽,離滬避赴蘇州。……”①此蓋徑引《趙史》而不加考據,乃有此誤。

【按三】《丁譜》繫此事於是年,但以先生是年爲五十八歲;蓋因取咸豐九年己未(1859)爲先生之生年故也。《賴譜》《馬譜》繫此事於是年。

**八月二十一日,校讀《宜秋館詩餘叢抄》竟卷。**

據《宜秋館詩餘叢抄》稿本,書後題跋“丙辰中秋後六日蕙風校讀竟卷”,後鈐“夔笙”印章。②

**八月十五日至九月一日間,先生以重陽將至,心繫復辟之議,遂賦《玉燭新》“光陰簪菊”及《鷓鴣天》“推枕休言”寄意。**

據《玉燭新》“光陰簪菊”詞題:“重陽近矣,倚此爲寒花問。”③

又據《鷓鴣天》“推枕休言”詞序:“節近重陽,有就菊之約。天時難知,殀雨無準,漫拈此解,姑妄自娱。”④

【按一】此二詞在《菊夢詞》中,編於《石湖仙·中秋集愚園爲彊村補祝》之後,《傾杯·丙辰自壽》之前,故繫於八月十五日至九月初一日之間。

【按二】《趙史》曰:“《餐櫻詞》後,續作者爲《菊夢詞》。其云‘菊夢’者,蓋以丙辰年有九秋復辟之議,康長素僕僕道途,時

---

① 楊柏嶺編著:《近代上海詞學繫年初編》,上海教育出版社 2003 年 7 月第 1 版,第 288 頁。

② 況夔笙批校:《宜秋館詩餘叢抄》,宜秋館抄本(七卷三册)。此本今藏浙江圖書館。

③ 臨桂況周頤夔笙:《菊夢詞》,葉二,《弟一生修梅花館詞》弟八,《蕙風叢書》第 12 册,上海中國書店藏版,丙寅(1926)四月刊本。

④ 臨桂況周頤夔笙:《菊夢詞》,葉二,《弟一生修梅花館詞》弟八,《蕙風叢書》第 12 册,上海中國書店藏版,丙寅(1926)四月刊本。

以大言炫人。先生或信其説，終不果成，付諸夢幻，故曰‘菊夢’。”①蓋以《菊夢詞》集中諸作，皆爲九秋復辟之議之寄托；本譜以爲先生是年中秋至重陽間諸作，寄托之意尤顯。

**八月十六日，先生於書肆中遇王國維，告之河南新出土《漢王根碑》，并云碑主王根即王莽五侯之一。**

據王國維1916年9月14日（即丙辰年八月十七日）致羅振玉函："……昨日於書肆遇況夔笙，謂河南新出漢王根碑（云即王莽之族，五侯中之王根），乃顧鼎梅所訪得，渠在藝風處見拓本，不知公有所聞否。在滬半載餘，唯過乙老談，孤陋可想。……國維又申十七日旁晚。"②

**九月一日，先生生日，賦《傾杯·丙辰自壽》。**③

【按】《丁譜》繫此事於是年，但以先生是年五十八歲；蓋因取咸豐九年己未（1859）爲先生之生年故也。《賴譜》《馬譜》繫此事於是年。

**九月一日至九日間，嘗獨自游園，賦《洞仙歌·秋日獨游某氏園》。**④

【按一】《丁譜》繫此事於是秋，未繫月日。該譜以先生是年爲五十八歲；蓋因取咸豐九年己未（1859）爲先生之生年故也。《賴譜》繫此事於是年。

【按二】此詞在《菊夢詞》中，編於《傾杯·丙辰自壽》與《紫萸

---

① 趙尊嶽：《蕙風詞史》，見《詞學季刊》第1卷第4號，澳門海外圖書出版社1967年再版發行本，第91－92頁。

② 吴澤主編，劉寅生、袁英光編：《王國維全集·書信》，中華書局1984年3月第1版，第119頁。

③ 臨桂況周頤夔笙：《菊夢詞》，葉三，《弟一生修梅花館詞》弟八，《蕙風叢書》第12册，上海中國書店藏版，丙寅（1926）四月刊本。

④ 臨桂況周頤夔笙：《菊夢詞》，葉三，《弟一生修梅花館詞》弟八，《蕙風叢書》第12册，上海中國書店藏版，丙寅（1926）四月刊本。

香慢·丙辰重九》詞之間，故繫於此。

**九月九日，賦《紫萸香慢·丙辰重九》。①**

【按】《丁譜》繫此事於是年，但以先生是年五十八歲；蓋因取咸豐九年己未(1859)爲先生之生年故也。《賴譜》《馬譜》繫此事於是年。

**九月二十五日，先生訪繆荃孫。②**

**九月二十八日，先生晤繆荃孫。③**

**約秋冬間，先生有詞《玉京謠·白菊》《金人捧露盤·芙蓉》言志；又有《被花惱·詠蟲》，以諷時局。④**

【按】此三闋詞在《菊夢詞》中，編於《紫萸香慢·丙辰重九》詞之後，及是年冬觀梅蘭芳演劇諸詞之前，故暫繫於是年秋冬間。

**約秋冬間，先生有詞《竹馬子》"憑花掩重門"，賦朱祖謀好竹戰事。**

據《竹馬子》"憑花掩重門"序："古簙塞，字皆从竹，其具葢以竹爲之；今人局，戲文言之曰看竹。蕙風始作詞賦其事。"⑤

又據《趙史》云："《竹馬子》'賦看竹'，俗謂之'麻雀'，彊邨翁好之，先生因賦其事。其'早燈遲酒'，先生自謂：'刻劃博徒心理，

---

① 臨桂況周頤夔笙：《菊夢詞》，葉三至四，《弟一生修梅花館詞》弟八，《蕙風叢書》第12册，上海中國書店藏版，丙寅(1926)四月刊本。

② 繆荃孫著：《藝風老人日記》第7册，北京大學出版社1986年4月，第2994頁。

③ 繆荃孫著：《藝風老人日記》第7册，北京大學出版社1986年4月，第2995頁。

④ 臨桂況周頤夔笙：《菊夢詞》，葉四至五，《弟一生修梅花館詞》弟八，《蕙風叢書》第12册，上海中國書店藏版，丙寅(1926)四月刊本。

⑤ 臨桂況周頤夔笙：《菊夢詞》，葉五，《弟一生修梅花館詞》弟八，《蕙風叢書》第12册，上海中國書店藏版，丙寅(1926)四月刊本。

無微不至矣。'"①

又據《詞林新語》云:"歸安朱彊邨暇輒行博,蕙風爲賦詞《竹馬子》,以紀其事。或勸之曰:'久坐傷骨,久視傷脾。'彊邨曰:'不坐傷心。'"②

【按】此詞在《菊夢詞》中,編於《紫萸香慢·丙辰重九》詞之後,及是年冬觀梅蘭芳演劇諸詞之前,故暫繫於是年秋冬間。

**十月六日至十二月下旬間,梅蘭芳在上海演劇,先生屢與朱祖謀往觀;期間嘗賦《滿路花》"蟲邊安枕簟"、《塞翁吟》"有約無風兩"、《蕙蘭芳引》"歌扇舞衣"、《八聲甘州》"向天涯"、《西子妝》"蛾蘂顰深"、《減字浣溪沙·聴歌有感》(五闋)、《鶯啼序》"聞歌向來易感"等詞以紀其事,③并寄托傷心之懷抱。**

據《趙史》云:"梅畹華演劇,馳譽壇坫。……其來海上也,彊邨翁與先生極賞之。先生前後作《滿路花》《塞翁吟》《蕙蘭芳》《甘州》《西子妝》《浣溪沙》《鶯啼序》,刊之集中。其集則别有五十餘調,梓爲《修梅清課》。先生以側豔寫沈痛,真古人長歌當哭之遺,别有懷抱者也。"④

【按一】《黄譜》繫此資料於是年,不繫日月;其以先生是年爲五十八歲,蓋因取咸豐九年己未(1859)爲先生之生年故也。

【按二】《賴譜》繫上述除《西子妝》外諸詞於翌年丁巳(1917),并以梅蘭芳曾於丁巳秋來滬演劇,誤。《賴譜》引1920年4月

---

① 趙尊嶽:《蕙風詞史》,見《詞學季刊》第1卷第4號,澳門海外圖書出版社1967年再版發行本,第94頁。

② 靈(即張爾田):《詞林新語》,《詞學季刊》第1卷第3號,澳門海外圖書出版社1967年再版發行本,第126頁。

③ 臨桂況周頤夔笙:《菊夢詞》,葉五至九,《第一生修梅花館詞》弟八,《蕙風叢書》第12册,上海中國書店藏版,丙寅(1926)四月刊本。

④ 趙尊嶽:《蕙風詞史》,見《詞學季刊》第1卷第4號,澳門海外圖書出版社1967年再版發行本,第94頁。

16日《申報·自由談·梅訊》所載天水公子之《玉香慢》(本譜按:《賴譜》誤,今覆檢《梅訊》,應作《國香慢》)序,謂梅蘭芳於丁巳秋日,曾句留滬瀆,而先生屢有詞贈云云。考《梅訊》此記載失實,蓋梅氏赴滬演出,應在丙辰(1916)秋冬間,而非丁巳秋日。①或天水公子於1920年之憶述有誤。而《梅訊》有關梅蘭芳較早期在滬演出之資料亦未盡確,蓋多出追憶所記,學者宜慎用之。

【按三】是年,梅蘭芳第三次到上海,演出於天蟾舞臺。《舞台生活四十年》記:"這是我第三次來上海,唱的日子最多。從舊曆十月六日到十一月二十四日,一口氣連唱四十五天。等我們上杭州去唱了一個短期回來,十二月十一日起,又在天蟾先演四天義務,再給許少卿唱了九天營業戲,這才趕著回家過年的。"②故本譜繫各詞於是年十月六日至十二月下旬間。

**十一月二十五日至十二月十日間,先生賦《鶯啼序》"聞歌向來易感",以寄所托。**

據《鶯啼序》"聞歌向來易感"序:"梅郎自滬之杭,有重來之約,其信然耶?宇宙悠悠,吾梅郎外,孰可念者?萬人如海,孰知念吾梅郎者,王逸少所謂'取諸褱褏,因寄所託'。……"③

【按】此序云梅蘭芳"自滬之杭,有重來之約",應即《舞台生活四十年》所記"我們上杭州去唱了一個短期回來,十二月十一

---

① 白雪:《〈申報〉戲曲廣告研究》之第三節《以梅蘭芳在上海的五次演出看《申報》戲曲廣告的繁盛》,深圳大學傳媒與文化發展研究中心,見http://media. szu. edu. cn;http://media. culchina. net,2006年12月14日,本譜參見http://cache. baidu. com,2007年3月20日。

② 梅蘭芳述,許姬傳、許源來、朱家溍記:《舞台生活四十年》下册,團結出版社2006年1月第1版,見第一集第十章,第337頁。

③ 臨桂況周頤夔笙:《菊夢詞》,葉八至九,《弟一生修梅花館詞》第八,《蕙風叢書》第12册,上海中國書店藏版,丙寅(1926)四月刊本。

日起,又在天蟾先演四天義務”①之時(詳上條按語);故本譜以先生此詞,乃作於是年十一月二十五日至十二月十日間。

**約十一至十二月間,先生曾約朱祖謀定詞,而朱氏未有赴約,先生遂賦《減字浣溪沙·期漚尹定詞不至》。②**

【按】此詞在《菊夢詞》中爲第二十四闋,編於是年冬觀梅蘭芳演劇諸詞之後,是年歲暮《鶯啼序·題王定甫師嫛碪課誦圖》之前,故暫繫於此。

**十二月九日,先生晤繆荃孫。③**

**十二月二十日,先生訪繆荃孫,自繆氏索《吳興掌故集》去。④**

**十二月二十一日,繆荃孫詣先生談。⑤**

**歲暮,在上海晤補園,爲題王拯師之《嫛碪課誦圖》,賦《鶯啼序·題王定甫師嫛碪課誦圖》。**

據《鶯啼序·題王定甫師嫛碪課誦圖》詞序:“……丙辰歲暮,晤補園十五兄滬上,出示《嫛碪課誦圖》……”⑥

【按】《丁譜》繫此事於是年,但以先生是年爲五十八歲;蓋因取咸豐九年己未(1859)爲先生之生年故也。《賴譜》《馬譜》繫

---

① 梅蘭芳述,許姬傳、許源來、朱家溍記:《舞台生活四十年》下册,團結出版社 2006 年 1 月第 1 版,見第一集第十章,第 337 頁。

② 臨桂況周頤夔笙:《菊夢詞》,葉八,《弟一生修梅花館詞》弟八,《蕙風叢書》第 12 册,上海中國書店藏版,丙寅(1926)四月刊本。

③ 繆荃孫著:《藝風老人日記》第 7 册,北京大學出版社 1986 年 4 月,第 3014 頁。

④ 繆荃孫著:《藝風老人日記》第 7 册,北京大學出版社 1986 年 4 月,第 3017 頁。

⑤ 繆荃孫著:《藝風老人日記》第 7 册,北京大學出版社 1986 年 4 月,第 3017 頁。

⑥ 臨桂況周頤夔笙:《菊夢詞》,葉九至十,《弟一生修梅花館詞》弟八,《蕙風叢書》第 12 册,上海中國書店藏版,丙寅(1926)四月刊本。

此事於是年。

**是年，曾爲康有爲次室何枬理女士畫册題詞，賦《百字令》“仙槎瀛海”。**

據《百字令》“仙槎瀛海”詞序：“康更生屬題何梅理女士画册。女士曾隨侍更生，徧游東西各國。”①

又據《趙史》云：“何女士則康長素之次室，殁後爲題者也。”②

【按一】此詞在《菊夢詞》中爲第二十七闋，編於是年歲暮《鶯啼序·題王定甫師婁磓課誦圖》之後，故暫繫於此。

【按二】《賴譜》誤詞序中“何梅理”爲“何梅理”；并繫此詞於翌年丁巳，未詳所據。

**是年，先生曾應友人之請，作《水調歌頭·題瞿忠宣公印》。**

據《趙史》云：“《水調歌頭》‘題瞿忠宣公印’一首，徇友人請作之。”③

【按一】此詞不入《菊夢詞》，唯於《蕙風琴趣》集中，編次於《六州歌頭·鏡中見鬢絲有白者》詞之前；④本譜因繫於此。

【按二】《賴譜》繫此詞於翌年丁巳。

**是年，先生有詞《六州歌頭·鏡中見鬢絲有白者》。**

【按一】此詞在《菊夢詞》中爲第二十八闋，⑤編於是年歲暮《鶯

---

① 臨桂況周頤夔笙：《菊夢詞》，葉十一，《弟一生修梅花館詞》弟八，《蕙風叢書》第12册，上海中國書店藏版，丙寅（1926）四月刊本。

② 趙尊嶽：《蕙風詞史》，見《詞學季刊》第1卷第4號，澳門海外圖書出版社1967年再版發行本，第98頁。

③ 趙尊嶽：《蕙風詞史》，見《詞學季刊》第1卷第4號，澳門海外圖書出版社1967年再版發行本，第100頁。

④ 臨桂況周頤夔笙：《蕙風琴趣》，葉三十三，《鶩音集》，四益宧戊午（1918）八月刊本。

⑤ 臨桂況周頤夔笙：《菊夢詞》，葉十二，《弟一生修梅花館詞》弟八，《蕙風叢書》第12册，上海中國書店藏版，丙寅（1926）四月刊本。

嘑序·題王定甫師嫛碪課誦圖》之後，及是年歲末編成《菊夢詞》時所賦之《浣溪沙·自題菊癮詞》之前，故暫繫於此。

【按二】《賴譜》繫此詞於翌年丁巳，未詳所據。

**是年歲末，先生編《菊夢詞》成，賦《浣溪沙·自題菊癮詞》；[1]又徐乃昌爲刻此集，先生賦《金縷曲·積餘爲刻菊癮詞賦謝》。[2]**

【按一】《趙史》箋《菊夢詞》謂："其云'菊夢'者，蓋以丙辰年有九秋復辟之議，康長素僕僕道途，時以大言炫人。先生或信其說，終不果成，付諸夢幻，故曰'菊夢'。"[3]據此，《菊夢詞》一集，當成於是年丙辰。

【按二】先生之《菊夢詞》，以《金縷曲·積餘爲刻菊癮詞賦謝》一詞殿卷。此詞有句云"高情卻負彊村老(詞未成卷，漚尹先有剞劂之約，俄復屬之積餘)，約明年，玉梅開後，爲編新稿"；所謂"漚尹先有剞劂之約，俄復屬之積餘"一事，應與是年較早時先生"期漚尹定詞不至"一事(詳參本譜是年約"十一至十二月間"條)相關聯。先生以刻詞之事囑之徐積餘，應在朱祖謀未有應約之後不久，因此推知先生此集約編成於是年歲末。詞句又寄語漚尹謂"約明年，玉梅開後，爲編新稿"，益證先生已於是年歲末前編成《菊夢詞》。

【按三】《孫譜》亦據《金縷曲·積餘爲刻菊癮詞賦謝》詞句及《趙史》，考證《菊夢詞》成於是年，但以先生是年爲五十八歲；蓋因取咸豐九年己未(1859)爲先生之生年故也。

---

① 臨桂況周頤夔笙:《菊夢詞》，葉十二，《第一生修梅花館詞》第八，《蕙風叢書》第12册，上海中國書店藏版，丙寅(1926)四月刊本。

② 臨桂況周頤夔笙:《菊夢詞》，葉十二至十三，《第一生修梅花館詞》第八，《蕙風叢書》第12册，上海中國書店藏版，丙寅(1926)四月刊本。

③ 趙尊嶽:《蕙風詞史》，見《詞學季刊》第1卷第4號，澳門海外圖書出版社1967年再版發行本，第91－92頁。

【按四】《馬譜》亦繫先生賦《浣溪沙·自題菊瘳詞》一事於是年,但未詳其所據。

【按五】《丁譜》繫先生賦謝徐乃昌一事於翌年丁巳(1917),所據未詳。

【按六】《賴譜》謂《菊夢詞》當成於翌年丁巳或稍後,亦未明其所據。

**約是年至壬戌年間,先生曾經常至上海汕頭路題襟館雅聚。**

據朱復戡《懷念吳昌老》一文:"……我和吳昌老接觸得最多時期,大約是在一九一六 — 一九二二這段時間内。見面的地點,大都是在'題襟館'。

"'題襟館'是一家書畫會,地址是在上海汕頭路。會長是俞語霜,副會長是任堇叔(任伯年的兒子)。昌碩先生是題襟館的名譽會長……我是當時最年輕的會員,參加時只有十七歲。

"吳昌老對這個書畫團體是很關心的,差不多每天晚上都要去一下……由於有昌老等這些書畫名家每晚聚集在這裏,所以吸引了不少人,也經常來走動,其中有康有爲、左孝同、何詩孫、章乙山、劉未林、高雲麓、朱彊村、況夔笙、于右任、譚延闓等。"①

## 1917 民國六年 丁巳 五十七歲

**正月十二日,先生晤繆荃孫。**②

**正月十五夜,朱祖謀賦《戚氏》,索先生同作。**

---

① 朱復戡:《懷念吳昌老》,見《書法》1984 年第 5 期,第 22 頁。

② 繆荃孫著:《藝風老人日記》第 8 册,北京大學出版社 1986 年 4 月,第 3035 頁。

據朱祖謀《戚氏》詞題:"丁巳滬上元夕,索夔笙同作。"①

【按】先生之"同作"或已佚,待考。

**正月三十日,先生晤繆荃孫。②**

**正月,吴隱之夫人孫錦曾爲先生刻"況周頤印"方章,由吴隱署款。**

據《蕙風宧遺印》所收録之第三十六印。印面刻白文四字曰"況印|周頤"。邊款曰"丁巳首春|山陰孫錦爲|蕙風舍人作|潛泉署款"③。

【按】孫錦(1883-1941),山陰(浙江紹興)人。字織雲。山陰吴隱繼室。工篆刻,尤精小印,善拓旁款,又能拓古彝器款識及全形,可與陽湖李墨香齊名。④

**二月上旬,先生題識於吴隱之五十一歲半身照片。**

據《吴石潛小影》一文有云:"……吴氏遺像有題詞的至少已見五幅。……1917年半身照片一幀,題識:'潛泉社兄五十一歲攝景。丁巳如月上沐況周頤題。'題者大抵由《蕙風詞話》一帙爲世所知,人多不詳其游於印人也。"⑤

**二月,吴臧堪爲先生刻"清況"小印。**

據《蕙風宧遺印》所收録之第十五印。印面刻白文二字曰"清況"。邊款曰"夔笙世丈正刻| 丁巳春中| 安吉吴臧堪"⑥。

---

① 歸安朱孝臧古微:《彊邨樂府》,葉三十五下,《騖音集》,四益宧戊午(1918)八月刊本。

② 繆荃孫著:《藝風老人日記》第8册,北京大學出版社1986年4月,第3039頁。

③ 《蕙風宧遺印》,乙未(1955)閏三月,濮尊朱佛齋拓本。

④ 摘録自真微印網,篆刻印學專業網站:www.sealbank.net,真微書屋印學資料庫,"真微印庫"之"吴隱"條,2009年11月11日。

⑤ 茅子良:《吴石潛小影》,參見http://cache.baidu.com/,2009年3月20日。

⑥ 《蕙風宧遺印》,乙未(1955)閏三月,濮尊朱佛齋拓本。

【按一】刻印者安吉吴臧堪，乃先生好友吴昌碩之二公子涵，故稱先生爲世丈。吴涵（1876，一説1874－1927），浙江安吉人。字子茹，號臧諶、藏龕、臧堪、藏戡，乳名爲湖兒、壺兒、阿壺。吴昌碩次子。清末廩貢生，官山西知縣。淵源家學，訓詁、詞章、書法、繪畫、篆刻無所不能。傳曾爲父代刀。西泠印社早期社員。①

【按二】翌年戊午正月十五夕，吴昌碩又嘗爲先生刻一較大之"清況"朱文長方印，詳本譜該日條。

**三月前，先生爲吴隱重訂再刊之《遯盦集古印存初集》題詞，撰有《水調歌頭》"臧印癖秦漢"。**

據《遯盦集古印存初集》（香港大學藏，四册本）有先生之題詞；該書扉葉牌記："夏建丁巳｜三月西泠｜印社重訂"，并有吴昌碩丁巳仲春序，②由此可知此書於是年二、三月間重訂再刊。先生之題詞應撰成於此前不久。

【按一】香港大學所藏之《遯盦集古印存初集》爲獨立刊行本，蓋於第四册末之版權葉上印有"遯盦集古印存初集""版權所有""上海……西泠印社"等字。

【按二】先生之題詞《水調歌頭》未見入集。詞云："臧印癖秦漢，愛古信情多。薄今亦近於隘，胡不竝搜羅。近自丁黄而降，幾輩標奇騁祕，遺緒接文何。委竟源斯在，吾趙即先河。

拓芝泥，紆艾綬，重摭抄，精力各有獨到，争忍付消磨。六百年來高矩，十二時中清課，鍼度妙無過。解意西泠月，相伴

---

① 摘録自真微印網，篆刻印學專業網站：www. sealbank. net，真微書屋印學資料庫，"真微印庫"之"吴隱"條，2009年11月11日。

② 《遯盦集古印存初集》，吴隱審定，西泠印社輯《遯盦集古印存初集》，丁巳（1917）三月，上海西泠印社重訂本（香港大學藏本）。

坐煙蘿。"①

【按三】此書尚有署名吴隱撰於"上章大淵獻嘉平月"之序文一篇。上章,庚也;大淵獻,亥也。唯干支紀年并無"庚亥",檢《史記》卷二六《曆書》第四《曆術甲子篇》載"尚章大淵獻二年",《索隱》云:"尚章,癸也……《天官書》亥爲大淵獻,與《爾雅》同。"②或以爲,上章應即尚章,即癸也,大淵獻即亥也。癸亥,即 1923 年,然吴隱卒於 1922 年,③如果屬實,則不可能於癸亥年撰序。故上章大淵獻者,或爲部分晚清遺民暗示不忘"庚子""辛亥"變故之隱語也。筆者甚至懷疑此序或乃由先生代筆,始有如此遺老心態,未敢以爲必是,待考。

**五月,題《百字令》於羅聘《古寺鳴鐘》圖軸詩堂。**

據羅聘《古寺鳴鐘圖》詩堂之題詞《百字令》"眼前邱壑",末署"丁巳夏五　況周頤",鈐印兩方,白文"況周頤印"、朱文"夔笙"。④

【按】先生此詞未見入集。詞云:"眼前邱壑,溯鍾陵法乳,冬心高足。舊論桐陰神品重,看取溪藤尺幅。聒耳松聲,盪胸雲影,紺宇層霄矗。鯨鏗數杵,有時飛度林麓。　遥憶僧課花天,煙嵐渲染,實諦參金粟。鬼趣昔聞工譎幻,仙境更無塵俗。

① 《遯盦集古印存初集》,吴隱審定,西泠印社輯,《遯盦集古印存初集》,丁巳(1917)三月,上海西泠印社重訂本(香港大學藏本)。

② 《史記》,中華書局 1959 年 9 月第 1 版,1982 年 11 月第 2 版,第 1268 頁。

③ 陳玉堂編著:《中國近現代人物名號大辭典》,浙江古籍出版社 1993 年 5 月第 1 版,第 367－368 頁。

④ 見《蘇富比拍賣目録》,Sotheby's New York,"Sale 6630 Fine Chinese Paintings", November 28, 1994, Item No. 57。

香積禪心，寒山客夢，入畫誰能讀。三臺妙蹟，碧琳合付裝軸。”①

**六月二十四日，先生晤繆荃孫。②**

**六月二十六日，先生訪繆荃孫，繆氏送先生《六書古微》并詩。③**

**夏秋間，社友吳隱訪求先世遺著，先生遂檢舊藏《百名家詞》，得詞四家，俾合爲一集《州山吳氏詞萃》付梓。**

據先生所撰之《州山吳氏詞萃序》云：“客歲夏秋間，同社潛泉先生訪求其先世遺箸，謀導揚引翼之。余因檢舊藏《百名家詞》，迻寫《留村》《鳳車》《攝閒》《課鵡》四家，俾合爲一集，付印行世。……歲在戊午，四月幾望，臨桂況周頤夔笙序。”④

又據吳隱所撰之《州山吳氏詞萃跋》云：“右《州山吳氏詞萃》四卷……丙辰歲暮，隱編次本房支譜付梓，工竣，亟思訪求先世遺箸……時臨桂況夔笙舍人同客海上，出所藏《百名家詞鈔》見示。……爰亟叚歸移寫，彙刻成帙，以廣其傳。……龍集彊圉大荒落中秋前一日，裔孫隱謹識。”⑤

【按一】《州山吳氏詞萃序》寫成於戊午（1918）四月，其云“客歲”，即是年丁巳（1917）。

【按二】潛泉先生姓吳名隱，爲西泠印社創辦人。先生向與西

---

① 見《蘇富比拍賣目録》，Sotheby's New York，“Sale 6630 Fine Chinese Paintings”，November 28，1994，Item No. 57。

② 繆荃孫著：《藝風老人日記》第8册，北京大學出版社1986年4月，第3077頁。

③ 繆荃孫著：《藝風老人日記》第8册，北京大學出版社1986年4月，第3078頁。

④ 《州山吳氏詞萃》（又名州山吳氏先集之一），山陰吳氏竹松堂潛泉叢抄之一，西泠印社戊午（1918）校刊本。

⑤ 《州山吳氏詞萃》（又名州山吳氏先集之一），山陰吳氏竹松堂潛泉叢抄之一，西泠印社戊午（1918）校刊本。

泠印社中人(如吴昌碩等)相善,在此序中又言與吴隱"同社",或指西泠印社,待考。

【按三】《淮南子·天文訓》:"太陰在巳,歲名曰大荒落……大荒落之歲,歲有小兵……巳在丁,曰強圉。"①吴隱跋於彊圉大荒落中秋前一日,即丁巳年(1917)八月十四日,故知此集約於是年秋編成。

【按四】此集尚有繆荃孫丁巳仲秋下沐序,朱祖謀戊午灌佛日(四月八日)序,各卷末又刻有"山陰吴氏竹松堂潛泉|叢抄之一八世孫隱謹|校刊龍集戊午三月"牌記;故知是刻約於翌年戊午(1918)四月後行世。

**七月七日前後,先生爲吴隱《遯盦秦漢印選初集》題詞,作長篇七言古詩一首。**

據是書題詞之一,署"臨桂況周頤夔笙"。又據是書吴隱自序末署"歲在上章大淵獻雙蓮節,山陰吴隱石潛序於西泠印社",幾與本譜是年三月前條所記《遯盦集古印存初集》之吴隱序同,故本譜頗疑此序或亦撰於同一時期,故暫繫於此。雙蓮節,即七月初七日。②

【按一】關於"上章大淵獻",詳參本譜是年"三月前"條【按三】。筆者亦頗疑此序或亦先生代筆,待考。

【按二】先生所題之七言古詩云:"集印爲譜古未有,自宋宣和開其端;王(子弁)趙(文敏)而還吾邱(子行)繼,餘子數十各編刊。大氏沿襲務增益,熟昭心擘勤討删;延年羅氏呑印統,推助顧(汝修)項(子京)之波瀾。秦朱漢白數千紐,庶幾印林無抗

---

① 《吕氏春秋·淮南子》,岳麓書社1989年3月第1版,第34–38頁。

② 西泠印社輯山陰吴氏(吴隱)藏印,《遯盦秦漢印選初集》,西泠印社刊本。

顏;獨惜競勝騁賅博,未免砆碔淆璆玕。譜印之難在選印,唯有選者知其難。延陵王孫遯盦叜,所居六橋三竺閒;耆古金石尤耆印,八體四法夙研鑚;日積月絫溢篋衍,節衣縮食搜市闤。多多益善迺麕集,纍纍相映而螭蟠;字源遥遥瀀蝌蚪,篆勢一一騫鳳鸞;駑鋮欲度譜迺作,猩泥自拓囊其殫。遯盦慎之而又慎,謂甯以嚴毋以寬;瑕不揜瑜世或諒,美未盡善吾何安;豪氂差繆闕勿濫,再四斟酌更爲闌;糟粕盡去得真賞,精華廑存亦壯觀。吁嗟槭印詎末技,斯籀高矩從追攀;休甯金氏(光先)作印選,箸録一卷何其慳;君家貞孟栖鴻館,流播未廣求之囏(古歙吴貞孟《栖鴻館印選》,未見)。斯譜晚出以選重,印燈從此滋膏蘭;金符高齋見伯仲(吴縣吴大澂《十六金符齋印存》),飛鴻舊帙慙彬班(歙縣汪啟淑《飛鴻堂印譜》)。在昔西泠結印社,要與逋老争孤山;兩峯蒼翠到几案,兩湖煙水浮闌干。一春清課種楊柳,十年成蹟誅茆菅;觥觥同社十數子,各擅鑒別工雕刓;似聞選印賴商榷,尤有題句莱詞壇。我亦妮古有奇癖,孤冷不避俗人訕;懸肘無分如斗大,錬骨差喜逾石頑。竭來海上賣文字,漸與銅玉同摧殘;百思無計遣歲月,八口有時愁飢寒。遯盦出示此祕笈,暫時對翫成清歡;蓬萊回首杳如夢,八龍雲篆朝霞般。"①

**七夕,孫德謙招先生、張爾田、王國維等往作夜談。**

據王國維1917年8月27日(即舊曆七月十日)致羅振玉書:"……近來哈園又因做壽大熱鬧。七夕,孫益庵招往作夜談,坐有況夔笙、張孟劬。……"②

---

① 西泠印社輯山陰吴氏(吴隱)藏印,《遯盦秦漢印選初集》,西泠印社刊本。

② 吴澤主編,劉寅生、袁英光編:《王國維全集·書信》,中華書局1984年3月第1版,第208－209頁。筆者按:原書於此標點有誤,徑改之。

**七月十日,王國維致羅振玉函中,提及先生與李詳不合。**

據王國維 1917 年 8 月 27 日(即舊曆七月十日)致羅振玉書:“……孫益庵招往作夜談……(本譜按:中間提及先生、張爾田、繆荃孫、劉承幹)秋後李審言又發起一通社,每月在孫處集二三次,以談學爲的,人數即上數人,(夔笙與李不合,恐不來)亦邀永(本譜按:即王國維)入社。” ①

【按一】據此可證先生與李詳確有芥蒂,其事爲同時文人如王國維等所共知。

【按二】李詳於民國戊辰(1928)九月爲其《分撰匋齋藏石記釋文自定本》自撰題記,於先生及端方,頗多詆語;②而先生生前於交惡事,未嘗著一字。李詳撰題記之時,先生去世已兩年,晚清遺老而知其二人交惡之始末者,大抵俱已謝世,故李詳之言,已難以核實矣。即所謂分撰,或分撰之多寡,究竟屬實與否,亦欠旁證,姑存其一家之言於此。

【按三】張爾田《近代詞人逸事》“況夔笙逸事”條,嘗記先生受知於端方,而蒯光典則屢於端方前短之,後蒯氏之客李詳《詠忠敏詩》有“輕薄子雲猶未死”句以詆先生。《詞學季刊》編輯龍沐勛據李詳之子李稚甫所告,謂張爾田所記或偶據傳聞而已。③ 張爾田《與龍榆生言況蕙風逸事》函中,指出況李在端方幕,因修金石而交惡一事,於李稚甫所撰之《李審言哀啟》敘

---

① 吳澤主編,劉寅生、袁英光編:《王國維全集·書信》,中華書局 1984 年 3 月第 1 版,第 208－209 頁。

② 李詳著:《李審言文集》(下),江蘇古籍出版社 1989 年 6 月第 3 版,第 1369－1370 頁。

③ 《詞學季刊》第 2 卷第 4 號,澳門海外圖書出版社 1967 年再版發行本,第 175 頁。

之最詳，足證其前所記并非傳聞。①

【按四】張爾田於《與龍榆生言況蕙風逸事》函中，引吳梅指李詳太好名，又力指先生之"怨審言，並非以其詈己，蓋爲忠敏抱不平耳"，蓋李詳曾有詩詆毀端方，證據確鑿，而先生"受知忠敏，安得而不怨。故遺事中特大書知己之感，而於況李交惡，一字不提……"②

【按五】況、李媾怨一事，曾幾乎禍及先生之生計，幸得端方拯之。汪辟疆《光宣以來詩壇旁記》云："……時蒯（本譜按：即蒯光典，與李審言相善）頗右審言而詆況，每見匋齋，輒言況氏之短。一日匋齋召飲，蒯又語侵況，匋齋若不聞者。會督府裁員，況名已在被裁之列。見者僉之曰：'活該餓死。'蒯又以語端，謂不值其人多矣。匋齋太息曰：'我亦知夔笙必將餓死，但端方一日在，決不容坐視其餓死。'乃取筆抹去況名，並書打油詩以慰之，有'縱裁裁不到詞人'之句，況氏爲之感泣。……"③汪氏於事件始末記載甚詳，蓋可補張爾田之説所未備。

**七月十一日，繆荃孫詣先生，未晤。④**

**七月二十二日，先生訪繆荃孫。⑤**

---

① 《詞學季刊》第3卷第1號，澳門海外圖書出版社1967年再版發行本，第172頁。

② 《詞學季刊》第3卷第1號，澳門海外圖書出版社1967年再版發行本，第172－173頁。

③ 汪辟疆著：《光宣以來詩壇旁記》之《李詳與蒯光典、況周頤》，遼寧教育出版社1998年3月第1版，第75－79頁。

④ 繆荃孫著：《藝風老人日記》第8册，北京大學出版社1986年4月，第3082頁。

⑤ 繆荃孫著：《藝風老人日記》第8册，北京大學出版社1986年4月，第3085頁。

**八月十七日，繆荃孫詣先生談。**①

**九月六日之前，先生曾贈《東坡書陀羅尼咒》刻本予王國維。九月六日，王國維得一廣西石刻，疑其僞，但以其必爲廣西之物，而欲以贈先生。**

據王國維 1917 年 10 月 21 日（即舊曆九月六日）致羅振玉書："……頃裱肆送一石刻，其文如左：（本譜按：下略）其文甚劣，爲後刻無疑。永於金石毫無所知，不知此是何碑，但上鈐柳州府、柳城縣、柳州府經歷三印，自係廣西所刻，亮是常見之品，因其值二角，故明知其僞而收之，欲以贈況夔笙也。（況贈一《東坡書陀羅尼咒》刻本。）……"②

**九月十三日，先生欲爲人捉刀作克鼎、曾伯霥簠二跋，得王國維代筆。**

據王國維 1917 年 10 月 28 日（即舊曆九月十三日）致羅振玉書："……今日以三時間作克鼎、曾伯霥簠二跋，爲況夔笙代筆。夔笙蓋爲人捉刀以易米者，而永又爲代之。二跋共得千字（賣文者以多爲貴），隨筆寫出，亦有數語道著，可笑也。"③

**十一月二十七日，先生訪繆荃孫。**④

**十一月二十九日，繆荃孫詣先生談。**⑤

---

① 繆荃孫著：《藝風老人日記》第 8 册，北京大學出版社 1986 年 4 月，第 3090 頁。

② 吳澤主編，劉寅生、袁英光編：《王國維全集·書信》，中華書局 1984 年 3 月第 1 版，第 225 頁。筆者按"陀羅尼咒"，原書作兕字，今徑改之。

③ 吳澤主編，劉寅生、袁英光編：《王國維全集·書信》，中華書局 1984 年 3 月第 1 版，第 226－227 頁。

④ 繆荃孫著：《藝風老人日記》第 8 册，北京大學出版社 1986 年 4 月，第 3114 頁。

⑤ 繆荃孫著：《藝風老人日記》第 8 册，北京大學出版社 1986 年 4 月，第 3115 頁。

**是年間，先生爲劉承幹編《歷代詞人考略》。**

據王國維 1917 年 8 月 27 日（即舊曆七月十日）致羅振玉書："……孫益庵招往作夜談，坐有況夔笙、張孟劬。夔笙在滬頗不理於人口，然其人尚有志節，議論亦平，其追述浭陽知遇，幾至涕零，文彩亦遠在繆種諸人之上。近爲翰怡編《歷代詞人徵略》，僅可自了耳。……"①

【按一】王國維所謂之《歷代詞人徵略》，應即《歷代詞人考略》。該書部分存稿（共三十七卷）現有《中國公共圖書館古籍文獻珍本匯刊·集部》之限量影印本。②

【按二】據《歷代詞人考略》之删訂條例有云："原來書名未定，或作《歷朝詞林考鑒》，或作《歷代詞人考略》。"③今觀王氏之言，可知該書在最後定名之前，或亦曾暫名爲《歷代詞人徵略》。

【按三】浭陽，即指端方，蓋其號浭陽匋父也。繆種，即指繆荃孫；據此可知，王國維與羅振玉之間，於繆荃孫頗不尊敬。

【按四】《賴譜》引趙尊嶽《惜陰堂明詞叙例》，繫此事於辛酉年（1921），大謬。趙氏所言辛酉，乃指其拜先生爲師之事，而非指先生爲劉承幹編撰是書之舉；《賴譜》似有誤讀。

**是年或之前兩年間（1915－1917），先生編撰《宋人詞話》。**④

---

①　吴澤主編，劉寅生、袁英光編：《王國維全集·書信》，中華書局 1984 年 3 月第 1 版，第 208 頁。

②　《歷代詞人考略》，《中國公共圖書館古籍文獻珍本匯刊·集部》，全國圖書館文獻縮微複製中心，2003 年 5 月。

③　《歷代詞人考略》，《中國公共圖書館古籍文獻珍本匯刊·集部》，全國圖書館文獻縮微複製中心，2003 年 5 月，第 1546 頁。

④　林玫儀：《況周頤〈宋人詞話〉考——兼論此書與〈歷代詞人考略〉之關係》"肆、《宋人詞話》編撰年代之考定"，鍾彩鈞主編《傳承與創新——"中央研究院"中國文哲研究所十周年紀念論文集》，臺灣"中央研究院"中國文哲研究所籌備處，1999 年 12 月初版，第 143－147 頁。

**是年起，先生雖托悲憫於空觀，形骸萎頓，但於典藏珍本古籍，措意仍不減舊時。**

據《織餘瑣述》："覆東吳郭雲鵬校梓本《柳河東全集》……是書爲吾廣右刻本，尤宜永寶勿替，詎亦易米久矣。蕙風自丁巳已還，託悲憫於空觀，嘗與娱言，雖形骸猶土木，矧身外物乎，顧烏可弗記也。全書校讎絶精，字亦精楷……"①

**是年至翌年間，先生苦於鼻炎，求診於上海祝由科名師楊好古，得與袁克文結交。先生與袁氏并於《申報》聯署刊登廣告，向楊氏致謝。②**

## 1918 民國七年 戊午 五十八歲

**正月初三日，先生訪繆荃孫。③**

**正月初八日，鄭孝胥訪先生。④**

**正月十五日晚，吳昌碩爲先生刻朱文"清況"長方印。**

據《吳昌碩印譜》載"清況"印邊款"老缶爲｜夔笙有｜道刻｜戊午｜元夕"⑤。

**二月二日，先生訪繆荃孫。⑥**

**二月六日，先生晤繆荃孫；繆氏以《龍脊石寫本》交予先生，并自先**

---

① 況卜娱著：《織餘瑣述》卷下，葉十三，己未（1919）十月仿聚珍版排印本。

② 趙平：《桂林軼事》，民族出版社 2006 年 3 月第 1 版，第 207－208 頁。

③ 繆荃孫著：《藝風老人日記》第 8 册，北京大學出版社 1986 年 4 月，第 3137 頁。

④ 中國國家博物館編，勞祖德整理：《鄭孝胥日記》第 3 册，中華書局 1993 年 10 月第 1 版，第 1712－1713 頁。

⑤ 《吳昌碩印譜》，上海書畫出版社 1985 年 9 月第 1 版，第 107 頁。

⑥ 繆荃孫著：《藝風老人日記》第 8 册，北京大學出版社 1986 年 4 月，第 3144 頁。

**生借《張奕志考》。①**

**二月九日，先生晤繆荃孫。②**

**二月十日，繆荃孫致先生一柬，托其印《玉筍題名》。③**

**三月一日，先生晤繆荃孫。④**

**四月八日，先生晤繆荃孫。⑤**

**四月九日，先生訪繆荃孫。⑥**

**四月十日，先生晤繆荃孫。⑦**

**四月幾望，作《州山吴氏詞萃序》。⑧**

**四月，先生率長子維琦至北京，迎太夫人櫬。維琦拜入先生舊交姜筠門下習畫。**

據先生所撰之《餐櫻廡漫筆》："戊午四月，挈琦兒入都，扶　先慈遺柩南旋。時琦兒十五歲，初學畫山水，姜穎生先生（筠，别號大雄山民，時年七十有二）見而賞之，以精箑見貽，一面畫樸茂樹石，欵署

① 繆荃孫著:《藝風老人日記》第8册，北京大學出版社1986年4月，第3145頁。

② 繆荃孫著:《藝風老人日記》第8册，北京大學出版社1986年4月，第3146頁。

③ 繆荃孫著:《藝風老人日記》第8册，北京大學出版社1986年4月，第3146頁。

④ 繆荃孫著:《藝風老人日記》第8册，北京大學出版社1986年4月，第3151頁。

⑤ 繆荃孫著:《藝風老人日記》第8册，北京大學出版社1986年4月，第3161頁。

⑥ 繆荃孫著:《藝風老人日記》第8册，北京大學出版社1986年4月，第3161頁。

⑦ 繆荃孫著:《藝風老人日記》第8册，北京大學出版社1986年4月，第3161頁。

⑧ 吴隱校刊:《州山吴氏詞萃》（又名州山吴氏先集之一）之況周頤序，山陰吴氏竹松堂潛泉叢抄之一，西泠印社戊午(1918)校刊本。

'幼韓世兄見訪,並問畫於余,索寫一樹一石,以爲效法……'一面書手批《芥子園畫譜》數則……穎公畫名,趾美王、吳(四王、漁山),夫人知之;其書法,遠紹北碑典型,近窺玉局庭奥;與夫論畫之精,合之爲三絶。藝林鴻寶,曷以加茲……"①

又據況又韓《憑霄畫語》:"戊午四月,侍先大夫入都,謁懷寧姜穎生先生,時初習塗抹,因以呈教,先生以爲故人之子,亟獎借之,許列門墻……"②

據《趙史》:"……先生迎太夫人櫬,因有京師之行。……"③

【按一】《賴譜》繫《趙史》資料於是年。

【按二】姜筠(1847-1919,一説1918),字穎生,安徽懷甯人。光緒十七年舉人,官禮部主事。工書畫,兼善篆刻。書法蘇軾,山水宗王翬。④今又據況又韓《憑霄畫語》,知姜筠乃先生在京時之舊識,而維琦乃姜氏歿前一二年間所收之弟子。

**同月,先生在京期間,曾過王鵬運舊居,因賦《繞佛閣·過教場頭巷鶩翁故居》。**

據《趙史》:"《繞佛閣》過王佑遐舊居作。此蓋先生迎太夫人櫬,因有京師之行。……"⑤

【按一】《黄譜》誤繫《趙史》資料於去年丁巳(1917)。《賴譜》

---

① 蕙風:《餐櫻廡漫筆》,《申報·自由談》,民國十三年(1924)9月3日。

② 況又韓:《憑霄畫語》,《永安月刊》第107期,永安公司永安月刊社,民國三十七年(1948)4月1日,第30頁。

③ 趙尊嶽:《蕙風詞史》,見《詞學季刊》第1卷第4號,澳門海外圖書出版社1967年再版發行本,第100頁。

④ 陳玉堂編著:《中國近現代人物名號大辭典》,浙江古籍出版社1993年5月第1版,第685頁。

⑤ 趙尊嶽:《蕙風詞史》,見《詞學季刊》第1卷第4號,澳門海外圖書出版社1967年再版發行本,第100頁。

繫此條資料於是年。

【按二】此詞收録於先生之自定詞集《蕙風琴趣》之第九十五闋,①屬先生《弟一生修梅花館詞》九種詞集全部刻成後之新作。

**同月,先生在京,曾晤梅蘭芳。**

據《清平樂》廿一首之第三首末注:“戊午四月,晤畹華於都門。”②

**五月十日,繆荃孫接先生柬。③**

**五月十一日,先生晤繆荃孫。④**

**五月十三日,繆荃孫還《定峰樂府》予先生。⑤**

**五月十九日,先生晤王國維,并告之較早前於北京,以百元購得元本元印《吏事指南》一書。**

據王國維致羅振玉信札:“今日晤況夔笙,自北京歸,知陳松山給事亦在北京,蓋湘省被兵,不能安居所致。近則常德竟當兵事之沖,恐乃弟商業亦不堪問聞。……夔笙在都購得元本《吏事指南》一書,元本元印,云係《官場備覽》之類,渠以百元得之,至滬或可售二百元云云。書因價未付清,未攜來,將來當就觀之,恐

---

① 臨桂況周頤夔笙:《蕙風琴趣》,葉三十四,見《鶩音集》,四益宧戊午(1918)八月刊本。

② 夔笙倚聲:《修梅清課》,葉五,庚申(1920)仲冬仿聚珍版印本。本譜按:書名據書名葉及序,然據詞卷首行及末行所刻,此書又名《秀道人修梅清課》。

③ 繆荃孫著:《藝風老人日記》第8冊,北京大學出版社1986年4月,第3168頁。

④ 繆荃孫著:《藝風老人日記》第8冊,北京大學出版社1986年4月,第3168頁。

⑤ 繆荃孫著:《藝風老人日記》第8冊,北京大學出版社1986年4月,第3169頁。

有好材料也。……”①

【按一】此信爲《羅振玉王國維往來書信》第五二四札，原署“十九日燈下”，該書繫爲1918年8月25日（即戊午年七月十九日）所書，唯未詳其所據。筆者以爲，此札或應繫於是年五月十九日。據本譜所記，先生於是年四月入都，至五月十一日晤繆荃孫時，應已返滬。王氏於信中言先生“自北京歸”，從語氣觀之，可知二人會晤之時，當距先生自京返滬後不久，故本譜頗疑此札或作於是年五、六月間。

【按二】據此札，先生與王氏言及陳松山因“湘省被兵”而滯居北京一事。所謂“湘省被兵”，應指戊午年春夏間，湖南地區淪爲南北軍閥角力之地一事。戊午年春以後，南軍撤退，北軍陸續進駐之時，湘人甚至有逃居郊野者，而學校亦多因避兵亂而停課，其生活困苦，於此可見一斑。②先生四月入都時，得知陳松山因湘省兵亂而留居北京，五月返滬後遂與王氏言之，時間恰合。

【按三】此札又云湘省常德正“當兵事之沖”，應指馮玉祥事。馮玉祥於戊午年五月初六日（1918年6月14日）奉命進攻常德，經激戰後控制全城，五月十四日夏至（1918年6月22日）正式進駐常德，至六月初一日小暑（1918年7月8日）於常德

---

① 王慶祥、蕭立文校注，羅繼祖審訂，長春市政協文史和學習委員會編：《羅振玉王國維往來書信》，東方出版社2000年7月第1版，第406頁。

② 蔡慶新：《任弼時青少年時代的思想特點及形成諸因》，見人民網之“中國共産黨新聞·黨史人物紀念館·評論研究”之“任弼時”條，參見http://cpc.people.com.cn/GB/69112/82103/82109/5644873.html，2010年3月28日。又參考“齊白石百度百科”網頁内“年表”之“1918年（民國七年）戊午54歲”條，參見http://baike.baidu.com/view/8967.htm，2010年3月28日。

宣布獨立。[1]王氏此札所指,應爲六月初一日局勢底定前之兵事,故本譜認爲王氏此札,極可能寫於是年五月十九日。

**五月二十四日,先生訪繆荃孫。**[2]

**五月,先生出售所藏之《千頃堂書目》,以營太夫人墓地於湖州道場山。**

據先生所撰之《千頃堂書目跋》:"戊午五月,爲先慈營窀穸,以是書易買山之資,悅惘臨分,摩沙何益。'桃花潭水深千尺,不及汪倫送我情。'長恩有靈,殆亦低徊欲絶也。"[3]

【按一】先生所撰之《千頃堂書目跋》,筆者求索多年,未曾得見。此資料轉引自《馬譜》,惜《馬譜》并無注明出處。

【按二】現藏於臺北故宫博物院圖書館之《千頃堂書目》鈔本,或爲先生原藏之物。據臺灣"中文古籍聯合目録資料庫"著録,該書共三十二卷,由清黄虞稷撰,鈔本,十八册,朱校,有清況周頤手書題記;目録并注明著録於《"中央"圖書館典藏　北平圖書館善本譜目》,頁一一七。《馬譜》所引先生之跋文是否見於此本,待考。

又據《趙史》:"……太夫人即葬吳興道場山,先生亦自營生壙其間,植梅花十株繞之。"[4]

---

① 蔣鐵生著:《馮玉祥年譜》,齊魯書社 2003 年 9 月,見讀書網 http://www,dushu. com/book/10576970/2010 - 3 - 19,2010 年 3 月 28 日。又參考百度百科之"7 月 8 日"條,參見 http://baike. baidu. com/view/477747. htm,2010 年 3 月 28 日。

② 繆荃孫著:《藝風老人日記》第 8 册,北京大學出版社 1986 年 4 月,第 3171 頁。

③ 馬興榮:《況周頤年譜》,《楚雄師專學報》1999 年第 14 卷第 4 期,第 7 頁。

④ 趙尊嶽:《蕙風詞史》,見《詞學季刊》第 1 卷第 4 號,澳門海外圖書出版社 1967 年再版發行本,第 100 頁。

又據《墓志銘》:“君生母李,前葬湖州道場山。君殤一年所,維琦、維璟用遺命,奉君柩與周、卜二淑人附葬焉。”①

【按】夏承燾《天風閣學詞日記》“1935 年 7 月 30 日”條云:“蕙風歿,貧不能殮,古微爲葬於湖州道場山也。”②但并未説明其根據,或僅爲夏氏道聽途説,甚或臆測之言而已。據本條上引之資料,足證先生早於是年(卒前八年),已爲自己謀定百年之計,其於湖州道場山買山葬母及自營生壙之資,乃出自先生本人,可以無疑,當不致如夏氏所云,需由朱祖謀出資料理也。

**六月八日之後,至翌年除夕之前,吴昌碩曾有詩贈先生。**

據吴昌碩《缶廬集》卷四,③《贈阮盦》一詩編於《戊午六月八日夢坡屬題蕺山先生遺像》之後,《除夕》之前。《缶廬集》詩作大致按創作時間順序編次,《除夕》一詩雖無紀年,但因其編於《爲畹華畫梅》之前,而《爲畹華畫梅》乃記香南雅集事,時在庚申(1920)年春,故而推知《除夕》當作於戊午(1918)或己未(1919)之除夕。故本譜僅可暫定吴氏《贈阮盦》一詩,作於是年六月八日之後,至翌年除夕之前。

【按一】據《近代上海詩學繫年初編》所記,吴昌碩於 1918 年有《贈阮庵》一詩。④惜該書并未説明其繫年之依據。

---

① 馮幵撰:《清故通議大夫三品銜浙江補用知府況君墓志銘》,見寒冬虹《新見況周頤墓志銘拓本》,《文獻》1994 年第 1 期(總第 59 期),第 282-283 頁。

② 夏承燾:《天風閣學詞日記》,浙江古籍出版社 1984 年 12 月第 1 版,第 396 頁。

③ 吴昌碩著:《缶廬集》(有鄭孝胥癸亥(1923)仲冬題簽),見沈雲龍主編《近代中國史料叢刊》三編第 8 輯,臺灣文海出版社有限公司印行,不著出版年月,該書有吴氏文孫吴瑶華之 1984 年重印跋。

④ 胡曉明、李瑞明編著:《近代上海詩學繫年初編》,上海教育出版社 2003 年 7 月第 1 版,第 339-340 頁。

【按二】《贈阮盦》詩云："耕研欣逢識字夫，湛湛骨相起髯蘇。蘭荃詞筆空南宋，驄馬官聲繼古吳。歲晚夢猶青瑣憶，花開人當緑珠扶。酒船遲爾滄江上，天子呼名更有無。"①

**六月三十日，先生晤繆荃孫。②**

**六月，先生囑朱祖謀爲題所藏《新莽殘量》拓片。**

據桂林博物館館藏《新莽殘量》拓片之攝影，朱祖謀題楷書"新莽殘量"四字於墨拓正上方，署"戊午六月｜蕙風屬｜彊邨"，鈐白文方印"朱印｜祖謀"③。

【按一】據讀者桂林楊靖華先生賜告，此拓片乃桂林博物館得自先生之婿陳巨來者。其上見藏印二方，其一曰"巨來珍藏"（墨拓右上角空白處），可佐證此乃陳氏原藏之物。另一爲"春歸草堂"（右下方），待考。

【按二】拓本墨拓右下緣及末尾處，分别鈐"阮盦｜審定"白文方印及"況周儀｜收藏金｜石文字"朱文方印，蓋先生所鈐。從後一印可知，先生收藏此拓本之時，應尚未更名周頤，即於光緒三十四年戊申（1908）十月二十一日之前（先生更名之考證，詳本譜該日條）。至是年戊午六月，先生始請朱祖謀題字；此時先生固已更名周頤矣。

【按三】"況周儀｜收藏金｜石文字"印之下，尚鈐有一朱文長方印，文曰"辛亥更｜名周頤"，此印斷非先生所有。先生於宣

---

① 吳昌碩著：《缶廬集》卷四，葉十二，沈雲龍主編《近代中國史料叢刊》三編第8輯，臺灣文海出版社有限公司印行，不著出版年月，該書有吳氏文孫吳瑶華之1984年重印跋。

② 繆荃孫著：《藝風老人日記》第8册，北京大學出版社1986年4月，第3180頁。

③ 據廣西桂林楊靖華先生惠寄之《新莽殘量》拓片攝影，楊先生并爲拓片上諸印作釋文，謹此致謝。

統登基後，即因避帝諱而更名周頤（詳本譜"光緒三十四年戊申十月二十一日"條），故先生更名之時，實早於辛亥。筆者頗疑，此印或爲先生卒後，陳巨來後刻、後鈐於此拓片之上，蓋恐人因彊邨所署之年份（戊午即民國七年），與況周儀之名不合，而誤此拓本爲贋品也。

**七月十九日，先生晤繆荃孫。**①

**七月二十一日前後，先生與朱祖謀等友，薄游杭州西泠，并爲朱氏慶生。**

據《餐櫻廡漫筆》曾載有朱祖謀屢遇仙蝶事。筆記指朱祖謀與友人於"戊午（1918）七月薄遊西泠，寓花港蔣氏湖樓"；又言"明日，值彊村初度"；并記朱氏所賦《太常引》詞及先生之和詞，詞後注云"和者十數人不具録"。筆記又載朱況二人之對話，謂"彊村又云：仙蝶態度與常蝶迥殊，其飛也凝重沈著，非魏收輕蛺蝶可同年語也。蕙風曰：彊村詞筆亦凝重沈著，其感召非偶然矣"。②

【按一】《漫筆》所記情節詳盡，可推斷先生當時亦在場。又因朱氏生日在七月二十一日，③故本譜繫此事於是年七月二十一日前後。

【按二】屈興國《蕙風詞話輯注》録有此則筆記，④唯并未注明資料出處。

【按三】先生之《太常引》詞未見入集。詞云："翩然便出軟紅

---

① 繆荃孫著：《藝風老人日記》第8册，北京大學出版社1986年4月，第3184頁。

② 蕙風：《餐櫻廡漫筆》，《申報·自由談》，民國十三年（1924）9月2日。

③ 何泳霖：《朱彊邨先生年譜及其詩詞繫年》，見饒宗頤主編《華學》（第9、10合輯），上海古籍出版社2008年8月第1版，第6册，第2106頁。

④ 況周頤撰，屈興國輯注：《蕙風詞話輯注》，江西人民出版社2000年10月第1版，第515－516頁。

塵,來相伴,避秦人。幽路稱棲真。問能幾,高花淡筠。　天機栩栩,孤芳采采,卿月證前身。杯酒莫逡巡。與重話,春明舊春。"①

**八月十六日,先生晤繆荃孫。②**

**同日,先生示王國維以所得之元本《吏事指南》。**

據王國維1918年9月21日致羅振玉函:"……昨見況夔笙所得元本《吏事指南》八卷,其書大半乃解釋律令中事,爲書不過百餘頁耳。……"③

【按一】此函署"十七日",《王國維全集·書信》定爲1918年9月21日(即戊午年八月十七日)所書。信中云"昨見",故本譜繫此事於是年八月十六日。

【按二】《羅振玉王國維往來書信》繫此函於1918年8月23日,④未知何據。札中有"日本米價風潮想漸平息"等語,據《王國維全集·書信》考證,日本米價風潮起於1918年7月23日,止於同年9月18日,認爲此札應作於該風潮之末期,故繫此札於1918年9月21日。⑤本譜暫采《全集》之説。

【按三】王國維信中所謂先生所得之元本《吏事指南》,書名實

---

① 蕙風:《餐櫻廡漫筆》,《申報·自由談》,民國十三年(1924)9月2日。

② 繆荃孫著:《藝風老人日記》第8册,北京大學出版社1986年4月,第3191頁。

③ 吴澤主編,劉寅生、袁英光編:《王國維全集·書信》,中華書局1984年3月第1版,第272-273頁。

④ 王慶祥、蕭立文校注,羅繼祖審訂,長春市政協文史和學習委員會編:《羅振玉王國維往來書信》,東方出版社2000年7月第1版,第404-405頁。

⑤ 吴澤主編,劉寅生、袁英光編:《王國維全集·書信》,中華書局1984年3月第1版,第272頁。

應作《吏學指南》。此書其後輾轉歸傅增湘所藏，傅氏於其《藏園羣書經眼録》，《吏學指南》八卷條下記云，此書乃元刊本，"前七卷標舉官文書及刑律字句，加以注釋，第八卷則雜文，如箴説之類"，又云此書鈐有"況周頤印""桂林況周頤藏書"等印。①故知此本乃王氏所見之先生藏書也。

**八月二十一日，先生晤繆荃孫。②**

**九月九日，先生爲楊延年《椿蔭廬詩詞存》撰序。**

據先生所撰之《椿蔭廬詩詞存敘》，署："上元著雝敦牂重九日，臨桂況周頤序於天春樓。"③

【按一】《淮南子·天文訓》："太陰在午，歲名曰敦牂……午在戊曰著雝。"④故著雝敦牂即戊午年。

【按二】朱德慈《近代詞人生卒年歲新考——兼訂〈清人别集總目〉等諸書》第九條："楊延年，字玉暉，湖南湘鄉人……有《椿蔭廬詞存》，與同名詩存合刊，況周頤序，民國七年鉛印本。……"⑤即指此書。

**秋，先生以其自選詞集《蕙風琴趣》，與朱祖謀之《彊村樂府》合刊爲一册，題曰《鶩音集》。**

據上海圖書館藏本先生贈趙尊嶽《鶩音集》扉葉上之手書題識："……此集付印於戊午秋……"⑥

---

① 傅增湘撰：《藏園群書經眼録·子部一·法家類》第3册，卷七，中華書局2009年4月第1版，第487頁。

② 繆荃孫著：《藝風老人日記》第8册，北京大學出版社1986年4月，第3193頁。

③ 長沙左楊延年著：《椿蔭廬詩詞存》，民國戊午（1918）孟冬印本（中國國家圖書館藏本）。

④ 《吕氏春秋·淮南子》，岳麓書社1989年3月第1版，第34－38頁。

⑤ 參見 http://cache. baidu. com/，2006年10月25日。

⑥ 《鶩音集》，四益宧戊午（1918）八月刊本（上海圖書館藏本）。

又據《鶩音集》之題名頁“戊午八月｜鶩音集｜寐叟署檢”①。

又據孫德謙戊午七月朔所撰之《鶩音集序》。②

【按一】趙尊嶽《蕙風詞跋》云:“吾師臨桂況先生自定詞,曩與歸安朱先生詞合編爲《鶩音集》者,名《蕙風琴趣》,前於丁巳夏秋間,仿聚珍版印行僅二百本,未足廣其傳也。……”③證之以上述三條證據,趙氏云是書印行於丁巳年,應爲誤記。

【按二】《近代上海詞學繫年初編》“1917 年”條下記:“是年……《蕙風詞》(仿聚珍本)……等刊行。”④或因受趙尊嶽《蕙風詞跋》影響而繫此於丁巳(1917)年,皆誤。此書又誤以《鶩音集》内之《蕙風琴趣》爲《蕙風詞》,實誤。是年(1918)刊行者,乃《蕙風琴趣》,而非《蕙風詞》。二者雖同爲先生之自選詞集,但後者乃由趙氏惜陰堂刊行於乙丑(1925)年(詳後),收詞較前者稍多,學者不可不察。

【按三】《黄譜》《丁譜》《賴譜》同據趙尊嶽《蕙風詞跋》繫此事於去年丁巳(1917),俱誤。

【按四】《馬譜》據龍榆生《彊村詞剩跋》繫此事於是年。

**是年,先生爲梅冷生之父母撰《梅秀芝先生七旬雙壽序》。⑤**

【按】據《近代上海詩學繫年初編》所記,高燮於 1918 年有《梅

---

① 《鶩音集》,四益宧戊午(1918)八月刊本(上海圖書館藏本)。

② 《鶩音集》,四益宧戊午(1918)八月刊本(上海圖書館藏本)。

③ 臨桂況周頤夔笙譔:《蕙風詞》,《惜陰堂叢書》,乙丑(1925)閏四月刻本。

④ 楊柏嶺編著:《近代上海詞學繫年初編》,上海教育出版社 2003 年 7 月第 1 版,第 301 頁。

⑤ 況周頤蕙風:《梅秀芝先生七旬雙壽序》,《中社雜誌》第 2 期,不著出版日期,“文苑”欄,第 3－4 頁。

冷生之尊人秀芝先生暨其母氏徐太夫人七旬雙壽詩》。①故知先此壽序,應作於是年。

**是年,繆荃孫曾送先生十元。②**

**是年或以後,先生爲南潯龐氏宜園撰《宜園記》。**

據《宜園記》碑拓,正文之前刻有"臨桂況周頤撰"及"閩縣鄭孝胥書"字樣。碑文有云:"……歲在戊午,京卿元濟拓園址爲公祠……"③

又據《從商崇文的龐家》一文有云:"……龐氏宜園,南潯人稱龐家花園,是龐萊臣於民國7年(1918)在鎮東柵光禄龐公祠西首,原'鹿門舊德'的基礎上擴建而成……"④

【按】龐氏宜園擴建於民國戊午(1918),則先生所撰之碑記,應成於是年或以後,故本譜以先生撰文之時間上限暫繫於此。

## 1919 民國八年 己未 五十九歲

**正月初四日,繆荃孫往先生家拜年。同日,繆氏作《贈況夔生》詩一首。⑤**

【按】詩云:"心緒萬緣攢,謀生只筆端。閉門甘寂寞,拊几嘆

① 胡曉明、李瑞明編著:《近代上海詩學繫年初編》,上海教育出版社2003年7月第1版,第352頁。

② 繆荃孫著:《藝風老人日記》第8册,北京大學出版社1986年4月,第3233頁。

③ 臨桂況周頤撰,閩縣鄭孝胥書:《宜園記》,拓本。筆者下載自互聯網8mhh. com圖片。

④ 資料參見"玉溪網行者遊記"頁,見http://tourist. yuxi. gov. cn/yx-xzyj/default25. htm,2006年11月3日。

⑤ 繆荃孫著:《藝風老人日記》第8册,北京大學出版社1986年4月,第3239-3240頁。

孤寒。舊夢京華雨,新詞學海瀾。乾坤無限事,都作過雲看。"①可作爲先生晚年生活、心境之寫照。繆氏果先生之知己也。

**正月十二日,先生訪繆荃孫談。②**

**正月十三日,繆荃孫詣先生談。③**

**正月十五日,繆荃孫致先生一信。④**

**二月十日,先生至繆荃孫處問病。⑤**

**夏,先生曾於花市購香橼樹盆栽。**

據先生所撰之《天春樓漫筆》:"……前年己未夏,於花市購香橼樹盆供者二樹……遇蟲而蝶三厄,而蕙風三拯之……"⑥

**夏,林鵾翔聯同姚勁秋來訪,朱祖謀在座,先生與諸君共談倚聲之學。時先生仍居餐櫻廡。**

據《半櫻詞》序:"己未長夏,歸安林君鐵尊介姚君勁秋,訪余於餐櫻廡,適彊村先生在座,談次多涉倚聲之學。"⑦

**七月二十六日,繆荃孫詣先生談,并出示《芥隱筆記》。⑧**

---

① 繆荃孫著:《藝風老人日記》第8册,北京大學出版社1986年4月,第3240頁。

② 繆荃孫著:《藝風老人日記》第8册,北京大學出版社1986年4月,第3244頁。

③ 繆荃孫著:《藝風老人日記》第8册,北京大學出版社1986年4月,第3244頁。

④ 繆荃孫著:《藝風老人日記》第8册,北京大學出版社1986年4月,第3245頁。

⑤ 繆荃孫著:《藝風老人日記》第8册,北京大學出版社1986年4月,第3251頁。

⑥ 臨桂況周頤夔笙:《天春樓漫筆》,葉八至九,筆者所藏紉芳宧寫本。

⑦ 林鵾翔撰:《半櫻詞》,丁卯(1927)六月刊本(據封面陳寶琛題簽)。

⑧ 繆荃孫著:《藝風老人日記》第8册,北京大學出版社1986年4月,第3321頁。

**七月二十七日，先生訪繆荃孫，自繆氏借《劉韜志》。**①

**八月二十二日，繆荃孫詣先生談。同日，繆氏交《□□碑》予先生。**②

【按】□□疑爲"重分"或"重各"二字。

**九月十五日前不久，先生移寓朱家木橋，又猝逢喪女之痛。**

據先生佚作《八聲甘州》序："……己未秋日……重陽後六夕……蕙風是時，移寓朱家木橋，猝遘沈珠之痛，撫琴書之散亂，重骨肉之摧殘，未能達觀，何忍尋樂？漚尹強拉顧曲，當時惘然……"③

【按】此詞序言"重陽後六夕……漚尹強拉顧曲"（詳下條），故知先生遷居與喪女之事，當發生於九月十五日前不久。

**九月十五日晚，女伶李雪芳在滬演出，朱祖謀強拉先生顧曲；越日，先生賦《八聲甘州》"梟珠歌不斷"以遣懷。**

據先生佚作《八聲甘州》序："女郎李雪芳，毓秀穗垣，蜚聲菊部；己未秋日，來游滬濱，重陽後六夕，演宋潘生、陳妙常'詩媒舟別'故事……蕙風是時，移寓朱家木橋，猝遘沈珠之痛，撫琴書之散亂，重骨肉之摧殘，未能達觀，何忍尋樂？漚尹強拉顧曲，當時惘然，越日占此，不自覺情文之掩抑也。"④

【按一】此詞未見入集或發表，是爲先生重要佚作之一。詞云："梟珠歌、不斷是傷心，苕苕入行雲。費低徊欲絶，消除無那，省識花真。檀板一聲催徹，離合迹俱陳。翠霧重煙外，蛾月長

---

① 繆荃孫著：《藝風老人日記》第8册，北京大學出版社1986年4月，第3322頁。

② 繆荃孫著：《藝風老人日記》第8册，北京大學出版社1986年4月，第3329－3330頁。

③ 先生之手書詞稿，載於上海圖書館所藏《餐櫻詞》之扉葉上。先生之《餐櫻詞》約編刻於乙卯(1915)十二月間。

④ 見先生之手書詞稿，載於上海圖書館所藏《餐櫻詞》之扉葉上。先生之《餐櫻詞》約編刻於乙卯(1915)十二月間。

犨。　　對影瓊芳雪豔，悄東風紅豆，觸撥愁根。忍人天戀盡，滿目更濃春。賺青衫、無端雙泪，暗自驚、猶有未銷魂。天涯路、覽江山秀，容易逢君。”①

【按二】詞序中所謂“重陽後六夕”，即九月十五日晚。

【按三】李雪芳，粵劇花旦。梁啟超曾譽之爲“北梅南李”，陳三立又有《雪娘曲》贈之。②

【按四】《趙史》云：“阿蘩，粵優李雪芳，時來海上，聲譽鵲起，幾摩畹華之壘。先生賦《鷓鴣天》寵之。”③《鷓鴣天·贈阿蘩》見收於《蕙風詞》，④是以亦知李雪芳又名阿蘩。

**九月二十一日，繆荃孫訪先生未晤。⑤**

**十月十五日，子時初刻，先生於西北方見五星連珠天象。時《織餘瑣述》排印竟卷。**

據先生所撰之《天春樓脞語》：“曩歲己未，十月之望，日月合璧，五星連珠，子初刻，見於西北方。嘗考有清御宇，二百九十六年，此休徵僅三見：一爲雍正三年二月己巳，一爲道光元年四月初一日，一爲咸豐十一年八月初一日。”⑥

---

① 見先生之手書詞稿，載於上海圖書館所藏《餐櫻詞》之扉葉上。先生之《餐櫻詞》約編刻於乙卯(1915)十二月間。

② 參見 http://cache.baidu.com/，2006 年 11 月 7 日。《雪孃曲》一詩，見陳三立著，潘益民、李開軍輯注《散原精舍詩文集補編》，江西人民出版社 2007 年 1 月第 1 版，第 278 頁。

③ 趙尊嶽：《蕙風詞史》，見《詞學季刊》第 1 卷第 4 號，澳門海外圖書出版社 1967 年再版發行本，第 101 頁。

④ 臨桂況周頤夔笙譔：《蕙風詞》卷下，葉二十七，《惜陰堂叢書》，乙丑(1925)閏四月刻本。

⑤ 繆荃孫著：《藝風老人日記》第 8 册，北京大學出版社 1986 年 4 月，第 3342 頁。

⑥ 夔笙撰：《天春樓脞語》之“日月合璧五星連珠”條，《申報·自由談》，民國十五年(1926)4 月 20 日。

又據《織餘瑣述》卷下,卷末題:"歲在己未,十月之望,仿聚珍版排印竟卷。是夕五星連珠,子初刻見于西北方。卜娱自記。"①

**十月二十八日,作《織餘瑣述》序。時先生居於天春樓。**

據先生所撰《織餘瑣述序》,末署"上元己未先長至四日,臨桂況周頤夔笙序於海上賃廡之天春樓"②。

【按一】長至日,即冬至。是年之冬至,在十一月初二日;其前四日,即十月二十八日。

【按二】《馬譜》繫此事於是年,不繫日月。

【按三】先生於是年秋移居朱家木橋(參本譜是年"九月十五日前不久"條);天春樓或即此先生此寓之室名。

**十一月初九日之後至壬戌年間,爲上海錢業公會作《先董五樓朱公墓志铭》。③**

【按】先生所撰該文内證有云,朱氏卒於己未年十一月初九日。而此文發表於壬戌年間,由此可知,先生撰此文必在期間,故暫繫於此。

**是年,先生爲《宋媛妳闌花様圖》題詞《減蘭》"鳳雙蝶隻"。④**

【按一】此詞爲蔡哲夫舊藏《宋媛妳闌花様圖》之詩堂題詞之一。況氏於其詞後題"調寄減蘭,蕙風詞隱題於天春樓",下鈐"況"字朱文圓章;圖上另有"況周頤觀""卜娱"兩朱文小方章。此圖共有十七人(包括況周頤、朱祖謀、徐珂、陳洵、王藴章、鄧爾雅等)之題詞或題識,其中多人題於己未閏七月、己未

---

① 況卜娱著:《織餘瑣述》卷首,己未(1919)十月仿聚珍版排印本。

② 況卜娱著:《織餘瑣述》卷首,己未(1919)十月仿聚珍版排印本。

③ 況周頤:《先董五樓朱公墓志銘》,《錢業月報·傳誌》,上海錢業公會 1922 年第 2 卷第 5 期,第 1-3 頁。

④ 據蔡哲夫舊藏《宋媛妳闌花様圖》題詞,見淳浩 2005 首届藝術品拍賣會之中國近現代書畫圖録,淳浩拍賣有限公司,2005 年 11 月 26 日,第256 頁。

九月、己未暮秋、己未展重陽日等等。又，況氏夫人卜娛所撰之筆記《織餘瑣述》曾經詳細描述此圖；《織餘瑣述》的編成及出版時間亦爲己未年。①因此可以推知，況氏此詞應亦作於己未(1919)年。

【按二】此詞未見入集。詞云："鳳雙蝶隻，花樣翻新隨意出。宛宛春痕，鈎勒巫雲作輭温。　珠花乞借，瑣録斜行蔆影罅。證取芳時，玉刻苕華孏窟詞。"②

**約是年，羅惇曧贈程豔秋照片予先生，先生賦《惜秋華》"夢綺春明"。**

據《惜秋華》"夢綺春明"詞序："瘦公薄遊海上，以程郎豔秋小影見貽，賦此以志俊想。"③

【按一】《程硯秋傳》有云："早在一九一九年，羅瘦公曾南游上海、蘇州、無錫、鎮江、南京等地，所到之處，與文人好友聚會時，總向他們介紹北方旦行中的後起之秀程豔秋，使不少人未見其人，已知其名，急欲先睹爲快。羅瘦公還替程豔秋將照片送給趙君玉、歐陽予倩等南方名旦，作爲尚未見面的'見面禮'。"④據先生《惜秋華》"夢綺春明"詞序，羅氏於上海以程豔秋小影貽贈，則先生於此時尚未結識程氏，僅獲羅氏贈以程氏照片，作爲尚未見面之見面禮。故本譜認爲此詞應亦作於

---

① 吴縣況卜娛清姒著(一説爲況周頤托名之作)：《織餘瑣述》卷上，葉二十二至二十三，民國己未(1919)冬仿聚珍版排印本。

② 據蔡哲夫舊藏《宋媛妳闌花樣圖》題詞，見淳浩2005首届藝術品拍賣會之《中國近現代書畫圖録》，香港淳浩拍賣有限公司，2005年11月26日，第256頁。

③ 見上海圖書館藏所藏《餐櫻詞》内夾附之夔笙詞作剪報。

④ 陳培仲、胡世均著：《程硯秋傳》第三章(第一節)，參見 http://www.bookcool.com/pdf/20/ts020027.pdf。參見 http://cache.baidu.com/，2006年6月9日。

是年。

【按二】此詞未見入集。詞云:“夢綺春明,對黄花秀色,西風沈醉。皎鏡玉(去聲)霜(漚尹爲題齋榜曰玉霜簃),人天更無紅紫。歌塵蕩入雲羅,幻璧月,瓊枝奇麗。應記,記瑶臺舊游,霓裳仙隊。　　芳倩競蓉桂,向梅邊清課,須爲桃李。(從梅郎問業)十二翠屏,消得護花心事。多情見説江東,占俊約,陳髯渾似。蘭佩,渺余懷,秋容畫裏。”①

**約是年,先生初識步章五。**

據步章五《林屋山人集》卷十三《蕙風遺事》第二十則:“余來滬即識先生(今已八年)……”②

【按】步氏筆記約撰成於1926年況氏逝世後不久。上推八年,則先生與步氏約相識於1919年間。

**約是年,先生爲王蘊章《十年説夢圖》題《高陽臺》詞。**

據先生手書《高陽臺·題王蒓農十年説夢圖》詞稿。詞題下有小字注曰:“自爲圖序,分觭夢、客夢、哀夢、噩夢四説。”③

【按一】先生詞稿不著年月。王蒓農,即王蘊章(1884－1942),字蒓農、蒓農,號西神,别號繁多;光緒二十八年中舉;鴛鴦蝴蝶派主要作家之一;南社成員;任商務印書館編輯,首編《小説月報》。④1919年《小説月報》創刊十周年,王氏倩蔡哲夫、張傾城伉儷製《十年説夢圖》,作爲記念,并自撰序言,復廣徵題

---

① 見上海圖書館藏所藏《餐櫻詞》内夾附之夔笙詞作剪報。

② 轉引自林玫儀:《況蕙風研究資料補述》,見北京大學中國古文獻研究中心編《北京大學中國古文獻研究中心集刊》第7輯《中國古文獻學與文學國際學術研討會論文集》,北京大學出版社2008年1月第1版,第518頁。

③ 國家圖書館善本部編:《趙鳳昌藏札》,國家圖書館出版社2009年10月第1版,見該書第2册,第175頁。

④ 陳玉堂編著:《中國近現代人物名號大辭典》,浙江古籍出版社1993年5月第1版,第56頁。

咏。王氏序文及友人所題詩詞,大多刊登於1919年間,①故本譜暫繫先生之題詞於是年。

【按二】此詞未入先生詞集。詞云:"錦瑟華年,蓬萊舊事,梨雲回首成癡。栩蝶歸來,碧山一抹修眉。重尋四夢參差是,肯輸它、玉茗香詞。黯消魂,翦燭光陰,磨劍心期。 江湖我亦飄蓬久,念伶俜已忍,栖息何枝。薺麥淒迷,三生杜牧誰知。梧桐慣作西窻雨,費秋聲、各自天涯。問何時,著我梅邊,尊酒同持。"②

## 1920 民國九年 庚申 六十歲

**二月初一日,朱祖謀與先生會晤,轉達趙尊嶽欲求見請益,先生欣允之。**

據朱祖謀致趙尊嶽便箋:"……昨晤況夔笙先生,爲達尊指,甚願一握爲笑。……手頌叔雍世仁兄大人侍福。弟祖謀頓。初二日。"③

【按】朱氏此箋,衹署"初二日"而未詳年月。參諸本譜是"年二月四日"條,據上海圖書館藏本《織餘瑣述》及《香東漫筆》之趙尊嶽手題識語,確證趙氏於該日往謁先生,可推知朱氏此箋應寫於是年二月初二日。

---

① 包括《小説月報》《國學叢選》《南社文録》《南社詩録》及《東方雜誌》等書刊。題者甚衆,較著名者有:高步瀛、陳去病、邵瑞彭、楊天驥、易順鼎、陳衍、高吹萬、夏敬觀、潘飛聲、金天羽、姚鵷雛等等。詳參上述刊物。

② 國家圖書館善本部編:《趙鳳昌藏札》,國家圖書館出版社2009年10月第1版,見該書第2册,第175頁。

③ 國家圖書館善本部編:《趙鳳昌藏札》,國家圖書館出版社2009年10月第1版,見該書第2册,第116頁。

**二月初二日,朱祖謀致趙尊嶽一箋,約趙氏於初四午未間,先至朱府,再同詣先生。**

據朱祖謀致趙尊嶽便箋,全文曰:"前奉|手教,敬承一二。昨晤況夔笙先生,爲達|尊恉,甚願一握爲笑。擬請初四午未閒,|枉駕敝齋同往何如?手頌|叔雍世仁兄大人侍福。弟祖謀頓。初二日。"①

【按】經本譜考證,朱氏此箋,應寫於是年二月初二日。詳參本譜是年"二月初一日"條之按語。

**二月四日,趙尊嶽由朱祖謀引介,往謁先生,先生貽以《織餘瑣述》及舊作《香東漫筆》各一册。**

據先生贈趙尊嶽之《織餘瑣述》及《香東漫筆》封面襯葉下,皆見有趙氏之手書題識云:"庚申二月四日,侍|漚尹丈往謁|夔笙先生|惠此本|　　高梧識。"趙氏號高梧軒;二書題識文字全同,唯所鈐之印章有异。②

**二月十六日,先生爲趙尊嶽謀付排印之王鵬運三校《夢窗詞》刻本撰序。**

據先生所撰之序言:"半唐老人,刻《夢窗詞》,凡三易版,弟三次斠讎最精。甲辰五月,授梓於揚城,秋初斷手。而半唐先殁於吳閶,書未印行,版及原槀,亦不復可問。余從剞氏,購得樣本,每葉悉綴字數,葢半唐所未見也。以是書無弟二本,絶珍弆之。尗雍仁兄,邃於詞學,夙規橅夢窗,從余叚觀,謀付排印,以廣其傳,爲識其崖略如此。庚申孰食日,臨桂況周頤書於海上賃廡之天

① 國家圖書館善本部編:《趙鳳昌藏札》,國家圖書館出版社 2009 年 10 月第 1 版,見該書第 2 册,第 116 頁。

② 臨桂況周頤夔遴記:《香東漫筆》,清光緒間刊本(上海圖書館藏本)。又,況卜娛撰:《織餘瑣述》,己未(1919)十月仿聚珍版排印本(上海圖書館藏本)。

春樓。”①

【按一】俗以清明前一日爲寒食(又稱熟食)日,是年清明爲二月十七,故此序應成於是年二月十六日。

【按二】先生曾於《蕙風簃二筆》中,著録王鵬運校刻之《夢窗詞》揚州刻本,云此本“較前刻尤精審,甫斷手而半塘遽逝,未經印行”,又謂“余廑得樣本二,以其一詒繆筱珊先生”②云云。據上引先生序言,更知此《夢窗詞》樣本二份,實乃先生購自剞氏者;惜今已無從問訊矣。

**二月十九日夜,先生應趙竹君邀飲,與何維樸、朱祖謀、鄭孝胥、王雪澄、湘澄等同席。③**

**二月二十四日,梅蘭芳於天蟾舞臺首場演出,先生與朱祖謀聯袂觀演《彩樓配》時,嘗戲作聯句《浣溪沙》爲樂。**

據《梅訊》云:“(本譜按:庚申)二月二十四日,鳳卿、畹華並於十點十分抵舞臺。……《彩樓配》係正宗衫子戲,畹華步武唱白,各極其妙。……樓下正廳,有孟德蘭路之朱君、山海關路之錢君、蘇州河浜之劉君,均海上知名者,又朱古微、況夔笙二詞宗,暨王雪丞君。況君傾倒畹華,歷譜諸詞,均散見《二雲》《菊夢》《滄櫻》詞中,久别重逢,益抒妙緒。朱君因調侃之,住《浣溪沙》一句,曰:‘恨不將身變叫花。’因《彩樓配》小生爲叫化者。況君立應曰:‘天蟾咫尺比天涯。可憐爾我不如他。’聞者均失笑。换頭,況君是日會赴龍華觀桃花,因曰:‘今日桃花輸艷麗。’梅況本

---

① 國家圖書館善本部編:《趙鳳昌藏札》,國家圖書館出版社2009年10月第1版,見該書第2册,第132頁。

② 臨桂況周頤阮堪記:《蕙風簃二筆》卷弟二,葉十八,《阮盦筆記》第5種,《蕙風叢書》第3册,上海中國書店藏版,丙寅(1926)四月刊本。

③ 中國國家博物館編,勞祖德整理:《鄭孝胥日記》第4册,中華書局1993年10月第1版,第1821–1822頁。

世交,復有過從之好。朱因接語曰:'明朝蓬蓽有光華。'歇拍曰:'萬分無奈且歸家。'名士風流,洵可爲歌場生色。"①

又據《詞林新語》云:"梅畹華演劇,一時無兩;嘗搬演《彩樓配》於海上之天蟾舞臺。彊邨、蕙風聯袂入座。時姜妙香飾薛平貴,襤褸得彩球。彊邨忽口占云:'恨不將身變叫花。'蕙風應曰:'天蟾咫尺隔天涯。'轉瞬成《浣溪沙》一解,曰:'不足爲世人知之。'"②

又據《梅訊》有云"第一日畹華演《彩樓配》"③,故知《彩樓配》乃梅蘭芳是年在滬之首場演出。

【按一】《黄譜》《丁譜》皆據《詞林新語》繫此資料於丙辰(1916)年,不繫月日。《孫譜》繫此事於丙辰十月至年底,《馬譜》繫此事於丙辰冬,皆未詳所據。以上各譜皆誤。《賴譜》繫此事於是年。

【按二】據《舞台生活四十年》之記載,梅蘭芳在1926年(先生卒年)前,曾至上海演出至少六次,包括1913年(丹桂第一臺)、1914年(丹桂第一臺)、1916年(天蟾舞臺)、1920年(天蟾舞臺)、1922年(天蟾舞臺)及1923年(共舞臺)。④故知先生與朱祖謀同觀劇於天蟾舞臺一事,應繫於1916或1920或1922年。

【按三】本譜舊本嘗據梅蘭芳《舞台生活四十年》之記載,暫繫

---

① 《申報·自由談》,民國九年(1920)4月14日(庚申年二月二十六日)。

② 靈(即張爾田):《詞林新語》,《詞學季刊》第1卷第3號,澳門海外圖書出版社1967年再版發行本,第80頁。

③ 《申報·自由談》,民國九年(1920)5月4日(庚申年三月十六日)。

④ 梅蘭芳述,許姬傳、許源來、朱家溍記:《舞台生活四十年》上、下册,團結出版社2006年1月第1版,第121、205、337、494、498、633頁。

此事於丙辰(1916)年十月六日。蓋該書記梅氏1916年於上海的第三次演出云:"這次邀的角色,除了我跟鳳二爺之外,演員方面加入姜妙香、姚玉芙二人。……我第一天的打泡戲,還是《彩樓配》。"①可證梅氏曾於是年十月六日演出《彩樓配》,而合演者有姜妙香,與《詞林新語》所云"姜妙香飾薛平貴"事吻合。然本譜舊本亦特别强調:"《彩樓配》乃傳統老戲,當爲劇團常演之劇目。憑上引之資料,仍未能完全排除朱、況二先生,乃於梅氏是年在滬演出之稍後期間……甚或梅氏第四五度來滬時,觀演此劇之可能性;有待日後再考。"云云。

【按四】《梅訊》刊於《申報·自由談》,專門實録梅蘭芳於滬上演出之日程及有關消息,梅氏在滬期間幾乎每日刊出。今據上引《梅訊》資料,當可確繫先生與朱祖謀觀《彩樓配》并聯句賦《浣溪沙》一事,於是年二月二十四日。

**二月二十五日,先生於劇場中,匆匆賦《清平樂》"東風絃管"并書贈梅蘭芳。又擬譜《清平樂》十闋以贈。**

據《梅訊》云:"二十五日《玉堂春》。……蕙風先生當代詞宗,於劇場中匆匆調《清平樂》贈之曰:'東風絃管,花底回青眼。文杏夭桃都看遍,争似素娥妝面。　滄州少駐仙雲,軟紅低盡香塵。珍重兩潮聲裏,更聽一曲陽春。'此詞方成,即於劇場覓紙書之付畹華。畹華已即夕轉寄北京羅癭公矣。"②

又據《梅訊》云:"某名士今午往晤畹華,并見玉芙,擬譜《清平樂》十闋見貽,尚未脱稿,但憶其二闋之下四句云:'烏衣公子翩翻,羽衣仙子嬋媛。碧海青天夜夜,良辰美景年年。'又云:'五雲

① 梅蘭芳述,許姬傳、許源來、朱家溍記:《舞台生活四十年》下册,團結出版社2006年1月第1版,第337頁。

② 《申報·自由談》,民國九年(1920)4月15日(庚申年二月二十七日)。

依約仙蓬,夢中能幾相逢。何況這回非夢,舞茵特地嬌紅。'縱不成章,亦録以相示,畹華欣受而去。想王城如海中,瘦公復得蠅頭小楷,循誦不已矣。"①

【按一】上引《梅訊》刊於是年二月二十七日,蓋記述二十五日之事。

【按二】上引後一則《梅訊》所載詞句,乃先生所賦。② 故知所謂"某名士",實即先生。

【按三】《清平樂》"東風絃管",未見入集。

**二月二十五夕,先生致趙尊嶽信,謂恐歡迎梅蘭芳宴會事,或未易辦妥,請暫緩告知梅氏;又約趙氏明午會晤。**

據先生致趙尊嶽箋:"迎梅一節,花前暫緩宣布,恐或|未易辦到。明午四五鐘間|清暇,祈|賁臨邕敘,《國香慢》或已贊酌一二矣。|未雍先生　夔言　二十五夕。"③

【按一】先生此箋祇署"二十五夕"而未詳年月。考是年二月二十八日《梅訊》,刊出天水公子《國香慢》一闋,④蓋經先生"贊酌一二"者。故本譜推知,此信應作於是詞刊登前之二十五夕,故繫於此。

【按二】此信亦披露,趙鳳昌、尊嶽父子嘗請先生籌辦迎接梅蘭芳之雅聚,即稍後之"香南雅集"也。

**二月二十六日下午,先生晤趙尊嶽,或已爲趙氏改定或代擬《國**

① 《申報·自由談》,民國九年(1920)4月15日(庚申年二月二十七日)。

② 夔笙倚聲:《修梅清課》,葉七及葉五,庚申(1920)仲冬仿聚珍版印本。

③ 國家圖書館善本部編:《趙鳳昌藏札》,國家圖書館出版社2009年10月第1版,見該書第2册,第121頁。

④ 《申報·自由談》,民國九年(1920)4月16日(庚申年二月二十八日)。

**香慢》。**

據先生致趙尊嶽箋:"……明午四五鐘間清暇,祈賁臨圖敘,《國香慢》或已贊酌一二矣。赤雍先生　夒言　二十五夕。"①

【按一】本譜定先生此信作於是年二月二十五夕,詳參上條。

【按二】是年二月二十八日《梅訊》有云:"吾友天水公子,雅好譜詞,新見其貽畹華一首,呈阮盦先生者。"又附録《國香慢》并序。②天水公子,意指趙公子,蓋天水乃趙氏故鄉也。故是詞當爲先生爲趙尊嶽所改定者。

【按三】趙尊嶽嘗謂初不工詞,顧梅蘭芳每見索詞,方作一二。③兼據《趙鳳昌藏札》中先生致趙氏其他書信,知趙氏爲梅蘭芳所賦諸詞,輒呈先生改定。

**二月,趙尊嶽重刊先生所藏之《蓼園詞選》。**

據惜陰堂刊本《蓼園詞選》書名葉:"庚申仲春|蓼園詞選|惜陰堂刊。"④

**三月初三日前,先生所撰之春謎一百四十五則,爲王文濡所編之《春謎大觀》選入。**

據《春謎大觀》一書,有王文濡撰於民國九年(1920)重三日之序。⑤故知王氏選編先生謎作之事,應在其撰序之前。

---

① 國家圖書館善本部編:《趙鳳昌藏札》,國家圖書館出版社 2009 年 10 月第 1 版,見該書第 2 册,第 121 頁。

② 《申報·自由談》,民國九年(1920)4 月 16 日(庚申年二月二十八日)。

③ 高梧主人(本譜按:即趙尊嶽):《清平樂》二闋序言,見《梅訊》,《申報·自由談》,民國九年(1920)4 月 22 日(庚申年三月初四日)。

④ 《蓼園詞選》,惜陰堂庚申(1920)仲春刊,上海聚珍仿宋印書局印本。

⑤ 王文濡編:《春謎大觀》,上海進步書局印行,民國九年(1920),見百駢編輯《謎林》第 3 册,太平藝苑 1979 年 10 月影印。

**三月初五日，先生應趙竹君邀，赴“香南雅集”；與何維樸、吴昌碩、王雪澄、鄭孝胥、梅蘭芳、王鳳卿、姜妙香、姚玉芙等同席。宴席中，先生倡議作《香南雅集圖》以紀盛況。**

據《鄭孝胥日記》是年“三月初五日”條載，鄭氏應趙竹君（本譜按：即惜陰主人趙鳳昌）邀夜飲，與先生、何維樸、吴昌碩、王雪澄、梅蘭芳、王鳳卿、姜妙香、姚玉芙等同席。①

又據是年三月初八日《梅訊》云：“昨晚應惜陰主人之約，宴於滬西惜陰堂。座中有何詩老、吴昌老、王雪老、海藏樓主人、沈（本譜按：應作況）蕙風先生。畹華得與名流欵接，樂不可支。何詩老已允繪一卷子，與昌老所繪之梅蘭，并作一卷。蕙風先生特請吴昌老引首曰‘香南雅集圖’……”②故知此則《梅訊》，應於雅集後一日（三月初六日）已寫就。

【按】本譜舊本獨據《鄭孝胥日記》，謂頗疑鄭氏所載之宴會，即“香南雅集”之初集。③今據《梅訊》，蓋可定論。

**約三月八日或稍前，沈崑山宴請梅蘭芳，以及姚玉芙、姜妙香，先生與王雪丞、王病山、趙尊嶽、康有爲等在席。先生介紹康氏爲題《香南雅集圖》手卷。先生亦已允爲此圖作《清平樂》二十闋，并《鶯啼序》一闋爲跋。④**

【按】此據《梅訊》是年三月初十日之記載，其撰成日期必在初九日或稍前。而該則《梅訊》謂此事發生於“昨日”，故本譜暫

---

① 中國國家博物館編，勞祖德整理：《鄭孝胥日記》第4册，中華書局1993年10月第1版，第1823頁。

② 《申報·自由談》，民國九年（1920）4月26日（庚申年三月初八日）。

③ 鄭煒明著：《況周頤先生年譜》，上海古籍出版社2009年5月第1版，第301－302頁。

④ 《梅訊》，《申報·自由談》，民國九年（1920）4月28日（庚申年三月初十日）。

繫於三月八日或稍前。

**約三月十二日或稍前,先生觀梅蘭芳《游園驚夢》劇後,曾改署"秀盦"之號。**

據《梅訊》:"蕙風先生素號阮盦,前日忽署秀盦。或詢其故,則曰:'前日觀《游園驚夢》,杜麗娘倏見柳夢梅,僅道得一個秀字,傳神此際,吾故曰"秀盦"。'亦見傾折之忱也。"①

【按】此則《梅訊》發表於是年三月十五日,其謂先生於"前日"忽署秀盦,故本譜暫繫此事於三月十二日或稍前。

**三月幾望,先生爲趙氏惜陰堂刊本《蓼園詞選》撰序。**

據先生所撰之《蓼園詞選序》:"……叔雍從余叚觀是書,謀付排印,以廣其傳,以爲初學周行之示。屬序於余,爲識崖略如此。庚申季春月幾望,臨桂況周頤夔笙書于秀盦。"②

【按一】《丁譜》繫此事於是年,但以先生是年六十二歲;蓋因取咸豐九年己未(1859)爲先生之生年故也。《賴譜》《馬譜》繫此事於是年。

【按二】《蓼園詞選序》又有先生手稿,字句與刊本略有出入,詳見《趙鳳昌藏札》。③

**約三月十五日前數日間,梅蘭芳連日演《天女散花》《麻姑獻壽》等劇,先生等海上名士幾日日見於座中。④**

**約三月十七日或稍前,《香南雅集圖》已付裝池,題咏者四十餘家。**

---

① 《申報·自由談》,民國九年(1920)5月3日(庚申年三月十五日)。

② 《蓼園詞選》,惜陰堂庚申(1920)仲春刊,上海聚珍仿宋印書局印本。

③ 國家圖書館善本部編:《趙鳳昌藏札》,國家圖書館出版社2009年10月第1版,見該書第2册,第129－131頁。

④ 《梅訊》,《申報·自由談》,民國九年(1920)5月4日(庚申年三月十六日)。

**題詞之最先者，爲先生之《清平樂》二十一闋。**

據是年三月十八日《梅訊》："《香南雅集圖》已付裝池，題詞之最先者，況夔笙詞宗，成《清平樂》二十一闋，哀感頑艷，可與《梅花百咏》並傳也。兹録之。（本譜按：詞序及詞十闋，略。）"①故知最遲於三月十七日，《香南雅集圖》已付裝池。

又據是年三月十九日《梅訊》："昨載蕙風先生《清平樂》十闋，今更録十一闋，讀者可窺其全豹矣。（本譜按：續刊詞十一闋，略。）"②

又據《修梅清課》集中之《清平樂》廿一首序："庚申春暮，畹華重來滬濱，赤雍公子賦此調贈之，余亦繼聲，得廿一解，即以題《香南雅集圖》，博吾畹華一粲。"③

又據《趙史》："畹華去滬，越歲更來。先生屬吴昌碩爲繪《香南雅集圖》，並兩集於余家，一時裙屐並至。圖卷題者四十餘家，畫五幀，則吴昌碩、何詩孫（二幀）、沈雪廬、汪鷗客作也。……"④

【按】王國維亦曾應先生之請，爲《香南雅集圖》題詞，有《清平樂·況夔笙太守索題香南雅集圖庚申》。⑤

**三月十七日晚上，先生與王病山、王雪澂、俞堯衢、王叔濟，聯同剛自金陵來滬之陳三立，冒雨往觀梅蘭芳之《木蘭從軍》。陳氏以未見《天女散花》爲恨，欲請梅氏再演該劇。**

據翁（應即趙鳳昌，詳下按語）致先生信："……陳伯嚴（本譜按：

---

① 《申報·自由談》，民國九年（1920）5月6日（庚申年三月十八日）。

② 《申報·自由談》，民國九年（1920）5月7日（庚申年三月十九日）。

③ 夔笙倚聲：《修梅清課》，葉五，庚申（1920）仲冬仿聚珍版印本。

④ 趙尊嶽：《蕙風詞史》，見《詞學季刊》第1卷第4號，澳門海外圖書出版社1967年再版發行本，第101頁。

⑤ 王國維：《静庵詩詞稾》卷二，臺灣藝文印書館1974年7月初版，第77頁。

即陳三立)昨晚來滬,冒雨同病山、俞堯衢觀《從軍》去矣。伯嚴尚擬一觀《散花》,望商叔雍轉達,何如?……此致即頌|秀盦先生吟祉,弟翕書。立夏。"①

又據先生所書《梅訊》手稿一則:"陳伯嚴欲晤畹華,特自金陵來滬。昨甫下車,即同王病山、王雪澂、俞堯衢、王叔湃、況夔笙,冒雨往觀《木蘭從軍》,亦以未見《天女散花》爲恨。其稱佩畹華,與蕙風同;其想望天女,與古微同。大約再演之請,或能如願以償也。……"②

【按一】翕君之信,但署"立夏"而未詳年月。信中所言陳三立來滬觀劇事,與上引《梅訊》手稿及是年三月二十二日刊登之《梅訊》内容相合。③故知此信應作於是年立夏(三月十八日),其所述"昨日"事,當繫於此。

【按二】翕君或即趙鳳昌,詳本譜是年三月十八日,翕君致先生信條之【按二】及【按三】。

**約三月十八日或稍前,朱祖謀自蘇返滬,與先生談次,語及欲婉懇梅蘭芳再演《天女散花》,而先生則欲與梅氏約定"香南二集"之期。④**

**三月十八日,潛君致先生信,托先生爲非園觴宴梅蘭芳事訂期。**

據潛君致先生信有云:"多日未晤,已得讀|頌梅(宋詩有此語)大箸,何心花怒發。如此所謂中毒|之謔,其信然耶?頃非園主人

① 國家圖書館善本部編:《趙鳳昌藏札》,國家圖書館出版社2009年10月第1版,見該書第2册,第140頁。

② 國家圖書館善本部編:《趙鳳昌藏札》,國家圖書館出版社2009年10月第1版,見該書第2册,第160頁。

③ 《申報·自由談》,民國九年(1920)5月10日(庚申年三月二十二日)。

④ 《梅訊》,《申報·自由談》,民國九年(1920)5月9日(庚申年三月二十一日)。

來屬轉致,欲以｜梅觴(其意視賞雪欲加厚也)訂期事,專託於｜公,能早決尤佳,其伴梅應有幾,并希｜代酌云云。潛廿二夜須趨江輪赴鄂,如期｜在此前,則亦得共醉一觴也。此上｜夔笙先生

潛頓　十八｜　　附非園一片。"①

【按一】潛君此信但署"十八"日而未詳年月。因信中有"得讀頌梅大箸"語,與是年三月十八、十九日間《梅訊》刊登先生詞作事(詳本譜是年"三月十七日"或稍前條所據資料)相合;而本譜是年"三月二十日"條,亦載有非園宴會,故知潛君此信,應作於是年三月之十八日,故繫於此。

【按二】潛君,或即王乃徵。《中國近現代人物名號大辭典》載,王乃徵(1861－1933),四川中江人,字聘三,又號病山,晚號潛道人。光緒十六年進士,授翰林院編修,官貴州巡按、湖北布政使。民國後隱於滬上鬻字。②《光宣以來詩壇旁記》王乃徵條有云:"聘三,又字病山,名乃徵。晚年僑滬上,易名潛,又號潛道人。"③《光宣詩壇點將録》亦記王氏"改物以後,寓居滬上,以醫自隱,易名王潛,又號潛道人。醫固絶技也"④,可補《中國近現代人物名號大辭典》之未備。是年迎梅活動,病山每會輒至,是以知,致先生信之潛君,應即王潛,亦即王病山也。

**三月十八日,翕君致先生信,請先生早爲香南二集及非園宴會訂期。**

---

① 國家圖書館善本部編:《趙鳳昌藏札》,國家圖書館出版社 2009 年 10 月第 1 版,見該書第 2 册,第 136 頁。

② 陳玉堂編著:《中國近現代人物名號大辭典》,浙江古籍出版社 1993 年 5 月第 1 版,第 25 頁。

③ 汪辟疆著:《光宣以來詩壇旁記》,遼寧教育出版社 1998 年 3 月第 1 版,第 31 頁。

④ 汪辟疆撰:《光宣詩壇點將録》,見其《汪辟疆説近代詩》,上海古籍出版社 2001 年 12 月第 1 版,第 115 頁。

據翕君至先生信:"……惜陰堂、非園兩局,須早規定,便定酒席。此致即頌|秀盦先生吟祉,弟翕書。　立夏。"①

【按一】本譜已考證此信作於是年立夏(三月十八日),詳本譜是年"三月十七日晚"條之按語。

【按二】翕君或即趙鳳昌。《中國近現代人物名號大辭典》載,趙鳳昌(1856 – 1938),字竹君,别號松雪道人,又號惜陰,②未見其署"翕"字之記載。其信中以惜陰堂、非園宴請梅蘭芳事,促先生須早與梅氏定期,似爲東道主之言也。而非園主人甘翰臣,已另請王病山轉致先生一片,托先生早定非園宴席之期(参本譜是年"三月十八日,潛君致先生信"條)。故疑此信之作者翕君,或即惜陰堂主人趙鳳昌。

【按三】《説文·羽部》:"翕,起也。從羽,合聲。"《説文·羽部》徐鍇繫傳:"翕,相合起也。"《集韻·緝韻》:"翕,一曰衆也,盛也。"《論語·八佾》"翕如也"陸德明釋文引何晏云:"翕如,盛也。"《文選·曹植〈王仲宣誄〉》"翕然鳳舉"吕延濟注:"翕然,鳳飛貌。"③由是可知,"翕"字所訓之義,實與"鳳昌"一名之義相呼應,故筆者頗疑趙鳳昌,或又名趙翕也。

**三月二十日,先生應甘翰臣之約,赴非園宴會,同座有陳三立、潘飛聲、孫德謙、朱祖謀、王病山、王雪丞、趙尊嶽、梅蘭芳、唐少川、汪鷗客、陳少石、陳小石、蔣孟蘋、王敬安(即王國維)、王湘丞、潘明訓、**

---

① 國家圖書館善本部編:《趙鳳昌藏札》,國家圖書館出版社 2009 年 10 月第 1 版,見該書第 2 册,第 140 頁。

② 陳玉堂編著:《中國近現代人物名號大辭典》,浙江古籍出版社 1993 年 5 月第 1 版,第 632 頁。

③ 宗福邦、陳世鐃、蕭海波主編:《故訓匯纂》,商務印書館 2003 年 7 月第 1 版,第 1814 – 1815 頁,見第 1、3、18、45、69 條。

**勞敬修。**[①]

**約三月二十一日或稍前，先生曾以《西廂記》全帙，贈梅蘭芳，俾資訂聲；并媵以親筆手書之《浣溪沙》"夢入羅浮即會真"詞，爲該帙卷端之題詞。**

據《浣溪沙》"夢入羅浮即會真"詞序："《西廂記》"佳期""拷紅"二齣，畹華夙所擅場，因奉貽全帙，俾資訂聲，別後展卷懷人，庶幾不我遐棄，並媵以此解。君如低唱，我便吹簫，香詞嬌韻，當不讓白石老仙夜泊垂虹時也。"[②]

又據是年三月二十二日之《梅訊》："蕙風以暖紅室刻本《西廂記》贈畹華。題詞卷端云：'夢入羅浮即會真……'並識云：'《西廂記》"佳期""拷紅"二齣……'蕙風嘗自謂不工書，戲號手盲，向來應酬之作，真筆絶少。此《西廂記》題識，是其自書，重畹華之命令也。"[③]

【按】《趙鳳昌藏札》第二册録有此則《梅訊》之底稿。該底稿由先生所書。[④]

**約三月二十二日或稍前，先生獲姚玉芙贈《玉簪記》曲本，遂賦《清平樂》"玉郎眉宇"答謝。先生又曾爲姚氏作二絶句。**

據是年三月二十三日之《梅訊》："姚玉芙以《玉簪記》曲本貽蕙風，並手自題識，楷法娟秀，如其人也。蕙風爲賦《清平樂》云：

---

① 《梅訊》，《申報·自由談》，民國九年(1920)5月11日(庚申年三月二十三日)。

② 夔笙倚聲：《修梅清課》，葉十二至十三，庚申(1920)仲冬仿聚珍版印本。

③ 《申報·自由談》，民國九年(1920)5月10日(庚申年三月二十二日)。

④ 國家圖書館善本部編：《趙鳳昌藏札》，國家圖書館出版社2009年10月第1版，見該書第2册，第159頁。

‘玉郎眉宇……’”①

【按】此則《梅訊》,又有先生手稿,見收於《趙鳳昌藏札》。②故知此則《梅訊》,亦出自先生之手。

又據《修梅清課》“坿録”之《清平樂》詞序:“姚玉芙以《玉簪記》曲本見貽,並手自題識。賦此答謝。”詞後又附詩二首,題爲《二絶句爲玉芙作》。③

**三月二十五日香南二集前後,先生用《玉簪記》“偷詩”齣之《西江月》韻,先後賦《西江月》至十一闋,并囑梅蘭芳按拍。**

據是年三月二十四日之《梅訊》:“昨載《玉簪記》妙常譜《西江月》詞。今秀道人有步韵贈畹華之作云:‘春色柳遮花映……’畹華見之,稱道不置。”④

又據是年三月二十五日之《梅訊》:“昨載秀道人《西江月》一闋。今復得二闋,均步《玉簪記》原韵,詞中衾字、盛字均不易叶,特載之。聞道人尚擬作成十闋也。‘影事三生記省……’‘仙子雲端綽約……’”⑤

又據是年三月二十六日之《梅訊》:“連日載秀道人《西江月》。道人實填九詞,今始窺其全豹,亟録之。據道人自語,或更不止此也。小序云:‘《玉簪記》“偷詩”齣賓白中,有陳妙常《西江月》

① 《申報·自出談》,民國九年(1920)5月11日(庚申年三月二十三日)。

② 國家圖書館善本部編:《趙鳳昌藏札》,國家圖書館出版社2009年10月第1版,見該書第2册,第127頁。

③ 夔笙倚聲:《修梅清課》,葉十三至十四,庚申(1920)仲冬仿聚珍版印本。

④ 《申報·自由談》,民國九年(1920)5月12日(庚申年三月二十四日)。

⑤ 《申報·自由談》,民國九年(1920)5月13日(庚申年三月二十五日)。

一首,蓋製曲者所爲,雖雅鄭雜成,卻無晚近纖豔之失,謂之鄭可,謂之俗不可。庚申送春前四日,香南二集戲用其韻,得九首,屬畹華按拍。所謂無聊之極思,抑鬱之奇致耶?'第一、第二、第九首,見前報。(本譜按:後載詞六闋,各首句爲'可奈瑶笙吹徹''早被鸎嗔燕妬''佇月霓裳曲怨''酒畔從教並影''綵筆啼珠怨粉''慧業一門今昔',從略。)"①

又據是年四月初一日之《梅訊》:"秀道人吟梅詞興,有加無已,昨又得見三首(本譜按:皆爲《西江月》),續録如左。(本譜按:後録詞三闋,各首句爲'海國濃春灩灩''佳士襟情朗潤''月地雲階縹渺',從略。)"②

【按一】上引《梅訊》共録《西江月》十二闋。除"佇月霓裳曲怨"一闋外,餘皆編入先生之詞集《修梅清課》中,詞序内容(除闋數以外)與《梅訊》所載大致相同。③

【按二】《梅訊》所載之《西江月》"佇月霓裳曲怨",蓋屬先生之棄稿。全闋云:"佇月霓裳曲怨,隔江玉樹歌沈。春愁一夜落寒衾,瘦損腰圍穩穩。索笑笑聲誰識,銷魂魂小難禁。善財教服本無心,實副總然名盛。"④

【按三】先生有《西江月》詞手稿八闋,署曰"秀道人再稟",又

① 《申報·自由談》,民國九年(1920)5月14日(庚申年三月二十六日)。(本譜按:"雜陳"原刊作"雜成","吾畹華"原刊作"畹華",今已據是年三月二十九日《梅訊》更正啓事改。)

② 《申報·自由談》,民國九年(1920)5月18日(庚申年四月初一日)。

③ 夔笙倚聲:《修梅清課》,葉八至十一,庚申(1920)仲冬仿聚珍版印本。

④ 《申報·自由談》,民國九年(1920)5月14日(庚申年三月二十六日)。

有《西江月》三闋,見收於《趙鳳昌藏札》。① 手稿及《梅訊》諸本,皆可據以校勘先生詞集。

**三月二十五夕,先生與吳昌碩、王雪澄、朱祖謀,舉"香南二集"於惜陰堂,海上名人與會者甚夥。**

據《鄭孝胥日記》是年"三月二十五夕"條載,先生與吳昌碩、王雪澄、朱祖謀,借趙竹君(本譜按:即惜陰主人趙鳳昌)宅,宴請鄭孝胥、梅蘭芳、陳三立、沈曾植等。②

又據《西江月》十一首序:"……庚申送春前四日香南二集……"③

【按】送春日,即春季之最後一日。是年三月小,故送春日,即三月二十九日。其前四日,即三月二十五日。

又據《梅訊》:"二十五日香南二集,仍在滬西惜陰堂舉行,海上名流到者甚夥。何詩老以腰痛未克赴約。……《香南雅集卷子》,即席請海藏樓主人揮毫作引首矣。"④

又據《趙史》:"畹華去滬,越歲更來。先生屬吳昌碩爲繪《香南雅集圖》,並兩集於余家,一時裙屐並至。圖卷題者四十餘家。畫五幀,則吳昌碩、何詩孫(二幀)、沈雪廬、汪鷗客作也。……"⑤

【按】《黄譜》繫《趙史》資料於民國十一年壬戌(1922),《丁譜》繫香南雅集事於民國五年丙辰(1916),皆誤。《孫譜》繫此事

① 國家圖書館善本部編:《趙鳳昌藏札》,國家圖書館出版社 2009 年 10 月第 1 版,見該書第 2 册,第 123 – 126、161 – 162 頁。

② 中國國家博物館編,勞祖德整理:《鄭孝胥日記》第 4 册,中華書局 1993 年 10 月第 1 版,2005 年 8 月北京第 2 次印刷,第 1826 頁。

③ 夔笙倚聲:《修梅清課》,葉八至九,庚申(1920)仲冬仿聚珍版印本。

④ 《申報·自由談》,民國九年(1920)5 月 15 日(庚申年三月二十七日)。

⑤ 趙尊嶽:《蕙風詞史》,見《詞學季刊》第 1 卷第 4 號,澳門海外圖書出版社 1967 年再版發行本,第 101 頁。

於是年,但以先生是年爲六十二歲;蓋因取咸豐九年己未(1859)爲先生之生年故也。《馬譜》繫此事於是年。

**約於三月二十五日香南二集時,先生曾應朱祖謀屬,賦《戚氏》,與朱氏之《十六字令》,合書於《香南雅集圖》卷端。**

據《趙史》:"畹華去滬,越歲更來。先生屬吴昌碩爲繪《香南雅集圖》,并兩集於余家,一時裙屐並至。……彊村翁每會輒至,先生屬以填詞,翁曰:'吾填《十六字令》,而子爲《戚氏》可乎?'於是先生賦《戚氏》,翁亦賦《十六字令》三首,合書卷端(本譜按:即《香南雅集圖》之卷端)。"①

又據《戚氏》"伫飛鸞"序:"漚尹爲吾畹華索賦此調,走筆應之。"②

【按】據上引《趙史》資料,可知朱祖謀賦《十六字令》三首及先生賦《戚氏》之事,當在二度香南雅集之間。本譜取其下限,繫此事於三月二十五日舉香南雅集之時。

**三月二十五日香南二集中,先生嘗出示所賦之《十六字令》三闋。**

據是年三月二十七日《梅訊》:"昨又見秀道人詞,亟録之:'叔雍謂余宜爲畹華作《鶯啼序》,輒以《十六字令》應之,或者《鶯啼序》之喤引也。(本譜按:後録詞三闋,各詞首字嵌梅蘭芳三字,從略。)'"③

【按一】上引《梅訊》所録之《十六字令》三闋,其後被先生編入《修梅清課》集中,但不載詞序。④

---

① 趙尊嶽:《蕙風詞史》,見《詞學季刊》第1卷第4號,澳門海外圖書出版社1967年再版發行本,第101頁。

② 夔笙倚聲:《修梅清課》,葉十一,庚申(1920)仲冬仿聚珍版印本。

③ 《申報·自由談》,民國九年(1920)5月15日(庚申年三月二十七日)。

④ 夔笙倚聲:《修梅清課》,葉十一,庚申(1920)仲冬仿聚珍版印本。

【按二】何泳霖《朱彊邨先生年譜及其詩詞繫年》謂此十六字令三闋乃朱祖謀所賦，唯未收入朱氏集中，而見於先生之詞集云云。[①] 此説大謬，未知何據。據上引《梅訊》及《修梅清課》之相關史料，可確證此《十六字令》三闋，乃先生之作；而朱氏之《十六字令》今或已佚。

**約三月二十七日前後，先生曾賦詞《五福降中天・畹華大母陳八十壽詞》，[②]俾梅蘭芳編入《梅母陳太君八十壽言》。**

【按一】《馬譜》謂先生此詞賦於是年，不繫月日。

【按二】去年(1919)己未三月，梅蘭芳於北京演劇，爲其祖母慶祝八十(虛歲)壽辰。是年梅氏集名流賀詞，於上海刊行。是年三月二十九日《梅訊》："梅畹華祖母陳太君客年八秩壽辰，一時名流贈詩甚夥。今畹華已親爲編次，且親撰序文一篇，並由綴玉軒秘書恭録一過，擬交由聚珍書局仿宋排印，大約俟款式擬定，即付刊云。"[③]

【按三】《趙鳳昌藏札》載先生致趙尊嶽信云："梅祖母壽詞已成(五福降中天)，容暇晤時面交，祈　飭印工少待耳。……"[④]此事與上引《梅訊》相合，故本譜暫定先生此詞約作於是年三月二十七日前後。

**三月二十八日或稍前，梅蘭芳懇朱祖謀、鄭孝胥書聯，先生爲集數則聯語。**

---

① 何泳霖《朱彊邨先生年譜及其詩詞繫年》，見饒宗頤主編《華學》(第9、10合輯)，上海古籍出版社2008年8月第1版，第6册，第2159、2161頁。

② 夔笙倚聲:《修梅清課》，葉十二，庚申(1920)仲冬仿聚珍版印本。

③ 《申報・自由談》，民國九年(1920)5月17日(庚申年三月二十九日)。

④ 國家圖書館善本部編:《趙鳳昌藏札》，國家圖書館出版社2009年10月第1版，見該書第2册，第156頁。

據是年三月二十九日《梅訊》:“畹華懇彊村先生書聯,秀道人爲集句曰:‘蠟照半籠金翡翠,鳳凰雙宿碧芙蓉。’又一聯但憶其下句,有掃落花之意。”又“畹華懇海藏樓主人書聯,秀道人爲集句曰:‘翡翠筆牀,琉璃硯匣;芙蓉玉盌,蓮子金杯。’上聯六朝文《玉臺新咏序》,下聯《春賦》。”①故知最遲於三月二十八日,先生已集此等聯語。

**三月二十八日或稍前,先生往觀梅蘭芳演《黛玉葬花》,歸途集句得聯,屬朱祖謀書贈梅氏。其後足成《鷓鴣天》“脃管簾櫳”一詞。**

據《鷓鴣天》“脃管簾櫳”詞序:“觀畹華演《葬花》,一肌一容,令人心骨香豔。歸途集句得‘願爲明鏡分嬌面,閒與仙人掃落花’一聯,屬漚尹書楹言貽畹華,並足成此解。”②

又據是年四月初三日《梅訊》:“秀道人集句贈畹華云:‘願爲明鏡分嬌面,閒與仙人掃落花。’”③故知最遲於四月二日,先生已集此聯。

再據是年三月二十九日《梅訊》:“畹華懇彊村先生書聯,秀道人爲集句曰……又一聯但憶其下句,有掃落花之意。”④故知最遲於三月二十八日,先生已集此聯。

**最遲於四月初一日,先生曾賦《清平樂》“名花傾國”,并題於梅蘭芳所繪之牡丹手卷。**

據是年四月初二日《梅訊》:“畹華畫牡丹箑子,演晴雯撕扇時撕

---

① 《申報·自由談》,民國九年(1920)5月17日(庚申年三月二十九日)。

② 夔笙倚聲:《修梅清課》,葉十二,庚申(1920)仲冬仿聚珍版印本。

③ 《申報·自由談》,民國九年(1920)5月20日(庚申年四月初三日)。

④ 《申報·自由談》,民國九年(1920)5月17日(庚申年三月二十九日)。

去者，今已裱一手卷。秀道人題《清平樂》一闋云：‘名花傾國……’”①故知最遲於四月一日，先生已賦此詞。

又據《清平樂》“名花傾國”詞題曰“題畹華折枝牡丹畫卷”。②

【按】此詞又見先生手書詞稿，題曰“題畹華牡丹折枝便面”，收入《趙鳳昌藏札》。③

**四月初一日或稍前，唐總代表、周湘雲及潘明訓，宴請梅蘭芳等；先生亦有列席，後一行同往觀《天女散花》。**

據是年四月初三日《梅訊》：“昨日，唐總代表並周君湘雲、潘君明訓，宴畹華輩於周宅。先於四時游學圃，合攝一影。列席者陳散原、王雪岑、朱古微、況夔笙、趙惜陰、趙叔雍、余壽平、徐積餘、吴揆甫、周湘舲、甘翰臣、勞敬修、趙灼臣諸君等，酬酢盡歡。至九時始同往觀散花焉。……”④

【按】唐總代表，應即南北和談時，擔任南方總代表之唐紹儀。

**約四月初三或初四日，梅蘭芳以照片贈先生等多位名士。**

據是年四月初六日《梅訊》有云：“畹華昨以照片贈諸名流。（本譜按：諸人姓名略，其中包括先生。）”⑤

【按】此則筆記最遲於四月初五日交稿，其中“昨”字，或指初四日。唯先生或於初三日中午已赴蘇州（詳下條），則梅蘭芳贈照一事，或於初三日中午前面呈先生者，又或於初四日托人轉

---

①　《申報·自由談》，民國九年（1920）5月19日（庚申年四月初二日）。

②　夔笙倚聲：《修梅清課》，葉八，庚申（1920）仲冬仿聚珍版印本。

③　國家圖書館善本部編：《趙鳳昌藏札》，國家圖書館出版社2009年10月第1版，見該書第2册，第128頁。

④　《申報·自由談》，民國九年（1920）5月20日（庚申年四月初三日）。

⑤　據《梅訊》所記昨日之事，《申報·自由談》，民國九年（1920）5月23日（庚申年四月初六日）。

致,亦未可知。

**四月初三日辰刻,先生致趙尊嶽一信,謂無論其《西江月》詞加入《香南雅集圖》與否,亦祈於該圖付與壓裝前,得以先睹全豹。午十二時因要事須赴蘇并將句留數日。①**

**四月初六日,先生或已自蘇回滬。**

據四月初三辰刻先生致趙尊嶽信,有云:"《香南雅集圖》……如目前即付前涂壓裝,則初六日務求惠箋郵示,届時弟或已回滬。"②

【按】此信言及《香南雅集圖》付裝之事,故繫於是年。

**四月初七日,梅蘭芳演出之最後一日,先生或於是日日戲時刻前,先至趙尊嶽府一窺《香南雅集圖》全豹,再至劇場看戲。**

據四月初三辰刻先生致趙尊嶽信,有云:"《香南雅集圖》……準於初七日日戲時刻之前,趍府一窺全豹,是爲至禱至幸。"③

【按】此信言及《香南雅集圖》付裝之事,故繫於是年。

**四月八日,梅蘭芳離滬前,向先生等名士一一登門話别。④**

【按一】據《舞台生活四十年》之記載,梅蘭芳是年爲第四次赴滬演出,⑤但并未詳其在滬之日期。

---

① 國家圖書館善本部編:《趙鳳昌藏札》,國家圖書館出版社 2009 年 10 月第 1 版,見該書第 2 册,第 122 頁。

② 國家圖書館善本部編:《趙鳳昌藏札》,國家圖書館出版社 2009 年 10 月第 1 版,見該書第 2 册,第 122 頁。

③ 國家圖書館善本部編:《趙鳳昌藏札》,國家圖書館出版社 2009 年 10 月第 1 版,見該書第 2 册,第 122 頁。

④ 《梅訊》,《申報·自由談》,民國九年(1920)5 月 26 日(庚申年四月初九日)。

⑤ 梅蘭芳述,許姬傳、許源來、朱家溍記:《舞台生活四十年》下册,團結出版社 2006 年 1 月第 1 版,見第 494 頁。

【按二】先生《清平樂》二十一首序云"庚申春暮,畹華重來滬濱"①,繫梅氏重來上海於三月間,蓋以三月間二度"香南雅集"爲記。又據先生於是年十二月書贈趙尊嶽之《修梅清課》本上識語所云"畹華别後,八易蟾圓"②,亦可推知先生於是年四月與梅氏話别。

【按三】據《梅訊》所載,梅氏實於二月二十日抵滬,③二月二十四日首場演出,④至四月初八日離開。⑤

【按四】又白雪所撰《申報戲曲廣告研究》云:"梅蘭芳此次演出從4月12日登台到5月24日演出結束,共43天……"⑥此期間即舊曆二月二十四日至四月初七日,與上按資料完全吻合。

**同日,先生所撰之《餐櫻廡詞話》於《小説月報》開始連載,至是年十一月十六日載畢。**

據筆者查考,先生之《餐櫻廡詞話》,連載於《小説月報》第十一卷

---

① 夔笙倚聲:《修梅清課》,葉五,庚申(1920)仲冬仿聚珍版印本。

② 夔笙倚聲:《修梅清課》,庚申(1920)仲冬仿聚珍版印本,趙尊嶽珍重閣原藏,現藏於上海圖書館。

③ 《梅訊》前言,《申報·自由談》,民國九年(1920)4月14日(庚申年二月二十六日)。

④ 《梅訊》,《申報·自由談》,民國九年(1920)4月14日(庚申年二月二十六日)。

⑤ 《梅訊》後記,《申報·自由談》,民國九年(1920)5月26日(庚申年四月初九日)。

⑥ 白雪:《〈申報〉戲曲廣告研究》之第三節《以梅蘭芳在上海的五次演出看〈申報〉戲曲廣告的繁盛》,見深圳大學傳媒與文化發展研究中心網站 http://media.szu.edu.cn,亦見於 http://media.culchina.net,2006年12月14日發布。參見 http://cache.baidu.com,2007年3月20日。

第五號、①第六號、②第七號、③第八號、④第九號、⑤第十號、⑥第十一號、⑦第十二號。⑧

**四月，先生好友孫德謙爲撰《修梅清課序》。⑨**

**先生是年與梅蘭芳宴集交游有感之詞作，約於四月間被編入《修梅清課》一卷。集中庚申(1920)諸詞，倘無指明月日者，皆可繫於是年二月底至四月初之間。**

**四月，吴昌碩曾爲先生刻朱文"某痴"方印。**

據《吴昌碩印譜》載"某痴"印邊款："庚申｜首夏｜七十七跛｜叟缶。"⑩

【按】"某痴"之某字，乃"楳"或"梅"之古體字。

**四月或之後，至十一月前，先生以是年及以往所作之咏梅詞，編成**

---

① 《小説月報》第11卷第5號，1920年5月25日(舊曆四月初八日)，"雜載"版，第1－5頁。

② 《小説月報》第11卷第6號，1920年6月25日(舊曆五月初十日)，"雜載"版，第1－5頁。

③ 《小説月報》第11卷第7號，1920年7月25日(舊曆六月初十日)，"雜載"版，第1－4頁。

④ 《小説月報》第11卷第8號，1920年8月25日(舊曆七月十二日)，"雜載"版，第1－5頁。

⑤ 《小説月報》第11卷第9號，1920年9月25日(舊曆八月十四日)，"雜載"版，第1－5頁。

⑥ 《小説月報》第11卷第10號，1920年10月25日(舊曆九月十四日)，"雜載"版，第1－6頁。

⑦ 《小説月報》第11卷第11號，1920年11月25日(舊曆十月十五日)，"雜載"版，第1－4頁。

⑧ 《小説月報》第11卷第12號，1920年12月25日(舊曆十一月十六日)，"雜載"版，第1－25頁。

⑨ 孫德謙撰：《修梅清課序》，見夔笙倚聲《修梅清課》卷首，庚申(1920)仲冬仿聚珍版印本。

⑩ 《吴昌碩印譜》，上海書畫出版社1985年9月第1版，第107頁。

**《修梅清課》,并賦《浣溪沙·自題修梅清課後》。①**

【按】先生賦詞自題《修梅清課》,當於此集編成之後;因此集於是年四月有孫德謙之序,并於十一月以仿聚珍版印行,故本譜繫此事於"四月或之後,至十一月前"。

**六月十日,先生有《清平樂》十一闋,刊於《小説月報》。②**

【按】此《清平樂》十一闋,即先生是年於香南雅集,爲梅蘭芳所賦《清平樂》二十一闋中之首十一闋。詳參本譜是年"三月十七日或稍前"條。

**六月杪,先生函告趙尊嶽,謂喜獲慶先生畫扇并吴昌碩題字;并附爲趙氏改定之詞作九首。函中又請趙氏務必於《香南雅集圖》裝竟寄出前予其一看。**

據先生致趙尊嶽函。③該函末署六月杪,本譜乃據函中所述裝裱《香南雅集圖》一事,繫於是年。

【按】慶先生應爲慶寬(1848 – 1927),本名趙小山,字筱珊,號松月居士,遼寧鐵嶺人。曾爲清宫廷畫師,繪有《光緒皇帝大婚》《慈禧太后六十大壽》等等典禮圖。④近年有慶寬《泛月圖》扇面一幀,以及吴昌碩扇面題字一幀,合爲一鏡框,曾屢見於藝術品拍賣市場。慶寬題其畫謂"臨巨然真本寫應夔笙先生雅教,庚申五月望日筱珊慶寬年七十有三";吴昌碩書法則題"右録王晉卿、張子野、朱希真、周美成四家梅花詞。夔笙先生

---

① 夔笙倚聲:《修梅清課》,葉十三,庚申(1920)仲冬仿聚珍版印本。

② 《小説月報》第11卷第7號,1920年7月25日(舊曆六月初十日),"文苑"版,第3 – 4頁。

③ 國家圖書館善本部編:《趙鳳昌藏札》,國家圖書館出版社2009年10月第1版,見該書第2册,第155頁。

④ 參考百度百科"慶寬"詞條。參見 http://cache.baidu.com/,2012年6月10日。

正書，庚申長夏同客蘆子城北隅之海瀛路，安吉吴昌碩老缶，時年七十有七"①。此二扇面應即先生函告趙尊嶽"慶先生畫扇並吴昌碩題字"之實物。

**七月十二日，先生有《清平樂》十闋，刊於《小説月報》。②**

【按】此《清平樂》十闋，即先生是年於香南雅集，爲梅蘭芳所賦《清平樂》二十一闋中之後十闋。詳參本譜是年"三月十七日或稍前"條。

**八月八日，先生致函趙尊嶽，謂近日因誤喫豆融月餅，而致患泄瀉；并問及《香南雅集圖》是否付裝已竟。**

據先生致趙尊嶽函。③該函末署八月八日，本譜乃據函中所述裝裱《香南雅集圖》一事，故繫於是年。

**八月十四日，先生之詞作《戚氏》"佇飛鸞"，刊於《小説月報》。④**

【按】此詞亦作於是年之香南雅集。詳參本譜是年"最遲於三月二十五日香南二集時"條。

**九月十四日前，先生有《鷓鴣天·徐仲可屬題其先德印香中翰復盦**

---

① 見富彼國際拍賣（北京）有限公司2008年秋季拍賣會，《中國近現代書畫（一）》，拍品0200號，拍賣日期2008年12月10日，參見雅昌拍賣收藏頻道，2012年5月23日。又見上海崇源藝術品拍賣有限公司2009年春季大型藝術品拍賣會（第二場），拍品編號0686，參見中國收藏網 http://auction.socang.com/，2012年7月15日。又見浙江經典拍賣有限公司2010春季藝術品拍賣會中國書畫專場，拍品編號63，拍賣日期2010年7月7日，參見http://www.zunke.com/result/good/id/320820，2012年5月23日。

② 《小説月報》第11卷第8號，1920年8月25日（舊曆七月十二日），"文苑"版，第3-4頁。

③ 國家圖書館善本部編：《趙鳳昌藏札》，國家圖書館出版社2009年10月第1版，見該書第2册，第157頁。

④ 《小説月報》第11卷第9號，1920年9月25日（舊曆八月十四日），"文苑"版，第4頁。

**覓句圖》詞。此詞發表於是年九月十四日出版之《東方雜誌》,①亦刊於同日出版之《小説月報》。②**

【按】此詞未見入集。詞云:"湖水湖烟付阿誰,老泉詩筆小山詞;當年撰杖題襟處,隔個雲涯聖得知。 梅偃蹇,鶴襹褷,記陪黄綺采華芝,直須更築天蘇閣,挹拍雙高一展眉。"③

**九月十四日,先生所賦之《五福降中天·畹華大母陳八十壽詞》,刊於《小説月報》。④**

**同日,先生於《小説月報》上開始連載其筆記《天春樓瑣語》,至是年十一月十六日止。**

據筆者查考,先生之《天春樓瑣語》,連載於《小説月報》第十一卷第十號(署秀道人)、⑤第十一號(署秀奩)、⑥第十二號(署秀奩)。⑦

【按】先生於是年所賦之《清平樂》二十一闋之第十七闋下有自注云:"近以秀奩自號,驚夢曲中之一字也。"⑧而《清平樂》二

---

① 《東方雜誌》第17卷第20號"文苑"版,1920年10月25日(舊曆九月十四日),第92頁。

② 《小説月報》第11卷第10號,1920年10月25日(舊曆九月十四日),"文苑"版,第6頁。

③ 《東方雜誌》第17卷第20號"文苑"版,1920年10月25日(舊曆九月十四日),第92頁。

④ 《小説月報》第11卷第10號,1920年10月25日(舊曆九月十四日),"文苑"版,第6頁。

⑤ 《小説月報》第11卷第10號,1920年10月25日(舊曆九月十四日),"補白"版。

⑥ 《小説月報》第11卷第11號,1920年11月25日(舊曆十月十五日),"補白"版。

⑦ 《小説月報》第11卷第12號,1920年12月25日(舊曆十一月十六日),"補白"版。

⑧ 夔笙倚聲:《修梅清課》,葉七,庚申(1920)仲冬仿聚珍版印本。

十一闋，皆録入先生是年刊行之詞集《修梅清課》（又名《秀道人修梅清課》）中，故知秀道人、秀盦，皆先生庚申（1920）年起曾用之筆名。

**九月十六日，贈趙尊嶽《鶩音集》。**

據先生贈趙尊嶽《鶩音集》扉葉上之手書題識："庚申重陽後七日，奉貽｜叔雍仁兄，此集付印於戊午秋，趨來久涩｜宮律，間有所作，亦不能稍進於前也｜　　秀道人識於羼提盦。"①

**九月十七日，先生訪鄭孝胥談。②**

**九月二十一日，鄭孝胥過先生處，使先生爲周彦升之夫人作壽文。③**

**九月二十三日，先生應趙鳳昌之約，與鄭孝胥、金武祥、鄒紫東、王雪澄、陳三立、余壽丞等同席。④**

**十月二十日，先生交所撰之《周彦升夫人壽文》予鄭孝胥。⑤**

**十一月，先生之詞集《修梅清課》，以仿聚珍版印行。**

據《修梅清課》題名葉後之牌記："庚申仲｜冬仿聚｜珍版印。"⑥

【按一】《修梅清課》由吴昌碩題睥，下署"安吉吴昌碩年七十有七"。該書又有寐叟題詩兩首，并由梅蘭芳弟子程豔秋（後名程硯秋）校字。

【按二】1922 年 6 月 7 日《梅訊》有云："大詞宗況夔笙，以歷次

---

① 《鶩音集》，四益宧戊午（1918）八月刊本（上海圖書館藏本）。

② 中國國家博物館編，勞祖德整理：《鄭孝胥日記》第 4 册，中華書局 1993 年 10 月第 1 版，第 1846 頁。

③ 中國國家博物館編，勞祖德整理：《鄭孝胥日記》第 4 册，中華書局 1993 年 10 月第 1 版，第 1847 頁。

④ 中國國家博物館編，勞祖德整理：《鄭孝胥日記》第 4 册，中華書局 1993 年 10 月第 1 版，第 1847 頁。

⑤ 中國國家博物館編，勞祖德整理：《鄭孝胥日記》第 4 册，中華書局 1993 年 10 月第 1 版，第 1849－1850 頁。

⑥ 夔笙倚聲：《修梅清課》，庚申（1920）仲冬仿聚珍版印本。

貽贈畹華之作，合刻一册，曰《修梅清課》，印刷精良，吴昌老書蟫，沈培老題詩，孫隘堪居士作序，海上由西泠印社寄售，不脛而走者數萬册矣。"①

【按三】《賴譜》徑引上述《梅訊》之報道，定先生《修梅清課》一集刊刻於 1922 年，大誤。該則《梅訊》衹提及《修梅清課》風行一時，銷量已達數萬册云云，不知《賴譜》何故有此誤讀。

**十二月幾望，手題《修梅清課》贈趙尊嶽。**

據先生贈趙尊嶽《修梅清課》扉葉上之手書題識："畹華别後，八易蟾圓，清課印成，彌用｜棖觸，此册奉貽｜尗雍公子賞之，遲日當狠　尗雍介｜十册寄吾畹君也。庚申嘉平幾望｜　　秀道人題記。"②

**十二月既望，校畢《彊村叢書》之《清庵先生詞》，并撰跋。**

據先生所撰之《清庵先生詞跋》："庚申嘉平月既望，閲《清庵先生詞》竟……臨桂況周頤識於滬寓之天春樓。"③

**十二月，先生接見趙尊嶽，并曾與趙氏言及王鵬運《夢窗詞》三校本之精審。**

據《惜陰堂抄本四印齋宋元三十一家詞》之趙尊嶽識語："半唐老人篤學耆古，治詞尤精，四印齋所刻，正是之功，直凌駕毛、秦諸氏矣。客臘進謁夔師，曾舉其夢窗三校本之精宷，因爲落石。既而復獲見此集……因叚白夔師手録之，彌月竟事。……辛酉十

---

① 《申報·自由談》，民國十一年（1922）6 月 7 日（壬戌年五月十二日）。

② 夔笙倚聲：《修梅清課》，庚申（1920）仲冬仿聚珍版印本，趙尊嶽珍重閣原藏，現藏於上海圖書館。

③ 見《彊村叢書》第 37 册，李道純《清庵先生詞》卷末，壬戌（1921）十月三次校補印行本。

月望日,武進趙尊嶽録竟并識。……”①

**十二月,先生爲吴隱編纂之《印泥闡秘》一書題辭。**

據《印泥闡秘圖》長卷中有先生之題辭。《印泥闡秘》一書爲吴隱所編纂,已佚。吴氏曾藏有《印泥闡秘圖》并名流書題長跋一卷,後歸吴氏文孫東棣先生珍藏。圖卷高20厘米,長近10米;引首行楷“印泥闡秘”四大字,由吴昌碩題於壬戌春仲;圖爲吴待秋繪於壬戌春日;其後依次爲吴昌碩序、商横涒灘嘉平(按即庚申十二月)況周頤題辭、葉德輝撰叙,另有朱祖謀、鄭孝胥、王震、童大年、葉銘、沈曾植、徐乃昌、王國維等等,於庚申冬至辛酉春間所題詩文。②

【按一】據上述資料可知,吴隱約於是年冬編成《印泥闡秘》一書,付梓前(約是年冬至翌年春間)曾廣徵友人題辭,俾刻入是書(最終有否已刊行,待考)。又越年至壬戌(1922)春,吴待秋爲作《印泥闡秘圖》,吴昌碩題引首,吴隱遂合以友人爲《印泥闡秘》題咏之手稿,裝裱成一長卷珍藏之。

【按二】先生所撰之題辭,論潛泉印泥云:“其質粹,無雜糅;其色正,無變渝……潛泉不以自秘,必欲公諸藝林,《印泥闡秘》一編,皆閱歷甘苦之言也。蓋自斗檢泥封,屢變而爲印泥,製作之精,莫過乎是。由是而引伸擴充之,庶幾吾儒格致之事矣。”③此乃先生佚文之一,彌足珍貴,惜未獲睹全篇耳。

---

① 見《惜陰堂抄本四印齋宋元三十一家詞》,上海圖書館藏。

② 茅子良:《新見名流書題吴隱〈印泥闡秘〉長跋》,見茅子良著《藝林類稿》,上海書畫出版社2009年7月第1版,第61－64頁。

③ 茅子良:《新見名流書題吴隱〈印泥闡秘〉長跋》,見茅子良著《藝林類稿》,上海書畫出版社2009年7月第1版,第63頁。

【按三】先生又嘗撰文論"印泥有六弊",載於報端。①先生雖不常治印,唯醉心於印學,至其論印泥,亦甚具見解也。先生此篇應亦爲研究印泥必讀之文。

**是年,先生所題詩詞,刊入丁輔之夫人遺作《曇見録》集中。**

據《淵博的學識　多彩的一生——憶先祖輔之公丁仁》一文有云:"1920 年,方形歐體之仿宋聚珍活體鉛字及長體夾注字模兩種完成。創辦聚珍仿宋印書局并自任經理。書局先後出版……出版先祖母遺作《曇見録》并附有吳昌碩、王毓岱、況周頤、鍾以敬、潘飛聲、盛慶蕃、徐仲柯、靳裕華所題詩詞。……聚珍仿宋印書局於 1921 年歸獻中華書局。"②

【按一】陳贛一《新語林》卷五有云:"丁治平年七歲,識小學韻語,尤能辨印篆,真贋立判。……及殤,母哀之慟,爲文五千言以哭之,曰《曇見録》。纏綿悲惻,不忍卒讀。(丁名理,浙江杭縣人,丁仁之子。)"③

【按二】《曇見録》及先生所題詩詞,筆者未見,待考。

**是年至翌年間,隨手撰録《玉棲述雅》詞話。**

據《詞話叢編》本《玉棲述雅》之陳運彰跋:"……此稿成於庚申、辛酉間,隨手撰録,聊資排遣……"④

【按】《賴譜》節引陳運彰跋作"此稿成於庚申……"而繫此事於是年,引文未盡依陳氏原意,誤導學者,《賴譜》往往有此失。

---

① 蕙風:《餐櫻廡漫筆》,《申報 · 自由談》,民國十三年(1924)9 月 4 日(甲子年八月初六日)。

② 丁利年:《淵博的學識　多彩的一生——憶先祖輔之公丁仁》,文中第七部分之出版印刷,參見 http://cache. baidu. com/,2008 年 5 月 6 日。

③ 陳灨一著:《新語林》卷五《夙慧》篇,上海書店出版社 1997 年 1 月第 1 版,第 86 頁。

④ 陳運彰:《玉棲述雅跋》,見唐圭璋編《詞話叢編》第 5 册,中華書局 1986 年 1 月第 1 版,第 4622 頁。

《馬譜》繫此事於翌年辛酉(1921),蓋取其下限也。

**是年末,先生撰成明年(辛酉)春聯,曰"大富亦壽考,曰利宜子孫"①。**

【按一】辛酉(1921)春聯,當於庚申(1920)年末撰成,以迎新歲,故繫於此。

【按二】《賴譜》繫此事於翌年。

## 1921 民國十年 辛酉 六十一歲

**正月十八日,鄭孝胥過訪先生。②**

**正月十九日,吴昌碩應先生屬作《唯利是圖》畫;先生自題《好事近》詞五闋并代吴昌碩撰識語,俱由吴昌碩書之畫上。**

據《天春樓漫筆》:"蕙風戲屬缶廬作《唯利是圖》畫,折枝荔支,采色鮮明,精神團結,爲缶廬辛酉第一次作畫,蓋極得意之筆。蕙風自題詞并識,缶廬書之,云:'夔笙屬作是圖,以翫世之滑稽,寓傷心之懷抱,可爲知者道耳。爲設色荔支,取荔利同聲字。'夔笙自題五詞,調《好事近》:……辛酉燕九日,安吉吴昌碩并書於缶廬之一角樓,時年七十有八。……"③

【按一】燕九日即正月十九日。

【按二】《好事近》五闋未見入集。其一云:"荔與利諧聲,藕偶蓮連爲例。便作吾家果論,拜缶翁佳惠。多情爲我買胭脂,艷奪紫標紫。風味銅山更好,問阿環知未。"其二云:"風骨

---

① 蕙風:《餐櫻廡漫筆》,《申報·自由談》,民國十三年(1924)年12月5日(甲子年十一月初九日)。

② 中國國家博物館編,勞祖德整理:《鄭孝胥日記》第4册,中華書局1993年10月第1版,第1859頁。

③ 臨桂況周頤夔笙:《天春樓漫筆》,葉二至三,筆者所藏紉芳宧寫本。

信傾城，何止千金當得。十八娘殊媚娬，帶寶山春色。　小廉吾欲笑髯蘇，日啖僅三百。蘭畹近邊寒峭，問何時挺出。”其三云：“雙蒂水晶丸（劉攽詩：‘相見任誇雙蒂美，多情莫唱水晶丸。’），得以同心金斷。便擬移根金穴，惜冰肌無汗。　垂條疏密亦尋常，不道見寒暖。總被藍紅江緑，把朱顏輕换。”其四云：“荔下有三刀（荔或書作茘），利則一刀而已。刀作泉刀解詁，以多多爲貴。　甘如醴酪沁心脾，和嶠最知味。照眼紅雲絳雪，是天然美利。”其五云：“何必狀元紅，老矣名心倦矣。安得珠懸寶錯，似側生連理。　缶翁之缶絶神奇，金合貯瓜子。萬一蘭因證果，在先生筆底。”①

又據《餐櫻廡漫筆》：“曩歲辛酉首春，缶廬爲蕙風作《唯利是圖》。”②

【按】《賴譜》繫此資料於是年春。

**正月二十日，先生訪鄭孝胥。③**

**二月，先生始授趙尊嶽詞學。先生於趙氏之從游五年中，月必數見，親授詞學。**

據《蕙風詞話》趙尊嶽跋：“溯自辛酉二月，尊嶽始受詞學於蕙風先生。此五年中，月必數見，見必詔以源流正變之道，風會升降之殊，於宗派家數定一尊，於體格聲調求其是，耳提面命，朝斯夕斯。……甲子雙蓮節，受業武進趙尊嶽。”④

---

①　臨桂況周頤夔笙：《天春樓漫筆》，葉二至三，筆者所藏紉芳宧寫本。筆者按：第三闋“藍紅江緑”，原缺“江”字，今據《餐櫻廡漫筆》本補。見《申報·自由談》，民國十四年（1925）10月4日。

②　蕙風：《餐櫻廡漫筆》，《申報·自由談》，民國十四年（1925）年10月4日（乙丑年八月十七日）。

③　中國國家博物館編，勞祖德整理：《鄭孝胥日記》第4册，中華書局1993年10月第1版，第1860頁。

④　況周頤著：《蕙風詞話》，《惜陰堂叢書》，甲子（1924）刻本。據臺灣世界書局景印本，1979年10月第5版。

【按一】趙尊嶽此跋成於甲子(1924)年,其云"此五年中",應自去年庚申(1920)二月,趙氏得朱祖謀引見先生算起。亦是以知趙氏或於從先生游滿一年後,即是年二月,始行正式拜先生爲師。

【按二】《黄譜》《丁譜》俱繫此資料於是年,但以先生是年爲六十三歲;蓋因取咸豐九年己未(1859)爲先生之生年故也。

**四月,先生有詞《百字令》"良辰設帨",賀周慶雲夫人六十壽。**

據《敹廬所録詞》録有此闋,詞序云:"賀周夢坡德配張夫人六十壽作放生會於西溪……"①

【按一】考印光法師曾撰有《烏程周夢坡居士德配張夫人六十誕期以放生爲祝壽碑記》,下款署"辛酉四月釋印光謹撰,周承德敬書",爲西溪秋雪庵碑刻原文之一。②故知先生約於是年四月賦此《百字令》詞。

【按二】此詞未入集。詞云:"良辰設帨,佇綺筵開處,長生曲奏。見説霞觴資挹注,載物允推坤厚。算鶴籌添,放魚經在,鳳侶坡仙舊。誰傳芳矩,介眉今見嘉耦。　須信美意延年,天和感召,仁者宜多壽。併作恩波加水族,(宋毛勝《水族加恩簿》刻入《説郛》)無量兕觥春酒。蓬島前身,蓮池夙契,文字禪參透。娑婆能幾,唱隨爲此夫婦。"

**六月七日或之後不久,先生爲吴東邁所藏扇面題詞《浣溪沙》"綰結**

① 佚名輯:《敹廬所録詞》,册一,民國時期抄本。

② 參考《西溪秋雪庵碑刻原文》,見卓克藝術網,參見 http://cache.baidu.com/,2008 年 11 月 18 日。印光法師此文,又以《烏程周夢坡居士夫人誕期放生碑記》爲題(文末并無紀年),見《增廣印光法師文鈔》册四,葉十一上至葉十二上,版藏浙江定海普陀山法雨寺,中華書局印刷所承印,民國十六年(1927)七月初版。

**同心綬帶宜"①。**

【按一】此詞未見入集。詞云:"綰結同心綬帶宜,合歡消息好春時,妍風懷袖美人貽。　容易綵毫消玉腕,何如翠羽戀瓊枝,白頭猶自説相思。(戲注:白頭,缶也。)"②

【按二】此合歡綬帶便面,乃梅蘭芳所繪贈吴東邁者。吴東邁爲吴昌碩哲嗣。此扇面有吴昌碩辛酉大暑日題識,另一面有朱祖謀所書先生之《秀道人修梅清課》詞數首。③是年大暑,在六月初七日。

**六月,先生有詞九首,入選朱祖謀原編、張爾田補録之《詞莂》。**

據張爾田所撰之《詞莂序》,末署"辛酉季夏遯堪居士張爾田"④,故知《詞莂》編成於是年六月。

【按一】張爾田於《詞莂序》中有大段文字亟稱先生之詞,謂之"穆",又謂之若有异於半塘、大鶴、彊村諸子,又以"憔悴行吟於海涯荒濱,每舉詞……其流變與光嶽相終始歟"形容先生之詞心。⑤

【按二】龍沐勛於張爾田序後有壬申(1932)夏補記一則:"《詞莂》一卷,原出彊村翁手……與張君孟劬……商略去取。……孟劬則力主録翁所自爲詞,卒乃託名孟劬,以避標榜。予……

---

① 臨桂況周頤夔笙:《天春樓漫筆》,葉一至二,筆者所藏紉芳宧寫本。

② 臨桂況周頤夔笙:《天春樓漫筆》,葉一至二,筆者所藏紉芳宧寫本。

③ 臨桂況周頤夔笙:《天春樓漫筆》,葉一至二,筆者所藏紉芳宧寫本。

④ 朱孝臧原編,張爾田補録:《詞莂》序目,葉三,壬申(1932)夏刻本,《詞莂·滄海遺音集》合訂本,臺灣世界書局影印1962元月初版。

⑤ 朱孝臧原編,張爾田補録:《詞莂》序目,葉一至三,壬申(1932)夏刻本,《詞莂·滄海遺音集》合訂本,臺灣世界書局影印1962元月初版。

輒請於翁……則答以尚待刪訂。去年翁歸道山,爰商諸孟劬,亟出付梓,仍以原序冠篇首,而附著其始末如此云。……"①龍氏以《詞莂》爲朱祖謀原編,集中内容早已選定,至朱氏卒後一年始刊行;然細讀龍氏補記,則是選之編訂,乃朱祖謀與張爾田共商去取而成,再結合張氏序文,具見其於清詞多有主見,或多有得自朱氏者,似非徒領銜而已。

【按三】《詞莂》選有清一代詞人十五家,起毛奇齡,訖況周頤,共録詞一百三十七闋,乃民初最早期之清詞選集之一。

**盛夏,康有爲收劉海粟爲弟子,大宴賓客,先生與朱祖謀、沈曾植、甘翰臣等同到賀。②**

**七月一日,先生所輯之《詞話叢鈔》出版。**

據《詞話叢鈔》書末之版權頁。又據《詞話叢鈔·王文濡序》:"……某歲以萍社之作合,得晤　況丈蕙風。丈固以倚聲俛視一世者……詞話雖不敵詩話之多,而明清兩代,亦復不尠……急宜甄録成編,以餉有志於是者,俾知有門徑之可入,無畏難,無苟安,不至如濡之廢於半途,而或延詞學之一線焉。即以此意商諸丈,翕然許可,允任選事,並出其所藏,倩人寫定,手勘一過,得明人一清人八。濡又益以芬陀利室一種……民國十年七月吳興王文濡識。"③

【按一】《賴譜》引《中國近代作家傳記及著述要目》之《詞話叢鈔》資料,及鄭逸梅《藝林散葉》第三三〇〇條所記,繫此事於

---

① 朱孝臧原編,張爾田補録:《詞莂》序目,葉三,壬申(1932)夏刻本,《詞莂·滄海遺音集》合訂本,臺灣世界書局影印,1962元月初版。

② 石楠著:《滄海人生——劉海粟傳》,參見 http://cache.baidu.com/,2007年6月25日。

③ 吳興王文濡校閲:《詞話叢鈔》,上海大東書局石印本,民國十年(1921)七月一日出版,民國十年(1921)八月十日發行。

是年。按後者應爲《藝林散葉》第三二九九條,鄭氏之説可爲王文濡序之注脚:"吴興王均卿……辛亥革命後來上海,参與萍社,得晤詞人況蕙風,質其源流,探其奥窔。若干年後,擬滙輯詞話;況任選事,并出所藏。自俞源《爰園詞話》始,至蔣敦復《芬陀利室詞話》止,凡十種,刊爲《詞話叢鈔》。"①

【按二】《詞話叢鈔》共收詞話十種十五卷:俞彦《爰園詞話》一卷、沈雄《柳塘詞話》四卷、鄒祇謨《遠志齋詞衷》一卷(附詞韻衷)、彭孫遹《金粟詞話》一卷、王士正《花草蒙拾》一卷、賀裳《皺水軒詞筌》一卷、劉體仁《七頌堂詞繹》一卷、宋翔鳳《樂府餘論》一卷、孫麟趾《詞徑》一卷(附作詞十六要訣)、蔣敦復《芬陀利室詞話》三卷。《詞話叢鈔》之内容乃先生所選,前九種皆先生出其所藏并勘定者,後一種則爲王文濡所補充,由此可證,此叢鈔雖王文濡領銜校閲,實則爲先生所輯所勘者。

【按三】先生更於《皺水軒詞筌》卷末輯有補遺并有校記,下署"光緒戊戌莫春,冰甌館依賴古堂本付梓,玉梅詞人斠斁竝記"②。故知《詞話叢鈔》本之《皺水軒詞筌》,實出自先生於光緒戊戌(1898)三月依賴古堂本所覆校之冰甌館刻本。③

**九月,先生爲上海城隍廟東園撰《重修内園記》。**

據現存於上海豫園内長廊之《重修内園記》碑:"……比年建議

---

① 鄭逸梅著:《藝林散葉》,中華書局1982年12月第1版,第257頁。

② 吴興王文濡校閲:《詞話叢鈔》册三,《皺水軒詞筌》,葉十二上,上海大東書局石印本,民國十年(1921)七月一日出版,民國十年(1921)八月十日發行。

③ 又據筆者所藏原張丙炎冰甌館自藏、臨桂況周儀夔笙覆校之《皺水軒詞筌》刻本,葉二十一下。此本卷末更刻有"臨桂況周儀夔笙覆校"字樣。

重修……經始庚申八月,訖工辛酉九月……臨桂況周頤撰。歸安朱祖謀書。辛酉孟秋中澣,汀州伊立勛篆額。吳縣周梅谷刻。”①

【按一】《馬譜》繫此事於是年,不繫月。

【按二】先生此文初刊於是年第一卷第八期之《錢業月報》,②其時或在是年中秋之前。或先生成此文於前,而碑立於後。據先生此文内證,則此碑乃爲上海錢業公會而撰;碑原在上海城隍廟東園(又名内園),而豫園則爲城隍廟西園。

【按三】先生此文又曾刊於 1947 年第 18 卷第 4 期之《錢業月報》,見該期《上海錢業文獻萃録》專輯内。③

**九月,先生假四印齋所刻《宋元三十一家詞》予弟子趙尊嶽録副。**

據《惜陰堂抄本四印齋宋元三十一家詞》之趙尊嶽識語:“……既而復獲見此集……因叚自夔師手録之,彌月竟事。……辛酉十月望日,武進趙尊嶽録竟并識。……”④

【按】趙尊嶽於是年十月十五日抄畢是書并撰識語;其云“彌月竟事”,即知此書乃趙氏於一個月前(即九月)借自先生。

**十月初七日,先生或曾與友人潘季儒、鄭孝胥等十餘人,共至清涼寺追薦端方忌日。⑤**

---

① 轉引自薛理勇編著:《文以興遊——豫園匾對、碑文賞析》,同濟大學出版社 1987 年 8 月第 1 版。

② 臨桂況周頤撰:《重修内園記》,《錢業月報·論說》,上海錢業公會 1921 年第 1 卷第 8 期,第 1 – 2 頁。

③ 況周頤:《重修内園記》,《錢業月報》,上海錢業公會 1947 年第 18 卷第 4 期,見“上海錢業文獻萃録”,第 107 – 108 頁。

④ 見《惜陰堂抄本四印齋宋元三十一家詞》,上海圖書館藏。

⑤ 中國國家博物館編,勞祖德整理:《鄭孝胥日記》第 4 册,中華書局 1993 年 10 月第 1 版,第 1885 頁。

**十一月，先生賀康有爲新居落成，賦《喜遷鶯·游存先生新居落成索賦》以贈。**

據《餐櫻廡漫筆》所附録之《蕙風集外詞》。①

又據朱祖謀所書此詞之書法條幅，朱氏題爲"游存先生滬西新居落成，夔笙舍人賦《喜遷鶯慢》爲賀，屬爲書呈兩政"，下款署"宣統辛酉中冬之月，朱祖謀並識"。②是以知況氏此詞實作於辛酉(1921)十一月。

【按一】此詞未見入集。詞云："徙溟鵬息，正樓倚望京，門題通德。榦國壞材，填胸傑構，無那眼量革。乾坤草亭歌勴，天地遼廬幕席。共尊酒，對山河風影，憑闌今昔。　　真逸，今幾見，青瑣緑墀，太半揚雄宅。陶令南窗，謝公北頂，高臥不驚潮汐。湖山更聞割據，占取一天澄碧。(丁家山，又名一天山。)近南斗，恁壯懷不分，閒居消得。"③

【按二】康有爲(1858－1927)，一號游存。康氏於1921年，在上海愚園路建成一座中西合璧之花園宅第"游存廬"④，先生乃賦此《喜遷鶯》詞，并囑朱祖謀書之以贈。

**是年十一月至翌年八月間，先生之《蕙風簃隨筆》，刊登於孫德謙主編之《亞洲學術雜誌》。**

據《亞洲學術雜誌》辛酉十一月第二期、壬戌年三月第三期以及

---

①　蕙風：《餐櫻廡漫筆》，《申報·自由談》，民國十四年(1925)5月1日(乙丑年四月九日)。

②　參博寶藝術品拍賣網 http://auction.artxun.com/pic－142890459－0.html，2010年1月4日。

③　蕙風：《餐櫻廡漫筆》，《申報·自由談》，民國十四年(1925)5月1日(乙丑年四月九日)。

④　陳明遠：《康有爲的經濟生活》，摘自《縱横》2002年第6期，見 http://big5.china.com.cn/chinese/feature/219445.htm，2010年1月4日。

壬戌年八月第四期,載有先生之先生之《蕙風簃隨筆》。①

【按】俞潤生撰《況周頤簡表》"民國十年辛酉"條有云:"八月,上海哈同'廣倉學會'主辦的《亞洲學術雜志》創刊,衹出了四期,於一九二二年八月輟刊。編輯人爲孫德謙(益菴)。撰稿人有王國維、羅振玉、李詳、章梫、楊仲義、況夔笙、馮煦等。"②俞氏以此資料,繫先生爲《亞洲學術雜誌》撰稿於是年八月,誤。今檢閱《亞洲學術雜誌》各期,乃知先生并未於第一期中發稿也。

**十二月二十二日,鄭孝胥托朱祖謀致三十元予先生,助先生葬母之費。③**

**是年,撰《天春樓漫筆》。**

據《餐櫻廡漫筆》:"曩歲辛酉,撰《天春樓漫筆》……"④

【按】《賴譜》繫此資料於是年。

又據《天春樓漫筆》所記,多屬辛酉年事。如第一條:"……安吉吳昌碩……今年七十有八。"又如葉八:"蕙風因憶一事,前年己未夏……"⑤

【按一】吳昌碩爲《修梅清課》題耑時署爲七十七歲,時唯庚申(1920)年。故缶翁七十有八之年,即爲是年辛酉(1921)。

---

① 孫德謙編輯:《亞洲學術雜誌》(*The Journal of The Asiatic Learning Society*)第 2 – 4 期之"叢録類";上海亞洲學術研究會印行,民國辛酉(1921)年十一月、民國壬戌(1922)年三月、民國壬戌(1922)年八月。

② 況周頤著,俞潤生箋註:《蕙風詞話·蕙風詞箋註》附録三,巴蜀書社 2006 年 12 月第 1 版,第 773 頁。

③ 中國國家博物館編,勞祖德整理:《鄭孝胥日記》第 4 册,中華書局 1993 年 10 月第 1 版,第 1893 頁。

④ 蕙風:《餐櫻廡漫筆》,《申報·自由談》,民國十四年(1925)3 月 13 日。

⑤ 臨桂況周頤夔笙:《天春樓漫筆》,筆者所藏紉芳宧寫本。

【按二】“前年”爲己未(1919),撰筆記時應爲是年(1921)。

**是年,曾自述夙有花癖。**

據《天春樓漫筆》:“余夙有花癖,曩歲避兵,棄置一切,唯花至今茹痛……寓滬時,三數盆供,置之露臺,戲咏昔人‘花入曝衣樓’之句,爲之自笑自憐矣。”①

**約是年,先生曾挈兒女往上海大世界游戲場,觀連體奇人。**

據《天春樓脞語》:“距今約五年前,滬上號稱游戲場,曰大世界者,有二奇人,男子也,兩體合併爲一……當時余挈兒女往觀……”②

【按】筆記撰於丙寅(1926)年,按“距今約五年前”上推五年,故繫於此。

**是年末,先生撰成明年(壬戌)春聯,曰“九五福曰壽富,八千歲爲春秋”③。**

【按一】壬戌(1922)春聯,當於辛酉(1921)年末撰成,以迎新歲,故繫於此。

【按二】《賴譜》繫此事於翌年。

## 1922 民國十一年 壬戌 六十二歲

**正月初八日,馬裕藻語胡適謂王國維兩年前頗推許先生之詞作,胡氏復於日記中謂先生之詞作“當有可取,惜不得見”。**

據《胡適日記全集》“1922 年 2 月 4 日”條有云:“幼漁又説,王静

---

① 臨桂況周頤夔笙:《天春樓漫筆》,葉十一,筆者所藏紉芳宧寫本。

② 夔笙:《天春樓脞語》之“合體之奇人”條,《申報·自由談》,民國十五年(1926)7 月 25 日(丙寅年六月十六日)。

③ 蕙風:《餐櫻廡漫筆》,《申報·自由談》,民國十三年(1924)12 月 5 日(甲子年十一月初九日)。

庵兩年前頗推許況周頤的詞。静庵是反對吳夢窗派的詞的,況君的詞當有可取,惜不得見。"①

**約五月十三日,梅蘭芳嘗謁先生於天春樓。先生見梅氏,極道闊别之苦。又嘗談及明日北梅南雪會萃一堂,可爲南北統一之預兆云。**

據是年五月十五日《梅訊》有云:"日昨下午四時,畹華、玉芙遍謁海上名流諸公……況夔笙、吳昌石見畹玉,極道闊别之苦。……夔笙先生天春樓,人家深巷,位置至精,壁間書畫之美,精雅絶倫。畹玉進謁,極賞雅人深致,謂紅塵中乃有此勝境。……與蕙風先生談次,謂明日北梅南雪,薈萃一堂,可爲南北統一之預兆也。……"②

【按】《賴譜》誤以此則《梅訊》載於1922年6月7日(五月十二日),又繫此事於是年春,并誤。

**五月十四日,甘翰臣宴請"北梅南雪"於非園,先生等近百名士與會,賓主盡歡。席次,先生允主人填詞以紀其盛,又爲李雪芳賦《鷓鴣天》一闋。**

據是年五月十二日《梅訊》云:"比甘翰臣以李雪芳定於十六日返粵,北梅南雪,將成尹邢,特定於十四日在非園設宴,兼歡迎、歡送之盛會……"③

又據是年五月十七日《梅訊》云:"日昨非園勝集,到者約百人左右,海上名流裙屐畢至。……座中,主人索況蕙風填詞,蕙風謂

---

① 曹伯言整理:《胡適日記全集》第3册(1921－1922),臺灣聯經出版事業股份有限公司2004年初版,第422頁。

② 《申報·自由談》,民國十一年(1922)6月10日(壬戌年五月十五日)。

③ 《申報·自由談》,民國十一年(1922)6月7日(壬戌年五月十二日)。

日内當有二十首報命,以志此盛。……"①

【按】《賴譜》據此繫梅蘭芳、李雪芳宴集事於是年春夏間,實誤。梅氏是年於四月二十八日抵滬,②非園、香南等集皆舉於是年夏。

又據是年閏五月初五日《梅訊》云:"上次非園讌集,梅雪先不同席,酒半雪來就梅,二美合并,從衆賓解事者之請也。適主人以精奩盛枇杷及荔枝進,秀道人顧畹,微吟《西廂曲》,文曰:'試看離魂倩女,怎生的擲果潘安。'畹爲之粲然,道人可謂善索梅花笑者矣。"③

又據是年閏五月初五日《梅訊》云:"秀道人咏梅詞,先後得六十五首,賦雪僅三首。非園席次,雪六索詞,口占《鷓鴣天》應之。"④

【按】此詞即《鷓鴣天》"桃李爲容雪作膚",詞題爲"贈阿蘩",後收入《蕙風詞》。⑤《梅訊》此詞末有注:"長美人間琢玉郎,天教分付點酥娘。東坡定風坡句。"⑥刻本不載。阿蘩者,李雪芳(字浣蘩)也。

---

① 《申報·自由談》,民國十一年(1922)6月12日(壬戌年五月十七日)。

② 《梅訊》,《申報·自由談》,民國十一年(1922)5月29日(壬戌年五月初三日)。

③ 《申報·自由談》,民國十一年(1922)6月29日(壬戌年閏五月初五日)。

④ 《申報·自由談》,民國十一年(1922)6月29日(壬戌年閏五月初五日)。

⑤ 臨桂況周頤夔笙譔:《蕙風詞》,民國乙丑(1925)年惜陰堂刊本,見卷下,葉二七。

⑥ 《申報·自由談》,民國十一年(1922)6月30日(壬戌年閏五月初六日)。

**五月十四日後，先生有《清平樂》十一闋，以志非園之盛會。**

據先生《清平樂》十一闋詞序："壬戌五月幾望，甘翰臣約梅畹華、李雪芳集非園，蓋香南二集以還，斯爲甚盛會矣，索詞得十一解。"①

**約五月十九日或稍前，先生以其《清平樂》交付趙尊嶽登報，旋致函囑趙氏切勿録載其第六闋。又言正忙於代張石銘撰寫挽屏。**

據《趙鳳昌藏札》所載先生致趙尊嶽信，"《清平樂》弟六首（尊前玉屑闋）（涉語病，因恐它人錯會意，請勿登報），至要。千萬千萬。只録十解可也。（容廿三日後，再增二三首。）｜明夕必到，請先致聲畹棣爲幸。張｜石銘屬譔輓屏，限期促攷，奈何。匆复｜高梧公子。　蕙言。即午"②

【按一】此信但署"即午"，唯據其内容可推知，先生已賦成《清平樂》十一闋并交付登報，旋以其第六闋涉語病，遂函囑趙尊嶽衹録載十闋即可。信中又言須於"廿三日後"，方有暇補作一二。考是年《梅訊》，於五月二十及二十一兩日，共載先生之《清平樂》十闋；而第十一闋則於五月二十五日續登，此闋當即先生信中所言"廿三日後"補作之篇也。本譜料量，先生此信，最遲應於五月二十日《清平樂》見刊於報端之前一日已達趙氏，因繫於此。

【按二】由此可知，先生爲非園宴會所賦之十一闋《清平樂》，原第六闋并未於《梅訊》公開發表，後亦不見收入其詞集，今或已佚。

**五月二十至二十五日，先生之《清平樂》十一闋，陸續刊登於報端。**

---

①　見《梅訊》，《申報·自由談》，民國十一年(1922)6月15日(壬戌年五月二十日)。

②　國家圖書館善本部編：《趙鳳昌藏札》，國家圖書館出版社 2009 年 10月第1版，見該書第2册，第167頁。

據先生《清平樂》十一闋詞序："壬戌五月幾望，甘翰臣約梅畹華、李雪芳集非園，蓋香南二集以還，斯爲甚盛會矣，索詞得十一解。"①

又據是年五月二十日《梅訊》："況蘷笙詞宗曰，前允非園主人作《清平樂》，已成十一解。次第録之，繼聲而起者，當不乏人也。（本譜按：後録《清平樂》詞序并詞五闋，詳【按二】。）"②

又據是年五月二十一日《梅訊》："況詞昨録五解，今更續録。據云不日當再有所作，以饋知音也。（本譜按：後續録先生之《清平樂》詞五闋，詳【按二】。）"③

又據是年五月二十五日《梅訊》："況蘷笙詞宗爲題《清平樂》一闋（本譜按：後續録先生之《清平樂》一闋，詳【按二】。）"④

【按一】《賴譜》繫先生爲梅蘭芳、李雪芳賦詞事於是年。

【按二】此《清平樂》十一闋，未見收入先生之詞集。茲依《梅訊》揭載次序轉録如下：

歲寒芳意，把酒今何世。梅雪清緣天與締，都付狂生狂醉。

片雲錦繡乾坤，十年湖海心魂，花路不知南北，非園合是桃源。

買花載酒，倦極飄零後。桃自紅肥櫻緑瘦，已忍一春孤負。（今年不看桃花，並緑櫻花亦未寓目。）　總然無主韶光，斷無未斷廻腸。不分江關詞賦，更爲梅雪平章。

聽風聽雨，暫遣愁多許。挹袖拍肩鶯燕侶，下望人寰塵霧。

---

①　《梅訊》，《申報·自由談》，民國十一年（1922）6 月 15 日（壬戌年五月二十日）。

②　《申報·自由談》，民國十一年（1922）6 月 15 日（壬戌年五月二十日）。

③　《申報·自由談》，民國十一年（1922）6 月 16 日（壬戌年五月二十一日）。筆者按：昨字原本作旺，今徑改之。

④　《申報·自由談》，民國十一年（1922）6 月 20 日（壬戌年五月二十五日）。

蒨雪灑落梅邊，媚蘭覞靦人前。都到狂生醉眼，知他魏晉何年。

根蟠仙李，梅亦神仙尉。按譜羣芳稽姓氏，各自天然名貴。

映雪梅更精神，灑蘭雪亦温馨。省識芳心寸寸，南彊北勝休論。

紅筵促坐，花近香無那。對影瓊枝非計左，明鏡未應如我。（讌集與畹對坐，雪接席。）　天涯青鬢成絲，十年前已衰遲。容易芳風吹聚，怱怱見説將離。（雪芳明日之杭。）

爲梅扶醉，是雪無如膩。莫笑衰翁爲嫵媚，清物人天能幾。（或以飾邊幅誚余，然而未也。）　者回翠蓋珠鈿，從今碧海青天。説似最傷春處，緑蔭如夢年年。

何時雪北，更續香南集。誰定輸香誰遜白，等是情芳消得。

漫天飛絮游絲，狂楊送盡斑騅，占斷南都北地，唯應石黛燕脂。

玉梅芳節，舊夢幺禽説。蓮子有心須苦徹，何望嵰山甜雪。

二難何世曾并，三生著意無情。乞與當筵一顧，要他傾我愁城。

天花剗地，絮亦沾泥矣。吹皺是風儂是水，此是如如真諦。

無端蘭茝芳馨，更堪冰雪聰明，忉利情天難問，眼中清淺蓬瀛。

霓裳舊譜，禁得蒿萊否。萬一殘鵑堪共語，商略英雄兒女。

江南事事堪哀，抽豪欲豔無才。生怕聽歌看舞，却教賦雪吟梅。

衆香國裏，天女非斯是。却被鬘天青鳥使，道是萼華仙子。

劇憐多病休文，維摩萬一前身。畫裏真真喚徹，要他著手成春。

**五月二十五日或稍前，先生曾謂殊不忍見梅蘭芳演《霸王别姬》。**

據是年五月二十六日《梅訊》云："昨有見及秀道人者，詢以《霸王别姬》，道人曰：'吾殊不忍畹華演此悲劇，今人不忍卒覩。'"①

**五月，鄧爾疋曾爲先生刻"風流自賞"方章。**

據《蕙風宧遺印》所收録之第三十八印。印面刻朱文四字曰"風

① 《申報·自由談》，民國十一年（1922）6月21日（壬戌年五月二十六日）。

流｜自賞"。邊款曰"夔笙先生屬正｜壬戌五月爾疋"①。

**閏五月初三日，香南三集舉於惜陰堂，到者甚夥。讌集中，梅蘭芳詢先生以衹一臨看戲之故。**

據是年閏五月初五日《梅訊》云："比歲已還，秀道人悲懣屢更，風懷消滅，日唯習静觀空，杜門不出。於畹此次來滬，只一臨天蟾觀《霸王别姬》，又如凄艷之文，不忍卒讀，悵惘而歸。昨晤畹於惜陰堂，畹詢其只看戲一次，何以故？意若甚屬者。道人欲作答而意難遽盡，對於畹尤不能無感。越夕演《獅吼記》，亟欲柱杖扶衰，一青老眼；蓋嬌妒者，天下古今至妙之容也，特未卜是夕座中，能容此狂奴否耳。"②

**閏五月初三丙夜，香南三集後，先生致趙尊嶽信，謂將有新詞一二奉呈，并交筆記三則俾録入《梅訊》；又請趙氏代訂初五日《獅吼記》座位。**

據先生致趙尊嶽信："香南三集醉飽，紉佩。必有新詞一二，日内奉｜呈。胡塗三則（燈下四時撚｜老倦眼書之），可否入《梅訊》？祈｜酌。越夕（初五夕）演《獅吼記》，祈｜代訂座。（旁座稍前，只一座即可，｜歸時祈稍　照拂耳。）懇！荷！此頌｜高梧仁兄侍安。　頤拜手。初三丙夜｜此信到祈｜示复，盼切……"③

【按一】先生此信但署"初三丙夜"，未詳年月。因信中有"香南三集醉飽"語，故知此信乃寫於是年五月初三，香南三集宴席之後。

【按二】先生函中所附筆記三則，皆涉《獅吼記》典故；其手稿亦

---

① 《蕙風宧遺印》，乙未（1955）閏三月，濮尊朱佛齋拓本。

② 《申報·自由談》，民國十一年（1922）6月29日（壬戌年閏五月初五日）。

③ 國家圖書館善本部編：《趙鳳昌藏札》，國家圖書館出版社2009年10月第1版，見該書第2册，第168頁。

見於《趙鳳昌藏札》。① 此三則筆記，後見刊於是年閏五月初九日之《梅訊》。②

**閏五月初五夕，先生往觀梅蘭芳演《獅吼記》。**

據先生初三丙夜致趙尊嶽信，請趙尊嶽代訂初五夕《獅吼記》座位，叮嚀至切，③宜先生越夕果往觀之，因暫繫此事於此。

**閏五月初三之後，至初十日間，先生爲香南三集續賦《清平樂》五闋。**

據是先生之《清平樂》詞序："秀道人咏梅詞，寄《清平樂》屢矣，惜陰堂香南三集，庚續五調，録就惜陰先生正拍。（本譜按：後録詞五闋，詳以下按語。）"④

【按】此《清平樂》五闋，未見收入先生之詞集。茲録如下：

瑶京舊侶，因果皆蘭絮。萼録華來無定所，總在畫堂深處。

尊前詞客清狂，清平何止三章。分付柳絲千萬，一絲一綰韶光。

蟾圓廿四，東海桑田矣。無恙年時觴咏地，深話二年前事。

婆娑諸老依然，何郎詞筆人天。消得梅花惆悵，雲山遠思誰邊。（何詩老於十日前遽歸道山，前年爲畹華畫《香南雅集》《雲山遠思》二圖。）

香南雪北，著個傷心客。忉利情天經幾摘，萬一翠禽猶識。

本來如鏡非臺，花花相對何哉。（非園、南園兩集，道人與畹華對坐。）怕聽虞兮怨曲，十年一劍堪哀。（道人海濱窮餓，足跡罕涉歌

---

① 國家圖書館善本部編：《趙鳳昌藏札》，國家圖書館出版社 2009 年 10 月第 1 版，見該書第 2 册，第 164 頁。

② 《申報·自由談》，民國十一年（1922）7 月 3 日（壬戌年閏五月初九日）。

③ 國家圖書館善本部編：《趙鳳昌藏札》，國家圖書館出版社 2009 年 10 月第 1 版，見該書第 2 册，第 168 頁。

④ 《梅訊》，《申報·自由談》，中華民國十一年（1922）7 月 3 日（壬戌年閏五月初九日）。

場。晼華南下逾兼旬矣，某夕演垓下故事，道人實始聞歌。豪行哀絲，紅顔碧血，人天咸愴，掩淚而歸。）①

華堂倚席，玉映成春色。此日分陰須更惜，何止千金一刻。

暗香疏影詞清，吟梅小晏知名。更有鷗波妙筆，瓊枝寫入丹青。（叔雍公子能賦梅詞，其小阮安之，工設色花卉，尤喜畫梅。）

添杯重把，杯灧人如畫。羣玉山頭今見也，復約瑶臺月下。

綵雲捧袂仙仙，西風仞佩年年。晚臥未妨氷雪，餘情都付蘭荃。②

**約閏五月初，先生曾勉爲王鳳卿之公子少卿，書《餐櫻詞》二首。**

據是年閏五月初七日《梅訊》云："晼華日内擇暇爲人數解。而奉卿之少君少卿，前有一箑，强捉高格主人爲之揮灑。主人素拙於書，自號'手盲'，辭不獲已，爲書《湌櫻詞》二首。而次日少卿已懇晼華爲繪一方，作蘭花靈芝，署欵壬戌又五月，爲少卿老弟屬……"③

【按】庚申（1920）年之《梅訊》亦嘗載，"蕙風嘗自謂不工書，戲號手盲"④，故知此文所謂素拙於書、自號手盲之"高格主人"，應指先生。

**六月十一日，先生於海日樓賀沈曾植金婚之慶，作詞《水調歌頭·壬戌六月十一日集海日樓爲寐叟金婚賀》。⑤**

---

① 以上三闋見《梅訊》，《申報·自由談》，民國十一年（1922）7 月 3 日（壬戌年閏五月初九日）。

② 以上二闋見《梅訊》，《申報·自由談》，民國十一年（1922）7 月 5 日（壬戌年閏五月十一日）。

③ 《申報·自由談》，民國十一年（1922）7 月 1 日（壬戌年閏五月初七日）。

④ 《申報·自由談》，民國九年（1920）5 月 10 日（庚申年三月二十二日）。

⑤ 臨桂況周頤夔笙譔：《蕙風詞》卷下，葉二十五至二十六，《惜陰堂叢書》，乙丑（1925）閏四月刻本。

據《趙史》云:"《水調歌頭》爲嘉興沈子培五十縉辰作。子培所居海日樓,在新閘路,耄而好學,手不釋卷。先生時往就談。"①

【按】《黄譜》《丁譜》俱繫此事於是年,但以先生是年爲六十四歲;蓋因取咸豐九年己未(1859)爲先生之生年故也。《賴譜》《馬譜》繫此事於是年。

**七月十六日,先生與朱祖謀等友人應甘翰臣邀,同游其非園。**

據朱祖謀《水調歌頭》詞序:"壬戌七月十六日,甘翰臣招同王息存、王病山、況夔生、潘餅庵、勞敬修及令弟璧生、子季、閏生,非園秋禊,賦此紀事。"②

【按】《馬譜》繫此事於是年。

**八月二十七日,先生應趙竹君邀午飯,與鄭孝胥、程豔秋、羅掞東(癭公)、王雪澄、劉承幹、周湘雲、袁伯夔、狄平子、許沅秋帆、費子怡、拔可、文公達、趙尊嶽等同席。③**

**八月,爲劉承幹之嘉業堂題楹聯。**

據先生所題、朱祖謀書之劉氏嘉業堂楹聯,上聯:"璇題珸字,繡水雕闌,風月試追陪,我亦低牕翻蠹紙。"署曰:"翰怡京卿嘉業樓落成,集宋人詞句以銘其柱。"下聯:"芸帙披香,湘屏展翠,珠玉霏談笑,天開圖畫肖瀛洲。"署曰:"壬戌八月,況周頤識,朱祖謀書。"④

**九月四日,爲周慶雲所編之《歷代兩浙詞人小傳》撰序。**

---

① 趙尊嶽:《蕙風詞史》,見《詞學季刊》第 1 卷第 4 號,澳門海外圖書出版社 1967 年再版發行本,第 100 頁。

② 歸安朱孝臧古微:《彊邨集外詞》,葉六至七,《續修四庫全書》(第 1727 卷)本,據民國刻彊村遺書本影印。

③ 中國國家博物館編,勞祖德整理:《鄭孝胥日記》第 4 册,中華書局 1993 年 10 月第 1 版,第 1926 頁。

④ 浙江圖書館編:《嘉業藏書樓》,浙江人民美術出版社 2004 年 8 月第 1 版,第 38 頁。

據《歷代兩浙詞人小傳》之況周頤序，先生署曰“歲在壬戌，重九前五日，臨桂況周頤序於滬上賃廡之天春樓”①。

【按】《丁譜》繫此事於是年，但以先生是年爲六十四歲；蓋因取咸豐九年己未(1859)爲先生之生年故也。

**秋，先生應上海愚園主人甘翰臣邀，與羅癭公、吴昌碩、朱祖謀等，同慶賀程豔秋在滬演出成功。**

據《程硯秋傳》云：“一九二二年秋，程豔秋首次到上海演出，時年十八歲。……爲了慶賀程豔秋和羅癭公的成功，上海愚園主人甘翰臣宴請文化名流與之聚會，康有爲、吴昌碩、朱古微、王雪丞、況夔生、章一山、王聘三等八十多人欣然赴會，詩酒唱和，合影留念。”②

【按】《卓克藝術網》有短文介紹吴昌碩1923爲程硯秋所作之《秋色斕斑》立軸，繫此事於1922年10月27日(即是年新曆九月初八日)。③

**約是年秋，先生爲友人顧景炎所藏吴觀岱繪《晴窗讀畫圖》題詞《百字令》“虎頭三絶”。**

據《吴觀岱晴窗讀畫圖》之網頁介紹，録有引首一則及題跋十二則。其中有先生之題詞《百字令》“虎頭三絶”，詞後題曰：“《百字令》奉題景炎先生《晴窗讀畫圖》，即希政拍。蛣翁弟況周頤呈稿。”鈐印“臣況周頤”“夔笙”。④

---

① 周慶雲編：《歷代兩浙詞人小傳》卷首，周氏夢坡室，壬戌(1922)刊本。

② 陳培仲、胡世均著：《程硯秋傳》第三章(第一節)，參見 http://www.bookcool.com/pdf/20/ts020027.pdf，2006年6月9日。

③ 見卓克藝術網。參見 http://cache.baidu.com/，2007年6月25日。

④ 參考百度百科詞條“吴觀岱繪晴窗讀畫圖”。參見 http://cache.baidu.com/，2011年2月11日。

【按一】據是圖之網上釋文,先生此詞未著年月,而其餘題跋皆在辛酉春至壬戌冬之間,其中有吴昌碩題於壬戌秋,故估計先生之作約亦成於是時,因暫繫於此。

【按二】此詞未見入集,後發表於先生之報章專欄。詞云:"虎頭三絶,證畫禪金粟,宗風能繼。玉躞瓊題多妙蹟,不數倪迂清閟。觸目琳瑯,羅胸邱壑,尺幅堪千里。無聲詩筆,野王高矩遺世(《宣和譜》以顧野王畫,爲無聲詩)。　何止寄傲南窗,清芬洛誦,别有蘭臺秘。宗炳臥游寄勝處,看取牙籤標識。上揖荆關,閒評吴惲,茶熟香温地。移來花影,素娥應見深致。"①

**約是年秋之後,先生曾任《時報》副刊《小時報》之主編。**

據馮并著《中國文藝副刊史》:"從1921年秋開始,《小時報》(本譜按:此爲《時報》之副刊)由揚州李涵秋主編……一年後離開《時報》,尋卒。以後的主持人爲況夔笙、張碧梧、文公達以及吴靈園。……《小時報》停刊於1927年6月……"②

【按】據馮氏所述,李涵秋約於1922年秋離任,其後《小時報》主編之繼任人,依次有先生等多位。馮氏并未注明任何資料出處。本譜暫依馮氏之説,故繫先生任《小時報》主編一事於是年秋之後。

**十月十五日,先生於《星期》雜志發表爲程豔秋所賦之《水龍吟·玉霜簃主人索詞,倚此贈之》詞。③**

---

① 蕙風:《餐櫻廡漫筆》,《申報·自由談》,民國十五年(1926)2月23日(丙寅年正月十一日)。

② 馮并著:《中國文藝副刊史》,華文出版社2001年5月第1版,第168頁。

③ 據《星期》雜志所載蕙風詞作,見吴門包天笑編《星期》第40期,大東書局,民國十一年(1922)12月3日(壬戌年十月十五日),第6頁。

【按】此詞未見入集,發表時署名蕙風。詞云:"年年海上清秋,者回風露真金玉。瑶臺月下,飛鸞幾竚,嬌鶯一曲。脃管簾櫳,驚鴻綽態,修蛾曼睩。比芙蓉娟倩,黄花標韻,更仙桂,爲芬馥。　　説似傳歌教拍,坐春風、叨陪萼緑。(指梅畹華)聰明冰雪,段師曾拜,善財須服。杜牧疏狂,尊前依約,瓊枝心目。數通都絶藝,付誰詞筆,作淵源録。"①

**是年,先生交《蕙風詞話》予南京姜文卿刊刻;年底前,先生已校過書稿寫樣二卷。**

據先生致趙尊嶽信(署燕九前一日)有云:"拙譔詞話荷蒙雅誼付梓……正初有函致姜文卿告以稿無副本,請其速寫速刻……"信末注云:"去年校過寫樣二卷,曾改正寄來覆勘否?……"②

【按一】本譜定此信作於翌年之正月十八日(參本譜該日條)。函中言及其"去年"校詞話二卷之寫様事,故繫於此。

【按二】信中所謂"拙譔詞話",應即《蕙風詞話》。先生生平所撰詞話專著,衹《蕙風詞話》一種列入武進趙氏《惜陰堂叢書》;其卷五末刻有"受業趙尊嶽校字"字様,又有趙氏甲子(1924)雙蓮節(七月初七)跋文。

【按三】姜文卿,乃晚清民國時,南京著名之書籍版刻名工,經常爲金陵刻經處、劉氏嘉業堂等寫刻書籍。③

**是年末,先生撰成明年(癸亥)春聯,曰"六十宿肉,七十貳膳;百萬**

---

① 吴門包天笑編:《星期》第40期,大東書局,民國十一年(1922)12月3日(壬戌年十月十五日),第6頁。

② 國家圖書館善本部編:《趙鳳昌藏札》,國家圖書館出版社2009年10月第1版,見該書第2册,第219頁。

③ 參考百度百科詞條:"金陵刻經處"及"嘉業堂藏書樓"。參見 http://cache. baidu. com/,2011年1月16日。

**黄榜,千萬紫標"①。**

【按】癸亥(1923)春聯,當於壬戌(1922)年末撰成,以迎新歲,故繫於此。

## 1923 民國十二年 癸亥 六十三歲

**正月初,曾致函予姜文卿,請其速寫速刻《蕙風詞話》書稿,并已獲姜氏允諾。**

據先生致趙尊嶽信(署燕九前一日)有云:"正初有函致姜文卿告以稿(本譜按:即《蕙風詞話》書稿)無副本,請其速寫速刻,業蒙惠复允諾。……"②

**正月十八日,先生已爲趙尊嶽審定《摸魚子》《霜花腴》《山亭宴》等詞,又爲《蕙風詞話》刊刻之事,請趙氏再函敦促姜文卿速成之。**

據先生致趙尊嶽信云:"叔雍仁兄閣前:《摸魚子》《霜花腴》《山亭宴》三詞均經審定……拙譔詞話荷蒙雅誼付梓,紉佩莫名。正初有函致姜文卿告以稿無副本,請其速寫速刻,業蒙惠复允諾。欲求|尊處再函催促,俾得速成爲幸,此懇。順頌|箸祺　周頤拜手|　侯示复　燕九前一日。"信箋左下方又有小字别注云:"去年校過寫樣二卷,曾改正寄來覆勘否?卷三已下寫樣,祈　擲下自校爲荷。"③

---

① 蕙風:《餐櫻廡漫筆》,《申報·自由談》,民國十三年(1924)12月5日(甲子年十一月初九日)。

② 國家圖書館善本部編:《趙鳳昌藏札》,國家圖書館出版社2009年10月第1版,見該書第2册,第219頁。

③ 國家圖書館善本部編:《趙鳳昌藏札》,國家圖書館出版社2009年10月第1版,見該書第2册,第219頁。

【按】此信署"燕九前一日",即正月十八日,不著年份。本譜繫此信於是年,乃據先生是年四月初二致趙尊嶽之信函爲此事之時間坐標,詳參本譜該日條。本譜認爲,此信必早於四月初二日函,故定於是年正月十八日。

**入春以來,先生爲病魔糾纏,精神常覺恍惚,興會日見蕭索;其於刻書之事,極爲重視,自謂文字障未能勘破,於戒律犯一痴字云云。**

據先生致趙尊嶽函,署四月初二日午。①因信中言及校勘《和珠玉詞》重刻本及尊趙嶽《和小山詞》等事,故知應作於是年四月初二日(詳本譜該日條)。

**三月十一日前,先生賦《五綵結同心》"凰占宜室",致賀程豔秋新婚之喜。**

據先生手書詞稿,詞末題曰:"癸亥三月爲|豔秋吾友(或玉霜簃主人。玉霜二字不誤否?)吉席志喜　蕙風詞隱倚聲。"②

又據羅癭公手箋:"程豔秋婚期已改定爲夏曆三月十一日。……"③

【按】先生此詞未入集,茲録之:"凰占宜室,燕賀升堂,珊瑚玉樹交柯。風信荼蘼近,芳菲節,嘉耦締結絲蘿。花濃鶯囀藍橋路,知應勝,烏鵲星河。臨青鏡,鶼鶼竝影,一般粉滴酥搓。

玉郎最諳眉樣,把遥山淺笑,寫入雙蛾。香閣催妝句,翻新曲,多麗畢竟誰多。種因得果三生約,鴛盟證,還倩嫦娥。秦簫

① 國家圖書館善本部編:《趙鳳昌藏札》,國家圖書館出版社 2009 年 10 月第 1 版,見該書第 2 册,第 184－185 頁。

② 國家圖書館善本部編:《趙鳳昌藏札》,國家圖書館出版社 2009 年 10 月第 1 版,見該書第 2 册,第 174 頁。

③ 國家圖書館善本部編:《趙鳳昌藏札》,國家圖書館出版社 2009 年 10 月第 1 版,見該書第 2 册,第 1 頁。

遠,春城丹鳳,竝雲倚醉金荷。"①

**四月初二日,先生病中已覆勘《和珠玉詞》無誤;又爲趙尊嶽校畢其《和小山詞》,并囑趙氏須檢齊原稿,自勘一過。**

據先生致趙尊嶽函:"叔雍仁兄賜鑒:殘寒積雨,病軀彊自支持。《和珠玉詞》|覆勘無誤,可即印書,(唯尚無封面,可否鉤橅原封面用之?)紅樣無庸寄往。《和|小山詞》代校竟卷,唯　兄尚須自勘一過;尤有數處須檢元|稿(即前審定之稿)證定之,鄙意似宜檢齊元稿,通校一過,勿冗勿|漏,則必精審無誤矣。……弟周頤頓四月初二日午。"②

【按】因信中言及校勘《和珠玉詞》及《和小山詞》等事,又謂《和珠玉詞》可即印書。考二書皆於是年刊行(詳本譜是年"五月幾望"條,及是年"五月"條),故知應作於是年之四月初二日。

**同時,先生已收到《蕙風詞話》第一、二卷之刻樣,并亟請趙尊嶽再致專函姜文卿處,以促姜氏速成第三、四、五卷之寫樣。**

據先生致趙尊嶽函,署四月初二日午。③因信中言及校勘《和珠玉詞》重刻本及尊趙嶽《和小山詞》等事,故知應作於是年四月初二日(詳本譜該日條)。

**四月初五日,先生以《蕙風詞話》第四、五卷書稿,寄往南京姜文卿。**

據先生致趙尊嶽函(署四月初二日午):"……書成至切。《詞

① 國家圖書館善本部編:《趙鳳昌藏札》,國家圖書館出版社 2009 年 10 月第 1 版,見該書第 2 册,第 174 頁。

② 國家圖書館善本部編:《趙鳳昌藏札》,國家圖書館出版社 2009 年 10 月第 1 版,見該書第 2 册,第 184 – 185 頁。

③ 國家圖書館善本部編:《趙鳳昌藏札》,國家圖書館出版社 2009 年 10 月第 1 版,見該書第 2 册,第 184 – 185 頁。

話》……第四、五卷稿,準於初五日由弟處雙掛號徑寄甯垣,必不自已誤事。……"①

【按】本譜定此信作於是年之四月初二日(參本譜該日條),故函中所言之"初五日",應指是年四月初五,故繫於此。

**四月,先生曾授弟子陳運彰填詞課。**

據陳彰之《填詞課稿》之"癸亥四月弟二課"及"癸亥四月弟三課",每課稿有詞作兩闋,并有先生之圈點、修改及批語。②

【按】陳彰,即先生其中一位詞學弟子陳運彰。

**五月既望,先生與張祥齡、王鵬運聯句詞集《和珠玉詞》,惜陰堂予以覆刻梓行。**

據惜陰堂叢書本《和珠玉詞》之況周頤跋:"……《和珠玉詞》,曩開雕於廠肆,印行僅數十本。敝篋所有,乃比歲得自坊間者,以示朱雍,爲之循環雒誦,愛不忍釋。輒任覆鋟,俾廣其傳,意甚盛也。……癸亥五月既望,臨桂況周頤跋於天春樓。……"③

**五月,先生審定弟子趙尊嶽《和小山詞》,并作序。**

據《和小山詞》況周頤序:"癸亥五月,叔雍《和小山詞》成,屬爲審定……蕙風詞隱況周頤書於滬濱賃廡之天春樓。"④

又據《餐櫻廡漫筆》:"武進趙叔雍(尊嶽),自學詞以還,未嘗涉獵明以後詞,故於宋賢氣息,領略較易。曩辛酉、壬戌間,嘗徧和晏

---

① 國家圖書館善本部編:《趙鳳昌藏札》,國家圖書館出版社 2009 年 10 月第 1 版,見該書第 2 册,第 184－185 頁。

② 見梁基永先生所藏之陳運彰填詞課稿(未刊手稿本),經梁氏重新裝裱,題曰《況陳翰墨》,王貴忱作封面題簽。

③ 張祥齡、王鵬運、況周儀:《和珠玉詞》,惜陰堂癸亥(1923)重刊本。

④ 趙尊嶽:《和小山詞·和珠玉詞》合印本,上海古籍出版社 2004 年 2 月第 1 版。

叔原小山詞。客歲夏日,開版於金陵,蕙風爲譔序云……"①

【按】《餐櫻廡漫筆》此則發表於甲子(1924)年,其云客歲,即是年癸亥也。

**八月初二日,作《摸魚兒·癸亥八月初二賦》②挽張勳。**

據《趙史》:"《摸魚兒》'癸亥八月初二賦',蓋挽張少軒者。少軒復辟不成,遁而之津,是年死,先生爲詞哀之。"③

【按】《黄譜》《丁譜》《孫譜》俱繫此資料於是年,但以先生是年爲六十五歲;蓋因取咸豐九年己未(1859)爲先生之生年故也。《賴譜》《馬譜》繫此事於是年。

**八月,吴昌碩爲先生書楹聯。**

據吴昌碩所書行書八言聯:"楊柳樓臺春風人面;蘭苕翡翠初日夫容。"款式爲"玉壺山人有此聯,夔笙先生喜其語,屬爲書之,幸教我。時癸亥秋仲,安吉吴昌碩年八十"④。

**八月,先生曾授弟子陳運彰填詞課。**

據陳彰之《填詞課稿》之"癸亥八月第二課"及"癸亥八月弟三課",每課稿有詞作兩闋,并有先生之圈點、修改及批語。⑤

**九月,先生曾授弟子陳運彰填詞課。**

據陳彰之《填詞課稿》之"癸亥九月弟一課""癸亥九月弟二課"

---

① 蕙風:《餐櫻廡漫筆》,《申報·自由談》,民國十四年(1925)11月14日(甲子年十月十八日)。

② 臨桂況周頤夔笙譔:《蕙風詞》卷下,葉二十七至二十八,《惜陰堂叢書》,乙丑(1925)閏四月刻本。

③ 趙尊嶽:《蕙風詞史》,見《詞學季刊》第1卷第4號,澳門海外圖書出版社1967年再版發行本,第101頁。

④ 《與古爲徒——吴昌碩逝世八十周年書畫篆刻特展導賞手册》,第38號作品,澳門藝術博物館出版2007年9月,第49-50頁。

⑤ 見梁基永先生所藏之《陳運彰填詞課稿》(未刊手稿本),經梁氏重新裝裱,題曰《況陳翰墨》,王貴忱作封面題簽。

及"癸亥九月第三課",每課稿有詞作兩闋,并有先生之圈點、修改及批語。是月第一課,先生以自賦之《鷓鴣天》詞作爲示範教材。①

**九月,先生賦《鷓鴣天》"秋是愁鄉雁不來"詞。**

據陳彰之填詞課稿之"癸亥九月第一課"課稿末,録附先生《鷓鴣天》詞,并記云:"右吾師　蕙風詞隱所作。余賦《紫萸香慢》展重陽詞,用避災二字,　師爲備論此字不易用,越數日復作此詞,以示所以用之之法。詞題所稱客者,即謂余也。此闋曾披露于十三年元旦《申報》。甲子歲正月甲子陳彰坿志。"②

【按】先生之《鷓鴣天》"秋是愁鄉雁不來"詞序云:"重陽不登高,示綿初、密文兩女。　客有作重陽詞者,用避災字;此字不易用也。"③

**秋,先生獲程頌萬寄貽鹿川閣近稿。**

據《餐櫻廡漫筆》:"甯鄉程子大(頌萬),自號十髮居士,與余投分,垂三十稔。……癸亥秋,以鹿川閣近稿寄貽。(近又號鹿川翁)則手書付剞氏者。……"④

---

① 見梁基永先生所藏之陳運彰《填詞課稿》(未刊手稿本),經梁氏重新裝裱,題曰《況陳翰墨》,王貴忱作封面題簽。

② 見梁基永先生所藏之陳運彰《填詞課稿》(未刊手稿本),經梁氏重新裝裱,題曰《況陳翰墨》,王貴忱作封面題簽。

③ 臨桂況周頤夔笙譔:《蕙風詞》卷下,葉二十八,《惜陰堂叢書》,乙丑(1925)閏四月刻本。校之以陳運彰所録版本,詞序中"避災字",陳本作"避災二字",詞作下片第二句"委荒萊",陳本作"委荒苔"。或先生於編定《蕙風詞》時,稍有修訂。此詞又有發表於《野語雜誌》之本,參本譜乙丑(1925)年"是年"條。

④ 蕙風:《餐櫻廡漫筆》,《申報·自由談》,民國十四年(1925)2月18日(乙丑年正月二十六日)。

【按】是年，程頌萬有詞《繞佛閣·寄夔笙申江用清真韻》。①此詞被編入程氏《定巢詞集》之“昭陽大淵獻”②，即癸亥(1923)年詞作。

**自是年秋起，至乙丑(1925)年間，先生屢於章太炎主編之《華國》(月刊)發表詞作。③**

**十月十五日，先生發表詞作《百字令》“神州鴻術”，賦咏滬上醫者杜貞媛醫術。**

【按一】此詞未見入集。詞序云：“番禺杜貞媛藥漢，懸壺滬上天潼路，專醫婦孺，得海外國工診治真訣，賦此以誌欽佩。”詞云：“神州鴻術，問踧陀而後，誰窺靈秘。梁媛行高醫國手，不數玉函金匱。徙柳奇方，浣花舊德，馳譽萊彤史。劉勳有女，拜嘉銘泐膺肺。　何用采藥蓬萊，佛心度厄，省識西來意。肘後陳編糟粕耳，索隱伽婁仙字。集益瀛談，研精垣見，重譯多新義。昌容紫草，輸君沈痾能起。”④

【按二】先生爲上海女中醫杜貞媛賦咏，或與其夫人患病有關。參本譜是年“十一月中旬”條。

**十月，徐珂訪先生，見其大門與客室，分懸朱祖謀與吳昌碩所書楹聯。**

據徐珂《天蘇閣筆談》上有云：“窮居偃蹇，不與世接，況夔笙前

---

① 《定巢詞集》卷八，葉十一至十二，《十髮居士全集》第五，甲子(1924)元春武昌程氏鹿川閣刊本。

② 見《定巢詞集》之“定巢詞目”葉十五，《十髮居士全集》第五，甲子(1924)元春武昌程氏鹿川閣刊本。筆者按：此詞調名於目録中作《繞佛閣》。

③ 章太炎先生主任：《華國》第1卷第1期(1923年9月15日)、第2期第4册(1925年2月)、第2期第8册(1925年8月)等，華國月刊社編輯，總發行。

④ 況夔笙：《百字令》，《申報·自由談》，民國十二年(1923)11月22日(癸亥年十月十五日)。

輩，不晤且二年餘矣。癸亥（民國十二年）十月訪之，見其大門有朱古微侍郎所書聯云：'六十宿肉，七十貳膳。百萬黄榜，千萬紫標。'入客室，則有吳倉碩大令所書聯云：'錢眼裏坐，屏風上行。'前輩遁居海上，以名節自矜尚，治生之資，取給翰墨。昔李北海長於碑頌，人以金帛爲請，少陵稱爲義取，前輩效之，允哉。"①

【按】先生晚歲於滬上鬻文爲活，嘗自謂"未用民國一文"（詳本譜是年"先生病中自作輓聯"條）。徐珂亟賛先生志節高尚，謂其以賣文自給，堪稱義取。徐氏可謂先生之知己矣。

**十月，先生曾授弟子陳運彰填詞課。**

據陳彰之填詞課稿之"癸亥十月弟一課"及"癸亥十月弟二課"，每課稿有詞作多闋，并有先生之圈點、修改及批語。②

**十一月初，梅蘭芳重臨上海演劇。先生晤之，并允作新詞以贈。**

據是年十一月初一日《梅訊》："蕙風詞隱知畹至必過訪，已誦當年蓬壁生輝之語，亦定今午謁之。"③

又據是年十一月初四日《梅訊》："大詞宗朱彊邨、況蕙風，每於畹至，無不倒屣，昨相見並獲暢談。有以《洛神》一賦得樊山爲廣之，而《西施》尚少藻飾者，蕙風亦爲之首肯矣。"④

又據是年十一月初十日《梅訊》："畹此遭以最精美之照相潢治成册，親貽蕙風詞人。蕙風感甚，聞聲對影，天春樓上，必有新詞爲

---

① 徐珂著：《康居筆記匯函》（一），《民國筆記小説大觀》第 3 輯，山西古籍出版社 1997 年 7 月第 1 版，第 227 頁。

② 見梁基永先生所藏之陳運彰《填詞課稿》（未刊手稿本），經梁氏重新裝裱，題曰《況陳翰墨》，王貴忱作封面題簽。

③ 《申報·自由談》，民國十二年（1923）12 月 8 日（癸亥年十一月初一日）。

④ 《申報·自由談》，民國十二年（1923）12 月 11 日（癸亥年十一月初四日）。

答也。"①

**十一月中旬,先生因夫人患病,悶損寡歡,未暇答謁梅蘭芳;故曾函托趙尊嶽代向梅氏致意。**

據是年十一月十五日《梅訊》:"蕙風詞人近以閣中攖疾,悶損寡歡,故尚未暇答謁。昨特函高梧軒先爲致聲焉。"②

**約十一月二十八日,先生答謁梅蘭芳。**

據是年十一月二十八日《梅訊》:"況蕙風已定期今日謁畹。"③

**十二月初三日或稍前,先生晤梅蘭芳時,曾問及其所配白玉連環一事。**

據是年十二月初五日《梅訊》:"畹華並愛收藏漢玉……居恒佩玉。其白連環一事,更精絶。況蕙風詞宗曩曾賦《清平樂》曰:'長伴蓮花婀娜,願爲白玉連環。'前日晤及,又欣欣以爲問矣。"④

【按】此則《梅訊》刊於十二月初五日,其云"前日",當約於初三日或稍前。

**十二月初三日,先生爲梅蘭芳所賦之《清平樂》二闋,見載於《申報·自由談》之《梅訊》。**

據是年十二月初三日《梅訊》:"況蕙風詞宗,每於畹來,必有投贈之作,前後已百餘闋。此遭復有題詠《綴玉集》及《湘妃簊》二首,

---

① 《申報·自由談》,民國十二年(1923)年12月17日(癸亥年十一月初十日)。

② 《申報·自由談》,民國十二年(1923)12月22日(癸亥年十一月十五日)。

③ 《申報·自由談》,民國十三年(1924)1月4日(癸亥年十一月二十八日)。

④ 《申報·自由談》,民國十三年(1924)1月10日(癸亥年十二月初五日)。

爲之先聲。茲録之。”①

【按】二詞未入集，茲録如後：

《清平樂》之一，詞序云：“畹華閱廠肆，得《綴玉集》：明蔡守白集《玉臺新咏》句。與綴玉軒名巧合，絶珍異之。”詞云：“才情佳麗，巧製齊梁體。誰翦紅情裁緑意，絶擅雕華逸思。 籤題越恁芳妍，美人恰有瓊軒。移作縞衣清課，下塵消得詩仙。”

之二，詞序云：“畹華得黄楊精箑，兩面湘妃，所刻梅蘭各一枝，款署周義刻。義，明人；公達云，曾見某書著録。”詞云：“蘭清梅倩，懷袖芳風滿。佳讖聚頭如我願，歲歲年年相見。 程材舊數夷陵(歐陽《六一賦·序》‘夷陵間多黄楊樹子’)，巧工鐵筆知名，比似茗華刻玉，前因豔説三生。”

後記云：“《綴玉集》第一首起句：‘蘭葉始滿地，梅花乍入衣。’巧合畹華姓名，尤奇。 附記。”②

**十二月初五日或稍前，先生往觀梅蘭芳演出之《西施》，并以梅氏之請，允於日内作新詞。**

據是年十二月初六日《梅訊》：“況蕙風詞宗昨亦往觀《西施》……重以畹意，日内必有新詞。”③

【按】此則《梅訊》刊於十二月初六日，其云“昨”，當約於初五日或稍前。

**十二月初九日或稍前，先生與朱彊邨并觀梅蘭芳之頭本《西施》。**

據是年十二月初十日《梅訊》：“況蕙風、朱彊邨昨并觀頭本《西

---

① 《申報·自由談》，民國十三年(1924)1月8日(癸亥年十二月初三日)。

② 《申報·自由談》，民國十三年(1924)1月8日(癸亥年十二月初三日)。

③ 《申報·自由談》，民國十三年(1924)1月11日(癸亥年十二月初六日)。

施》,激賞備至。"①

【按】此則《梅訊》刊於十二月初十日,其云"昨",當約於初九日或稍前。

**十二月初十日或稍前,先生又晤梅蘭芳,梅氏懇求新作,先生面允之。**

據是年十二月初十一日《梅訊》:"況蕙風詞宗昨又晤畹,謂尚當往觀《洛神》。畹即懇賜譔新賦,以繼感甄,已荷面允矣。"②

【按】此則《梅訊》刊於十二月初十一日,其云"昨",當約於初十日或稍前。

**十二月十一日或稍前,先生代弟子陳運彰求梅蘭芳畫扇,梅氏允爲速作。**

據是年十二月初十二日《梅訊》:"陳蒙庵學詞於蕙風,昨特挽蕙風轉懇畹揮一扇頭。畹重以蕙風之命,業允速藻。"③

【按】此則《梅訊》刊於十二月初十一日,其云"昨",當約於初十日或稍前。

**十二月十六日,先生爲梅蘭芳所賦之詞作《清平樂·題雲林別意圖》,揭載於《申報·自由談》之《梅訊》。④**

【按】此詞未入集。詞云:"暮雲芳樹,畫裏相思路。有酒誰持情最苦,小成晚天寒禁否。　江南風景依稀,平林極目烟

① 《申報·自由談》,民國十三年(1924)1月15日(癸亥年十二月初十日)。

② 《申報·自由談》,民國十三年(1924)1月16日(癸亥年十二月十一日)。

③ 《申報·自由談》,民國十三年(1924)1月17日(癸亥年十二月十二日)。

④ 《申報·自由談》,民國十三年(1924)1月21日(癸亥年十二月十六日)。

菲。安得夢魂飛度，送君直到天涯。”①

**是年間，先生所輯之《歷代詞人考鑒》已至元季，將欲賡續，但苦於明詞之不多，遂鼓勵趙尊嶽輯刻明詞，以續詞學之宏業。**

據趙尊嶽所撰《惜陰堂彙刻明詞記畧》：“……蕙風先生嘗一日見語曰：‘詞藉單行，易多散佚，自汲古輯六十家，而集刻之風寖盛。《彊邨叢書》，網羅五代，迄於金元，精心校訂，尤爲聲黨之大業。惜朱明以後，紹述罕聞，吾子有意者，曷勿溯源以沿流，竟此宏緒耶？’……迨癸亥間，蕙風先生所輯《歷代詞人考鑒》，已至元季，將欲賡續，亦苦於明詞之不多，則督余搜篋以應之。拙藏本不甚豐，但以明人詩文集之附詞者賫上。先生復曰：‘此即輯刻明詞之嚆矢，聚沙成塔，甯可勿諸。’……”②

**是年，先生病中自作挽聯：“半生沈頓書中，落得詞人二字；十年窮居海上，未用民國一文。”**

據步章五《林屋山人集》卷十三《蕙風遺事》第十四則：“癸亥年，先生病中自作挽聯云：‘半生沈頓書中，落得詞人二字；十年窮居海上，未用民國一文。’親書以示子婿陳巨來。余戲謂巨來曰：‘十年後吾不知。’即此可以見先生之風節矣。”③

【按】據此自挽聯，首先可見先生不仕二朝之遺民志節。然其深意，實不止於此。其自負於一己之飽學，最終祇落得詞人之

---

① 《申報·自由談》，民國十三年(1924)1月21日(癸亥年十二月十六日)。

② 趙叔雍：《惜陰堂彙刻明詞記畧》，見趙尊嶽輯《明詞彙刊》，上海古籍出版社1992年7月第1版，下册，附録一。

③ 轉引自林玫儀：《況蕙風研究資料補述》，見北京大學中國古文獻研究中心編《北京大學中國古文獻研究中心集刊》第7輯《中國古文獻學與文學國際學術研討會論文集》，北京大學出版社2008年1月第1版，第518頁。

稱謂,若有憾焉,然亦不無自負之感。先生於民國壬子(1912)移居滬上,鬻文爲活,實則乃鬻一己之學爲活,從未謀求一官半職(包括任何性質之大學教席),故有“未用民國一文”之説。

## 1924 民國十三年 甲子 六十四歲

**正月十五日前,先生有信致南京姜文卿,欲其爲《蕙風詞話》之刻書情況,覆函告知。**

據先生致趙尊嶽函(署二月二日):“……月半前有函致姜文卿,並不敢催,只是軟求回信,仍復杳然,令人望眼欲穿,惆悵無已。……”①

【按】本譜定此信作於是年之二月二日(參本譜該日條)。信中言及“月半前”去函姜文卿,故繫於此。

**正月十九日,先生爲朱祖謀所刻之《宋詞三百首》作序。**

據先生所撰之《宋詞三百首·序》,下署“中元甲子燕九日,臨桂況周頤”②。

【按一】燕九日即正月十九日。

【按二】《黄譜》《丁譜》俱繫此事於是年,但以先生是年爲六十五歲;蓋因取咸豐九年己未(1859)爲先生之生年故也。《賴譜》《馬譜》繫此事於是年。

【按三】《詞林新語》:“歸安朱彊邨,詞流宗師;方其選三百首宋詞時,輒携鈔帙,過蕙風簃寒夜啜粥,相與探論。維時風雪

① 國家圖書館善本部編:《趙鳳昌藏札》,國家圖書館出版社 2009 年 10 月第 1 版,見該書第 2 册,第 220 頁。

② 上彊村民重編,唐圭璋箋注:《宋詞三百首箋注》,臺灣學生書局 1976 年 9 月第 5 版,第 2 頁。

甫定,清氣盈宇,曼誦之聲,直充閭巷。”①是以知朱祖謀《宋詞三百首》之編選,先生實曾参與其事。

【按四】《餐櫻廡漫筆》:“彊村先生選《宋詞三百首》,蕙風爲之序,開版於金陵。比又選近人詞,自王薑齋以次,凡百名家,并皆鴻生鉅儒,家喻户曉者。鄙意不如甄采遺佚,俾深林寂壑,湮没不彰之作,得以表□於世,不尤功德靡涯耶?”②筆記言彊村所選凡百名家之近人詞,筆者未見,未知與朱氏弟子龍榆生後來所編之《近三百年名家詞選》有何關聯?待考。而先生談詞,素以闡幽顯閉爲己任,故有“不如甄采遺佚”之論。

【按五】先生撰《宋詞三百首序》之後,曾有評選十四家詞之舉,并已選定《須溪詞》。惜因先生夫人卜娱之喪,遂以精力不繼而作廢,僅存十四家正選及三家備選之目而已。據《餐櫻廡漫筆》:“彊村朱先生,選《宋詞三百首》,取便初學,誠金針之度也。……蕙風欲評選十四家詞,便深造者;與《三百首》相輔而行。甫選定《須溪》一集,猝遘家難,精力驟衰,恐竟成虚願矣。十四家之目:曰温飛卿、曰李後主、曰晏氏父子、曰歐陽文忠、曰蘇文忠、曰柳耆卿、曰周清真、曰李易安、曰辛稼軒、曰姜白石、曰吴夢窗、曰劉須溪、曰元遺山。備選三家:曰馮正中、曰秦少遊、曰賀方回。蓋從嚴格,故如右三家,猶爲備選云。”③考卜娱之喪,在是年(1924)十二月(詳本譜是年“十二月”條),故知先生之評選十四家詞,必在是年正月之後,十二月之前。

---

① 靈(即張爾田):《詞林新語》,《詞學季刊》1935年第1卷第3號,1967年6月再版,第80頁。

② 蕙風:《餐櫻廡漫筆》,《申報·自由談》,民國十三年(1924)8月15日(甲子年七月十五日)。

③ 蕙風:《餐櫻廡漫筆》,《申報·自由談》,民國十四年(1925)2月13日(乙丑年正月二十一)。

**正月或稍前,先生參與校勘敦煌寫本《雲謠集》。**

據朱祖謀《雲謠集·跋》:"《雲謠集雜曲子》,敦煌石室舊藏唐人寫卷子本,今歸英京博物館。毗陵董授經游倫敦,手録見貽。原題三十首,存十八首,《傾杯樂》以下佚,目亦無存。集中脱句譌文,觸目而是。授經閒有諟正,未盡祛疑。旋從吴伯宛索得石印本,用疏舉若干條,質之況蕙風,細意鉤撢,復多刱獲……中元甲子始春,朱孝臧跋。"①

【按】朱氏此跋撰於是年始春,而先生參與研校《雲謠集》,應於是時或稍前,故暫繫於此。

**正月二十六日至二月二十七日間,先生所撰之《王鵬運傳》刊於《學衡》第二十七期。②**

【按一】《學衡》第二十七期之出版日期爲1924年3月,即是年舊曆正月二十六日至二月二十七日間。

【按二】《賴譜》《馬譜》繫此事於是年。

**二月二日,先生急欲得知《蕙風詞話》刻書之情況,故致函請趙尊嶽代詢之。**

據先生致趙尊嶽函:"高梧仁兄箑席:駒馳荏苒,晌届中春,九十韶光,又過|三分之一矣。月半前有函致姜文卿,並不敢催,只是軟|求回信,仍復杳然,令人望眼欲穿,惆悵無已。敬求|尊處即發一函催之,切詢究竟有暇寫刻與否,請|其复一確音。一得回信,祈即|示知,至盼至佩。古微刻《宋詞三百首》及沈培老詩,均連寫|帶刻,不踰三月匇事,未審前途何所見而爲是厚薄也!|新詞三闋,三五日内必細讀。此頌　台綏　弟周頤拜手。

① 見《雲謠集雜曲子·校記》,葉二,朱孝臧輯《彊村叢書》第1册,江蘇廣陵古籍刻印社1980年3月。

② 林玫儀主編:《詞學論著總目》,臺灣"中央研究院"中國文哲研究所1995年6月初版,第22541條,第1596頁。

(此信到,切盼 示复。)二月二日。"①

【按】此信署二月二日,不著年份。唯信中言及朱祖謀刻《宋詞三百首》已成,而先生於是年正月十九日爲是書撰序(参本譜該日條),故此信應作於是年之二月二日,因繫於此。

**約三月二十八日或稍後,先生因《蕙風詞話》刊刻一事,仍未獲姜文卿之消息,心急如焚;欲於下月中與趙尊嶽深談,再别爲之計。又言即行編定《祥福集》,并擬自姜處取回《蕙風詞話》第四、五卷書稿,以作參考。**

據先生致趙尊嶽信:"尗雍仁兄賜鑒:昨今兩日弟又病,不能下樓矣。姜勿念處之書,至以爲念,彼所示之限期已届三月廿日之外,又逾一來復矣,斷無消息,奈何!弟命宫磨蝎,所如輒阻,區區刻一書耳,亦復五角六張,坎壈一至於是,令人懊惱無極。其稿弟四五卷,因編《祥福集》需用,務求前途挂號仍暫寄申,如並弟三卷寄回尤感,盼切。以情形揣之,此書彼必不刻,不知何所爲而云然耳。俟四月半間,得與吾 兄深談,當再别爲之計。日内敬祈試再作函催之,回信有無,不可知矣。……"②

據先生致趙尊嶽信:"尗雍仁兄惠鑒:日前晤談甚慰。姜之外先生處,諒已蒙寄函矣。……闗於弟者,雖此等事,亦復五角六張,坎壈可云至極……《祥福集》即日從事編定,有裨於人心世道之書也。……"信箋左下方有别注云:"《詞話》弟四、五兩册,有需用之處,或請之外先生暫仍挂號寄滬,稍遲仍由弟處寄甯……"③

---

① 國家圖書館善本部編:《趙鳳昌藏札》,國家圖書館出版社 2009 年 10 月第 1 版,見該書第 2 册,第 220 頁。

② 國家圖書館善本部編:《趙鳳昌藏札》,國家圖書館出版社 2009 年 10 月第 1 版,見該書第 2 册,第 178 頁。

③ 國家圖書館善本部編:《趙鳳昌藏札》,國家圖書館出版社 2009 年 10 月第 1 版,見該書第 2 册,第 183 頁。

【按一】此二信皆不署日期。以其内容觀之,當寫於同一期間。據第一信有謂拒姜文卿所示之刻書限期(三月廿日),又逾一來復云云。一來復者,《易經》復卦曰:"反復其道,七日來復。"故知逾一來復,即逾一星期之謂。本譜因繫二信所涉之事於三月二十八日或稍後。

【按二】《祥福集》後來定名《證壁集》,凡二卷,列入武進趙氏《惜陰堂叢書》;其卷首有先生甲子(1924)五月補記(詳本譜翌年五月條)。先生於二信皆提及編定《祥福集》事,故應繫於是年之三月二十八日或稍後。

**或四月二十五日,先生有信致南京姜文卿,欲其爲《蕙風詞話》之刻書情況,覆一確音。**

據先生致趙尊嶽函:"頃所交《證壁集》補文三首,其爲陶淵明辨誣|一首,應添在卷二申范之前。書眉朱批乃大誤,|祈爲更正,至要至禱。之外先生處,務祈再函詢|之,並懇其寫刻從速。送梅府聯,頗自以爲佳,想|已蒙　代寄矣。嘉靖本殘《草堂》,買來望　示我。此頌|高梧仁兄侍祺　頤拜手廿五夕。"①

【按】此信署廿五夕,不著年月,唯内容涉及編校《證壁集》,而是書於是年五月授梓(參本譜該月條),故此信應作於是年五月之前,因暫繫於此。

**四月,先生曾與李根源等友人,同游蘇州穹窿山。**

據柯繼承《穹窿山乾隆御道及其石刻》一文:"……與友人同游蘇州穹窿山。沿御道上行20米左右,道右有一方李根源隸書刻石:'民甲子四年,西林岑春煊、武進馮家錫、宜興朱祖蔭、桐城孫

① 國家圖書館善本部編:《趙鳳昌藏札》,國家圖書館出版社2009年10月第1版,見該書第2册,第179頁。

發緒、桂林況周頤、吳肇邦、騰沖李根源同來游’。”①

【按一】“民甲子四年”或爲甲子四月之誤讀。本譜姑暫繫於此。

【按二】《賴譜》繫先生交李根源之年於翌年乙丑,未明其所據,或誤。

**五月,先生以十八年前編成之《祥福集》,改名《證璧集》付梓,并作補記。**

據先生《證璧集》自序末之補記:“是集舊名《祥福》,越十八年甲子五月授梓於滬濱,改名《證璧》,仍存舊序如左,周頤記。”此集由趙尊嶽校字,鄭孝胥長子鄭垂書覃。②

【按】《賴譜》引《販書偶記》繫《證璧集》初編四卷刊行之事於是年。

**夏,陳運彰自先生處得唐薛仁貴造象石拓本。**

據陳運彰手稿:“右唐薛仁貴造象石,洛陽龍門山孫淵如《寰宇訪碑録》著録,後歸鄭叔問石芝西堪供養,今在南海康氏游存廬,甲子夏得此拓本於　況蕙風師,許康氏所拓也。　陳彰補記,丙寅醉司命日。”③

**七月五日,發表《百字令》“洞垣窺秘”詞。④**

【按】此詞未見入集。詞序云:“武進許君壽如,今之國醫手也,懸壺滬上山海里,夙有半仙品目。鰥生滄江晚臥,衰病侵尋,

---

① 柯繼承:《穹窿山乾隆御道及其石刻》,江蘇《郵電報》網頁,2002 年 6 月 5 日發表。

② 況周頤輯:《證璧集》,《惜陰堂叢書》,甲子(1924)五月刻本。

③ 見陳運彰書於紉芳簃箋紙上之手稿。筆者蒙梁基永先生借所藏原本覆印,謹此致謝。

④ 況周頤:《百字令》,《申報 · 自由談》,民國十三年(1924)8 月 5 日(甲子年七月五日)。

屢蒙診治，輒占勿藥，賦此誌謝。”詞云：“洞垣窺秘，譎國工譎燮，功侔良相。骨抱九仙甯止半，超軼十全而上。趾美岐黄，孳精難素，鴻術今無兩。醫吾意耳，嗣宗高矩何讓。　遥憶章貢循聲，旌陽宅畔，種杏曾相傍。滄海一壺風雨外，著手頓教無恙。玉版方奇，青囊濟普，澤共雲溪漾。相如多病，幾回嘶騎蓬巷。（唐許嗣宗精於醫，或勸其著書傳世，答曰：醫者意也，吾意所解，莫能宣矣。壽如曾需次江右。）”①

**七月七日，弟子趙尊嶽爲刊《蕙風詞話》五卷，并撰跋。**

據趙尊嶽《蕙風詞話跋》：“……先生舊有詞話未分卷，比歲鬻文少暇，風雨篝鐙，輒草數則見眎，合以舊作，自釐訂爲五卷，尊嶽受而讀之。……甲子雙蓮節，受業武進趙尊嶽。”②

【按】《黄譜》《丁譜》俱繫此資料於是年，但以先生是年爲六十六歲；蓋因取咸豐九年己未（1859）爲先生之生年故也。《賴譜》繫此資料於是年。

又據趙尊嶽《蕙風詞跋》：“……客歲尊嶽校刻《蕙風詞話》斷手，亟請並刻自定詞。……乙丑閏四月下沐，受業武進趙尊嶽謹跋。”③

【按】《孫譜》繫此資料於是年，但以先生是年六十六歲；蓋因取咸豐九年己未（1859）爲先生之生年故也。《賴譜》《馬譜》繫此資料於是年。

**八月十五日，爲弟子林鵾翔《半櫻詞》撰序。**

---

① 況周頤：《百字令》，《申報·自由談》，民國十三年（1924）8月5日（甲子年七月五日）。

② 況周頤著：《蕙風詞話》，《惜陰堂叢書》，甲子（1924）刻本。臺灣世界書局景印本，1979年10月第5版。

③ 臨桂況周頤夔笙譔：《蕙風詞》，《惜陰堂叢書》，乙丑（1925）閏四月刻本。

據林鵾翔《半櫻詞》之況周頤序，先生署曰："甲子中秋，臨桂況周頤譔。"集内又有先生題詞。①

【按一】《半櫻詞》所載先生之題詞，即《八聲甘州》"數詞名"一闋，當爲先生逝世前所作，後見刊於1926年10月19日之《申報·自由談》時，題爲"題林鐵尊半櫻簃填詞圖"②。

【按二】此《八聲甘州》詞未見入集。詞云："數詞名，當代一彊村，餘音洗筝琶。更阿誰占取，暗香疏影，鐵撥紅牙。山水嚮來清遠，吟思渺無涯。畫罨樵歌路，和﨓煙霞。　芳約瀛壖念省，道句留一半，也爲櫻花。絢春空瓊樹，飛夢欲隨槎。黯箋塵幾番風雨，倚蒨雲曾見夕陽斜。雙鬟唱，畫旗亭壁，珍重籠紗。"③

**八月或之後，游存先生（康有爲）作詩，屬先生代寄程豔秋。**

據《餐櫻廡漫筆》："甲子八月，羅癭公逝世於都門。醫藥喪葬，費約萬金，程郎豔秋，獨力任之，哭之甚哀，並爲持服，斯人斯誼，可以風矣。游存先生，賚之以詩，屬蕙風寄玉霜簃，以愧並世士夫，反覆靡常、孤恩負德者……"④

【按】玉霜簃，即程硯秋（1904－1958），滿族，北京人。著名京劇藝術大師，四大名旦之一。本姓索綽絡氏。六歲賣身榮蝶仙門下，藝名榮承麟；先學武生，又改習刀馬旦及青衣。十一歲登台，十三歲倒嗓，遂由羅癭公出資贖出，改藝名作程豔秋，

---

①　林鵾翔撰：《半櫻詞》序，葉一至二，"題詞"葉二，丁卯（1927）六月刻本。

②　況蕙風遺稿詞三闋：《申報·自由談》，民國十五年（1926）10月19日（丙寅年九月十三日）。

③　林鵾翔撰：《半櫻詞》題詞，葉二，丁卯（1927）六月刻本。

④　蕙風：《餐櫻廡漫筆》，《申報·自由談》，民國十四年（1925）2月11日（乙丑年正月十九日）。

字菊儂,號玉霜,又號禦霜。在羅氏的幫助下養嗓練功,并請名師王瑶卿等教藝,後又介紹拜梅蘭芳爲師。1921 年獨立成班。此後不斷革新創造,發展成獨特的"程派"藝術。①

**九月至十二月十五日間,先生賦《八聲甘州》"坐南屏"詞,記西關雷峰塔塔圮經出事。**

據《餐櫻廡漫筆》:"……西關磚塔,即雷峰塔。甲子九月,塔圮經出,虞山周左季,收得一本,完整無闕,精裝徵題。有題《八聲甘州》詞者,蕙風依調繼賦云……"②

【按一】雷峰塔經出於是年九月,而先生此條筆記及《八聲甘州》"坐南屏"詞則發表於 1925 年 1 月 9 日(即是年十二月十五日)。故知先生此詞,乃作於是年九月之後,十二月十五日之前。

【按二】此詞未見入集。詞云:"坐南屏,烟翠晚鐘前,摩挲刦餘灰。問金塗幾塔,(吴越王倣造金塗塔四萬八千,余曾見拓本)瓊雕萬軸,肯付沈薶。綵鳳無端掔搦('綵鳳欲飛遭掔搦,情脈脈,行即玉樓雲雨隔。'吴越後王詞,見《後山詩話》),往事總堪哀。不盡興亡感,窣堵波積。　　我亦傷心學佛,演珠林梵説,隨分清齋。掩新亭涕泪,何物不荒萊。儘消磨,藥鑪經卷,忍斷蓬、身世老風埃。湖山夢、散諸香處,圍繞千回。(《金剛經》當知此處即爲是塔,皆應恭敬作禮,圍繞以諸華香而散其處。)"③

**約孟冬,與慈谿朱威明結鄰,又因朱氏介紹,獲交其同縣馮幵。**

---

① 陳玉堂編著:《中國近現代人物名號大辭典》,浙江古籍出版社 1993 年 5 月第 1 版,第 881 頁。

② 蕙風:《餐櫻廡漫筆》,《申報 · 自由談》,民國十四年(1925)1 月 9 日(甲子年十二月十五日)。

③ 蕙風:《餐櫻廡漫筆》,《申報 · 自由談》,民國十四年(1925)1 月 9 日(甲子年十二月十五日)。

據《餐櫻廡漫筆》:"甲子冬日,與慈谿朱君炎復(威明)結鄰,因紹介,獲交其同縣馮君君木(幵),聲氣之雅,傾蓋如故,飄燈隔巷,風雪過從,良用慰藉。君木劬學媚古,唾洟世法,風趣略似半唐老人,文筆典重遒上,得力於班、范兩書,詩入宋名家之室……"①

又據《沙孟海先生年譜》1924 年 11 月第三條:"而君木師則早在半月前,已與臨桂況夔生(周頤、蕙風)先生相識。"②

【按一】先生於《餐櫻廡漫筆》中,但言獲交馮幵於是年冬日,然據《沙孟海先生年譜》,則知二人初識於新曆 1924 年 11 月間,即約是年孟冬,故繫於此。

【按二】《賴譜》引《餐櫻廡漫筆》繫先生初識馮幵一事於是年冬。

**約仲冬,朱威明代沙孟海呈其印存二册予先生。先生極赞賞之,稍後并持示吴昌碩。**

據《沙孟海先生年譜》1924 年 12 月條:"以印存二册,屬朱炎父呈視況先生求爲評正。炎父頃語余謂,況先生極口讚許云:是陳秋堂一流,益研究小學,博觀金石文字,將來未可限量。……""後況先生以余篆刻爲不俗持示缶翁……"③

**十二月十七日,沙孟海謁先生,并呈舊作《王君墓志銘》一文求正,時先生弟子陳運彰亦在座。**

據沙孟海日記《僧孚日録》"甲子十二月十七日"條:"謁況先生坐上晤潮陽陳蒙庵(彰),亦先生弟子。曾以舊作《王君墓志》就

---

① 蕙風:《餐櫻廡漫筆》,《申報·自由談》,民國十四年(1925)1 月 14 日(甲子年十二月二十日)。

② 沙茂世編撰:《沙孟海先生年譜》,西泠印社 2010 年 5 月第 1 版,第 20 頁。

③ 沙孟海著:《僧孚日録》,轉引自沙茂世編撰《沙孟海先生年譜》,西泠印社 2010 年 5 月第 1 版,第 20 – 21 頁。

正況先生，先生謂筆氣頗似柳州，又謂去投田舍八句，嫌其太熟，與通篇未稱。又謂北宋二字，有奸金石體例，當云宋某帝時，其論文之嚴如此。"①

【按】沙氏之文見刊於章太炎主辦之《華國月刊》第十一期，約發表於1924年8月。②

**十二月十七至十九日間，沙孟海爲先生刻"背塵乃能合覺"白文方印。**

據《沙孟海篆刻集》，該印印文爲"背塵｜迺能｜合覺"，邊款曰"擬漢將軍印｜蕙風先生教正｜甲子十二月｜後學沙文若"。③

又據《餐櫻廡漫筆》："甲子冬日，與慈谿朱君炎復(威明)結鄰，因紹介，獲交其同縣馮君君木(幵)……其高弟子沙孟海(文若)……製白文印貽余，曰'背塵乃能合覺'，擬漢將軍印，漸近蒼勁，日進不已，所詣未可量也。"④

【按】上引《餐櫻廡漫筆》發表於是年十二月二十日，故知沙氏爲先生刻印事，當於二人初識(十二月十七日)至十二月十九日間。

**十二月二十日，先生發表筆記，揄揚沙孟海之古文及印藝。**

據《餐櫻廡漫筆》："甲子冬日……獲交其同縣馮君君木(幵)……其高弟子沙孟海(文若)，詩古文辭，能紹述師法，尤工刻印，虛和秀整，饒有書卷清氣，於近世印人，神似陳秋堂(豫鐘)；篆法尤極

---

① 沙孟海著：《僧孚日録》，轉引自沙茂世編撰《沙孟海先生年譜》，西泠印社2010年5月第1版，第21頁。

② 沙孟海著：《僧孚日録》，轉引自沙茂世編撰《沙孟海先生年譜》，西泠印社2010年5月第1版，第19頁。

③ 沙更世主編：《沙孟海篆刻集》，榮寶齋出版社1994年5月第1版，第6頁。

④ 蕙風：《餐櫻廡漫筆》，《申報·自由談》，民國十四年(1925)1月14日(甲子年十二月二十日)。

研究,無羼雜遷就之失。缶翁絶契賞之,謂後來之秀,罕其倫比。……"①

【按一】考之於《沙孟海篆刻集》,吴昌碩題辭云:"虚和秀整,饒有書卷清氣。蕙風絶賞會之,謂神似陳秋堂,信然。甲子臘月,吴昌碩,年八十又一。"②

【按二】沙孟海曾憶述《沙孟海篆刻集》之吴昌碩題詞:"……大詞家況蕙風,此公好印而不會刻印。我雖1922年冬就拜會過吴缶老,但相知不深。1924年那段題詞是況、吴兩老在況府相量著題的,其後尚有'蕙風絶賞會之,謂神似陳秋堂,信然。'總之,這次聚會全由況老策劃,題詞況老的意見佔主導地位。此會只有三人,相處親密。所以,此後我就和吴缶老過從甚密。……"③

【按三】沙孟海《僧孚日録》"甲子十二月二十日"條中,亦記有先生是日發表之筆記中,對其有所揄揚一事。④

**十二月之前,先生曾有評選十四家詞之舉,并已選定《須溪》一集。⑤**

【按】詳參本譜是年"正月十九日"條之【按五】。

**十二月或之前不久,夫人卜娱去世,先生傷心不已。卜氏於逝世後**

---

① 蕙風:《餐櫻廡漫筆》,《申報·自由談》,民國十四年(1925)1月14日(甲子年十二月二十日)。

② 沙更世主編:《沙孟海篆刻集》,榮寶齋出版社1994年5月第1版。

③ 《中國篆刻網》,《中國篆刻藝術網絡雜誌》"印學資源—西泠群星"之"沙孟海",2005年6月21日。參見http://cache.baidu.com/,2006年8月21日。

④ 沙孟海著:《僧孚日録》,轉引自沙茂世編撰《沙孟海先生年譜》1925年1月第2條,西泠印社2010年5月第1版,第21頁。

⑤ 蕙風:《餐櫻廡漫筆》,《申報·自由談》,民國十四年(1925)2月13日(乙丑年正月二十一日)。

**始正繼室之名分。**

據《外傳》:“甲子喪其配卜夫人,傷神獨絶……”①

又據陳巨來《記況公一二事》:“況公周儀……側室卜娛,内子等生母也,至甲子逝世後,始扶正。”②

又據步章五《林屋山人集》卷十三《蕙風遺事》第十五則:“先生淑配曰卜夫人,名娛,字清姒,美而能文,著有《織餘瑣述》行世。……卜夫人歿於甲子年,年僅四十,先生已六十餘。晚年喪偶,是其致病之根也。”③

又據逸珠所撰《清季詞人況周頤》一文:“……民國十三年,其卜夫人亡,乃移居吳儂軟語的蘇州……”④

【按一】上引資料皆未言明卜娛去世之月日。今據本譜下條所記,先生曾於是年十二月,修書寄程頌萬訃告“家難”(詳下),因暫繫此事於是年十二月或前不久。

【按二】夏敬觀《忍古樓詞話》:“夔生昔與予居爲鄰,習知其妾甚美而賢,自其妾歿,而夔笙不數年亦下世矣。”⑤卜娛歿於是年(1924),而先生卒於二年後(1926),前後不及三年,故夏氏

---

① 腹痛:《況蕙風先生外傳》,《申報·自由談》,民國十五年(1926)年8月28日(丙寅年七月二十一日)。

② 陳巨來:《安持人物瑣憶》之《記況公一二事》,見上海文藝出版總社網頁 http://www.shwenyi.com,2007年2月5日。參見 http://cache.baidu.com/,2007年5月1日。又見《萬象》2003年第5卷第8期,第114頁。又見陳巨來:《安持人物瑣憶》,上海書畫出版社2011年1月第1版,第129頁。

③ 轉引自林玫儀:《況蕙風研究資料補述》,見北京大學中國古文獻研究中心編《北京大學中國古文獻研究中心集刊》第7輯《中國古文獻學與文學國際學術研討會論文集》,北京大學出版社2008年1月第1版,第518頁。

④ 逸珠撰:《清季詞人況周頤》(上),《中央日報·中央公園》,民國二十五年(1936)3月6日(丙子年二月十三日)。

⑤ 夏敬觀著:《忍古樓詞話》“陳寥士”條,唐圭璋編《詞話叢編》第5册,中華書局1986年1月第1版,第4814頁。

云"不數年"。

【按三】《馬譜》引《忍古樓詞話》"不數年"之説,繫卜娱逝世一事於去年癸亥(1923),失考。

【按四】林玫儀《況蕙風研究資料補述》據步章五《蕙風遺事》對卜娱之稱謂,認爲:"步氏識卜娱時,卜氏扶正已久,故稱其爲'先生淑配'。"①此説過於臆斷。據上引陳巨來所記述,卜娱於殁後始扶正;陳氏爲卜氏東床,其記載當爲可靠。然步氏之説,與事實亦無抵觸,因其於1926年撰寫《蕙風遺事》時,卜氏確已扶正爲況氏繼室,而不應上推至步氏識卜娱之時也。

【按二】所引夏敬觀《忍古樓詞話》,輒以"其妾"稱先生之夫人,亦可作佐證。

【按五】鄭逸梅《藝林散葉》第4312條載:"舊詩人馮君木間亦作白話詩。某次,作弔花冢詩一首:'花吓!你排愁超出清虚境,我還是帶水拖泥不肯行。'時況蕙風喪其繼室卜氏,誦此兩句,觸類增感,爲之淚下。"②

【按六】《賴譜》引《外傳》及《藝林散葉》(《賴譜》引第4319條,唯未詳所本)繫卜娱之喪於是年。

**十二月,夫人卜娱去世後,先生曾修書赴告好友程頌萬。**

又據《餐櫻廡漫筆》:"甯鄉程子大(頌萬)……癸亥秋,以鹿川閣近稿寄貽(近又號鹿川翁),則手書付剞氏者。……蕙風疏嬾性成,十髮損書,輒稽裁答。客臘馳寄寸椾,以家難赴告,而還雲不至,

① 林玫儀:《況蕙風研究資料補述》,見北京大學中國古文獻研究中心編《北京大學中國古文獻研究中心集刊》第7輯《中國古文獻學與文學國際學術研討會論文集》,北京大學出版社2008年1月第1版,第523頁。

② 鄭逸梅著:《藝林散葉》,中華書局1982年12月第1版,第353頁。

意者不欲作泛常語，而又無一語可爲慰藉耶？"①

【按一】《餐櫻廡漫筆》此條刊登於1925年2月18日，舊曆乙丑(1925)年正月二十六日，其云"客臘"，即民國十三年甲子(1924)十二月。

【按二】其後，程頌萬有詞《法曲獻仙音·寄夔笙悼亡和草窗韻》，詞末程氏自注云"余昔年爲夫人刻小印"②，則此詞乃程氏追悼卜娛之作。

**是年十二月或以後，於卜娛逝世後，先生欲購上海時新昌雜貨店中，酷似卜娛之蠟人，不果。**

據步章五《林屋山人集》卷十三《蕙風遺事》第十五則："……卜夫人歿於甲子年……滬山西路有雜貨店，曰時新昌，店中有一蠟人，先生謂絶似卜夫人，欲購之，店人不肯售也；李雲書君爲言，亦執不可。先生以爲恨事。每過其店，輒徘徊不忍去也。"③

【按】本譜繫此事於是年十二月或以後，蓋取卜娛逝世爲時間上限。

**是年，先生之女兒維琚與陳巨來訂婚，其後常領陳往見吴昌碩。**

據陳巨來所撰《吴昌碩軼事》："余於二十歲(甲子)與況氏訂婚後，即由先外舅蕙風先生率領時詣缶廬進謁，其時渠(本譜按：指

① 蕙風：《餐櫻廡漫筆》，《申報·自由談》，民國十四年(1925)2月18日(乙丑年正月二十六日)。

② 程頌萬著，徐哲兮校點：《程頌萬詩詞集》之《三程詞鈔》卷八，湖湘文庫編輯出版委員會，湖南人民出版社2009年10月第1版，第561－562頁。

③ 轉引自林玫儀：《況蕙風研究資料補述》，見北京大學中國古文獻研究中心編《北京大學中國古文獻研究中心集刊》第7輯《中國古文獻學與文學國際學術研討會論文集》，北京大學出版社2008年1月第1版，第518頁。筆者按："絶似"，此本原作"絶以"，今徑改之。

吳昌碩）已八十一歲矣。”①

**是年，先生獲曾望生寄貽《高陽臺》詞。**

據《餐櫻廡漫筆》：“潘陽曾望生（遯）游寓太原。客歲賦詞寄貽壽陽道中，憶吳門近游，調《高陽臺》云……望生北方學者，微尚清遠；來游滬濱，以先集屬彊村審定。余譯望生，彊村爲之紹介；嘗以泰西攝影法，貌余及琦、璟兩兒。多情好事，晚近未易得也。”②

【按】此筆記發表於翌年（1925 年 3 月 20 日），估計亦成於翌年，其云“客歲”，即是年甲子（1924）；姑暫繫於是年。

**是年，先生詞作《沁園春》“史體謹嚴”見刊於《學衡》第三十期。**③

【按】此詞未入集。題云：“滄江晚臥，觸緒無聊，偶占小詞，無當大雅。隘堪先生碩學宿望，今之斗山，下徵巴歈，彌用愧悚。”詞云：“史體謹嚴，經術通深，名言不刊。更抗懷百氏，周秦而上。麗辭六季，任沈之間。技薄蟲雕，人如鶴立，大塊文章巨眼看。馳聲遠，早弓衣蠻徼，不數都官。　貞姿寫入霜紈，儘寄傲南牕盟歲寒。任劫餘桑海，塵飛不到，風清栗里，門設常關。蘆子潮聲，梅花雪約，難得靈巖是故山。論風節，比騷壇二妙，弁冕金源。”④

**約於是年，先生有弟子南海贛壽曼、道孺昆季。**

據《餐櫻廡漫筆》：“南海贛壽曼（同鑁）、道孺（同凝）昆季，比從蕙

---

①　陳巨來：《安持人物瑣憶》之《吳昌碩軼事》，《萬象》2003 年第 5 卷第 2 期，遼寧教育出版社 2003 年 2 月 1 日，第 137 頁。

②　蕙風：《餐櫻廡漫筆》，《申報・自由談》，民國十四年（1925）3 月 20 日（乙丑年二月二十六日）。

③　況周頤：《沁園春》，見《學衡》1924 年第 30 期，“文苑・詞録”欄，第 9 頁。

④　況周頤：《沁園春》，見《學衡》1924 年第 30 期，“文苑・詞録”欄，第 9 頁。

風受金石、麗辭、詩詞學。……”①

【按一】此筆記發表於新曆1925年1月9日(甲子年十二月十五日);姑暫繫此事於是年。

【按二】南海贛壽曼(同籛)、道孺(同凝)昆季,或即康有爲之三子同籛及四子同凝。據康有爲之媳、康同凝之妻龐蓮所撰《康有爲的家世和晚年生活》一文所記,康同籛號壽曼。② 又據陳堅盈所撰《康有爲家族——道不盡先生是非　掩不住康氏門楣》,謂康同凝字道孺。③且康有爲乃廣東南海人,人所共知,蓋可推論先生所謂之南海贛氏昆季,應即康有爲之兩位公子。

**是年,先生與黄孝紓及孫德謙等,曾共事於嘉業堂。**

據劉承幹爲黄孝紓所撰之《匑厂文稿序》:“……甲子匑厂謀鬻畫上海,因章一山左丞之介,來主嘉業堂。……”④

又據黄孝紓《寄劉潛樓侍郎書》:“……翰怡濁世翩翩,今之潛在。嘉業藏書,足供採獲。館中共事,有元和孫益庵、臨桂況夔笙,精研詞章,兼擅考據。麗澤之求,可慰晨夕……”⑤

---

① 蕙風:《餐櫻廡漫筆》,《申報·自由談》,民國十四年(1925)1月9日(甲子年十二月十五日)。

② 龐蓮:《康有爲的家世和晚年生活》,參見“人物ABC網站”http://www.rwabc.com/,2008年10月28日。

③ 陳堅盈:《康有爲家族——道不盡先生是非　掩不住康氏門楣》之《族譜詞典》“康同凝”條,《南方都市報》之《廣州舊聞·家族故事名人傳奇》第16期(總第131期),2007年6月21日,參見“個人圖書館360doc.com”,2010年5月21日。

④ 閩縣黄孝紓頵士:《匑厂文稿》劉序,江甯蔣氏湖上草堂叢刊之一,沈雲龍主編《近代中國史料叢刊》第73輯,臺灣文海出版社有限公司印行,第19-20頁。

⑤ 閩縣黄孝紓頵士:《匑厂文稿》卷六,葉四,江甯蔣氏湖上草堂叢刊之一,沈雲龍主編《近代中國史料叢刊》第73輯,臺灣文海出版社有限公司印行,第251頁。

## 1925 民國十四年 乙丑 六十五歲

**正月初一或稍後,先生獲沙孟海贈所刻"常利"白文方印。**

據《沙孟海篆刻集》所載"常利"白文方印。其邊款云:"乙丑元旦儗｜漢鑿印。"又云:"蕙風先生嘗屬缶翁｜作荔支立軸,題其耑曰｜唯利是圖。敬以是印奉‖貽,爲｜先生首春試筆｜利市。文若。"①

【按一】真微印網亦載,1925年沙孟海曾爲先生刻白文"常利"印,②其資料或出自《沙孟海篆刻集》。

【按二】沙孟海《僧孚日録》:"乙丑年元旦……擬漢鑿印刻常利二字……"③

**開歲,曾與兒輩談論《東周列國演義》。**

據《餐櫻廡漫筆》:"開歲無俚。兒輩案頭,有《東周列國演義》,偶一幡帋……曩余輯《證璧集》……辨西施隨范蠡之誣。語兒亭舊説之非……"④

【按】此筆記發表於是年乙丑正月十九日,估計亦成於是年;其云"開歲",故暫繫於是年初。

**正月,馮开因讀先生《天春樓漫筆》所記夜來香與螳螂事,遂與先生聯句《浪淘沙》,先生其後復占《如夢令》一闋"已忍前塵如夢"。**

---

① 沙更世主編:《沙孟海篆刻集》,榮寶齋出版社1994年5月第1版,第7頁。

② 真微印網篆刻印學專業網站:www.sealbank.net,真微書屋印學資料庫,"真微印庫"之"況周頤"條,2007年4月30日。

③ 沙孟海著:《僧孚日録》,轉引自沙茂世編撰《沙孟海先生年譜》1925年1月第3條,西泠印社2010年5月第1版,第21-22頁。

④ 蕙風:《餐櫻廡漫筆》,《申報·自由談》,民國十四年(1925)2月11日(乙丑年正月十九日)。

據《餐櫻廡漫筆》:"曩歲辛酉,撰《天春樓漫筆》,有云:'夜來香,閩廣産。……方萌動閒,必有一二小螳螂,棲集葉底。……雜置夜來香於衆花之閒,他花殊茂密,夜來香蔭疏,而螳螂不集他花也。……八九月閒,螳螂長及二寸,則飛去,不知所之,夜來香亦凋零垂盡。……螳螂之與夜來香爲緣,其殆緑毛幺鳳、桐花鳳之流亞乎?……'君木見而喜之,得'妾是夜來香,郎是螳螂'二句,因成《浪淘沙》後段,屬蕙風補前段,成全闋如左:'風雨黯横塘,著意悲涼。殘荷身世誤鴛鴦。花國蟲天回首憶,猶説情芳。(蕙風) 妾是夜來香,郎是螳螂。花花葉葉自相當,容易秋邊尋夢去,點鬢繁霜。(君木)'"①

又據《餐櫻廡漫筆》:"曩譔《天春樓漫筆》,記夜來香螳螂事。君木見而憙之,得'妾是夜來香,郎是螳螂'二句,與漁洋山人'妾是桐花,郎是桐花鳳'句政同;因與蕙風連詠,成《浪淘沙》一闋。(見前)蕙風觸類興感,復占《如夢令》云:'已忍前塵如夢,猶説三生情種;妾是玉梅花,郎是緑毛幺鳳。寒重,寒重,明月一窗誰共。'老去傷春,不能爲歡娱之言矣。"②

又據沙孟海《僧孚日録》亦有記載此事,《沙孟海先生年譜》繫此事於 1925 年 2 月第三條。③故本譜暫繫此事於是年正月。

【按一】《浪淘沙》聯句詞,又見馮幵《回風堂詞》葉七至八。④

---

① 蕙風:《餐櫻廡漫筆》,《申報·自由談》,民國十四年(1925)3 月 13 日(乙丑年二月十九日)。

② 蕙風:《餐櫻廡漫筆》,《申報·自由談》,民國十四年(1925)3 月 27 日(乙丑年三月四日)。

③ 沙茂世編撰:《沙孟海先生年譜》,西泠印社 2010 年 5 月第 1 版,第 22 頁。

④ 朱孝臧編:《滄海遺音集》(與《詞莂》同册),楊家駱主編《中國學術名著·詞學叢書之一》,世界書局印行,1962 年元月。

唯與先生於《餐櫻廡漫筆》所記版本略异。①此詞及《如夢令》皆未見編入先生之詞集。

【按二】馮幵弟子沙孟海之《沙邨印話》亦録有此《浪淘沙》聯句詞,并云先生曾囑其爲此詞刻印以記之。②

【按三】先生與馮幵之弟子,鄞縣陳寥士曾爲二人咏螳螂事題律詩一首:"馮螳螂與況螳螂,留與詞壇作典章。沙子片岷成劇蹟,朱家什襲付珍藏。清詞足比桐花鳳,遺迹誰尋草樹岡。不學争墩能讓號,二風高致勝瓛郎。"③

【按四】馮螳螂與況螳螂,實先生與馮幵互冠之名號,沙孟海《沙邨印話》有記云:"君木師以蕙風丈體物之微,稱之爲'況螳螂'。蕙風丈則曰:'就詞句言,當稱爲"馮螳螂"矣。'"④

【按五】夏敬觀曾記述,先生與馮、陳等之題咏墨迹,爲朱别宥所藏。⑤ 後於1951年秋,朱復戡曾爲朱鬱卿藏、趙叔孺畫、馮君木、況夔笙題詩之《夜來香螳螂圖》題撰《五古·題趙叔孺畫並序》。⑥疑朱復戡所題之圖,或與夏敬觀所記述者同。

【按六】朱贊卿(1885－1968),名鼎煦,號者卿、宰卿、鬱卿、别

---

① 蕙風:《餐櫻廡漫筆》,《申報·自由談》,民國十四年(1925)3月13日(乙丑年二月十九日)。

② 沙孟海:《沙邨印話》,見《沙孟海論書叢稿》,上海書畫出版社1987年3月第1版,第91－92頁。

③ 夏敬觀著:《忍古樓詞話》"陳寥士"條,唐圭璋編《詞話叢編》第5册,中華書局1986年1月第1版,第4813－4814頁。

④ 沙孟海:《沙邨印話》,見《沙孟海論書叢稿》,上海書畫出版社1987年3月第1版,第92頁。

⑤ 夏敬觀著:《忍古樓詞話》"陳寥士"條,唐圭璋編《詞話叢編》第5册,中華書局1986年1月第1版,第4813頁。

⑥ 侯學書著:《朱復戡年表》(上),《徐州師範大學學報》2003年(第29卷)第3期總第115期,2003年7月,第161頁。

宥、香句，浙江蕭山人。1914 至 1941 年間於鄞縣任職律師，1949 年曾任浙江省文史研究館館員等。乃近代著名收藏家，收藏古籍十餘萬卷、碑帖五百餘種、書畫千餘件、其它文物近二千件，卒後家屬遵其遺願，悉數捐贈予甯波天一閣博物館，成爲該館收藏中最珍貴、最重要之組成部分。①

**二月二十一日以前，趙尊嶽繪《高梧軒圖》徵題，先生爲題《百字令》"倚雲撑碧"。**

據《餐櫻廡漫筆》："西湖山水，明秀窈深，詞境也。叔雍築高梧軒於湖上，繪圖徵題。……蕙風《百字令》云：'倚雲撑碧，蔭茜紗青玉，圖書彝鼎。畫罨壺天塵不到，何似結廬人境。公子烏衣，詞仙黄絹，標格同清夐。桐花奇艷，衍波消得名盛（王文簡有《衍波詞》）。　佳氣鳴鳳朝陽，舒榮鬱秀，長共椿暉永。不數龍門高百尺，看取孫枝英挺。大好秋容，最宜商調，蝶戀花重詠（趙德麟有《商調蝶戀花》）。鑪熏琴趣，翠陰簾幙深静。'"②

【按一】此筆記發表於新曆 1925 年 3 月 15 日（即舊曆乙丑年二月二十一日），題詞當成於此日之前。

【按二】此詞未見入集。

**二月，先生繪紅梅圖，賦《減字浣溪沙》"文采風流易慶之"并題。**

據先生所繪紅梅圖上行書題詞："文采風流易慶之，澄心妙蹟繼徐熙。春空霞綺在瓊枝。　世外仙源如可即，門中人面最相思。爲誰珍重買臙脂。"詞末署"《減字浣溪沙》，乙丑中春況周頤並繢"。署名下鈐直行"蕙風"朱文印，圖左下方又鈐有印二：一

① 稿録自《朱贊卿先生捐贈文物精品展前言》，見天一閣博物館網頁，2008 年 5 月 21 日。參見 http://www.tianyige.com.cn/clzl_detail.asp・ID = 2118，2010 年 5 月 21 日。

② 蕙風：《餐櫻廡漫筆》，《申報・自由談》，民國十四年（1925）3 月 15 日（乙丑年二月二十一日）。

爲白文“況周頤印”,一爲横行朱文“夔笙”。①

【按】此詞未見入集。

**二月,先生屬沙孟海作印“有殷勤之意者好麗”,後曾號所居處曰“好麗樓”。**

據《餐櫻廡漫筆》:“沙孟海作白文印貽余,文曰:‘有殷勤之意者好麗’,剌韓嬰傳語,謂宜詞後用之。此印深入漢法,得‘勁潤韻静靚’五字之妙,合作也。”②

【按一】考《沙孟海篆刻集》載“有殷勤之意者好麗”白文印兩方,其一之邊款云:“《韓詩外傳》語。木師命刻,乙丑二月,文若。”其二云:“君木師以韓嬰詩｜傳語令刻小印,｜蕙風先生見而稱｜善,屬仿前作,遂｜爲此語治弟二印。｜乙丑二月,文若並記。”③《漫筆》所記者,當爲此第二印。

【按二】沙孟海《僧孚日録》:“所刻有殷勤之意者好麗一印,馮師絶愛之,謂凡余所爲刻諸石無過此者。蕙風先生見之,以爲將贈己,喜甚。筆之摘記謂:‘深得漢法,有勁潤韻静靚五字之妙。’後知此印乃爲馮師刻,師又不肯轉以相貽,固令仿前作再刻一鈕。其手札云:‘當賦長調題大著印譜。’余爲狂喜,即夕走刀成之,兩印固難别高下也。”④是以知先生曾爲得此印,曾有一手札致沙氏,并允諾將爲其印譜賦題長調。

---

① 見上海嘉泰 2007 年秋季藝術品拍賣會之古籍善本圖録,拍品第 1274 號。

② 蕙風:《餐櫻廡漫筆》,《申報·自由談》,民國十四年(1925)3 月 22 日(乙丑年二月二十八日)。

③ 沙更世主編:《沙孟海篆刻集》,榮寶齋出版社 1994 年 5 月第 1 版,第 11 頁。

④ 沙孟海著:《僧孚日録》,轉引自沙茂世編撰《沙孟海先生年譜》1925 年 3 月第 1 條,西泠印社 2010 年 5 月第 1 版,第 22 頁。

【按三】《沙孟海篆刻集》又載朱文印曰“好麗｜廔”，邊款云：“蕙風先生｜取韓詩外｜傳語以名｜其廔，文若‖爲治印，識｜之。”①同集又有另一朱文“好麗樓”方印，無邊款，②故未能繫年，或亦爲同時期之作。

**二月，先生以臨桂中隱山磨崖上，唐李渤語，屬沙孟海作朱文印，文曰“受天雅性，生不雜翫”。**

據先生《餐櫻廡漫筆》之記載。③

又據《沙孟海篆刻集》載有此朱文方印；印文首二行各刻三字，末行二字；邊款曰“唐李渤桂林｜中隱山題字｜蕙風先生令｜刻文若”④。此印亦及邊款亦載於《蕙風宧遺印》。⑤

又據沙孟海《僧孚日録》：“爲蕙風先生刻‘受天雅性，生不雜玩’八字，乃唐李渤桂林中隱山題字，先生用以自況也。……”《沙孟海先生年譜》繫此事於 1925 年 3 月第二條。⑥故本譜暫繫此事於是年二月。

**二月，先生以沙孟海所刻諸印示吴昌碩。**

據沙孟海《僧孚日録》，《沙孟海先生年譜》繫此事於 1925 年 3 月

---

① 沙更世主編：《沙孟海篆刻集》，榮寶齋出版社 1994 年 5 月第 1 版，第 12 頁。

② 沙更世主編：《沙孟海篆刻集》，榮寶齋出版社 1994 年 5 月第 1 版，第 2 頁。

③ 蕙風：《餐櫻廡漫筆》，《申報·自由談》，民國十四年（1925）5 月 3 日（乙丑年四月十一日）。

④ 沙更世主編：《沙孟海篆刻集》，榮寶齋出版社 1994 年 5 月第 1 版，第 62 頁。

⑤ 請參見《蕙風宧遺印》第 29 印，乙未（1955）閏三月，濮尊朱佛齋拓本。

⑥ 沙茂世編撰：《沙孟海先生年譜》，西泠印社 2010 年 5 月第 1 版，第 22 頁。

第三條。①故本譜暫繫此事於是年二月。

**三月六日之前，先生與馮幵、陳屺懷聯句，賦《蝶戀花·感事連句次六一韻》三闋。**

據馮幵《回風堂詞》，詞集收録有《蝶戀花·感事連句次六一韻》三闋，詞中有"君木""天嬰""蕙風"等夾注，故知三闋詞乃先生等三人之聯句詞作。②

【按】先生是年與馮幵、陳屺懷多有唱酬，此詞中有"和春住""春色"等語；且此筆記發表於是年三月初六日，故知此事應繫於三月六日之前。

**三月六日之前，先生曾賦《蝶戀花》"少日年芳"，以和陳屺懷寄貽之近作。**

據《餐櫻廡漫筆》："天嬰自滬之杭，賦詞寄貽，調《蝶戀花》云……蕙風次韻云：'少日年芳何處去，極目江潭，總是傷心樹。愁到今年誰與語，十年飄泊愁邊住。　杜宇聲聲朝復暮，未必天涯，只有春歸處。往事如塵吹作霧，漂摇獨活悲歧路。'"③

【按一】此詞未見入集。

【按二】上引筆記發表於是年三月初六日，故知此詞應賦於三月六日。

**三月六日之前，馮幵曾於夢中，見先生自署"況曲瓊"，以告先生；先**

① 沙茂世編撰：《沙孟海先生年譜》，西泠印社 2010 年 5 月第 1 版，第 22 頁。

② 馮幵：《回風堂詞》，葉八至九，朱孝臧編《滄海遺音集》（與《詞莂》同册），楊家駱主編《中國學術名著·詞學叢書之一》，世界書局印行，1962 年元月。

③ 蕙風：《餐櫻廡漫筆》，《申報·自由談》，民國十四年（1925）3 月 29 日（乙丑年三月六日）。

**生因賦《蝶戀花》“庭院陰陰”。**

據《餐櫻廡漫筆》:“君木夢中,字余曰曲瓊,以告余。曲瓊,簾鈎也,見《楚辭·招魂》。爲賦《蝶戀花》云……”①

又據馮幵《回風堂詞》葉九,《浣溪沙》“聽到瓊鉤”詞序:“夜夢夔老過存,出一剌署曰‘況曲瓊’,醒以告夔老,爲賦《蝶戀花》一解,淒清簫槭,深寓悼亡之意;感物造端,其哀深矣。踵賦一詞解之。”②

【按一】上引《餐櫻廡漫筆》發表於是年三月初六日,故知此事當繫於三月六日之前。

【按二】先生此《蝶戀花》詞未見入集。詞云:“庭院陰陰風雨過,人去簾垂,生受淒涼我。欲斷旌懸何日可? 輸他銀押偏寧妥。　　牽掛早知成日課,瘦影寒宵,愁共纖蟾墮。更憂花風驚夢破,吉丁當是招魂些。(心摇摇如懸旌,簾旌也,去簾額。)”③

【按三】其後先生又嘗於《餐櫻廡漫筆》,盛贊馮氏《浣溪沙》“聽到瓊鉤”詞。④

**暮春之初,先生與麐仲、馮幵、君誨,夜集玉暉樓,有詞《蝶戀花》“簾幙殘寒”。**

據《餐櫻廡漫筆》:“《蝶戀花》(有序)暮春之初,餘寒猶峭。麐仲招同君木、君誨,夜集玉暉樓,口占此解。自來比方玉容,輒曰如花。若夫娟静成韻,令人一見生憐,花亦未易克辦,不圖得之海

① 蕙風:《餐櫻廡漫筆》,《申報·自由談》,民國十四年(1925)3月29日(乙丑年三月六日)。

② 朱孝臧編:《滄海遺音集》(與《詞莂》同册),楊家駱主編《中國學術名著·詞學叢書之一》,世界書局印行,1962年元月。

③ 蕙風:《餐櫻廡漫筆》,《申報·自由談》,民國十四年(1925)3月29日(乙丑年三月六日)。

④ 蕙風:《餐櫻廡漫筆》,《申報·自由談》,民國十四年(1925)5月1日(乙丑年四月九日)。

市坱莽中,而無一言通吾鄭重,則好麗之謂何矣。水韻二句,是否妙肖其人,還以質之木公。'簾幙殘寒春擁髻,静若紅蕖,無語顰烟水。婉婉情文生茂美,苕華珍重鐫名字。　　幾許尊前憐惜意,作箇花旛,拌與分顴頳,老鬢蕭疏無復理,花天苦憶年時醉。(蕙風)'……"①

【按】此詞未見入集。

**三月二十日,先生發表集外詞《八聲甘州·題許奏雲雲亭垂釣圖》。②**

【按】此詞未見入集。詞云:"足平生,青笠緑蓑衣,披裘笑嚴光。莽塵涯回首,目迷蒼狗,劫趕紅羊。誰識直鈎心事,磯斷古苔荒。岸幘憑闌處,一角殘陽。　　瑪瑙坡名證取,悄雲根拂拭,遺恨滄桑。更梅癯鶴怨,金粉恁淒涼。撼秋聲、掛瓢無樹;算釣游、能得幾鷗鄉。烟波路,覓元真子,説與疏狂。"③

**三月三十日,發表集外詞《念奴嬌·題程君姬人儷青墓志後》。④**

【按】此詞未見入集。詞云:"情天忉利,説蘭因悽斷,坤靈鴛牒。最憶垂楊芳草渡,春水初迎桃葉。綵袖添香,紅窗問字,婉孌人如月。承歡色笑,北堂飴堇馨潔。　　高致巾幗誰儔,未荒三徑,歸計關情切。早是江山揺落後,禁得玉容長别。畫

① 蕙風:《餐櫻廡漫筆》,《申報·自由談》,民國十四年(1925)4月15日(乙丑年三月二十三日)。

② 蕙風:《餐櫻廡漫筆》,《申報·自由談》,民國十四年(1925)4月12日(乙丑年三月二十日)。

③ 蕙風:《餐櫻廡漫筆》,《申報·自由談》,民國十四年(1925)4月12日(乙丑年三月二十日)。

④ 蕙風:《餐櫻廡漫筆》,《申報·自由談》,民國十四年(1925)4月22日(乙丑年三月三十日)。

舫空波，書舟怨曲（宋程垓《書舟詞》），事往堪華髮。鸞驂何許，莫愁湖畔愁絶。"①

**三月，先生贈與弟子陳運彰書畫團扇一幀。**

據《思無邪菴民國乙丑六月初三日至八月初七日日記手稿》乙丑六月初五日："初五日，晴。……今年三月間，得書畫紈扇一……"②

**三月某夜，先生及馮幵、朱祖謀、沙孟海過訪吳昌碩。**

據沙孟海《僧孚日録》，《沙孟海先生年譜》繫此事於 1925 年 4 月第二條。③ 故本譜暫繫此事於是年三月。

**三月某日，先生兒子維琦，與錢罕之女締婚；同日，以幼女維理，字馮幵之次公子貞用（字仲足）。吳昌碩、朱祖謀、沙孟海等亦與會。**

據《餐櫻廡漫筆》："慈谿錢太希先生（罕）……工書，自籀斯迄褚顔，咸能得其神髓。國朝翁正三學士書法，備具各體，不名一家。得吾太希，信罔俾竱美矣。蕙風大兒維琦今春締姻，爲太希門壻；同日以小女維理許字君木先生之次公子貞用。自帷弇陋，得附兩先生光塵之末，欣幸何如矣。"④

又據沙孟海《僧孚日録》："蕙風先生與吾師及錢希公相與結爲婚

---

① 蕙風：《餐櫻廡漫筆》，《申報 · 自由談》，民國十四年（1925）年 4 月 22 日（乙丑年三月三十日）。

② 陳運彰撰：《思無邪菴民國乙丑六月初三日至八月初七日日記手稿》（篇名由筆者所訂），見收於梁基永博士所藏《紉芳簃襍記》未刊手稿本。筆者蒙梁博士借所藏原本覆印，謹此致謝。筆者以下引《思無邪菴民國乙丑六月初三日至八月初七日日記手稿》，皆據此本。

③ 沙茂世編撰：《沙孟海先生年譜》，西泠印社 2010 年 5 月第 1 版，第 22 頁。

④ 蕙風：《餐櫻廡漫筆》，《申報 · 自由談》，民國十四年（1925）5 月 13 日（乙丑年四月二十一日）。

姻。希公之次女許配又韓，先生之次女許配仲足，皆於今日過允帖。況錢兩家之冰人爲吾師，今日由余與次夷代表之。吳缶廬、朱彊邨諸先生皆集，竟筵後缶翁拍手唱昆曲，尤難得聞見也。”《沙孟海先生年譜》繫此事於 1925 年 4 月第三條。① 故本譜暫繫此事於是年三月。

【按】錢罕(1882－1950)，浙江慈谿人，字太希。書法家，師從梅調鼎。其書有梅氏之長，兼具北碑神韵。與山陰任堇叔齊名，號稱“浙東二妙”。②

**是年春，值卜娱新喪，先生寡居無聊，故時與沙孟海過從，藉摩挲印章以排憂。**

據沙孟海《僧孚日録》：“去年春時爲蕙丈刻印最多，是時蕙丈寡居無聊，嘗語吾師，餘年無可娱遣，唯屬孟海多鐫印章，差堪忘憂。是時丈填詞有‘往事如塵吹作霧，怕無碧落黄泉路’之句，可見其中懷。”《沙孟海先生年譜》繫此資料於 1926 年 11 月第一條。③ 所謂去年春，即指乙丑春，本譜因繫於此。

【按】上引沙孟海日記中提及之先生詞句，乃《蝶戀花》“少日年芳何處去”一詞之最後兩句，發表時改爲“往事如塵吹作霧，漂摇獨活悲歧路”(詳本譜是年三月六日之前之《蝶戀花》“少日年芳”詞條)。此詞應爲悼亡之作，故沙孟海謂可見先生之中懷云，蓋其時先生之夫人卜娱新喪不久也。

---

① 沙茂世編撰：《沙孟海先生年譜》，西泠印社 2010 年 5 月第 1 版，第 23 頁。

② 陳玉堂編著：《中國近現代人物名號大辭典》，浙江古籍出版社 1993 年 5 月第 1 版，第 734 頁。

③ 沙茂世編撰：《沙孟海先生年譜》，西泠印社 2010 年 5 月第 1 版，第 32 頁。

**四月初二日,發表集外詞《水龍吟·爲鄧爾雅題鄺湛若緑綺臺琴拓本》。①**

【按】此詞未見入集。詞云:"故宫遺恨休論,孤桐碧沁萇宏血。甄奇赤雅,解昔雲羿,斯人卓絶。世事悠悠,霓裳羽换,玉笙簧熱。衹名材爨下,英風絃外,堪繞指,成冰雪。　守闕衰殘何憾,數完人、無多清物。情移海上,高山比峻,猗蘭芳潔。仙尉梅花,暗香三弄,古懷千結。信陽春能和,同聲相應,似蕤賓鐵。"②

**四月初七日,發表集外詞《水龍吟·題寒泉閣校碑圖》。③**

【按】此詞未見入集。詞云:"可無清事消磨,春歸何況多風雨。天涯心目,刼餘文物,斷縑殘楮。觸撥閒愁,絶思已忍,高辭何補。(絶思、高辭,所校碑之殘字。)幾摩挲翠墨,循環珠字,知捬卷,消凝否?　中有銅仙情淚,近闌干、泉聲如訴。前塵懷雅,風流不作,歗歌誰與。苦憶承平,金風亭畔,銜杯論古。且焚香閉閣,真傳綵筆,最禁寒處。"④

**四月九日,發表舊作試體詩兩句,及楹言一副。**

據《餐櫻廡漫筆》:"試體詩,賦得蓬萊文章建安骨,得安字,句云:'碧落題碑易,黄初下筆難。'下句屬對工巧,妙造自然。曩余嘗集句爲楹言:'蓬萊文章建安骨,龍馬精神海鶴姿。'偶憶牽連

---

① 蕙風:《餐櫻廡漫筆》,《申報·自由談》,民國十四年(1925)4月24日(乙丑年四月初二日)。

② 蕙風:《餐櫻廡漫筆》,《申報·自由談》,民國十四年(1925)4月24日(乙丑年四月初二日)。

③ 蕙風:《餐櫻廡漫筆》,《申報·自由談》,民國十四年(1925)4月29日(乙丑年四月初七日)。

④ 蕙風:《餐櫻廡漫筆》,《申報·自由談》,民國十四年(1925)4月29日(乙丑年四月初七日)。

記之。"①

**四月十一日，發表集外詞《臺城路·題戴錫三春帆入蜀圖》。②**

【按一】此詞未見入集。詞云："大江瓴建山盤錯，扁舟舊經行處。激石鳴榔，乘風掛席，别有緑波南浦。來時細雨，問野館濃花，者回開否？樹老雲荒，拜鵑依約見臣甫。　瞿塘西上更遠，莫黄牛極目，朝暮如故。聚鶴尋峯，啼猿度峽，消得韶華如許。天涯倦旅，待著意酬春，錦官城路。畫裏前塵，放翁曾記取。"③

【按二】戴錫三，疑是戴三錫之筆誤。戴三錫(1758－1830)，字晋藩，號羨門。丹徒(今江蘇鎮江)人。在蜀久，由縣令至總督。漢隸擅絶一時，而收儲古今名畫尤衆。華陽譚石門曾被召至門下，縱覽宋、元真迹。卒年七十三。④《清史稿》有傳。

**四月十四日，發表集外詞《百字令·某夫人輓詞》。⑤**

【按】此詞未見入集。詞云："金幢西指，到湼拌彼岸，蓮華涌地。靈照云何鋒恁捷，放下漉籬而已。來也無生，寃哉誰説，了了如如諦。祇園接引，净居何似龍子。　刲股一再殫誠，療親應笑，闍夜多無計。感逝傷神香山老，合是佛光法

① 蕙風:《餐櫻廡漫筆》,《申報·自由談》,民國十四年(1925)5月1日(乙丑年四月初九日)。

② 蕙風:《餐櫻廡漫筆》,《申報·自由談》,民國十四年(1925)5月3日(乙丑年四月十一日)。

③ 蕙風:《餐櫻廡漫筆》,《申報·自由談》,民國十四年(1925)5月3日(乙丑年四月十一日)。

④ 《益州書畫録》,轉引自《逸名網名人大全:戴三錫簡介》,參見http://cache.baidu.com/,2008年10月29日。

⑤ 蕙風:《餐櫻廡漫筆》,《申報·自由談》,民國十四年(1925)5月6日(乙丑年四月十四日)。

嗣。明女瞿夷,初禪自在,慧業餘文字。尼陀那竟,導師猶説根利。"①

**四月二十一日,發表集外詞《鷓鴣天·袁母唐太夫人八十壽詞》。②**

【按一】此詞未見入集。詞云:"愛日庭闈景福遐,山河雅度肅笄珈,詞壇牛耳推袁日,荻畫親承憶幔紗。　娥絢采,婺舒華,南枝萼緑汎流霞,壽人合奏房中曲,記省唐山屬外家。"③

【按二】考袁母唐太夫人,應是湘潭袁思亮之母。陳三立曾爲唐太夫人作墓志銘云:"歲壬申正月十五日,湘潭袁思亮伯夔之母唐太夫人卒於上海,享年八十有六……按狀,太夫人唐氏諱舜卿,湘潭人,爲贈榮禄大夫諱倬之女,署兩廣總督海觀尚書諱樹勛之元室,母袁氏又尚書王父之次女也。……"④唐太夫人卒於壬申(1932)年,享壽八十六歲;而先生約於是年(1925)間爲作八十壽詞,時間基本吻合。因此本譜考證,此詞詞題所言之唐太夫人,當爲袁思亮之母唐舜卿。

**約四月,馮幵示先生以舊作,先生讀至"亂世人才比落花"句,爲之涕洟不已。⑤**

**四月某日,先生長女維琚與陳巨來訂婚;是日傍晚設宴況宅,馮幵、**

① 蕙風:《餐櫻廡漫筆》,《申報·自由談》,民國十四年(1925)5月6日(乙丑年四月十四日)。

② 蕙風:《餐櫻廡漫筆》,《申報·自由談》,民國十四年(1925)5月13日(乙丑年四月二十一日)。

③ 蕙風:《餐櫻廡漫筆》,《申報·自由談》,民國十四年(1925)5月13日(乙丑年四月二十一日)。

④ 陳三立著:《誥封一品夫人袁母唐太夫人墓志銘》,《散原精舍文集》卷一七,見陳三立著,李開軍校點《散原精舍詩文集》,上海古籍出版社2003年6月第1版,第1098-1099頁。

⑤ 蕙風:《餐櫻廡漫筆》,《申報·自由談》,民國十四年(1925)5月3日(乙丑年四月十一日)。

**吴昌碩父子、陳運闓、運彰昆仲、趙尊嶽及修能學社諸子與會。**

據沙孟海《僧孚日録》:"況陳兩家締姻,師與趙叔老爲冰人,叔老北行未還由余代表。……傍晚詣況宅飲,吴缶翁東邁父子、黄碩士、陳質庵蒙庵兄弟、趙叔雍及社中諸子外别無他客,竟筵即返社。"《沙孟海先生年譜》繫此事於 1925 年 5 月第五條。①故本譜暫繫此事於是年四月。

【按】趙叔老,應即著名篆刻家趙叔孺,乃陳巨來於篆刻方面之老師。

**閏四月,弟子趙尊嶽爲刊《蕙風詞》二卷,并撰跋。②**

【按】《黄譜》《丁譜》《孫譜》俱繫此資料於是年,但以先生是年爲六十七歲;蓋因取咸豐九年己未(1859)爲先生之生年故也。《賴譜》《馬譜》繫此資料於是年。

**閏四月,先生撰《昔非居士印譜序》。**

據趙穆《古高士傳印譜》,有先生所撰之《昔非居士印譜序》,末署"乙丑閏四月臨桂況周頤"③。

【按一】《古高士傳印譜》,據先生序言所記,乃趙穆所刻,其哲嗣趙小鐵(即趙釗)所編并爲跋。

【按二】昔非居士,乃清季著名印人趙穆之號。趙氏多才多藝,工書法,擅畫菊花、佛像,能刻竹。尤精治印,曾受業於吴讓之十餘年,後追踪秦漢,合皖浙之長,别樹一幟;用刀勁健自然,

---

① 沙茂世編撰:《沙孟海先生年譜》,西泠印社 2010 年 5 月第 1 版,第 23 頁。

② 臨桂況周頤夔笙譔:《蕙風詞》,《惜陰堂叢書》,乙丑(1925)閏四月刻本。

③ 真微印網篆刻印學專業網站:www. sealbank. net,真微書屋印學資料庫,"真微印庫"之"況周頤"條,2007 年 4 月 30 日。《昔非居士印譜序》全文亦下載自該網站,2008 年 5 月 6 日。

不事修飾。有《雙清閣印存》《趙穆印譜》《古高士傳印譜》等等行世。①

【按三】趙氏曾刻“養清書屋”印，邊款署昔非居士之號。②“養清書屋”乃先生十九歲時曾用之齋名；而趙氏則年長於先生十五六歲而已，因此頗疑先生少年時或已與趙氏相識。

**最遲於是年五月，先生自上海遷居蘇州。**

據《餐櫻廡漫筆》：“乙丑五，旅寓吳門……”③

據《餐櫻廡漫筆》：“乙丑五、六月，蕙風賃廡於吳門。……余之眷屬，僅童幼四人……”④

又據沙孟海《沙邨印話》：“乙丑夏，自上海移居蘇州閶門……”⑤

【按一】《賴譜》引《餐櫻廡漫筆》及《沙邨印話》繫此事於是年夏。

【按二】陳巨來《記況公一二事》有云：“乙丑春，因取妾吳門，遷居蘇州（只三月又回上海了）……”又云：“況公乙丑春居蘇州後，李根源幾每日往訪，叩以金石考据之學，入晚又有曲家吳瞿安訪問，談宋詞元曲爲樂。”又云：“在乙丑春日況公……遷居蘇州，爲訪艷納姬也，當時朱、馮二丈苦勸不從，不久聘一待

---

① 松蔭軒藏印譜目録初稿之《古高士傳印譜》，參見 http://cache.baidu.com/，2008 年 4 月 21 日。

② 林乾良：《印迷藏印叢話》之“趙仲穆自用兩面印”，參見 http://cache.baidu.com/，2008 年 4 月 21 日。

③ 蕙風：《餐櫻廡漫筆》，《申報·自由談》，民國十四年（1925）8 月 17 日（乙丑年六月二十八日）。

④ 蕙風：《餐櫻廡漫筆》，《申報·自由談》，民國十四年（1925）9 月 2 日（乙丑年七月十五日）。

⑤ 沙孟海：《沙邨印話》，見《沙孟海論書叢稿》，上海書畫出版社 1987 年 3 月第 1 版，第 90 頁。

詔之女施氏……"①據此,則先生自滬還蘇之事,當繫於乙丑春。唯據本譜所考先生在蘇之行迹,皆約始於是年五月,或陳氏後來之憶述稍稍有誤,待考。今據先生《餐櫻廡漫筆》之言,暫繫其還蘇一事於此。

【按三】據上述陳巨來所述,先生之所以還居蘇州,乃因要於蘇州納姬;不久即納施氏爲妾。又知先生居蘇州時,與李根源(印泉)、吳梅(瞿安)多所往還。

**五月,先生旅寓吳門,得友人汪甘卿贈其太夫人吳茝所著之《佩秋閣遺稿》詩二卷,詞、駢文各一卷。②**

**六月初三日,先生弟子陳運彰來謁,時先生在上海。**

據《思無邪菴民國乙丑六月初三日至八月初七日日記手稿》:"乙丑六月初三日,晴。 午後驟雨乍晴。 謁蕙風師,中途遇雨,乃抵師寓,彼處並未有雨也,奇哉。 趙叔雍來,未晤。"③

【按】先生其時已自吳門歸,而小住滬上,詳參下條。

**六月初五日,先生弟子陳運彰來謁於滬上寓所,并饋二百金。先生繪扇面題贈。**

據《思無邪菴民國乙丑六月初三日至八月初七日日記手稿》乙丑六月初五日:"初五日,晴。 九華堂買扇面。 謁蕙師,並饋二百金。時蕙師擬赴蘇州。 抵蕙師寓,適又韓兄作畫方

---

① 陳巨來:《安持人物瑣憶》之《記況公一二事》,見上海文藝出版總社網頁 http://www.shwenyi.com,2007年2月5日。資料參見 http://cache.baidu.com/,2007年5月1日。又見《萬象》2003年第5卷第8期,第113-117頁。又見陳巨來:《安持人物瑣憶》,上海書畫出版社2011年1月第1版,第129-131頁。

② 蕙風:《餐櫻廡漫筆》,《申報·自由談》,民國十四年(1925)8月17日(乙丑年六月二十八日)。

③ 陳運彰撰:《思無邪菴民國乙丑六月初三日至八月初七日日記手稿》。

竟，畫具未撤，因□以扇面，□師作畫。師本不工書畫，嘗自謙遜，所有一切酬應題記，都倩人代書，因自號'手盲'。今日適興至，爲摹巨然《泛月圖》真本，畫作兩岸雜樹，長橋如虹，一人泛舟微波閒，竟甚奇辟。畫畢自□，改題爲《桃源無雜樹，何處泛吾舟》；畫本不工，饒有士氣。昔李蒓客作山水，屋高於山，人高於屋，不害其爲名士畫也。今日之畫，當與之異曲同工也。曩年嘗求師作書輒不肯，今年三月閒，得書畫紈扇一，今又得此箑，緣分不淺也。"①

【按】陳運彰是日日記中有云"時蕙師擬赴蘇州。　抵蕙師寓，適又韓兄作畫方竟"，可證先生其時已歸自吳門，小住滬上。

又據《詞學季刊》載先生繪贈陳運彰山水畫扇面上之識語："桃源有雜樹，何處泛吾舟。乙丑六月蒙盦學兄雅令，周頤。"②

【按】《黄譜》繫《詞學季刊》資料於是年，但以先生是年六十七歲；蓋因取咸豐九年己未(1859)爲先生之生年故也。

**六月初八日，先生翌日赴蘇前，訪弟子陳運彰，并爲書近詞二闋。**

據《思無邪菴民國乙丑六月初三日至八月初七日日記手稿》乙丑六月初八日："初八日，晴。　蕙師來。又韓拉陳巨來來；巨來，蕙師婿也。　蕙師定明日赴蘇，鐙下爲書近詞二闋。"③

**六月初九日，先生赴蘇。**

據《思無邪菴民國乙丑六月初三日至八月初七日日記手稿》乙丑

① 陳運彰撰：《思無邪菴民國乙丑六月初三日至八月初七日日記手稿》。

② 見《詞學季刊》第1卷第2號，澳門海外圖書出版社1967年再版發行本，圖版4，況蕙風畫山水扇面真迹，陳蒙庵先生藏本。

③ 陳運彰撰：《思無邪菴民國乙丑六月初三日至八月初七日日記手稿》。

六月初八日:"初八日,晴。……蕙師定明日赴蘇……"①

**六月十二日,陳運彰至先生家,詢先生歸期。**

據《思無邪菴民國乙丑六月初三日至八月初七日日記手稿》乙丑六月十二日:"十二日,晴、熱。 到蕙師家,詢蕙師歸期,遇又韓兄,詢陳巨來住址,住址爲南都成路萬樂坊七百零七號。"②

**六月十四日,先生自蘇州歸上海。**

據《思無邪菴民國乙丑六月初三日至八月初七日日記手稿》乙丑六月十七日:"十七日,陰、熱甚。……得又韓復函。 蕙師於十四日已回滬。定□九秋家,吳門寓張廣橋下塘潤德里弟一家。"③

**六月十九日,陳運彰來謁,先生爲改兩稿,又贈以《蕙風詞》二册。**

據《思無邪菴民國乙丑六月初三日至八月初七日日記手稿》乙丑六月十九日:"十九日,陰、稍涼。 朵雲軒買紙。 謁蕙師,携兩稿就改。即改田輓詩一首。適□次□携一小册訪師,册寫朱竹君和昌黎、東野諸詩。師讀之,稱其詩極奇,其奇妙在澹,又曰詞筆亦可用奇。劉須溪詞□已,詩奇□結實,詞奇□靈。題□載□三□耄耋圖詞,改畢携歸。 師贈《蕙風詞》二册。 夜寫田輓詩。"④

**六月二十六日,先生忙於料理翌日赴蘇之行裝。陳運彰來謁,適先生命次兒小宋携書板往寄存於陳運彰家。同夕,趙尊嶽設宴爲先生**

---

① 陳運彰撰:《思無邪菴民國乙丑六月初三日至八月初七日日記手稿》。

② 陳運彰撰:《思無邪菴民國乙丑六月初三日至八月初七日日記手稿》。

③ 陳運彰撰:《思無邪菴民國乙丑六月初三日至八月初七日日記手稿》。

④ 陳運彰撰:《思無邪菴民國乙丑六月初三日至八月初七日日記手稿》。

餞行。

據《思無邪菴民國乙丑六月初三日至八月初七日日記手稿》乙丑六月二十六日:"廿六日,晴。　謁蕙師,適蕙風師定明日赴蘇,正在料理行裝,頗忙碌,而屬小宋以書板寄存吾家,彼此相左,比歸,而小宋行矣。　晚,趙叔雍邀飲一桂香,爲蕙師餞行,同有孫益庵、劉翰怡、黄公渚、陳巨來、鄭讓于及小宋兄。……"①

**先生赴蘇前,黄孝紓賦詩贈别。**

據匑厂五言律詩《送況蕙風移居吴門》,詩題明指先生移居蘇州一事。②故繫於此。

【按】《送況蕙風移居吴門》詩云:"萬事從何説,淒然共一杯。衆讒傾國貌,天老著書才。海日荒荒盡,浮生冉冉催。向來珍惜意,臨别爲低徊。"③

**六月二十七日,先生赴蘇。**

據《思無邪菴民國乙丑六月初三日至八月初七日日記手稿》乙丑六月二十六日:"廿六日,晴。　謁蕙師,適蕙風師定明日赴蘇,……"④

**六月,先生率子況維璟,瞻禮於蘇州況公祠下;後囑次子維璟、後輩沙孟海刻印記之。**

據《餐櫻廡漫筆》:"蘇州胥門内東美巷北頭,柳巷東頭,(其後曰花街)市廟一楹,丹其垣,額題'吴縣麗娃鄉'……隔河爲西美巷,余先世明循吏況公專祠在焉。(公諱鍾,字伯律,新建人,嘉靖間,蘇州知

① 陳運彰撰:《思無邪菴民國乙丑六月初三日至八月初七日日記手稿》。

② 《雅言》1942 年第 4 期,葉四。

③ 《雅言》1942 年第 4 期,葉四。

④ 陳運彰撰:《思無邪菴民國乙丑六月初三日至八月初七日日記手稿》。

府,其影壁題‘青天猶在’字。)是日,挈次兒維璟,詣祠瞻謁,歸值甚雨,炎景退舍,旅窗清寂,命璟刻印曰‘麗娃鄉循吏祠奉祀生’白文。”①

又據《沙孟海篆刻集》,沙孟海嘗刻朱文印曰“麗娃鄉|循吏祠|奉祀生”,邊款曰:“況蕙風先生,爲|明循吏蘇州太|守伯律公裔孫。|公祠在胥門内西|美巷,即古麗|娃鄉。乙丑六月,|先生率次君小宋,|瞻禮祠下,屬刻|此印。 文若。”②

又據《沙邨印話》:“蕙風丈……乙丑夏,自上海移居蘇州閶門,其地舊名麗娃鄉,有明太守況伯律(鍾)遺祠,先生之先德也。又屬刻一印曰‘麗娃鄉循吏祠奉祀生’。”③

【按一】莊威《蕙風宧遺印小識》一文載,先生有印章“麗娃鄉循吏祠奉祀生”,邊款與沙孟海所刻相同,但未載“文若”下款。④

【按二】《賴譜》繫《餐櫻廡漫筆》《蕙風宧遺印小識》資料於是年。

**夏,先生在蘇,曾訪況鍾公畫像石不果;稍後,獲申振剛寄示拓本。**

據《餐櫻廡漫筆》:“先德明循吏公,事在國史,并有畫像,刻石蘇州,傳之於今,日漸剥蝕。申笙詩廳長(振剛),昨年治蘇,重付拓治,誠盛舉也,并跋詩以志其事……余今夏流寓吳閶,仰止前□,

---

① 蕙風:《餐櫻廡漫筆》,《申報·自由談》,民國十四年(1925)年 8 月 21 日(乙丑年七月三日)。

② 沙更世主編:《沙孟海篆刻集》,榮寶齋出版社 1994 年 5 月第 1 版,第 17 頁。

③ 沙孟海:《沙邨印話》,見《沙孟海論書叢稿》,上海書畫出版社 1987 年 3 月第 1 版,第 90 頁。

④ 莊威:《蕙風宧遺印小識》,《中華文史論叢》第 8 輯,上海古籍出版社 1978 年 10 月第 1 版,第 422 頁。

欲追遺蹟,苦不得果。申君者又怱怱未獲識荆,乍承寄示拓本,慚感交迫矣。"①

【按】此筆記發表於新曆1926年1月19日(即舊曆乙丑年十二月六日),其云"今夏",即是年乙丑(1925);而是年先生曾客蘇州,故繫於是年。

**秋,先生赴蘇後,賃廡海潤里。**

據民國范煙橋筆記文集《茶煙歇》"況蕙風髦年置妾"條云:"況蕙風……十四年秋,以嫁女來吳門,即賃廡海潤里以居。一時就而問字者,車闐窮巷。……"②

**七月初一日,陳運彰寄信至蘇州予先生,索改壽詞。**

據《思無邪菴民國乙丑六月初三日至八月初七日日記手稿》乙丑七月初一日:"初一日,晴、又熱。　涼已數日矣,今日復熱。寄蕙師蘇州信,索改壽詞并寄《題巖居水飲圖詞》去。"③

**七月初七日,先生於蘇州之寓布置未定,致函趙尊嶽時,頗有流離轉徙之慨。**

據先生致趙尊嶽函:"尗雍仁兄篔席:　惠箋誦悉,《洞仙哥令》甚佳。鰥生|流離轉徙,興味蕭然,繼此處境,恐不能如詞境之佳,|是則至爲悵矣。星垣、樸存兩公,奋拜均未得見;悟|樸存之尊翁少溪先生,談片刻許。吳維賢兄,至爲可|感,不日來滬,當敬謁謝。祈　先爲致意爲荷。《漫筆》兩|次,祈即　轉交,遲恐弗及。敝寓一切布置未定,電燈尚未|接綫,煩悶異常。匆上。

---

①　蕙風:《餐櫻廡漫筆》,《申報·自由談》,民國十五年(1926)年1月19日(乙丑年十二月六日)。

②　范煙橋:《茶煙歇》,上海書店影印出版(據中孚書局1934年版複印),1989年10月第1版,第7－8頁。

③　陳運彰撰:《思無邪菴民國乙丑六月初三日至八月初七日日記手稿》。

即頌｜侍祺　頤拜手　雙蓮節。"①

【按】此信不署年份，唯内容蓋言剛移寓蘇州之事，故應作於是年之雙蓮節。

**七月初十日，先生致函趙尊嶽。**

據先生致趙尊嶽函："叔雍仁兄箸席：前日快信，計達｜典籤。《漫筆》二次，計蒙｜轉交矣。茲又寄來二次，祈即｜轉交。抵蘇十日，異常忙亂，電鐙昨夕甫放光明。｜訂詞準三日内與下次漫筆同寄、寫扇扇已買準五日内或與詞同寄報｜命不誤。匆上。敬頌｜侍祺　同頤拜手　七月初十日｜堂上祈　致意奉候。"②

【按一】此信不署年份，蓋先生移居蘇州後十日時作，故繫於是年之七月初十日。

【按二】信中所謂"訂詞"，即趙尊嶽之《洞仙歌令》（參是年"七月初七日"條）。

**七月十四日，先生已爲趙尊嶽之《洞仙歌令》，酌易數字，又交《餐櫻廡漫筆》稿二次。**

據先生致趙尊嶽函："高梧仁兄吟席：《洞仙歌令》酌易數字呈｜鑒。《漫筆》二次，祈｜轉交。大馮三兄一則，確是讀書心得，唯入報恐不合格，竊意偶一爲之當屬無妨耳。此頌｜侍祺　頤拜手　七月十四日。"③

【按一】此信不署年份，唯内容涉及先生爲趙尊嶽改定《洞仙歌

① 國家圖書館善本部編：《趙鳳昌藏札》，國家圖書館出版社 2009 年 10 月第 1 版，見該書第 2 册，第 216 頁。

② 國家圖書館善本部編：《趙鳳昌藏札》，國家圖書館出版社 2009 年 10 月第 1 版，見該書第 2 册，第 204 頁。

③ 國家圖書館善本部編：《趙鳳昌藏札》，國家圖書館出版社 2009 年 10 月第 1 版，見該書第 2 册，第 217 頁。

令》事(參是年"七月初七日及初十日"條),故繫於是年七月十四日。

【按二】另有先生手書之《洞仙歌令》,蓋屬先生爲趙氏改定後之詞稿。①

**七月十五日,先生有手函命小宋自蘇州携至陳運彰。**

據《思無邪菴民國乙丑六月初三日至八月初七日日記手稿》乙丑七月十五日:"七月十五日,晴,秋涼。 臨《東坡書養生論》,今日開始。 況小宋自蘇州來,携蕙師手函至。 聞馮君木到滬。"②

**七月十七日,先生致函趙尊嶽,交《餐櫻廡漫筆》稿一次。**

據先生致趙尊嶽函:"叔雍仁兄吟席:日前璟兒回蘇,奉到|清貺百羊,紉佩無已。以名教事功等字部居往|籍,甚爲精當,唯學執二字未審,應再酌否?《花心|動》《最高樓》兩詞,容即審定寄奉。蘇寓再遲數|日,必可得稍清暇,壹是當敬報|命。匆布順頌|侍祺　周頤拜手　七月十七日|堂上敬奉候鳴謝,祈爲道達。"信左下方小字別注云:"《漫筆》一次,因就江先生之便,託其|帶來,祈　轉交爲幸。|前月館潤,祈　代支領暫存|尊處,遲日或弟自己或小兒須到申也。"③

【按】此信不署年份,唯内容涉及先生寓蘇之事,故繫於是年七月十七日。

**七月二十二日之前,先生嘗與吳梅連日過從,共同商榷詞曲宮調之**

① 國家圖書館善本部編:《趙鳳昌藏札》,國家圖書館出版社 2009 年 10 月第 1 版,見該書第 2 册,第 218 頁。

② 陳運彰撰:《思無邪菴民國乙丑六月初三日至八月初七日日記手稿》。

③ 國家圖書館善本部編:《趙鳳昌藏札》,國家圖書館出版社 2009 年 10 月第 1 版,見該書第 2 册,第 202 頁。

**説，并云彼此皆有徹悟。**

據《餐櫻廡漫筆》："訪吴癯菴(梅)於蒲菱巷，商榷詞曲宫調之説，深談逾子夜，僅有簡當精徹之言(入《蕙風續詞話》)，雖余二人同談，亦未易多得也。……"①

【按一】上引筆記言先生以與吴梅談詞曲宫調之徹悟，編入《蕙風續詞話》。其時《蕙風詞話》(惜陰堂甲子雙蓮節刊)刊刻剛逾一年，所謂《蕙風績詞話》，或爲先生續撰之書，惜今已佚。

【按二】吴梅(1884－1939)，蘇州人，字瞿安，又作癯庵(亦作號)。著名曲學大師。早年列名南社，任東吴大學堂教習、主持存古學堂。辛亥革命後，先後任教於南京第四師範、上海民立中學、北京大學、東南大學等。著有《霜崖文録·詩録·詞録·曲録》《中國戲曲概論》《顧曲麈談》等等。② 先生較吴氏年長二十三歲，可謂忘年之交。二人結交，或可溯始於編校《暖紅室彙刻傳劇》一事，詳待考。

又據先生致趙尊嶽函(署七月廿二夕)，曾謂："連日與吴癯庵談宫調，彼此皆有徹悟。"③

【按】此函不署年份，唯内容多涉先生寓蘇之事，故知先生與吴梅談詞曲宫調之事，應繫於是年之七月廿二日前。

**七月二十二日之前，蘇州第一師範學校校長王朝陽，以詞學向先生請業。**

據先生致趙尊嶽函(署七月廿二夕)，曾謂："第一師範校長王君

---

① 蕙風：《餐櫻廡漫筆》，《申報·自由談》，民國十四年(1925)9月12日(乙丑年七月二十五日)。

② 陳玉堂編著：《中國近現代人物名號大辭典》，浙江古籍出版社1993年5月第1版，第366頁。

③ 國家圖書館善本部編：《趙鳳昌藏札》，國家圖書館出版社2009年10月第1版，見該書第二册，第205頁。

飲鶴(名朝陽),近以詞學請業。"①

【按一】此函不署年份,唯内容多涉先生寓蘇之事,故知王氏問詞於先生之事,應繫於是年之七月廿二日前。

【按二】先生嘗往訪蘇州第一師範學校,并於《餐櫻廡漫筆》記其"校長王君飲鶴(朝陽)……工倚聲,有《忘我詞》丙稿……"②

**約七月二十二日之前,吴梅曾示先生以王謇所著之《宋平江城坊考》。其後,先生亦與王氏交契。**

據《餐櫻廡漫筆》:"瞿菴示余《宋平江城坊考》……《城坊考》凡六卷,郡人王佩諍(謇)近箸。王君年甫三十,劬學媚古,淹貫雅故。是書體例精審,稱引賅博。在昔大興徐氏《唐兩京城坊考》、江陰繆氏《京師坊巷志》,勿容專美於前矣。"③

又據瓠廬《〈況周頤致劉世珩手札二十二通〉附識》有云:"……甲午季夏,瓠廬跋於海上寓公谷之流碧精舍。……回憶三十年前,與況公交契,不無悵悵。"④瓠廬即王謇(詳按語),其於甲午(1954)年跋云三十年前與況公交契,即是年也。

【按一】是年七月廿二日之前,先生嘗與吴梅往還甚密(詳上條);估計吴氏向先生介紹王謇著作,亦應在是時,故暫繫於此。

【按二】王謇,江蘇吴縣人,字佩諍,號瓠廬,室名淞濱小廬,金石學家,蘇州東吴大學教授,蘇州美專校董,撰有《吴中氏

---

① 國家圖書館善本部編:《趙鳳昌藏札》,國家圖書館出版社 2009 年 10 月第 1 版,見該書第二册,第 205 頁。

② 蕙風:《餐櫻廡漫筆》,《申報·自由談》,民國十四年(1925)9 月 20 日(乙丑年八月初三日)。

③ 蕙風:《餐櫻廡漫筆》,《申報·自由談》,民國十四年(1925)9 月 16 日(乙丑年七月二十九日)。

④ 吴書蔭:《況周頤和暖紅室〈匯刻傳劇〉》,《文獻》季刊,2005 年 1 月第 1 期(總第 103 期),北京圖書館出版社 2005 年 1 月 13 日出版,第 212 頁。

族志》等。① 又據陶爲衍《〈流碧精舍讀書圖〉記》指,王謇(1888－1969),爲章太炎弟子,亦曾任教於章太炎國學館、東吳大學、震旦大學、華東師範大學等等;又曾任上海市文物保管委員會編纂、上海文史館館員等等;六十歲時,陶冷月曾爲繪《流碧精舍讀書圖》。② 故知流碧精舍,亦王氏之室號。而先生於上引《餐櫻廡漫筆》謂王謇是年年甫三十,或稍有誤,待考。

【按三】吳書蔭教授於《況周頤和暖紅室〈匯刻傳劇〉》一文之注18云:"郄廬:不詳。如有知此人,敬請告知。"③本譜謹以本條【按二】内容,敬答書蔭教授。

**七月二十二夕,先生致函趙尊嶽,交《餐櫻廡漫筆》稿三次。**

據先生致趙尊嶽函,正文曰:"叔雍仁兄吟席:浣誦｜惠箋,並《鶯啼序》,容數日内即審定寄奉。｜抵蘇已還,乃至酬應甚紛(倍於上海),多所耽閣,殊悵悵｜也。館潤祈即　交環兒順帶回蘇。《漫筆》三次｜祈即　轉交今日交方來得及。種費｜清神,紉佩無量。敬頌｜侍祺　周頤拜手　七月廿二夕｜堂上祈　致意敬候。"又於信末空白處別注云:"連日與吳癯庵談宮調,彼此皆有徹悟。　貴同宗字學南新陽人刻《峭帆樓叢書》,人亦極可談,惜鰥生少興會耳。"又別注云:"弟一師範校長王君飲鶴(名朝陽),近以詞學請業。"④

---

① 陳玉堂編著:《中國近現代人物名號大辭典》,浙江古籍出版社1993年5月第1版第1次印刷,第57頁。

② 據卓克藝術網所載,陶冷月《流碧精舍讀書圖》手卷資料,參見http://cache.baidu.com/,2007年5月8日。

③ 吳書蔭:《況周頤和暖紅室〈匯刻傳劇〉》,《文獻》季刊,2005年1月第1期(總第103期),北京圖書館出版社2005年1月13日出版,第213頁。

④ 國家圖書館善本部編:《趙鳳昌藏札》,國家圖書館出版社2009年10月第1版,見該書第2册,第205頁。

【按】此函不署年份，唯内容涉及先生寓蘇之事，故繫於是年之七月二十二夕。

**七月二十八日，先生致函趙尊嶽，交《餐櫻廡漫筆》稿一次，又預告將於月杪來申。**

據先生致趙尊嶽函，署九月十五號。① 此函應自蘇州寄至上海，故應作於是年（1925）移居蘇州期間，而所署日期應爲新曆，即舊曆七月二十八日。

**七月三十日，先生致函趙尊嶽，交《餐櫻廡漫筆》稿二次，又謂因有不得已之應酬故，抵申日期將改於八月初二或初三。**

據先生致趙尊嶽函，署九月十七號。② 函中先生於"後日"二字下自注"初二"，又於"初三日"旁注"即九月二十號"，與是年新舊曆之對應日期相合，其内容亦續言九月十五號函（參本譜是年"七月二十八日"條）之事，故繫於此。

**七月，左湖、陳屺懷、馮幵等友訪先生於蘇州，宴席間與馮幵合作，賦《浣溪沙》聯句兩首。**

據《餐櫻廡漫筆》："乙丑七月，左湖、天嬰、君木，薄游姑蘇，集閶門旅邸。蕙風來會，即席徵歌。寶琴索詞，君木、蕙風連句賦《浣溪沙》贈之，每句嵌座中人字。小美玉磨墨，冶葉、老四捧硯。詞云：'左顧餘情到酒邊，湖山佳處彈吟鞭。（是日左湖冒雨騎驢游虎邱）（蕙）嬰伊軟説嫩涼天。（木）　風雨茜窗消寶篆，蕙蘭芳意託琴絃。（蕙）憑君木石亦纏綿。（木）'又：'風滿雕櫳月滿樓，玉容清美蕙蘭秋，（蕙）紅嬰消息遠天浮。（木）切莫四絃悲老大，湖波左計比情柔，（蕙）鄂君悵望木蘭

---

① 國家圖書館善本部編：《趙鳳昌藏札》，國家圖書館出版社 2009 年 10 月第 1 版，見該書第 2 册，第 209 頁。

② 國家圖書館善本部編：《趙鳳昌藏札》，國家圖書館出版社 2009 年 10 月第 1 版，見該書第二册，第 208 頁。

舟。(木)’”①

【按】此二詞未見入集。

**八月初五日,先生自蘇州歸上海,并爲陳運彰題況維琦所繪之《雲窗授律圖》。**

據《思無邪菴民國乙丑六月初三日至八月初七日日記手稿》乙丑八月初二日:“八月初二日。　接小宋信,蕙師定初三日來申。晚又接一函,乃改定初五來申。”②

又據《思無邪菴民國乙丑六月初三日至八月初七日日記手稿》乙丑八月初五日:“初五日,蕙師來申,并爲題《雲窗授律圖》。蕙師、又韓、巨來同來。”③

【按】先生之題詞,成於是年九月十八日(詳本譜該日條)。

**八月初六日晚,陳運彰宴請先生,同席有馮幵、況維琦、陳巨來等先生。**

據《思無邪菴民國乙丑六月初三日至八月初七日日記手稿》乙丑八月初六日:“初六日　晚宴蕙師都益處,古微、叔雍不到,到者君木、又韓、巨來。”④

**八月初七日,午刻,趙尊嶽與先生、朱祖謀同往消閑别墅。**

據《思無邪菴民國乙丑六月初三日至八月初七日日記手稿》乙丑八月初七日:“初七日,午刻,叔雍約蕙師消閒别墅,與蕙師、古微

---

① 蕙風:《餐櫻廡漫筆》,《申報·自由談》,民國十四年(1925)9月18日(乙丑年八月一日)。

② 陳運彰撰:《思無邪菴民國乙丑六月初三日至八月初七日日記手稿》。

③ 陳運彰撰:《思無邪菴民國乙丑六月初三日至八月初七日日記手稿》。

④ 陳運彰撰:《思無邪菴民國乙丑六月初三日至八月初七日日記手稿》。

同去，徐碧雲亦在座，索詞。　寄□贈郭紀蘭畫扇。”①

**八月十三日，發表《鷓鴣天》“匝地嬌雷”詞之上片。**

據是日刊出之《餐櫻廡漫筆》有云：“滬瀆無山，蕙風詞《鷓鴣天》云：‘匝地嬌雷殷畫輪，疏鐘無力破黄昏。總然明月都如夢，也有青山解辟塵。’蕙風曩謚山水曰無情物（見《蕙風詞話》卷五），此曰解辟塵，奚翅華袞榮褒，山何修而得此。”②

【按】《餐櫻廡漫筆》祇録此《鷓鴣天》詞之上片。全詞已收入惜陰堂本《蕙風詞》卷下葉二十八。

**八月二十一日，與鄭讓于、趙尊嶽，同集蘇州李氏南墅。**

據《餐櫻廡漫筆》：“中秋後六日，同鄭讓于、趙叔雍，集李氏南墅；日將夕矣，霜欲侵鬢，風來襲裙，皆曰：‘蘇州城裏，何其寒也。’蕙風曰：‘城外亦何嘗不寒？唐張繼《楓橋夜泊》句云：“姑蘇城外寒”是其證矣，其“山寺”字衍文耳。’四座爲之軒渠。李先生字蕁樓，平梁邵族，近與蕙風有連。……”③

**九月初一日，先生致函趙尊嶽，言交《餐櫻廡漫筆》稿事。**

據先生致趙尊嶽函，署九月初一日。④此函不署年份，唯内容涉及文稿寄申之事，故應繫於是年先生移居蘇州期間之九月初一日。

【按】是日乃先生六十五歲生日。

**九月初九日，先生致函趙尊嶽，交《餐櫻廡漫筆》稿五次，又預告月**

---

① 陳運彰撰：《思無邪菴民國乙丑六月初三日至八月初七日日記手稿》。

② 蕙風：《餐櫻廡漫筆》，《申報·自由談》，民國十四年（1925）9 月 30 日（乙丑年八月十三日）。

③ 蕙風：《餐櫻廡漫筆》，《申報·自由談》，民國十四年（1925）年 10 月 20 日（乙丑年九月三日）。

④ 國家圖書館善本部編：《趙鳳昌藏札》，國家圖書館出版社 2009 年 10 月第 1 版，見該書第 2 册，第 206 頁。

**半前後有要事須赴申。**

據先生致趙尊嶽函,署重陽日。①

【按】此函不署年份,唯内容涉及《漫筆》稿件寄申之事,故應繫於是年先生移居蘇州期間之重陽日,即九月初九。

**或九月十五日前後,先生因有要事,自蘇抵滬。**

據先生致趙尊嶽函,署重陽日。②

【按】本譜已定此函作於是年之九月初九日(参本譜該日條)。信中有曰"弟月半前後有要事須來申"云,即指九月十五日前後,故繫於此。

**九月十八日,手書爲陳運彰所題之《洞仙歌》"塵飛不到"詞稿,贈弟子趙尊嶽。**

據《詞學季刊》第一卷第二期插圖,《況蕙風手書詞稿真蹟》(趙叔雍先生藏本):"塵飛不到,甚雲閒如我,放鶴歸來見深坐。有松聲合併,幽澗鳴泉,風動處,依約宫商迭和。　一邱聊復尔,桐帽椶鞵,隨分商量到清課。遠致屬聲家,淡墨谿山,君知否箇中薪火?蚤點檢秋期託蘭荃,便裊盡鑪煙,付它寒鎖。　《洞仙歌》題《雲窗授律圖》、纗蘭。乙丑重九後九日,蕙風寫于思無邪垒之北窗下。"③

【按一】此詞未見入集。《黄譜》繫此事於是年,認爲此闋《洞仙歌》當爲先生之絶筆。今據本譜,先生此作之後,至去世之前,尚有詞多闋(詳下)。

---

① 國家圖書館善本部編:《趙鳳昌藏札》,國家圖書館出版社 2009 年 10 月第 1 版,見該書第 2 册,第 199 頁。

② 國家圖書館善本部編:《趙鳳昌藏札》,國家圖書館出版社 2009 年 10 月第 1 版,見該書第 2 册,第 199 頁。

③ 《詞學季刊》第 1 卷第 2 號,澳門海外圖書出版社 1967 年再版發行本,圖版 5。

【按二】此詞先生於是年11月17日發表於《餐櫻廡漫筆》。筆記云:"陳蒙庵(彰)屬琦兒作《雲窗授律圖》,蕙風爲題《洞仙歌》云……附識云:'陳生闌庵,有志聲律家之學,就余商榷,素心晨夕,此圖得其仿佛。'漚尹題云:'又韓(琦字)世講,績事孟晉,漸近蒼勁,鍥而不舍,以規仿石田爲宜。'缶翁題云:'修學以熟精爲至,唯畫筆貴生忌熟,所謂神明乎規矩之外,又韓世講勉之。'君木題云:'況生二十負才名,畫筆蒼茫人老成,慘緑華年正英絶,已能滿紙作秋聲。'缶翁云云,寥寥二十餘字,深得畫家三昧,琦兒宜服膺勿失。"①

**九月二十三日,發表爲弟子陳彬所題之詞作《清平樂》"斷無塵涴"。**

據是日刊出之《餐櫻廡漫筆》有云:"陳質庵(彬)屬題《閒軒深坐圖》,爲賦《清平樂》云:'斷無塵涴,人境成清可。何必閒雲來伴我,早是天空雲過。　君家嗜睡圖南,一般道味醰醰。斯旨也通禪定,便如彌勒同龕。'"②

【按一】此詞未見入集。

【按二】陳質庵,即陳運閶(生卒年不詳),原名彬,一字伯懌。與弟陳運彰同爲先生之詞學弟子。③

**九月二十九日,發表近詞《鷓鴣天》"慘緑韶年"及"返舍羲輪"。**

據是日刊出之《餐櫻廡漫筆》有云:"蕙風近詞《鷓鴣天》,題畫丐丐畫圖云:'慘緑韶年付酒杯,江關蕭瑟庾郎才。無聲詩筆憑誰

---

① 蕙風:《餐櫻廡漫筆》,《申報·自由談》,民國十四年(1925)11月17日(乙丑年十月二日)。筆者按:《洞仙歌》首句,手稿本作"塵飛不到",此本作"塵飛不度"。

② 蕙風:《餐櫻廡漫筆》,《申報·自由談》,民國十四年(1925)11月9日(乙丑年九月二十三日)。

③ 蕙風:《餐櫻廡漫筆》,《申報·自由談》,民國十四年(1925)12月27日。

識,只合髯蘇作伴來。(東坡居士云:上可以陪玉皇大帝游,下可以伴卑田院乞兒。)　　腰帶緩,鬢霜催,吹簫我亦老風埃。勸君莫唱蓮花落,水逝風飄太可哀。'前調題王星泉《顧影自憐圖》云:'返舍羲輪不可期,昔游都付玉簫吹。左徒惆悵餘騷辯(《九辯》:惆悵兮私自憐),張緒風流感鬢絲。　　驚夢蝶,惜駒馳,暫裴回處幾矜持(《漢書》:昭君豐容靚飾,裴回顧影)。與(本譜按:疑爲舉字)杯容易邀明月,與我周旋更阿誰。'"①

【按】二詞未見入集。

**九月,先生嘗與朱祖謀、馮幵等友人,同觀顧翊徽女士之《熙春閣詞》未刊稿。**

據徐珂《聞見日抄》有云:"《熙春閣詞》,山陽顧伯彤女士翊徽著。……全稿僅十二闋,未刊。乙丑九月,瑟君示珂,珂以視馮君木廣文幵。君木與朱彊村侍郎祖謀、況夔笙前輩周頤同觀之。夔笙論詞,最尚重、拙、大三字,謂伯彤詞壯雅不佻,往往有重、拙二字消息。……"②

**十月五日或之前,作《壽星明》"芝擘商山"詞爲徐貞齋祝壽。**

據徐珂手抄況周頤、朱祖謀詞稿識語:"徐貞齋七十,況夔笙前輩以《壽星明》詞壽之。前輩自云此詞尚近重拙,詞云:'芝擘商山,菊采酈泉,華筵介眉。譾清風鑿壁,玢璘掌録,饒原綰轂,邁爽心期。有味青燈,不訾丹穴,合傳儒林貨殖宜。屏書錦,數靈光碩望,於古真稀。　　瓣香,争拜人師,蚤馳譽,燕山丹桂枝。溯元成經學,扶陽是式,□□□□(本譜按:此處徐珂畫有一符號,其意或謂漏抄一句。應有四字),明允之貽。桃李新陰,鯉庭斯在,

① 蕙風:《餐櫻廡漫筆》,《申報·自由談》,民國十四年(1925)11月15日(乙丑年九月二十九日)。

② 徐珂著:《康居筆記匯函》(二),《民國筆記小説大觀》第3輯,山西古籍出版社1997年7月第1版,第421－422頁。

稱兕摳衣肅絳帷。瑶源遠,俛澄潭鏡澈,千丈漣漪。'朱彊尹侍郎亦以此調壽之,詞云……右兩詞均乙丑十月五日,馮君木廣文録示仲可者。"①

【按】此詞未見入集。

**十月十五日,先生函告趙尊嶽,謂蘇事稍布置後即赴上海。**

據先生致趙尊嶽函:"《漫筆》一次,祈丨轉交爲荷。陸氏宋樓之數,今已奉到。丨費心紉佩。蘇事稍稍布置即來申,晤談丨爲快。此頌丨尗雍仁兄侍福　頤拜手　十月十五日。"②

【按】此函不署年份,唯函中涉及先生往來蘇滬間事,故繫於是年。

**或十月二十五夕,致函趙尊嶽,謂《明詞跋》業已審定;又言赴申一星期,未獲晤趙氏,至以爲悵。**

據先生致趙尊嶽函:"來申一星期,未獲晤敘,何如是之不巧耶!丨至以爲悵。《明詞跋》審定,祈丨鑒。下月初旬仍移回申,寓貝勒路廿七號。餘容丨晤談。此頌丨尗雍仁兄侍福　頤拜手　廿五夕。"③

【按】此函不署年月,唯内容指先生將於下月初旬移回上海,其時似在十一月朔夕函(詳下條)之前,故暫繫於此。

**十一月初一夕,函告趙尊嶽,謂回蘇後即抱恙;又嘆移寓上海至不容易。**

據先生致趙尊嶽函:"惠箋誦悉,《漫筆》續稿(一次)祈即丨轉致

---

① 見宋緒康先生所藏惜陰堂本《蕙風詞》卷上,扉葉,筆者蒙宋先生惠寄是葉之影印本,幸甚。

② 國家圖書館善本部編:《趙鳳昌藏札》,國家圖書館出版社 2009 年 10 月第 1 版,見該書第 2 册,第 195 頁。

③ 國家圖書館善本部編:《趙鳳昌藏札》,國家圖書館出版社 2009 年 10 月第 1 版,見該書第 2 册,第 196 頁。

爲荷。弟回蘇即病目,兼小感冒,心緒惡劣,興會豪無。移申至不易易,奈何!丨此頌丨未雍仁兄侍福　頤拜言,十一月朔夕。"信末有別注云:"陽曆十一月分館潤,大、二兒手前各支十元,所存奇薷祈交璟手(在申需用)爲荷。又及。"①

【按】此函不署年份,唯函中涉及先生往來蘇滬間事,故繫於是年。

**十一月,先生假所藏《留香小閣詞鈔》寫本一卷予弟子陳運彰録副。**

據陳運彰鈔本識語:"《留香小閣詞鈔》一卷,嘉應楊懋建著。懋建字掌生,道光辛卯舉人,考取國子監正,有《實事求是齋詩鈔》。此詞鈔一卷,傳本絶尠,從臨桂況氏蕙風簃所藏寫本録福。乙丑十一月,蒙父記。"下鈐"蒙安"朱文方印。②

**十二月五日,編成《蕙風叢書》,撰總目及識語。**

據《蕙風叢書》總目後識語:"周頤束髮已還,耽翫羣籍,關於攷訂吟誦,一得之愚,草之搗網,輒禍梨棗;積數十稔,卷目寖增。畸寒綿薄,不任楮墨;文慚豹喻,窺全則希。荆榛世途,弁髦風雅;文物凋敝,風會使然。矧茲重贅,俗目所嗤;桐爨薪摧,孰復省念?海甯陳乃乾先生,博洽方聞,深於目録斠勘之學;談次每及拙刻,廑注甚深,謂宜編爲叢書,藉資流傳,竝免散佚。竊自晚臥滄江,益復顦顇,形骸土木,敝帚詎珍;重以君勸勉之殷,彙次曩所譔述已鍥行者,得如干種,編目如右。謹以　先祖母朱太夫人《澹如軒詩》坿焉。昔鎮洋畢纕蘅尚書刻《經訓堂叢書》,其初印本坿有其母張太夫人《培遠堂詩稿》,是前例也。唯中元甲子已後刻於海上諸書別行。歲在乙丑嘉平月五日,臨桂況周頤夔笙識於海

① 國家圖書館善本部編:《趙鳳昌藏札》,國家圖書館出版社 2009 年 10 月第 1 版,見該書第 2 册,第 194 頁。

② 陳運彰鈔本《留香小閣詞鈔》1 卷,現歸洪楚平先生收藏。筆者蒙洪兄惠假複印,謹此致謝。

上賃廡。"①

【按】《黄譜》《丁譜》《孫譜》俱繫此事於是年,但以先生是年爲六十七歲;蓋因取咸豐九年己未(1859)爲先生之生年故也。《馬譜》繫此事於是年。

**十二月二十日,先生之女兒維琚,與陳巨來完婚。**

據陳巨來所撰之《安持人物瑣憶》有云:"余乙丑冬爲況氏東床……"②

又據陳巨來友人陳祀玉,四十年後爲題先生《緗梅圖》有云:"巨來印人以其外舅蕙風老人四十年前贈畫乞題。時巨來婚況□甫一日云。"③先生贈圖之日爲是年十二月二十一日(詳本譜該日條),故其女兒維琚大婚之日,即於十二月二十日。

**十二月二十一日,先生繪梅并自題《如夢令》"明月一窗誰共"。同日,先生之婿陳巨來見而喜之,先生因贈以此圖。**

據先生《緗梅圖》題詞及識語:"明月一窗誰共,證取羅浮香寱。絲鬢耐吴霜,來作守花幺鳳。|珍重,珍重,好向瑶臺移種。如夢令　乙丑歲不盡九日,蕙風詞隱|並題於天春樓。|巨來賢婿見而憙之,即以奉贈。同日又記。"④又據《餐櫻廡漫筆》:"蕙風近績緗梅,作連理枝,自題《如夢令》云:'明月一窗誰共,證取羅浮香夢。絲鬢耐吴霜,來作守花幺鳳。|珍重,珍重,端合

---

① 《蕙風叢書》第1册,上海中國書店藏版,丙寅(1926)四月刊本,香港大學馮平山圖書館所藏本。

② 陳巨來:《安持人物瑣憶》之《記趙叔雍》,見《萬象》2003年第5卷第5期,第116頁。

③ 據李保陽《讀鄭煒明著〈況周頤先生年譜〉札記》文中,有關陳祀玉於先生《緗梅圖》題詞之釋文,2009年9月9日8:53 a.m.電郵稿(未刊)。

④ 據曾大興《詞學的星空——20世紀詞學名家傳》中所附插圖《況周頤畫紅梅》,河北人民出版社2009年1月第1版,第279頁。(按:曾氏書中并無隻字涉及此詞、此圖之本事,亦無注明插圖的資料來源。)

瑶臺移種。’……”①

【按一】此詞未見入集。

【按二】此詞之題畫版本末句“好向瑶臺移種”,“好向”二字,先生於筆記中發表時,已易爲“端合”二字。

**歲暮,先生置妾。其於蘇州消寒雅集之友人,如李印泉、金天羽、吳梅、周迦陵、周誦芬等等二十二人,於怡園置酒爲之賀。另李印泉亦曾於金閶鐵路飯店設宴獨爲先生預祝,金天羽亦與會。**

據民國范煙橋筆記文集《茶煙歇》“況蕙風耄年置妾”條云:“況蕙風詞人夔笙,況青天之後裔也。十四年秋,以嫁女來吳門,即賃廡海潤里以居。一時就而問字者,車闐窮巷。歲暮,忽欲得添香侍硯之媵,示意於故舊,乃爲覓一理髮匠女以獻。時吳中有九九消寒會,聞其艷事,置酒怡園爲詞人賀。席間,詞人以箸擊桌當紅牙檀板,歌《長生殿·絮閣》,並謂鈿盒金釵,固不及荆布之天長地久也,閤座以爲至言。金鶴望師賦七律一首……後吳瞿安先生賡詞人而歌……越日,鶴望師復填《换巢鸞鳳》一闋記之……”②

又據金天羽(鶴望)《换巢鸞鳳》詞序:“況蕙風舍人量珠金閶,臞庵、韋齋等燕之怡園。先夕賦此闋,步梅谿韵。時乙丑季冬十有四日。”③可知怡園之宴舉於是年十二月十五日。

又據黄若玄《輓況夔老》聯後記云:“客歲冬,夔老寓蘇,選佳麗於

---

① 蕙風:《餐櫻廡漫筆》,《申報·自由談》,民國十五年(1926)2月25日(丙寅年正月十三日)。

② 范煙橋:《茶煙歇》,上海書店影印出版(據中孚書局1934年版複印)1989年10月第1版,第7–8頁。

③ 章太炎先生主任:《華國》第3期第1册(或於1926年4月出版),華國月刊社編輯,總發行,“文苑·詞録”欄,第3頁。同刊尚有吳梅、聞宥二人賀先生納姬之詞作《絳都春·夔笙新納小姬作此調之用夢窗韵》。

吳娃隊中，量珠聘葑溪某氏女去，時吳中名流，騰衝李印泉、安吉陳彥通、合肥李鄂樓、歙縣汪鼎丞、太倉畢勛閣、吳興龐雪岑、崇明王丹揆、杭縣沈瓞民、吳江費韋齋、金鶴望、龐鶴園、周迦陵、吳縣吳穎芝、彭芊綿、吳霜厓、張仲仁、汪旭初、亢慯盦、亢賓秋、吳問潮、周誦芬、與某，二十二人，方結銷寒雅集，特設筵賀之。納嫞先一夕，印老邀賓獨爲預祝於金閶鐵路飯店；饌罷，鶴望食橘，得抱子瓤進之，夔老色然喜，留爲佳話。……”①

又據步章五《林屋山人集》卷十三《蕙風遺事》第二十一則有所記述：“先生去歲納一吳姬，人極樸素，事先生甚勤。有謂先生酖於娱樂，因而致病者，悠悠之口，不足置辯。稍知先生者，決不信也。”②步氏筆記成於丙寅，其云“去歲”，即乙丑也。

又據《墓志銘》有云“側室施，歸數月而君殤”③，先生卒於翌年初秋，故可推知先生是年歲暮所納之妾即施氏。

又據沙孟海《沙邨印話》：“蕙風丈……乙丑夏，自上海移居蘇州閶門……是冬遂納一姬返上海。”④

【按一】《賴譜》引《沙邨印話》繫先生娶妾一事於是年冬。

【按二】關於先生納妾一事，陳巨來《記況公一二事》亦有云：“況公……遷居蘇州，爲訪艷納姬也，當時朱、馮二丈苦勸不

---

① 《申報·自由談》之《藝林》欄，民國十五年(1926)10月1日(丙寅年八月二十五日)。

② 轉引自林玫儀：《況蕙風研究資料補述》，見北京大學中國古文獻研究中心編《北京大學中國古文獻研究中心集刊》第7輯《中國古文獻學與文學國際學術研討會論文集》，北京大學出版社2008年1月第1版，第518頁。

③ 馮幵撰：《清故通議大夫三品銜浙江補用知府況君墓志銘》，見寒冬虹《新見況周頤墓志銘拓本》，《文獻》1994年第1期(總第59期)，第283頁。

④ 沙孟海：《沙邨印話》，見《沙孟海論書叢稿》，上海書畫出版社1987年3月第1版，第90頁。

從，不久聘一待詔之女施氏……”①

**歲暮，先生於蘇州晤張一麐，獲贈袁世凱《戊戌日記》；并即編入其《餐櫻廡漫筆》而刊之。**

據《餐櫻廡漫筆》：“乙丑歲暮，薄游吴閶，得晤張仲仁先生（一麐）。先生經濟文章，冠絶並世，常日尤熟聞掌故，頃以項城《戊戌日記》見貽，殊多攷鑒，爲移録於左……”②

【按一】張一麐於1926年9月2日與蔡孑民書有云：“去年況夔笙來蘇，弟以此（按即《戊戌日記》）與之，已編入《申報》《叢話》中。”③此言《叢話》即《餐櫻廡漫筆》。

【按二】先生於是年乙丑十二月二十日、二十二日、二十四日、二十六日（1926年2月2日、4日、6日、8日），以《戊戌日記》發表於《餐櫻廡漫筆》中。④

**是年，先生與步章五過從甚密，常同至酒市作消夜之飲。**

據步章五《林屋山人集》卷十三《蕙風遺事》第二十則：“余來滬即識先生（今已八年），而過從之密，自去歲始。先生來訪，同至酒

---

① 陳巨來：《安持人物瑣憶》之《記況公一二事》，見上海文藝出版總社網頁 http://www.shwenyi.com，2007年2月5日。資料參見 http://cache.baidu.com/，2007年5月1日。又見《萬象》第5卷第8期，2003年8月1日，第117頁。又見陳巨來：《安持人物瑣憶》，上海書畫出版社2011年1月第1版，第131頁。

② 蕙風：《餐櫻廡漫筆》，《申報·自由談》，民國十五年（1926）2月2日（乙丑年十二月二十日）。

③ 《一個幾乎被失落的歷史證件——關於袁世凱戊戌日記考訂》，《歷史的先見——羅家倫文化隨筆》網頁，參見 http://cache.baidu.com/，2006年6月12日。

④ 蕙風：《餐櫻廡漫筆》，《申報·自由談》，民國十五年（1926）2月2日、4日、6日、8日（乙丑年十二月二十日、二十二日、二十四日、二十六日）。

市作消夜之飲,回想此樂,不啻天上矣。"[①]

【按】步氏筆記撰成於1926年況氏逝後不久。其云"過從之密,自去歲始",去歲即指乙卯(1925)年。

**是年,黄孝紓嘗於先生座上獲晤趙尊嶽。**

據黄孝紓爲趙尊嶽所撰之《近知詞序》:"客游滬瀆之二年,獲晤趙子叔雍於臨桂況蕙風先生座上。蕙風騷壇領袖,人倫模楷,倚聲樂府,獨暢元音,樹幟詞林,嘉惠後學。……"[②]

【按一】劉承幹《匑厂文稿序》謂黄孝紓於甲子(1924)年至滬上,[③]故黄氏初識趙尊嶽於先生座上一事應繫於是年。

【按二】《匑厂文稿》間亦附刻先生或其他名彦之評語。其中,先生評其《近知詞序》曰"才逸辭贍,舉體華美,置諸《玉芝堂集》中當無以辨"[④],又評其爲馮幵作《慈劳室圖跋》曰"情素盎然,沈摯而有逸致"[⑤]。此則評語或亦於是年所作,因附記

---

① 林玫儀:《況蕙風研究資料補述》,見北京大學中國古文獻研究中心編《北京大學中國古文獻研究中心集刊》第7輯《中國古文獻學與文學國際學術研討會論文集》,北京大學出版社2008年1月第1版,第518頁。

② 閩縣黄孝紓頵士:《匑厂文稿》卷二,葉六,江甯蔣氏湖上草堂叢刊之一,沈雲龍主編《近代中國史料叢刊》第73輯,臺灣文海出版社有限公司印行,第90頁。

③ 閩縣黄孝紓頵士:《匑厂文稿》劉序,江甯蔣氏湖上草堂叢刊之一,沈雲龍主編《近代中國史料叢刊》第73輯,臺灣文海出版社有限公司印行,第19–20頁。

④ 閩縣黄孝紓頵士:《匑厂文稿》卷二,葉七,江甯蔣氏湖上草堂叢刊之一,沈雲龍主編《近代中國史料叢刊》第73輯,臺灣文海出版社有限公司印行,第92頁。

⑤ 閩縣黄孝紓頵士:《匑厂文稿》卷三,葉九,江甯蔣氏湖上草堂叢刊之一,沈雲龍主編《近代中國史料叢刊》第73輯,臺灣文海出版社有限公司印行,第133頁。

於此。

【按三】趙尊嶽《近知詞》三卷,或未刊;手稿共六十六頁,現藏於中國國家圖書館。①

**約是年冬,先生爲周迦陵之家祠題匾曰"傳笏堂",由先生好友李根源(印泉)將軍書之。**

據李根源所撰《傳笏堂題識》。先生之《餐櫻廡漫筆》云:"印泉先生書來,别椾云:'吳江周恭肅公(用),暨其曾孫忠毅公(宗建),明史並有傳。余居開封時,得象笏二,一爲恭肅物,一爲永昌張侍郎志涫物。今年冬,吳門耆碩,有消寒吟社之集,余因得識恭肅裔孫迦陵君,奉恭肅笏歸之。迦陵擬於家祠中,構堂尊藏;桂林况蕙風爲題扁曰"傳笏堂",屬余書之,並識崖略於此。'"②

**是年,於《野語雜誌》第四期發表詞作《點絳唇·題揮麈圖》。③**

【按】此詞未入集。詞云:"鷲座雄談,人天何許無塵地。唾壺擊碎,寒峭花濃睡。　錦字書中,豔説旄牛尾。今古事,王夷甫輩,只辦神州涙。"④

## 1926 民國十五年 丙寅 六十六歲

**正月初,接胡汾歲首賀詞。**

---

① 唱春蓮:《趙尊嶽手稿入藏我館的經過》,參見 http://cache.baidu.com/,2010 年 6 月 15 日。

② 蕙風:《餐櫻廡漫筆》,《申報·自由談》,民國十五年(1926)2 月 19 日(丙寅年正月七日)。

③ 蕙風:《點絳唇·題揮麈圖》,見《野語雜誌》1925 年第 4 期,"詩詞"欄,第 10 頁。同刊尚有先生詞作《鷓鴣天》"秋是愁鄉夜不來"、《蝶戀花》"門掩殘春風又雨"二闋,皆已入集。

④ 蕙風:《點絳唇·題揮麈圖》,見《野語雜誌》1925 年第 4 期,"詩詞"欄,第 10 頁。

據《餐櫻廡漫筆》:“江甯第一女子師範胡君(汾)來函,附丙寅歲首賀詞,調《沁園春》……詞頗華整,具徵工力甚深。而書法娟秀,雅近簪花高格。意者其爲校中之才儁云。”①

**正月十一日,發表爲友人顧景炎所藏吴觀岱繪《晴窗讀畫圖》所題之《百字令》“虎頭三絶”。②**

【按】此詞約賦於辛酉(1921)秋,參本譜民國十年辛酉“約是年秋”條。

**正月十三日,發表爲周湘雲畫作所題之《南浦》“秀極信能奇”。**

據《餐櫻廡漫筆》:“四明周湘雲(鴻孫)屬題《九石圖》之一,曰《遠浦涵星》。此景殊難著筆,並非真景,乃是形容奇石,兼顧尤難恰切。爲賦詞,調《南浦》,用張玉田體云:‘秀極信能奇,乍凝眸,烟水迷離如許。波路舊歸帆,遥情在,落月霜天籠曙。瑶光歷歷,種榆合傍雲深處。江影平分秋佇雁,依約在東三五。 仙源誰識支機,恰教人臥看,牽牛織女。望極似涔陽,依南斗,不轉楚騷心苦。貞姿雪濯,聚星消得髯翁句。邱壑胸中堪列宿,骨傲未須憐汝。’”③

【按】此詞未見入集。

**正月十三日,以金天羽所寄近詞《洞仙歌》《掃花游》,録示於報章。④**

**正月十三日,以陳運闓所録示近詞《清平樂·題徐仲可真如室圖》,**

---

① 蕙風:《餐櫻廡漫筆》,《申報·自由談》,民國十五年(1926)3月13日(丙寅年正月二十九日)。

② 蕙風:《餐櫻廡漫筆》,《申報·自由談》,民國十五年(1926)2月23日(丙寅年正月十一日)。

③ 蕙風:《餐櫻廡漫筆》,《申報·自由談》,民國十五年(1926)2月25日(丙寅年正月十三日)。

④ 蕙風:《餐櫻廡漫筆》,《申報·自由談》,民國十五年(1926)2月25日(丙寅年正月十三日)。

**録示於報章。**

據《餐櫻廡漫筆》:"陳質庵(運闓)録示近詞,《清平樂·題徐仲可真如室圖》云……質庵一字伯懌,近有志於聲律家之學,所造甚深,與蒙庵塤篪迭奏,今之龜溪二李也。"①

**約正月中,先生收潘雪豔爲義女。正月二十七日,發表新詞《八聲甘州》"向天涯"、《高陽臺·正月十六夕聽歌,爲雪豔賦》。**

據《餐櫻廡漫筆》:"歌媛潘雪豔,占籍吳中,生長滬上。明慧温麗,卓越輩流。缶廬、漚尹、蕙風,並以嬌女待之。缶譔楹言見貽云'雪晴小帖論風格,艷色先施比笑顰。'篆書絶精美,以泥金箋書之,尤爲難得。"②

又據《餐櫻廡漫筆》:"蕙風新詞《八聲甘州》,序云:'蕙風生平最憐女,潘女士雪豔,惠然肯爲吾女,快且慰矣。蕙風有兩女,雪豔明慧,殆有過之,昔人所謂女中之王也,爲製詞以張之。''向天涯能得幾情親,誰知更娉婷。見盈盈一拜,便如真箇,掌上珠擎。念汝人天絶豔,冰雪浄聰明。爲我萊衣舞,宛宛嬰嬰。　準擬香詞按拍,待趨庭付與,不櫛書生。聽珠歌一曲,嬌囀似新鶯(蕙風少作,有《新鶯詞》)。好相貽,信芳蘭芰,要萬千珍重慰余情。千金意,佇嬋娟月,來證深盟。'《高陽臺·正月十六夕聽歌,爲雪豔賦》云:'碧玉年芳,紅牙曲麗,當壚妒煞文君(是夕雪豔飾酒家女)。遺世仙姿,藐華姑射同論。海棠文杏寰中秀,總輸他,玉雪精神。倚新妝,如此韶年,如此初春。　劇憐紈素吾嬌女,度珠聲清歷,皓齒丹脣。(左思《嬌女》詩"小字爲紈素,口齒自清歷",又"濃朱衍丹脣"。)解駐歌前,吳雲依約閒身。寄生芳草金莖豔,説鍾靈,占

① 蕙風:《餐櫻廡漫筆》,《申報·自由談》,民國十五年(1926)2月25日(丙寅年正月十三日)。

② 蕙風:《餐櫻廡漫筆》,《申報·自由談》,民國十五年(1926)3月11日(丙寅年正月二十七日)。

斷乾坤(劇場以乾坤名)。爲誰消,庾信平生,無限酸辛。’”①

【按一】《賴譜》繫此事於是年。

【按二】以上兩條筆記發表於新曆1926年3月11日(即是年丙寅正月二十七日),估計先生收潘雪豔爲義女一事,應發生於筆記發表前不久,故本譜繫此事於是年約正月中。

【按三】以上二詞皆未見入集。

【按四】先生之婿陳巨來在其《吴昌碩軼事》一文中有載:“清末癸卯舉人步林屋(名翔棻,河南人,袁世凱之秘書),凡上海唱旦女伶,北京來申之青年男女伶人,無一不拜之爲寄父。……昌老聽京劇,因之與步君成至好。先外舅與朱彊邨丈,亦因步作詩甚佳,所以時時會晤。其時大世界大劇場有小女伶名潘雪豔者,面貌娟秀,一無伶人習氣,吴、況、朱三公群相讚美,步君遂提議拜三公爲寄父,三公一致同意。乃由步君設席於先外舅家中,賓朋滿座,朱丈端肅如恒,昌老與先外舅,欣樂高興,一洗平日道貌岸然之態矣。……”②

【按五】步章五《林屋山人集》卷一三《蕙風遺事》第十則云:“先生平時不喜女伶,自余以潘雪豔爲介,先生大喜,以爲寄女。……”③潘氏於先生歿時,果以孝女之義事之(參本譜是年“七月二十四日”條)。

**約正月中以後,先生嘗携潘雪豔至吴昌碩處求作畫題字,皆未**

---

① 蕙風:《餐櫻廡漫筆》,《申報·自由談》,民國十五年(1926)3月11日(丙寅年正月二十七日)。此詞又發表於《月霞》1926年第7期(見第30頁)。下片“庾信”二字,《月霞》本作“庾信”,應是。

② 陳巨來:《安持人物瑣憶》之《吴昌碩軼事》,《萬象》2003年第5卷第2期,遼寧教育出版社2003年2月1日,第138頁。

③ 林玫儀:《況蕙風研究資料補述》,見北京大學中國古文獻研究中心編《北京大學中國古文獻研究中心集刊》第7輯《中國古文獻學與文學國際學術研討會論文集》,北京大學出版社2008年1月第1版,第518頁。

**獲允。**

據步章五《林屋山人集》卷十三《蕙風遺事》第十二則:"先生嘗攜雪豔至吳昌老處,立求昌老爲雪豔作畫,昌老未允;則命取昌老舊贈先生畫至,求題數語轉贈雪豔,昌老亦未應。先生不悦,退謂余曰:'吾今生不見此老矣!'孰識此言竟成語讖哉!"①

【按一】先生約於是年正月中,因步氏介紹,與朱祖謀、吳昌碩,同收潘雪豔爲義女。因取其上限,故繫此事於是年正月中以後。

【按二】關於先生與吳昌碩"絶交"一事,先生之婿陳巨來有另一版本之説,謂乃先生强吳氏作行草書對聯,以贈潘雪豔,而吳氏仍爲篆書,故先生大不悦,言"我與之從此死不見面矣"②。本譜姑記此説以備考。

**正月二十九日,曾參加蘇州之消寒九集。**

據《餐櫻廡漫筆》:"丙寅正月二十九日,吳門宿老,作消寒九集,主人爲王丹揆、彭子嘉、李印泉二先生,集新造橋李氏闞園……此園經始於客歲秋冬間,開歲落成……"③

【按】先生曾爲李氏闞園撰楹聯。《餐櫻廡漫筆》有云:"曲石李印泉先生,即吳閶城南,拓地築園,爲奉母讀書之所,其太夫人姓闞氏,因以闞名其園。彊村先生,爲題額刻石……蕙風爲譔楹言云:'山光照檻,塔影黏雲,永日足清娱,繞膝觴稱金谷

① 林玫儀:《況蕙風研究資料補述》,見北京大學中國古文獻研究中心編《北京大學中國古文獻研究中心集刊》第7輯《中國古文獻學與文學國際學術研討會論文集》,北京大學出版社2008年1月第1版,第518頁。

② 陳巨來:《安持人物瑣憶》之《吳昌碩軼事》,《萬象》2003年第5卷第2期,遼寧教育出版社2003年2月1日,第139頁。

③ 蕙風:《餐櫻廡漫筆》,《申報·自由談》,民國十五年(1926)3月13日(丙寅年正月二十九日)。本譜按:原文"二先生",疑應作"三先生"。

酒。紅萼詞新(白石道人《一萼紅》詞,古城蔭,有官梅幾樹云云),墨華誌古,遥琴託高詠,題襟人試老萊衣。’彊村譔聯云……”①

**約二月中旬,先生接胡汾自南京來函,相約於今歲暑假訪滬時,將趨前受教。②**

**春,先生與金天羽、李根源、張一麐、沈瓞民、費樹蔚、周麟書等,游滄浪亭、可園,觀梅。③**

**春,先生曾應邀往南京暫住數月,期間嘗與蔡嵩雲談詞。**

據夏承燾《天風閣學詞日記》1934 年 11 月 27 日:“蔡嵩雲來,談詞甚久。……嵩雲謂:孫傳芳時,蕙風先生曾被邀來此,住交通館花園中數月,嘗共談詞至漏下云云。”④

【按】其時夏承燾侍父游南京,并會南京唐圭璋、陳匪石、汪辟畺、蔡嵩雲等詞友。⑤ 蔡氏所云之“孫傳芳時”,應指孫氏掌控南京之時期;而孫氏於南京之勢力,應自 1925 年 11 月其於南京宣布成立五省聯軍,自任聯軍總司令兼江蘇總司令起,至 1927 年 8 月間止。先生丙寅(1926)年正月仍在上海(參本譜是年正月各條),七月十八日歿於上海,故其在南京之時,應在丙寅正月後,至其逝世前。

又據蔡嵩雲《詞源疏證導言》:“丙寅春,況丈夔笙來游白門,數往

① 蕙風:《餐櫻廡漫筆》,《申報·自由談》,民國十五年(1926)3 月 31 日(丙寅年二月十八日)。

② 蕙風:《餐櫻廡漫筆》,《申報·自由談》,民國十五年(1926)年 3 月 31 日(丙寅年二月十八日)。

③ 據《金松岑先生年譜簡編》,見金天羽著,周録祥校點《天放樓詩文集》附録五,上海古籍出版社 2007 年 11 月第 1 版,第 1492 頁。

④ 夏承燾:《天風閣學詞日記》,浙江古籍出版社 1984 年 12 月第 1 版,第 338 頁。

⑤ 夏承燾:《天風閣學詞日記》,浙江古籍出版社 1984 年 12 月第 1 版,第 337 – 338 頁。按:夏氏文“汪辟畺”,應即汪辟疆。

請益,相勗甚至。……"①

【按一】據此條,可證夏承燾之記載,與蔡嵩雲之記述吻合。

【按二】《馬譜》繫此資料於是年。

**暮春,先生以陳三立游玲瓏山訪獲琴操墓一事,記入其筆記《好麗樓叢語》。②**

【按】先生所撰之《好麗樓叢語》,未見,待考。

**三月三日至七月十六日間,先生所撰之筆記《天春樓脞語》,連載於《申報·自由談》。**

據此期間(新曆1926年4月14日至8月23日)之《申報》。

【按】《賴譜》繫此事於是年4月起至歿前數日止。《馬譜》繫此事於是年,未繫月日。疑或據鄭逸梅《藝林散葉》第三六六六條:"況蕙風著《天春樓脞語》,連載民十五年之《申報》附刊《自由談》。"③

**約於是年春至夏間,先生所撰之《纗蘭堂室詞話》《適園圖記》及《梅秀芝先生七旬雙壽序》,發表於《中社雜誌》第二期。④**

【按一】《中社雜誌》第二期之封面、目録頁及封底内頁等皆不著出版日期。但據《雜誌》内文之記事日期,最遲爲乙丑除夕(見《纗蘭堂室詞話》第一三則),故推斷《雜誌》之刊行日期或爲翌年丙寅(1926)。故本譜暫繫於此。

---

① 蔡楨疏證:《詞源疏證》,中國書店據原金陵大學中國文化研究所排印本影印出版,1985年9月第1版,"導言"第4頁。

② 夔笙撰:《天春樓脞語》之"琴操墓"條,《申報·自由談》,民國十五年(1926)7月25日(丙寅年六月十六日)。

③ 鄭逸梅著:《藝林散葉》,中華書局1982年12月第1版,2005年1月新1版,第294頁。

④ 《中社雜誌》第2期,不著出版日期,"詞話"欄,第1-6頁;"文苑"欄,第1-4頁。

【按二】《纗蘭堂室詞話》乃先生之集外詞話。[①]而《適園圖記》及《梅秀芝先生七旬雙壽序》皆爲先生之佚文。

**四月十七日,發表《鷓鴣天·題丁眄庭所著切夢刀》詞。[②]**

【按】此詞未見入集。詞云:"非蝶非周夢裏身,蘧蘧栩栩太無因,憑君説法生花筆,唤醒痴迷幾劫塵。　風鐸亂,曉鐘頻,梨雲猶自戀芳春,邯鄲枕畔并州翦,消得盧郎一欠伸。"[③]

**四月二十四日,發表詞作《浣溪沙·題金西厓刻竹拓本》詞。[④]**

【按一】此詞未見入集。詞云:"莫遣歌塵到扇邊,(温飛卿詠嚬詩:扇邊歌繞塵。)茗華珍重緑琅玕,篁溪高矩至今傳。　晝鐵凝姿成幼渺,鐫鎊著骨見芳堅,笑他刻楮幾經年。"[⑤]

【按二】此詞又見於一書法鏡片(筆者頗疑乃鄭孝胥代書),末題"浣溪沙 西厓四兄大人正拍",署款"況周頤",下鈐"況周頤印"白文印章。[⑥]

**四月二十七日,發表《百字令·曲石先生拓地築園奉母闕太夫人名**

---

① 今有孫克強、和希林搜集及點校整理之本,見《文學與文化》總第7期,南開大學出版社2011年8月15日,第121-126頁。

② 《藝林》,《申報·自由談》,民國十五年(1926)5月28日(丙寅四月十七日)。

③ 《藝林》,《申報·自由談》,民國十五年(1926)5月28日(丙寅四月十七日)。

④ 《藝林》,《申報·自由談》,民國十五年(1926)年6月4日(丙寅四月二十四日)。

⑤ 《藝林》,《申報·自由談》,民國十五年(1926)6月4日(丙寅四月二十四日)。

⑥ 上海嘉泰2005年秋季大型藝術品拍賣會之古籍善本圖録,拍品第1687號。校:首句下夾注,此本作"温飛卿詩《詠嚬》:扇邊歌繞塵","晝鐵",此本作"晝鐵","幼渺",此本作"幻渺"。

**曰闕園爲賦此解》詞。①**

【按】此詞未見入集。詞云:"平泉新築,葑葑溪匳翠,蔚然深秀。曾是鐵翁觴詠地,(新造橋衕,王鐵夫故居,見《蘇州府志》。)近種梅花楊柳。息影摶鵬,雄姿射虎,未肯韶光負。遥山西爽,送青來照尊酒。　佳話韋曲難方,外家騰美,緒衍齊卿舊。(闕氏,齊卿闕止之後。)况復高堂承樂志,得似魏公眉壽。(張魏公作眉壽堂,奉母卓太夫人。)玉茁庭階,花迎杖履,綵服娱春晝。書聲琴韻,幔亭無此璈奏。"②

**四月,上海中國書店刊行《蕙風叢書》。**

據《蕙風叢書》扉葉上:"蕙風|叢書|丙寅四月方通題",及扉葉下:"上海中國書店藏板。"③

**五月十五日前不久,先生得沙孟海女弟子蔡紓爲其寫扇。蔡氏又嘗從先生假觀《玉臺名翰》拓本。**

據先生所撰《天春樓脞語》"蔡紓工書"則,有云:"明存弟四女公子,宛頎女史(紓),今年十九歲,研精楷法,近爲余寫扇……從余假觀《玉臺名翰》拓本……宛頎爲沙孟海先生(文若)女弟子,能文工書,兼工鐵書……"④

【按】此則筆記發表於是年五月十七日。又是年五月十五日,先生致趙尊嶽函,謂交筆記稿一次共三則(詳本譜下條),此則爲第二則,是以知先生得蔡紓寫扇,必於五月十五

---

① 《藝林》,《申報·自由談》,民國十五年(1926)6月7日(丙寅四月二十七日)。

② 《藝林》,《申報·自由談》,民國十五年(1926)6月7日(丙寅四月二十七日)。

③ 《蕙風叢書》第1册,上海中國書店藏版,丙寅(1926)四月刊本,香港大學馮平山圖書館所藏本。

④ 夔笙撰:《天春樓脞語》"蔡紓工書"條,《申報·自由談》,民國十五年(1926)年6月26日(丙寅年五月十七日)。

日前不久。

**五月十五日，先生致函趙尊嶽，交《天春樓脞語》稿一次，又交扇面，囑趙氏刊於《申報》之"本埠增刊"版。**

據先生致趙尊嶽函："又來稿一次，首段壽聯係拙作，自覺甚佳，君木丨所至佩也。後二則尤頗費結撰，《改姓奇聞》詞丨能達意，尤大不易。如蒙廿六號接登，至感千萬。丨扇面祈　照今日沈晉之畫扇式列入本埠增刊，丨亦以廿六號登出爲荷。餘晤談，專懇。敬頌丨卡雍仁兄侍福　頤頓　廿四日。"信末有別注云："扇面攝影畢祈丨擲還爲敂。"①

【按一】此信署廿四日，不著年份，內容涉及先生筆記交稿事。其《改姓奇聞》一則，見刊於是年五月十七日（即新曆6月26日）《申報·自由談》連載之《天春樓脞語》，與先生信中要求之刊登日期相合。故知此信應作於是年之新曆6月24日（即舊曆五月十五日）。

【按二】先生此信言其"首段壽聯"，筆記謂乃鄞縣蔡明存，賀鎮海虞洽卿生日所作，文曰："乘長風破萬里浪，是何意態雄且傑（近歸自日本）；當吉日歌千秋歲，俾爾熾昌壽而臧。"②今據此信，則知此壽聯實乃先生代蔡明存所作。

**五月某日，先生畫菊石贈沙孟海，并題五言詩一首。**

據沙孟海《僧孚日録》："蕙丈畫菊石贈余，並題其上云：'霜花不肯紅，寒石無意緑，持之語夏蟲，咄咄爾何物。'並囑吾師題之，亦作二十言云：'渲黛成石緑，匀脂寫霜紅，彌襟絢爛意，都在寂寥中。'蕙丈能畫世無知之者。"《沙孟海先生年

---

①　國家圖書館善本部編：《趙鳳昌藏札》，國家圖書館出版社2009年10月第1版，見該書第2册，第198頁。

②　夔笙撰：《天春樓脞語》"壽聯渾雅"條，《申報·自由談》，民國十五年（1926）6月26日（丙寅年五月十七日）。

譜》繫此事於1926年6月第四條。①故本譜暫繫此事於是年五月。

**六月初三日，先生致函趙尊嶽，交《天春樓脞語》稿三次，又爲友人金天羽等投稿，囑趙氏録入《申報·自由談》之"藝林"欄。**

據先生致趙尊嶽函："《脞語》三次，未卜當否？《李印泉訪古記》｜兩序，及《陳先生述志》，如蒙即入《藝林》，｜至爲紉佩，此頌｜未雍仁兄侍福　蕙頓　七月十二。"②

【按一】此信署七月十二，不著年份，内容涉及《脞語》交稿事。考先生之著述，稱《脞語》者，衹《天春樓脞語》一種。是編乃先生所撰之文史筆記，是年三月三日起於《申報·自由談》連載（参本譜該日條）。故知此信必作於是年。

【按二】本譜復考知信中托趙尊嶽發表之文，當爲見刊於1926年7月15、17、18日（舊曆六月初六、初八、初九日）《申報·自由談》"藝林"欄之陳家福所撰《述志》及金天羽所撰《吴郡西山訪古記序》。故知此信所署之七月十二，當爲新曆，即舊曆六月初三日，因繫於此。

**六月九日前不久，先生預祝朱祖謀生日於修能學社。席間聽朱氏言鷄蛋殼内有上海二字之异聞。③**

**夏，先生過馮幵之回風堂，强馮氏語异聞故事，俾記入《天春樓脞語》。④**

---

① 沙茂世編撰：《沙孟海先生年譜》，西泠印社2010年5月第1版，第29頁。

② 國家圖書館善本部編：《趙鳳昌藏札》，國家圖書館出版社2009年10月第1版，見該書第2册，第191頁。

③ 夔笙撰：《天春樓脞語》之"鷄子殼内上海"條，《申報·自由談》，民國十五年(1926)7月18日(丙寅年六月初九日)。

④ 夔笙撰：《天春樓脞語》之"棘闈異聞"條，《申報·自由談》，民國十五年(1926)7月10日(丙寅年六月初一日)。

**先生於逝世前，尚有詞作《八聲甘州·題林鐵尊半櫻簃填詞圖》《憶舊游·題鮑花潭中丞鳩江送别圖》《桂枝香·又題花潭中丞詒經書屋冬日課孫圖》等。①**

【按一】《八聲甘州·題林鐵尊半櫻簃填詞圖》未見入集，詞見本譜"甲子年(1924)八月十五日"條【按二】。

【按二】《憶舊游·題鮑花潭中丞鳩江送别圖》未見入集，詞云："問清時宦跡，老輩風流，那處停橈。不盡平生意，道承明著述，休要輕抛。辦裝舊日情緒，楊柳拂河橋。算白紵歌邊，青山酒後，都是魂銷。　　飄摇，幾風雨；怕滿目蕪城，殘墨難描。殿早靈光圮，共沙沈戟折，空認前朝。百年過客如夢，離恨付回潮。只數疊江峯，相逢似説人未遥。"②

【按三】《桂枝香·又題花潭中丞詒經書屋冬日課孫圖》未見入集，詞云："菟裘小築，理舊業講筵，人是名宿。□得清芬閲世，老懷差足。年時點頷渾如昨，幾星霜嶄然頭角。爾曹知否，休耽濁睡，漫誇便腹。　　任省識冬烘面目。念經授瑶宫，暉映天禄。臺省回翔卅載，隙駒何速。工詩早已歸貽厥，況青箱清絶塵俗。古芸凝處，家風無改，故山高躅。"③

**七月十三日之前，先生檢點舊作，分年作束，以傳其子。**

據步章五《林屋山人集》卷十三《蕙風遺事》第十一則："先生歿前，若早自知，檢點舊作，分年作束，謂諸子曰：'吾歿無有庭訓，

---

① 況蕙風遺稿(詞作三闋)，見刊於《藝林》，《申報·自由談》，民國十五年(1926)10 月 19 日(丙寅年九月十三日)。按其中《桂枝香》詞題，原作"花又題……"誤。筆者徑改。

② 況蕙風遺稿(詞作三闋之二)，見刊於《藝林》，《申報·自由談》，民國十五年(1926)10 月 19 日(丙寅年九月十三日)。

③ 況蕙風遺稿(詞作三闋之三)，見刊於《藝林》，《申報·自由談》，民國十五年(1926)10 月 19 日(丙寅年九月十三日)。

觀此亦可增進學問也。'"①

【按】據步章五《林屋山人集》卷十三《蕙風遺事》第五則,先生七月十三日後即重病,五日而歿(詳下條),不可能點檢舊作,故本譜以先生始病爲下限,繫此事於七月十三日之前。

**七月十三日,先生完成其最後遺作《詞學講義》,其後即告病倒。**

據步章五《林屋山人集》卷十三《蕙風遺事》第五則:"先生絶筆於《詞學講義》一篇,窮數日夜力成之,文成而病,病五日而歿,可哀也已。"②

【按】步氏筆記謂先生撰成《詞學講義》後即病,病五日而歿。因已知先生卒於是年七月十八日,故上推五日,即爲《詞學講義》完成之時。

**七月十八日,先生卒於上海。**

據《墓志銘》:"……春秋六十有八,以丙寅七月十八日病殤上海寓次。……"③

【按一】先生生於咸豐十一年九月一日,其卒年應爲六十六歲(詳本譜第一條)。

【按二】《黄譜》《丁譜》《孫譜》俱繫此資料於是年,但以先生是年爲六十八歲;蓋因取咸豐九年己未(1859)爲先生之生年故

---

① 林玫儀:《況蕙風研究資料補述》,見北京大學中國古文獻研究中心編《北京大學中國古文獻研究中心集刊》第7輯《中國古文獻學與文學國際學術研討會論文集》,北京大學出版社2008年1月第1版,第518頁。

② 林玫儀:《況蕙風研究資料補述》,見北京大學中國古文獻研究中心編《北京大學中國古文獻研究中心集刊》第7輯《中國古文獻學與文學國際學術研討會論文集》,北京大學出版社2008年1月第1版,第517頁。

③ 馮幵撰:《清故通議大夫三品銜浙江補用知府況君墓志銘》,見寒冬虹《新見況周頤墓志銘拓本》,《文獻》1994年第1期(總第59期),第282頁。

也。《賴譜》《馬譜》繫此事於是年。

【按三】腹痛《況蕙風先生外傳》:"……甲子喪其配卜夫人,……遂棄上海,移吴閶……吴中名流,聞風相至,過從無虚日,李印泉將軍尤雅重之。繼又來海上,並攜一姬,同人公宴觴之,或饋以詞……七月暑溽,遽染微疴,甫三日,委頓不能堪;每作譫語,醫者危之。遽於十七日寅刻謝世,壽六十有六。……"①所謂十七日寅刻,蓋即十八日凌晨。

【按四】據沙孟海《僧孚日録》謂"況蕙丈於舊曆七月十七夕因患赤痢病卒"②。所謂七月十七夕,蓋七月十八日凌晨也。

**七月十九日,午時,況府舉行先生之大殮儀式。是日,《申報·本埠新聞》刊出先生逝世之消息。**

據《申報·本埠新聞》載《文學家況夔笙昨晨逝世》新聞:"臨桂況夔笙先生,名周頤,久著文名,尤工詞章、金石之學,著作等身,傳誦萬口。比年鬻文海上,賃廡一椽。乃以暑熱致疾,遽於昨日(二十五)寅刻謝世,享壽六十有六。定於今日午刻,在貝勒路仁安里轉角二十七號寓所大殮。天不憖遺,喪此哲人,彌足悼也。"③

【按】《賴譜》繫此資料於是年。

**七月二十一日,《申報·自由談》刊出腹痛所撰《況蕙風先生外傳》一文,述説先生生平事迹。④**

---

① 腹痛:《況蕙風先生外傳》,《申報·自由談》,民國十五年(1926)8月28日(丙寅年七月二十一日)。

② 沙茂世編撰:《沙孟海先生年譜》1926年8月第5條,西泠印社2010年5月第1版,第31頁。

③ 《申報·本埠新聞》,民國十五年(1926)8月26日(丙寅年七月十九日)。

④ 《申報·自由談》,民國十五年(1926)8月28日(丙寅年七月二十一日)。

【按一】《賴譜》繫此資料於是年。

【按二】此傳刊於1926年8月28日(舊曆七月二十一日),即先生卒後三日而已;其於先生逝世前後之情況,記述詳盡,乃至於先生之謝世時辰,亦無所遺,似爲出自先生摯交好友之手,或即朱祖謀所作也(彊村好用腹痛一詞,更有集名《腹痛》,故筆者疑之)。

【按三】兹録《況蕙風先生外傳》全文如後,以存文獻:

蕙風先生姓況氏,名周儀,(旋以避宣統諱改頤字)字夔笙,别字蕙風,廣右臨桂人也。少有夙慧,讀書輒得神解,六齡已授《爾雅》。垂髫應府縣學試,冠其曹,舉案首,同考或竊竊私語:"何以稚子,獨争上流!"府中至榜示謂:"廣右以靈淑所鍾毓,誕此英才,所望該家長者,善爲掖進,俾以有用之身,致國家之用,則宦轍所至,亦復與有榮"云。九歲釋褐,十三齡舉拔貢,十七登賢書,即以文學,馳譽鄉里。其童時嘗侍父行,登獨秀峯,涉筆爲詩,驚其耆宿。十三歲省姐氏,偶得《蓼園詞選》讀之,試爲小詞,而沈浸者以日深。其集中附有《存悔》一卷,即十七前作也,輕倩流慧,理境兩絶,有曰:"春小於人,花柔似汝,雲涯悵望知何處?"每謂神來之筆,若有所感。至於垂老追念,都難爲懷。娶於趙氏,浚儀郡,伉儷綦篤,夫人擅雅樂,因並習操縵,儼然理曲。既而堂上見背,宦游京國,用内閣中書。一時名俊,都在薇省,同聲相應,著作日積。凡所輯刊《薇省同聲集》《薇省詞鈔》,傳誦彌廣。維時王半唐前輩鵬運方同值,以提刜詞學爲己任,一開宗風,輯刊名集,因得獲交,誼逾骨肉。半唐老人固同貫籍,兼爲葭莩之親,因訂譜焉。王氏刊書至三十餘家,爲汲古閣後所未有,先生任校勘者獨多;其《漱玉》《蛾術》諸集,猶出所藏以足成之。當時海宇澄清,人物豐穰,廠肆購書之樂,葦灣清游之勝,裙屐畢集,似可終古。半唐笑傲烟霞，一鐙斗室，先生尤以詞學相砥礪，得益抵於大成。而先生亦併傳半唐之鐙，其文具并半唐所饋遺也。先生併治金石文字，凡有碑板，無不羅致，得萬餘本，龍門造像得千餘本，至今獲存。又長於許氏《説文》，名聲訓詁，潛造精研。故其治碑板，并爲淵源之學，兼工考據。於書自經籍百家，至於稗官家言，無不涉歷。讀書決疑，片言立折。旋歷參張文襄、端忠敏幕府，兩公愛才重士，與先生均有沆瀣之合。陶齋尤多收藏，輒自先生鑒定之，《藏石》一記，□出手纂。又嘗任夔府中學、兩湖師範、兩江師範教習，悉心指授，學子無不樂承訓誨，相與德之。南北汗漫，所與訂文字之交者，歸安朱彊邨尤篤，蓋並世詞家，聲氣類感，投贈之作，集中累什可徵。辛亥以還，遁跡海上，賃廡一椽，漸漸不繼，設鄉福書肆，以不善經紀，又致耗蝕，遂定值鬻文。而一時諸老，多來寄跡，晨夕素心之樂，正亦不可倖致。彊村翁往還尤密，一詞屬稿，必相品定，晦明風雨，陶寫自娱。庚申北上交伶官梅畹華，延賞備至，翌年辛酉，畹華南來，香南雅集，排日聽歌，爲詞張之，幾二百闋，所謂《修梅清課》，飲井水者，庶咸知之。畹華藝特高，不必以詞增重，而詞之足以重畹華者實多。彊邨翁并相投和，雖集一卷，至五十餘家，其後每來，亦必相見，投以珠玉。而世之求先生詞者，趾踵日接，無不工勝卓絶，匪言可喻。嘗自謂“世界無事無物，不可入詞，但在余自運途其筆，使宛轉如意耳”。十年棲息，家國之感，身世之情，所觸日深，而詞格亦日道上。方之古人，庶幾白石，亦自謂五百年後，得爲白石，庶復相類也。甲子喪其配卜夫人，傷神獨絶，摒擋一切，益復瑣集。遂棄上海，移吴閶，以爲傍夢窗楊柳閶門之勝，可拾古歡。吴中名流，聞風相至，過從無虚日，李印泉將軍尤雅重之。繼又來海上，並携一姬，同人公宴觴之，或饋以詞，方之子野。乃者七月暑溽，遽染微疴,甫三日,委頓不能堪,每作譫語,醫者危之。遽於十七日寅刻謝世,壽六十有六。而環堵蕭然,尤復可念。溯先生之學問,具足人天,而先生之境遇,則特多困阨,亦天之固以慳於才人者,至如此耶! 嗚呼傷矣!①

**七月二十四日,午時,先生出殯,至西門八婺會館權厝。送行者有弟子林鶗翔、趙尊嶽,義女潘雪豔、雪芳等。**

據《申報·自由談》載《況蕙風舉殯志哀》一文:"詞宗況蕙風之歿,舉世哀之。日昨(二十四日)爲其舉殯之辰,到者交親十餘輩。弟子行來者林鐵尊、趙叔雍。江灣名醫蔡香孫,久慕先生令譽,亦復遠送。而義女潘雪豔、雪芳姊妹,并皆縞素來蒞,風義出之伶官,倫誼篤於生後,尤復可貴而難能者矣。午刻發引,至西門八婺會館權厝。將於九月告窆湖州道場山麓。誦風雨高樓之句,迴隔人天;展江南花落之詞,都成去故。慰生妥死,將何以善之,亦後死者之責也耶。"②

【按一】《賴譜》繫此事於是年。

【按二】先生歿時,義女潘雪豔果以孝女之義事之。步章五《林屋山人集》卷十三《蕙風遺事》第十則云:"先生平時不喜女伶,自余以潘雪豔爲介,先生大喜,以爲寄女。先生之歿也,雪豔素服三臨哭焉,先生可以瞑目矣。"③此事又見《詞林新語》記載:"伶女潘雪豔,父事蕙風。迨蕙風歿,哭泣致賻,發引日,衣

① 腹痛:《況蕙風先生外傳》,《申報·自由談》,民國十五年(1926)8月28日(丙寅年七月二十一日)。

② 該文署名知,見《申報·自由談》,民國十五年(1926)9月2日(丙寅年七月二十六日)。

③ 轉引自林玫儀:《況蕙風研究資料補述》,見北京大學中國古文獻研究中心編《北京大學中國古文獻研究中心集刊》第7輯《中國古文獻學與文學國際學術研討會論文集》,北京大學出版社2008年1月第1版,第518頁。

大布，隨靈輀以行，途人側目。"①

**同日，《申報》刊出《梅畹華電賻況蕙風》一文。**

據《申報·自由談》載《梅畹華電賻況蕙風》一文："況蕙風先生之喪，失舉世之導師、詞家之宗伯，聞者悼之，而環堵蕭然。尤復可念梅畹華與之交誼素篤，蕙翁生前，尤加契賞，累爲詞張之。頃在京得訊震悼，立電致唁，並知其清況，匯百金爲賻。原電致滬友轉交云：'（上略）蕙翁之喪，驚悼殊深，乞代致唁，電匯賻金百番，並祈轉送爲感。（下略）'梅氏大父，曩即以焚券高風，爲世稱道。而畹華繩其祖武，鷁鳳清聲，前者料量易實甫身後，斥資多金，比又厚賻蕙翁；俠聲義舉，出之伶官，一死一生，交情乃見。蕙翁交誼遍宇内，聞之可以風矣。"②

**七月二十九日，《申報·自由談》刊出孫傳芳電賻先生之消息。**

據《申報·自由談》載《孫馨遠賻贈況蕙風》一文："蕙風先生之喪，知與不知，無不震悼。蘇州平旦學社今夏正擬延請專講詞學，未及而歿。故學社主任李印泉、張仲仁，聯電甯孫，告以一切。孫馨遠殊爲動容，即覆一電云：'（上略）前電悼悉。況蕙風先生逝世，感慨殊深。薄賻戔戔，未足將意，計經函達，諒承轉致。兹擬敬請印兄代表致奠，以展私誠，是爲盼荷。（下略）'大府禮之至意，彌足嘉也。"③

【按一】《賴譜》繫此資料於是年，唯未作進一步解釋。

【按二】孫馨遠，應爲孫傳芳（1885－1935），山東人，字馨遠。

---

① 靈（即張爾田）：《詞林新語》（二）第8條，《詞學季刊》第1卷第3號，澳門海外圖書出版社1967年再版發行本，第126頁。

② 該文署名知，見《申報·自由談》，民國十五年（1926）8月31日（丙寅年七月二十四日）。

③ 該文署名知，見《申報·自由談》，民國十五年（1926）9月5日（丙寅年七月二十九日）。

1924 年江浙戰爭爆發後,占據浙江,任閩浙巡閲使兼浙江軍務督理。1925 年於南京成立浙閩蘇皖贛五省聯軍,自任總司令兼江蘇總司令。①孫氏電聘先生,蓋於其在南京主五省聯軍時期。

**同日,《申報·自由談》刊出陳三立挽先生詩。**

據《申報·自由談》載《藝林》欄,陳三立《挽況夔笙先生》詩云:"幾然刦燼鑄詞人,江海流離去國身。才並半塘相繼盡,老餘漚尹更誰親?賣文爲活孤芳在,抱古何求萬恨真。倘起陶公詠貧士,名垂成就甑生塵。"②

【按】《黄譜》録此詩自陳三立《散原精舍詩别集》,并謂此詩堪爲先生一生之縮影。

**七月,沙孟海有挽先生聯。**

據沙孟海《挽清末四大詞人之一況蕙風》:"詞學導先河,重拙大消息微茫,獨有心靈追白石;印人承末契,静潤韻品評矜許,可堪刀法愧秋堂。"③

【按一】《賴譜》亦引《沙邨印話》繫沙孟海挽聯於是年。

【按二】沙孟海《僧孚日録》亦有記載此聯,《沙孟海先生年譜》列此事於 1926 年 8 月第六條。④ 故本譜暫繫此事於是

---

① 摘自陳玉堂編著:《中國近現代人物名號大辭典》,浙江古籍出版社 1993 年 5 月第 1 版第 1 次印刷,第 242 頁。

② 《申報·自由談》,民國十五年(1926)9 月 5 日(丙寅年七月二十九日)。按:此詞被收入《散原精舍詩别集》時,改題爲《挽況蕙風舍人》,末句"名垂"改爲"垂名",見陳三立著,李開軍校點《散原精舍詩文集》,上海古籍出版社 2003 年 6 月第 1 版,第 650 頁。

③ 沙孟海:《沙邨印話》,見《沙孟海論書叢稿》,上海書畫出版社 1987 年 3 月第 1 版,第 95 頁。

④ 沙茂世編撰:《沙孟海先生年譜》,西泠印社 2010 年 5 月第 1 版,第 31 頁。

年七月。

**八月初三日,《申報·自由談》刊出《君子之愛人以德》一文,提及先生之喪及梅蘭芳致賻之事。**

據是日報載知君所撰《君子之愛人以德》一文:"梅畹華於況夔老之喪,已厚奠之。既又得欵署蘧庵君者投函,謂'夔老生前填詞二百闋,所以推重者備至;以執事之境地,宜致厚賻。昔人有行一事而名垂千古者,此舉庶足當之,非徒尋常善舉而已;台端積德,自能獲報;而海内外傾想風采者,益將感慕於無窮也'云云。畹之賻況,出於交情,而蘧庵能導畹華以賻之,是則君子愛人以德之誼,與畹華所行,若相符契。畹華雖已致賻,敢不拜嘉蘧庵之言,以修業進德乎哉?是以君子兩美之。"①

【按一】據上引一文可知,於先生逝世後不久,有筆名蘧庵者,有感於梅蘭芳或有冷待先生身後事之處,遂投函申報館,頗致微詞,有所規勸;而梅氏及其友人得知後,亦頗從善如流,并於《申報·自由談》澄清此事。

【按二】《賴譜》引文止於"宜致厚賻"句。

**八月初三日,袁克文撰成挽先生對聯。**

據《寒雲日記》"丙寅八月初三日"條:"臨桂況夔笙周頤病歿于海上,挽之曰:'比夢窗白石,老宿成家,儘低唱淺斟,一代詞人千古在。溯漚尹缶廬,殷勤共話,愴小樓清夜,十年江國幾回逢。'"②

【按】此聯"愴小樓清夜"句,《馬譜》《秦文》皆作"愴子栖清

---

① 《申報·自由談》,民國十五年(1926)9月9日(丙寅年八月初三日)。

② 袁克文著:《寒雲日詞·丙寅丁卯》,江蘇廣陵古籍刻印社影印本,1998年3月第1版。

夜"①,皆未説明其所據,或因形訛而致誤字,亦未可知。

**八月二十五日,《申報·自由談》刊出黄若玄挽先生聯。**

據《申報·自由談》載《藝林》欄,黄若玄《輓況夔老》聯云:"喜宴集名流,記曾舞鶴巾前,笑言戲贈橘中秘。新詞成絶響,從此盤蛇門外,繼起誰題杏秀碑。"②

【按】此聯末附大段後記。上聯指先生於蘇州納妾一事,見該聯後記前段(詳本譜"乙丑年歲暮"條有關據語)。下聯則出自另一故事,其後記末段有云:"吴中毛杏秀女士,於四年前因赴某會,經盤門馬路,橋朽中折,墜水死。里人哀之,重建橋,爲立碑亭於旁以紀念。碑平三面尚未鐫,一由鶴望(本譜按:即金天羽)爲記,一倩吕碧城及彦通妹陳女士屬詩,一索夔老與瞿安(本譜按:即吴梅)譜詞各一闋。瞿安詞先成,夔老未筆,今夔老赴道山,此詞遂成絶響。"③

**先生之喪,朱祖謀有挽聯哀之。**

據《天風閣學詞日記》引《中央日報》所載朱祖謀挽蕙風聯:"持論倘同途,詞客有靈,流派老年宗白石;相依在吾土,道場無恙,死生獨往爲青山。"④

【按一】《孫譜》據《天風閣學詞日記》繫此事於是年。《馬譜》《秦文》亦繫朱祖謀輓聯於是年,唯未注資料出處。

---

① 馬興榮:《況周頤年譜》,《楚雄師專學報》第14卷第4期,第8頁。秦瑋鴻:《況周頤家世生平考》,《河池學院學報》2005年第25卷第1期,第37頁。

② 《申報·自由談》,民國十五年(1926)10月1日(丙寅年八月二十五日)。

③ 《申報·自由談》,民國十五年(1926)10月1日(丙寅年八月二十五日)。

④ 夏承燾著:《天風閣學詞日記》"一九三五年七月三十日"條,浙江古籍出版社1984年12月第1版,第396頁。

【按二】《天風閣學詞日記》又謂,"蕙風歿,貧不能殮,古微爲葬於湖州道場山也"①,似爲朱氏下聯作注。此説未爲允當。今之學者,每據《學詞日記》,謂朱氏葬先生於道場山,則明顯有誤導。②其實先生早於戊午(1918)年,已自營生壙於道場山,故其買山之資,自不必待於彊邨也(詳參本譜"戊午年五月"條)。

【按三】先生固身後蕭然,唯爲其籌措殯殮事者,亦决不止彊邨一人。如沙孟海嘗言:"蕙丈暮年羈旅,旁無戚畹……使丈不遇師(本譜按:即馮幵),身後蕭條蓋不可問矣。"③又步章五亦嘗謂,先生之殁,叔雍經紀甚至,其尊人趙竹君資助甚厚云云。④ 其實先生友儕中,除彊邨之外,尚有馮幵、趙鳳昌、吴昌碩、李根源、程頌萬、梅蘭芳、袁克文、步章五等等,蓋亦慷慨風義之輩也。

【按四】何泳霖博士《朱彊邨先生年譜及其詩詞繫年》謂,朱祖謀於是年六月喪弟,七月喪友(即先生),更兼年逾古稀,因乃

---

① 夏承燾著:《天風閣學詞日記》"一九三五年七月三十日"條,浙江古籍出版社 1984 年 12 月第 1 版,第 396 頁。

② 孫維城引《天風閣學詞日記》,謂"朱祖謀助其子葬周頤",見孫維城、張傳信著《況周頤與蕙風詞話研究》附録二之《況周頤年譜》,黄山書社 1995 年 5 月第 1 版,第 230 頁。又曾大興云:"1926 年 7 月,況周頤在上海去世,貧不能葬,朱祖謀出錢把他安葬在自己的老家湖州道場山。"見曾大興著《詞學的星空——20 世紀詞學名家傳》,河北人民出版社 2009 年 1 月第 1 版,第 245 頁。凡此等説法,皆容易誤導讀者,夏承燾日記蓋爲其始作俑者也。

③ 沙孟海著:《僧孚日録》,轉引自沙茂世編撰《沙孟海先生年譜》,西泠印社 2010 年 5 月第 1 版,第 31 頁。

④ 步章五:《林屋山人集》卷一三《蕙風遺事》第 17 則,轉引自林玫儀《況蕙風研究資料補述》,見北京大學中國古文獻研究中心編《北京大學中國古文獻研究中心集刊》第 7 輯《中國古文獻學與文學國際學術研討會論文集》,北京大學出版社 2008 年 1 月第 1 版,第 518 頁。

於是年秋自營生壙,并請鄭孝胥書其墓碣。① 此事亦可參朱氏《鷓鴣天》詞序"簡蘇堪,時將營壽藏,丐其書碑,碑曰彊村詞人之墓"。此詞列爲"柔兆攝提格　十五年丙寅,一九二六"之第三闋。②而《鄭孝胥日記》録此事於"民國十五丙寅(1926)年十月二十四日"條,謂是日朱古微來訪,并"求書'禮霜堂'扁、生壙墓碣,文曰'清故彊村詞人之墓'"③。可見朱氏於先生歿後,始自營壽藏於道場山。後人或不知先生早已於是處自營生壙,而誤以朱氏所營墓地一事,乃爲葬友而作,以致後世學者衆口一詞,殆成定論,亦甚可笑也。

**先生之歿,黄孝紓代劉承幹作詩挽之。**

據《雅言》載匑厂所撰之五言古詩《爲翰怡輓況蕙風》:"積雨闔帷鐙,疏花落秋蔕。勝引日以稀,君復委形蜕。百年亦須臾,萬感了長逝。顧思平生歡,杳儵已隔世。含悲不能言,長懷淚盈袂。與君爾汝交,生值天地閉。迸命江海間,晞髮紉秋蕙。煦煦視勞魚,隨流得容裔。結社羅朋簪,抽觴飲春禊。落筆戰堵墻,嘉會共累歲。倚聲君素工,投贈月寸計。頑艷出毫芒,沈思赴孤詣。諷籀杯酒間,萬象生凄厲。故知富深情,所遇況侘傺。矯矯佩玉姿,詎易走趍利。寸秩錮終身,群飛竟天刺。老餘薇葛思,悱惻託文字。苦吟婦無褌,寒烓窘生事。沄沄人海中,閉門獨憔悴。衆女嫉娥眉,有誰識嫵媚。篤愛在肺肝,不隔韋弦誼。相知無瑕疵,所珍實氣類。背面曾幾時,竟爾山河異。沈憂能傷人,

① 何泳霖:《朱彊邨先生年譜及其詩詞繫年》注688,見饒宗頤主編《華學》(第9、10合輯),上海古籍出版社2008年8月第1版,第6册,第2220頁。

② 朱孝臧著,白敦仁箋注:《彊村語業箋注》卷三,巴蜀書社2002年1月第1版,目録第7頁、正文第393頁。

③ 中國國家博物館編,勞祖德整理:《鄭孝胥日記》第4册,中華書局1993年10月第1版,第2125頁。

呵壁天真醉。滅彩容還機，應勝有生累。吾鄉山水叢，歸骨償夙志。神理期緜緜，風流永弗墜。”①

**先生之歿，步章五亦有挽聯哀之。**

據步章五《林屋山人集》卷十三《蕙風遺事》第六則：“先生生平負奇，不少諧俗。余作挽聯云：‘一生負奇氣，四海失詞宗。’語雖簡，紀實也。”②

**是年冬至，程頌萬賦挽先生詞《秋宵吟》“桂山傾”。**

據程頌萬《秋宵吟》“桂山傾”詞序：“避亂漢皋，得夔笙訃，淚枯詞竭。長至閣雪，江雲奔黯，譜此酹之。”③

【按】程氏挽詞云：“桂山傾，楚樹赭，駭浪吳江風打。詞場老、趁病渴仙龕，幾留虛舍。摘新櫻，憑舊榭，忍道修梅人寡。雲涯併、似瑣織春還，細書清話。(君夫人前歲卒，撰有《織餘瑣述》。)

獨領秋悲，況故侶、風烟盡化。夢餘尋我，些怯招君，老淚一江瀉。天厭文章價。獨活何緣，當歸恁罷。望瑶京、側帽枯槎，風雪中汝又去也。”④

## 1927 民國十六年 丁卯 殁後一年

**春，先生之妾施氏猝逝於蘇州。**

據《墓志銘》載：“側室施，歸數月而君殤。施銜哀矢志，克葆端

① 《雅言》1941年第7期，葉一至二。

② 林玫儀：《況蕙風研究資料補述》，見北京大學中國古文獻研究中心編《北京大學中國古文獻研究中心集刊》第7輯《中國古文獻學與文學國際學術研討會論文集》，北京大學出版社2008年1月第1版，第517頁。

③ 甯鄉程頌萬子大著：《鹿川詞》三，《三程詞鈔》卷八，葉二，鹿川閣本，屠維大荒落(民國十八年己巳，1929)日長至刊於海上。

④ 甯鄉程頌萬子大著：《鹿川詞》三，《三程詞鈔》卷八，葉二，鹿川閣本，屠維大荒落(民國十八年己巳，1929)日長至刊於海上。

操，貞疾侵尋，馴至奄忽，距君殤未一稘，隨瘞塋左，從其志也。法宜附書。"①

又據陳巨來《安持人物瑣憶——四則》之《記況公一二事》："至丙寅七月逝世之夕，余始獲見此新太太，固一端莊之小家碧玉也。不久，大先生（本譜按：即指先生之長子維琦）强令返蘇再醮，渠臨行聲明不嫁矣。至丁卯（1927）春突接其父來電云，施氏已死，速來殯殮云云。大先生故意遲遲去蘇，及抵靈前，死者忽張目瞋視，使大先生魂飛魄散，只能從豐辦了後事，並遵從遺言，扶柩至道場山附葬況公之側。故馮君木丈撰況公墓志銘時，特書曰：'側室施附葬公墓，從其志也。'"②

**約初秋，維琦、維璟奉先生靈柩葬於湖州道場山。**

據《墓志銘》："……君生母李，前葬湖州道場山。君殤一年所，維琦、維璟用遺命奉君柩與周、卜二淑人附葬焉。側室施……隨瘞塋左……"③

【按一】先生卒於去年初秋。而《墓志銘》謂"君殤一年所"而葬於道場山，則其下葬之期應約在是年初秋。

【按二】先生於去年七月二十四日舉殯。兩日後報載《況蕙風舉殯志哀》一文有云："詞宗況蕙風之歿……將於九月告窆湖

① 馮幵撰：《清故通議大夫三品銜浙江補用知府況君墓志銘》，見寒冬虹《新見況周頤墓志銘拓本》，《文獻》1994 年第 1 期（總第 59 期），第 283 頁。筆者對此本標點，稍有改動。

② 上海文藝出版總社網頁 http://www.shwenyi.com，2007 年 2 月 5 日。資料參見 http://cache.baidu.com/，2007 年 5 月 1 日。又見《萬象》2003 年第 5 卷第 8 期，第 117 頁。又見陳巨來：《安持人物瑣憶》，上海書畫出版社 2011 年 1 月第 1 版，第 131 頁。

③ 馮幵撰：《清故通議大夫三品銜浙江補用知府況君墓志銘》，見寒冬虹《新見況周頤墓志銘拓本》，《文獻》1994 年第 1 期（總第 59 期），第 282－283 頁。

州道場山麓。"①據此可知，先生卒後，其柩或原定於去年九月下葬，與《墓志銘》之記載并不一致。本譜暫據《墓志銘》繫此事於是年。

【按三】茲録《清故通議大夫三品銜浙江補用知府況君墓志銘》如後：

慈谿 馮　幵撰文
歸安 朱孝臧書丹
甯鄉 程頌萬篆蓋

君諱周儀，以避國諱，更儀爲頤，字夔笙，臨桂況氏，明蘇州知府鍾之裔孫也。鍾籍江西靖安，數傳徙湖南寶慶，明末有一几者，復由寶慶遷廣西，是爲君之七世祖。曾祖世榮。祖祥麟，嘉慶五年舉人，并封通議大夫。父洵，道光二年進士，官河南按察使，授通議大夫。母許淑人，生母李淑人。君受天雅性，髫齔媚學，神解超朗。目所染著，胸即儲之；心所披豁，手即隨之。十一歲成諸生，文采琦瑋，辟易曹耦，學使者榜書矜異，目爲瑰寶。年十八充優貢生，二十一中式光緒五年鄉試，遵例官内閣中書。遭回京曹，靡所抒渫，尋以會典館纂修叙勞，用知府分發浙江，並加三品銜，不概於懷，浮湛而已。南皮張文襄公之洞督湖廣，瀋陽托活洛忠敏公端方督兩江，欽君才望，先後禮聘，署之賓職。文移箋奏，率與參懷，君從容贊畫，動中倫脊。嘗爲忠敏斠訂金石，零文隊簡，多所諟正，旁籀博稽，莫不贍舉。夙昔尤精聲律，官京曹，日與同里王給事鵬運，以詞學相摩揿，託音閒寫，互有述造，閟約要眇，悉協分刌。伶倫播其芳逸，文流以爲職志，清尚高致，靡得而晞已。辛亥而

① 《申報·自由談》，民國十五年(1926)9月2日(丙寅年七月二十六日)。

後，棲遲海濱，憂生念亂，但有喟息。性故豪曠，酒歌合還，放於所好，遘會輈張，寖斂恒度，察言避色，恐恐若浼。盛會稠坐，樂笑喧愿，往往仰屋卷舌，不羼一詞，執謙自詭，益巽益激，内鑠於孤憤，而夷坦以窮年，兹可謂憂心悄悄，危行言孫者也。春秋六十有八，以丙寅七月十八日病殤上海寓次。配趙淑人，繼配周淑人、卜淑人。子二，維琦、維璟；女二，長適平湖陳罕，次字慈谿馮貞用，皆卜出。君生母李，前葬湖州道場山。君殤一年所，維琦、維璟用遺命奉君柩，與周、卜二淑人附葬焉。側室施，歸數月而君殤。施銜哀矢志，克葆端操，貞疾侵尋，馴至奄忽，距君殤未一稘，隨瘞塋左，從其志也，法宜附書。其銘曰：

有瑋者況，菀於桂林。曾曾纓紱，滂澤下覃。誕育夫子，玉質金心。弱年發藻，卓犖北南。京華孤宦，委佗微省。隨牒南圖，蹩躠靡聘。質難文肆，天假之鳴。珠玉脱吭，瓏璁其聲。匪日昌辭，究極墳典。意林説苑，蔚其述撰。晞發海濱，高餓自顯。惜誦致愍，反真畹晚。道場鬱鬱，永閟天才。谷音於邑，萬古造哀。

吴縣 周梅谷刻 ①

① 馮幵撰：《清故通議大夫三品銜浙江補用知府況君墓志銘》，轉録自寒冬虹《新見況周頤墓志銘拓本》，《文獻》1994 年第 1 期（總第 59 期），第 282－283 頁。按：筆者對此本之標點稍有改動。

# 附録一：況周頤名號一覽

（節録自拙著《況周頤的名號與人生》未刊稿）

【姓名】

1. 況周儀
2. 況周頤

【寄名】

3. 榕久

【字】

4. 葵孫
5. 葵生
6. 揆孫
7. 夔笙
8. 夔生
9. 逵生
10. 蘷笙
11. 寱遴

12. 阮盦(亦號)
13. 阮闇
14. 阮堪
15. 芸臺
16. 曲瓊

【號】

17. 悔道人
18. 真悔道人
19. 新鶯
20. 羼提生
21. 玉楳詞人
22. 玉楳詞隱
23. 梅痴
24. 蕙風
25. 蕙風詞隱
26. 蕙風簃主
27. 肇經室私淑弟子
28. 大錯
29. 櫻痴
30. 秀道人
31. 蛪翁
32. 繡蘭
33. 麗娃鄉循吏祠奉祀生
34. 詞癖
35. 清況
36. 手盲

37. 高格主人

【室名】

38. 養清書屋
39. 牡丹巢
40. 悔盦
41. 橚湖書庫
42. 壺山書庫
43. 辨雅堂
44. 夫容舊廬
45. 香海棠館
46. 弟一生修楳華館
47. 羼提盦
48. 憑霄閣
49. 劍爲琴室
50. 蘭雲菱夢樓
51. 蕙風簃
52. 蕙風宧
53. 珠花簃
54. 眉廬
55. 餐櫻廡
56. 秀盦
57. 三元樓
58. 天春樓/天春廔
59. 好麗樓/好麗廔
60. 繡蘭堂室

【托名】

61. 始安周夔笙頤

【綽號】

62. 況古人

63. 況螳螂

【商號】

64. 嬛福書莊

# 附録二：況周頤著述知見目

（節録自拙著《況周頤詞籍考》及《況周頤著述考》未刊稿）

## 詞集

1.《養清書屋存悔詞》

2.《存悔詞》

3.《新鶯詞》（與端木埰《碧瀣詞》、許玉瑑《獨絃詞》、王鵬運《袖墨詞》合編爲《薇省同聲集》）

4.《新鶯詞》（弟一生修梅花館詞第一種）

5.《錦錢詞》（弟一生修梅花館詞第二種）

6.《玉梅詞》（弟一生修梅花館詞第三種）

7.《蕙風詞》（弟一生修梅花館詞第四種）

8.《蔆景詞》（弟一生修梅花館詞第五種）

9.《餐櫻詞》（弟一生修梅花館詞第七種）

10.《菊夢詞》（弟一生修梅花館詞第八種）

11.《存悔詞》（弟一生修梅花館詞附録）

12.《玉楳後詞》

13.《蕙風琴趣》（總集，與朱祖謀《彊邨樂府》合編爲《鶩

音集》）

14.《秀道人咏梅詞》

15.《修梅清課》

16.《蕙風詞》（總集）

17.《蕙風集外詞》

18.《和珠玉詞》（與張祥齡、王鵬運聯句集）

19.《湘中後六子詞》（與程頌萬、陳伯弢、王夢湘、易順鼎、易順豫合集）（待考）

20.《蕙風散佚詞輯考》（鄭煒明輯）

21.《蕙風散佚詞續考》（鄭煒明、陳玉瑩輯）

## 詩、文集

22.《辛巳春燈百謎》

23.《香海棠館詠泉詩百篇》

24.《蕙風簃文録》（待考）

25.《文集二卷》（待考）

26.《日記》（待考）

27.《蕙風詩輯》（鄭煒明輯，見鄭著《況周頤佚詩考論》）

28.《蕙風詩續考》（鄭煒明、陳玉瑩輯）

29.《蕙風文録》（鄭煒明、陳玉瑩輯）

30.《蕙風書札》（鄭煒明、陳玉瑩輯）

31.《蕙風謎存》（鄭煒明、陳玉瑩輯）

32.《蕙風聯語》（鄭煒明、陳玉瑩輯）

## 詞話/詞論專著

33.《香海棠館詞話》（又名《玉棲詞話》）

34.《弟一生修梅花館詞話》

35.《蕙風簃詞話》

36.《珠花簃詞話》

37.《漱玉詞箋》

38.《織餘瑣述》(卷上)(或與卜娛合撰,署吳縣況卜娛清姒)

39.《餐櫻廡詞話》

40.《玉棲述雅》

41.《宋人詞話》

42.《歷代詞人考略》(原署烏程劉承幹翰怡輯録)

43.《蕙風詞話》

44.《蕙風續詞話》

45.《繡蘭堂室詞話》

46.《詞學講義》

47.《蕙風詞話續編》(唐圭璋輯)

48.《蕙風詞話補輯》(屈興國輯)

49.《廣蕙風詞話》(孫克強輯)

## 其他詞學文獻之編/撰

50.《朱淑真事略》(又名《宋詞媛朱淑真事略》)

51.《斷腸詞補遺》

52.《漱玉詞補遺》

53.《東山寓聲樂府補鈔》

54.《薇省詞鈔》

55.《粵西詞見》

56.《粵西詞見補遺》

57.《姜白石詩詞年譜》

58.《寸瓊詞》

59.《繪芳詞》

60.《陳圓圓事輯》

61.《論詞詩輯》

62.《小檀欒室彙刻閨秀詞》（署南陵徐乃昌）

63.《閨秀詞鈔》（署南陵徐乃昌）

64.《州山吳氏詞萃》（署山陰吳隱）

65.《詞話叢鈔》（署王文濡校閱）

66.《宜秋館詩餘叢鈔》（批校）

67.《蕙風簃詞選》（已完成《須溪詞選》）

## 金石、地理類著述及編校

68.《三宿者題名》

69.《金陵石刻補記》

70.《定林題名》

71.《唐石軒藏碑目》

72.《萬邑西南山石刻記》

73.《南浦郡報善寺兩唐碑釋文》

74.《魚龍文字記》（或又名《龍魚題名》）

75.《天生城題名》（或又名《天生城石刻》）

76.《中土地理歌訣》

77.《魏永平碑釋文》

78.《匋齋藏石記》

79.《匋齋藏磚記》

80.《匋齋吉金録》

81.《粵西金石略補遺》

82.《遯盦集古印存初集》

83.《金石文》

84.《金石苑目》

## 筆記小説著述

85.《選巷叢談》(《阮盦筆記》第一種)

86.《西底叢談》(《阮盦筆記》第二種)

87.《蘭雲菱夢樓筆記》(《阮盦筆記》之第三種)

88.《蕙風簃隨筆》(《阮盦筆記》第四種)

89.《蕙風簃二筆》(《阮盦筆記》第五種)

90.《香東漫筆》

91.《五燈博聞》

92.《草閒夢憶》

93.《臼辛漫筆》

94.《説部擷華》

95.《藏書話》

96.《眉廬叢話》

97.《餐櫻廡隨筆》

98.《餐櫻廡漫筆》

99.《證璧集》(原名《祥福集》)

100.《織餘瑣述》(卷下)(署吴縣況卜娱清姒)

101.《織餘續述》

102.《天春樓瑣語》

103.《天春樓漫筆》

104.《天春樓脞語》

105.《萸觴瑣話》

106.《月夕漫筆》

107.《好麗樓叢語》

108.《蕙風游藝録》

109.《蕙風簃小品》(張秉戍選編)

110.《天春樓筆記三種》(鄭煒明輯校)

## 曾經出版之叢書

111.《弟一生脩楳華館詞》

112.《阮盦筆記》

113.《蕙風簃所箸書》

114.《蕙風叢書》

## 曾參與編校之詞籍

115.《斷腸詞》(校刻)

116.《漱玉詞》(四印齋所刻詞)

117.《陽春集》(四印齋所刻詞)

118.《東山寓聲樂府》(四印齋所刻詞)

119.《樂府指迷》(四印齋所刻詞)

120.《碧瀣詞》(端木埰著)

121.《梅溪詞》(四印齋所刻詞)

122.《蟻術詞選》(校刻)

123.《四印齋詞卷》(王鵬運著)

124.《夢窗詞》(四印齋所刻詞)

125.《南宋四名臣詞集》(四印齋所刻詞)

126.《宋元三十一家詞》(四印齋所刻詞)

127.《繆荃孫詞稿》

127.《常州詞録》(繆荃孫主編)

129.《丹陽詞》

130.《碧雲齋詞》

131.《七頌堂詞繹》

132.《金粟詞話》

133.《鰷水軒詞筌》
134.《花草蒙拾》
135.《美人長壽盦詞集》(程頌萬著)
136.《元遺山新樂府》
137.《和清真詞》
138.《今詞初集》
139.《孫雲鳳詞》
140.《東海漁歌》(校刻)
141.《草堂诗餘》
142.《清庵先生詞》(《彊村叢書》)
143.《養吾齋詩餘》(《彊村叢書》)
144.《雲謡集》(《彊村叢書》)
145.《彊村叢書》(朱祖謀主編)
146.《宋詞三百首》(朱祖謀主編)

## 曾經參與編校之其他書籍

147.《大清會典》
148.《政和五禮新儀》
149.《清閟閣全集》
150.《澹如軒詩》
151.《西舍文遺編》
152.《常州先哲遺書》
153.《明秀集》
154.《金石録》
155.《五燈會元》
156.《金石文字目》(或又名《金石目》)
157.《劉賓客集》

158.《藝風堂文續集》

159.《周易校勘記》

160.《暖紅室彙刻傳劇》

161.《書經正義》

162.《續碑傳集》

# 本譜各版本後記

## 丙戌(2006)初冬第一次發表稿後記

余用力於此譜,前後幾二十三年矣,期間人事世道,滄桑數變,而余之於學,進度緩慢,波折重重,但知適足以證吾之愚鈍,豈敢自詡爲奮毅篤學耶?

此譜至今仍屬草創,蓋可供補入之資料(如1982年日本二玄社出版之《吳昌碩致沈石友信片册》中提及況先生處不止一二次,惜余遍求一讀而未得),尚不在少數,而此譜體例可改正之處,應亦有之,故遲遲未敢定稿。

今值　饒師九十華誕,香港學界乃有大型祝壽國際學術研討會之盛舉。余本僅欲專注於會議之籌備工作而不及其他,唯吾師以爲不可,命余務須以著作應之,乃敢向大會呈交此稿,以求就正於各位學者。

稿之初撰,實緣起於1983、1984年間余肄業於澳門東亞大學本科三年級時所呈交　饒師之一篇學期作業而已,特附記於此,以志本源。

丙戌初冬,鄭煒明謹識於澳門氹仔寓廬

丁亥仲夏修訂

## 丁亥(2007)香港詩坊本大暑後七日記

是稿初次修訂畢,呈乞　饒師、　羅師審批;二師閱後,多所嘉勉,且賜序言。余深受鼓舞之餘,更感惶恐不已;唯思倍加努力、再接再厲以報之。

是譜之編撰,過程繁複艱巨之處,頗有不足爲外人道者。其間得内子玉瑩襄助,校讎掇拾,商榷論證,頗資其力,例宜附書。

林愷欣、傅羅南二小友曾協助影印所需資料,供余修訂初稿,特此鳴謝。

丁亥大暑後七日再記

## 丁亥(2007)香港詩坊本大暑後八日補記

先生之東床,著名篆刻大師陳巨來,於其《安持人物瑣憶·記況公一二事》文中,曾謂先生於中舉後翌年(按應即光緒六年庚辰)應會試,并獲録取爲第二名進士,後因覆核原卷時被發現對皇上不敬,而遭撤銷云云。陳氏此説,僅屬孤證;如爲先生生前向陳氏憶述之口述歷史,則本譜固應編入。現因存疑故,姑列於此,以供學者參考。

又,本譜前疑先生"戊子入都,應試入薇垣"一説,其所謂應試之試,或乃内閣中書試,非必爲會試。若陳氏之説屬實,則本譜之疑議,或可更添一佐證。然陳氏之説暫仍欠缺其他有力證據支持,本譜未敢遽以爲確。唯此資料事涉先生仕途經歷以至畢生命運,極爲重要,故爲學者陳述如上,以待來日細考之。

丁亥大暑後八日補記

## 戊子(2008)四月十八日上海古籍出版社刊本跋

余用力於此譜,前後二十五年矣。稿之初撰,實緣起於1983、1984年間余肄業於澳門東亞大學本科三年級時所呈交　饒師選堂教授之一篇學期作業而已。

前年丙戌(2006),值　饒師九十華誕,香港學界乃有大型祝壽國際學術研討會之盛舉。余本僅欲專注於會議之籌備工作而不及其他,唯吾師以爲不可,命余務須以著作應之,乃敢向大會呈交此譜之初稿,以求就正於各位學者。

是稿初次修訂畢,呈乞　饒師、　羅師忼烈教授審批;二師閱後,多所嘉勉,且賜序言。余深受鼓舞之餘,更感惶恐不已;唯思倍加努力、再接再厲以報之。

丁亥(2007)夏,此書之初稿於香港出版,頗受前輩學者肯定,乃有修訂再版之議。蒙上海古籍出版社諸友推薦,允爲出版,以廣交流,謹此致謝。又蒙四明鄉前輩　周退密老先生惠賜題詩,以資鼓勵,余愧而受之,不勝銘感;而海甯吳德健先生之厚愛,更不敢或忘。

是譜之編撰,過程繁複艱巨之處,頗有不足爲外人道者。其間得内子玉瑩襄助,校讎掇拾,商榷論證,亟資其力,特附志之。

龔敏、林愷欣、陳德好、傅羅南等小友,曾協助影印或上網下載部分所需資料,供余修訂書稿,特此鳴謝。

戊子四月十八日,鄞縣鄭煒明記

## 戊子(2008)初冬上海古籍出版社刊本校竟後記

蕙風先生年譜新版校竟在即,不勝感嘆。蓋此譜由初次發表至今,已四易其稿矣。

此譜初於丙戌仲冬(2006年12月)呈交爲慶祝　饒師九十華誕而舉辦之國際學術研討會;其後得饒、羅二師鼓勵,丁亥夏(2007年7月)於香港正式出版(國際標準書號:ISBN 978-988-99977-1-7);至戊子夏(2008年8月)又見刊於上海古籍出版社刊行之《華學》第九、十合輯;期間每稿皆略有修訂。

今又蒙上海古籍出版社美意,此譜終得以在余之出生地增訂出版,是亦人生一大幸事也;而此譜至今亦可暫定矣。

余身處港澳地區,資料難尋,常有爲考證一事,往來南北求索多年,而未必有所得;故深知從事國學研究之難,其中多有不足爲國内同行道者。今學風日下,每有不肖文人巧取豪奪他人之研究成果,未知此譜之際遇,又將如何?

戊子初冬,鄭煒明

## 辛卯(2011)中秋後五日定稿後記

本譜自草創始,歷時二十八年;由初次發表至今六年間,已然第五稿矣。驀然回首,恍如一夢。

本譜及拙著之況周頤諸篇論文發表以來,有關資料及觀點,屢爲文賊所竊掠,其中前輩有之,後生亦有之,何吾國學風崩頹至此?是可證其徒具興盛之虚名,而實行腐敗之世道歟?唯望篤志自强、求正求真之學者共鑒之。

本譜初版前,曾得香港中文大學中文系黄坤堯教授,惠賜其大著供比勘參考,復予以提點,筆者不敢或忘。而本譜於其後之增訂過程中,屢遇奇緣,各方友朋如臺灣之收藏家宋緒康先生、新竹"清華大學"之楊儒賓教授、廣州中山大學古籍所之梁基永博士、廣東畫院之洪楚平先生、香港大學中文學院之詹杭倫博士、關中李保陽先生、廣西桂林楊靖華先生等等,或惠贈所藏珍貴資料之影本,或告知相關文獻訊息,致使本譜日益精進,筆者銘感萬分。天津南開大學中文系任德魁博士曾爲拙著之香港版撰寫書評,學生羅慧嘗代爲查閲、複印所需資料,於此亦一并致謝。

内子玉瑩,年來於本譜之增訂工作中,共筆者條分縷析,商榷去取,議定體例,用力最勤,遂爲本譜定稿之合著者,以紀其實也。

辛卯中秋後五日,鄞縣鄭煒明記於澳門氹仔寓廬

## 壬辰(2012)國慶後六日再定稿後記

本譜第五稿去年定稿後,由香港大學饒宗頤學術館出版,限量印行。今蒙北京某出版社邀約再版,以廣其傳,因以一年來考見之新知,復略補綴修訂付梓,是爲第六稿。其間港大饒館同仁胡孝忠博士、羅慧小姐、孫沁小姐曾助余搜集資料,謹致謝意。

余等撰先生此一詞人年譜,歷二十餘載,雖經多番修訂,仍續有可補可改之處,乃知年譜考撰之學,豈云易哉?曾有前輩評論年譜之學,謂僅屬資料堆砌編輯之事,更有甚者,以爲年譜并非研究成果,僅可視爲工具書云云,此等説法殊欠公允。余以爲年譜之考訂修撰,乃專門之史學,其間史料之搜集、處理,史事之考據、編訂,以至體例之斟酌,文辭之表述等等,皆需仔細考量,始能合轍,實未許輕率視之。蓋著述之得失,猶繫於學風也。

近十年來我國學術界剽竊抄襲、巧取豪奪,已成風氣,雖偶有打假之聲,唯法不制衆,終近失控。此亦國家大事也。蓋士風不正,國何以恃?願與各有心之同道共勉之。

去年初冬,葉嘉瑩先生於百忙之中,爲余撰寫香港大學所需之研究人員學術表現評定報告,復蒙應允,以該文作爲本譜新編之代序,不勝銘感,謹此鳴謝,并祝　先生健康長壽。

壬辰國慶後六日,鄭煒明記

# 後　記

## 癸巳(2013)中秋後六日補記

蓋因人事無常,本譜終未得於北京面世,或乃因緣未足故也。今蒙齊魯書社厚愛,欣然付梓,謹向社中諸友致以至誠之謝忱。

本譜自草創以來,於譜主況周頤之生平資料、著述版本,乃至其遺佚詞作、詩文之搜羅輯録,以及各種相關問題之研究,收穫頗多。唯多年辛勤,竟輒爲不肖者所竊掠;晚近更有某校注本,隱括出處,大幅襲録達百餘頁者。

剽竊者之明目張膽、亦步亦趨,令人瞠目結舌。其更甚者,此等無耻之徒,反屢屢獲委參與重大研究項目;而有關之主事者,竟爾視而不見,聽而不聞,不亦奇哉?學派、學閥之怪力亂神,有如此者!

雖然,當今學風淪喪,世道日衰,吾輩固無可奈何之,唯千百載後,豈無史筆褒貶論正耶?事涉是非真理,不容瀟灑,祈識者共鑒。

癸巳中秋後六日,鄭煒明、陳玉瑩補記

## 甲午(2014)大暑翌日補記

此譜今本原應於前年面世,惜其間屢經變故,人事之叵測,宛如傳奇,實亦難以言説。今終可增訂再刊,欣慰之餘,不無因緣早定之嘆;蓋今歲適爲余治況先生與晚清民國詞而立之數也。匆匆三十載,直如一夢而已。痴人説夢,夢裏盡皆紛飛蝶,豈能數個清楚明白?

況先生奇人也。而其史料之多,又非吾輩可預估者。余爲修譜,近日又屢有奇遇,略舉三事如下:

一、近讀羅振常先生《善本書所見録再補》(上海古籍出版社)於康熙十年周氏寧静堂刻本《林下詞選》條下見羅氏有云:"此書頗罕見,況惠(案應作蕙)風得之王佑霞。丙寅孟春,余又得之惠(案應作蕙)風。羅振常。"乃知況先生與羅振常於丙寅(1926)孟春,當曾爲《林下詞選》一書轉讓之事見面。先生富藏書,而居滬後,時爲生計讓書予友人;是年夏, 先生遽逝。是以知此事可補年譜。

二、余近於拍賣會幸得先生手書致沙孟海便箋一張(見本譜封内所附照片),内有"蔡閨秀寫扇精美,容報端稱頌也"等語。此事亦可考,蔡閨秀即蔡紓,乃沙氏之女弟子;而其事當繫於本譜丙寅(1926)"五月十五日前不久"條之前。讀者可詳參之。

三、先生撰有《歷代詞人考略》,通行於世者爲三十七卷本,如《中國公共圖書館古籍文獻珍本匯刊》之《集部》影印本(2003)、葛渭君先生《詞話叢編補編》本(2013)等。余知先生初編定之稿本或應爲五十七卷,而向未得見,或云已佚。近訪京城中華書局徐俊先生、俞國林先生諸友,獲俞兄見示該本,大喜過望,幾不能自已;乃敢確定其書初名《歷朝詞林考鑒》。誠眼見爲憑,福緣匪淺也。

上述三事已足證學無止境,而所謂三十載耕耘苦功云爾,或仍屬等閑尋常而已。天若見用,當再接再厲,另一三十載後再回頭,真未知是何光景？謹以此志自勉，亦與諸同道共勉之。

值本譜再刊之際，謹向吾師　選堂先生、羅師忼烈先生、前輩葉嘉瑩先生、上海古籍出版社前社長王興康先生與小友羅慧、胡孝忠、孫沁、龔敏等等，致以最誠摯之謝忱，其不同時期、不同形式之種種支持、幫助與情誼，當五内銘感。

是爲記。

鄭煒明

於香港大學鄧志昂樓

## 甲午(2014)小寒補記

是年大暑後,讀書偶有所得,其中不乏與況先生生平關涉者,兹摘録如下:

一、本譜正文辛卯年(1891)記況先生"是年,曾暫住杭州,與譚獻以詞學相過從",當時據《詞話叢編》本《復堂詞話》所輯之《復堂日記》,未能判斷其月日,故暫繫此事於是年冬至次年春之間。近讀中華書局"中國近代人物日記叢書"本范旭倉、牟曉朋整理之《譚獻日記》,乃考知此事應繫於辛卯年八月九日後十一月十七日前。古籍版本之重要,由此可見。蓋版本不同,其中史料價值亦自有差异。

二、據齊魯書社所出版之山東大學圖書館編撰《山東大學圖書館古籍善本書目・集部》"河東先生集四十五卷外集二卷龍城録二卷附録二卷集傳一卷"條,知該書爲明末翻刻嘉靖郭氏濟美堂本,二函十二册,書中有藏書印十餘方。其中,"阮暗藏書""況印周頤""夔笙""清況""卜娱""況氏藏書萬卷"等六印皆況先生及其夫人卜娱之印,乃知此書曾經先生收藏。書中另有"吳興劉氏嘉業堂藏書"一印,故疑此書後又歸先生晚年好友劉承幹所藏。嘉業堂及民國時期其他藏書之中,應亦不乏況氏原藏。待詳考。

三、《蕙風宧遺印》有"曾泛莫愁湖、酹玉鉤斜、望高唐觀、汲薛濤井"朱文鐵綫篆印一方,邊款作"真悔衜人屬　瘦某作"。真悔衜人乃況先生早期名號之一,而瘦梅乃其好友成都印人沈忠澤之號。莫愁湖、玉鉤斜、高唐觀、薛濤井依次爲南京、揚州、巫山、成都之古迹。此皆先生自1895年出都後至1903年間所歷之地。據本譜,先生於1902年曾囑沈忠澤刻印多方,故頗疑此印或其中之一。本譜正文未及考之,今補記於此。

四、據上海《時報》之《梅蘭芳之消息》所載,況先生於1924年1月上旬至該月16日,嘗與吳昌碩、朱古微、王一亭、于右任等名流連日觀梅蘭芳劇（包括16日之告别演出）。本譜正文癸亥年（1923）十一月至十二月有關梅蘭芳諸條，未及采入《時報》資料，故補記之。

五、據《近現代金石書畫家潤例》之《雪溪小榭潤例》（即武進趙安之，工花鳥，宗南宋院本）所載，先生曾於甲子（1924）年正月與吳昌碩、史量才、朱古微、王一亭、張菊生、李拔可等共訂趙氏之繪畫潤例。此事本譜正文未及，乃附於此。

六、據上海《申報》1931年8月25日孫籌成《馮先生不朽》一文所載，謂況先生於臨終時有遺言，必欲馮幵（君木）銘其墓。後先生之墓志銘，果由馮氏所撰。馮氏乃先生姻親，四明人，有《回風堂文》《回風堂詩》《回風堂詞》等若干卷，乃民國時滬上一大古文名家。本譜正文未及況先生臨終遺言之事，今補之。

近代詞人史料猶如紛飛柳絮，散亂無章，唯在在與其人、其時代之文化環境環環相扣，息息相關，實未許以餖飣而輕視之。詞人年譜之製，尤重考證與編訂，當有助於讀者知其人、論其詞，進而可論其世耳。余以爲所謂研究一時代之文化史者，應亦可由此而切入，詞學研究者其共勉之。

羅慧小友曾爲年譜今本詳校數遍，於玆附書，以致謝忱。

甲午小寒日，鄭煒明、陳玉瑩共識